外国法学精品译丛

主 编 李 昊

私法的体系与原则

System und Prinzipien des Privatrechts

[奥] 弗朗茨·比德林斯基（Franz Bydlinski） 著

曾 见 刘志阳 喻 露 赵文杰 雷巍巍 庄加园 宁潜晶 译

曾 见 刘志阳 校

中国人民大学出版社

·北京·

图书在版编目（CIP）数据

私法的体系与原则 /（奥）弗朗茨·比德林斯基著；
曾见等译. --北京：中国人民大学出版社，2023.4
　　书名原文：System und Prinzipien des
Privatrechts
　　ISBN 978-7-300-31376-4

　　Ⅰ.①私…　Ⅱ.①弗…②曾…　Ⅲ.①私法-研究
Ⅳ.①D90

　　中国国家版本馆 CIP 数据核字（2023）第 020507 号

Translation from the German language edition：
System und Prinzipien des Privatrechts by Franz Bydlinski
9783704664389
Copyright 1996 ⓒ Springer—Verlag Wien New York/Verlag Österreich Wien
Simplified Chinese edition ⓒ 2023 by China Renmin University Press Co., Ltd.
All rights reserved.

外国法学精品译丛
主　编　李　昊
私法的体系与原则
［奥］弗朗茨·比德林斯基（Franz Bydlinski）　著
曾　见　刘志阳　喻　露　赵文杰　雷巍巍　庄加园　宁潜晶　译
曾　见　刘志阳　校
Sifa de Tixi yu Yuanze

出版发行	中国人民大学出版社		
社　　址	北京中关村大街 31 号	邮政编码	100080
电　　话	010 - 62511242（总编室）		010 - 62511770（质管部）
	010 - 82501766（邮购部）		010 - 62514148（门市部）
	010 - 62515195（发行公司）		010 - 62515275（盗版举报）
网　　址	http://www.crup.com.cn		
经　　销	新华书店		
印　　刷	涿州市星河印刷有限公司		
开　　本	787 mm×1092 mm　1/16	版　　次	2023 年 4 月第 1 版
印　　张	37.25 插页 3	印　　次	2023 年 6 月第 2 次印刷
字　　数	814 000	定　　价	238.00 元

主编简介 ◀

李昊，北京大学法学学士、民商法学硕士，清华大学民商法学博士，中国社会科学院法学研究所博士后。现任中南财经政法大学法学院教授、博士研究生导师、数字法治研究院执行院长。曾任北京航空航天大学人文社会科学高等研究院副院长、北京航空航天大学法学院教授（院聘）、博士研究生导师。德国慕尼黑大学、明斯特大学，奥地利科学院欧洲损害赔偿法研究所等国外高校和研究机构访问学者。兼任德国奥格斯堡大学法学院客座教授、中国网络与信息法学研究会理事、北京市物权法学研究会副会长、北京中周法律应用研究院理事兼秘书长、北京法律谈判研究会常务理事、北京市金融服务法学会理事、北京市海淀区法学会理事、湖北省法学会民法学研究会理事，《燕大法学教室》（简体版《法学教室》）主编、《月旦法学杂志》副主编、《中德私法研究》和《法治研究》编委。著有《纯经济上损失赔偿制度研究》、《交易安全义务论——德国侵权行为结构变迁的一种解读》、《危险责任的动态体系论》、《不动产登记程序的制度建构》（合著）、《中国民法典侵权行为编规则》（合著）等多部书稿。在《法学研究》《清华法学》《法学》《比较法研究》《环球法律评论》等期刊或集刊发表论文五十余篇。主持"侵权法与保险法译丛""侵权法人文译丛""外国法学精品译丛""法律人进阶译丛""欧洲法与比较法前沿译丛"等多部法学译丛。

代译序 ◀

什么是理想的法学教科书

李 昊

2009年上半年，我曾受《法治周末》之约，撰写过一篇小文《德国法学教科书漫谈》，择拾如下。

每一个初入德国法学之门者，必读之书定为德国教授所著教科书。笔者读硕士之时，梅迪库斯教授所著《德国民法总论》方由邵建东教授译成中文引入国内，一时洛阳纸贵。然当时习德文的法学者颇少，德文法学教科书更为罕见。及笔者2004年负笈德国，方得于慕尼黑大学图书馆大快朵颐，每日图书馆阅读疲倦之暇，便至图书馆楼下的小书店，翻阅新近出版的德国法学著作，耳濡目染，逐渐得窥德国法学教科书之堂奥。

德国的法学教科书通常可分为两类，即小型教科书（Kurzlehrbuch）与大型教科书（Großlehrbuch）。

Brox（布洛克斯）教授所著《民法总论》《债法总论/各论》，梅迪库斯教授所著《民法》《债法总论/各论》即属前者。该类教科书以篇幅简短、内容扼要著称（当然，我们看到梅迪库斯教授所著的《债法总论/各论》译成中文时已成大部头著作），多集中于对德国民法基本概念和制度的介绍和阐述。小型教科书最大的优势就是时效强、更新快。由于近年来德国民法修订频繁，民法教科书往往未过一两年即出新版，以2002年德国债法以及损害赔偿法修订前后为甚。另外，小型教科书价格也非常便宜，新书多为20欧元左右（不要换算成人民币，否则仍显昂贵）。而且这些教科书多是一两年便修订一次，每年在图书馆淘汰旧书时购买，往往仅需0.5至1欧元，这也让囊中羞涩的中国留学生得以保有一些原版的德文法学教科书。

后者中经典的如德国贝克出版社所出的绿皮书系列，包括拉伦茨教授所著的《德国民法通论》《债法总论/各论》，鲍尔/施蒂尔纳教授所著的《物权法》，以及德国 Springer 出版社出版的"法学与政治学百科全书"中属于法学部分的著作，如弗卢梅教授（已于2009

年1月28日仙逝）所著的民法总论三部曲、拉伦茨教授所著的《法学方法论》等等。大型教科书多奠基于作者自己的理论体系，借以对相关领域阐幽发微，因而部头颇为庞大。以译成中文的鲍尔/施蒂尔纳教授所著的《物权法》为例，竟然煌煌两大巨册。这种以理论体系建构为特色的教科书不讲求时效性，这也导致它的修订过程比较漫长。以拉伦茨教授的《债法总论》为例，至今使用的仍是1987年出版的第14版。

如果仔细翻阅德国法学教科书，无论是大型的还是小型的，均具有如下特点。

1. 由名家撰写

德国法学教科书多由各大学成名的法学教授撰写，偶尔可以见到由律师撰写的教科书。这与德国的法学教育体制有关，在各大学法学院，大课通常只能由教授讲授，因而，与之配套的教科书也多由教授基于其讲义撰写而成。而且德国大多数法学教科书都是教授独著而成的，不像国内的教科书多采主编制。

如果在翻阅德国民法教科书后，我们还会发现，德国教授撰写的民法教科书中以民法总论最为常见，似乎没有写过民法总论就不能称其写过民法教科书，可见德国法学抽象思维已经深入德国法学家的骨子里了。

2. 通常附有缩略语表和参考文献

如果翻阅德国法学教科书会发现大多数教科书在目录后都会有一个缩略语表，各教科书所附缩略语表内容则略有不同，其中部分为各种法学期刊或者经典教科书的缩略语，如德国常见的法学杂志 NJW、JuS、JZ 等，部分为德国法学专有名词的缩略语，如无因管理即可略为 GoA。这可谓德国法学教科书的一个特色。同时，多数教科书在每章或重要的节次前会提供一个主要参考文献的目录，这可以引导学生在从事研究时有针对性地去查找阅读资料。对于中国留学生而言，查找资料最方便的途径莫过于此。

3. 多援引判例并常常通过小的案例来阐释具体的问题

德国法学教科书最大的特点就是与实务结合紧密。各种教科书中必然会援引重要的法院判例，并加以归类。而小型教科书在阐述具体问题时，也会结合判例设计小的案型帮助初学者来理解复杂的法律制度。这是由于德国法科学生最终的目标是通过国家考试，而国家考试的主要内容即是案例分析，在日常的教科书中结合判例加以阐述，有助于学生掌握判例的基本观点，并加以运用。与此相配套，德国还出版有大量的案例练习书和判例汇编书，而评注书也多是对法院判例的分析整理，目的都在于帮助学生掌握案例分析的基本工具。

4. 师承修订

德国的法学教科书虽然种类繁多，但生命力最长的是那些被奉为经典的教科书。在最初的作者去世后，这些经典教科书便多由其后人或学生修订。如鲍尔（Fritz Baur）教授所著的《物权法》其后便由教授之子 Jürgen Fritz 和学生 Rolf Stürner 教授（弗里茨·鲍尔和罗尔夫·施蒂尔纳教授）续订，韦斯特曼（Harry Westermann）教授所著的《德国民法的基本概念》和《物权法》也由其子 Harm Peter Westermann 教授续订。当然，也存在一些经典教科书并非由原作者的后人或学生修订的情况，如拉伦茨教授的《德国民法通论》后来便由与其并无师承关系的 Manfred Wolf 教授（曼弗雷德·沃尔夫教授，其《物权法》已由吴越和李大雪教授译成中文）续订。续订后，教科书的书名页便会写明本教科书由谁奠基，由谁修订，作者一栏也随着时间越变越长。

反观国内的法学教科书，是否也有很多可以向德国学习之处呢？

历时十年，该文反映的德国法学教科书的外在特征仍不过时，缺憾的是，没有进一步揭示出德国法学教科书与其法教义学及法典化的关系。就民法而言，可以说，作为 19 世纪民法法典化典范的《德国民法典》的五编制体系即奠基于该世纪萨维尼、普赫塔和温德沙伊德等法学大家基于对古罗马《学说汇纂》进行研究而形成的潘德克顿教科书及由此演化出的近代民法的概念体系之上。法典化之后的法学教科书则要进一步关注法典的解释和适用，促进法教义学的形成和发展。在此，小型/基础教科书和大型教科书/体系书发挥着不同的作用。德国小型/基础法学教科书最重要的作用就是以通说为基础，借助最精炼准确的语言来表达最为复杂的概念，并借助案例的导入和判例的引入，让抽象概念具象化，奠定学生的基础法学知识体系。而大型教科书/体系书则是在小型/基础教科书的体系之上凝聚作者的学术睿见和思想体系，通过对关键问题的深入分析促进法教义学的发展，进而开拓学生的思维和视野，使其形成更广博的知识结构。

早在 2001 年，谢怀栻先生就在其讲座《民法学习当中的方法问题》中提到了在专与博的基础上来学习民法。[1] 2019 年 8 月 15 日，在谢怀栻先生诞辰 100 周年纪念日之际，该讲座稿又以《谢怀栻先生谈民法的学习与研究》为题在微信朋友圈广泛传播，今日读来仍振聋发聩。

我看到有一些民法书，总觉得他们介绍民事权利，不是整体地从体系上介绍，而是零零碎碎地遇到一点介绍一点。我觉得这样不好。我认为学习民法要首先了解民法的全貌，然后对于民法的基础知识要有一个大概的认识：民法讲权利，什么是权利；民法讲义务，什么是义务；民法讲法律关系，什么是法律关系。当然这些东西你要彻底地搞清楚，不是一开始就行的。但是大体上是可以知道的。比如说我们民法学界直到最近还存在这种情况：讨论这样的问题，讨论民法讲的权利关系。特别是最近制定物权法，所以引起争论：物权法讲的是人与人的关系，还是人与物的关系？**这样的问题在西方国家一百年以前就透透彻彻地解决了，现在我们中国还有人又提出来。**现在还有很有名的法学家提出这个问题：物权究竟是人与人的关系还是人与物的关系？法律关系都是人与人的关系，怎么会有人与物的关系呢？所以这就说明开始学民法就应该把基础概念给学生讲清楚。法律就是解决人的关系，哪里有解决人与物的关系的呢？至于说法律牵涉到物，这是必然的，它是涉及到物，但是它主要的目的不是解决人与物的关系。……所以我就觉得很奇怪的是，有人

---

[1] 谢怀栻：《民法学习当中的方法问题》，载王利明主编：《民商法前沿论坛》（第 1 辑），北京，人民法院出版社 2004 年版，第 39—41 页。

现在还提物权是人与物的关系。这就是最初学民法时没有把民法学清楚。

那么最初应该怎么样弄清楚这些基本的知识呢？从学生学习方面来说，开始学的时候绝对不能把学习面搞得太广了，**应该抓住一两本书认真地读**（介绍书是导师的责任了）。先不要看外面有这么多民法书，本本都买来看，这样用不着。有的书里面甚至有错误的东西，你学了错误的东西将来就很麻烦了。开始抓住比较好的书，好好地研究透，脑子里有了民法的全貌、基本理论、基本知识，然后再去看别的书都可以。

这就是说看书应该越多越好还是少而精好？学的范围应该多好还是少好？这就是一个博与专的关系，我们做学问都会遇到这样的问题。我很赞成胡适讲的一句话："为学要如金字塔。"**做学问要像建金字塔一样，基础要广，而且要高。**高和广是一对辩证关系，基础越广才能越高，基础小而要建一个高建筑那是不可能的。但是高与广又不是我们一下子就能决定的，我们为了广，什么书都拿来读，那也是不可能的。我一定要把所有的书都读完，再来建高，那也不可能。**高与广是相互循环的，先高一下，就感觉我的基础不行了，就扩大基础，然后再高一下，如此循环。**所以，读书不要一开始就把所有的书都拿来读，先还是少一点、精一点，等到基础需要的时候，再扩大一下基础。

从谢老的文字中也可以看出，一本经典的法学教科书对于法科学生的基础概念的正确养成具有多么重要的地位，而且谢老提出的质疑也让人反思，作为法律继受国，法学教科书究竟应该怎么写。

德国作为近现代民法理论的滥觞国，其法教义学的理论架构已臻完善，理论和实践互动产生的通说已然形成，民法教科书的撰写和修订则可按部就班进行。反观中国近现代，作为民法继受国，清末民律继受自日本，民国民法则主要继受自德国，并参酌瑞士民法、日本民法、法国民法和苏联民法等。民法理论的继受则与民法典的继受相辅相成。教科书也有着内容和形式上的渐进转型过程，从早先的单纯照搬外国理论，进行简要的法条释义，到逐步有意识地由日入德，建构自己的体系。作为这一时期转型的代表性民法教科书可举例有三：一则为梅仲协先生之《民法要义》。作为概要性的民法教科书，梅先生有意识地追溯到民国民法的源头——德瑞民法进行理论阐述，不局限于民国民法体例，而以体系性为标称。该书亦借鉴德国法学教科书的体例，采用段码体系并提供了法条索引。梅先生还借助执掌台大法律系之便严限学生修习德文，实现了民法理论由日转德。[2] 二则为民国民法五立委之一的史尚宽先生所著之六卷本的民法全书。其特点为取材广泛，涉猎德日法英诸国法律，注重探本溯源，并结合参与立法之便，阐幽发微，该全书可谓有民法体系书之实。三则为王泽鉴先生所著之八册民法教科书，堪称华文世界民法教科书之典范。该系列教材奠基于先生一贯所倡的民法学说与判例的互动研究以及比较民法的研究，教材内容以德国法为根基，并广泛征引日本法和英美法，同时注重示例的导入和判例的引入，致力于台湾地区民法通说的形成，颇具德国基础法学教科书之神，而又不像德国教科书那

---

〔2〕 参见谢怀栻先生为梅先生的《民法要义》所撰序言。

样囿于一国。三位先生均具有留学欧陆背景，梅仲协先生留学法国，史尚宽先生遍历日德法，王泽鉴先生则留学德国，三者均精通德日英三国语言，其所撰教科书之厚重和旁征博引自有由来。

中华人民共和国成立后，我国曾经历了数十年的法律空窗期。自1986年《民法通则》颁布以来，我国民商事法律体系重现生机，日趋完善，2020年民法典正式颁行。伴随着法律的发展，我国的民商事审判实践也日渐丰富，网络与大数据技术也进一步推动着民事司法和案例研究的转型。虽然此间我们的民商法教科书在借鉴我国台湾地区，以及日本、德国甚或英美私法理论的基础上层出不穷，也不乏偶见的精品，但与德国、日本乃至我国台湾地区的民商法教科书相比，我们所缺乏的仍是能够为广大法科生奠定准确的概念体系，并与审判实践互动，致力于形成通说的法学教科书。既有的民商法教科书或者局限于对法条的罗列和简要阐述，或者作者基于不同的学术背景和留学经历而阐发自己独特的学术观点，在基础概念的分析和外国法例的介绍上也存在诸多错讹，抑或人云亦云，对审判案例的关注也远未达到理想状态，学生并不能有效地借助阅读教科书形成准确的概念体系，并将之加以妥当运用，这也直接造成各地司法实践的差异化。究其成因，除我国现行立法粗疏，缺乏体系考量，并且立法理由无法有效呈现外，现有民法理论和清末民国时期的民法传统出现割裂，学术界对国外尤其是继受母国的基础民法理论不够熟稔及与现今民法学说发展无法有效接续也是重要原因，诸如法律行为的普适性和适法性之争、债与责任的关系之争以及物权行为与债权形式主义之争等等皆因此而来，而民法理论、民事立法和民事司法实践之间的疏离感及相互角力，也造成了我国现有法学教科书无法有效承载法教义学的重任。

正是基于自己对德国和中国民法教科书的阅读体验，我希冀能够回到中国民法理论的源头去探寻民法概念体系的原貌，梳其枝蔓、现其筋骨，促进中国民商法教科书的转型。2009年，甫入教职的我就在人大社启动了"外国民商法教科书译丛"的翻译计划，第一批曾设想择取德国、日本、法国和意大利诸国的经典民法教材，邀请国外留学的民法才俊译介引入。当时留学海外的民法人才尚不如今日之繁盛，最后仅推出德国民法教科书4本和日本民法教科书1本。自2012年始，陆续出版了布洛克斯和瓦尔克的《德国民法总论》（第33版）、韦斯特曼的《德国民法基本概念》（第16版）（增订版）、吉村良一的《日本侵权行为法》（第4版）、罗歇尔德斯的《德国债法总论》（第7版）以及多伊奇和阿伦斯的《德国侵权法》（第5版）。参与的译者中除2018年年初不幸罹难的大军外，其他诸位今日已成为各自领域的翘楚。第一批中还有两本经典作品迟至今日尚未最终完成出版（比得林斯基的《私法的体系与原则》以及日本《民法的争点》）。

第一批译著的推出恰逢其时。鉴于德国债法在2002年进行了大幅修订，国内尚无最新的德国民法教科书译作跟进，本译丛中的多部译著受到广泛欢迎，尤其是《德国民法总论》多次加印，部分译作甚至因为断货而在旧书市场上被炒作到数百元不等。译丛的装帧设计也从最初的大32开变为16开本。

市场对译丛的积极反响也催生了本译丛第二批书目的诞生。第二批遴选的书目中除第一批未及纳入的传统合同法、亲属法和继承法教材外，侧重选择了国内尚不熟悉的德国商法教材。译丛的译者也更新为 20 世纪 80 年代中后期甚至 90 年代出生的新一批中国留德法科生。该批译著最早问世的为 2016 年出版的慕斯拉克与豪的《德国民法概论》（第 14 版），2019 年又推出了莱特的《德国著作权法》（第 2 版）。而第一批书目也将根据最新版次修订后陆续推出，2019 年即更新了布洛克斯和瓦尔克的《德国民法总论》（第 41 版）。借 2019 年改版之机，本译丛采用了更为精致的封面设计和更为精良的纸品。现负笈德国波恩大学的焕然君在网络媒体——微信公众号上对本译丛也进行了图文并茂的推送[3]，使其为更多的学子所知悉。

由于本译丛所选书目以德国基础民商法教科书为主，读者阅读时自当手边备有《德国民法典》[4] 和《德国商法典》等法律的条文参照阅读，对于中国法无规定或有不同规定者，自当斟酌差异及其理由，对于相似规定，则可比较有无细微差异，甚或是否为形似而实非，更重要的是要体悟民商法的重要基础概念之内涵及其体系以及司法之运用，以便形成个人体悟之架构。而欲深入学习者，尚可借助译著所附之参考文献，按图索骥，进行深入的专题阅读。对德国民法脉络的掌握也有助于对其历史渊源罗马法的学习，并可以以其为参照促进对属于德国法系的奥地利、瑞士、希腊乃至受到德国民法或多或少影响的日本、韩国、意大利、法国和俄罗斯诸法域民法的理解。

这套译丛是我所主持的数部外国法译丛的"头生子"，虽然自策划起算来已逾十年，拖延久许，但作为我初入法学出版领域的敲门砖，有着别样的意义！译丛得以推出要真诚地感谢人大社法律分社的杜宇峰女士，无论是选题的报送还是版权的联系，她都不辞辛劳！感谢施洋等诸位编辑的辛勤耕作，为译丛的及时出版和质量完善提供了有效的保障！感谢诸位年轻译者一直以来的支持，能够忍受我的催稿督促！

借助两批书目的译介，本译丛将基本完成德国民商法基础教科书的体系化引入。我期待能够通过对国外尤其是德国和日本最新的经典基础民商法教科书的引介，回到我国民法体系的理论源头去探寻准确的民法概念体系，为学生学习民商法和学者进一步深入研究提供更为准确的参照，同时为我们形成自己的民商法教科书体系迈出第一步。如有所成，当幸甚焉！

---

〔3〕 即"杰然不瞳"于 2017 年 5 月 30 日发布的《德国民法教科书中译本：书目概览》。

〔4〕 北大出版社的台译本采中德对照方式，有德语基础者可参照双语阅读。

作者简介 ◀

弗朗茨·比德林斯基（Franz Bydlinski，1931—2011），生于波兰上西里西亚（Oberschlesien）的雷布尼克（Rybnik），1954 年博士毕业，奥地利维也纳大学荣休教授。

比德林斯基教授一生撰写了许多开创性的专著和论文，其学术研究对奥地利的法律文化产生了深远的影响。他的主要贡献在于对法律实证主义的发展，该法律学说自凯尔森以来在奥地利一直占据主导地位。但是比德林斯基教授超越了制定法解释，他的著作并不仅仅将制定法语句作为主要的解释基础，而且包括制定法背后的立法者的利益和评价。他的三本重要著作——《法学方法论和法律概念》（Juristische Methodenlehre und Rechtsbegriff，1982 年第 1 版；1991 年的第 2 版补充了后记）、《基础性法律原则》（Fundamentale Rechtsgrundsätze，1988 年）和《私法的体系与原则》（System und Prinzip des Privatrechts，1996 年），被称为法律教义学的基本著作。

比德林斯基教授不只是一位卓越的法学家，更是一名优秀的实践者。他参与了许多法律改革，领导数量众多的工作小组，为奥地利的立法工作提供咨询意见，比如家庭法大改革、劳动法法典化（未完成）。从 1963 年到 1989 年，他还担任法学期刊"Juristischen Blätter"（JBl）的编辑，在任期间大力推动了该刊物的发展。

比德林斯基教授先后获颁奥地利萨尔茨堡大学、德国慕尼黑大学、波兰卡托维兹大学和斯洛伐克特尔纳瓦大学的荣誉博士学位。他曾担任奥地利科学院院士。

译校者简介 ◀

　　曾　见，男，德国哥廷根大学法学博士，江苏大学法学院副教授，硕士研究生导师，武汉大学大健康法制研究中心研究员。

　　刘志阳，男，德国慕尼黑大学法学博士，武汉大学法学博士后，硕士研究生导师，江苏大学金山青年特聘教授，武汉大学大健康法制研究中心研究员。

　　喻　露，女，德国哥廷根大学法学博士。

　　赵文杰，男，清华大学法学博士，华东政法大学法律学院副教授，硕士研究生导师。

　　雷巍巍，男，德国慕尼黑大学法学博士，中国计量大学法学院讲师，硕士研究生导师。

　　庄加园，男，德国科隆大学法学博士，上海交通大学法学院教授，博士研究生导师。

　　宁潜晶，女，德国哥廷根大学法学硕士，德国 TP LINK DACH 法律顾问。

中文版序言 ◀

　　弗朗茨·比德林斯基是我的父亲。他对法律基本问题进行了数十载的研究，而且最初主要是研究私法。在《法学方法论和法律概念》（1982 年出版）和《基础性法律原则》（1988 年出版）之后，他致力于私法的结构性问题研究。这一研究非常宏大，于 1996 年诞生了他的著作中内容最为丰富的一部作品，也即《私法的体系与原则》。这本书在全部德语国家以及其他地区迅速赢得了巨大的关注。

　　弗朗茨·比德林斯基于 2011 年以 80 岁高龄辞世。如果能够亲眼目睹自己的鸿篇巨制以汉语出版，他肯定也会欣喜万分。对于其他人，尤其是他的遗孀和五名儿子，中译本的出版是一种巨大的荣耀。比德林斯基家族在此衷心感谢为中译本的发行做出贡献的所有人，尤其是精通德语的各位译者，更要特别感谢来自江苏大学的曾见博士。我们非常希望，弗朗茨·比德林斯基的思想也能够对"中央之国"的法学家有所裨益，同时也祝愿本书能够广为流传。

奥地利格拉茨大学教授　彼得·比德林斯基

格拉茨

前　言　◀

本书的最初写作计划是，在（1988年已经出版的）《基础性法律原则》（"Fundamentale Rechtsgrundsätze"）的结论部分直接以私法体系为例阐述基础性法律原则的具体化。在这一计划的实施过程中几乎自动发生的扩张导致不得不独立撰写和出版这一部分。它与前述所指的书（《基础性法律原则》——译者注）及《法学方法论和法律概念》（"Juristische Methodenlehre und Rechtsbegriff"）这本书（1982年第一版；1991年第二版补充了后记）之间的内容关联性不受影响。以这三本书作为一个整体，笔者希望参与对于久经考验的、旧的"法律"思想反复进行的适逢其时的重构，并且说明它们富有成效地运用于实际法学工作的可能性。

本书特别突出私法的导向能力，可以提供原则—体系的法律思维，这是在针对个别问题进行具体的法律发现之前为了法律发现的最优化而必须采取的方式。为了这一目的，本书审查了通常的、"外部的"私法体系和已经提出的各种重构建议，尤其是尝试尽可能地，也即启发性地，与通常情况相比更广泛地把本质上比具体规则更稳定的原则层次的"内部体系"展示出来。两种体系思想的相互依赖性在此变得清晰可见，然而这似乎迄今还没有得到充分的重视，它对于法学的体系难题却具有法律实践方面的重要意义。这一点在特定的方面变得尤其明显，因为在本书的讨论范围内，几个核心的法律政策难题和某些体系上合理的方针顺理成章地获得了解决。

坚信从法律外部改善法律及法律运行是唯一可能性的思想的人，或者偏爱这一路径的人，或者坚信在法律中不需要为了体系上的稳定性做出不屈不挠的、艰辛的努力就可以实现改善目标的人，可能（也）很难理解本书。对于"法律"过于形式化的限缩的支持者，情况也是相似的。除了辩解性的相应反应之外，我再次希望对于本书的尝试进行多种多样的、广泛的批评性深化，以促进对于理性上尽可能合理的法律问题解决方案的法律思维，这种法律思维不是工具性的，而是以特殊的、在体系中展开的法律价值为基础。这种深化肯定是不可或缺的，以便此处提出的原则理论可以与时俱进地改善其极不稳定的状态——即使暂时的、需要审核的导向也完全好过无方向。前提条件当然是，我们不能接受实际的法律获取与法律理论反思之间任何无法逾越的鸿沟，并且在法律理论反思的框架内做好一定的准备，超越对过去确立的、常常远离法律的理论设想的顽固的重复，至少是在法学的实际可能性和任务承认这些理论设想的影响的意义上。

有关私法在整体法律秩序的体系中的地位，更详细的论述见于篇幅不大的、最近（1994 年）在 Springer-Verlag（Wien New York）出版的《私法社会的法律体系中的私法》（"Das Privatrecht im Rechtssystem einer Privatrechtsgesellschaft"）一书及在该书前言部分列出的论文。据此，私法的核心是在产生、内容及（社会的）适用领域方面都相对远离国家的法律组成部分，这样一个法律组成部分的独立性既反对（潜在的和真实的）国家极权主义，也反对国家过分的自我苛求。与此同时，一方面基于基础性的法律原则，另一方面由于形成私人的过度优势和其他滥用的可能性，这一个法律组成部分也证明了矫正性的国家干预措施的必要性，这些措施通过谨慎的、没有乌托邦式的期望和目标的、衡量过的一般立法和通过对私权利的国家法律保护对社会的（在国家机关之外运行的）进程产生影响。

菲肯切尔（FIKENTSCHER）在对《基础性法律原则》的总体上非常鼓励性的书评中提出了一个问题，即所讨论的究竟是什么法律。这个问题可以变化形式：本书讨论的是哪些私法？答案可以统一为：讨论的是法律秩序及其中的私法，是作者（在不同程度上）有一定理解的私法；同时相关联的假定是，向具体法律秩序的原则层次的回归始终同时开启了通向广泛超越国家范围生效的或者甚至（对于特定法律领域的或者完全就是）普遍的、规范的结构的路径。

同时印证这一假定的是，以广泛的法律比较，比如全面的欧洲私法秩序为基础，并采用归纳的方法来探索原则，要理所当然地好得多。但是这一点遭到（至少）主观上不可能这一反对意见的否定。对于笔者来说，放弃在此进行的尝试是不恰当的。因为在已知的范围内，对于值得优先选择的模式可能准备更充分的专业比较法学者还没有为欧洲的法律秩序或者法律领域提炼出一个包含整个私法的，并且在此基础上比较评价的"内部体系"（原则理论）。（对于一般合同法的部分重要领域，参见《国际商事合同通则》"Principles of International Commercial Contracts"［Unidroit 1994］；当然是根据一部法律的类型。）他们中的许多人甚至特别倾向于那些较少重视为了法律状态的内容稳定性付出体系性努力的法律秩序或者法律观点。

对于在——尤其是当前——欧洲层面上非常值得追求的、私法的原则层次的提炼来说，可能更有希望实现的是，在不同法律秩序或者法律领域分别实施这一任务，这样便于凸显最大程度一致性的抽象层次，并在随后的比较中更广泛地相互接近的适当基点。本书致力于描述这一程序，并且笔者认为，这实际上也是能够开启现实的"欧洲共同私法"的最佳路径。现在非常恰当的是，为此首先追溯到共同的欧洲法律传统和法律发展，因此也尤其是追溯到作为普通法（gemeines Recht）的，直至 19 世纪的、法学上权威的罗马法，那么肯定成果丰富。然而我们也不能忽视理性法律思维以及受其影响的法典编纂的独立贡献。尤其是，仅仅因为在历史上的普通法（Gemeinrecht）被各个国家的私法取代之后百花齐放地发展出来的重要法律内容，追溯到历史上的普通法可能也是不充足的。

基本的范例已经表明，源自布鲁塞尔的"欧洲私法"的最新片段，更不用说相关的法典编纂计划，严重地依赖于体系性的（和比较性的）、法律理论的基础的思想深度。否则就陷于按照法律规范上偶然的，因此也是成效不彰的事实领域进行的随意体系化，比如按照（工业的）"商品生产"或者"服务"，或许一开始还能断言有些关键的特殊性，完全典型地却在具体的规则中忽视了这些特殊性。因此，本书对于体系与原则的法律思维的努力不会因为"欧洲"变得多余，这一点应当不需要再做任何特别说明了。

　　整个私法的研究受到资料使用方面狭窄的、当然的边界限制，另外还有笔者工作能力和文献阅读面的主观限制。笔者无力改变这些，因此非常遗憾，尤其希望得到相关的亲密同事的谅解。除了个别的例外，在 1994 年初秋（定稿和交稿）以后出版的文献几乎完全没有得到利用；更不用说在笔者接受心脏手术之后出版的文献了。很遗憾同样如此的是Mayer-Maly 和笔者合编的文集《私法的伦理基础》（"Die ethischen Grundlagen des Privatrechts"，Springer-Verlag，Wien New York 1994），笔者在此不得不提及一下。针对Reuter 在该文集中对于笔者有关"潘德克顿学派"的片面性的（在本书中重复的）异议提出的批评，笔者的直接回应是，他在第 113 页及以下页码的阐述（针对第 108 页）很大程度上证实了笔者的观点，从而极大地限制了他的批评。针对本书的主题，尤其还要提一下Okko Behrends（尤其是针对特别的法律伦理的必要提炼）和 Streissler 的文章。Streissler客观地用非常周延的、简洁的方式阐述了"私法社会"的优点，一丁点也没有否定规范性基础的必要性和市场过程的局限性。对于自己的专业有更深层次研究的私法学者不应当忽视这里引用的著作。

　　1991 年夏季的科研学期促进了本书的研究工作，这一研究已经持续多年，然而一再被其他科研任务打断。笔者感谢维也纳科学部的资助和笔者的学院对于笔者的申请的支持。Erika Baier 女士书写了这部厚厚的书稿，它现在已经是许多不同的版本了，同时还有数不清的、无法概观的补充内容。Hanel 博士先生为本书的排版做了大量的工作。科学研究促进基金提供了数额可观的印刷费用补助，从而让本书的售价可以更为合理。出版社也为本著作的出版做出了坚定的努力。在我要感谢的所有人当中，最要感谢的是我的朋友Helmut Koziol，他审阅了有关损害赔偿和不当得利的章节，并且提出了批判性的意见。

　　我将本书献给这四位（"完全没有正式地根据资历"来排序）亲密的、专业方面的同事，他们同时代表了许多其他人，我们（甚至数十年）一起愉快地工作，他们的个人风度也使得我必须表达谢意。列出的这四位是特殊情况：他们尊重笔者不在整寿生日时出版纪念文集的愿望，但是同时又发挥了法学方面的想象力，尤其是投入大量心力通过全套书的题词来规避了这个愿望。Helmut Koziol 甚至是"惯犯"。笔者希望通过本书致谢，表达对于这一惊喜及许多其他方面的坦率的感激之情和内心的无比温馨，但是同时也把对于这些规避行为的全面怀疑留在了记忆当中。

弗朗茨·比德林斯基

纽道贝格

1995 年夏

文献缩写 ◀

Bydlinski,	Der Gleichheitsgrundsatz im österreichischen Privatrecht (Gutachten für den 1. Österreichischen Juristentag [1961] Bd I /1); zitiert: GAÖJT 1961
Bydlinski,	Juristische Methodenlehre und Rechtsbegriff (1. Auflage 1982; 2., um einen Anhang ergänzte Auflage 1991); zitiert: Methodenlehre
Canaris,	Systemdenken und Systembegriff in der Jurisprudenz² (1983); zitiert: Systemdenken
Klangi/Gschnitzer (Hrsg),	Kommentar zum ABGB, 2. Auflage (1950 bis 1978); zitiert: Autor in Klang (Bd-Nr)², Seite
Koziol,	Österreichisches Haftpflichtrecht I² (1980), II² (1983); zitiert Haftpflichtrecht I bzw II
Krejci (Hrsg),	Handbuch zum Konsumentenschutzgesetz (1981); zitiert: Autor, Titel des Beitrags, KSchG-Handbuch, Seite
Larenz,	Allgemeiner Teil des deutschen bürgerlichen Rechts⁷ (1989); zitiert: AT⁷
Larenz,	Methodenlehre der Rechtswissenschaft⁵ (1983); zitiert: Methodenlehre
Reuter /Martinek,	Ungerechtfertigte Bereicherung (1983); zitiert: Bereicherung
Rummel (Hrsg),	Kommentar zum ABGB² I (1990), II (1992); zitiert: Autor in Rummel, Rz zu §
W. Wilburg,	Die Elemente des Schadensrechts (1941); zitiert: Elemente
W. Wilburg,	Die Lehre von der ungerechtfertigten Bereicherung (1934); zitiert: Bereicherung

简　目

第四编　内部（规范性）体系观点的"外部化"与批判

目 录
Contents

第一编　法学的体系问题

第一编　法学的体系问题

第一章

"法律体系"：客体、标准、种类

第一节 一般情况下的体系构建要求

一、可概观的秩序

任何大型复杂的"素材"，不论所指的是特定表述（Aussagen）的有限客体，还是关于特定客体的表述本身，都需要一个脉络清晰的秩序：如果没有这样的秩序，即便是对其十分熟悉之人，也完全无法从内在思想上把握其基本特征，更不用说向其他人进行适当传授了。那些恰恰在某个特定的内部关系上引人注意的细节，最终也更加需要通过极大的努力，并通过对整个素材的各个组成部分进行全面的检查，这样才能让人理解。

如果我们能按照一个事先拟定的、清晰的脉络模式了解到，从整个素材的哪一个有限部分中可以找到我们正好需要的东西，就显然更合乎目的了。脉络划分模式越契合待体系化的素材本身的明显结构特点，并且越契合素材使用者的典型目的，就越能够实现素材整体的可概观性：于前者是因为对于素材的观察者来说易于理解和领会脉络划分模式；于后者是因为简化了对通常情况下想知道的细节种类的查询。

因此，要对一个素材群进行条分缕析的描述，通常所应当具备的要求可以归纳为：针对客体结构的最大限度的可概观性（Übersichtlichkeit）及符合素材使用者的通常目的。

上述要求完全适用于对法律进行的条分缕析的描述以及将法律描述为"法律体系"（Rechtssystem）[1]。尤其以其当今的增长水平，法律无疑是一个强劲复杂的素材集合体，哪怕只是为了大致的可概观性和可理解性，我们也迫切需要为其建立一个体系。[2]

如果继续仔细琢磨，我们就会发现，法律的概观性这种一般理性要求尤其被那些非常一般化的法律基本价值或者基础原则强化了，我们一般将这些非常一般

---

〔1〕针对法学界有关体系问题的大量讨论，尤其可以参照：CANARIS, Systemdenken und Systembegriff in der Jurisprudenz² （注释中的上排数字，表示文献的版次。——译者注）（1983）；SCHMIDT-RIMPLER, Vom System des bürgerlichen Handels-und Wirtschaftsrechts, in: Zur Erneuerung des bürgerlichen Rechts (1938) 92 （注释中的平排数字，如无特别说明，表示文献的页码。——译者注）；同一作者，Wirtschaftsrecht, in: Handwörterbuch der Sozialwissenschaften (1965) 690；F. VON HIPPEL, Zur Gesetzmäßigkeit juristischer Systembildung (1930)；ENGISCH, Sinn und Tragweite juristischer Systembildung, Studium generale 1957, 188；COING, Bemerkungen zum überkommenen Zivilrechtssystem, FS DÖLLE (1962) 24 ff；同一作者，Geschichte und Bedeutung des Systemdenkens in der Rechtswissenschaft, ÖZöR Ⅷ (1957/58) 257 ff；KOPPENSTEINER, Wirtschaftsrecht, Rechtstheorie 1973, 29 ff；E. VON SAVIGNY, Zur Rolle der deduktiv-axiomatischen Methode in der Rechtswissenschaft, in: Jahr/Maihofer（Hrsg）Rechtstheorie (1971) 315 ff；LARENZ, Methodenlehre der Rechtswissenschaft6 (1991) 437 ff, 473 ff. 其他有关法学体系的文献将在后文讨论具体问题时进行列举。——从新颖的进化论观点出发，HELSPER 在 Die Vorschriften der Evolution für das Recht (1989) 一书中坚持认为，并且在第 242 页总结道：体系化，尤其是立法，是进化的结果。他还认为，无视这一法则将"付出代价"（该书第 244 页）。——对于已经广为讨论的社会学或者"一般"的"体系理论"，本书将不再进行讨论。在视野范围内，德语圈中这一"体系理论"的主要代表人物所通常承认的看法，即该理论对于法学任务的实现可能助益不大，看起来也适用于法学的体系问题（参见：LUHMANN, Rechtssoziologie Ⅱ [1972] 355；同一作者，Die soziologische Beobachtung des Rechts [1986] 44）。不断增多的法律学者却显得不相信这位体系理论的领军人物。但是他的观点在 ECKHOFF/SUNDBY, Rechtssysteme (1988) 这本新颖而明了的著作中得到了证实："法学理论的体系理论入门"为其副标题：特殊的法学体系问题，即将法学划分成不同的素材，只是被一带而过（该书第 40 页），却从没有被哪怕是隐约地讨论过。既没有探究过哪些内容通常属于，或者应当属于体系化的"法学材料"，也没有探究过适用，或者应当适用哪些划分标准（上述第一个简单问题即便在通常的法学"体系理论"中也没有充分地联系法学实践及其可能性予以讨论）。更确切地说，ECKHOFF/ SUNDBY 书中的论题（不同规范类型之间的关系、规范与人的行为之间的关系、法学体系与环境的关系）几乎鲜少涉及法学的特殊任务与需求。为了调和当今法学理论的主导观点，本书将把讨论重点完全放在法学的特殊任务与需求方面上。有关法学中的"体系理论"比如有W. ENDERLEIN, Abwägung in Recht und Moral (1992) 306 ff, 要特别反对他们不恰当的规范概念；有关新支持者的讨论参见 SOMEK, Rechtssystem und Republik (1992) 454 ff. ——在法学的内部关系上，"体系理论"在务实的应用上也许可以通过其对尚可接受的，并长期起作用的整体的均衡状态（及其不稳定性）的结构性描述，既让"可行的"，也让"可保持的"最大界限更好地显现出来。对于本身是易变的具体关系是继续维持或是进行变更，是一个真正的规范性问题，缺少真正的规范性标准就根本无法回答。——SOMEK, Rechtssystem und Republik (1992) 这本内容丰富、造诣深厚的著作实际上鲜少涉及法学的体系问题，尤其因为其讨论的是没有明显"对象"的法律适用问题：该作者对语义的怀疑超越了很多人，尤其是 WITTGENSTEIN, 否认通过真正的语言惯用语来确定语义的可能性。他力图论证以法律面前人人平等原则为（唯一?）基本价值的"法律获取"（Rechtsgewinnung）及——未深入阐释的——体系构建的合法性，这一趋向是值得赞同的，但是不能忽视的是，为何恰恰是法律面前人人平等原则可以欠缺明显语义。同样的情形也见于对作者所讨论的前定法律规定完全在事后进行"语义归因"。这种分裂的语义怀疑论是内在矛盾的。

〔2〕特别引人注意的，不太能算是 ECKHOFF/SUNDBY 前引书第 18 页对"体系"所定义的"有秩序和界定清晰的集合"，而是针对"集合"或者是从"集合"中推导出的秩序标准和界定标准。将这些标准完全一般化地解释为"既取决于客体特征，也取决于观察者特征"的那些作者们，其对于法律体系的看法是应当追随的（Eckhoff/Sundby 前引书第 21 页）。

化的法律基本价值或者基础原则概括为"法理念"（Rechtsidee）[3]，也即正义（Gerechtigkeit）、法的安定性（Rechtssicherheit）以及合目的性（Zweckmäßigkeit）。即使只是从最一般的意义上理解这些原则，它们也都一致地支持对法律素材实现最大限度的概观性：正义原则是指具体案件规范处理中的均衡化，法的安定性原则是对人类共同生活的可信赖的规范指引，合目的性原则是为了避免不必要的浪费，这些原则都同样可以通过法律素材的简明易懂性得到促进——尤其是可以毫无疑问地找到想知道的部分，也可以因为将不同的法律组成部分毫无体系地归类纳入无法预见的上下文中而被埋没。只要想一想那些"综合法律"（leges fugitivae），我们无法想象这些法律"本身"可以被归类到哪里去，以至于要在与其相关的具体案件中被发现和应用，变成了一种带有随机性的专门知识、运气或者如同档案管理员那样的努力。

即使只是和某些特定的专业人员（这里当然是指法律人）相关的概观性要求，上述讨论的内容也完全适用，在因为不断的分工不可避免地导致的现实情况下，我们不得不在很大程度上实事求是地接受这样的目标。

二、法学上的体系概念

在法学上，对于根据明确的模式或者明确的排列顺序对法律素材（Rechtsstoff）进行的描述，我们通常在描述上称之为"外部的"体系。[4] 对此一般认为，只有概观性和可理解性标准具有决定性的作用。根据普遍的看法，只有"内部的"体系[5]才涉及法律素材的各个组成部分之间在内容上的论证关系（inhaltliche Begründungszusammenhänge），通常也认为"内部的"体系对于法学是更重要的。它也因而在完成法学的根本任务方面，也即在根据一定方法的法律获取方面，被赋予了重要的，即便并非总是明显的角色。这是为了解决法律生活所提出的实际问题。

---

〔3〕 尤其是参照 LARENZ, Richtiges Recht (1979) 32 ff；RADBRUCH, Rechtsphilosophie8 (1973) 164 ff；HENKEL, Einführung in die Rechtsphilosophie² (1977) 389 ff；ENGISCH, Auf der Suche nach der Gerechtigkeit (1971) 187 ff；GERMANN, Probleme und Methoden der Rechtsfindung² (1967) 30 f.；KUBES, Grundfragen der Philosophie des Rechts (1977) 54；DREIER, Rechtsbegriff und Rechtsidee (1986)；对于遴选出的与"法学思想"相关的问题，针对所属的原则及其进一步分析，更深入的探讨可以参见 BYDLINSKI, Methodenlehre 294 ff, 325 ff；对其进一步区分，参见同一作者，Fundamentale Rechtsgrundsätze 291 ff.

〔4〕 参考了 HECK, Begriffsbildung und Interessenjurisprudenz (1932) 139 ff；参见 CANARIS, Systemdenken 19 ff；LARENZ, Methodenlehre 437 ff；对"外部"体系有关看法的简明概括，参见 E. MEYER, Grundzüge einer systemorientierten Wertungsjurisprudenz (1984) 84 f（正确地强调了"概观性"是重点目标）。文中几乎完全处于中心地位的是，将外部体系理解为产生于抽象的（法律的，或者法学的）一般概念的体系（CANARIS上述引文中，还有对其他——本质上——"外部"体系化观点的批判性讨论）。但是，建立于界定性的"一般概念"之上的体系与建立在以同一一般概念所指称及界定的事实片段（生活关系、规范范围）体系是相同的，其内容空洞。这一点似乎没有被完全意识到（CANARIS, Systemdenken 19 f. und 34）。CANARIS首先把"外部体系"当作是秩序概念的体系，并的确同时认为"生活关系"对于这一体系具有决定意义（47, Anm 133）。Larenz也赞同对外部体系的这一解释，（"抽象"概念作为体系构成，439），但是认为像法律行为这样的抽象概念涉及的是"人类行为中的特殊一组"（485）（根据 THIELE, Die Zustimmung [1966] 85）。前提条件是，抽象概念指向特定的事实片段。与其相关联的体系因而必须如同由概念构成一样，由与概念相应的事实片段所构成。这是应当普遍强调的。

〔5〕 详见后文。

本书就是要提出这一命题（以及其他问题），并且证明，描写素材的法学的
"外部"体系、内容上的论证关系的"内部"体系和根据一定方法的法律获取，这
三者之间相互依赖的关系更精确、更明了，也更重要，但是首先必须要明确区分并
分别讨论（它们）。只能通过这种方式，我们才能够适当描绘上述三种现象之间真
实的内部关系。

根据对当前体系讨论的概括，这种澄清对诸多问题是很有益处的。先要指出的
第一点是那些糊涂的做法：潘德克顿式的（pandektistische）"概念法学"（Begriffs-
jurisprudenz）因其事实上对根据一定方法的法律获取存在不足而受到批评，纯"概念
式的"做法对于法律适用来说是不足的。这样的指责虽然是恰当的，但是因为"概念
法学"是构建于界定性的一般概念（abgrenzenden Allgemeinbegriffen）之上，就径直
将这些指责意见也扩大到"概念法学"的体系化工作上来。即使在体系化工作方面还
存在不足，其原因也应当与概念法学的法律获取方法的缺陷没有关系。

第二点很少并且从未充分地明确，即有成效的"内部"体系构建以一个已经存
在的，且与"内部"体系构建相对独立的"外部"体系为*必要前提条件*。对此将在
下文进一步深入论证。

第二节　待划分的"法律素材"

一、"法律素材"

根据前文提出的先对三类现象进行拆分的方案，首先需要讨论外部体系，即在
描述法律素材时老套地从外部进行的划分。第一步要处理的重要问题是，在外部体
系中概观性地划分和描述的"法律素材"究竟具体存在于何处。令人吃惊的是，这
个问题还几乎从来没有被清楚地提出来过。[6]

---

〔6〕 至少没有达到法学在其体系工作中持续进行的，并且由于其长期任务而必须进行的、必要的强调程度。比
如 CANARIS 就已经在抽象哲学上提出了这样的问题，并且通过区别认知的"科学"体系和认知对象的"客观"体系，
此处也即法律本身的认知，来回答这一问题（Systemdenken 13, 62 ff）。由于对法教义学的认知主要是揭示隐含的、迄
今还不熟悉的，因此还不能体系化的法律内容（这是按规则从先验法及其他必要前提中建立相关法律规则所需要的），
这种区别对于法学来说是收效不大的。总结了法学成果的"体系性"描述始终包含这两种认知；也即简单地复述简洁
明了的先验法，复述与论证归功于法学认知的那些规则。如果怀疑，法教义学最好是作为法学认知的努力，能够被定
义为以理性上最大限度可校验的方式获取法律规则（DÖLLE 提出的定义也同样恰当和精确，只是很大程度上还不为大
家所知悉，参见 DÖLLE, Rechtsdogmatik und Rechtsvergleichung, RabelsZ 34〔1970〕404），这也是很有必要的：通过
法学在方法上正确获得的规则（包括"法官法"）当然属于法律体系了。当然也可以把由法学家定义为"学术表达"
的只是先验的法律内容的简单重复归类为学术体系。这丝毫不能改变的是，这种重复不依赖于特殊的科学认知，而是
比如只是依赖于法律阅读，并且至少在这一范围内，法律内容变更本身就直接影响"学术"体系。

理论上，这个问题必定很难回答。比如，从严格的法律实证主义的（rechts-positivistisch）立场出发就容易想到，只有国家颁布或者认可的"实在的法律规定"（positive Rechtsvorschriften）才是法律体系化的处理对象。相反，我所认为的，对于法学的任务来说唯一适当的法律概念（Rechtsbegriff），要更细致、更广泛，所定义的法学体系化工作的对象范围更广。为了避免重复，有关法律概念的决定性意义和恰当的理解，请参见笔者在另一本书中的详细阐述。〔7〕剩下的任务就是，根据经验来回答如何体系化地理解法律素材，也就是只需要考虑在法学的体系化描述中一般情况下所确实包含的内容。顺便指出的是，这也令人高兴地证实了我在其他地方已经提出的对法律概念的广泛而细致的解释。

经验表明，法律体系中待描述和待划分的素材构成基本包括：划分工作之前已经存在的"实在的法律规定"（positive Rechtsvorschriften）、它们的立法理由（rationes legis）、各种不同一般化程度的法律原则以及方法上从上述广义的现存的（vorfindliche）规范中推导出的更具体的规则；可能是（方法上有道理的）判例法（Präjudizienrecht），也可能是法教义学上（rechtsdogmatisch）证成的、推导出的法律。

其次，为此需要考虑所有更深入（即使是叙述性）的，有助于*论证*所断言的体系规则存在的表述，除非这种论证是不言而喻的。〔8〕后者所指的是对易于理解的和没有疑义的现行法的特定条款的论证。

特定的问题需要依据并非一开始就已经存在的、极可能是要由现存法律体系（及其他必要的条件）证实的规则来解决。对这些问题的提炼始终是必要的，在更广泛的意义上，这也属于待描述的法律材料（Rechtsmaterial）的论据部分，也即说理部分。

抽象的说理成分，比如对"行为"、"主观权利"、"违法性"、规范冲突、授权关系等的结构性分析，在各种更特别的情况下都可以应用，同样属于待描述的法律素材的论据部分。

各种针对法学领域实用的系统表达（教科书、概论、手册）都证实了前文的内容：我们找不到对形式上"实证化"的规定或者内容完善的*规则*的简单堆砌，经常

〔7〕 Vgl BYDLINSKI, Methodenlehre 317 ff；有关法律概念的证明，见前引书第 184 页；有关法律实证主义，见前引书第 186 页及以下。

〔8〕 针对体系化对象持类似观点的还有 ZELLER, Auslegung von Gesetz und Vertrag (1989) 45 （在一个重要的方法论作品中）。我（在前文内容已经提出之后）在其中第一次看到朴素的、非常实际的，明确针对法的"内容体系"提出的问题，并且给出了答案。（有关待体系化的"法律材料"，观点固然如此，但是不够全面，过于前后不一的，对比 PAWLOWSKI, Allgemeiner Teil des BGB2 [1983] 16；Gesetze, Gewohnheiten, Entsch-eidungen, subjektive Rechte.）ZELLER 没有讨论"论证"（先要获得的规则），而是讨论"解释"（也即现行法中待体系化的要素）。尤其是针对先要通过法学获得的最具体法律层次的规则，还过于模糊，ZELLER 没有明确地考虑到这一点。ZELLER 随后否定了法律原则的"内部体系"（46, 48），他没有正确地认识到，这恰恰就是实际上可能近似的"这种整体概观意义上的整体体系"（47 f），这已经在抽象层次上为针对个别问题进行的具体法律获取工作做了准备。

在著作篇幅有限的情况下，说理部分也只是被缩减到各种观点，甚至是直接引用关键性的判决或者专门的研究。只要对于解释某项更具体的规则是有必要的，立法目的或者更一般的法律原则总是会被不断地提起。

二、一个不重要的区别

正如法学专家日常所看到的，有关规范的学术表述体系与规范体系之间的明确区别，对于法学工作来说是不重要的，因为体系所反映的一部分规范还需要必要的论证：事实上和实践中都是完全相当的是，法学是否一开始就要以类似于立法机关的方式表述规则，然后通过论证进一步明确阐明，该规则是从论证中发现的或者是从现存法中借助论据获取的，其有效性恰恰取决于其论证的适当性，或者法学是否要从开头就对现存法使用精确的表述语言（部分迄今还是不精确的）。因此，经常会被提出的抽象问题——法学是否是描述性的或者是规范性的（或者"生产性的"或"创造性的"），是没有实际意义的，因为两者都当然地部分正确。[9] 然而对于许多纯粹的法学理论家来说，在这些问题和区别当中好像有丰富的讨论材料。[10] 而从恰当的视角来看，只能得出一个老套的结论，即法学从现存法中通过方法上的论证方式提取出所需要的更加具体的规则，并同时系统地描述这些规则。

三、内部关系

正如已经提到过的，前文有关待体系化的法律素材的描述，一方面是建立于对法律概念的恰当的理论阐述之上，另一方面是建立于对法律的惯常的系统性描述的、经验上可以确定的内容之上。我们也已经认识到了它与根据一定方法的法律获取及与"内部"体系之间确定的内部关系：前者提供了体系化的部分素材，即对于法学来说不是明确现存的，而是必须由其通过方法去获取的法律规范。那

---

[9] 相同观点 ECKHOFF/SUNDBY, Rechtssysteme 57。

[10] 这种问题实际上的无足轻重或许是因为先验的（不是才从内容上推导出的）规范尽管依据其原本的实质存在于社会上广泛有效的意志内容中（不需要我们因此而必然一定更准确知道或者总是能够知道，哪些特定的人形成了相关意志内容的哪个部分，以及起到了什么作用），但是一般都已经出现在固定的、真实的表达中。这对于有意的"制定"法来说是理所当然的，但是也可能适用于习惯法、一般法律原则等，如果这些原则在稳定的、公认的表达中流传（比如：有约必守"pacta sunt servanda"）。因此，规范的实质与其言辞内容实际上是无法区分的。所以，有关这类先验规范的表述，包括以这些规范来论证更具体的规则，就再生产了（以其已经固定的言辞内容）先验规范，实际上同样如此的，是各个表达者或者书写者自己对于其各自上下文中有关规范的表达。在对于规范的法学表达和有关规范的法学论证之间进行区别，实际上一般完全没有意义。更确切地说是取决于，法学工作者是否认为某个规范就是先验的，或者是从先验规范中推导出的：对于第一种情形，要验证的是，是否相关规范，不论法学家的表述，作为体系的有效要求真的是可以确定的；对于第二种情形，要验证的只是部分前提，另外还要验证法律获取方法的正确性。如果通过了验证，那么所推导出的规范与法学工作者所获取的劳动成果同样都属于法的（迄今隐含的）组成部分。

些对特定的规范群（Normengruppen）具有明显决定意义的，并且——如后文将详细讨论的——构成"内部"体系的法律原则，同时也属于"外部"待划分的法律素材。

第三节　"外部的"体系构建的标准

一、各种可能性

在我们转向考虑外部的体系构建可能的或者适当的标准时，立刻就会发现，与前文定义"法律素材"时相似的经验办法将直接引向穷途末路：一切标准都是可能的，并且已经被用于实践，尤其是通过挑选感兴趣的部分，在各种意义上和合目的性观点方面，都可以提高特定法律素材的概观性和可理解性。

完全可以说，就是像百科全书那样，按字母顺序划分也可以符合外在的表述目的。当然这样说，也只是要举一个极端的，但是总归可能的边缘现象。而这样的说法也的确是应当被重视的：有一系列有益的法学百科辞典，或者其他包含法律材料的专门学科的百科辞典。[11] 但是，这些辞典从来不会被称为是"体系的"（systematische）描述。

对于法学来说非常典型的，在实际应用中一直很受欢迎的一种文献形式是法律评注（Gesetzeskommentar）：法律评注简单地以其所评注的法律的结构为基础，按照法律条文的顺序，力图逐条逐句地进行通常的法教义学解释和发展。即使对于法学上的阐述来说，制定法的体系（das System des Gesetzes）也无疑具有重要意义，因为其中或多或少地反映了法学上的批判性意见。只有当解释具体法律条文时，才发生法学上本来的体系化问题，特别是当解释的范围广泛时；比如因为它包括了与其他法律条文的横向联系，并且需要深入阐述该条文对于数量众多的不同事实构成的应用结果时。同样典型的是，法律评注与"体系化的"法学阐述是始终不同的语言：法律评注永远不会被认为是"体系化的"整体阐述。

二、按事实片段（Realitätsausschnitten）进行的划分

对于外部的体系来说，可能的，有时甚至有益的标准原则上是无限的，最明显

---

〔11〕 比如 das Fischer-Lexikon „ Recht " （1971）；das „ Staatslexikon "；das „ Katholische Soziallexikon "² （1980）；das„ Österr Rechtslexikon "usw.

的证据就是，我们可以按照思维随意直接定义各种事实片段，然后将所有在事实构成上［客体领域（Gegenstandsbereich）］与其相关的（广义的）规范作为一个独立的体系分支来处理。对于任意的其他事实片段，我们也当然可以同样处理。从理论上来说，我们可以通过这种方式来阐述整个现存的（vorfindliche）法律素材。内容划分和相应体系构建的标准也因而就是已经界定好的事实片段。对这些事实片段的定义自然必须通过界定性的概念（Abgrenzungsbegriffe）才能实现，如此一来，这种定义也自然完全是随意性的了。[12]

实践中，利用这些事实片段作为标准虽然没有达到完整划分法律素材的目的，但是格外广泛地用于"体系性"地强调某些令人感兴趣的规范群。根据自己的愿望，我们可以将自己的目标局限于只涉及视野范围内的事实片段的规范，或者——或多或少范围广泛地——也包含那些只是*附带*涵盖有关的事实构成的规范。

在数不胜数的可以想到的例子中，可以列举一些最新的，比如汽车法、医师法、律师法、银行法、建筑法、体育法、滑雪运动法、交通法、农业经济法、剧院法、动物法、公寓法、技术法、客运法、能源法、环境法。[13] 但是后文将会深入讨论的"经济法"和"消费者法"这两个类别的有些划分方法则有其指导思想：这些类别所概括的规范群是我们想划分到一个通过概念描述的事实现象中去的，对于该事实现象具有特殊性或者本质性的规范群。

在那些当前通行的建构以外，我们的想象力当然也是无穷的。比如，我们也可以直接提出手工业法，甚至更特殊的裁缝法、养蜂业法、书店法、食品零售法等类别。所需要的仅仅是，在需要的情况下进一步更精确地定义通过在"法"这个词前面所放的概念粗略标识的事实领域，并且周延地说明，应当包括哪些只是附带涉及所感兴趣的领域的较一般的规范。

如果没有明确的法学上的关键标准，那么这些划分就得根据相关作者的个人兴趣主观地，或者根据作者所预期的典型读者的信息需求来进行了。即便某位作者完全随意地选择其阐述对象，也是无可指摘的。至于他是否真的满足了所预期

---

[12] 如果通过某个概念来进行定义，那么如前所述，依据事实片段的体系化与依据概念的体系化是毫无意义的一致。由于可以通过多个概念或者通过综合陈述进行定义，那么以始终确定的事实片段进行定义的观点要更广泛。

[13] 这一类法学体系构建的现实表现在图书标题中，或许还要显著的，是存在于相关法学杂志和机构；仅仅作为范例，可以参考（德国杂志）„Autorecht"（《汽车法》）；DEUTSCH，Arztrecht und Arzneimittelrecht² (1991)（《医事法与药品法》）；SCHÖNLE，Bank-und Börsenrecht² (1976)（《银行与证券交易所法》）；另外还有 CANARIS，Bankvertragsrecht，jetzt Ⅰ³ (1988)（《银行合同法》）；AVANCINI/IRO/KOZIOL，Österr Bankvertragsrecht Ⅰ (1987)（《奥地利银行合同法》）；die (deutsche) Zeitschrift für Baurecht（《德国建筑法杂志》）；REICHERT，Grundriß des Sportrechts und des Sporthaftungsrechts (1968)（《体育法与体育责任法概论》）；PICHLER/HOLZER，Handbuch des österr Schirechts (1987)（《奥地利滑雪运动法手册》）；die (österr) Zeitschrift für Verkehrsrecht（《奥地利交通法杂志》）；die Institute für Energierecht in Köln und Salzburg（科隆与萨尔茨堡的能源法研究所）；WINKLER/RASCHAUER，Tierrecht (1981)（《动物法》）等等。

的读者群，或者他所重视的信息需求是否真的存在，就只能通过相关作品的销售成果来判断了。

毋庸置疑，上述作为最新类型所举例的那些分类，对法律的相关阐述可以适合满足具有特定利益群体的信息需求，从而具有有用性。偶尔也可能有些法学方面的作者有野心要发明一个"新的专业"或者成为这种"新的专业"的先驱人物，但是这经常是最成问题的。

三、不充分性

从*一般的法学立场*来看，上述及其类似的体系分类可以形成一个引人注意的、相关专业领域典型的（即使大多不是特有的）*问题*的集合[14]；并在特定的情况下，提供了有益于根据一定方法的法律获取的、对规范复合体的概观，而这些规范复合体在通常的法学体系化中是彼此完全分离的。就这一点来说，这有时可能有助于促进特定的法学研究兴趣，尤其是那些经常受到冷遇的边缘领域和交叉领域。

但是，完全依据随便定义的事实片段来构建体系，最终必定与通常的法律体系"背道而驰"。这当然不是一个偶然性的结论，更不是（过于轻率地）批评这一结论的适当论据。关键性的原因在于：仅仅依据事实片段来构建体系，虽然有时可以通过针对使用者的目的或者兴趣群体（Interessentengruppe）来选取特定部分并进行概述，或者更好地服务于解决问题，但是却不可能形成*法学上特殊的体系*，哪怕只是"外部的"体系。证据就是，根据经验，在实践中不可能借助于由个别信息需求所确定的事实片段就可以划分全部现存法律素材：因为这些按群体确定的信息需求存在不可避免的交叉，据其划分的规范群必然相互重叠，特定的规范复合体也因此必然重复，甚至多次重复。尤其是那些应用范围广泛的规范，因为涉及多个或者众多特定的事实片段，就更是如此。任何体系化目标所追求的概观性，必然就因为众多规范必须在不同部分材料中一再重复阐述而受到严重损害。仅仅因为全部待阐述的法律素材出现无法抗拒的、不必要的体积膨胀，就已经损害概观性目标了。因此，绝非偶然的是，单纯根据事实片段构建法律体系，只适用于定义特定的具体规范群，无论是过去还是将来都永远不适合在理论上对整体法律素材（即使只是私法）进行的体系化方案。

---

[14] 在这个意义上被强调的命题可以理解为 BYDLINSKI, Vertragsrechtliche Grundfragen des Industrieanlagenbaues（《工业设施建设的合同法基本问题》），in: Aicher（Hrsg）Rechtsfragen des nationalen und internationalen Industrieanlagenbaues（1991）（《国内国际工业设施建设的法律问题》）67 ff.

第四节　特殊的法学体系化

一、全面的任务

总体来看，对法律素材的这种划分是法学的任务，其角度也因此必然与那些只针对特定事实片段的特殊兴趣不同。至少在理论设想上，特殊的法学体系化[15]必须针对全部法律的概观性秩序和划分，虽然只有全部法学家聚合在一起才能有效地着手开启这一任务，但是由于人力的有限，个别的体系化研究者始终局限于对部分材料的探讨。

如前所述，那些在普遍应用时必然导致待描述法律素材出现不计其数的、无法控制的交叉的划分方式，正是针对特殊的法学体系的全面视角要排除的。作为一个小小的范例，我们只需要设想一下，对于所有分别描述的事实片段，在其中出现合同关系（可以比较最新的汽车法、公寓法或者医师法等）时，就有必要各自分别阐述所有涉及合同缔结、合同瑕疵及其影响、合同履行及履行障碍和后果的相关规则和原则。

根据特殊的法律公平观（也即正义观），更为糟糕的是，以这种方式可以为持续增加的、可疑的评价冲突创造一个速效的源头：在相互独立的规则中，属于不同事实片段的、本质上却具有相同法律属性的事实——不考虑那些本质上合理的具体区别——必然在极大范围内形成规则分歧，这些规则分歧可能是无意的，或者是没有充分反思的，往往是基于表象的错觉或者思想上的先入为主。而根据全面的分析，我们可以直接确定这些分歧是不合理的。从经验上看，这种分析强烈反对根据事实片段划分的体系分支范围。这种体系化观点使得法学特有的，即内容上的规范关联性完全退居次要地位。这样，本来就存在的、与极端的特定领域特殊论——甚至可能发展到闭目塞听的做法——相伴随的风险将被更加持续地放大。经验表明，一些特定狭窄领域的专家特别倾向于将众多特殊性归结到其领域中去，但是这些特殊性实际上是相邻或者一般领域所共有的。他们的知识欠缺就导致其认为具有大量

---

〔15〕 合理提出这一要求的，尤其是 RITTNER, Wirtschaftsrecht² (1987) 12；当然没有想到排除其他并存的、依据"生活领域"的"实践观点"。然而，他本人也明显唯一地想到了以规范关联性（评价）作为法学体系构建的标准。单凭概观性筹备的实用目的，在 D. NÖRR, Divisio und Partitio (1972) 的观点中，特殊的法学上的法律体系更应当被理解为将具体法律素材分割成各个组成部分，也即作为"分部"（partitio），而不是依据逻辑概念将"法"这个种类划分成若干亚种，也即作为"分种"（divisio）(21; 39)；D. NÖRR 本人赞成潘德克顿体系，并且——隐隐约约地，也即以商法和海商法为例——赞成特别私法 D. NÖRR 57。至于反过来，《法学阶梯》体系是否应当归类为"分种"（divisio）(D. NÖRR 57)，似乎很有疑问，因为"法律主体"、"法律客体"和"法律行为"很难被理解为作为规范体系的"法"的概念性亚种。

特殊性的那些地方，实际上最多只是存在数量上的失衡。

　　在常见的情形中，无视相邻法学领域或者一般法学领域的倾向可能具有不同的奇怪表现。比如，在奥地利消费者保护法形成的初期阶段，消费者保护的先驱者们坚决要求根据德国模式（《德国一般交易条件法》，现为《德国民法典》第 305c 条第 2 款。——译者注），为解释"消费合同"设立"疑义解释规则"（Unklarheitenregel）。实际上，自 1811 年以来这一规则在奥地利已经普遍适用于所有合同（《奥地利普通民法典》第 915 条），他们当时不知道，起初甚至也不想接受这一点。当前各种肢解私法的企图具有相似的表现形式，这在理论上一直存在，但是还没有充分表现出来。下文将力图克服这些企图。

二、初步设想

　　单纯以特定的信息需求及与其相应的或者完全随意的事实片段作为依据的体系化，并不符合对任何体系来说最为关键的概观性标准，仅仅因为这一点，就可以排除其对于特殊的法学体系构建的适用性了。

　　更深层次的原因也是明显的，只要我们想到，有用的体系化必须建立在待划分素材本身的结构特征上，也就是那些同时由典型的使用目的更详细确定的特征。正如已经明确的，如果待体系化划分的法律素材主要包含广义的法律规范（包括立法理由与法律原则），则这一素材表明，与事实片段的关联是一种结构特征：每一个具体的法律规则通过其事实构成，每个立法目的及法律原则通过——或多或少已经明确的，但是一些无关紧要处在必要情况下至少还需要仔细阐明的——客体范围指向了特定的事实片段。各种类型的评价，还有广泛的原则和规范"本身"是无法想象或者表达的。即使并非总是明显的，它们也始终和特定的事实片段相关。这些真实的"规范范围"虽然不是规范的构成部分[16]，却始终构成了规范适用（及解释与发展）所需的与（规范外部的）事实的必要关联。

　　但是，以这种关联单独作为划分标准的话，只能形成与任何不确定的规范相关的事实片段。进一步的筛选对体系构建有关键意义，还必须以外部个别的信息需求的待归类对象为基础进行。如此一来，这一划分方法的不恰当性就非常明显了。

　　进一步凸显这种不恰当性的是，这种划分方法缺乏与典型使用目的的任何关联：对于法学特殊的体系化来说，必须将法学界整体作为关键使用者来考虑，当然

---

　　[16] 反对这种夸大观点的有 F. MÜLLER, Jüristische Methodik² (1976), 连续的和最近的是同一作者, Richterrecht rechtstheoretisch formuliert, in: Richterliche Rechtsfortbildung (FS der Jur Fakultät zur 600-Jahr-Feier der Universität in Heidelberg) 65, KOCH (Die Begründung von Grundrechtsinterpretationen, EuGRZ 1986, 352)。对他的评论是恰当的，并且进行了详细的论证，KOCH 认为，这种基础设想是"直白地说——就是无法理解的"。当然这种夸大的观点丝毫不能贬低 F. MÜLLER 的贡献，他明确强调了对于法学工作来说真实"规范领域"的重要意义。

不能是个别人的兴趣，而是以最大限度地满足整个群体的信息需求为目标。这因而又指向了法学的长期基本任务，即通过根据一定方法的法律获取来克服实际法律生活中出现的问题。[17] 根据任意与规范相关的，而法学上却随意的事实片段来划分，这与法学的上述任务毫无关联。对于该任务的完成来说，这种划分方法只有在极其渺茫的偶然情况下才可能有所助益。

三、内容上的关联性

因此别无他选，只能转向寻找内容方面的、"内部的"关联，通过对法律素材更加精细的分析可以呈现出这些关联：上述描述的法律素材中有些元素可以作为其他元素的论证理由。长期债务关系基于重要原因无法期待继续履行时，可以不受期限要求解约，这一原则论证了比如劳动关系中的解雇和辞职事由。法律行为上的私人自治原则支撑着比如范围较窄的、债法上的缔约自由原则和继承法上的遗嘱自由原则；从结果上说还支撑着这些下位原则所统率的具体法律规定。每一个任意的法律条款都从内容上（与其他必要条件一同）论证了从方法上可以由其正确地（通过判例法或者法教义学）推导出的、适用于较狭窄范围的更具体规则的合理性。

这种论证的恰当性还和所有规范与事实片段的关联性有密切关系：一个范围广泛的规范可以论证另一个适用范围被其涵盖的较窄的规范（当然必定还有其他必要的前提条件；至少要确定，两者的范围关系是如此的）。在这些对于内容方面的论证理由的关联性起基础作用的，即那些应用范围最为广泛的规范的结构中，显现出了一个法律体系化工作的特别标准：那些可以追溯到其论证性规范的独立层面的法律素材可以被概括或者（从外部相对于其他体系部分）界定为一个独立的体系组成部分。根据一定方法的法律获取作为法学的主要任务就可以因此获得促进：在体系中首先阐述的论证理由的关联性，（只有）在最恰当的情况下，可能甚至可以通过简单的演绎步骤，就延伸适用于面临解决的问题。

四、相应的体系化论题

主导性的体系化思想也在简单的素材描述的"外部"体系中，完全把规范性内容要素作为重点。施密特-林普勒（SCHMIDT-RIMPLER）[18] 的观点尤其有说服

---

[17] 这对于狭义上的法学，即法教义学来说，完全就是根本性的任务，在方法理论中却很少被明确地强调：参见 BYDLINSKI, Methodenlehre 8 ff. 然而对于近距离的、同时在理论上充分反思的法学工作者来说，这一任务及其核心意义却是毋庸置疑的。但是，对这一任务模棱两可的说明，以及甚至出现的认识错误，实际上似乎一再引起针对法学的误解和混淆。最近有关"法教义学"的类似观点，CANARIS, Theorienrezeption und Theorienstruktur, FS Kitagawa（1992）74 ff.

[18] 出处同上（同注释1）。

力：在像法学这样的有关价值判断的学科中，体系，因而也包括个别的体系组成部分，由在其划分中作为基础的价值思想来论证合理性。根据生活领域和生活中的事实无法形成法律的特殊体系。尽管以"法律中的生活"作为划分原则从价值判断的角度看也是合理的，但是相当程度上是次要的。[19] 一个体系组成部分的合理性在于，其中所包含的规范和法律关系以某个特定的价值思想为基础，或者以某种特别的法律形式表达了该价值思想。

实际上，这一体系化设想与其他主要以规范群的真实构成要件范围为关键划分标准的想法没有什么不同，只是不同于那些因其特征而引起特殊评价的划分标准。[20]

我们不论在说明划分标准时会偏爱什么样的顺序，关键还是划分标准的"二元化"：一方面以基础性的、特殊的评价思想（Wertungsgedanken）为标准，这些评价思想在规范秩序的规则中发挥作用；另一方面以规范相关的事实领域为标准。这两者相互结合，共同确定法律的特殊的法学"外部"体系。这才是可信的观点。

第五节　事实片段在概念上的良好界定性与"规范性特征"

一、标准

仅仅因为对于任何体系化的素材划分都适用的概观性要求，我们就应当认为，对于体系划分的恰当性而言，那些在法律体系的初步划分步骤[21]中都必然涉及的、较大型的事实片段，必须真正取决于其比较良好的可界定性，而可界定性则要借助于事实上最明确的概念（即使这些概念在界定中要叠加适用或者被以更加复杂的表

---

〔19〕 这是一种重要的补充，其影响可能还没有受到充分重视 BYDLINSKI, Arbeitsrechtskodifikation und allgemeines Zivilrecht (1969) 11 f。

〔20〕 KOPPENSTEINER 出处同上（同注释 1）31. 价值体系与原则体系是相当的，或者是在其中可以转化的（ALEXY, Theorie der Grundrechte［1985］122 ff），因此刚刚介绍过的这些说法实际上与明确地以原则层次为标准的说法是完全一致的。在本书中偶尔使用的"价值原则"（Wertprinzipien）这个概念，应当明确了术语方面的一致性。

〔21〕 至于说在对更加特别法律材料的低层次体系再划分过程中，比如特别行政法或者特别债法，情况是否完全或者部分地不同，也就是说，是否并且在多大的范围内，这种再划分在法学上也只是依据事实片段进行体系化，在此可以先存而不论，因为这里首先是要分析私法体系的大致结构。实际上，在"特别债法"中由于债务关系完全不同的形成原因，同样在合同领域由于各种不同的给付和相应的给付义务，各具体分支部分（合同类型）就显示出了充分的"规范性特征"："合同典型的"给付义务被相应规定在相关法律章节的引导性条款中，既说明了相关次级制度（如买卖、借贷、租赁等）确定的规范独立性，也描述了其事实领域。如果说情况在特别行政法中完全不同，那就可能与行政法的残余性特征（Residualcharakter）有关。仅仅由于这一领域至少是很大部分——在日常意义上的——"非体系的"（unsystematischen）、内容上更是没有关联性的特征，同时也由于其无节制的膨胀，即使确实完全只是根据事实片段进行的再划分，特别行政法也肯定不能作为其他材料的模板。特别行政法的无节制膨胀主要导致了有关法律洪流、法律混乱和过度管制的怨言，也同时用许多法律措辞多重修饰了行政官员广泛的裁量空间。无论如何，这些都不属于本书的讨论对象。

述涵盖进来）。那些显示其最终是不见首尾的概念，或者灰色区域（概念周边"Be-griffshof"）超出对于其他概念不可避免的惯常限度的概念，都不宜被用于体系构建。

在其他的若干可能性中，为了体系构建而选取本身与规范相关的，同时又具有良好可界定性的较大的事实片段，必须如前所述，仍然以独立的、作为较广泛规范群内容基础的评价思想（Wertungsgedanken）作为相应的标准来决定。根据科彭斯坦（KOPPENSTEINER）的概括性描述，下文将称其为"规范性特征"（normative Spezifität）。在存在疑问的情况下，对于法学这样的规范学科来说，应当更加侧重于这一规范标准，尤其是对于特定的法律素材来说，这一规范标准更值得选择。[22]

不考虑那些一定程度上无可避免的模糊性，上述两个体系化标准可以非常有效地排除那些设想中具有一定可能性的法律素材划分方案；即（从原则层面来说）内容上没有规范的独立性的，或者与不必要地难以界定的事实片段相关的规范群的概括。

二、对标准进行补充的必要性

作为特定体系构建的、积极的确定条件，上述标准常常还是不充分的。这在理论上是很容易解释的，因为相关事实片段的规范性特征和良好界定性明显都是非同质的标准，因为这两个标准可能出现在数量上不同的，并且既无法准确测量，也无法精确断定的范围内；还因为特定的事实片段由于规范性原因经常遭遇各种显著的原则冲突；此外还可能有其他原因。

经验显示，迄今所掌握的体系化标准的有限适用性还可以通过一个简单的观察得到证实：一部分材料在没有明显违背上述标准的情况下，可以进行不同的归类。仅举几个例子说明如下：民法上的公司及合伙既可以被放到特别债法，也可以被放到公司法中处理；雇佣合同法既属于劳动法，也属于特别债法；有关资合公司监事会中职工代表的规定既属于劳动法，也属于公司法。卡特尔法和反不正当竞争法既

---

〔22〕 因此可想而知，即使在迄今引用过的体系建立者之外的其他人，也都强调规范独立性观点对于体系的决定性意义。COING, ÖZöR Ⅷ 257 将"法学经验主义者"（juristischen Empiriker）所满足的社会生活特定过程与法律规范的内在论证关联性相提并论。也就是说，他原则上也坚持体系标准的二元制。F. VON HIPPEL 出处同上（同注释1）insb 6，将体系最终视为由假定的基本公理（Grundaxiome）作为前提确定的。ZEILLER bei OFNER, Protokolle Ⅰ⁹就已经认为，体系存在于那些基于共同原则进行评价的材料的组合。这些措辞没有表达出实际"规范领域"（Normbe-reichen）的独立意义。只要这样所指的是唯一以内容上的规范关联作为外部体系构建的标准，那么根据文中所要讨论的原因，这样就是错误的，因为这是行不通的。基于同样的原因，CANARIS 在其《体系思维》（Systemdenken）一书中的观点也是不能赞同的，只要他（见该书第40页及以下）将"内部"体系作为重要的法律体系来对待，却不重视"内部"体系以——在一定范围内——独立的"外部"体系为前提条件，因为只有在"外部"体系的背景下，"内部"体系才能得以充分提炼和描述。

可以作为不同的体系部分理解，也可以概括为竞争法，抑或归入更广泛的"经济法"。类似的情形也适用于"知识产权法"和具体的著作权法、专利法和商标法，等等。在有些情况下，借助于上述标准进行更深入的分析，也许可以发挥更多作用。但是不能期待全部如此。

第六节　一般的合目的性作为补充要素

一、理由

根据上述考察结论，为了某个特定的素材划分，我们有必要通过*其他的合目的性理由*（sonstige Zweckmäßigkeitsgründe）对已经提出的初步的体系化标准进行补充。这些合目的性理由尤其包含它们的*经验性验证*。[23] 这一点还可以在专业学科范围内的坚定共识中得到有力的证明。我们可以从教科书的普遍现状和法学院的课程表中看出这一点来。尤其是在变迁的背景之下，其他有关规范性特征和相关事实片段的良好界定性的观点，可能会针对之前慎重建立的体系化提出理性的批判。在其范围内，应当还会有新的体系化建议被提出来，并认为其具有良好的条件可以经受未来预期的考验。

"其他的合目的性理由"（sonstiger Zweckmäßigkeitsgrund）还可能是，比如已经选择的表述模式与制定法规则的结构的广泛一致性：比如和法典，法典可以构成待陈述素材的主要部分。在这个唯一的合目的性方面以外，法学体系当然肯定不受制定法体系（das gesetzliche System）的约束。这一点是非常正确的，因为制定法体系可能由于各种各样的原因特别混乱，或者可以通过较好的科学体系化方案予以替代，正如《奥地利普通民法典》采用的"《法学阶梯》体系"。那么，法学体系化陈述与核心法源在体系划分上的一致性就只能起到"天平上的指针"的作用，因为它在特定方向上改善了法律素材的可理解性。

待陈述素材的*范围*仍然是一个陈腐的合目的性原因，而素材的范围当然很大程度上取决于陈述的目的。对于在教学中使用的体系来说，比如"债法分论"作为显著的体系部分就非常恰当，并且可以防止内容的泛滥。反之，对于手册性书籍之类的，需要在所有具体细节上铺开的阐述，进一步划分为合同之债、侵权法和不当得

---

〔23〕 与这一观点非常协调一致的是，A. B. SCHWARZ, Zur Entstehung des modernen Pandektensystems, in: Rechtsgeschichte und Gegenwart (Gesammelte Schriften 1960) 2 对这一体系突出的、持久的成果的解释依据主要是，这样的体系是"惯常的""方便的"，并且相对于《法学阶梯》体系来说，总还是要更好一些，虽然他另外非常强调恰恰从逻辑体系观点来说由于相互交叉的划分观点造成的弱点。

利法，或者各为一个分编，才是恰当的。范围很小的，即使可能很重要的法律材料，事实上也不可能扮演体系的特别组成部分的角色，比如"特别私法"。

二、易变性

非常需要强调的是，对特定素材划分的合目的性判断可能出于各种原因而发生变化。当然，首要的关键原因可能是待体系化的法律素材本身的新发展，比如有重要的新立法或者"法官法"规则。另外，对"内部体系"，也即——下面还要详细阐述的——对于一个法学领域具有关键意义的原则的成功解析与强调，也会对外部素材描述的合目的性产生重大的回溯性影响。这些解析甚至可能揭示，迄今所假定的某些法律材料的"规范性特征"微乎其微（或者仅仅对于相关规范的部分内容是可以证实的），以至于这一初步的体系化标准都是有争议的。有关商法的讨论就是一个较适当的外部体系化的一个明证，该体系化来源于有关"规范性特征"的想法。

第七节 "开放的"体系？"封闭的"体系？

一、明确的法律经验

前文所述内容已经包含了一个明确的肯定性观点，即已经建好的体系具有可变性，实事求是地说，对此根本不需要怀疑。因此，有关"开放的"与"封闭的"体系之间的对立的讨论不再予以特别展开，"开放的"体系具有发展性，易于接受新的或者已经改变的现象，"封闭的"体系则具有最终的不可变更性，这些讨论的范围广泛，而且并非总是易于理解。[24]"封闭的"体系在法学中一般都只是为轻率地批评别人而采取的夸张性措辞而已。它与许多人所采取的、非常流行的倾向密切相关，即把"传统私法"或者其——甚或就是"整个"——教义学树立为标靶，对其理解越是开放，也就越容易命中目标。这样，对于人生状况的任何不满都可以被随心所欲地汇集到批判对象上来；同时根本不在乎这是否是可以避免的，或者是否可能只有以（相对于期望的理想状况）更大的不足为代价才能得以避免。

事实上毫无疑问，任何一种待体系化的法律规则的存在状态都处于频繁的、持

[24] 对此可以参照 CANARIS, Systemdenken 61 ff；LARENZ, Methodenlehre 467。

续的变化当中：新的法律被颁布；通过解释、补充性的法律发展或者一般规则的具体化等法律获取方法形成新的较具体的规则。[25] 体系的内容也因而发生变化：新的要素被纳入体系中来。另外，在历史发展的极端情况下，可能一个完整的体系构成部分都会消失，比如采邑法、诸侯私法，还有在当代东欧国家，公司法处于此一时彼一时的发展状态，当前则正在复苏。与既存体系组成部分的消失相比，更频繁的是全新的体系组成部分（或者法律制度）的诞生，下文将要讨论的"特别私法"将充分证实这一点。

坚持认为法学体系始终是"封闭的"体系的观点，必然阻碍任何新发展的纳入和已经消失的法律材料的剔除。这一观点的无用性对于法学来说因而是毫无疑问的。过去是否真的有人持这种观点，还是有疑问的。

二、广泛的体系组成部分的较大稳定性

与之相反，明显正确的是，更广泛的规范性现象，比如法律制度和整个体系类别，毫无疑问要比个别的法律规定或者较小的规定集合要稳定得多。它们的变化也因而总是在既存的法律制度和体系组成部分的范围内。

有很好的理由赞成即使在有疑问的情况下也坚持这一必然法则，并且只有为了明显更重要的合目的性原因所需要时，才建立新的体系组成部分（或者法律制度）。因为体系化的划分减轻了避免新旧规定出现内容矛盾和评价冲突（Wertungswidersprüche）的压力。体系化的划分将新的与已知的内容衔接起来，并且避免了发展过程中出现不必要的广泛的或者根本不成熟的突破。根据正义的均衡原则和法的安定性原则，都应当适当地将新的法律发展划分到既存的、通过新的变化恰好得以改造的法律体系的部分中去。

因此，针对所谓太过"僵化"的体系思想的批评从一开始就是错误的，体系思想只是强调，在与具体法律条文的关系中，更广泛的体系组成部分也当然具有更大的稳定性，并且体系思想是以前述有益的方式应用这一稳定性。按照这些批评，正如一般情况表现的那样，只能寄希望于在法律发展中，通过制造尽可能的混乱状态，然后实现向理想中的新人类的新社会进行突然的质的飞跃。这种希望根本缺乏理性的基础。

---

[25] 对比可以作为例证的，只有比如对德国私法从《德国民法典》到（很可惜只是）1967 年之间——部分以未曾改变的法律状态为时间轴——发展的经典总结，WIEACKER, Privatrechtsgeschichte der Neuzeit² (1967) 514 ff；现今令人印象深刻的历史概括参见 K. W. NÖRR, Zwischen den Mühlsteinen. Eine Privatrechtsge-schichte der Weimarer Republik (1988) 42 ff。

第八节 "规范性特征"与原则层次的多元性

一、对标准的说明

哪怕仅仅为了实现外部体系构建与"内部"体系问题的相对独立性，我们也需要进一步深入探讨"规范性特征"。规范性特征应当更精确地表明，即便是对一个（因其与某个具有良好界定性的事实片段所共同具有的关联，从而可以作为法律分支体系的）规范群进行粗略考察也可以明确，其个别具体规则在内容上由一些独立原则（规范性主导原则）或者——多个原则相互强化或者在相互对立中根据相应的权衡相互限制的——原则综合体来决定；也即决定于那些总体上与其他规范群在基础层面上有明显区别的原则或者原则综合体。这里的意思是，这种区别要比那种评价标准上的或者目的论上的对立要小得多；也即仅仅是根据所讨论的事实领域对规范基础进行或多或少的进一步变更。至于需要考虑到的、不同法律材料在体系上的亲缘或者相近关系及其程度，则取决于相关多个原则或者原则综合体中部分存在的一致性的程度。[26]

因此，有关多个法律材料相互之间的独立程度及其相似程度的问题也很有意义。这一问题既对根据一定方法的，也即体系化的法律获取（有时是从相邻的和有亲缘的材料中），也对立法内容的正确构建（更强独立适用性的，或者更强依据性的、在一定的情况下也可能局限于个别例外或者补充规则的规范化）具有非常重要的意义。

法律的外部体系构建基于前文已经提过的三个标准，也即规范性特征、具有良好界定性的事实片段作为共同的规范范围以及一般合目的性，与属于各个相关法律素材的规范相互之间在原则内容上的内部关联的"内部"体系，具有*相对*的独立性。这也是必要的，正如后文的分析还会展现的那样，因为内部体系的构建无条件地以已经固定的外部体系为前提条件。教义学上对内部体系的解释，无疑对于根据一定方法的法律获取（还有对未来制定法的完善）这一基本的、长期的法学任务的完成具有最重要的意义。但是，这并不影响预先构建外部体系的必

---

〔26〕 此处作为基础的，有关一般法律原则的结构特征和作用方式的观点，已经在其他地方更深入地提出过了（BYDLINSKI, Fundamentale Rechtsgrundsätze 121 ff）；该处也证明并讨论了相关学说 A. SIMONIUS, ESSER, LARENZ, CANARIS, SCHOTT, DWORKIN,（尤其是）ALEXY, DREIER, KOCH/RÜSSMANN, OTTE, WIEDERIN, WILBURG；参见其后的 WEINBERGER, Norm und Institution（1988）198；PENSKI, Rechtsgrund-sätze und Rechtsregeln, JZ 1988, 105 ff；W. ENDERLEIN, Abwägung in Recht und Moral（1992）80 ff；ECKHOFF/SUNDBY（Rechtssysteme 90 ff）认为与原则存在广泛一致性，但是并非完全一致的"方针"是另一种与规则并列的规范类型。

要性。

我们还会对外部体系与内部体系的关系进行深入讨论。目前只需要指出，在没有暂且大致确定相关的规范群之前，我们完全无法有意义地探寻规范群的基本精神（原则），更不用说一定程度的深入研究了。这里实际上就涉及著名的"诠释学循环"（hermeneutischer Zirkel）。因为，从原则的内容上分析一个暂且界定的规范群，可以反作用于外部体系的构建，尤其是通过提高原先对纳入视野的法学领域及其周边范围的规范性特征的认识。

实际上，在对特定法律素材从教义学上探讨其原则内容上的论证关系时，"规范性特征"起到了一个前哨的作用。这种教义学上的探讨是法学的一个永恒任务，并且因为具体法律素材的可变动性永远不会结束：制定"内部"体系。

外部体系构建也仅仅是这样的临时前哨，这也造就了其相对的独立性。从上述原因来说，对于外部的体系构建，将纳入视野的规范群进行粗略的预先考察，必定就足够了。这也当然是必要的。否则的话，待划分素材的规范性特性（normativer Charakter）和处理这一问题的规范性法学探索就无法在可能的范围内被考虑到。那么我们更可能获得某种法学体系化——如前文所说的仅仅依据事实片段——但是却完全不适合法学特殊的任务；尤其是，这种体系化只可能在偶然的情况下形成"系统的"解释或者法律发展，而不是像其在"外部"体系构建层面上可能充分准备的那样。

当前所说的"规范性特征"的特征（Charakter）——以对某一法律领域内容上的关联性在原则方面的最佳深入研究为衡量标准——是必然具备的，实际上首先表现在，只要某个规范群明确显示出某个独立的原则或者某个特别的原则综合体，这种性质（Eigenschaft）就可以被确定。绝对不可能为了外部体系构建的目的就必须对原则层次进行*彻底的*探讨，甚或揭示相关规范群所有内容上的论证关系。这种探讨或者提示——在可行的范围内——确实可能是法教义学上围绕相关法律领域全部努力才有的结果。

二、多元的原则层次

迄今为止的描述和界定可能显得相当空洞。但是鉴于当前法学界——尤其是私法学界，有关体系问题讨论的现状，但愿未来还是能够起到澄清事实的作用。与之密切关联的是迄今的考量中的一个要点，现在仍然必须予以特别强调：不论哪一个或大或小的法律体系组成部分必须被纳入视野，都表明其所涵盖的相对最一般化的规范主导原则（Leitmaximen）的层次（Schicht），即相关体系组成部分的原则的层次，完全是*多元性的*：总是有多个一般价值原则（Wertprinzipien）或者主导目标（Leitziele）明显决定了相关法律材料的一些更具体的规则（Regeln）。如果多个原则在其引人注意的具体内部关联上是指向同一个方向的，则会出现强化效果。但是尤其是在多个主导原则的冲突区域，始终有必要斟酌界定各原则"有条件的优先顺序关系"[27]，这些关系可能体现在下位原则中，或者体现在直接由应用所确定的法律规则的事实构成中，或者在"例外规定"（Ausnahmevorschriften）中。对考量结果有决定性的有"实在的"（positive）法律规定、集体中"自发的"法律发展、根据一定方法的法律获取，在必要的情况下还有法官的自我评价（Eigenwertung）。

首先是对于法律整体，也即基本的法伦理原则的层次（Schicht der fundamentalen rechtsethischen Grundsätze）来说，前文主张的原则层次的多元性[28]已经显现出来了。[29]因为所有的基本原则各自在其自身的份额内，也即在其共同和相互作用中，从内容上对法律的整体，也就是所有组成部分都产生影响，所以就导致下位体系组成部分的原则层次多元性的必然性。已有的教义学上的分析已经证实了这一点，这些分析的优先目标是明确具体的、较大的私法材料的主导性价值原则（die leitenden Wertprinzipien）。[30]通过分析，始终都会产生多个这样的原则；当然有时其中个别原则相对于其他原则具有一定的优先性。这种优先性，正如法律行为法中的私人自治原则的优先性表现的那样，即使没有造成歪曲和误解，也不能被过分夸大，以至于忽视了其他共同协作的主导原则（Leitmaximen）。

对较大的体系组成部分的众多体系性描述（还有以专著形式对各个具体论题进行的探讨），即使没有相应的目标，也通过完全无偏见地列举所涉及的法律材料的多个主导思想（Leitgedanken）、特征（Eigentümlichkeiten）、特性（Charakteristika）或者明确说"原则"，进一步证实了原则层次的多元性。后文有关私法通常的、不同的组成部分的讨论将进一步证实每个部分材料的原则层次多元性。

---

[27] 参见 ALEXY, Theorie der Grundrechte (1985) 146（有关"权衡性法律"zum „ Abwägungsgesetz "），81（有关"有条件的优先顺序关系"zur „ bedingten Vorrangrelation "），125 ff 对于价值原理与原则原理之间的可交换性（Austauschbarkeit von Wert-und Prinzipiensätzen）具有重要意义。相似的是"实践的相似特征"理论（die Lehre von der „ praktischen Konkordanz "）作为权衡原则（Abwägungsprinzip）；参见 F. MEYER, Grundzüge einer systemorientierten Wertungsjurisprudenz (1984) 102 (mwN)。

[28] 更深入的讨论参见 BYDLINSKI, Fundamentale Rechtsgrundsätze 125 ff。

[29] BYDLINSKI, 出处同上 291 ff。

[30] 参见 WILBURG, Die Elemente des Schadensrechts (1941)；BYDLINSKI, Privatautonomie；有关以动态体系思维作为这种努力的基础，最新总结性材料有 Bydlinski/ Krejci/Schilcher /Steininger (Hrsg) Das Bewegliche System im geltenden und künftigen Recht (1986) 共有 19 篇论文；可能是奥地利最高法院（OGH）首次明确采用动态体系思维来解决困难问题的判决，载 SZ 62/207（胁迫作为履行返还的基础 Zwang als Grundlage für Leistungskondiktion）；现在还可以参见 JBl 1994, 464（暴利问题的动态体系 bewegliches System beim Wucher）。

第九节 小 结

一、对于"演绎—公理式的"体系

鉴于各原则层次多元性的议题，在上述针对"外部"体系的思考中就可以得出几个结论，下面将对其进行深入分析。

首先明确的是，法律体系不可能是，以及为什么不是一个完善封闭的演绎—公理式的体系（das „ deduktiv-axiomatische " System）。演绎—公理式的体系以固定的基本原理（Basissätzen）（公理 Axiomen）为出发点，一步一步地直线展开推理，体系的每个具体要素都在其中有确定的位置，并且尤其是有其充分必要的论证理由（Begründung），哪怕只涉及前提条件。当前公认的正确观点是，法律体系和这种演绎-公理式的体系不可能有关系。[31] 对此还仍然抱有期望的想法早就过时了。

这种完美的体系设想不适合法律体系构建的原因，不在于诸如（总有些人坚持的）逻辑—演绎的论证不适合法律思维。原因也不可能是人们害怕"公理"，因为如果不是在暂且被视为足够确定的前提条件中寻找出路，我们根本无法进行论证。这些前提条件必须作为推导的基本原理，否则我们在推论过程中会立即绝望地陷入无穷无尽的回溯过程。[32] 公理绝对不应当被视为是一成不变的，并且演绎—公理式的体系也无外乎存在于概观性的标准等级（Satzklassen）的描述中[33]，至少在明确了这些之后，认为演绎—公理式的体系在本质上不适合法律思维的想法就不应当再被坚持了。最近还有观点合理地指出，演绎是法学论证中不可或缺的一种工具；尽管涉及看起来与演绎推理极不相称的规范类型的适用，比如衡量性规范（Ermessensnormen）或者"为特定目标定制的"（zweckprogrammierte）规则，如果没有演绎式的思考步骤也无法做到公平的法律适用。[34]

法律无法满足过于挑剔的演绎—公理式的体系设想的根本原因，更确切地说在于待体系化的法律素材的特征，这些特征前文已经描述过了。根据这些特征，缜密的演绎论证关系绝对不是一般化的，而只能在有限的范围内显现出来。在明确的

---

〔31〕 参见比如 ENGISCH 出处同上（同注 1）；CANARIS, Systemdenken 25 ff。

〔32〕 关于规范的一般论证，尤其要参见 ALEXY, Theorie der juristischen Argumentation (1978) 225 ff。

〔33〕 参见 E. VON SAVIGNY 出处同上（同注 1）315 (339)；HORAK, Rationes decidendi (1969) 38, 45 ff。

〔34〕 具体参见 KOCH/RÜSSMANN, Juristische Begründungslehre (1982) 14 ff；另外比如 WEINBERG ER, Rechtslogik (1970) 238, 242, 359；DENSELBEN, Bemerkungen zur Grundlegung der Theorie des juristischen Denkens, Jahrbuch für Rechtssoziologie und Rechtstheorie Ⅱ (1972) 136（演绎作为"基本模式"，但是整体上是无与伦比的更复杂的情形）。

"实在的"法律规定之间很少存在概念意义上的可演绎性，因为可演绎性必定会证实——本来就是从更一般的规范中推导出来的——更具体层次的实在规范是多余的。如果我们将立法理由和不同一般化程度的一般法律基本原则，也像（判例法或者法教义学的）方法上获取的法律规则的最具体层次一样纳入考虑，这种考虑当然也是必要的，那么，法律中最重要的、内容上的论证理由之间的内部关系就会显现出来；尤其是鉴于前述的最后一个要素。这些内部关系同样肯定不能构成一个全面且完善的体系。首先是因为已经强调过的所有层面的原则层次的多元性，这种多元性可能导致冲突（对立倾向）。尽管这样不会导致许多原则无效，却必然引起权衡和界定。[35] 完全基于统一的基础，以分步骤、直线型的演绎推理展开，是必定无法实现的。

什么内容属于"法律"，因而也属于待体系化构建的法律素材，主要不是取决于逻辑推理关系，而是法律概念及其尽可能恰当的、具有完全区别性的含义。对于法律科学一开始就*存在的*法律要素产生于（有关规范的形成和存在的）事实的确证，也产生于法律概念的标准的应用；而不是产生于（其他的）逻辑推理。只有如此查明的现存法才可能，也必然描述了通过法律科学在方法上获取更广泛的、尤其是更具体的规则的基础。这种法律获取一定不是局限于对现存规范的简单演绎，即使这类"涵摄（Subsumtion）"[36] 也属于法学的一种工具，在常见情况下甚至处于重要地位。法律科学对于其*现存法律素材*中演绎性的内部联系的存在与强度根本发挥不了任何影响。

不可能建立起一个全面完善的演绎—公理式的法律体系，这一点已经获得普遍承认，不可能的原因不是演绎-公理式的体系思维方式不适合法律科学工作，而是法律素材自身的特性。这一区别的理由具有重大的实践意义：因为只有从这里所坚持的立场出发，才有理由要求在法学中最大限度地强调所有演绎性论证关系，*只要这种论证关系是存在的*；哪怕只是形成了一个完善体系的若干片段。[36a] 就原则层次来说，这一要求与强调"内部体系"的要求是同一的，后文将具体指出这一点。

二、针对根据内容上排他性的原则进行的"外部的"体系构建

前述有关外部体系构建的一般思考，连同有关待划分法律素材的描述，再加上原则层次多元性的议题，这些就导致我们潜意识里弥漫着一种想法，认为体系构建

---

〔35〕 参见前注 26。

〔36〕 参见相关证明，例如 BYDLINSKJ, Allgemeines Gesetz und Einzelfallgerechtigkeit, in: Starck（Hrsg）Die Allgemeinheit des Gesetzes（Abh der Akademie der Wissenschaften in Göttingen 1987）51 Anm 6。

〔36a〕 "过去与现有的，都是部分体系"（Was es gab und was es gibt, sind Teilsysteme）；MITTENZWEI, Teleologisches Rechtsverständnis（1988）252，其观点是恰当的。

是不可能的，当然根据笔者的认识，这种异常想法还从未被详尽充分地提出过。这种想法认为，在严格的规范措辞上，体系构建只是*单纯地以主导性的价值原则*（leitende Wertprinzipien）为标准。[37] 根据这种想法，体系构建中需要总结的是那些由某一完全特定的主导性原则，或者多个有亲缘关系的原则在内容上予以统率的规范群。与这些规范群形成对比关系的，是其他那些完全以其他的，甚至对立的基本评价为导向的规范群（法律材料或者体系组成部分）。

与这种一元论或者排他性的原则表象相对应的，是那些未明示的、影响广泛的，但是却从来没有经过充分深思熟虑的体系化的考虑；比如将"传统的"（überkommene）私法作为平等的意志自由原则（das Prinzip der gleichen Willensfreiheit）（或者法律面前人人平等的原则，die rechtliche Gleichbehandlung）的统率领域，并将其与劳动法或者更一般的有关非均势地位的私法相对立，认为这些领域是由"保护弱者"或者"均衡不平等地位"的原则所统辖。相似的情形还有，将"古典私法"（das klassische Privatrecht）的"正当性基础"（Richtigkeitsgründe）完全归因于规范适用对象（Normadressaten）的私人关系，而"经济法"（Wirtschaftsrecht）与其对立，涉及的是宏观经济（Gesamtwirtschaft）。[38]

根据上述观点，体系构建应当遵循的规则是，一个或者一类原则应当排他性地归属于某一个体系组成部分，而另一个或者另一类原则属于另一个组成部分。

根据迄今所讨论过的内容的结论，这种严格规范化建立的、好像是原则内容上的内部关联性的"内部体系"发生外部化，即外部化为外部体系的划分模式，被证明是不可能的及不能适用的：如果我们以基本法律原则为基础，想为每一个（或者一组）原则找到一个内容由其决定的、可以划归其下的规则群，由这个规则群和这个原则（或者原则群）一同构建一个特别的法律材料，我们必然是失败的，基本的法律原则表现为整个法律的内容方面的基础，因此无法被排他性地以个别或者组别的形式划归为特定法律的组成部分。特定法律材料的原则层次出于同样的原因也一样是由基本原则的——涉及较小范围的事实构成，并且各有其恰当结果的——具体化或者组合，也即（在与基本原则的关系上的）下位原则，构成。

某个规范群是否以统一的主导思想为基础，主导思想有哪些，只有在我们已经（至少暂时）定义过这个规范群以后，才可以进一步探讨。但是如前所述，这样就始终会产生多个原则，而且必定不是排他性的。因此，借助于单一原则或者排他性的原则群来构建规范群是完全行不通的。即使某一个原则在某个特定的规范群中具有明显的优先性，但是如果不考虑那些虽然是次级的，却对该规范群产生作用的主导原则，那么将无法在内容上论证其具体规则层次（Regelschicht）的合理性，也

---

〔37〕　对比前注 22 中提到的几个说法。
〔38〕　具体论述参见后文有关"内部"体系观点"外部化"的一章。

完全无法对其进行定义：因为具有特征性的恰恰就是这种原则组合，它是通过某个原则的特定优先性确定的。

只有从这一角度来看，才可以避免那种——频繁的、后果严重的、混乱的——夸张性看法，认为仅仅是原则的"混合比例"的变化，哪怕可能从量上看只是相当微小的变化，也将导致其变成相邻领域的原则，与原来的原则之间变成了一种对立性的关系。如果我们只集中于存在的不同点，那么就可以断言到处都存在基本的对立性（比如甚至在一般民法和商法之间！）

独立适用"内部"体系观念来构建外部体系，看起来似乎有两个基础性错误：一方面强调某个原则（或某类原则）作为一个规范群的统领性原则，实际上对这个规范群却没有规范性的标准来界定，同时还忽视了其他同样对该规范群的具体规则群的内容产生影响的其他主导原则；另一方面，不合理地认为（或者默示地设为前提条件）相关的规范群就是由这一原则（或者原则群）来定义的，而实际上该原则或者原则群完全也在这一所谓的排他性领域之外产生作用。我们因此不遗余力地创造出了那些只受"形式上的"自由和平等原则统率的法律材料，只适用于特别"保护目的"的材料，还有其他那些排他性地强调公益原则的材料，等等。下面的章节还将进一步讨论"内部"体系外部化对当前体系化思想的影响。与此相关的分裂和孤立倾向不仅建立在不充分的规范基础分析之上，而且因此损害了法的平等和概观性。

第二章 ◀

"内部"体系

第一节　内容上的演绎式论证关系

一、以应用为导向的描述

如前所述，在构建"外部"体系时，对法律素材的规范和内容方面的内部关系只能是粗略地、前瞻地从"规范性特征"的角度来考虑。法律科学中体系化的需求还是不想满足于"外部体系"，这完全是由事实情况和任务决定的。其原因在于起最终决定作用的法律或者法律科学的任务，即去影响或者（首先）判断事实片段，即事实构成。法律是为了得到"应用"而存在的；要么是由"一般的"规范适用对象以法律为其行为指导来执行，要么是由特定的执法机构以法律为标准来判断规范适用对象之间的关系。在这两种关系中，通过法律科学获得的"个人的"法律知识和非官方的法学专家提供的法律咨询，尽可能地实现准备工作。

这也是法学的中心任务，其对法律素材描述的要求是，不仅一定要具有概观性，而且要最大限度地以应用为导向。也就是说，这种描述仅仅通过简化对各个待适用的法律组成部分的认识，就可以促进法律获取。对此当然具有关键意义的，与其（错误地）假定法律规范在"法律适用"中具有随便某种修饰性或者象征性的作用，毋宁说应当从法律的角度[39]（及其必要的实际前提条件），对所有有益于个别行为和具体案件判断的法律判断进行最大限度的论证。

---

〔39〕 对于法律及伦理判断（仅仅由于两个原则领域之间纯粹有限的可分离性就）适用的是，它们必然［作为可普遍化原则（Universalisierbarkeitsprinzip）形式上的最小结果］存在于个人的和情境的一般（"一般抽象的""generell-abstrakten"）原理中，或者可以追溯到这些原理。（参见 P. KOLLER, Politische Freiheit und soziale Gerechtigkeit ［在此范围内还部分涉及 Graz 未发表的教授资格论文 1985］122；并且讨论了有关理性伦理问题的重要文献。）

也就是说，法律体系的可适用性就体现在判断具体问题时法律体系的可论证性上。在我们合理要求内部体系应当反映法律素材中的规范性或者目的性或者价值性方面的内部关系时，适于论证性就是"内部体系"[40]的议题。这也就直接指向了法的具体组成部分之间在*内容*上的论证关系，而不仅仅是其外在的分组形式。"内部体系"与法律获取的中心任务紧密关联，并且对其实际产生显著影响，这已经获得法学界的充分肯定。[41]同样明显，却相对不太出名，因而也经常没有受到充分重视的是，内部体系对立法也产生决定性的影响，这一点来源于正义的均衡原则（Gerechtigkeitsgleichmaß）以及宪法层面上在普遍平等原则（allgemeiner Gleichheitsgrundsatz）（禁止恣意的歧视 Verbot willkürlicher Differenzierungen）中对该原则的确认。[42]

二、与法律获取的关系

由此就产生了"内部体系"与个别案件中的具体法律获取的关系，以及"内部体系"与法律获取方法论的关系问题。将两者相提并论是错误的。如果说"体系"总是有关既定素材的描述，那么就不能哪怕只是理想化地假定存在一个单纯的"内

〔40〕 "内部"体系与"外部"体系的区别最初由 HECK 提出，HECK, Begriffsbildung und Interessenjurisprudenz (1932) 139 ff；尤其要参见（批判 HECK 有关"内部体系"设想的）CANARIS（同注 1）35 ff（他强调了 HECK——在各种评价、作为个别规范基础的法律价值，以及最高法律价值之间——对一般法律原则重视不够，从而导致没有充分理解法的"统一"。）40 ff；LARENZ, Methodenlehre 474 ff；E. MEYER, Grundzüge einer systemorientierten Wertungsjurisprudenz (1984) 114 f；MAYER-MALY, Einführung in die Allgemeinen Lehren des Österr Privatrechts (1984) 19；有关"外部"和"内部"体系，现在还有 MITTENZWEI, Teleologisches Rechtsverständnis (1988) 242。

〔41〕 实际上原本就是通过任何"体系的"法律获取，只要在目的论上或者原则上以此为标准，也即不是单纯地以外部关联为标准；同样也通过致力于事实与规范稳定性的任何立法活动。在其他法律领域中，最令人印象深刻的，直接通过一部真正里程碑式的著作实现的有关体系化的、原则的法律思维的阐述，是 TIPKE, Die Steuerrechtsordnung I (1993) ll0 ff. 对于税法的贡献（并不是恰好由于其体系化结论而出名）。该作者的核心论据也是，有必要通过体系地强调与重视一个法律领域的指导性原则，尽可能避免恣意的不同处理或者评价冲突。这种必要性实际上就是来源于正义的均衡原则；还可以参见 TIPKE, Steuergerechtigkeit (1981) 24 ff, 47 ff。

〔42〕 原则上可以参见 CANARIS, Systemdenken 121 ff；在更特别问题上的相应观点有 BYDLINSKI, Arbeits-rechtskodifikation und allgemeines Zivilrecht (1969) 46 ff；特别赞同的观点是 ANTONIOLLI, Gleichheit vor dem Gesetz, JBl 1956, 612；支持《德国基本法》（GG）第 3 条第 1 款的一致性要求（Konsequenzgebot）的观点 STARCK, Die Anwendung des Gleichheitssatzes, in: Link (Hrsg) Der Gleichheitssatz im modernen Verfassungsrecht (1982) 70；相反，只赞成平等性考察（Gleichheitsprüfung）中一致性思想（Konsequenzgedanken）的有限"解释功能"（Verdeutlichungsfunktion）的，当然是 PEINE, Systemgerechtigkeit (1985) 312，因为对平等原则作为禁止恣意原则（Willkürverbot）的主导性理解与一致性要求并不一致。这似乎只是因为，作者把主导性理解中的禁止恣意原则（！）定义为一种禁令，禁止选择恣意作为衡量平等或者不平等对待的标准，"恣意就导致了损害正义感（Gerechtigkeitsgefühl）（！）的结果"（287 f）。但是，纯粹的感知性法学（Gefühlsjurisprudenz）几乎不值得讨论，尤其是完全没有明确，到底是谁的"正义感"。有关这些恣意性或者不客观的概念不可避免的恣意性"适用"，如果对其不进行系统的原则上的具体化，以及有关对于宪法的适用来说，（潜在的、宪法上要求的）实践中相对化处理如此才可以论证的一致性前提条件，参见 BYDLINSKI, Methodenlehre 347 ff；结论上相似的（非系统地偏离秩序体系的客观上合理原因）KORINEK, Gedanken zur: Bindung des Gesetzgebers an den Gleichheitsgrundsatz nach der Judikatur des Verfassungs-gerichtshofes, FS Melichar (1983) 49。

部"体系，可以包含当前尚不明确的、还有待于在特定案件类型和具体案件中去获取的所有规则。鉴于不同案件及案件类型数不胜数的多样性，期待可以在体系构建时就预先解决所有可能出现的法律获取问题，是完全不可能实现的假想。更确切地说，体系构建只能做到，通过陈述其内容上的论证关系对所有不同具体化层次的法律规范的已知状况进行处理，为在未来最大限度地简化针对新的或者新背景下出现的问题的法律适用做准备。

如果我们在尽可能多的案件中，判断案件的论证理由可以直接依据"涵摄"，也就是说从已经明确处理好的规范材料的最具体层次向待决案件（更确切地说是其各相关的事实构成要素）进行演绎推理；另外，如果我们在仍然存疑的案件中向规范的下一个最具体层次追溯时，可以尽可能地排除疑虑，那么在诸如此等的情形下，这种简化工作就完成了。当存在追溯的必要性时，首先是从较高的论证层次，比如立法理由（ratio legis），向各种具体的假定解释进行推导，而最具体的既存规范，比如某个制定法的规则（Gesetzesregel），针对未来的问题为上述具体的假定解释保留了空间。事实构成要素然后就可以被涵摄到通过解释新探明的（更具体的）规则之下。而那个最具体的既存规范也当然可以是通过解释、补充性的法律发展或者一般规则的具体化而推导出的规则。

获取具体规则（Gewinnung konkreter Regeln）的全部的、多样化的方法论难题在体系化构建中不会出现。因为体系化工作要依托的就是（根据其思想）当前已知的全部法律素材；一定包括那些已经在法学上通过在既存法及必要的事实信息中，根据方法上具体的法律获取推导出的规则；尤其包含那些从多个方法上有道理的解决规则中作为"法官法"[43]发展出来的法律制度组成部分。

即使法律对法院或者行政机关存在很宽泛的授权，针对那些等候处理的问题，根据正义的均衡原则和法的安定性原则（及平等原则和法治国家原则）也必须进行具体的规则构建，否则下一个相同类型的案件可能会被恣意处理，或者以无法预见的不同方式处理。[44]即使是法律上单纯的公平原则条款（Billigkeitsklauseln）的具体化也不能是"无秩序的（regellos）"[45]。

因此，对于"内部"体系设想具有决定性的，是从核心内容上尽可能广泛地提

---

〔43〕 有关这一——实际上重要性无可限量的——现象的理解，参见 BYDLINSKI, Methodenlehre 501 f；或者在：Hauptposition zum Richterrecht, JZ 1985，149；针对最新观点的额外评论见：Rechtstheorie 16 (1985) 42 f, insb Anm 81 f; in: Recht, Methode und Jurisprudenz (1988) 35, insb Anm 64 ff; sowie in AcP 188 (1988) 475 Anm 29. 强烈的、值得赞同的，反对无法控制的法官法构建倾向，PICKER, Richterrecht oder Rechtsdogmatik-Alternativen der Rechtsgewinnung? JZ 1988，1 und 62。

〔44〕 尤其是根据这种观点，法律获取中的演绎因素被有说服力地再三强调了，当然也针对有问题的规范类型，KOCH/ROSSMANN, Juristische Begründungslehre (1982) 14 ff。

〔45〕 更详细的阐述参见 BYDLINSKI, Allgemeines Gesetz und Einzelfallgerechtigkeit, in: Starck (Hrsg) Die Allgemeinheit des Gesetzes (Abh der Akademie der Wissenschaften in Göttingen 1987) 48 ff。

炼出在既存法律素材中可以确定的（即使还很不完整的）内容上的论证关系，从而可以将未来法律获取方面的必要论证尽可能恰当地限定于深入的演绎推理，并且尽量简化。

内部体系构建与根据一定方法的法律获取之间若有进一步的交织就是不恰当的了。下文将对此进行深入论证。因此，内部体系绝对不可能直接预先解决根据一定方法的法律获取的各种问题。毋宁说，内部体系只是根据*已知的*法律素材在内容上的论证关系而反映这些法律素材，并且由此"预备"在将来研究特定问题时——在具体细节上总是涉及这些问题——适合应用。

为了法律获取的目的而使用内部体系，当然也绝不限于那些可以直接进行涵摄的相对简单的问题。甚至于在适用全面的体系—目的论方法这样特别复杂的场合中，借助于内部体系通常也可以更好地把握与问题相关的全部制度体系的各个部分，否则我们还必须从头重新构建。将更加清晰地展现这一点的是，后文针对法学理论的可验证性及其在广泛的理论比较中出现的尖锐化的附加说明。

三、内容上的论证关系

上文已经讨论了核心问题，即内部体系所要表达的、法的规范度量（normative Größe）之间在内容上的论证关系是什么性质的。答案可想而知，应当是作为基础的论证性规范度量与内容上由其（还有其他前提）直接或者（在后一层次上）间接推导出的规范度量（原则、立法目的、规则）之间的逻辑演绎关系。所涉及的并不单纯是只有实证法理论才关注的授权或者除权关系（Delegations-oder Derogationszusammenhänge）。

推导过程的补充性实际前提条件可以说是，被论证规范的客体范围（der Gegenstandsbereich der begründeten Norm）正好落在论证性规范的（更一般化的）客体范围内。比如根据内容更广泛的原则，即在社会（相对远离公权的）领域中存在私人自治，可以推导出较狭窄的事实领域中存在的下位阶的原则，比如合同自由、遗嘱自由和结社自由；从合同自由中又可以推导出诸如缔约自由、合同内容自由和形式自由原则；从结社自由可以推导出劳动法上的结社自由。名称各自不同，但是其合理性在于，在更狭窄的实际关系内，更一般化的评价获得了特别的塑造，这至少是鉴于其更具体的功能，经常也鉴于其特定的对立原则可能发挥的限制性作用。

由此也就自然承认，如此描述的推导过程*只能部分地*表述或者解释下位阶原则及最具体规则层面上的法律状态。也就是说，所讨论的推导关系（Ableitungszusammenhänge）看起来具有复杂的本质。支持有关演绎推导的基础设想的是，如前所述，"内部"体系必然是以最适于应用的方式对现存法律素材的表述。但是，对于待体系化的法律素材来说，解决法律获取的方法问题很大程度上是一个前提，关系到对法律获取的前提条件探究，无论如何也不同于单纯的演绎推导。[46] 然而对于法律获取来说，理想化的涵摄模式虽然不可行，但是也不排斥以演绎推导的思路来理解内部体系。尤其是当存在多个相关原则时产生的复杂性，还需要更进一步的探讨。

第二节　价值论与目的论在论证上的对立

一、对演绎逻辑的怀疑

那些在"内部"法律体系理论方面卓有建树的著名学者们原则上都反对演绎推导的适用。[47] 其立场是，以正确的法理念本身为基础的内部体系的任务是描绘法律秩序的内部统一性和评价方面的合乎逻辑性。

前文所偏爱的措辞，即对内部体系中内容上的论证关系的可适用的描述，和他们的观点绝对不是对立的，而只是把重心放在了这种体系构建方式的实践目的上了。对于法学这样的实践学科来说，这样做是有助于澄清问题的。这也并不否认，我们可以仅仅只是为了理解法律秩序，而不考虑其实践后果，只对探索法律秩序内容方面的规范性关联感兴趣。强调对于法律秩序可获得的理解同时具有实践上的必要性和可用性，与前述观点也不矛盾。

应当反映法律秩序的内部统一性和合乎逻辑性的"内部"体系，被卡纳里斯（CANARIS）（在明确反对演绎逻辑的命题上）定义为一般法律原则的价值或者目的秩序。[48]

这样就特别恰当地阐明，要揭示内容方面的规范性关系，在必要的情况下就必须放弃从具体规范的层面着手，放弃对它们的单纯的结构分析，也就是说放弃实证法的视角。因为不能在具体规范的层面上，而是要综合考虑特定规范与规范群的（较近和较远的）规范基础，这样才能富有成效地充分揭示规范度量之间内容上的

---

〔46〕 BYDLINSKI，Methodenlehre 393 ff.

〔47〕 尤其是 CANARIS，Systemdenken，和 LARENZ，Methodenlehre。

〔48〕 出处同上，40 ff（47）；LARENZ 亦同，出处同上。CANARIS 41 ff 合理地论证了反对意见，"内部体系"还要额外或者甚至排他性地以生活关系、概念、制度或者价值为标准。（这又让人想到了价值和原则体系的不可定义性；前注 27；因此无特别意义的是 MEYER 的偏离性观点，E. MEYER，Grundzüge einer systemorientierten Wertungsjurisprudenz［1984］115，他更偏爱"法律评价观点的体系"。）CANARIS 反对演绎关系假设的观点主要在该书第 45 页，而且早在第 25 页已经提及；主要在第 58 页及以下提到了各原则之间的相互作用和例外，以指明原则之间的区别和逻辑体系公理。

关联。相反，"古典"法律实证主义只关注形式上的除权或者授权关系，这绝非偶然，而是典型的结果：基于其狭隘的法律概念，法律实证主义自我限制了（超越形式上的位阶理论考量）在内容方面有效分析其论证理由的可能性。

卡纳里斯认为，内部体系化对法律中那些广泛的、经验上具有相对稳定性的要素，也即各个有效的原则，具有反馈作用。他的这一观点是有说服力的。内部体系的思想从一个新的角度证实了（最终也）将基础法律伦理原则纳入法律中来的必要性。

二、反对意见

必然出现强烈质疑的情形是：在强烈否定"逻辑性"体系的过程中，把一个已做出的评价在内部体系中待描绘的、"形式上（！）合乎逻辑性"（„ formale（！）Folgerichtigkeit "einer einmal getroffenen Wertung）与"形式逻辑的"（！）合乎逻辑性（einer „ formallogischen "（！）Folgerichtigkeit）相对立[49]；以下位原则对某个原则的具体化与演绎式的体系构建形成强烈对照。差别应当主要在于，原则与其下位原则之间存在一定的内部等级关系，但是下位原则，正如不同原则在不同具体化层次发生的相互作用那样，并非彻底"预先设计好的"（vorprogrammiert）。另外，在一个方向上的"直线性"思考也是不可能的。毋宁说，内部体系的构建是一个原则与其下位原则之间交叉澄清的过程。[50]

在笔者看来，那些怀疑的说法有些不必要地过度强调了本来就完全正确的观点：法律秩序不是一个结构完善、整体上完美无缺的、根据几个公理按照直线式的统一演绎步骤发展出来的理论逻辑体系，也不是每个法律规范在其中都有固定的位置，在任何情况下都可以通过简单的涵摄发现解决方案。其中的原因前文已经讨论过了。但是，这也并不排斥构建众多的"演绎公理"体系，在法律秩序中，这种内容上相互论证的规范度量是可以确定的。即使从全局来说，这仅仅只是涉及一个完整逻辑体系的一些片段，但是也可以促进对法律素材最适于应用的描述。

然而，在法律的组成部分中，事实上只有那些相当小的部分才可以用"直线性"演绎形式进行描述，即使如此也必须保证，通过全面的检验可以确定，逻辑结论没有违反同样有效的、起初不是重点的基础评价。不同原则之间的相生相克总是发挥强有力的作用，同时也证实，即使我们想局限于无数更小的局部体系，设想"直线性地"不断向前演绎推导，那样也不能解决问题。

确实，我们也找不到强制性的理由说，只能从这种完整演绎模式的"直线性"

---

[49] CANARIS aaO 45.

[50] LARENZ aaO 475.

设想出发。毋宁说，实际上有意义的恰恰是不同演绎推导思考过程的结合或者附加——确切地说是其结果。每个复杂的法律案件的涵摄过程都说明了这一点，确切地说，将案件的各个重要元素涵摄于众多不同抽象程度的法律规范之下，并根据所有局部结果得出对于案件的最终判断（至于就逻辑性描述的标准来说，人们是否会偏向于把整体理解为一个演绎推论，对于完全多样化的实践任务来说是无所谓的）。

在两个规范度量之间首先可以确定存在演绎推导关系，只要其中一个规范度量是另一个的规范前提，哪怕只是前提之一。具有关键意义的不是"完全一致的"、直线性的或者直接的演绎，比如还要借助于额外的事实前提。正如科赫/吕思曼（KOCH/RÜSSMANN）[51]已经正确指出的，（在法律思维中肯定不能排他地适用的、但是始终必不可少的）演绎性法律适用模式甚至在特别疑难的情况下都是可以坚持的，比如附有"终端设计"（finale Programmierung）的规范或者自由裁量性规范（Ermessensnormen），这是为了维护这一范围内法律适用的公平性所必需的。

从一个相对模糊的规范进行推导，当然特别难以准确地表达。这类"框架性的"演绎必须将根据法律条文针对案情能够得出的所有的假定解释——当然也只有这些假定解释——作为"框架"设定于案件的解决，并使得判断者做出一个准确阐明性的"自我评价"（Eigenwertung），*除非通过另一个演绎*，比如根据立法理由（ratio legis），可以进一步限缩框架，甚至在最理想的情况下限缩至诸种可能性中的某一种。与作为其基础的目的和原则相比，个别法律条文本身已经更加具体了，但是这也绝不排除，在对于法律解释问题恰好具有重要意义的部分领域中，让这些目的和原则明确地产生影响，这也是一个恰当的目标。对于一般的法律原则也同样如此。

甚至对于多个原则之间的权衡，我们也可以采用演绎式的描述[52]，从而明确维持法律原则相对于在其基础上通过附加权衡"积极"设定的或者通过方法论获取的规则在内容上的优先性。然而每个待权衡的原则都只是对一个较具体的规则有效发挥作用，但不是其充分的基础。更具体地说：首先（在根据其基础建立及从学术上重建更具体的规则时）分别从每个合适的原则中推导出其对于疑难事实领域的特定结论。即使具体结论相互对立，这些原则也不会因其作为同一体系中的规范度量而无效。因为这些原则只是表明了单纯的评价倾向，只在可能的范围内实现，尤其是在系统中其他重要原则允许的范围内。[53]

然后在对立的事实领域内还必须通过建立"有条件的优先关系"来实现一个平

---

〔51〕 参见前注 34。

〔52〕 参见 KOCH/RÜSSMANN aaO 97；绝大部分赞同 ALEXY, Zum Begriff des Rechtsprinzips, in: Krawietz (Hrsg) Argumentation und Hermeneutik in der Jurisprudenz (1979) 59 ff.

〔53〕 参见前注 26；以及下文。

衡方案；也就是根据一个规则来确定，*此规则在多大的范围内，彼原则在多大的范围内应当享有优先性。*

这一界限体现在具体法律规则的事实构成或者特别的"例外规定"中。在有关从无权处分人处善意取得所有权的问题上，保护所有权优先于保护交易（或者相反），取决于所有权人是否有意并自愿将物交予无权处分人，并因此使自己处于丧失权利的风险之中［《德国民法典》第 932 条及以下；《奥地利普通民法典》第 367 条"所信赖的人"（Vertrauensmann）］。类似的妥协性规则还可见于在意思表示错误问题上，意思自治与信赖及交易保护之间的界定（《德国民法典》第 119 条，第 122 条；《奥地利普通民法典》第 871 条，具体情况下有不同的法律后果）。

由此可见，在首要相关原则的基础之上，经常还需要一个额外的、整体上以优化制度为目的的立场，以恰当地遵循其他并非明显发挥影响的原则（比如通过简捷的可应用性来实现的合目的性）为目标。

因此，最终形成的具体规则通过两个方面得到规范论证：一是相互之间需要进行公平界定的各个原则；二是该额外立场的内容。

完全正确的结论是，尽管在原则与更具体的规则之间有内容上的优先顺序关系，但是规则必然不能通过相关原则得到完全的"编排"，经常也完全不可能。作为举例引用的两个具体规则，即有关从无权处分人处善意取得所有权或者法律行为中的意思错误，有不同的具体细节，在此虽然不作深入展开，但是却明确地揭示了这一点。

然而，上述结论与对演绎式逻辑关系的肯定并不矛盾。有效的，但是本身却不是解释某一现象或者论证某一结果的充要条件，也应当得到遵守，这是完全正常的情况。那些发挥影响的原则还需要通过一个界定性的立场予以补充，也并不否认其作为最终发现的规则的必要条件：一方面，这种必要性本身就是由于原则及其在疑难规范领域出现的冲突现象引起的；另一方面，立场的实现总体上必然恰恰是通过原则之间更具体的优先顺序界定以及经由"权衡规则"（Abwägungsgesetz）推动的、在相关原则之间优化平衡的努力。

如果从具体原则单独演绎出的结论构成框架性结果，其中存在部分重叠，那么具体规则必然蕴含于这一框架内。针对与原则冲突相关的逻辑问题的研究（见注释 52 所引用的文献）近年来取得了丰硕而细致的成果，并对此形成了充分的阐释。据此，否定逻辑性，否定内容上的规范性关联具有演绎性，都是没有合理根据的。

三、复杂的推导关系

我们最好还是坚持，把内部体系中的规范性论证关系理解为从一般到特殊的推导关系。很明显，这种推导关系可能非常复杂。从一个更一般的规范度量，以单纯的事实前提为条件，就可以简单地演绎出一个更特殊的规范度量，这只能是一种特殊情况。除此之外（在一般情况下），主要是从一个模糊的规范性大前提，比如一条法律规定，框架性地推导出多个可能的解决问题规则。对这些可能的规则，还需要进一步根据从体系的另一个规范度量进行的*另一个*推导结论来进行选择，比如立法理由，或者还需要其他的筛选程序，甚至极端情况下明确的"法官自我评价"（richterliche Eigenwertung）。如前所述，在原则冲突的情况下，关键的处理过程尤其复杂。处理过程通常包含了针对相关原则的界定性优先顺序立场。不对相关原则进行深入的分析探讨，就既无法理解，也无法具体解释和应用更具体的规则。

概括来说，对于"内部体系"实际上具有关键意义的"价值论的"和"目的论的"关联性并不是演绎逻辑结构的对立面，而是清楚地反映出，它们通常对于法律体系形成一种复杂的、不完整的重要影响，尤其是存在于具体法律条文与其立法目的以及更一般的原则基础之间。

第三节 限定于原则层面的必要性

一、困难

为了真正地提炼出"内部体系"，首先要弄明白的是，通过对这种内容关系的审视到底已经获得了多少可用的东西。非常明显，真的还没有比这个更新的尝试，即使只是完全按照法律的*内容上*的论证关系来描述一个较大的法律组成部分；而不依赖于把这种关系理解成逻辑的或者（被视为与逻辑对立的）价值论—目的论上的关系。

从经验上看完全成立的是，对于一个大规模的法律素材来说，根据这种关系进行的全面描述，也即以对法律素材更恰当的"内部体系"来代替"外部体系"，完全是不可能的。

其中的关键原因在笔者引用的那些著作中实际上已经被恰如其分地总结出来了，不受他们有争议的有关逻辑体系与价值体系相互对立观点的影响。这些原因相互关联，并且相互强化：首先，数个相生相克的（zusammen und gegeneinander wirkende）原则在各个基础层面上产生重要影响，对论证关系的系统化描述肯定必须以此为出发点。由于针对不同的事实领域，必须适用完全不同的原则组合，特别是对原则的优先顺序关系要有不同的具体立场，只有如此才是恰当的，因此最终的描述必须按相关原则的数量分成相应章节，从各具体原则出发，*再逐级向下论述由原则所建立的下位原则、立法目的、实证法条文及通过方法论获取的具体规则。*对于基础层面的所有原则都要一再重复这一程序，这样一来，（对基础原则进行权衡所推导出的）同一下位原则等就会重复出现。这将会导致全面描述的规模急剧扩大，或者，如果可以借助于多重参引，描述的概观性又会受到极其严重的影响，而每个体系化的首要任务就是促进概观性。

事实上，尤其是"直线性"的描述过程根本就是无法想象的，也就是说，在论证一个较具体的规则时，不能总是*简单地*将其直接上级的、抽象层次的规范作为具体规范的前提：经常还要不可避免地向更高层次进行追溯。

在某个法律条文中只能进行"直线性"的演绎，比如部分地，也即在其所有构成要件的"概念核心"中。"亲手"书写和签名的最终处分意愿构成一份（形式）有效的遗嘱，从这一法律规则可以直接推导出有关书面指定继承人的更具体规则，书面文件可以是用铅笔、圆珠笔、鹅毛笔或者钢笔，甚至可以是混合上述这些书写工具做成的。而对于以西里尔文、速记稿，甚至可以证明是亲手用打字机或者电脑做成的遗嘱，有关形式问题的解决规则还必须要从*更高层次*的论证理由来推导，也即根据立法理由，目的是要确保文件的作者身份能够被简单可靠地确认，因此问题的关键取决于是否存在可以*反映个人意思的文字*。

在进行广泛的理论比较时，为了论证优先选取的解决规则，各种完全不同具体化层次的规范可能同样具有重要意义。在多个原则相互冲突的领域中，向原则层面追溯时就不得不一并考虑对于相似事实情形适用的、已经更具体的原则优先顺序关系，最好能够类推适用。

二、向各个更抽象的规范层面的追溯

经常会碰到的情形是，只有向更高的论证层次（höhere Begründungsschicht）进行追溯时，才会发现和明白，为什么我们确实不能满足于从——本身已经在论证理由中实现的——具体规则层面出发的"机械的""直线性的"演绎模式：因为面临与立法理由或者某个优先原则发生冲突，而且不能通过有利于某一其他原则的平衡倾向对此进行合理论证。比如由于我们只考虑到了特定的事实构成，将一个较高层规范以这种方式转换成一个较具体的规则，就导致在具体案件中的应用结果违背了立法目的或者法律原则。

因此，对于各个问题解决规则的完整论证应当*始终*包含对其*所有较高层次论证理由*的核查，即使具体案件中最终的核查结果只是在结论上可以维持从法律规范已经实现的最低具体化层次出发进行的"机械的演绎"，因为不存在与其自身基础的明显冲突。

　　全面描述所有更高抽象层次的规范的每一个论证理由，将会造成与根据内容上的规范关系，并以适于应用的方式呈现法律素材的目标之间，产生难以弥合的冲突。对于每一个具体问题，我们都将不得不总是向更高的规范层次追溯，直到最基础的原则层次。但是如前所述，法律素材最适于应用的情形是，可以通过简单的"直线性"演绎就毫不费力地实现其最终的具体化，即最接近具体案件的规则。

　　法律评注，还有其他那些系统化的法律阐述，的确阐明了法律规则*没有疑问的*适用范围。它们主要讨论这些法律规则，有些情况下还有一些案例。但是，它们*在此*肯定不会单独在衍生关系上去追溯法律规则那些比较遥远的基础。它们更主要的是集中于疑难的规则适用问题，只在给出必要的解决方案时或多或少地提及广泛的论证理由；*这时*当然也要追溯所有能想到的更高层次的论证理由，只要这样是必需的和可能的。

　　但是显然不可能的是，因为向更高层面的对照性追溯也属于完整论证的一环，为了描述*所有*已经发现和熟知的（甚或所有可能的）具体规则在内容上的论证关系就必须同样如此处理。如果那样的话，我们就会把所有或者所有已经相对解决了的法律获取问题与体系化完全混杂起来，从而走向了概观性的对立面，而体系化的目的就是要实现概观性。法律素材的整体描述（至少）应当是所有现存的专著、论文和判例的总和，以反映哪怕只是所有已经熟知的内容上的论证关系。

三、问题类型

　　摆脱困难的办法似乎很明显：可以建议，把向更高论证层面的追溯限定于疑难案件，而在其他情况下则继续从已经实现的最具体层面进行简单演绎。这样却完全忽视了一个至关重要的情形：如果把目光局限于最低的具体化层面，可能只能发现部分疑难问题；也即，问题呈现为在该层面上可以确定的模糊性、多义性、（与相同具体化层面上的其他规范之间的）矛盾性或者（在有逻辑漏洞时）存在漏洞的情形。粗略一点，可以称之为暂时最具体规则层面上的"*模糊问题*"。

　　对于前述第一种类型的问题，只有追溯到一个更高层次的论证理由才能解决。至于其他类型的问题，如果不追溯到一个更高层次的论证理由，则我们根本不可能发现它们。在（存在目的论方面的漏洞时）通过类推、直接向原则追溯以及特别情况下的目的性限缩或限制[54]进行补充性的法律发现时，这种现象就很直观。有关目的性限制可以举两个例子：从无权处分人处善意取得和所有权转移的具体法律规定。根据这两种规定，在无权处分人从现在的所有权人处回购标的物时，可以通过

---

〔54〕　有关这类法律获取方法，BYDLINSKI, Methodenlehre 472 ff, 481 ff; 480 f, 603。

简单演绎得出完全明确的结论：谁从真正的所有权人那里正确地获得了所有权，就"当然"成为所有权人。

相似的情形也见于对自我缔约行为的（未作区分的）禁止性法律规定。根据这一规定，即使按照行为的性质，一般情况下绝对确定不可能存在对被代理人有危害性的利益冲突，比如代理人向被代理人单纯的赠与行为，也在法定禁止之列。

出现这种情形，只能表明这种直率的演绎结论是错误的。如果不向立法目的和法律原则这些较高的论证层次进行追溯，我们根本不可能发现，原来还有问题存在。对于这一点，我们可以称之为"矛盾问题"[55]，因为从最具体的规范层面进行的演绎与从内容上更高的规范层面的演绎产生了矛盾。只要我们没有把内容上属于更高的规范及论证层面的立法目的（对*正当交易*的保护；排除*利益冲突风险*，自然也在其理论中）考虑在内，就不可能发现这样的问题。

由此可见，即使在乍看之下没有问题的情况下，在识别法律素材的内容关系的一种恰当描述中存在问题时，我们也必须准备且牢记，始终把更高的规范层面作为原则上不可或缺的控制手段。此外，更高的规范层面也当然对于解决前述*两种*类型法律问题是不可或缺的。

四、限定于原则层面

不可能依据其全部内容上的论证关系，精确地提炼出涵盖全部法律秩序或者大规模法律材料的"内部体系"，而限定于原则层面的必要性也改变不了什么。随着我们对相关的内部关系理解得越来越准确，这样的体系实际上也就与完美的逻辑——公理性的法律体系一样，都是不可能的。实际上，只能是此类型体系众多或大或小的片段。

根据重要法律素材*所有内容上的论证关系*精确地提炼出*一小段*"内部体系"，更确切地说，作为法律素材重要性基准点（Bezugspunkt der Relevanz）的*具体问题*的*最终结果*，只是*根据一定方法的法律获取*的任务。仅仅抽象地"预备"，也就是说*并非*围绕具体问题，是无法全面描述法律的论证理由的完整内部关系并为法律获取准备条件的，即使这些内部关系"本身"可能是明显的。

---

〔55〕 第三种类型的法律问题可以被称为"多种特征问题"（Komplexitätsprobleme）：为了解决问题，也即为了论证解决问题的规则，将各种事实要素（Sachverhaltselemente）涵摄到暂时最具体的既定法律等级上的多个规则下的数个涵摄过程是必要的，所有这些涵摄各自本身却可能是无意义的（并且也不需要进行目的论上的校正）。此处有疑问的，只是发现所有重要的事实要素和规范，以及正确地组合各个部分结论，从而形成所需要的更具体的规则。在此，我们也可以扩张性地考虑，有必要针对包含多个不同问题的案件事实，分别建立更具体的问题解决规则，并从这些规则中推导出针对案件整体的最终判断；也即问题解决技术的通常任务。此处不需要再深入探讨"多种特征问题"：在具体演绎步骤中，这里只是有必要至少控制性地追溯各更高论证层次。另外，法教义学问题的类型学似乎在方法理论中至今还没有流行。

这样的话，为了在可能的范围内充分考虑非常合理的"内部体系"思想；为了至少在必要的最小范围内，提前明晰地"预备"将更高层次的论证内容作为控制手段（以发现第二类问题）及论证基础（以解决两种类型的法律获取问题，以及法律政策方面的论证），我们能做些什么呢？在描述已知的法律素材时，也即不只是局限于待研究的问题，在其全部论证理由内容上的关系中，哪一部分是我们可以并且必须阐明的，从而最大限度地满足内容上更高的论证层次的控制与论证基础功能，*并且不会把法律素材的描述变成一个无法概观的庞然大物，以至于走向体系思想的对立面*？

回答上述问题的第一步必定在于，我们忘掉所有有关"外部体系"对于法律及法学无关紧要或者意义不大的说法。这一体系是不可或缺的，其原因并非仅仅是每一个复杂素材，包括法律素材在内，必须依据某一个标准来划分才能实现可概观化。就此而言，外部体系逐渐被更贴近表述模式的内部体系所代替是可以期待的。但是，仅仅根据前述内容来说，这种替代就是不会实现的。"内部体系"不是作为一个更好的"外部体系"来适用的。两者具有本质的不同。一个相对独立的"外部体系"对于实现法律科学的目标是不可或缺的，其原因尤其在于，只有依据这一体系才有可能在素材准备阶段（而不是单纯在具体的问题研究阶段），就以*适于描述的方式、同时又在有益的范围内*对内容上的论证关系予以考虑。

当然可以考虑的是，对每个从"外部"界定好的法律素材，我们可以解析性地提炼出其*内容方面的基础性原则*，并（在相应的认知水准内）将其全数以尽可能丰富的措辞予以表达。然后，在相关材料的"可以直接应用的"更具体规则之外，对法律获取疑难案件也向这些原则追溯。这样做，对于问题认知，尤其是对于解决方案的论证，都是必要的。各个原则层次一旦查明，就可以在"外部体系"中一并体现或者从中提炼出来。

任何一个不是过于紧凑和肤浅的体系化描述，都应当至少把前述更高层的论证层次的功能以适当的范例明确解释清楚。因此，比如在著作不是过于简明的附录中，参引所述法律规定或者规范群的目的与原则是必不可少的，并且在讨论具体问题时也应当援用。

在提炼原则时所必须依据的外部体系的组成部分可能涉及范围很广（比如整个私法），也可能涉及不同层次的下位组成部分（比如债法、损害赔偿法、危险责任）。提炼、完整陈述以及对各原则及其结果详细举例说明的要求[55a]适用于任何范围内的外部体系组成部分；在可能的（有限）范围内，甚至适用于"微小的体系组成部分"，这是一条实证法上的法律规定与其直接赖以创立的立法目的（这些立

[55a]　有关文本举例的要求，目前讨论非常深入的是 CANARIS, FS Kitagawa 66 und 74，"范例式的问题解决"是法学理论与体系（在各原则之外）的必要组成部分。我的看法是，最后提到的这一点是在"外部"系统地描述（根据思想从整体上，真实自然地选择，但是肯定逾越了原则层次的）法律素材时，对原则内部体系的"最小化利用"。

法目的在结构上对于案件判断缺乏直接适用性，成为"微小原则"）在原则层次之下所构建的。

五、原则层次的"内部体系"

通过这种方式，也即放弃全盘考虑更具体的规则层次，仅针对更一般的外部体系组成部分与其更狭窄的，也即更特殊的下位素材之间在内容上的论证关系，描述（与列举）可以形成事实上相当可描述的性质的，一定意义上独立的"内部体系"。这也确认了内部体系对外部体系不可解脱的依赖。内部体系关键的实际作用就在于为外部体系中预先拟定的法律素材的（广义上的）"应用"提供举足轻重的协助：对不同层级的体系组成部分在原则层次之间的内容关联进行探究，具有重要意义，首先是因为在必要的情况下直接，或者需要向具体问题进行相应的深入推导时，就可以为把握问题并进行法律发现提供论据。

总之，"内部体系"可以被视为对各个"外部"体系组成部分之原则层次的描述与（关于其结论的）必要的（对规则层次及具体法律问题的影响的）举例——为了合目的性考虑，通常包含于法律素材整体之"外部体系"之中。外部体系的一般组成部分与更特殊组成部分在各个原则上有内容上的论证关系，对这种关系的描述可以使内部体系（仅仅）在一定范围内独立存在。这样虽然不能彻底为所有未来的问题探索"预先"明确法律素材的规范之间在内容上的论证关系，但是却很可能可以"预先"为所有未来的法律获取问题（同样还有法律创立！）准备好论证基础及有效的控制手段，以便在它们"爆发"时可以穷尽各种各样的方法尝试。如果这些手段在试用中没有反映，就可以继续从最具体的既存规则层面进行简单演绎，只要这样不会遇到"模糊不清的问题"（或其变体）。为了解决具体法律问题而必须采取更复杂的方法论操作时，向内容上更高层次的（论证性的）规范层次进行追溯，直至原则层面，通常也是必要的。

根据上述内容，简而言之，"内部体系"的构建始终是根据一定方法的法律获取（以及应当特别强调的、尽可能理性的、追求稳定性的法律创制）之可行的、重要的基本准备工作。"内部体系"的构建当然也不能完全提前处理针对具体问题的辨析。

第四节　已提出的立场的归类

令人高兴的是，前文提出的观点在结论上与卡纳里斯（CANARIS）及拉伦茨（LARENZ）两位学者的观点具有很大的一致性，尽管在涉及"内部体系"的内容关联性问题上（价值论—目的论的）立场相左。并且其中的意见一致性也并非总是显而易见的，因为此处特别引人注目的结论迄今仅部分地被意外地附带提及，甚至部分地完全没有得到充分的阐释。

卡纳里斯将内部体系定义为"一般法律原则的秩序"，绝对有重要意义，也是令人信服的。正如前文一直在论述的，这一定义应当得到赞同。这一定义确切地表明，原则本身应被视为内部体系系统描述的对象，而不是体系化的标准。对此的论证理由当然不在于将体系理解为一个价值的或者目的的体系；不论我们如何希望清晰地把这种关联与逻辑推论区别开来。因为价值的与目的的关系不仅仅存在于各种一般化程度的原则之间，而且存在于这些原则、立法理由及实证法之间，以及这些原则与通过法律方法论推导出的具体规则之间。这些关联还没有被上述内部体系的定义所包含。

将内部体系限定于原则层面，其必要性的理由更多地在于（如前所述），我们不可能将法律素材中所有已知的，甚或所有可知的内容关联，在还要包括那些较低具体化层次的条件下，都实际纳入一个尚可描述的、更不用说还能够提升概观性的次序中来。

如前所述，卡纳里斯和拉伦茨已经恰当地列举了这种不可能性的一般原因。但是，在否定"逻辑上的"推导关系这一点上，二位学者的观点却是令人无法苟同的。原则的"价值论—目的论的"（axiologisch-teleologische）体系更多地表现为一个不完整的、但是也因此是可以大致达成的、对于法律素材中的那些演绎性推导关系部分的理解；也即对原则的更高抽象层次的理解。

内部体系的关联性即使存在这样的有限描述性，也仍然必须以给定外部体系的存在为必要条件。这一点（在所援引的文献中）迄今还从未被言明过，但是有关的陈述已经很清楚地表明了这一点，这些陈述示范列举了那些各种一般化层次的、对于各个体系组成部分具有决定性的（体系基础的）原则如何从整个私法，从债法、物权法、继承法等或者从更小的次级法律素材中提炼出来，比如侵权行为、不当得利、履行障碍或者信赖责任。这种提炼过程始终（且没有详细说明地）与作为内部体系构建*前提条件*的外部体系紧密相关。〔56〕当然也绝不可能是其他的东西。要真正阐述内部体系，外部体系具有关键性的作用，它的这一特点实在值得特别强调；尤其是相对于众多否定"外部"体系对于法律科学之重要性的观点。如果没有一个哪怕是临时搭建的外部体系，要想构建一个满足法律的评价统一、合乎逻辑及概观性要求的至关重要的内部体系，根本就无从下手。

上述评论只是为了阐明相对于其他学者的不同观点，绝不能，也不应当是对所引述研究的重要价值的质疑。只有在他们的基础之上，此处所要深入讨论的体系难题才能够充分显现出来。

---

〔56〕 参见 CANARIS 富有启发意义的评价，CANARIS 出处同上，47 f，其评价结论完全就是针对给定的"外部"体系组成部分，进行原则的提炼，却没有进一步反思这种依赖性。

第三章

体系与法学方法

第一节　法律获取过程中的体系因素

　　刚刚已经讨论过了现实可能的、原则层次的内部体系的提炼与法律获取的方法难题之间的关联。我们一般可以说，在"内部体系"中，一部分对于认知与解决具体法律适用问题所必要的论据已经预先存在，并且很容易获得。

　　此外，我们还要考虑特别的法律获取方法。这些方法被我们习惯性地称为"系统的"法律获取方法，与其他方法一道，它在我们考察法律生活所提出的具体问题时起着独立的作用。正确地说，我们还要区分体系逻辑的（systematisch-logische）与体系目的的（systematisch-teleologische）解释[57]，这种区分当然也不是经常发生的：体系逻辑解释是从其他规范的详细内容及其与待解释规范在内容与外表方面的关系着手，推论出法律上应当优先选择的解释，解释时还要兼顾已有的对人的一般行为及其目的的一般经验。

　　体系目的解释（作为"客观目的的（objektiv-teleologisch）"解释最重要的下位概念）涉及的关键原则是正义的均衡原则（Gerechtigkeitsgleichmaß）或避免评价矛盾。解释时必须追溯实际的（在规范领域中！）有亲缘关系的法律条文（而非其具体内容）——已知的——基本思想，以确定或阐明待解释规范的目的，并尽可能避免在立法目的与原则层面的矛盾。

---

　　〔57〕　参见 BYDLINSKI，Methodenlehre 442 bzw 453 ff，有相应的证明。当然几乎与术语用词无关。最近过于不加区别地讨论"体系的"解释，在其基本倾向上非常值得赞同的著作是 RAISCH，Vom Nutzen der überkommenen Auslegungskanones für die praktische Rechtsanwendung (1988) 34 ff；另参见同一作者，Zur Bedeutung einer systematisch angelegten Kodifikation für eine einheitliche Rechtsanwendung an Beispielen des Unternehmensrechts，FS Pfeiffer (1988) 887 ff。

第二节 包含体系目的的方法的理论比较

一、法教义学理论

根据迄今为止的讨论，我们有必要清楚地区分从已知法律素材中提炼"内部体系"与为了解决具体法律问题进行法律获取的"体系化"过程。尤其是对于特别疑难的、从而有争议的问题：为了得到合理的解决方案，需要构建一个有时非常复杂的陈述"体系"，这些陈述的内容主要涉及与问题相关的（最广义的）法律规范，因为这些法律规范根据其事实或者目的领域有望可以提供答案。

在具体难题出现之前，多个规范之间的关联根本还不需要明确。这种关联可能也只有通过存在的难题才能显现；当仔细考察一条进入视野的法律规定无法为待解决的问题提供答案时，或许也可以临时承认这种关联。与重要事实陈述相结合，有可能从合理纳入考虑的规范中得到问题的答案。我们可以称之为针对待解决问题构建的陈述与规范的"体系"[58]。

为了避免术语上的，进而可能是本质上的混淆，我们最好避免使用（未加详细解释的）体系概念。这一概念应当被明确限定于给定法律素材或其基本组成部分（包括对它们的提炼）的表述难题。已经清楚地指出过，针对法学上，尤其是法教义学上的问题，"理论"（Theorie）这个概念恰如其分，它同样也适合用于清晰描述针对问题的陈述复合体。适当地确定其概念，一个"理论"就是一个（复数的）陈述的体系，这些陈述之间存在逻辑推导关系，并且（至少）满足连贯性与可验证性要求。[59]

---

[58] 尤其指出这一现象的是 PAWLOWSKI, Methodenlehre für Juristen² (1991) 86, 120。针对具体问题的解决，将"外部体系"作为"相关评价观点的指南"使用的是 E. MEYER, Grundriß einer systemorientierten Wertungsjurisprudenz (1984) 96。其中合理地将"内部"体系对"外部"体系的依赖性作为前提。其在方法上的看法不能赞同的是，他（就像其他一些前辈一样）明显唯一地从特别疑难的案件角度来看整个法律获取，从而将其与"价值权衡"(Wertabwägung) 相提并论。这就严重地误解了法学日常实践的事实，并且如果承认这种观点的话，那么各事实构成方面最具体的规则构建就将始终毫无用处，因为始终都必须全部向基础的评价或者原则进行追溯。事实上和理性上，这些评价或者原则的功能只是作为方法上的"预备"和 [最初经常是没有反思的，因为被包裹在不作区分的"法感 (Rechtsgefühl)"中的]"控制手段"，这（两个方面）当然都是再重要不过的了。

[59] 可以参考的阐释性探讨有 DREIER, Zur Theoriebildung in der Jurisprudenz, in: 同一作者, Recht-Moral-Ideologie (1981) 20 ff; zuerst in: FS Schelsky (1978) 1 03 ff; LARENZ, Methodenlehre 449 ff; CANARIS, FS Kitagawa 66 (对于法学来说显然是适当的) 以"结构主义的理论设想"为支撑，理论中包含了企图的应用案件，并且通过相似性确定了可能的新的应用案件。现在还可以参见 CANARIS, Funktion, Struktur und Falsifikation juristischer Theorien, JZ 1993, 377。文中所提出的法教义学理论问题集聚 (Problemzemrierung rechtsdogmatischer Theorien)，也就是说同时也是方法上临时构建的法律部分体系的问题集聚，就是同一思想的不同表达。

此处重点关注的法教义学理论试图解决法律获取问题，必须至少以问题解决规则及其有效性论证为内容。如果论证已经欠缺说服力，当然是不合适的。唯独需要进一步讨论的可验证性特征可以根据现行法（相关的实证法律规定）、法学方法论规则与据此获得的法律获取之原材料（尤其是立法理由与法律原则）得到充分肯定。通过验证可以直接反映出理论的陈述与现行法规范之间的逻辑矛盾。

完整的法律论证必须还要多次包含事实陈述。[60] 这些论证元素是非常容易进行经验证伪（empirischer Falsifizierung）的。然而法学思考过程（也包括立法！）的事实前提可能在于对长期的、单纯反映未来趋势的真实关系的假定。这些关系的证伪要比某些轻浮草率的"启蒙者"所设想的困难得多。

二、可验证性示例

前述观点从范例上看是明显的。比如，可以直接以法律公报刚刚公布的（立即生效的）废除公告或者对某一特定的条文的重要修订作为证据，来推翻根据该法律条文得出的论据。为了有利于论证法律规范所采用的某一概念的特定解释而援引语言习惯时，要反驳其论证，可以主张从语言习惯上来说，另一个不同的含义也是恰当的：比如我们可以用所争执的词语或者关键的语句片段来造句，根据一般语言习惯，该句子正确易懂，但是该词语或者语句片段在句子中还有不同于乍看之下的含义。或者我们可以指出，即使我们想使用待解释的、多义的（或者含义模糊的）概念的另一个不同的（或者其他的）含义，那么根据一般的语言习惯，也可以造出包含该概念的雷同语句。

我们可以通过提出立法过程中的一份迄今不为人知的文件，推翻对某部法律当年立法目的的假定。基于对立法机关活动理性化的一般推测和对法律规范可预见作用的论断，认为某一规则追求的是某一特定目的的假定，可以被相反证据推翻，即可以预见该规则也可以作为追求与最初所认为的目的所不同的目的的适当手段。如果我们想以最符合立法目的的解释为导向，则每种目的解释都首先以对于那些可能的假定解释的效果的各种假设为前提。

三、对更佳可信度的比较性考察

对于法学理论在其*规范的*组成部分的可验证性具有关键意义的是，对于特别困难的问题局面，必须在现行法所有不同具体化层次中对结论上对立的理论进行可信

---

[60] 由于我们可以用其基础和效用把有效规范解释为特别类型的（制度的）事实（尤其参见 MAC CORMICK/WEINBERGER, Grundlagen des institutionalistischen Rechtspositivismus [1985] 12 ff, 58；59, 134），在对比的情况下（*此处始终*），当然只是指规范外事实了。

度*比较，并判断优劣*，这样才能够实现这种可验证性。对于一个严肃的法学争议来说，其解决方案鲜有可以完全不提及法律中的恰当论据的，也即对体系的规范度量的恰当参照或者对这些规范度量根据一定方法具体加工的结果。这样就取决于*相对较强的论据*。

在此，某个理论的优势地位可以由此体现出来，即通过各个方案的各自论据的明确的"内部"力量之间的关系。比如恰当地援引最普遍的、也即一般的语言习惯，明显就比援用上下文没有特别针对的一个特别小群体习用的语言习惯更有论证力。如果某个特别的语言习惯恰恰涉及法律规范的典型适用对象的小圈子，那么结论就是相反的。我们从某一法律条文当年早期的制定过程也许能发现有关其（当时的）真实目的的种种暗示，但是这些必须让位于关键的表决过程中明确公布的制定目的；还有其他诸如此类的情形。

当*不同的*解释方法提出的论据相互冲突时，法学方法上的"位阶理论"（Rangtheorie）是有益的解决办法，而且——与其他各种论断相反——从法学理论上来说，它也是有说服力的。鉴于具体的细节已经被批判过——以后还要进行必要的修订，所以本书对此会在其他地方展开。[61]

在此我们还要进一步思考那些特别复杂的案件。在这些案件中，即使对可能适用的法律规范用尽了所有可能的方法（包括采用法官法、动态体系思想和类型比较），以及由这些方法所能提供的法律获取材料，都不能成功地找到解决问题的办法，由于并未基于具体论据种类的不同分量对它们进行权衡，因此所获得的法律获取论据就指向了不同的方向。从法律中得出的、指向某一方向的恰当论据与指向其他方向的论据始终旗鼓相当，而且不能通过对论据类型的强度与等级（其本身还必须追溯到基础性的法律原则）的一般等级衡量就可以从两个论据方向上找出相对占优势的一个。

如此一来——抛开作为权宜之计的凭直觉对正反双方进行的整体权衡不计——就只能将广泛的理论比较[62]作为考察过程，这就是我们所理解的广泛应用的法律发现之体系目的的方法（systematisch-teleologische Methode der Rechtsfindung）：在各个相互冲突的理论明确作为论据所提出的规范度量（在其各自独立所能达到的、最佳的、方法上的精确与完善程度上）之外，还必须尝试全面掌握所有具体化层次的全部规范度量，看看根据它们能不能推论出解决争议的答案。相关的法律规范必须根据其内容上的论证关系进行排序，也即从更基本的规范到内容上可由其推

---

〔61〕 BYDLINSKI, Methodenlehre 553 ff sowie Recht, Methode und Jurisprudenz (1988) 38 ff; 有关位阶问题尤其参见 LARENZ, Methodenlehre 343; KOCH/RÜSSMANN 177; 在批判地考察之后，现在赞同我的观点的是 RÜSSMANN, Möglichkeiten und Grenzen der Gesetzesbindung, in: Rechtsdogmatik und praktische Vernunft (Wieacker-Symposion, Abh der Göttinger Akademie 1990) 46 ff.

〔62〕 提出这一看法的是 DWORKIN, Bürgerrechte ernst genommen (1984) 122, 454, 543, 在疑难案件中，他希望从"最佳法学理论"（besten Rechtstheorie）中推断解决方案。

导出的更特殊的规范。通过这一途径，它们就构成了一个——绝不是一开始就存在的，而是——针对待解决的问题而建立的"子系统"。

接下来，依据已经建立的与问题相关的子系统，对相互冲突的各种理论所提供的解决规则进行比较性考察，看哪一个解决方案更"契合"体系；也就是说，哪一个规则与子系统的原则，尤其是基本原则冲突较少；万不得已的话，哪一个规则可以从这些法律规范中推导出来，并且较少包含"自我评价的"（eigenwertend）具体内容。这需要以比较性地考察所有具体的规范性子论据为前提，这些子论据已经包含于各个相互冲突的理论各自坚持的解决方案中，并且可以被作为相互支持或者反对的论据。

对于待解决的问题来说，从所有尚具有疑问的、但是处于较高层次的现行法中可以证明的解决规则具有关键意义，并且可以通过上述检验过程纳入法律体系之中。其他的规则尽管各自独立看来都可以自圆其说，也不可以再自由应用，否则的话，就违背了正义的均衡原则和法的安定性的要求（如果我们想特别强调的话，还包括平等原则与法治国家原则）。

法教义学上所有备受关注的争议性问题（相互对立的理论），或多或少，都不可避免地涉及这种广泛的体系目的的考察与法律发现过程。这样当然也就会导致原本被视为一个整体的问题领域的各个部分形成不同的解决方案。在最不幸的情况下，可能即使尽到了方法上的最大努力，结果也仍然是"状态不明"（non liquet）。

由于对论证过程至关重要的规范性与事实性背景始终处于潜在的变化之中，前述过程完全就像根据一定方法的法律发现一样，在恰当的情况下也只能提供暂时有效的结果。还有那些一直存在的、但是对待解决问题的重要性一直被忽视的规范度量或者有关事实情况的信息，都可能改变结果，并且迫使放弃在迄今为止的考察中最为合理的理论。就这一点来说，我们只需要想一想基本权利的（间接的）第三人效力理论对私法的影响、对危险责任作为一般原则的承认、逐渐被强调的信赖原则对法律行为领域法律状态的影响，等等。在各个地方我们都可以找到证据，证明特定的规范度量对于特定问题的重要性，而这些规范度量迄今没有受到重视，或者没有受到充分重视。

四、与体系构建的关系

在法律获取过程中，方法论上必要的理论构建，也即以问题为中心的"子系统"的构建，与法学体系的构建只有为数不多的共同点：在描述特定时点存在的法律素材时，通过方法论正确获取的规则，连同那些通过上述方式较好论证的规则，必须被包括在内。从完整的"外部体系"这一想法来说，这是完全普遍适用的要求。事实上，在进行特定的描述时，在具体细节上到底要向规范的具体化的最底层深入到什么程度，当然取决于描述的具体目的，实际上也更取决于描述所涉及的是较宽泛的，还是较狭窄的法律之片段。对于较狭窄定义的材料来说，我们当然可以更容易地深入细节了。

即使上述理论比较的方法和其中体系概念的潜在运用也丝毫不能影响，有必要明确区分原本的体系构建与以问题为中心的、根据一定方法的、在特定情况下的"体系化的"法律获取。针对这一点，还缺乏一些有影响力的讨论，这就产生了令人担忧的影响。这是我们应当勇敢面对的问题。这同时也进一步证实了前文提出的外部体系、内部体系及法律发现的方法之间的区别与联系。

第三节 论题学与系统学（Topik und Systematik）

体系的概念曾在一场实际上完全围绕法律获取的方法问题、却被体系的概念不必要地掩盖的讨论中扮演了重要的角色。"论题学"（Topik）抨击有关"体系"对法律获取具有关键意义的流行看法，理由是由此众多的"问题被回避"。其所推崇的思路是，从当前的各个具体问题出发，并且基本上根据"论题"（topoi），也即以在相关讨论中获得承认的、适当的规范性观点为出发点（这些观点可以预先集中在论题目录中）来解决问题。[63]

论题学可以同时作为所有那些思潮的一个范例，它们都基本上，或者在复杂问题上从法律的外部，比如根据判断者的"无偏见的自我评价"（Eigenwertung），根据判断者的"前见"（Vorverständnis），或者在——与论题学非常相似的——"商谈理论的"（diskurstheoretisch）基础上建立解决问题的规则。但是，这些思潮通常对"教义学的"或者（和）"体系的思维"（Systemdenken）所带有的批评态度首先就轻描淡写地掩盖了一个事实，也即这种批评态度基本上反对法律的约束力，反对可以达到的最大理性；确切地说是反对方法上的要求，也即尽可能从现行法和可获得的事实信息所提供的、理性上可把握和控制的论据中获取解决具体问题的规则。这里的现行法当然是广义的，包含了各个原则层次、立法目的、方法规则以及所有由其确定的法律获取之素材。

只有当针对特定具体问题的论据最终只是提供了一个包含若干可行解决方案的框架，并且用尽了所有方法论上可行的方法之后，以法律论据仍然无法从中选出一个哪怕是法律上更有说服力的解决方案，"法官的自我评价"（richterliche Eigenw-

---

〔63〕 参见 VIEHWEG, Topik und Jurisprudenz5 (1974)；STUCK, Topische Jurisprudenz (1971)；有关（部分积极、部分尖锐的）批判，比如参见 BYDLINSKI, Methodenlehre 143 Anm 341 有作为证明的文献。

ertung）才变得不可避免，从而在正当性的前提条件下创造了该当情势下（rebus sic stantibus）的"法官法"〔64〕。

在根据一定方法的法律获取的框架内提取具体论证步骤时，遵守商谈理论以及法学逻辑观点，也许是完全有利于预防各种错误源头的。此外，在各种思想实验中，社会契约思想（sozialkontraktliche Theorieansätze）中有关商谈理论的成果也许算是非常丰富的。在这些思想实验的框架内，以假定的全体共识为目标，在广大范围内也许也是一个过程，我们可以借助它，在特定的范围内以可验证的方式，获取基本的法律原则或者至少证实这些法律原则。〔65〕

然而，对于法学的首要任务，也即解决社会及其成员的日常具体问题来说，不存在一个类似有效的法律外部的论证程序，可以真正作为根据一定方法的法律获取的替代品。为数众多的反对法学教义学的思维及"体系思维"（Systemdenken）的思潮最终只能导致过于轻率的论断，从而也在法律获取方面严重丧失了理性。有关这一点在多本方法论研究著作中已经详细阐明了；特别是针对作为万能工具的"合意"，因为针对相关问题的"合意"事实上通常是不存在的。〔66〕

针对所谓过于僵化的"体系思维"的批评与原本的体系问题，也即与法律素材的适当排列，或者与恰当地提取出其内容上的关联性，是毫无关系的。这些批评实际上将无法或者几乎无法控制的，至少是外部的评价引入了法律获取中。这一点尤其表现在，从未澄清过在法律获取时的"来自体系"应当如何准确理解；也就是说，所指的到底是何"体系"。

只要论题学的批判仅仅只是反对对于现行法过于狭隘的理解，比如实证法意义上的理解，那么笔者在此处所持的立场自然是完全赞同它的："法律素材"是广泛的、各种各样的，正如前文已经描述过的那样；肯定不仅仅包含那些"实在的法律条文"。但是无论如何，论题学的错误都在于，通过抨击所谓过于僵化的"体系思维"，把对主要在法律外部〔实际上始终很大程度上都是决断论的（dezisionistisch）〕基础上进行法律获取的更"自由式法律的"方法的提倡，与原本的体系化问题掺杂在一起。与论题学的观点相反，理性的法律获取在最大限度内不可能"驳回"任何法律问题。因为真实的关系、人类的愿望和兴趣都可以不受任何阻碍地提出法律问题：如果我们针对特定问题想知道其法律状态，而其答案对于任何通晓一定法律知识的人来说又不是一开始就明了的，那么一个法律问题就出现了。

即使完全正确，从现行法中得出的*问题解决方案*也当然有可能是部分人或者许

---

〔64〕 更详细的参见 BYDLINSKI, Methodenlehre 19，501（基本上持赞同意见的现在有 CANARIS, Richtigkeit und Eigenwertung in der richterlichen Rechtsfindung［Grazer Universitätsreden 1993］33）；有关法律委派的公平性裁决，如前注 36；有关一般条款的具体化，参见 Methodenlehre 582，现在更进一步的论述，参见：Möglichkeiten und Grenzen der Präzisierung aktueller Generalklauseln, in: Recht und praktische Vernunft（wie Anm 61）189 ff．

〔65〕 参见 BYDLINSKI, Fundamentale Rechtsgrundsätze 162 ff，186 ff．

〔66〕 参见 BYDLINSKI, Methodenlehre 155 oder AcP 188（1988）462．

多人，甚至是一些拥有特别发言优势的人所不赞成的。但是，这与"僵化的体系思维""驳回"法律问题毫无关联。或许可以说，承认"法律"（在其范围内始终）有其自有内容，就必然出现这样的结果，至少在价值多元化的社会里这是无法避免的。我们又怎能要求任何一种法律获取方法的结论都能得到全体一致的、独立于法律的赞同呢？过于草率地自我评价的法律发现，比如基于强烈的使命意识（Sendungsbewußtsein）自由创立的"法官法"，由于缺少来自现行制度规范的恰当论证理由，对于部分社会群体来说，其煽动性要远胜于那些"来自体系"的、事实上就是来自现行法的、"僵化的"、但是一定程度上可控的法律发现。作为明证的就是，具有良好初衷的、但是过于"自由的"、在不同的发展阶段针对劳工罢工法的德国判例法以及不同当事方相当"狂野的"政治反应。

无论如何，论题学理论对于原本的体系问题讨论已经没有什么影响了，不论我们曾经对其给予了多少关注。本质上，论题学与体系问题毫无关联。

第四节 概念法学之"一般概念"、方法和体系

一、批判意见未区分方法与体系问题

对方法与体系问题区分的不充分，应当也决定了针对私法教义学中，尤其是至今仍然发挥作用的对 19 世纪潘德克顿法学中"抽象、一般概念"之统治地位的影响深远的批判。19 世纪的潘德克顿法学被贬称为"概念法学"。批判最初发端于方法上的潘德克顿式涵摄观念：潘德克顿法学视法教义学的首要任务在于，从各种抽象层次的法律概念中科学地提炼出完备的概念金字塔（比如：主观法、绝对权、物权、对他人之物的限制物权、使用权、通行权）。[67] 其作用在于，可以通过尽可能地把每个法律案件简单地涵摄到已经从体系中提取出的概念之下进行解决。这当然是不可能的。

随着抽象程度的不断提高，一般概念的"意义空洞化"也随之增强，这一点被确定并且应当被克服。据此，这种批判也就将其批判范围直接延伸到了出于体系构建的目的对于抽象的一般概念的使用上来了。抽象的一般概念之"外部体系"作为潘德克顿法学独自追求的目标，也因而在其重要性上至少被严重弱化了。作为反命

---

〔67〕 尤其激进地坚持这一看法的是 PUCHTA, Cursus der Institutionen Ⅰ⁹ (1881) 57，其中列举了文中介绍过的举例。此处还要求有一个完整的"概念谱系（Genealogie der Begriffe）"；另外还断言，每个这种概念都是一个"有机生命体"。

题，对目的的与价值的关联性之内部体系的提炼受到了提倡。[68]

　　针对上述概念法学有关法律获取方法设想的批判，是完全应当赞同的。自赫克（HECK）[69] 以来，这一批判已经理所当然地成为法学界的共同财富。这种设想在方法论上的不恰当性主要在于，将（语言描绘的）个案（通常情况下更准确的说法是：案件要素）涵摄于一个"概念"之下，根本不能产生法律后果（甚至不可能形成一个大致的意图）。结果只能是，事实能否落入该概念之下。仅仅这样不能解决任何法律问题。因此，在法律方法论上，*单纯的概念涵摄本身是没有意义的*。对于法律获取具有重要意义的，只能是涵摄于一个包含法律后果或者至少评价意图的完整规范条文之下，而不仅仅是一个孤立的概念：必要的更具体规范只能来源于规范和事实描述，而不是"概念"本身。只有当现实法律问题与某个规范所包含的某个概念相关，并且需要被涵摄于该概念之下时，我们才可以将二者实际上相提并论。

　　但是，概念法学在提炼其概念体系时也经常导入一些现存（或者已经在方法上推导出的）法律规范中从未出现过的概念；比如"法律事实"（juristische Tatsache）、"其他的适法行为"（sonstige Rechtshandlung）、"对他人之物的限制物权"，等等。数量众多的概念，比如合同或者意思表示，都属于重要法律规范的事实构成。这些概念之间的逻辑从属关系的确立，也可以为事实构成方面确定包含概念的规则之间在内容上的关系。

　　但是，一个真实案件的涵摄却不是取决于这种规范之间在概念上的关系，而是更取决于"意思表示""合同"等与事实构成要素之间的概念关系；也即规范所使用的概念与*事实构成要素*之间的关系。只有这样的涵摄才能得出对具体问题有用的法律后果。也就是说，实际上具有关键意义的主要是一定数量的、对某一规范之全部，抑或大量事实构成概念的涵摄；甚至进一步涵摄于用于概念界定的特征之下。只有特定的情形才能让我们产生只是涵摄于"特定概念"的感觉，那就是规范的事实构成（Normtatbestand）与事实构成要素（Sachverhaltselement）的对应关系仅仅只是在（概念上确定的）某一点上尚有疑问，这一点也就吸引了我们的全部注意力。

　　即使不考虑抽象一般概念对于现行规范的从属性，概念法学对于抽象一般概念体系的偏爱也无法通过单纯经由涵摄进行法律获取的理想来充分解释：因为上文有关涵摄的陈述已经是陈词滥调，在潘德克顿学派中也很难被普遍错误地认识。必定至少起到强烈的协同影响的，可能就是概念法学所具有的（值得提倡的）目标，即实现在更高的抽象层次上解析性地面向未来进行"简略的"法律规范构建，即使某个概念在当前还不属于任何有效规范。这里关注的是未来法律规范的构建，而不是

---

〔68〕 对相关立场的生动描述，参见 LARENZ 165, 437 f, besonders 453。

〔69〕 尤其参见 HECK, Gesetzesauslegung und Interessenjurisprudenz, AcP 112 (1914) 1 ff; 同一作者, Begriffsbildung und Interessenjurisprudenz (1932)。

涵摄中的具体案件的判断。鉴于其不属于现行法律规范的组成部分，"概念金字塔"似乎一直是为了未来立法中可能的需要而做准备。

只要原本的"概念法学"[70]的拥护者真的相信，仅仅凭借他们建立的随意抽象程度的概念，而不需要具体的*规则*，通过涵摄就可以进行简单的法律获取，那么他们在方法论上毫无疑问就是错误的。只有当我们默示地提前通过相应的附加评价把必要的完整法律规范及其法律后果或者——对于法律原则来说——至少连同其评价倾向"置入概念中"，这种法律获取才有可能实现。但是如此一来，我们就用最便捷的方式和随意性的结果，代替了以法律为依据来尽可能论证整个思考过程的关键性规范前提。正是这种"颠倒方法"（Inversionsmethode）[71]使概念法学在方法上遭到普遍的、完全合理的批评。

二、隐蔽的规范性（*Kryptonortnativität*）在当前的不同表现

许多人将前述隐蔽的规范性法律获取之特征视为概念法学的一个特有现象，这自然是错误的。"法律概念"恰恰未被预先植入具体情形中的规范性裁判因素，以便在具体案件裁判中将之呈现出来。那些没有进一步阐明的普通概念，比如贴近生活（Lebensnähe）、公益性、进步主义（Progressivität）、标准的价值秩序（maßgebende Wertordnung）、无偏见的评价（unbefangene Wertung）等，也是同样如此。同样情形的，并且尤其具有现实意义的，是对常见简单的、隐蔽的规范适用性的社会学陈述。[72]当然同样好不到哪里去的还有——正如当前被反复推荐的——自负地"公然"通过无偏见的自我"评价"来进行具体案件中的法律发现：这种情形下也绝对没有最大限度地追求对法律发现进行理性的及共主观（intersubjektiv）的控制和论证，因此也就无意义地强化了恣意与混乱的倾向，而不是促进公平与可预见性。这一点正是概念法学"颠倒方法"与所有其他今天仍然流行的准方法的（quasimethodisch）思潮所共有的最大缺陷。

相反，至于是隐蔽地或者是"公开地"降低了可能的理性程度，完全是一个次要问题。即便如此，我们也还完全可以争辩，什么才是更糟糕的：对于隐蔽的规范性的法律发现来说，我们的感觉是"被蒙蔽了"；而针对径自"公然"的自我评价或者决断来说，我们就被激起了对于精英者的（具有迥异不同来源的，今日也不乏"进步主义的"）傲慢姿态的怒火。

---

〔70〕　相关证明，参见 BYDLINSKI, Methodenlehre 110。

〔71〕　参见 HECK, Begriffsbildung 71, bzw 92, 166。

〔72〕　后注 105 中举例说明了，通过压倒性数量的经验性陈述所掩盖的、隐蔽的，至少是不合理地引入最终具有决定意义规范前提的技术。

三、对于体系构建本身的批判

概念法学（也）受合理指责的方法论的严重缺陷实际上与原本的体系构建毫无关联。针对批判观点，笔者要提出以下几点反对意见。首先，在批判中提出将"外部体系"压缩为借助于"抽象、一般概念"实现的素材划分，这就忽视了一点，即对于"外部"体系来说，其他不同模式也是可能的。前文有关百科词典模式，法学评注所依据的法律内容结构模式，尤其是简单地依据任意真实片段的模式的讨论已经很详细地阐述过了。

更为重要的是，上个世纪私法学提出并传承给我们的"潘德克顿体系"根本就不能因为过度的抽象概念化（Begrifflichkeit）或者夸大了逻辑—概念的关联而受到指责：事实上，我们*根本不能把"潘德克顿体系"描绘成一个"概念金字塔"*，也即通过在不同层次添加不同特征的方式把一个极其高度抽象的概念切分成更具体的次级概念。民法总则、债法、物权法、家庭法、继承法及其下属素材毋宁说是建立在本身完全不同的划分标准之上[73]，这些标准根本不能追溯到由某个统一的初始概念（Ausgangsbegriff）出发的逻辑分割模式。潘德克顿法学的"外部体系"显然不是相互展开的抽象一般概念之等级体系的历史典型。建立于后者的不足之上的、针对概念法学之法律获取方法或者其对抽象概念金字塔之偏爱的批判也因此根本不能扩展到潘德克顿学派的体系化工作之上。

即使是针对抽象的、界定性的概念的最基本的"意义空洞化"异议也没有太大影响，并且在笔者看来，这一异议应当受到限制。概念只不过是标识将其与其他客体相区别的客体。抽象概念描述的是在其他方面可能有特别差异性的客体之特定共同特征。至于通过特别的概念构建来强调这些特征是否有意义，只能由运用这些概念的陈述体系及其任务来确定，而不是其本身。

一般来说，即使是高度抽象的概念［不考虑所有的"共相论争"（Universalienstreit）］长久看来也是不可或缺的。前文已经明确证实了这一点：前文已经得出结论，内部体系的提炼不是作为"抽象一般概念"所构成的"外部体系"之更佳替代，而是以外部体系之构建作为必要前提。当前实际上的标准外部体系首先是建立在界定性的一般概念之上，这些概念在潘德克顿体系和特别私法中各自作为界定性要素。它们当然不是"纯逻辑地"确定的。这一外部体系构建恰恰因此而具备的恰当性将在下文得到具体论证。

---

[73]　将在后文"交叉划分"（Kreuzeinteilung）主题下进行讨论，参见后注 109。

四、通过原则之间的关联进行定义？

即使因为（比如通过将私人自治*原则*纳入法律行为*概念*）"由功能决定的"（funktionsbestimmte）概念的定义不仅具有界定性的意义，同时还通过与某一个有内在意义的原则建立关联来表达其规范性意义（这在目的性定义特征的形式上是肯定可能的）[74]，我们想更青睐它们，但是恰恰为了体系构建的目的，不可或缺的客体界定在概念定义中也必然具有关键意义。

但是，也没有什么理由可以决然地反对，以通常的方式干脆为了界定的目的对概念进行定义，并将有决定意义的价值原则（Wertprinzipien）放到另一个针对概念所定义领域的描述中来表达。这样或许更有利于澄清问题。如果我们没有清楚地把与某个规范或者评价相关的——界定性描述的——事实领域（Realitätsbereich）与陈述中的其他内容区别开来，那么就扩大了被简略为某个"概念"的陈述悄悄地变更含意的风险——比如在以后的运用中；比如该概念（以及该规范或者评价）就会在不经意间被扩大到了其他事实上，仅仅是因为该规范性结果在直觉上显得"适于"在该事实上发挥"功能"[75]，而忽视了概念中所包含的界定标准。作为界定要素以及在其主要功能上，概念就变得很随意了。最终，我们就可能在明知的情形下得出非常荒谬的结论，比如汽车或者铁路也可以作为法律意义上的动物，或者经营铁路本身就是一种过错。具有警示意义的范例就是，大量经常滥用的"推定意思表示"被作为万能钥匙，以在完全无视该概念之界定性特征的情况下达到自己所认为的有价值之结果。

在法律行为这个概念上，如果我们特别绝对地强调（"由功能决定的"）概念定义*中*的私人自治，可能还会掩盖了其他原则，尤其是信赖保护原则的重要影响。

倘若我们始终只是"从结果出发"进行"思考"，正如老套的法律实施（Rechtshandhabung）的一种广为流传的表现形式（实际上就是，不顾教义学上的自我控制，懒散地以其感觉上的第一印象为准），那么在无视概念的界定功能时，就会立即在每一个陈述中都为随意的理解敞开大门，因此结果也就是完全无法预见的和恣意性的。在像法学这样的无法进行持续实验验证的学科中，对于最大限度地维持其理性化具有关键意义的就是，所有概念要尽可能地清晰，也就是说，要最大限度地符合一般或者固定的法学语言习惯，并且不会出现概念的"功能性"扩充及其他

---

[74] LARENZ, Methodenlehre 482 ff；有关相似的"具体一般"概念，参见 457ff。

[75] 理所当然的是，这些考虑主要是针对某些范围内在交易压力之下的日常实践中，追求简单解决问题更胜过追求深入反思地解决问题；更加很少针对学术讨论。始终应当牢记的是，尽管这种想法强调了比如"事实合同关系"（faktische Vertragsverhältnisse）这样怪异的形象，并且应用于案件事实，但是"事实合同关系"与缔结合同没有任何关系，除了少部分法律后果可能是"相称"的。

非界定性特征诱导一些不加选择的使用者，在概念运用中悄悄从一个案件到另一个案件改变概念的意义内涵，从而扩大几乎所有概念都无法避免的模糊性。

当然，更深入的研究还会揭示，概念最初所描述的某一个规范或者评价之适用领域应当予以扩大或者限缩。类推结论和目的性限缩都是特别明显的证明。但是这些都需要明确的说明，尤其是应当借助于相关的方法论规则去论证。相反，如果在不同案件之间出现隐蔽的概念变异，就意味着可验证之论证的终结。将概念定义中的界定性特征与全部原则相混合作为定义特征，实际上是不能促进概念的清晰化的。

针对概念法学之法律获取方法的合理批判本应当尽力避免一切可能因素，防止其增强对能力不足或者懒散之法律人放弃理性对待概念的诱惑。但是非常遗憾的是，针对概念法学所提出的已经很陈腐的批判观点现在经常被当作托辞，用以非理性对待概念及包含概念的陈述。

五、小结

笔者认为，反驳这些批评意见最好的方法是，区别概念法学在方法论上的显著不足与其重要的分析功能，尤其是在概念与体系构建方面的作用。如果我们把借助于概念的通常界定性功能所进行的概念构建，从完整的规范及评价中明确剥离出来，这样也是有助于澄清区别的。抽象的、一般的界定性概念不"包含"规范，也因而不能按规范进行改造。但是，规则与原则却是借助于概念进行构建和联系的。

根据前一节的探讨，针对前文已经提出的外部体系、内部体系与法律获取方法之间的必要区分及相互之间的有限关联性这一命题，我们无法得出令人信服的反对意见。甚至可以说，前文的讨论看起来更进一步支持了这一命题。

第四章
进一步的探讨方案

一、针对"外部体系"

到目前为止的讨论结果可以作为进一步研究的方案。在进一步的研究中，对于前文已经提出的法律获取方法问题自然也不会再深入讨论了。对此请参考已经引用的方法论方面的文献。

更确切地说，进一步的研究所关注的是深入利用已经得到的涉及"外部"体系与"内部"体系及两者之间关系的研究结论。对于外部体系来说，这种实际应用相对易于描述：对惯常的与在当前讨论中特别推荐的体系分类之考察，目标在于判断所总结与界定的法律素材是否或在多大程度上能够满足前述总结的外部体系化之三项标准。如果我们还能回忆得起来的话，这些标准所要求的是，一个（概念上！）尽可能易于界定的事实片段作为待讨论的法律素材之共同"规范领域"、"规范性特征"及一般合目的性。有时候，还可能存在进行体系化完善的理由。

二、"内部体系"与对原则的探讨

更为棘手的是，针对无论是更广泛和还是更狭窄的体系分类中各个原则层次的"内部"体系，如何利用现有的讨论结果。企图完整提炼整个私法体系中所有原则的"内部体系"，就必须要全面反思当前对于这一宏大法律领域的认知水平。如果只是由个别学者来担当，而不是作为整个法学界的共同事业，这可能也是一项无法完成的任务，就如同要描述全部"外部"私法体系一样。

这种不可能性的原因在于，即使在提炼某一个法学领域的"内部"体系时，也即其各个原则层次，也必须依赖于对相关规范素材中全部，甚至是最具体的法律素材之最大限度的认知。对于整个私法领域来说，没有人能够有这样的能力。探讨与论证一般法律原则之最有效的方法就是两种不同思维方式的结合：一方面，我们必须用归纳的方法从具体规则，通过其直接规范性基础（立法理由 rationes legis），上升到普遍适用于可见的法律领域的一般法律思想；这些法律思想在很大程度上论证了其下级的法律层次（即使还需要结合其他原则和更具体的权衡判断）。在理想的情况下，这一归纳式思维路径的前提条件是，以具体法律层次中所有已经明确的规范为基础，并具体分析其真正起源与理性上的可论证性。实践中就需要尽可能地接近这些前提条件。这一方法因此只能由相关法律素材的特别专家来实施。而私法整体则显然过于庞大了。

另一个思维路径则是——完全在近乎被不合理地遗忘的自然法"应用理论"（Anwendungstheorie）的意义上——从完全基础性的和一般的，并且首先是对于法律整体普遍适用的原则出发，向下进行演绎；也即向下直到其在更狭窄（或者新提炼出的或者变更的）事实片段上的"应用"。

如果我们（至少在很大程度上）碰巧在两种思维路径的交汇点上发现了社会上发挥作用的规范观念（Normvorstellungen）（抑或甚至是目前暂且有效的社会伦理规范（sozialethische Normen）），这些规范观念在形成待考察的法律素材时发挥了作用，即使最初可能未经思考，也没有恰当地表达；并且它们在一经发现和表达之后，在现行法的背景之下就很清楚地表现出直接的说服力，那么这就是待考察素材的一个原则。

演绎式思维路径的必要性在于，如果不通过这种方式，我们就不能把具体化层次更深入的法律原则与在很大程度上已经被接受、并且可能在规范秩序中被确立的弊病区别开来。比如说，压迫甚至灭绝整个种族群体的主导目标，不论在特定时间或者特定地点如何被"积极地"广为接受，也绝对不能被承认为法律的主导原则。在法治国家，由于违背了基本层次的原则，特定规则的主导原则也不适于被承认为法律原则和作为法律原则对待。比如，如果出租车协会为保护现有出租车营运人而取消营运自由，并获得了宪法保障（！），从中就可以一般化地归纳出针对特别强大的职业群体的特许原则（或者是防御竞争原则）。（不论通过表面论据显得有多必要）这样的原则严重地违反了公平原则，当然不能获得承认（这样的案例在奥地利却是现实存在的）。

最后，仅仅依靠对具体法律规定的归纳，无法确定所提炼出的原则之间的不同等级。对于原则之间的等级关系具有决定意义的一定是（至少也包括），众原则与基础原则之间或多或少的直接推导关系。否则的话，那些很大程度上建立在"积极的"选择与衡量判断上的、非常"技术性的"原则就会直接排挤许多"更实质性的"原则；比如在德国，物权法的无因性原则在结果上可能就不再需要通过不当得利请求权进行校正了，但是这恰恰就是公平原则所要求的。

因此，对于法律体系之各原则层次的考察来说，仅仅从具体法律规则向基础主导思想进行推论是不充分的。受实证主义限制的观念，认为只有"法律内在的"原则，也即只有以实证法律条文作为基础推导出的原则才是法学上唯一应当重视的，在理论上是讲不通的（这一观念实际上已经松动了更狭隘的实证主义立场，其结果还算令人满意）。

另一方面，归纳式思维路径也完全是不可或缺的。特定法律素材之"次级原则"经常以特别引人注目的形式，表现为多个基本原则相互冲突的倾向之间的综合性的平衡结果，对于特定素材来说必须要对这些基本原则进行特别权衡。如果不依赖对待考察法律体系组成部分中非常具体的法律素材进行归纳，我们将完全无法发现这些次级原则。只有在这一归纳过程中，在待考察法律领域中适用于一般原则之间的等级次序才得以明确。

如果没有（至少）对各个法律素材的更具体层次在内容上的论证关系进行非常广泛的示范性分析，我们无论如何都无法全面且有说服力地基于原则层次进行必要的推论。因此，必须通过深入的准备工作，尤其要熟悉每一个较大的体系类别，并且以探究各层次原则为目标，否则是不可能真正掌握所有私法素材的各原则层次的。因而，我们目前无法全面且有说服力地掌握整个私法的内部体系，它必然包含大大小小各种私法素材的、处于相互影响中的各个原则层次。我们甚至连"抓拍式的"掌握程度也做不到，而由于法律的变迁——即使在较高的原则层次上相对缓慢——"抓拍"是唯一可设想的。

三、"内部体系"开始作为切合实际的目标

一定程度的*接近*——非常值得追求的——私法的全面的"内部体系"看起来总是有可能的：早在考察规范性特征这个第二"外部"体系化标准时，我们就必须追溯到"特征""主导原则""特性"、"主要目的"或者——明确的——"原则"。针对私法一般的体系组成部分，该领域的专家们提出了这些概念，尤其在"完整描述"相关法律领域以及提出新的体系类别时，即使这些概念主要都是被附带提出，没有特定的教义学目的，也没有努力去完善，其支持者也会提出这些概念。这些被如此强调的某个法律领域的规范性"特性"（Eigentümlichkeit）就始终可以被表达为原则。我们至少可以方便地利用它们暂时性接近私法的内部体系。尽管也许在某个地方还需要关键性地详细阐述、补充或者区分。此外，最完善地提炼私法的内部体系是整个私法教义学的工作计划。

如果我们将具体私法素材的或许不够成熟的、而暂时仅仅依据现存观点可形成的原则类别与（也）作为私法基础的、并从整体上论证了私法素材的"规范性特征"的基本法律原则以及主导原则相结合，那么通过描述整个私法的基本原则与具

体私法素材的次级原则之间在内容方面的论证关系，我们总是可以获得有关私法的
"内部体系"的初步设想。

四、私法的多样化统一性（differenzierte Einheit des Privatrechts）作为假定与主导目标

　　鉴于当前的讨论态势，就是这样相当谨慎的尝试也可以得到一个非常重要的结论，也即展示了内容规范性上各种各样的统一性，根据就此提前的、在后文才会论证的命题，这样的统一性在一定范围内存在于整个私法中，并且应当在尽可能广阔的范围内；并且在所有旧的、较新的和最新的组成部分中。只要对这一命题的论证取得一定的成功，那么在成功论证的范围内，我们就必然能够同时进一步动摇当下分裂私法的企图。这种企图所依据的看法是，私法中普遍存在许多因为相互对抗而彼此泾渭分明的原则（类型）。对于那种广泛传播的观念，认为私法的各种不同素材处于始终相互对抗的关系当中，因为其中一类由自由原则确定，另一类由公共利益原则确定，而第三类则由社会保护原则确定，随着不断相当广泛地提炼出各个原则层次，我们就可以非常有说服力地指出其不恰当性。

　　刚刚使用的表述（"进一步"动摇）应当让我们想起，前文已经确立了一个（独立于私法的）一般命题，即仅仅从原则层面出发来划分一个大型的法律素材，也即通过"内部体系"的"外部化"，是完全不可能的，因为对内部体系的掌握以一个外部的素材划分为必要条件。另外，通过一般的考量也可以充分理解，次级素材的原则层面也完全具有多元特性，以及为何具有这样的多元特性，以至于以各个相互对抗的原则（类型）作为体系化标准必定是失败的。

　　下文将另外具体阐述，我们今日通常区分的或者假定的私法之各个旧的与新的次级素材，还远远不是以原则上相互对抗的各个原则为主，反而更多的是在很大程度上由同一批初始原则（Ausgangsprinzipien）所构建，即使由于初始原则之间存在适用领域相关的优先性抉择而形成（一定情形下很大的）差别，并且因而产生了一部分排他性适用于某部分次级素材的次级原则。但是无论如何，私法在内容规范性上的统一（Einheit）都通过其最一般原则的共同基础层面反映了出来；差异性只是体现在其原则层面上随次级素材经常出现的不同侧重点之间。

　　这里所用的"统一"[76]一语，不论是法律秩序的统一，还是（此处更狭义的）私法的统一，都可以从两个不同的意义上去理解，也即一方面是分析描述性的，另一方面是规范假定性的。前者涉及的是确定既存法律素材中存在的内容上的一致性与关联性；后者涉及的是法学任务，尽最大可能以价值统一（更确切说是否定性的：以避

〔76〕　对这一观念的意义基础性地从不同方向进行了解释的是 ENGISCH, Die Einheit der Rechtsordnung（1935）。

免价值冲突）为标准，对既存法律素材进行解释、补充性发展，以及立法上的创新构建。对于后者来说，没有比正义的均衡原则这个基本原则限度更低的原则了。

分析意义（及其范围）上的统一对于法学来说是预先确定的，而且法学也只是揭示这种统一。规范意义上的统一则是公平原则另外在法学方法可能性的范围内（也即有限地通过既存法律素材的特征）布置给法学的任务。事实上，两者是交融的。这就是说：对于两个规范或者规范综合体之间的关系，以一致的基本价值作为基础的意义上的"统一"，如果这不能被确定为相关规范形成及内容上的有效事实，那么——对于法律获取来说，仅仅局限于实然法，对于法学工作来说则另有应然法——就必须从应当存在统一性这个基本原则出发；也就是说，在法学上对既存法进行应用、解释和发展时，应当（在上述范围内）尽可能地建立这样的统一性：因为任何情况下，基本的正义的均衡原则都是有效的。

上文也通过（私法的）统一这一说法表达了*两个*含义：首先指出的是，在现行私法的所有组成部分中始终明显地*存在*这种程度的、预定的(vorgegeben)"统一"，这就意味着还要通过法学手段（实然法与应然法！de lege lata und de lege ferenda）达到尽可能广泛的评价结论；尽最大可能合理优化针对不同事实片段的各种主导原则，并且尽可能地克服必然存在的价值冲突。[77] 这可能就要求，应当阻止那些暂时存在的或者新近提出的、在特定的特别法律素材中对一般规则与原则的偏离；相

---

[77] 相反，在两本有意义的最新著作中，私法的统一在其结论上明显只（但是也毕竟！）被视为未来的任务。如果不是在既存法的特定范围内已经存在规范"统一性"的萌芽，也即非常广泛的，可以被发现，并且可以被作为"尽可能多的统一性"方向上的（尤其是在具体法律条文层面上的）批判性标准使用的规范主导原则，该如何解决这个任务，这两本著作都没有做出回答。JOERGES, Der Schutz des Verbrauchers und die Einheit des Zivilrechts, Die Aktiengesellschaft 1983, 57 ff 要求——非常值得赞同的——相关材料在内容上的协调。其中出现的目标冲突应当在法律调控的"发现过程实践"（Entdeckungsverfahren Praxis）中进行调和（前引书第 66 页）。在我看来，这样就过度放弃了理性准备工作，应当为了（人类共同生活的）实践首先充分利用现有规范秩序基础和经验及其发展，进行充分的理性准备工作。"实践"作为"发现过程"可以校正；但是难以从自身出发真正提供具有充分清晰性和稳定性的必要解决方案。WIETHÖLTER, Vom besonderen Allgemeinprivatrecht zum allgemeinen Sonderprivatrecht. Bemerkungen zu Grundlagenveränderungen in der Privatrechtstheorie, Annales de la Catedra F. Suarez, Nr 22 (1982) 125 ff, 最终得出了一个"愿望与工作方案：既非（历史地看只是个别的）特别的一般私法，也非（社会地看只是实际的）一般的特别私法，而是（自我反思的 selbstreflexives）可以普遍化的私法"（第 166 页）。（前者是指"古典"私法，后者可能是指特别私法，比如针对"非均势地位"。）然而可普遍化原则（Universalisierbarkeitsprinzip）显然必须要有额外的标准，可以检验其可普遍化性；单独以这一原则还得不出结果。如果这种标准不是在这当中完全借助于，其后尤其是在更具体的层次上的改善努力目标，从（所有层次上的）现行法中分析提取出来，那么还能是什么？实际上，可能只是——至少是尝试性地——对某种流行的政治全局思想（Globalideologien）主导原则的援用，这必然会立刻导致与所有其他主导原则的激烈冲突。（类似情形的是比如功利主义（Utilitarismus）、有限的财产平均主义（beschränkte Egalitarismus）等理性道德理论（Moraltheorien）的各个被理解为排他性的主导原则，其应用还另外依赖于众多的从未实际掌握的信息。）因此，从法学的立场出发，这不可能是一个替代方案。（有关理性上值得推荐的，对于实然法（de lege lata）与应然法（de lege ferenda）之间在法学工作和论证上的关系，参见 BYDLINSKI, Fundamentale Rechtsgrundsätze 142 ff, 110 f.）即使应然法改善过的"统一性"的达成，也必须依赖于，以现行秩序深层次的（理性上无法反驳的）原则为基础，并且努力实现在各种次级材料的更具体的法律层次上，更连贯的、更加认真权衡的，不是各自片面的，也因而没有矛盾的贯彻。在目标上（"统一性"），这里出现的努力与前述引用的著作是一致的。这些著作之间的差异在此主要是——法学上可支配的——手段，这些手段在接近这个目标的过程中可能很有用处。值得赞同的，针对私法"统一性"（以及私法规范不同实际等级）的简洁评价，参见 RITTNER, FS Oppenhoff (1985) 331 ff.

反，如果根据更高层次的一般原则，这种偏离是恰当的结果，就应当为了制度优化而推动该偏离。

这里所追求的仅仅对于私法内部体系的设想就将表明，私法中今天也仍然实际存在显著的规范统一性，我们也有充足的理由可以期待，在正义的均衡原则的意义上通过法学研究进一步促进这一统一性。有些理论认为，私法*解体*为若干互不相关的素材，是长期的或者（和）值得提倡的发展，并且由于本质上的差异性，这些解体后的素材在发展中也完全不需要互相考虑。而证明存在并且具有发展性的规范"统一性"正是对这些理论的反驳，因为它们只是一些自圆其说的预言而已，并且不但没有改善，而是进一步掩盖了私法（以及法律本身）的评价统一性与可概观性。

与这一主要目的相应，后文的重点主要在于揭示既存的（当然也是有限的）"统一性"，这种统一性驳斥了强烈的分裂企图。针对广泛的法律政策方面的完善问题，只能在体系的讨论状况与本书的研究特别需要的情况下才会涉及。

第五章 ◀
公法与私法之体系二元论

第一节　二元论与"私法"的体系类别：合目的性，尤其是历史考验

　　前文所概述的方案必须首先应用于私法整体。然而我们只需要参考在其他地方已经讨论出的结果就可以了，此处再作简要评述也就足够了。

　　公法与私法这一传统上重要的"二元论"是对法律素材第一次的体系性划分。然而，基于理论与思想上的原因，这一划分方式过去与现在反复受到强烈反对。从过去到现在，尤其强烈的反对意见分别来自国家社会主义、马克思主义和严格的法律实证主义，但是这些（完全是"原教旨主义式的"（fundamentalistische））反对意见却又不同寻常地重视其所攻击的体系构建，其本身应当也可以被视为体系构建的有力论据。事实上，鉴于始终既定的法律素材与其内容上的关联性，二元论实际上已经完全抵抗住了这些敌对的观点。另外，那些常常毫无思想性的老套观点，认为二元论错误或者已经过时，却又在不同场合一再使用二元论，而且根据情势与规范也不得不如此。[78]

　　在一般意义上，尤其是在经验验证的意义上，前文所述的粗略体系化的合目的性可以被视为几乎得到经验的证实。在这一问题上，特别具有说服力的事实是，在所有"东欧的"法律制度中，"民法"尽管受到所有意识形态上的敌视，但是却自然且广泛地继续存在着；尽管被排挤出部分领域或者被部分分割，而且不存在必要的，哪怕是合理的理由。"东欧的"法律制度中甚至出现了大规模民法法典化的新浪潮；在部分国家（比如匈牙利！）甚至还是其法律史上的首次。原本在马克思主义意识形态下无法解释的民法继续存在的现象，在东欧世界引起了巨大的解释难

---

[78]　有关讨论和后续内容（及证明），参见 BYDLINSKI 出处同上 31 ff。

题，也就导致部分相当诡辩的论证理由，比如声称东欧的"民法"与西欧的"私法"存在根本的与显著的不同。

我们只要粗略地比较一下两者的规范内容就可以发现，具体来说大部分都不存在对立。当然两种法律制度的显著区别在于其功能方面：西方适用的是私人所有权原则（包括对生产资料的私人所有权），而在东欧适用的是生产资料的国有化（或者公有化）原则，对于合同法以及经济计划法就产生了显著的影响。生产资料的国有化原则在东欧共产主义体系中形成了灾难性的经济后果，已经被迫不断削弱，甚至放弃了。最近，其后期影响在东欧共产主义体系"内爆"之后当然也是极其可怕的：私法规范可以被相当轻松地重新引入，或者扩大适用范围。但是私法机制的核心要素（有效的市场、以私营经济为导向的企业、绩效机制下的经理人与劳动者）在经历 50 或者 70 年的大规模压制之后却只能非常艰难地、长期地、高成本地重新构建。仅仅规范秩序的转变，哪怕是朝向针对大规模的经济决策来说更有效率的私法社会秩序，也只是经济有效运行的一个必要条件，绝不是充分条件。

短期形势虽然暂时令人忧虑。但是始终重要的是，即使在东欧的马克思主义体系下，私法也确定继续存在，甚至最近还扩大了其领地。在东欧的马克思主义体系下错误的是，将私法秩序的功能主要局限于个人的微观领域，而用官僚指示代替了累积的、个人自治的选择，也即市场对整体经济运行的影响。其"遗毒"将产生长期影响。无法掩盖的完全失能（在本书前几稿对前述段落的表述成文以后）以惊人的速度不断蔓延，导致东欧国家马克思主义体系的自我坍塌，这在历史大型经验的维度上再次证实了我们所讨论的二元论：彻底的行政化国家理想是完全错误的。作为与国家相对分离的人类共同生活体，社会及其私法对于经济秩序的大型结构来说，理论上显然应当再次回归其应得的位置。对于这一点，未来不论在意识形态，或者法学理论以及阶段论上（stufentheoretisch）都不能再轻易掩盖。处于次要地位的问题才是，我们是否只是基于"较不坏的"看法才优先接受私法塑造的秩序的，尽管它远远落后于经验上完全不可能实现的有关人类共同生活的各种理想观念。这一秩序肯定具有的优点是，从经验上来说，它与对个人自治的决定的重要规范性校正与控制制度，尤其是通过私法的相应制度与规范（也即没有官方的具体干预措施），是相互协调的。这些校正制度当然应当始终谨慎地根据经济有效运行的标准进行确定；也即相应地衡量各个相关原则。那些对此漠不关心的大型社会实验在西方也有很多支持者，没有比东欧马克思主义体系的命运更能印象深刻地警告我们要提防这类大型社会实验了。即使在法律二元论大框架内的宏观层面上，私法实体内容的平等性也大概是西方法律秩序类型的核心标志了。这应当重新引起我们在法学理论中的足够重视。

完全从技术实用性来说，体系二元论的合目的性也在于，它在一系列情形的法律适用中都具有关键意义，并且如果不采用体系二元论来表述相关规则，就必须面对严重的、而且不必要的困难。这一点尤其表现在有关个案决定权（司法或者行政）、经常出现的联邦制国家的立法权划分问题、可适用的责任规则（普通或者国家责任）、行政行为或者法律行为之意思表示相关规则的可适用性、有关履行障碍的广泛私法规则的权威性或者有关这些问题的某个通常非常不完整的特殊行政法制度的权威性，等等。

第二节　私法的真正领域及其界定

一、核心领域

可良好界定的事实片段作为系统概括的法律材料的共同"规范领域"，就此来说，有必要进行有区别的考察：私法的核心领域在于任意人之间，以及这些人之间自愿结合形成的（相对远离国家的）社会关系。与此相反，公法的前提至少是国家机关作为一方当事人参与了与法律规范有关的生活关系。而国家机关也是由人所构成，这些人在既定的有组织社会中行使核心"国家权力"，尤其是参与涵盖整个社会的立法活动，另外还包括那些——以无数各种各样的，甚至是完全分散化的形式——有组织地通过命令与控制权，以及对命令与控制的依附性，为了履行特定的国家任务而被直接或者间接与核心国家权力拥有者结合起来的人。公法要求国家机构的官员始终以实现他人所委托的利益为行为目的，这大概也是其特征。相反，私法最终（即使是基于漫长的归责链条，比如代理制度）却导向行为主体，所有主体都主要是为了实现自己的利益而行为（即使需要顾及他人的利益）。

狭义的社会关系相对远离国家，其最明显的情形是，国家机关对于社会领域通常只是通过立法活动，也即制定一般规范来进行干预，而这些一般规范在具体情况下的履行与适用首先是交由"普通的"法律主体自己来进行。在个别情况下，典型的是当私法主体提出实现其权利的特别法律保护请求时，国家机关（通常是法院）才进行干预（只要当事人没有通过合同约定自己的"仲裁机构"，并且由其管辖）。在有疑问的情况下，都可以此作为界定标准。[79] 这也可以视为已知的各种界定理论中容易把握的内涵，并且也足以适用于私法的核心部分。

我们不需要详细考察的是，国家机关依职权干预个别案件的有限可能性是否以及何时会损害相关社会关系的"社会"特征，正如家庭法中出现的情况，比如当这种干

---

[79]　事实上值得注意的是，这在东欧国家也是界定民法的标准；有关民主德国，参见 GÖHRING, in: Zivilrecht, Lehrbuch Ⅰ (1981) 21, 32（"国家领导"的特别方式只通过"法律规定"）。这应当也符合在经济学中借以尝试区别（通过一般规范）对经济进行"符合市场的"国家干预与其他（通过官僚体制个案决断）措施的主要标准。

预是为了代替出于特别原因不能或者非常难以自己实现权利或者利益的主体。根据已经确定的前提条件，这样的问题应当是否定回答的。鉴于几乎所有的概念，尤其是非常一般化的概念不可避免的模糊性，我们也就不能过于苛求描述相关关键事实领域的概念所具有的区别性。因此，赞同将良好可界定性事实片段作为标准的观点，与处于次要地位的界定困难始终并不矛盾，至少在我们没有更好的选择的情况下更是如此。

即使这一标准本身还主要取决于，国家立法机关是否只是一般化地规定了特定问题或者另赋予特定国家机关对个别案件自行决断的权力，这样也不能有效否定（相对远离国家的）社会关系适于作为界定标准的特点。它无疑是本身就具有规范性的界定要素。当然，各个关键的事实片段可能全部或者部分不是直接并且排他性地用外部实际特征进行描述，而是间接地通过规范及其内容，这些事实片段明确指向特定的案件范围，不需要再考虑（还没有结论的）体系分类问题。针对已经由特定规范调整的，*由此*同时被明确定义的事实片段所进行的体系性（或者其他法律上的）陈述属于一种法学上的元级（Metaebene）[80] 陈述：这些陈述直接涉及事实片段的*规范性*特征，也就是已经由（完全独立于该陈述的）事实构成上可应用的规范划分到某个案件范围的那些特征。这些可应用的（我们有时无法穷尽列举，而是通过一般特征进行定义的）规范也间接规定了规范性元陈述（Meta-Aussage）中所讨论的事实领域。

确定事实片段适合作为界定标准，并不因为存在一定困难就可以被否定：比如在任意（因此也是"私的"）主体之间的某个特定关系由法律一般化规制了，但是没有在相关规则中（或者其他任何地方）赋予某个国家机关在特殊情况下"依职权"干预的权力，那么就可以推断出相关社会关系的私法属性，从而也可以推断出调整这一关系的规范的私法属性；从中再推断出民事法院的管辖权（依据是《奥地利普通民法典》第 1 条及以下条款与《奥地利司法管辖权法》第 1 条）。首先通过*特定的、至少可以适用的*规范来对某个事实领域进行描述，*再*以该事实领域适用于*其他*法律后果，这在我们适当区分问题时完全没有逻辑上的反对理由。这一点还将表现在不同的其他情况下。

但是，相对远离国家的社会领域的确定依据也并不单纯是，在某个特定的时点，对于待决事实存在的规范恰好有个一般规则，而没有授权国家机关"依职权"介入特定案件，这一点也许会被人作为异议提出：姑且不论对于"社会"领域也许

---

〔80〕 LIPP, Die Bedeutung des Naturrechts für die Ausbildung der allgemeinen Lehren des deutschen Privatrechts (1980) 55 ff (60 f) 以对于这一现象的一般理论为例，明确提出了对此的关注。经常与体系化问题相关，并且不可避免地出现。然而 LIPP 似乎有些怀疑，首先通过某一特定类型规范的事实构成进行定义，然后将其与其他规则或者陈述相联系。但是，可以认为这可能是一个错误的原因并不明显。不能进行归类的，主要是他的断言，认为一般理论的形成完全是建立在基本逻辑错误的基础之上；有关的详细介绍参见后文。

还可以确定其他（最低限度的）特征[81]，立法机关在相关问题上也绝对不是"自由的"，从而也完全不是偶然的：完善的宪法对于基本权利的规定设置了国家干预个别法律主体法律地位的界限，从而也确定了干预共同社会关系的界限，这可以被总结或补充为区分国家与社会的一般宪法原则。[82] 这一原则主要可以追溯到法律伦理上的辅助原则（Subsidiaritätsprinzip），后文还将深入讨论。

私法可界定的事实片段，也即（当前）相对远离国家的社会关系，不论从积极的宪法意义上，还是从理性法律伦理上，都不是处于立法机关的自由支配之下。

从应用对象的范围来说，不考虑所有始终存在的，并且在新近的发展中有所强化的公法与私法的"混合状态"，基本的体系二元论绝对不是，并且将来也不会是过时的或者多余的。持反对意见的人所依据的是，国家与社会之间的紧密结合程度在增加，从而消减了两者之间的区别，但是这些人实际上经常无意识地捍卫了至少是潜在极权主义的国家制度，这样的国家制度对其行为没有任何结构性限制，也不会接受这样的限制。从经验上来说，即使在当今国家政权实行极权主义的政府体系下，借助从属于这种体系的前东德德国社会统一党和秘密警察，也无法通过国家干部的置入来剥夺所有"普通人"之间所有自发形成的关系。即使不是政府所期待的，也总是存在一个边角上的"纯社会"领域，是由中央政府干预人们之间具体事务能力的有限性形成的。

另外，只要我们在理性的规范性反思中原则上否定了国家极权主义，同时也就承认，应当谨慎地维持国家机关与社会之间的区分，即使无法精确地维持已经形成的界定。认为可以（至少通过宪法制定者）随意取消这种区分的法律实证主义所维护的正是潜在的极权主义；除非同时出于所谓法律外的规范性原因，从而事实上在法律实证主义自己确定的专门权力之外，仍然维持这种区分。只要我们拒绝哪怕是潜在的国家极权主义，公法与私法的二元论划分就如上所述，不会过时或者多余。[83]

到目前为止，所讨论的只是私法的核心领域，对于法律应用实践中的特别界定困难还完全没有涉及。根据前文所述，这一范围内的体系划分通常比许多其他概念区分还要容易，可以简单借助于"主体理论"（Subjektstheorie）来完成；也即考察在法律所调整的关系中，是否只有"私人"，即任意主体，或者必要的情况下也有国家机关工作人员的参与。

---

〔81〕 需要借助于各个有意义的规范予以回答的界定与解释问题，更一般的说法如下：国家机关干预各具体过程，尤其是具体案件的决断，其性质是对由私法规范适用对象"自行实施"规范原则特别设立的例外（比如：严重的、无法调和的争议）？相关国家机关这时（作为"法律机构"Rechtsorgan）必须完全优先履行法律保护的中立任务？或者它更主要是协助完成其他国家任务？

〔82〕 参见 BYDLINSKI aaO 39 f（相关证明见注 89）；另见后文 305 ff。

〔83〕 如果因此像比如 RITTNER, Wirtschaftsrecht² (1987) V 那样，称这种二元论是"过时的"，就是不能赞同的。

二、临界领域

实际的界定困难——当前确实相当广泛地——主要出现的领域是，国家机关的一个下级组织"像一个私人一样在私人交易中"行为，在这一范围内就存在真正社会关系中的法律地位平等。在更小的范围内还存在的问题是，一个"本身为私人的"主体被特别法律"授予"了符合国家机关特征的任务与高权（Hoheitsrecht，行政法学者译作"高权"，通常意义为"主权"。——译者注），并且在运行中被主要涉及上级国家机关命令与控制权的组织措施纳入了国家机关中。对于前一领域，奥地利习惯称为"私经济行政"，德国则习惯称为"行政私法"。对于第二个领域，普遍的用语是"被授权的经营者"。

在现行法的适用过程中当然不会出现麻烦的情形是，如果对于相关有意义的社会关系有特别的法律规则适用于所有的问题，而对于这些问题，在二元论体系中的归类在法律适用时可能具有关键意义。同样的情形是，如果只有部分问题被特别调整，而另外通过明确地将相关解决标准划归公法或者私法，来援用这个或者那个法律领域的一般规则解决剩余的问题。在所有这些情形中，私法或者公法领域对于实然法（lex lata）具有的规范性约束力被明确具体化（或者拓宽）。还有可能出现的情形是，个别问题依据私法的通常规则，而其他问题则依据公法的通常规则作为解决标准；相同的情形是，一般界定标准被特别法（leges speciales）所排斥。在所有这些情形中，有疑问的"只能"是，在体系性法律政策上，相关法律规则是否以及在多大范围内符合原则与实际。

相反，对于法律适用直接形成困难的是，对于所指领域（可能是国家"像私人那样"，也可能是"被授权的经营者"）中的某一特定关系的某个特别规则明确了若干权利与义务，可能确切地说是没有争议的权利与义务，而对于所有其他问题则悬而未决。那些没有特别规定的问题当然必须依据更一般的法律规定进行判断了。但究竟是私法，还是公法的更一般规定呢？

对于这一非常实际的（但也有限的）界定难题，广大审判机关和学术界费尽心机，提出了多种界定理论。[84] 处于"边缘领域"中的这类困难的原因在于，此处

---

〔84〕 参见比如 MOLITOR, Über öffentliches Recht und Privatrecht (1949)；BULLINGER, Öffentliches Recht und Privatrecht (1968)；W. SCHWARZ, Öffentliches und privates Recht in der arbeitsrechtlichen Systembildung (1973)；SCHMIDLIN, Die Einheit der Rechtsquellen und der Rechtsanwendung im Privatrecht (GA 5. ÖJT 1973) 24 ff；MELICHAR, Der Gegensatz von öffentlichem und privatem Recht, JBl 1948, 525, 550, 581, 613；RILL, Zur Abgrenzung des öffentlichen vom privaten Recht, ÖZöR XI (1961) 457 ff；RENCK, Über die Unterscheidung zwischen öffentlichem und privatem Recht, JuS 1986, 268 ff；DETLEF SCHMIDT, Die Unterscheidung von privatem und öffentlichem Recht (1985)；值得注意的最后所指的这本著作，以及有关整个界定问题，已经可以参见 BYDLINSKI 出处同上 31 ff；有关在更加困难的案件中，不可避免地援用"类型比较"（Typenvergleich）作为方法，参见 BYDLINSKI, Methodenlehre 550；数量众多的例证可以从有关实用界定问题的（奥地利）审判实践中找到，参见 BYDLINSKI in RUMMEL², Rz 7 aE sowie 9 f zu § 1 ABGB。

的体系分类发生在元级上，因而取决于对肯定不完整，甚至还不清楚的规范的解释。

在这种重要情况下，唯一可行的办法就是尝试以这些不完整的规则为基础，因为不论如何整体分类，它们在事实构成上都是可以适用的；然后再从这些规则中推断针对相关社会关系整体定性（Gesamtqualifikation）的深层次结论。比如有关一项国家补贴也好，有关道路建设问题也好，有关国营的货物或者旅客运输或者类似其他问题也好。只有整体分类（Gesamteinordnung）才能明确，对于没有被特别调整的问题应当援用*哪些*更一般的规范进行判断。

通常情况下的做法是，尝试从那些即使不考虑二元体系在事实构成上也确定可适用的规则中探寻，作为当事人的国家机关下级组织对于其他当事人是否处于高权上的"领导地位"，也即有自己的决定与执行权，或者拥有直接的、优先的干预权（补充主体说的隶属说 Subjektionstheorie als ergänzte Subjektstheorie），或者——也相当有助益的——相关规则是否更可能以实现特定当事人的"私人"利益为目的，或者主要是为了促进国家机关所代表的公共利益（利益说 Interessentheorie）。在不得已的情况下，我们习惯于沿用历史传统的分类，这样至少可以符合法的安定性。

在特别复杂的案件中，理论上的必要路径是首先进行谨慎的"类型比较"（与前文所述的"理论比较"类似）：我们可以分别列举公法与私法关系中可以考虑的"典型"内容，即明确标明该关系应当划入公法或者私法的内容。然后，将不考虑二元体系也明显可适用的规则中产生的待分类关系的各项特征，与私法及公法的典型特征进行逐项比较。分类应当根据在数量与强度上获得更大比重的特征进行，因为这些特征指明了更好的方向。根据分类就明确了下一步应当援用哪一大类中的更一般规范，（直接）适用于没有特别调整的问题。

另外更为复杂的（但在结果上令人信服的）是，如果这种法律获取的一般方法论标准是正确的，那么在非常普遍的情况下，通过类比推理（可能还要借助于一般法律原则）进行的法律获取可能交叉地超越公法与私法的界限，这当然就需要特别仔细检验。

前述界定设想的基础是，从具体的法律关系进行界定，因为法律关系取决于参与的主体及其权利与义务。然后在下一步骤中间接产生了规范的分类，这些规范确定了参与主体，并且规定其权利与义务。通过法律关系分析的间接方法，这样就认定，比如一些有关补贴的法律、征收补偿规则或者铁路运输规则中有关特定承运关系的特别规定属于私法。

可能产生困难的问题是，何时存在一个法律关系，何时存在多个、可能要不同分类的关系。我们只要对诸如税收债务的抵押，或者对一项臆想的、根本不存在的公法债务进行了错误的、没有法律基础的履行后所主张的返还请求权进行比较。

在存疑的情况下，为了分类问题将法律关系分割为个别的、尽可能独立的请求权关系是不值得提倡的。还不如说，在存疑的情况下，基于合目的性原因（尤其是统一的管辖权！），应当依据典型目的与当事人的想法，将相关的生活过程作为"一个"法律关系进行判断。

前文刚刚提过的、众所周知的界定困难实际上是特殊的规范性解释问题。这些问题产生于有些恣意的基础条件，并且在很大程度上源于相关立法中本可以避免的模糊性。因此，这些问题与前述私法核心领域的良好可界定性毫无关系。我们也不应当高估这些困难。当国有法人根据非常一般化的私法规范进行买卖、租赁、主张通常的源自所有权或者占有的请求权，以及在众多类似的情况下，即使不做多少方法方面的努力，相关的关系也无疑都应当被归类到私法中去。国家主体的，尤其是通过由其（参与）设立的私法法人实施的企业经营行为，在实践中具有极其重要的意义，同样也无疑属于私法。

即使我们只关注疑难的领域，其中的界定困难也不大可能超过许多其他法律概念的以及法律范畴外概念的界定困难。即使相关的事实片段是通过"（国家机关）像私人一样行为"这样的措辞描述的，虽然引起了一些复杂的规范性看法，但是在疑难领域也仍然完全具有充分的可界定性。尽管可能还会存在一些疑虑，如前所述，也肯定不会影响私法的核心领域。

三、分类难题的范例（民事诉讼法）

前面所有的内容都只不过是在法律"二元论"大框架内，对适于界定的内容进行的相当肤浅的、大致的考察。我们绝不能据此认为，在这个问题上不存在有价值与吸引力的研究对象。这样的研究对象可能远不止诸如民事诉讼法。一方面被认可，另一方面也被并非真正地否定的是，所有程序法律素材与其实体法基础之间必定存在内容与功能上的密切关系。[85] 另外，如今民事诉讼法也毫无疑问被划入了公法。国家机关，即法院"等之类机构"的参与，无疑是在行使高权职能，这实际上就在主体说与隶属说的意义上完全明确地支持这种划分。但是在奥地利学术界，有一些有影响力的观点却倾向于通过强调民事诉讼法的公共利益关联性，在思想上把民事诉讼法的公法归类提升为民事诉讼法相对于实体私法的一种优越性，而不是至少适当地尊重其与实体私法之间明确的特殊亲密关系。这就导致了离奇的结果与困难，比如甚至有观点认为，针对程序协议，如法院地域管辖权的建立，尽管不存

---

〔85〕 有关实体私法与程序法的关系，可以参见诸如 NEUNER, Privatrecht und Prozeßrecht (1925); NIEDERLÄNDER, Materielles Recht und Verfahrensrecht im internationalen Privatrecht, RabelsZ 1955, 1; HENCKEL, Prozeßrecht und materielles Recht (1970); FASCHING, Zivilprozeßrecht² (1990) 34。

在特殊规则（！），但有关合同缔结与有效性的私法规则也完全不能适用。更极端的看法是，根本就不存在协议，而只是时间上同步存在的意思表示。[86] 至于为什么存在这样本质的、而不仅是口头说说而已的区别，并不明确。在不存在有关程序协议（或者"同步存在的意思表示"）的特殊程序法规则的情况下，如果不适用一般的私法规范，本质上就是将这种程序法行为的效力随意处置了。方法上当然有必要的是，以私法规则为基础，必要时根据与待解决问题相关的更特殊的程序规范、目的与原则，在必要的范围内对这些私法规则进行限制或者补充。即使我们径直将民事诉讼法划入公法，这样也仍然是必要的，因为这一分类不应当妨碍我们在存在法律漏洞时从"其他"法律领域——此处是从私法上的合同规则中——通过类比推理进行法律获取。必须专门说明的是，必然导致差异的程序状况和程序法的特殊性及这种特殊性在具体情况下的重要性，而不是因为被划分为公法就径直假定。

除此之外，程序法教义学认为程序法存在优先性倾向，该观点的误区是，公法并不存在对私法的优先性；另外，实体私法上数量众多的新旧制度、规范与原则也同样包含明确的公共利益与公共秩序关联性。对此，后文——在针对当前实体私法中存在的分裂企图部分——还会进一步讨论。

理论上，为了纠正这些过犹不及之处，我们应当重新加倍重视，民事诉讼法中经常也有直接针对争议各方交互行为的规范性要求，也即对任意私主体之间关系的调整。尤其可以作为范例的就是诉讼费用制度，强调公法特征似乎就有点无视了理性的、系统广阔的教义学理论反思。其他一些重要制度，诸如举证责任及既判力，也都至少表明了强有力的实体法要素。

由于民事诉讼法的一些部分直接（无须法官的特别中介作用）涉及争议各方的关系本身，因而也有必要彻底重新认真思考其全部归入公法的问题。[87] 据此可能偏向将民事诉讼法定性为混合体，这样至少有利于重新更加重视民事诉讼法与其实体法基础之间明确的牢固关系，有利于促进其内容上的和谐化，而不是以优先性为目的的孤立化。这也将至少更加有利于我们理解各个程序法在功能上对其实体法的

---

〔86〕 参见尤其是一贯性的态度 MATSCHER, Zuständigkeitsvereinbarungen im österr und internationalen Zivilprozeßrecht (1967)，作者——在援引其他文献的基础上——在序言中就宣布其"纯公法的观察视角"（rein publizistische Betrachtungsweise），并在其基础上（追随 PETSCHEK/STAGEL, Der österr Zivilprozeß [1963] 127）提出了文中介绍的命题（第23页）。在其基础上，他得出的结论（第53页及以下）是，管辖权协议作为纯粹的程序行为，只有其"外部可见的表现"具有重要意义，在没有特殊程序法救济手段的情况下，所有实体法上的无效性原因都没有意义。其中明确包括比如欺诈、强迫和违反善良风俗！建立这种古老的纯粹表示说（Erklärungstheorie），大约又倒退回了《十二表法》时期的法律状态，因此在如今被理解为一个统一一体的法律体系范围内，这种观点是不能赞同的，肯定也不可能是对"纯粹公法的"（rein publizistische）理论的推荐。

〔87〕 有关诉讼费用法，当然还有更基本的问题，参见 M. BYDLINSKI, Klagseinschränkung auf Kosten oder auf Feststellung? RZ 1989, 131 und 150；现在还有同一作者的 Kostenersatz im Zivilprozeß (1992) 44 ff；原则上有关实体私法与民事诉讼法的关系，现在可以参见，ZÖLLNER, Materielles Recht und Prozeßrecht, AcP 190 (1990) 471 合理强调了其紧密关联性。

全面依赖性。

第三节　有关私法的"规范性特征"；基础

一、基础性的法律原则

如果我们现在转向"规范性特征"，因而也同时转向私法的"内部体系"，那么根据前文所述，就要被引向私法的原则层面了。对此必须，而且可以在很大范围内使用笔者在另一本著作中的已有研究结论。仅仅由于本书体量的原因，也不可能在此重新复述这些研究了。

已经探明的、理性上站得住脚的、*同时确实属于我们西方类型的法律秩序*，作为基础层面的基础性法律原则有：1）基本人身权益保护及其下位原则：a）生命保护，b）人格尊严保护；2）最大化平等自由（在"消极"的形式意义上）；3）分配正义（Die austeilende Gerechtigkeit）（作为公平与评价结果，其"牢固的核心"是更为基础的相关利益优先原则，其他情形相同）；4）最低生存保障原则（das Existenzminimum-Prinzip）；5）（改进的）"社会正义"（soziale Gerechtigkeit）的"差别化原则"（Differenzprinzip），据此形成的规范性意向主张在法律制度的构建中向弱势群体倾斜，通过规范的再分配措施直至其达到平均的物资配备，只要这样才不会长期恶化受益较少的群体的前景（尤其是抑制特别有效率的人，并相应降低全社会的经济效率）；6）补偿正义（Die ausgleichende Gerechtigkeit）；7）一般意义上，尤其是导向安定性（Orientierungssicherheit）与法律和平（Rechtsfrieden）意义上的法的安定性；8）对合法获得之权利的保护；9）由国家建立的法的安定性；10）一般意义上的合目的性，适合于所反思的目的；11）实用性上的合目的性；12）经济效率上的合目的性（禁止浪费稀缺资源）。[88]

对于上述这些原则的解释与论证，必须参见所引用的著作。在上述 12 个原则中，前六个属于公平，中间三个属于法的安定性，后三个属于合目的性（法理念（Rechtsidee）的基本要素）。以这 12 个原则为基础并不当然意味着，它们是不可动摇的。更确切地说，我们完全可以推测，在不断探索中所提出的内行的批判可以明确并改进这些原则之间的相互关系。随着研究的深入，原则类别的持续变动也并非不可能。

---

〔88〕　BYDLINSKI，Fundamentale Rechtsgrundsätze 291 ff.

但是，在这些变动出现之前[89]，在基础法律原则问题上，只能以当前暂且达到的水平为基础。也就是说，（即使）在有关法律体系，尤其是"内部"体系的讨论中，对于法律的基础原则层次没有明确的观念，也是肯定不行的。在前文有关原则层次的多元性部分已经指出了，在提炼各个法律素材内容上的论证关系时，如何运用某一特定法律素材的多个原则。

二、基础性的法律原则在私法中的意义

此处要讨论的是，这些原则在判断私法的"规范性特征"方面能起到什么作用。这就涉及整体法律秩序的基础层次，当然也包括公法；就因为这一点，实际上可以预期整个法律秩序（某种程度的）在内容上是"统一"的，那些对于优先性的一般规范性主张，或者未明言的、但是实际上将这个或者那个法律领域视为具有一般更高价值的评价（当前在"法律实证主义的"、日趋显著的国家主义影响之下，始终对私法产生了广泛的损害），都是完全错误的。鉴于法律素材的强大影响范围与适用结果，此处与彼处绝对不会不同。可以作为例证的是有关自由的问题，公法的经验范围涵盖了从基础的基本权与自由权，直到对最简单生活事务的各种极度荒唐的行政监管，以及所施加的终身自由刑；私法的经验范围则涵盖了由自由所决定的重要制度与原则——比如私法上的人格保护，其存在要远远早于宪法上的基本权利[90]——直到对一个有严重过错——或许完全没有个人过错——的主体的沉重的

---

〔89〕 参见最初的表态：P. KOLLER, Zur ethischen Begründung von Recht und Staat, JBl 1989, 477 und 563，针对原则目录提出了一些评论，其中部分是批判性的（却没有提出改善建议）。对此的评论有："补偿正义"的描述可能太简洁了，因此可能是意义模糊的；该描述应当概括在 Methodenlehre 357 ff 中进行的论述，以及 P. KOLLER 在其他地方赞同性提及的部分。在我看来，这个原则确实不仅适用于合同法，而且在损害赔偿法和不当得利法中也有重要意义。合目的性原则的"补充"意义不应当就是次要的，或许是要暗示其通常更少的权衡比重。详细的、反对基本倾向的、富有成果的讨论，参见 HOTZ, Z des Bernischen Juristenvereins 1992, 183 ff，然而对于原则目录也没有提出批判性的改善意见。让我无法置评的是 KIRN, Das Fundament des Rechts im gesellschaftlichen Leben des Menschen, JZ 1990, 424 这篇书评文章，因为该作者感兴趣的显然几乎不是原本法学上的规范实用性问题，而是目录构建问题（见第 427 页"社会根据"(soziale Begründung)；没有"规范性特征"(normativen Charakter) 或者没有"法律关系形式"，而是"来自人的社会属性"的基础原则。这些始终都可能意味着矛盾的形成）。他还怀疑，这些原则是否是我的真实意图，因为这些原则的选择是未经论证的。这些看法的原因大概只能是，因为他没有读过或者忽视了拙著的——比如像 HOTZ 那样着重强调指出的——相关章节。（所提出的一些论证可能还很不充分，并且也肯定还有完善的必要，但是这不能否定其存在。）另外还有一些充分理解的简洁书评，比如 ULFRIED NEUMANN, JuS 1989, 336, sowie NEUMANN-DUESBERG, BB 1990, H 20, XVIII 自然地也没有对原则目录形成批判性的延续。（然而，这两位书评作者都明确指出了拙著中有关"论证路径" (Begründungswege) 的探讨。与 KIRN 不同，读者明显可以注意到这些。）OGOREK, Gesucht: Rechtsethik, westlicher Typ, Rechtshistorisches Journal 1990, 404 ff 发起了无休止的论战，令人惊讶的是，明显不是反对已经得到的原则目录，也因此，并且由于完全没有替代方案，尤其在这种情况下就无关紧要了；更详细的讨论，参见 BYDLINSKI, Fundamentale Rechtsgrundsätze in der Löwengrube, Rechtstheorie 1991, 199 ff；以及 MAYER-MALY, Rechtsethik als Angriffsziel, in: Schmölz/Weingartner (Hrsg) Werte in den Wissenschaften (1991) 143 ff；非常令人振奋的，并且恰好就在基础原则的获得方面，尤其是人格尊严方面，赞成性的书评，参见 FIKENTSCHER, RdA 1991, 122。

〔90〕 参见比如 RABER, Grundlagen klassischer Injurienansprüche (1969)。

履行命令，这令其几乎没有喘息的余地。

完全不同于全面的拔高评价，我们当然应当根据时代的要求，必要地将法学与公众的注意力较之通常情形，更加着重地引导向这个或者那个整体法律领域。当前，根据形式阶段论的观点（formal-stufentheoretische Sicht）对法律的长期统治以及通过立法进行的无法阻挡的国家全局试验（Globalexperimente），迫在眉睫的是，强调私法基本制度和原则的全部核心内容方面的重要意义。对于社会秩序（进而社会自身）的规范性质量，这些私法基本制度和原则有决定性的影响。单纯的阶段论（Stufentheorie）只注意到了一些实证性的具体规定，也就只能产生扭曲的影响，甚至可能明显掩盖了无法忽视的事实，即私法的重要制度和原则当然也很大程度上在私法具体规则中发挥决定性的作用。比如，任何合同法的具体问题都会追溯到私人自治、信赖和合目的性等原则。当前，似乎国民经济学家要比单纯实证主义思维的法学家与公众更明了这些。公众如果还受到法学一点影响的话，也是全盘接受了简单化的思想，正如对阶段论观点绝对化的认识。这经常就发展成了宪法迷恋癖（Verfassungsfetischismus）。

或许当前在一些主题——当然也是相当不成熟的，但是有公众影响的——的压力之下，比如"私有化"，并且鉴于在东欧国家关键性的局势发展，我们可以对公众认知进行一定的校正，使我们可以在具体私法问题和具体条文中，重新发现重要的规范性主导原则（当然也包括其适用困难及具体化）。在特别中发现一般，当然是一种能力或者决心，这在今日已非常见，即使怀疑论者也必须赞同这一点。

所有基础性的法律原则由于其基础性对私法都具有影响与重要意义。这一点特别需要强调。因为只有其中的若干原则是一开始就调整每个人的行为及其与他人之间的关系。其他原则则是反作用于制定规范的国家机关（立法机关作为立法权威机构），某个原则就确定了"普通的"人对抗这些国家机关（以及间接针对其下级机关）的行为。[91]

上述第一组原则本质上具有私法的"社会的"属性，即使相关原则最终在宪法基本权与自由权漫长发展的基础上（直到）最近才有效适用于国家机关。即使第二组与第三组原则也对私法起到了协同决定性作用，当然是经由私法立法的路径，法律创制者是受制于这些原则所限定的方式的。构成第三组原则的、由国家建立的法的安定性原则也是同样的情形，它要求所有人都参与组建一个——尊重全部法律伦理原则的——国家权力机关，并且尊重其合法的立法活动。

根据人格尊严平等与自由最大化原则（Freiheitsmaximierung），如果我们遵守这些相关原则的话，这种参与就不应该是消极地、容忍地认可任何已经建立的国家权力机关，而是根据民主原则予以实现，民主原则通过上述基础性原则得到论证，

---

〔91〕 有关论述，参见 BYDLINSKI, Fundamentale Rechtsgrundsätze 299。属于第一类的是原则 1、6、8；部分包括——只要涉及的是作为法律权威的国家权力的共同组成——原则（9）。最后这个原则另外确定了公民对于国家权力的行为；其他原则针对法律权威。

在公法上对上述原则进行具体化。[92] 强调这一点，是为了化解针对前文提炼出的"基础性法律原则"出现的一些罕有误解，尽管这一方面是前文论述的当然结论，另一方面提炼公法特有的一般法律原则也不是本书的研究任务。

如果认为*所有*基础性法律原则都毫无例外地构成私法的规范性基础，这样的看法就排除了在基础层面寻找这一大型法律材料的"规范性特征"的可能性。更确切地说，应该探讨的是，对于整个私法，是否有以及有哪些*补充性*主导原则。这些补充性主导原则与*也*对私法产生影响的基础性法律原则相结合，就可以彰显私法材料的规范的独特性了。

第四节 相对的（双边的）论证原则

一、论证理由

对这些特殊的私法原则可行的论证路径是，我们将基础性原则或者只是其中若干个基础性原则与特定的事实片段相关联，该事实片段构成全部私法的共同适用对象领域，也即相对远离国家的社会关系。（我们可以暂且只关注私法的"核心领域"，因为在"边缘领域"原则上也适用规范性的平等要求。）这些社会关系的首要特征是，其既存主体没有规范性的重要等级划分，不像在国家机关中通过从属关系建立的人际关系那样（或者这种等级从属关系——在边缘领域中——没有被应用）。

---

〔92〕 因此不恰当的是，NOLL, „ Extra " 1989 (vom 24.3.1989) 5 公然指责我的原则目录中缺少了民主原则。民主原则指的是，在作为主权拥有者的人民层面上，也即国家构成的大集体（Großgemeinschaft），统一形成意志的过程。民主原则来源于文中所列举的原则（还能是其他地方？）。除此之外再谈什么"全部生活领域的民主化"或者"社会的民主化"，至少都是格外引人误解和意义含糊的。在这一领域中，就是无数各自追求自己目标的各种意志、"自发"做出的行为，尤其是做出这类行为的资格。对此，涉及行为人自身及其利益领域的法律自治权是必要的；为了形成权力制衡，弱者自主（自愿）联合的机会也是必要的。即使这种联合也不是代表"人民"，而只是各联合体的个别利益。严肃地把对于国家来说非常合理的民主原则嫁接到"社会"上，一方面意味着社会中个人和团体自治权的缩小，另一方面意味着在一些制度中，专业资格技能原本应当基于合目的性的原因具有决定性的意义，这种决定性却也被缩小。理论上，社会"民主化"设想的前提是，将社会与国家视为同一，也即至少是潜在的极权主义；实际上，这种社会"民主化"合乎逻辑地导致同一类人对"全部生活领域"的统治，也即政治官员们。其措辞最容易让人误解的政治口号"社会的民主化"的真正核心在于要求，在整体秩序的框架内，尽可能地尊重个人和更小团体的自治权；实际上也就是辅助原则。这种（过于宽泛的）自治思想在内容上与整个社会中核心的意志形成，因而也与"民主"作为这种意志形成的最恰当过程，是完全不协调的。我们不得不承认的也就是，民主原则和辅助原则必然通常主要是由人格尊严和自由最大化这两个基础原则所论证的。但是由于各种需要考虑的事实问题，必须要严格区分国家与社会：几乎无法想象，还能有比"人民民主政治"（Volksherrschaft）这样，通过多数人决定个人的私人"生活领域"，甚至是私密"生活领域"的更恶劣的暴政了。值得向往的目标是，在社会整体秩序范围内，在基础法律原则的基础上，能达到的最大限度的自我决定；而不是在个体一般情况下很难或者完全无法理解的无数专业领域中，只是形式上"民主"参与地由多数人做出决定，通过参与无数由始终同一类政治官员管理的表决过程，实际上必然主要就是加强了这一政治官员阶级的绝对权力地位。

从基础性法律原则来说，所有相关的主体都应当得到同等对待（根据基础性法律原则的内容，这绝不会导致经济平等的要求）。

另外，我们必须切记，私法规范始终涉及两个或者多个这类主体*之间*的关系。即使某一规范首先是针对"所有的人"，比如授予绝对权并给予侵权法保护，所产生的具体*请求权*仍然只是针对在事实构成上与所授予的法益处于特别关系（造成扰乱、危害或者损害）的主体。

私法中普遍适用的是，每个规范（至少）都直接作用于两个在事实上接近的人之间，也就是说，任何向特定主体分配的权利、利益、或者机会，也（至少）意味着特定其他主体的*直接*义务、负担（Lasten）或者风险。由此可以得出，对法律权威机关为这些主体设定的义务进行——追溯到直至基础性法律原则的——论证，必然恰好涉及作为规范直接适用对象的私法主体双方（或者多方）之间的关系。（为了这一目的，我们当然可以认为这些主体是典型的或者一般人）。我们不仅要论证，为什么要分配给某个规范适用对象一个有利的，却给另一个对象不利的法律后果，而且要论证，为什么恰好在这一对当事人双方之间的关系中是这样的结果；为什么某一个特定的主体恰好对于另一个特定的主体享有权利及义务、机会或者风险。在私法中的确不可避免的是，任何有利于某一方当事人的法律规范都显然不利于特定的其他当事人，因为不存在"大锅饭"（große Töpfe）可以产生的扭曲效果。

因此，此处发生作用的原则是（Ⅰ）：*相对的、"双边的"论证原则*。[93] 不论该论据在特定关系中有多么强大，"绝对的"、单边的、仅仅涉及某一方主体的论据永远不能独自论证一个私法规范。比如，一个幼小无助的孩子"本身"当然根据最低生存保障原则（Existenzminimum-Prinzip）有权要求必要的抚养费、照顾和教育。一个损害事故的受害人可能基于同样的原因或者根据保护合法权利的原则"本身"有权要求损害赔偿。但是这并不是说，这些针对某一个特定的私法主体的请求权可以通过某个规范性论证的私法规范获得有效承认。这些请求权至少针对*谁*可以获得论证，也就是说针对谁是可能的，这样的问题在一个绝对单边的论证过程中根本就不会被考虑到。但是在私法的框架内，这一问题却具有同等的重要性。特别轻率或者懒散的人当然强烈地倾向于，只是满足于纯粹地提出问题，然后就等待一个适当的请求权相对人自己主动出现（事实上，即使在公法上也对这种关系设置了诸多限制，正如长期的国库空虚现象所表明的那样）。

对于双边论证原则作为私法特殊性的误解，事实上产生了非常可怕的影响，比

---

[93] 我在 Fundamentale Rechtsgrundsätze（307）中的表述需要修订的是，该表述只讨论了"基于私法基础事实"得出的结论，还需要补充规范性前提。

如有流行的观点试图为任何情况下任何损害都设置一个损害赔偿义务人。这将摆脱任何模糊的理性控制，在极端的情形下就导致论证理由具有无法克服的理性缺陷，比如导致不合理的过错假定。为了论证个别损害赔偿义务，我们事实上必须始终以最大限度的谨慎来探究，是否以及为何恰好是与受害人完全平等的另一个特定的主体应当可以承担特定损害的赔偿责任。因此，真正纯粹的"最深钱袋"（deepest pocket）论据在私法损害赔偿请求权范围内是不正常的：不论多大的财富，也绝对不能形成与特定损害及受害人之间的明显关联。事实上这也——在有时夸大的表述中——只是关注，在多个可能的责任人中，鉴于这种特定的损害还肯定存在其他类型的可商榷的归责理由，如何将典型的最有能力的责任履行主体包括进来。这实际上就符合了明显的合目的性理由。

二、该原则的弱化理解

现在具有关键意义的是，正确地理解作为私法主导原则的双边论证原则：这就要求，针对受到所规定的法律后果积极与消极影响的当事人之间的关系，各个规则能够充分地通过基础性法律原则进行论证。绝对不必完全根据规范直接适用对象之间相对的、个体的关系形成一个完整的结论性的论证。然而对此却存在广泛的误解，这在下文反驳当前分裂私法的企图部分还会详细地讨论。这当然也凸显了另一种错误的观点，即有一定合理性的规则与直接当事人之间的关系完全无关。

对于后文将要讨论的问题，在此只需给出一个简单评论：在私法中，甚至早在"整个旧的"私法中都有一些重要的规范与制度，如果我们只是借助于基础性法律原则衡量直接的规范适用对象的个体利益或者理解这样的衡量，那么将完全不可能对这些规范和制度得到规范的结论性论证。一系列的这类制度将在下文被作为例证。有观点认为，"古典"私法只关注在规范适用对象之间个体关系本身的规范性论证，这只是一种理论，并且存在分析上的错误。只有当我们一并考虑只是受到规范间接影响的人的利益，甚至重视社会的整体状况，并且一并适用由此所涉及的明确的基础性法律原则，才能形成或重构对古老法律中众多规范与制度相对完整的论证。作为例证，也许时效制度也就足够了。如果不全面进行合目的性与法的安定性考虑，而只是基于债权人与债务人之间的关系，我们完全无法对其进行合理论证。因为债权人的宽容本身肯定不能论证债权丧失导致的从债权人向债务人的财产转移，债务人对于该财产转移没有任何贡献。但是我们也许可以指出，时效结果在个别关系中始终是可归责于债权人的，因为他始终在长期性与典型性方面拥有充分的时机来追索权利。保护合法权利原则实际上在关键性的范围内无论如何也是有效的。

双边论证原则只能要求，以直接的规范适用对象的个别关系为中心，一个私法规则（并非无条件地全面，而是）在对于这一关系来说（或许还算）*有一定合理性*的范围内可以得到论证。即使考虑间接相关人的利益，并且最终重视社会的整体情况，从而给予直接当事人的利益更加优越的地位，我们也必须在始终将其他人作为在基础原则面前完全平等的主体对待的范围内，一并衡量其他人的利益。不考虑所有可能的第三人利益与公共利益——这些利益可能与相互牵连的私法主体的利益相互结合，每个人都仍然是有自我价值的人和平等的主体，绝对不可以被当作最大限度地实现他人的（以及许多他人的）利益的工具。

只有从其他的、法律关系以外的法的安定性与合目的性等原因角度看，前述在个别关系中对时效制度的不充足论证才算充分，这些原则都支持时效制度。然而的确至少有必要进行一个这样的不充足论证。

一般来说，我们可以认为，在（通过相应的事实构建或者通过在某一独特规范中确定例外或者反对权）进行规范化时，对与第三人或者公共利益对立的当事人利益的考虑必须达到的范围是，看起来该当事人始终受到作为一个独立的平等主体那样的尊敬。

双边论证原则在其前述明显的弱化理解中是一个独特的私法原则[94]和不可或缺的手段，以便在对所有可能的问题进行私法规范化时，并且恰好就是在最直观的利益之间，也即相互对立的规范直接适用对象的利益之间，一再进行谨慎的权衡。如果没有这一"刹车闸"，那么积极的立法活动简直非常容易摆脱任何理性的控制。普遍事实，比如公共利益及其结果，确实可以被很轻易地主张，而不易于受到一定程度上可复核的论证。从实用性来说，在有疑问的情形时，规范化上典型的、更大的可控制性支持优先进行私法上的规制。

---

〔94〕 综上所述，当然应当不是意味着，在公法中可以完全采用"单边"论证；或者甚至在公法中不存在困难的和各种各样的权衡问题。更确切地说，这是非常明显的情形。只有，确实也就是一个特定的重要论证过程，也即与直接的规范适用对象相关的论证过程，实际上是"单边的"，并且因此非常简洁：在这一范围内，我们只需要对特定主体的特定权利或者义务进行论证，而不需要同样考虑另一直接一并涉及的规范适用对象；这个对象肯定都是国家的某种表现形式，由其内部组织所形成。更困难的当然可能是，对于只是（在后果上）间接规范适用对象利益的预备性权衡，尤其是"大众"的利益；更是因为这些一并涉及的对象通常都是可以相当任意地界定的。空洞的政治论证也因此很容易实现，其方式有忽视间接涉及对象，或者只考虑经过目标性选择的涉及对象。通过这种方式，可以对于每个肤浅看法都实现令人印象深刻的、极为有效的简化，这些简化只有缺点，造成其相互之间的抵销或者完全无法预料的恶果。在私法中，对于那些极其肤浅的看法，如此严重的片面化从来都是不可能的，因为各个规范的事实构成就至少毫不含糊地明确了两个因为相互冲突，而必须进行权衡的利益范围。这通常就导致，肤浅看法根本就不可能理解私法的问题，私法的问题也因而最容易被许多政客和记者完全置之不理。

第五节 辅助原则的私法（消极）特征----------------------------------

一、意义

辅助原则（*Subsidiaritätsprinzip*）[95]也可以反映私法的一个规范性特征。对此的论证还只是停留在非常抽象的层次上。当我们从基础的原则层次出发，将平等自由的最大化原则与经验上的"权力定律"（Gesetz der Macht）相联系，这样就在一般的理解上形成了辅助原则。根据"权力定律"，权力倾向于不断地一直扩张到其有效的界限，也即从中就产生了作为预防性的保护自由原则的（"纵向"）分权要求，也即辅助原则；当然也作为整个法律秩序的主导原则。

在特别适用于（远离国家的）"社会"关系时，辅助原则在私法上具有特殊的一面，可以被称为下位原则：它要求，任务及因而用于完成任务的"财产"（在该词的任何意义上！）应当保留于更小的社会单位，从而主要保留于作为最小单位的个人；只要这些单位有能力为基础性法律原则创造或者维持整体上充分相当的形势。（始终存在的可能性就是，以至少等同于另一原则所受损害的代价，给予某个原则更大的适用效力，但是这在判断时没有重要意义。主张优化的要求误读了所有的变革狂热或者对改革的陶醉，他们始终认为"改革"是易于论证和实现的，因为他们没有充分重视"改革"的消极性问题、后续效果及实现的可能性。）

与整体国家组织相比，"社会"单位在国家领域中始终是较小的。只要不受国家共同体的中央意志形成与组织的约束，这些"单位"就应当与国家相区别。在这一点上我们可以称之为辅助性原则的"私法特征"，这一特征禁止不必要地向国家转移权力。另外即使在私法的范围内也当然要求适用这一原则，比如在对卡特尔合同的法律处理、对经营者滥用市场支配地位的监管、并购监管、康采恩法上的预防措施以及对强势社团的强制接纳要求等问题上，这一原则都发生效力。

二、"积极的"特征

作为补充，我们当然还必须注意，只要较小的社会单位不能充分履行，辅助原则的"公法特征"反过来是绝对积极地要求将任务与为完成任务所需要的"财

---

[95] Fundamentale Rechtsgrundsätze 313 ff 有相关说明；基础性论述，参见 ISENSEE, Subsidiaritätsprinzip und Verfassungsrecht（1968），正确地分析了国家与社会的关系。

产"向作为中心共同体的国家（以其组织内部确定的表现形式）转移的。[96] 此外，在国家领域中，辅助原则本身还从根本上绝对要求惯常宪法意义上的"分权"与国家结构上的联邦制特征，尽管从法学经验上来说，好像存在着特别广泛的具体化空间。

因此，应当被确定为第二个独立的私法原则的是（II）*有消极特征的辅助原则*。

第六节　自己责任作为结果归责

一、界定

再次将基础性法律原则适用于规范上平等的主体之间的"社会"关系，就最终获得了关于主体之间责任（或者归责）的第三个原则。不同于个体对国家组织承担的责任，如刑法中特别明显的那样（其原则上的论证在此不作讨论），这一原则可以被简单称为"自己责任原则"（Prinzip der Selbstverantwortung）。把违反规范内容要求的行为主要作为论证否定评价或者其他不利后果的理由，就超越了任何（行为）"规范"的结构性概念特征。[97] 规范的这一特征尤其导致了惩罚理论（Straftheorie），（就如同责任原则的全部公法特征一样）这绝对不属于本书的论题。

在私法中，即在相对远离国家的或者"社会的"事实领域中，法律后果或者惩罚问题从一开始就比较特别：在公法中——在某个特定的重要论证阶段——只

---

〔96〕 辅助性原则的两个特征之间的区别可以为那些单边的，甚至偏狂癖的法律政策倾向之间提供一个确定的（当然是有限的）定位，这些法律政策主导了最新的发展：不容置疑，在国库严重空虚和作为主要原因的普遍产出低下的压力之下，紧跟着无节制的福利国家完美主义（以通过相应的中央调控，实现理想社会情况在原则上的计划可行性为前提）"呼声"的，就是"私有化"和"去管制化"（Deregulierung）的"呼声"，以提高经济效率与其相关的对特别生产能力者的个人解放；以及反过来的过程。不论各种摇摆不定的政策（时事政治上经常被称为"转折"）多么容易理解，这些暂时性统率的，一般被宣布为无可避免的"时代精神"（对此非常有启发性的是 TH. WÜRTENBERGER, Zeitgeist und Recht2 [1991]）的片面倾向的后果，都明显是不能维持的，仅仅从这些统率倾向的历史变革中也难以形成多少理性的控制工具（Kontrollinstrument）（即使正好因为"时代精神"宣告者轻易获得的、当时的巨大放大效果（Verstärkungseffekt），理性上可能有必要，主要反对当时已经逐渐沉沦为廉价陈词滥调的"时代精神"）。在这一点上，我们可以，也必须通过辅助原则上述两个不同的"特征"追溯到这个原则。该原则完全可以结合那些定义了重要"任务"的基础法律原则，发挥重要的调节作用，并且被承认为——只是部分地被组织为国家的——社会的宪法基础原则，独立于统率性的时代潮流；也不受影响的是，通过积极的抉择和发展，也当然完全不能免除众多权衡性的仔细阐明。完全一样情形的是，"实证的"国家宪法中的模糊性原则与其余法律秩序之间的关系，以及与不同政党的主导性伦理原则之间的关系，没有人过度反感这一看法。对于作为社会核心组织的国家和狭义上相对远离国家的社会之间的权力划分，在发现更好的可论证性的或者（和）更精确的主导原则之前，至少辅助原则及其两个同等价值的特征提供了最佳的标准。辅助原则的私法特征应当继续加强和引导"去管制化"和"私有化"，为了克服有关完美福利国家的乐观幻想与财政上可实现性之间南辕北辙的越发灾难性的后果，这是非常必要的；相反，其"公法的"特征必须持久地强调这类倾向的界限，这些界限根据基础性法律原则的要求设置，因为原则的基础层次并不仅仅只是由经济效率这个主导思想所构成。

〔97〕 有说服力的论证，参见 HART, Der Begriff des Rechts (1973) 22 ff, 82 ff, 122 ff.

要单边的归责思路就足够了。因为潜在的"刑罚权"（或者针对特别突出贡献的潜在酬劳义务）的承担人始终是确定的：只有国家作为整个社会中的特别组织机构是适当的。

而在私法的事实领域中，主要涉及的问题是，如何为了其他主体的利益，将某个特定主体自己的积极作为与消极不作为的明显的、并非完全"不相当的"（参照下文损害赔偿法部分）后果及（在扩张归责的情形下）对其他主体已经合法拥有的利益与控制领域的影响——这一影响在某个特定的他人处已经出现——"归责于"有责任的主体。[98]

仅仅依据双边论证原则，在责任规范直接所指的双方主体之间的孤立的关系中，根据基础性法律原则进行归责至少也是有合理性的，即使该关系之外存在的情况（更确切地说，依据基础性法律原则对该情况的判断）对责任的规范性确定同样产生了重要影响。

一般性考量首先只是从*基础上*论证了对私法上的主体之间的可归责性的规定。只有整体考虑基础性法律原则，并且权衡性地阐明和具体化基础性法律原则在各相关事实情形中的要求，才能确定关于责任类型与范围的所有具体规定。这就以相应的"积极的"立法、法律发展和对法律发展的连贯性法学研究为前提条件。对私法归责性或者责任的具体规定确实就是私法规范的一部分基本内容。前文所述的更精确的权衡得出典型的归责标准，比如过失或者相当性（Adäquität），与（作为前提的）结果归责的一般主导思想相比，这些归责标准的范围更窄，并且在特定的案件情形中被广泛承认和证明。

---

〔98〕参见 LARENZ, AT[7], 37 f 有关"不法"责任和责任领域的扩张。更详细的是同一作者，Richtiges Recht (1979) 88 ff（有关刑法中的过错原则）和 102 ff（有关损害责任原则）。另见 WEINBERGER, Recht, Institution und Rechtspolitik (1987) 61 有关行为后果归责作为责任的"原因框架"。我的看法是，有必要在整体上将（潜在的）归责，也即"不法"责任扩张到自己作为或者不作为的后果上，以及扩张到对自己领域的影响（有关讨论，尤其是 W. WILBURG, Elemente6 ff, 38 ff, 187 ff）。这种法律上的结果归责的确在很多情况下已经远远超越了损害赔偿法。参见比如 CANARIS, Die Vertrauenshaftung [1971] 467 ff 对于"归责"有广泛的讨论；最近的有 MAYER-MALY, Privatautonomie und Selbstverantwortung, Jahrbuch für Rechtssoziologie und Rechtstheorie XIV [1988] 277 f，其与 CANARIS 的相对化也只是限于法律行为制度，而比如在损害赔偿法中仍然明显是自己责任原则（das Prinzip der Selbstverantwortung）占支配地位。更加需要强调的是，"自己责任"作为简单的结果归责始终只是多个原则其中之一；甚至由于与其他原则（尤其是自由最大化原则和经济效率原则的特定方面）总是存在冲突，最终往往是特别"弱"的一个原则。"从根本上"，自己责任原则在法律秩序中无疑是发挥作用的（并且也非常合理；参见其后的内容）。实际上，对于具体责任更准确的规定始终取决于该原则与其他原则之间的权衡。解决方案在历史上和比较上可确定的范围——比如单纯"过错责任"作为责任原则——也因此是很大的。针对当时现实的规范性和事实性背景，可以通过理性的（优化）努力缩小这一范围，但是肯定不能完全克服。对相关原则的权衡也可能导致此类结果归责的加剧，一个主体将在法律上承担责任的情况包括，与其行为或者领域只是可能存在因果关系，或者在不存在其他事件时成立因果关系：比如，我们可以想一想在损害赔偿法中熟知的因果关系作为责任基础的特别问题（替代性的、累积的和超越的或者假设性因果关系），也可以想一想针对因果关系有利于受害人的"举证责任缓和"（表见证明；举证责任倒置）；有关讨论可以参见 BYDLINSKI, Probleme der Schadensverursachung (1964 und 1977)；同一作者，Aktuelle Streitfragen um die alternative Kausalität, FS Beitzke (1979) 3 ff.

二、独立的、规范的意义

初步提炼出的独立的私法原则是（Ⅲ）：（潜在的）*结果归责的自己责任原则*，这一原则的提炼不是多余的：结果归责让我们明白为针对特定事件或者关系的归责理由进行仔细阐明所做出的所有具体努力的意义与大致目标方向，并且为这些努力举措划定了一个外部边界。

当前的基本问题实际上就是有关人的规范的可归责性的最基础的问题。因而，在其范围内也罕有哲学思考的空间，但是可以适当确定的是，原则上承认这样的可归责性，必定是与承认主导原则的基础性法律层次相关联的，不论这些主导原则具有什么特征。比如，即使我们更情愿将严格的或者中庸的平等原则（或者不论其他什么原则）作为人类共同的"基本权利"的规范性基础，也必定要与必要的基本义务及相应的责任相伴随：因为如果不是针对其他人，那到底针对谁主张基本权利？除非我们走向形而上学，将形而上学上的有关当局作为权利人或者义务人——经验上我们也称之为"历史"或者"社会"，视之为一种人——纳入分析。这样自然也就失去了所有的实用性，正如无数将"社会"描述为人格化超实体（personales Überwesen）的观点指出的那样，这一实体——完全类似人的行为——不公平地对待特定人[99]；针对这一实体，我们可以主张权利，等等。假定整个社会的本质为一种超人类（Übermensch），具有所谓实际后果与类似过程，这种看法事实上属于一种令人生厌的胡扯。

只要还是在经验上可感知的和多数人能了解的领域内，不论我们承认什么性质的、保障人类任何基本权利的基础的规范性原则层次，必定与之紧紧伴随的，就是承认人与人之间的规范的可归责性：基础性权利必然与同样的义务相对应。

如果我们把平等的人格尊严原则看作是基础的规范性原则层次的重要组成部分，与众多其他各种观点相符，那么也就规范性地保护了人的属性，同时也就承认，人是追求独立的，恰恰也因而是具有特殊内在价值的实体。因此，必然自相矛盾的是，将人同时视为*纯粹的*内部原因与外部原因的傀儡，从而完全拒绝规范性归责的可能性。

换言之，如果我们更愿意坚持比如平等的假定，那么倘若不承认所有人——至少对于规范性的人类世界来说——都拥有独立意志或者一个类似的、符合伦理的属性，同样也很难论证这样的假定。如果我们强调因果关系中的认知能力作为这种属性，仅仅从中也无法获得任何对规范秩序重要的东西。只有当我们明示或者默示地

---

〔99〕 尤其参见 VON HAYEK, Recht, Gesetzgebung und Freiheit Ⅱ (1981) 93 ff.（不过他对于"社会公平"得出了过于消极的结论）。

增加前提条件：这一认知能力创造了以任何一种方式独立介入因果链条的可能性，那么认知能力对于规范性问题才有意义。当然这也同时从基础上论证了前文所述的人与人之间的结果归责问题，只要这些结果可以追溯到人的行为。

只要决定论（Determinismus）没有获得真正的科学"证明"，那么对于规范性问题领域来说，我们就不能认为，同样难以"证明"的非决定论已经被驳倒了。更确切地说，对于所有规范性问题来说，非决定论都是不可或缺的实际前提条件。对于这些规范性问题，我们虽然可以直接说，我们不感兴趣；但是，我们却不能用任何一种可靠的论证来主张，这些规范性问题"客观上"是没有意义的。顺便提一下，对于这些规范性问题的重要性来说，微弱的非决定论前提条件就足够了，其认为，在激发动机的内部与外部因素框架内，在对这些因素的深入辨析中形成了人的意志。这完全符合我们每个人，甚至是坚定的决定论者，在与他人的共同生活中作为基础的日常生活经验。即使有人更愿意以"行动自由"，而不是"意志自由"作为规范性反思的基础，鉴于意志与行为之间的关系，所表达的也还是，事实上无法避免以人的（当然有限的）选择自由为基础。

对于规范目的来说，比上述所有这些更有意义的是前文所描述的简单事实，即仅仅基于逻辑上的原因，我们必须承认规范性前提，才能主张一部分人针对另一部分人的基本的权利，并且这些前提必然同样引起了基本义务，从而也引起了承担责任的可能性。如此一来，作为反对立场，似乎只有对该规范的完全否定才是恰当的，但是这就必然意味着摒弃任何规范性讨论，并且因此不可能在无矛盾的情况下，在主张人的基本权利的同时，提出这样的反对意见。

相反，（实践马克思主义的 des praktizierten Marxismus）假定不仅仅因为逻辑矛盾而落空，它认为一些具有特别高的认知能力或者真正发达意识的人（并且也只是这些人）对其他人也承担真正的道德责任；（按照该假定）大众"普通消费者"最终纯粹是广告与商务策划的玩物，并且在前者将他们从"社会胁迫"中"解放"出来之前，不承担任何责任。

然而这是不合理的精英主义，因为大大超出了常识。常识是，对于某一特定的专业领域，集中从事该领域的人可能由于资质而比其他人理解得更为深刻。现在却是假定一种模范价值（Überwert），针对的不是一个特定的专业领域，而是人类生活整体。

此外，实际上具有关键意义的是，从来都无法指明具有普遍有效性的、可适用的恰当标准，可以被用来清晰地区分这两类人群。相反，只能停留于单纯地声称，比如鉴于"居于领导地位的"政党——更确切地说是其领导机关——的特殊品质。要想在规范性领域内致力于理性上最大限度可论证的陈述，那么在其框架内，上述类型的宗教主义思想事实上就绝不可能得以延续。因此，即使现在讨论的这种"分裂的"规范性的变体也是不实用的。

不能与这种变体相混淆的观点是，不同的人在不同情形下的决定与相应行为真正发生于一个不同程度地或窄或宽的范围内，这一范围由外部情况、外部与内部的驱动力、行为人的个人感悟所决定。因为这一观点所包含的意思有，针对规范秩序的目的，在任何情况下都不可能恰当地测量各个具体的行为自由。在极端情形下，比如在"归责能力"问题上或者要排除归责能力，或者在紧急状态下，我们自然必须实际进行相应的区分，区分的基础是借助于专家的辅助而可复核的事实情况，这些事实情况有可能在特别范围内否定"应当承担责任的"判断。具体对"归责能力"的判断可能很困难，有些情况下甚至完全不确定。这首先就导致了众所周知的、促进法的安定性的年龄界限规范，典型化确定了人的成熟过程。在精神障碍的复杂领域中，虽然政治意识的发展状况或者其他类似因素被宣布为关键性标准，但是我们显然更依赖于可复核的基础情况。

各种前述讨论过的与规范性归责相关的基本问题，整体上显得在相当随机的程度内，在归责或者责任的具体私法问题上间或产生干扰作用。对这一方面未明言的深刻怀疑，尤其对于损害赔偿法的内容稳定性产生了危险的影响，也关系到一些修改建议：如果我们基于所谓的更高明的观点，"不相信"现行损害赔偿法的基础前提，即自己责任，我们当然不可能在坚定地适用或者改善现行损害赔偿法方面作出什么有意义的贡献。

事实上我们必须始终坚持的是：根据前述的规范性思考，课予义务不能与授予权利相分离。课予义务也必定同时与责任相关，也即在违反义务情形下的合理的不利后果；在私法中，课予义务与主体之间的、以责任人的行为的影响为基础的那些后果相关。

三、影响范围

综上所述，在私法中，主体之间的"承担责任"、"责任"或者"归责"问题简直无所不在。在众多不同的关系中所要回答的问题是，凭什么以及在哪些前提条件下能够论证，将特定的事件或者情况如此规范地"归责于"特定的人，从而鉴于这些事件或者情况，由这些人个人承担特定的不利结果。这涉及比如基于已经结束的交易产生的损害或者损失。

针对积极性结果产生的是一个类似的归责问题，比如由一笔交易或者劳务带来的收益，或者与自己创造的物质或者精神产品相关的收益。而法律所关注的重点始终是不利后果，也就是我们所说的承担责任或者责任；尤其是当根据法律规则更具体地作为"惩罚"确定下来时。

解决归责问题的首要思路必定在于自己责任原则，也即在于，每个人都可能因其作为与（并非必定在同样的范围内）不作为对他人造成的结果"原则上"（至少在额外的条件下）被追究责任；也即自己承担与这些后果相应的消极影响。

除了根据案件情况向独立的个人行为的可追溯性之外，还有什么更适合作为原则性的归责标准的首要思路呢？如前所述，原则上否定人的可归责性不亚于摒弃规范性讨论。这种摒弃在理论上当然具有一定的可能性，但是依据所有的经验，这对于人类的共同生活而言是毫无意义的，因为实际上无法实现。有人坚持将人视为受外部与内部原因影响的*单纯的傀儡*，那当然不大可能会将投掷石头造成的损害后果归责于投掷者，就像不大可能会归责于石头一样。但是在人类生活中，自古以来就非常明显的是，后一种责任分配方式实际上不会有任何结果，也因此毫无意义，而实际上很可能（肯定也不是没有例外）的是，通过相应的规范，使人成为责任承担者，赔偿其造成的损失，避免未来损失，等等。

正如前文所述，承认自己责任原则，也即对行为后果的（潜在的）归责的原则，只是为了解决众多具体归责问题的一个首要思路，这些问题出现于私法领域，并且必须具体以*所有基础法律原则及其既存的具体制度为基础*，通过努力在其权衡中寻找最佳方案。作为首要思路，自己责任原则是绝对不可或缺的。比如，如果不以许诺人使被许诺人对于所许诺的履行产生了合理的、通常是重要的信赖为依据，就不能成立合同的履行请求权。父母对其无独立生活能力的子女负有抚养、教育与照管的义务，通常是因为，他们通过生育子女，造成了子女相应的生活要求（当然还有其他考量因素，这些因素与"血亲"之间的生物性、相应的典型的情感和社会关系相关）；等等。

第七节 以损害赔偿责任为例

一、自己责任与损害社会化相比较

损害赔偿法十分适合作为私法上归责问题的范例。损害赔偿法非常全面、清楚地展现了，原则上承认自己责任之后，我们必须解决的具体化问题的规模。涉及已产生之损害的更具体归责问题确实是以明显地极其不同的方式，借助于不同的责任前提条件（归责标准、损害承担原因、责任要素）来解决的。

损害赔偿法同样也已经基本证明了自己责任原则的不可或缺性与重要意义。近来有关损害赔偿法的讨论就明确指出，如果我们——有意或者无意中——偏向严格的决定论观点，而抵制自己责任这一原则，必然会产生令人疑虑的结果。有关损害赔偿的众多现代主义理论或多或少地有所反思地贬低了人类的自己责任思想，同时也就为了激进地重构制度，相应地抛弃了经过漫长历史发展而来的、现在也因而是

"实证的"，本来应该努力进行完善的损害赔偿法。在这个过程中，随意性几乎是唯一的"基点"。

企图以广泛的保险方案来代替损害赔偿义务的"改革方案"，在时下正受到非同一般的追捧，这非常值得我们观察。如果我们把相关的模式放到一起比较，就可以很明显地看出，不同改革方案的起草者唯一的共同点就是以放弃现行法及其基础、放弃自己责任思想为中心，随意地处理损害赔偿法的核心法律问题。在以下问题上尤其如此：由一个中央保险机构履行的损害赔偿范围依据数额与损害类型确定；受害人共同责任的成立与前提；中央赔偿基金向具体加害人追偿权的成立与范围；新保险体系与损害赔偿法之间的关系；等等。

仅仅以上这些非常基础性的问题在所有的改革模型中就被不同处理，并且处处都缺乏周延的论证[100]，这样的论证当然也明显超出了各个方案起草者的个人偏好。

这种程度的随意性可以有力地证明，这些观点完全不可能形成成果丰富的法学讨论。其基础论点大致可以概括为：当前以自己责任为原则的损害赔偿制度对于大

---

[100]　表现特别明显的是 SCHILCHER, Theorie der sozialen Schadensverteilung (1977) 103 ff, 他将 ALBERT A. EHRENZWEIG, KEETON/O'CONNELL, TUNC, EIKE VON HIPPEL 和 GÜLLEMANN 等人的改革方案相提并论。针对"保险代替责任"的合理怀疑，现在还可参见 MAGNUS, Einheitliches Schadensersatzrecht, GA 12. ÖJT 1994, 21, 70。最新讨论中片面的、也因而是曲解性的倾向造成对损害制度指导性原则的不正常理解有多么严重，可以很明显地表现在，比如一位法学界的领军人物甚至（针对责任成立）否认了现行责任法的补偿功能（KÖTZ, Ziele des Haftungsrechts, FS Steindorff [1990] 644）；这就要求，每一个损害都应当得到补偿，仔细考虑可以借助于国家的帮助。这样的话，从方法上就误解了原则的作用方式（作为单纯最佳的、一并考虑其他原则的现实要求）。实际上，我们还应当想一想——经常与损害赔偿义务相关的——刑事责任，刑事责任充分表明，法律责任从根本上完全可能不具有补偿目的。类似情形还表现在民法中的停止侵害、消除影响或者履行合同"责任"。毫无新意地说，损害责任与所有其他责任的区别恰恰就在于"补偿功能"，也即法律后果指向了（曾经存在的或者在未受干扰情况下发展形成的）权益存在状态的（重新）恢复。（误解这一点的还有 SCHIEMANN, Argumente und Prinzipien bei der Fortbildung des Schadensrechts [1981] 185）。在具体关系中，与补偿正义的这种关联当然绝对不应当像 KÖTZ 那样，作绝对化的理解。更确切地说，完全居于主导地位的损害赔偿理论（与众不同的观点比如有 H. LANGE, Schadensersatz² [1990] 9；只是反对补偿功能的排他性的合理观点有 HANS STOLL, Haftungsfolgen im bürgerlichen Recht [1993] 147 ff, 但是他在第 157 页明确强调，"恢复原状和赔偿"是损害赔偿的独立的、主要的功能。）合理地强调了补偿思想是现行损害赔偿制度的核心元素，当然也是将这一法律领域作为私法组成部分进行讨论的；也就是说，在（可能没有反思）的背景下，借助了双边论证原则、自己责任原则和（消极意义上的）辅助原则。如此看来，损害赔偿制度的任务（只是，但是毕竟还是）在于减少受害人遭受的应由他人负责的损害，这一点是毫无疑问的。（对此的明确的、有说服力的论证可见 SCHIEMANN aaO 248；然而对于损害赔偿制度与公法上的生存照顾（Daseinsvorsorge）之间的关系，没有特别的结论。）超出这个范围之外的，针对每个损害完全抽象的"补偿思想"肯定不是现行法的原则，也不会被任何人认可。即使从应然法来看，这种原则也仍然是乌托邦式的空想，因为不会有哪个稍微有点理性的秩序会规定，任何人都可以随意伤害自己或者他人，而将结果由公众承担。当然这也并不排斥，在私法范围内同时考虑到权衡诸如最低生存保障和社会公平等原则；更不会排斥的是，将某些——超出自己责任领域之外的——损害，根据原则的论证，并与辅助原则保持一致，也即作为损害赔偿制度的补充，在公法的范围内向适当的"大集体"（große Töpfe）进行转移。但是如果尽管如此，却把原本的损害赔偿制度本身理解为一种公法上的照顾制度（Fürsorgerecht），那就必然会产生不断增长的困惑。上述批判反对所有相应的倾向，也反对任何在最广泛意义上将损害赔偿制度与公法上的照顾制度相关联，根据原则上的考察，这两者绝对不能被相互混淆。混淆倾向的形成，大概主要是由于对美国法上的社会法知识存在欠缺，就从比较法上向我们的法律秩序进行了移植。这种倾向却只是不必要地助长了不合理的恣意倾向。因为采用自己责任作为社会保障的主要目标，只能在非常偶然的情况下才能取得成功，因为经常出现在有社会救济需求的时候，却完全没有适当的自己责任人。这种混淆倾向不断地造成自己责任原因越来越广泛，一直延伸到了荒谬的假定。反过来，又导致了对责任范围的任意性限制。

规模出现的损害类型而言并不实用，尤其是交通事故，而且基于早就存在的责任保险与事故保险，其意义原本就已经失去了，虽然责任保险与事故保险之间同样也存在摩擦。因此，在这一范围内应当通过统一的中央保险方案来代替损害赔偿制度。那么，对受害人的损害赔偿也就应该与加害人的自己责任原因完全脱钩。（这样首先就背离了双边论证这一私法原则，从而完全背离了私法。）

由于无人能够预测，哪些经济负担可以由待设立的中央损害保险基金来承担，尤其是长期性地承担，如果自己责任的前提条件（全部或者大部分）被取消，我们就会根据个人裁量徘徊于责任范围上，这将从基础上无论如何弥补了对责任前提的缩减。至于在基础上强化责任与在范围上缓和责任之间摇摆不定的过程中，究竟能否在潜在的损害赔偿费用增加与通过简化可以获得的费用节约之间形成一个具体的关系，尽管借用了所有社会学论述，也仍然是悬而未决的问题。其坚持的格言明显就是："社会大实验万岁。"这样的话，在各个方向上交叉进行的持续性改良，将完全是不可避免的。

更基础性的错误当然是完全忽略了原本的规范性问题。即使是针对强制性责任保险，个人的损害赔偿义务——其预防性功能可以通过比如奖励或者增加保费制度或者免赔额等措施，始终在一定程度上得以维持——具有的主要作用仍然是，通过按照法定归责原因进行损害赔偿的整体范围来确定保险赔偿的整体范围。现行法上的个人责任的法定条件整体上是符合实际情况与法律原则的，而且在这一意义上也具有可完善性，至少也应当优先于无依托的社会实验，在这一前提之下，就可以有说服力地确定对责任保险关键的计算基础，同时也可以确定具体潜在加害人的责任保险费用，这便首先从经济上明确了加害人的责任。[10] 加害人的责任还会通过其作为被请求人与被告的法律地位得到明确与加强。

当然上述内容也只是在整体上如此。因为如前所述的这些宏观数据始终包含众多误差原因，这些误差原因可以扭曲整个过程；比如特定保险在调整受害人提出的理赔请求时过度优惠或者反过来特别严格且有争议。即使责任保险的庭外处理实践在针对一些法定的、但是难以确定的责任前提时一般都相当慷慨，也只能说是对这些前提条件的特定偏离。相较于恣意地确定受害人针对中央责任保险基金请求权的前提与范围，及其对于未来损害赔偿的整体范围与保险费用的（未知的）后果，这些误差原因的影响就没有那么重大了。在整体保险体系中，取代至少在整体上基于整体层面可验证的、规范的可论证性的，是任意时间可变的、恣意的政治决断。鉴于福利国家的习惯，可以预见的是，中央责任保险的大型保险统筹至少在不久之后就会需要越来越多的国家补贴。因为从经验上来说，根据时事政治的广告效应做出

---

[10] 类似观点有 H. LANGE aaO 5。相反，SCHIEMANN aaO 234 通过把"融资与缴费正义"（Finanzierungs- und Beitragsgerechtigkeit）不相干地与"责任义务法的正义"（Gerechtigkeit des Haftpflichtrechts）相对立，不理会上述关系。这代表了一种广泛的观点，却倾向于自圆其说的预测。

的、丧失标准的政治决定始终最后由纳税人来承担其后果。而在预算紧张的情况下，解决办法就只能是重新恣意地压缩受害人的请求权了。

在一段时期内显得势不可挡的、因为显然是响应了"时代精神"的"保险代替损害赔偿义务"的模式在最近明显丧失了势头，其真正原因在上文可能已经谈到了：所有中央公共财政，尤其是国库已经长期空虚。此外，"法的经济分析"[102] 也做出了理论贡献，从经济效率，更确切地说是"成本外部化"（Externalisierung von Kosten）的立场提出了论据，反对将事故损害风险全面集中化。削减自己责任抵消了谨慎避免损害的动力，因而扩大了损害的整体范围。[103] 不加批判、不作权衡地将依据辅助原则很大程度上属于合法的"社会损害"发展强化为激进的集体化解决方案，不应当长期地被视为特别的"进步"。

二、正义的难题

主要的反对意见必然是：这些"改革方案"完全放弃了*在当事人之间的关系中、在规范上论证的*这一方式，来确定受害人此处的损害赔偿请求权与（潜在）加害人彼处的相应责任；这些"改革方案"很明显没有意识到，它们将因此总体上以多么丧失标准的随意性来解决损害赔偿问题。这种恣意与（一般意义上的）正义原则是相矛盾的。

纯粹"集体化的"（kollektive）损害赔偿模式 [104]的设计者与捍卫者们还忽视了将各种群体中谨慎的、老练的成员与其他成员相提并论所产生的明显的非正义性。比如，对机动车持有人征收相同的责任保险费的结果就是谨慎良好的驾驶员被"马路杀手"剥削。这样的问题还必须在权衡责任保险优点（以及道路交通中部分"超个人"的技术性损害的潜在性）的基础上，通过适当的措施（奖励、增加保险费、免赔额、根据损害频率构建不同的被保险人群体）予以克服。如果不承认责任的个人性特征，那么就很难论证与真正贯彻这些措施。

[102] 强烈强调损害赔偿的必要预防功能的，参见 SCHÄFER/OTT, Lehrbuch der ökonomischen Analyse des Zivilrechts (1986), 85 ff；ADAMS, Ökonomische Analyse der Verschuldens-und Gefährdungshaftung (1985)；实质上没有经济分析理论，也完全得出相应结论的有 DEUTSCH, Haftungsrecht Ⅰ (1976) 401 ff (413 f)，其中也富有启发性地阐述了损害责任与保险之间的关系。早就基本强调了预防思想和相应地以引起损害作为归责基础的，MARTON, Versuch eines einheitlichen Systems der zivilrechtliehen Haftung, AcP 162 (1963) 20, 36 ff.

[103] H. LANGE aaO 24 Anm 92 援引 SCHULZ, Überlegungen zur ökonomischen Analyse des Haftungsrechts, VersR 1984, 618, 介绍了一个美国的研究结果，在几乎完全取消向过失损害人进行追偿的美国的联邦州中，增加了10%到15%的死亡事故。

[104] 从消极意义上来说，这种模式在质量上与所有其他损害赔偿秩序都不同；也不同于那种尽管包含"集体化"机制，却贴近自己责任，并且只是补充自己责任体系的模式：只有这种模式全部放弃了系统的规范论证，从而也放弃了针对其关键性规范前提的可实现理性水准。企图借助于集体化和宏观数据上的整体经验来避免规范问题，尤其是个人归责的问题，这是非常严重的误解。

原则上以体系规范性的立场为基础，现行的个人损害责任体系和对其*具有补充作用的*保险机制绝对应当并行不悖。"集体化"不是单纯地缓和，而是无视甚至颠覆具体情况下规范性的合理结果，这必定导致恣意性的解决方案，因此是错误的：因为"集体的"整体状况不外乎是由具体个案的总和所构成的。

以这些改革方案作为例证，其警示意义远远超出损害赔偿法[105]，我们要提防不加批判地屈从那些可能符合特定"发展趋势"的、并且被其先驱者拔高为完全不可避免的进步，而没有对这些趋势进行彻底的、原则上规范性的批判考察。这种警示尤其针对所有主张激进体系变更的建议，这些建议仅仅基于对既存制度的批判，而没有同时以针对所建议的纠正方案或者可选择的替代方案的批判为基础。

三、强制责任保险

较少令人惊讶的、较少恣意性的，也因而更难以掌握的，但是成果也更丰富的是那些较小的变革，我们可以将之合理描述为，它们预期可以更好地服务于规范性要求的整体优化；它们不是单纯地用其他的、可能更大的、经常甚至无法估量的建议性方案替换现行情势下的特定缺陷。

对于损害赔偿法，在此暂且只需再作少许超出自己责任一般原则的评论。出于

---

[105] 同一现象，更好的可能是：某个特定思潮对重要的正义问题的疏忽，也明显表现在其他情况下（在这些情况中，汽车交通的技术性潜在损害从来没有引起过个人结果归责的某种相对化）；比如在有关"消费者保护"的讨论中：REIFNER, Alternatives Wirtschaftsrecht am Beispiel der Verbraucherverschuldung (1979) 153 出发点是，商品销售的特定风险和负担（尤其是信贷的收益风险）肯定被转嫁给了"消费者"，因此唯一的问题就是，这些成本是否是由消费者集体（通过价格的提高）或者由个别消费者承担。最终实际上就是要公平地分配给消费者。个别消费者对于这种成本的影响完全是不均匀的；在极端的情况下，一个信贷消费者（只要他还有信贷）在经济上毫不负责地过着花天酒地的生活，从而就产生了这种成本的极大份额，而另一个消费者却朴素地，过着量入为出的生活，也即在经济上充满责任心：这种情况对于该作者来说，完全不存在正义问题，他的论证结果显然只对群体有重要意义，而不是对个体。按照他的观点，朴素生活的人也要"集体"，因而是平均地承担其他那些经济上不负责任地过着奢侈生活的人的成本；只要双方都是消费者，就足够了。也许能有人这样理解"正义"。已经够糟糕的是，在某些范围内，这种效果不可避免地出现了；也即在自己责任机制比如由于某个主体完全长期性地没有财产的情况下不再发挥作用时。一些情况下实际出现的这类不可避免的结果却绝对不能合理论证这种集体平均分摊成本的规范性整体原则（Globalmaxime）。在这种规范原则背后的正义观念当然不可能被明确表达出来，更不用说系统地用某种方式进行论证了。更确切地说，"集体化"，也即平均地向消费者分配整体成本的最关键的规范性标准，总体上是在没有进行深入解释的情况下，就根据广泛的历史、社会学、经济学等讨论，无意识地引入进来的。如果这是"意识构建"的一种有目的的启发性方法，那么我们可以称之为一种疲劳战术（Ermüdungstaktik）；通过复述整体事实、事实分析、引用科学文献等手段，逐渐削弱开始的规范性问题的重要性，以至于几乎没有注意到，在这些地方——没有经过论证，只是附带地——注入了关键的规范性前提。大概该作者自己都没有注意到其方法的隐蔽的规范性，因为他认为规范是有关事实的"隐蔽的"真实陈述（！）（第91页）；这也代表了一种非常重要的思潮，通过这种方式对其自己及其支持者隐藏了人类集体生活中实际问题的特征和其自己的解决建议。在这种情况下，严肃规范的讨论是可能的。当然，这类讨论也有众多实际的暗示。但是这丝毫不能影响问题的规范性和通常处于中心地位的，却始终协同决定的应然性论据（SollensArgumente）。必须在尽可能深入的体系基础上，推导出这些应然性论据，或者进行批判性审核。在大量经验的外衣下注入规范性前提，不是一种理性上恰当的方法。从经济学上来说，也反对片面地从"宏观经济学的"角度来观察这些统计学上的整体数据（此处：有关"消费者"作为一个单位），比如特别强调的有 HAYEK, Der Wettbewerb als Entdeckungsverfahren, in: E. Schneider (Hrsg) Kieler Vorträge (nF 56, 1968)。

实际关联性的考虑，以下是这些评论。

在前文讨论责任保险（包括强制责任保险）的存在时，已经指出，一个整体上相当令人满意的、以优化基础原则为指向的责任规则肯定不可能*局限*于简单地规定，对自己的、受意志操纵的行为所产生的影响承担自己责任。责任保险通过改善损害赔偿请求权的可实现性，同时通常也保护潜在责任人免于毁灭性的责任，以原则上非常有益的方式补充了责任规则。

尤其是对于"强制性"责任保险，也即特别是在机动车事故损害上，这一点具有关键意义，也因此通过立法强制推行（而自愿保险则充分地依据私人自治原则）。对其原则性的基本评价可以轻而易举地通过前述指出的责任保险的功能进行复述：如果通过相应规范的预防措施保障损害赔偿请求权的可实现性，对受害人的合法权益和更重要的、更基本的人格利益的保护就得到了更显著的改善。在受害人经济贫困的情况下，也同时虑及了最低生存保障原则。

即使对于加害人来说，在经济效率原则的意义上，责任保险也具有积极影响：依据"风险吸收"（Risikoabsorption）这一下位原则[106]，借助于通过责任保险建立的风险共同体，"小额化"分配损害通常可以帮助个别加害人避免太过沉重的，甚或是毁灭性的责任后果，也因而避免责任后果进一步阻碍其已经做出的经济计划与对其他生活规划的投资，这种阻碍可能会整体上显著降低需求满足的效率。在极端情况下，最低生存保障原则在这方面也发生作用。

补充性的强制保险方案要成为可能，就需要存在众多的风险承担者（汽车持有人），他们作为潜在加害人在很大程度上具有相似的（即使由于其个体差异肯定不是完全相同的）情况。为了更好地接近上述原则，强制保险方案首要适合应用的情形是，整体上在众多值得担忧的具体案件中涉及的是巨大的、技术上的、具体当事人难以充分控制或者克服的、在具体当事人的范围内是"外部的"潜在损害。自己责任不是被通过责任保险排除了，而是被限制了，尤其是针对严重的技术性损害后果。

当潜在的加害人至少可以在市场上所有的保险人中自由选择交易对象（当然也包括选择放弃持有机动车作为替代方案！）时，由*强制*责任保险不可避免地带来的对自由原则的限制也就被尽可能地减少了。

经济效率原则的另一个下位原则，即预防损害的必要性，如前所述当然也必须得到重视，该原则在完全相反的方向上发挥作用：完全相同的责任"集体化"使具体当事人可以广泛地"成本外部化"（Externalisierung von Kosten）（也即与其行为相关联的、由其承担责任的损害成本），从而抑制了由个人不利后果对具体加害人很可能形成的、预防损害的动力。前文所述、特定的"个体化"具体经济负担的那

---

[106] I. KOLLER, Die Risikozurechnung bei Vertragsstörungen in Austauschverträgen (1979) 89 ff, 178 ff.

些措施恰恰在强制责任保险体系中通常是绝对必要的，更应当结合现行法的状况加以扩充。

在尽可能维持明显的个人损害责任后果的情况下，基本上合理的是第（1）号原则，即针对（尤其是）*由机动车（以及由显著的、技术性的潜在损害）造成的大规模损害的补充性强制责任保险原则*。

第八节　针对"私法"这一体系分类的结论

综上所述，"私法"这一体系分类符合开篇部分针对"外部"体系构建所提出的三个一般标准。在绝对广泛的范围内，"规范性特征"的源头在于，作为全部法律的基础的、同时也构成私法基础层面的基础性法律原则在适用于私法的（社会的）事实领域中时，形成了最终提炼出的特殊私法基本原则，也即首先是双边论证原则，其次是辅助原则的具体化，也可以称之为辅助原则的"私法的（消极的）特征"，最后是主体之间的自己责任原则（或者结果归责原则）。如果我们将这些原则也列入基础性原则，总体上就形成了私法的规范性特殊原则层面，同时也就完成了提炼其原则之间内部关联（也即其"内部体系"）的第一步工作。

现在还剩下的，当然就是整个工作中最大的一部分，也即将已经提炼出的"外部"体系化标准应用于私法的具体组成部分，并——结合对其"规范性特征"的必要考察——在可能的范围内提炼出其各自的原则；从而初步描述"内部的"私法体系。对于在一般私法与已经确立的"特别私法"的范围内已经得到公认的私法体系的组成部分，我们必须进行必要的研究，研究范围也应当包括当前的讨论中明确建议的新的体系类别。通过这些研究发现的原则将按出现的先后顺序连续地用阿拉伯数字加括号标出。

第二编　一般民法的外部体系

第一章

潘德克顿体系

如果我们以整个民法或者"市民法"为起点——这是理所当然的，因为其具有根本性意义，这样，我们就会立刻遇到私法科学中早就普遍传播并被付诸实践的"潘德克顿体系"。

迄今为止它是如此经久耐用，实事求是地说，这也正是我们对一个体系草案所能期待的。这就导致我们首先要直接将潘德克顿体系中著名的民法五编制结构，即总则、债法（总论（则）与各论）、物权法、家庭法、继承法，首先视为既定的，而不考虑其理论推导（theoreitische Ableitung），并借助已经提炼出的三个标准进行研究。一个核心的、而后根据其标的物领域细分的道德和法律上的（自由）原则的理论基础，对于该体系的"发明人"海瑟（HEISE）[107] 的潘德克顿体系（或者其财产法部分）来说，绝对不是一开始就考虑到的，他首先是从实用角度出发。这是后来"增加的"、另外也不是针对整个体系的建构。潘德克顿体系的处理方式首先仅仅只是作为一个呈现外部材料的模式，而绝对不是对这一体系的自我解读。历史法学派以其核心的意思自由原则为出发点的特殊体系观念，将在拙著的最后一个部分进行探讨。

如果说 19 世纪的那些学说系统地取得了一个实践中完全实用的成果，那么可能主要是因为，这种新的体系化实际上除了在"总则"部分的重大解构性贡献之

---

[107] Heise, Grundriß eines Systems des gemeinen Zivilrechts³ (1819)——另外，该书（第九章）参引了一些范本——既不涉及平等的意思自由原则，也不涉及其他规范性原则。毋宁说他只是简单根据典型主观权利的标的进行了区分：针对物的权利——物权；针对人要求特定给付的权利——债权；要求一个人一般地隶属于另一个人的权利——家庭权（!!）。继承权由一般的取得方式所涵盖，因此可被获得的不单纯是个别特定权利，而是几乎所有的物权、债权与债务，当然即使继承人对继承财产（Erbschaft）本身的物权也是能被接受的设想（16 Anm 5；157 Anm 1）。这里没有找到任何"内部的"规范性原则的体系观念"痕迹"。此外，被视为第 6 个体系组成部分的是回复原状（Restitutio in intergrum）（!!）（212 Anm 1）。

外，继续细致地深入发展了旧的"《法学阶梯》体系"（盖尤斯）[108] 及其外表稳固的划分模式（人、物、诉讼）。直到现在，《奥地利普通民法典》（ABGB）的内容结构仍然与《法学阶梯》体系相适应，把家庭法作为人法的子项，把"对人的物权"，即债法关系与"对物性的物权"（dinglichen Sachenrechte），即潘德克顿体系意义上的物权内容整合到物权法中；另外，（以针对遗产的权利作为思维纽带）把继承权归入后者当中。

就此而言，针对潘德克顿体系[109]，只需要使这些早已形成的分支部分独立就可以了。因此，上世纪这一理论真正原创的体系化贡献更为强烈地表现在民法（以及后来的一般债法）总则的提炼上，尽管在自然法时代的一些先驱们已经做出了一定的贡献，但是直到通过该理论进行广泛的概念分析，这种提炼才成为可能。另外，不仅在对于总则部分具有深刻影响的概念金字塔框架内不同抽象程度的选择上，而且在那些为当今已经独立的体系组成部分所依赖的基本概念的选择上，早就存在的法学经验以其特定的体系化成效，实际上可能起到了完全决定性的作用。"概念金字塔"的解析结构，就像将平等意志自由"那个"法律原则根据客体进行分解，仅仅这样就已经可以导致几乎任意性的划分；取决于我们到达概念金字塔的哪个抽象层次，或者我们对各个客体的界定有多宽或者多窄。与抽象的权衡相比，我们实际划分出的范围可能更多地取决于迄今的法学经验，尤其是迄今的体系化尝试。

这种经验与连贯地处理这种经验的兴趣和能力同样完全为"古典"私法的伟大理论家们所拥有。如果潘德克顿体系——正如可以被预期的检验结果——能够彻底满足本书中提炼出的三个外部体系化标准，尽管这些标准肯定在提炼的时候没有被以这种或者类似的形式清楚地反映出来，这也不是什么意外，这样的意外简直就是奇迹：就它们而言，这三个标准不过就是在非常一般化的层次上处理相关法学经验的产品而已。

详尽地提炼这些"外部体系"标准，并使之凸显于"内部"体系的内容关联性（以及方法上的法律获取），在当前是必要的，这首先是为了能够克服反思缺陷的破坏作用，这种缺陷是"古典"理论所固有的，并且如今比以往的影响更为强烈。这种影响首先表现在目前的分裂趋势上；更准确地说在于，实际上古典私法理论（更

---

[108]　对此参见 STEIN，The Fate of the Institutional System，Huldingsbundel van Warmelo（1984）218 ff；MAYER-MALY，Rechtswissenschaft[2]（1981）142. -R. KNÜTEL，Römisches Recht und deutsches Bürgerliches Recht，in：Ludwig（Hrsg）Die Antike in der europäischen Gegenwart（1993）51 f，最近几乎理所当然地在盖由斯的《法学阶梯》体系中看到了潘德克顿体系"最古老的根源"。

[109]　对此尤其参见 A. B. SCHWARZ，Zur Entstehung des modernen Pandektensystems，in：Rechtsgeschichte und Gegenwart（Ges Schriften 1960）1 ff（zuerst in SavignyZ，Rom Abt 42［1921］578 ff），他从罗马法影响与自然法影响的结合中推导出逻辑上无法解释的交叉分类（ZITELMANN，Der Wert eines Allgemeinen Teiles des Bürgerlichen Rechts，GrünhutsZ 33［1906］11）。

不是这种私法本身!）的这些缺点是这些分裂趋势的必要前提。后文将会在关于"内部"体系观念"外部化"的一章中对此进行更为详细的讨论。首先要研究的将是私法的通常重要内容（großen Untermaterien）与外部体系构建的三个标准之间的关系，并且要抓住在这些研究中待发现的可描述的"内部"体系的观念。

第二章

"总　则"

第一节　它的建构性思想（konstitutiver Gedanke）

　　潘德克顿学派（Pandektistik）体系化目标的主要的、特别显著的部分是以概念抽象技术为标志。在提炼"总则部分"（另外在特殊素材的框架内，尤其是将债法划分为一个总则部分和一个特殊部分）时，潘德克顿学派特别严谨地运用了这一技术。该技术是在那些属于传统法律存在（Rechtbestand）的更具体规范和法律制度的概念之上，构建更为抽象，并且——在不同层次上——等级更高的概念。然后借助于这种方式，我们就可以进行包罗万象（umfassend）的法律表述（rechtliche Aussagen），或者（并且）描述各个具有更广泛适用范围的法律规则，这样就实现了立法技术的节俭；这也就是说，可以用相对较少的规范满足需要。为此，这些规范只涉及特定的，但是广泛出现的法律问题。针对其他法律问题，就必须根据那些更具体法律制度与规范群的更特殊规则来加以补充，这些法律制度与规范群较少使用抽象概念。就这样，在教义学及立法应用的基础上，并且也是为了教义学及立法应用，著名的概念金字塔就建成了，比如互易合同、双务合同、债务合同、合同、法律行为、合法行为（erlaubte Handlung）、有法律效力的行为（Verhalten）、法律事实。[110]

　　就此而言，有异于那些站不住脚的批评，这类概念分析不仅对于（实际的或者可能的）规范事实构成之间*内容上的*相互关系，而且对于各相关"规范领域"（Normbereiche）的事实情况，都进行了深入的阐释，并且发现了迄今为止唯一实用的法律技术方法，可以有效地克服无法限制的"法律泛滥"：恰恰就是那些"总

---

[110]　一个著名的不同的"概念金字塔"：PUCHTAS bei Anm 67。

则部分"[111]。

因此，对于抽象层次上可调控的各个问题采用"由括弧内提出"或者"提取到括弧前面"这种概念性提取公因式技术[112]，也就是在"外部的"潘德克顿体系中总则部分得以形成的体系化标准。（相似情形也见于特殊素材中的更一般规则复合体中——参见债法总则，当然还有私法以外的领域中，尤其是刑法和行政法。）

只有在这样的非常有限的范围内，才可以将这一体系（因而以及"概念法学"的体系）理解为抽象一般概念的逻辑体系。对于"总则"而言，概念构建（Begriffbildung）的高度抽象事实上是其标志：法学表述和（或者）规范群运用抽象概念，或者根据其上下文取决于这些概念，其通过抽象概念确定的适用领域（事实范围）必须超越个别的特殊体系组成部分（债法、物权法、家庭法、继承法）的实际领域，才能得以确立其在总则部分的一席之地。

因此，属于总则部分的，除了传统的（并且合目的性的）法学理论的、体系的和方法论的基础[113]之外，还有（在某种意义上属于前面这些的，但是相对独立的）有关主观权利、法律关系以及（因此相关联的）权利保护的理论[114]；"自然人"与"法人"制度、法律行为制度、权利客体基本规则，以及有关时间流逝对于法律关系一般影响的法律规定。

在内容上具有核心意义的，尤其是有关人的制度和法律行为制度，其范畴又体现于其指称（Bezeichnung）之中。[115] 在这些领域中，总则部分也包含一些相当特

---

[111] 立法技术的"经济原则"紧接着"法学的节俭"原则（IHERING, Der Geist des römischen Rechts[4] ll/2, 330）被特别简洁地强调于 R. WALTER, Die Lehre von der Gesetzestechnik, ÖJZ 1963, 86 f und DEMSELBEN, Referat, in: BMJ (Hrsg) Zur. Erneuerung der Struktur der Rechtsordnung (1969) 62，并通过"一般化"（Generalisierung）和"缩减"（Reduktion）的技术深入提炼出总则。从一个完全不同的想法来看，"总则理论"的作用也将同样明显地表现于 G. WINKLER, Wertbetrachtung im Recht und ihre Grenzen (1969) 44 f 所强调的，尽管有其抽象性，总则理论仍是多么得"受客观束缚"（sachverbunden）。ZEMEN, Evolution des Rechts (1983) 83 ff 主要从私法"总则"在法律比较中被探知的结果出发（并考虑到进化理论的类推），将其形成视为重要的进化步骤。与本来已经如此的情形相比，如果不通过总则在某种程度上的反向调控，事实上数量方面的法律增长必然更为强烈地让人联想到恐龙的体型增长与它们的灭亡。如果广泛散播的、非理性拒绝总则的思想更进一步加强，面对"立法洪流"事实上仅留下在法律社会学论证的希望 A. HELDRICH, Normenüberflutung, FS Zweigert (1981) 811，从一个特定的点出发，通货膨胀式的立法生产将是无害的，因为由于超过适用对象的接受能力而变得无效。遗憾的是，这也能够同等程度地适用于各种即使具有高质量与重要性的法律规范。

[112] 总则形成程序的这一描述是共同财富（Gemeingut）；参见 MEDICUS, Allgem Teil des BGB (1982) Vorwort; LARENZ, AT[7], 30（". Aussonderung"）; BÖHMER, Einführung in das Bürgerliche Recht[2] (1965) 74; BROX, Allgem Teil[11] (1987) 23; PETERS, BGB-Allgem Teil (1984) 8; RÜTHERS, Allgem Teil[6] (1986) 7; ROTHER, Grundsatzkommentar zum BGB, Allgem Teil[2] (1979) 11; PAWLOWSKI, Allgem Teil[2] (1983) 12 (statt vieler anderer).

[113] 尤其以此，当然也通过借助于"一般化的法律概念"的"法律内容描述"展开的富有启发性的探讨 E. BUCHER, Die Bedeutung der allgemeinen Lehren im Privatrecht, Zeitschrift für Schweizerisches Recht 1966 1213 ff。

[114] 那些重要的部分当然很久以前就独立为民事程序法。

[115] LIPP, Die Bedeutung des Naturrechts für die Ausbildung der allgemeinen Lehren des deutschen Privatrechts (1980) 当然限定于法律行为法，尤其是考虑到人法的核心意义，这一部分是特别棘手的。这当然明显是正确的，如 PEDRAZZINI, Grundriß des Personenrechts (1982) 17 将该法律领域指称为每个其他私法关系的必要基础。

别的个别规则，只与一般现象"人"或"法律行为"相关。这一现象也存在于那些包含非常一般的事实构成要件"时间经过"（Zeitablauf）的法律规定，例如诉讼时效制度。

现在的问题是，在总则中有效的体系化标准，即"一个规范群的各核心概念的高度（超越各特殊部分的）的抽象程度"，与以上介绍的体系化标准（规范性特征；相关事实领域的相对良好的可界定性；其他的合目的性）究竟处于何种关系。

第二节　与外部体系构建的一般标准的关系

（一）"提取公因式"技术的条件是，"总则"的事实领域（Realitätsbereich）在某种程度上首先与私法整个领域的事实领域是相同的：它的那些规则（或者与此相关的理论表述）针对人类共同生活的整个社会（相对远离国家的）领域。然而体系上属于总则部分的，严格一点来说，只有——在这一框架内——广泛地且在其他不同关联中出现的材料要素，也就是说恰好那些可以通过非常抽象的概念进行解释的材料要素。就此而言，"总则部分"的现实领域（Realbereich）（额外地）通过特定的特征（可以为特别抽象的规范所涵盖）进行说明。通过规范秩序中针对其（不考虑体系化）可适用的部分，该特定特征被附加于特定的事实类型。

在进一步的观察中，以上的体系建构借助于抽象概念，或许以令人惊讶的方式，表现为根据*事实片段*（Realitätsausschnitten）进行体系化的一种次级情形。但是这样的体系化不是以一个在自然意义上或者直觉意义上广泛地被统一感知的"生活领域"为导向。毋宁说，概念上被强调的那些具体特征对于许多具备这些特征的生活事实或类型而言，是其在所有其他不同之处以外都享有的共同之处。从直觉的观点来说，经由抽象概念标识的事实片段包含了完全不同的"生活关系"；当然只是那些共同具有某个完全特定的、概念上所强调的特征的生活关系[116]；并且也仅有这些，如果没说错的话。因此，借助一般化抽象概念对规范进行体系化概括，涉及的是作为事实片段的那些特定"生活关系"，但是这些生活关系却不是从日常生活的直觉意义上，或者真正科学地，而是以规范——解构性的精练来解释的，以实现简洁地、内涵丰富地建构规则的目的。[117]

与事实片段的良好可界定性要求相应的，是借助于各个基础概念可以相对简单可靠地确定各个被强调的具体事实特征（Sachverhaltzüge）。这些基础概念之间当

---

[116]　每个概念上涉及真实事实的表述或规范都只能根据所追求的目的，从该事实无法一目了然的大量特性中选取特定的特征（Merkmale）。在更高的抽象程度上，这些特征也变得更少。这既不值得怀疑，也不能被避免。

[117]　这有时也出现于针对"一般概念"持批评态度的文献中。

然是完全不相同的，它们只（但确实至少！）在高度抽象程度上和相应的广泛适用领域上相一致。

例如，"法律行为制度"这个一般体系组成部分就是通过法律行为上的意思表示这一"概念"，从而也就是通过包含意思表示的事实特征的事实片段构成的。这一部分包含了构成要件上涉及这些事实片段的规范；也就是说，只是就正好涉及这一"规范领域"的这个一般特征而言（比如不涉及产生于意思表示的具体不同义务）。

正如以上所论述的那样，对于体系化具有决定性意义的一般概念也可以完全以事实的*法律特征*为出发点，那么这些事实是基于特定的*法律规则*才具备这些法律特征（不需要考虑体系构建，这些法律规则仅仅根据其自身的事实构成就可以适用）。例如，"法人"概念包括所有组织形态，并且只是那些除了自然人以外的、被完全独立的法律规定承认具有"权利能力"的组织形态。然后，其他规则以及体系化思考可以以其为出发点。

形成总则部分的提取公因式技术连同其不同的若干基础概念，也完全满足了"良好可界定性事实片段"的体系化标准，即使我们并非排他性地在对生活关系直觉感受的统一性的意义上理解"事实片段"，比如像把"家庭"作为"家庭法"体系部分决定性的概念那样。为此不存在明显的必要性和正当化理由（Recht-fertigung）。毋宁说，这样的要求会对抽象技术创造的法律体系简洁构造造成特别严重的困难，甚至使其成为不可能。

因此，关键的问题就"只"是，众多可能的抽象概念中的*哪些部分*正好在构建总则规范时应当被用到；尤其是应当到达"概念金字塔"的哪一抽象层次，或者究竟哪些概念等级在构建总则时应当发挥作用。这些问题可能在潘德克顿法学的概念解构研究中没有获得足够明确的重视。根据笔者在此提出的观点，通过"规范性特征"和"合目的性"两个标准，更准确地说，是通过哪些界定性概念最符合这些标准这个问题，解答了前述这些问题，一并解决的还有通常如何选择体系上关键事实片段的问题。

这里应当特别强调的是，总则部分的构建以那些特殊材料（Materien）的构建作为前提：其成分的"普遍性"（Allgemeinheit）使其只能被相对于那些分则进行确定。这些分则必须各个被超越。这就形成了一个在当前的关系上意义重大的、补充的淘汰标准（Selektionskriterium）：那些已为分则所使用的一般性概念（Allge-meinbegriff）将不能再供总则使用。与规范性内容方面"原则"解构的不充分性相结合，这可能就促成了私法体系的一些重要部分即使在其原则上也没有充分地，甚至完全没有被总则所涵盖。例如，家庭法就是这样的情形，更不用说一些重要的特别私法，比如劳动法与竞争法。如果我们从在众多描述中仍然被认为是基础的"总则理论"（allgemeine Lehre）中几乎无法感知这些重要内容（Materien）的存在，这就是几乎无法令人满意的。

为了（也）纠正这一瑕疵，在构建总则时也有必要重视原则层次的"内部"体系难题；也就是抛弃*单纯的概念上提取公因式技术*，该技术反正完全不能单独解决规范性的淘汰问题（Selektionsfragen）。确实"外部"体系论的其他两个标准仍然具有非常重要的意义。全部私法材料的那些最重要的原则和其本身都应当被包含于"总则部分"之中，只要总则部分也明确地描述了私法整体的基本原则，并且将讨论继续延伸至作为"连结点"（Anschlußstelle）的分则部分的原则层次。

（二）不过，在此之间（Einstweilen）涉及的就是通常必要的"总则部分"连同其核心制度的充分的适于界定性（Abgrenzungstauglichkeit），这一点可以基于以上思考得到肯定。对于遗留的*合目的性*问题来说，除了已经探讨过的理性立法技术的要求之外，尤其令人印象深刻的一种现象是：即使法律本身没有规定任何可以创建总则部分的抽象概念架构，法学的体系化研究也通常仍然要构建这样的一个总则部分，以便在所指明的意义上更好地、尤其是"简洁地"描述法律素材（Rechtsstoff）；无论如何，只要不是反理性的直观化（Anschaulichkeit）或者通俗化（Volkstümlichkeit）（过高估计在此存在的可能性）意识形态倾向占据上风。

总则作为基本体系组成部分，其合目的性的有力证据尤其对于奥地利法律秩序特别明显：《奥地利普通民法典》的诞生时间早于海瑟（HEISE）"发明"的潘德克顿法律体系，遵循的是"《法学阶梯》体系"，因此没有如今通常意义上的总则部分，然而奥地利民法方面全部较新的体系性完整描述很可能都包含这样的一个总则。[118] 确实必须要区分在立法法典化中的总则与作为科学体系组成部分的总则理论[119]，后者可能涉及在立法上被任意分类的那些法律规定——如果这些规定只是在内容上能够满足决定性的体系化标准。

比如，对于经常被作为示例的法律行为制度来说，更处于次要地位的问题是，法律本身是否集中并严格地运用抽象和提取公因式技术，从而也就广泛地应用法律行为概念，比如《德国民法典》，或者是否毋宁是法律为实践中处于核心地位的下位制度"合同"设立了基本规则，并或多或少地广泛援用于其他的法律行为（参见《瑞士民法典》第 7 条和《奥地利普通民法典》第 876 条）。[120]

---

[118] 尤其参见 UNGER，EHRENZWEIG，K. WOLFF，GSCHNITZER 和 KOZIOL/WELSER 等人有关奥地利民法的体系、教科书和概论。MAYER-MALY 发表了自己的 "Einführung in die Allgemeinen Lehren des österr Privatrechts"（1984）。

[119] 正确的观点如 LIPP aaO 38。

[120] 关于瑞士私法总则理论的问题参见 E. BUCHER，Schweizerisches Obligationenrecht，Allgemeiner Teil（1979）65；MERZ，Schweizerisches Privatrecht Ⅶ/1（1984）36 ff.；在法典化自身中缺少一个总则，主要是由于确实存在有关"人法"的章节与援引《瑞士民法典》第 7 条，就其意义被两位作者轻描淡写。GEMÜR 当时在 Das Schweizerische Zivilgesetzbuch verglichen mit dem deutschen Bürgerlichen Gesetzbuch（1965）52 f 中还是具有这样的动因，把法律中缺少总则的一个后果，即法学研究忽视这部分内容和缺少相应的课程，作为瑕疵而抱怨。有关单纯的法律技术上的措辞问题的次要意义，已有 ZITELMANN，GrünhutsZ 33，22。

尽管有这些各种各样的立法技术可能性，至少已经被证实的是，对于总则理论的建构不存在放弃的理由，它是特殊材料在专业科学体系化实践中发展的共同基准点和对照点。虽然特别"抽象的"总则部分对门外汉产生"非直观性"，并且因此对能力欠缺的初学者造成困难，但是对此的社会浪漫主义哀叹无论如何也不是有力的反驳论据：一方面是更大的"直观性"（Anschaulichkeit），另一方面是更大的不可概观性（Unübsichtlichkeit）及评价冲突被扩大的风险，正如把完全特别的材料毫无内容关联地相提并论和（激化地）分道扬镳式发展所存在的评价冲突那样，如果我们权衡这两个方面，那么其结果对于相当追求理性的法学来说几乎是毫无疑问的。[12]

第三节 尤其是"规范性特征"（normative Spezifität）

一、在全部领域

然而，如果我们考虑到目前尚未讨论的"规范性特征"这一重要的体系化标准，那么必须还要考察的是，它与总则之间的关系如何：对于通常和由于抽象技术而导致属于总则部分的规范的全部领域来说，从全体人类的平等人格品质

---

[12] 在文中提到的建构"总则"的缺点绝不能被否认，但考虑到——此处不再重复的——技术上与原则上支持建构的理由，这些缺点却不能起到决定作用（反对与赞成的，例如参见 Medicus aaO 13 ff. 中夸大的缺点。为什么"抽象"竟然是这样一种（缺点），没有"例外"的规则是否确实可能？存在真实的替代方案时，"理解困难"难道不是平均起来更大吗？）。"总则"尤其典型地在私法理论中其他不怎么理性的思潮中遭遇反抗；参见如 HEDEMANN, Das Volksgesetzbuch der Deutschen (1941), 29（反对总则），37（反对"抽象概念"）；有关前民主德国的民法，比如 GÖHRING, in: Zivilrecht Ⅰ (1981) 48 f，那里有这一说明，总则是"抽象的"，显然以此作为放弃总则的理由就足够了；但总则部分地被"原则规定"（具有更弱的抽象程度?）所替代。即便没有明显的意识形态背景，不怎么理性地反对抽象的倾向有时始终存在，比如 HOMANN, Die Verwendung allgemeiner Teile oder allgemeiner Vorschriften in der neueren Gesetzgebung, in: Rödig (Hrsg) Theorie der Gesetzgebung (1976) 328 ff，在稍有犹豫地支持大规模法典化之后，反对突出总则规定，因为"突出总则规定加重了市民们作为法典受众的阅读难度"，取而代之的是推荐仅仅"根据被规范对象而安排的结构"。他显然没有注意到，严肃地说这样必将导致，需要把所有关于合同订立、合同效力、合同履行与违反合同的问题一再针对每种合同类型重新规范，或者建立无法概观的参引链条。更难以想象的是无总则的，也即只是由——一并规范一般问题的——犯罪类型建构的刑法。难道我们真的可以相信，"可读性"对于"市民"来说就是更好的吗？除此之外，无论如何重视易懂的法律，也肯定不能期望使法律行业成功摆脱作为应对复杂化关系的不可避免的劳动分工后果。针对所有当时同时代总则批评者们的，其论据之后也被重复的观点的，详细且具有说服力的反对意见，参见 HECK, Der Allgemeine Teil des Privatrechts. Ein Wort der Verteidigung, AcP 146 (1941) 1 ff。需要强调的是以下说明：（对于概念法学最强硬的方法论反对者!）一般秩序概念的不可或缺性（6），总则的"概观目的（Übersichtszweck）"（8 和 24），由于缺少同质性的组成部分，对总则的批评缺乏根基（24），瑞士由于历史原因（已经生效的债法典!）放弃总则（27）。HECK 从整体上说明，针对概念法学法律发现方法的合理批评被错误地延伸到了概念法学的体系建构上，尤其是"总则"明显更优于可支配的替代方案（也即不断的重复或持续的广泛参引!）（ZITELMANN aaO 19 类似地，差不多已有此考虑）。关键的问题是：没有与可支配的替代方案进行比较，就批评一个现象总是很容易的，而且可能感觉上令人印象深刻，但却在理性上毫无价值。

（Personsqualität）到特殊消灭时效期间的持续，显然不能指明共同的独立原则或原则综合体（Prinzipienkombinationen）。

然而根据已阐述的内容不言而喻的是，总则中的规范依其定义一般针对全部私法的（社会的，也就是相对远离国家的）事实；当然也只是针对这些事实的各种一般特征（Züge）。因此，如果我们还想构建一个总则部分，那么总则的原则层次（Prinzipienschicht）必须与基础性的法律原则全部一致，在私法中还要补充原则的"双边"应用原则、消极的辅助原则和自己责任原则。我们或许也可以说，总则原则层次的规范特殊性整体上恰恰就在于，必要的话，总则的原则层次必须包括私法整体的全部一般原则。因此，它不可能由这些原则的具体化或者特殊结合组成。

但是，"总则"的那些描述通常都没有对私法上整体有效的价值原则的任何详尽的、全面的提示（Aufweis）。[122] 这可能还是由潘德克顿法学将私法的原则层次（错误地）限缩为平等意志自由原则所造成的一个现实影响。全面提炼私法基本评价的那些值得赞赏的最新尝试（它必须考虑特殊私法！）部分而言过于强烈地执迷于宪法了。[123] 宪法的任务肯定不是汇总私法上的主导性基础评价，这样的话，与宪法（Verfassung）的历史"回应性特征"（Antwortcharakter）相关的那些偶然性因素必然会在这方面产生严重影响。宪法在形式层次理论上的优先性就其自身单独而言，确实没有对法律中*内容上*的论证关系起到决定性作用。更有蒙蔽性的是那种普遍存在的习惯（Übung），用完全不同的、也即法律伦理渊源的（本身可能非常合法的）规范性考量来"补足"宪法中真实存在的私法基本评价，而不是直接使其有效发挥作用，比如也作为由原则所主导的私法教义学。这种教义学试图在法律秩序统一体的框架内，把既存的具体法律规定连同其具体目标和基础原则系统地理解为合乎逻辑的，因此相较于唯一地回溯于实定的、经常表现出模糊性的宪法规则，这种教义学通常也具有本质上更为有效、更为精确的标准。

我们反对这些已经成为传统的夸张做法，当然绝对不是要反对从事实上既存的，并且对于私法难题具有启发意义的宪法内容中得出最佳权衡的结论，正如这种结论作为德国"一般人格权制度"发展的基础那样。毋宁说，应当反对的只是将宪法或者宪法的一部分等同于私法原则清单的企图，仅仅由于国家宪法的——就是针对国家的！——主要功能，这种企图就不可能是正确的。

---

[122] 对此如 BÖHMER aaO 74 合理批评式地注意到。

[123] 例如 THILO RAMM, Einführung in das Privatrecht-Allgemeiner Teil des BGB I² (1974). DERSELBE, Grundrechte und Arbeitsrecht，JZ 1991，16，现在恰当地强调法律科学当前的体系化任务。作为其论文结论，他要求方法论上可论证的规范也完全令人信服。导向性的法律原则与——仅在形式上当然地处于更高位阶的——宪法在广泛范围内或者甚至完全相同，仿佛在宪法之外这些原则并非已经早就存在，仍然存在，并且表现在法律的规则层次中，这样的看法是不应当赞同的；同样不值得赞同的是将"自由"称为规范秩序的一元论的主导目标。为了考虑其他的、且在实际上独立的、竞合的主导原则，后者必然会在这一多义概念的框架内和超越这一框架外导致各种提摸不透的变体。例如，如果我们将合同约束描述为合同自由的一部分，那么对一个巨大概念矛盾的这种忽视就绝不能发挥澄清问题的作用。

即使通过指明（Hinweise）私法的最一般原则层次，总则的"规范性特征"还是没有真正得到澄清。因为如果我们没有建构总则，而是在没有运用提取公因式技术的条件下，仅仅区分了那些特别的部分内容（Teilmaterien），那么对于私法的整个领域来说，我们当然必定还要向法律原则的整个基础层面进行追溯。即使由于许多迫近的平行规则，由于冲突风险的扩大，而变得不符合目的，这也确实是可能的。最重要的是，私法所有的一般原则要同样在其特殊内容的整体中发挥作用。

但是如果我们发现，总则容易遭遇法律素材（Rechtsstoff）不必要的膨胀和随即由于不可概观性产生的额外的法律不安定性的风险，以及评价冲突增加的风险和随即而来的法律秩序的正义内容的减小，那就表明需要补充性地、就这方面来说特别地应用特定的基础性原则：法的安定性和正义在体系自身建构时被考虑到，因此也通过这种间接和抽象的方式作用于个案的判断。也就是说，基础性法律原则不仅影响到被直接适用的法律条文（Rechtsvorschriften）的内容。它们也不只是作为法学方法规则的基础发挥作用，且其作用范围超越于这些法学方法规则为其预备的找法材料（法律目的和法律原则等）之外，正如在其他地方已经论述过的那样。[124] 毋宁说，它们正好还能通过在"提取公因式"意义上的法律素材（"外部"）体系化中得到促进，因而又反过来促进这种体系化。[125] 补充适用特定的基础性法律原则这种"技术性的"方式已经足以使我们承认总则的"规范性特征"了。

二、对于次级内容（Untermaterien）

然而内容上仍然存在着以下难题：正如已陈述的那样，由高度抽象的一般概念标识的、在总则中被概括的这些事实片段只有一个共性，那就是它们看起来适合于这类抽象的理解（Erfassung）。在其他方面，它们则完全是异质的（heterogen），正如关键词"自然人"从一个方面和"时间经过"从另一个方面充分展现的那样。

因此，各自根据作为基础的抽象核心概念，将总则划分为次级内容（Untermaterien）是不可避免的和通常的。有疑问的是，在这种情况下，规范性特征的要求是否以及在何种范围内也能从内容上被完全考虑到，或者被考虑到。特定事实要素

---

[124]　BYDLINSKI, Methodenlehre 80 ff, 369 ff.

[125]　在此没有被误认的是，过度抽象的规则忽视了特定事实片段（根据其他可适用的规范性标准具有重要意义的）特点，就导致了（将不同事实相同对待的）不公平。这里经常采用"公平"或"个案正义"作为解救办法（这确实不应当被理解为完全无规则的抉择；更详细的参见 BYDLINSKI, Allgemeines Gesetz und Einzelfallgerechtigkeit, in: Starck［Hrsg］Die Allgemeinheit des Gesetzes［Abh der Akademie der Wissenschaften in Göttingen, Phil-Hist Klasse, 3. Folge, Nr 168, 1987］49 ff）. 相对于由众多的偶然在个别案件中主管的或者感兴趣的司法裁决者建立更大范围的严密规则，可能更容易实现的是通过向其独有的规范论据进行追溯来证明一个过度一般化表达的规则"不适合"其所描述的，文本上从属的事实类型（我们可以参见目的性缩限［teleolosiche Reduktion oder Restriktion］的经典例子）。在一分为二的正义框架内，公平绝非意味着一种势均力敌的倾向，而可能是一种要求，在必要的情况下借助于全部更高层次的规范性论据层次，对基于具体规则的表面上暂且意义明确的演绎结论进行广泛的控制。因此，公平也并非彻底地反对那些支持总则，也即支持抽象规则的文章的论据。

适宜于通过高度抽象概念进行理解，这当然与规范的世界恐怕没有一丁点儿关系，也因此当然与法学的任务无关。

因此，一个在*规范上*被任意运用的概念抽象技术，必然使"从技术上"阐明众基本原则的分析受到高度质疑。因此，始终具有决定性的是，是否在抽象处理概念的过程和随后对本身相应地被划分为众多极其不同的抽象概念的总则进行"提取公因式"时，以规范上任意利用概念构建和概念等级的"纯逻辑的"可能方法的方式，或者仍然同时考虑到内容上的规范性特征的要求。

例如，对于（高度抽象的）核心概念"人"，作为人类（自然人）与法人（具有不同的次级类型 Unterarten）的概括，这似乎就是有问题的。因为这里不仅被论及的现实领域通常是不同的，虽然这一点通过共同的法学特征"权利能力"仍可被克服（überbrückbar）。存有怀疑的主要是，可以针对整个通过概括性概念"人"所说明的事实领域与规范领域发现，或者在基础性法律原则的基础上提出哪些共同的价值原则。

但是对于"作为自然人的人"（Mensch als Person）与"法人"的各自概念领域来说，几乎不存在以上怀疑的可能性：前者显然是那些人类伦理原则处于最重要地位，而后者则是法律交往中的合目的性组织的那些原则最为重要，通过本来"超人格"的、整合了特定人类部分利益的法律单元取得独立来实现。这两个制度至少都体现了共同的规范特征"权利能力"。"人法"这一广泛的类别恰恰就是根据这一点进行构建的。由于在外部关系上将法人与"自然人"的广泛的规范性同等对待，即使这样在很大程度上纯粹是基于合目的性，也毫无疑问提供了显著的陈述便利。然而即使是前者与后者的"权利能力"也既非必然，更非根据现行法在事实上具有完全相同的属性：某些差异甚至直接产生于事物的本质。如前所述，尤其是权利能力的规范性原因是完全不同的。但是可能从中仍然形成了一个共同的规范性特征，即保护正当取得的权利（Schutz wohlerworbener Rechte）这个基础性原则同样包括作为主体性权利人的人类和法人。不过，这两个次级制度当然表现出了各自广泛的规范独立性。

在法律行为方面，有关规范性特征的标准是不可能存在怀疑的。弗卢梅（FLUME）将其确定为"抽象化所有在法律秩序中形成的行为类型，根据其内容，通过设置规则针对由个体自主决定的法律关系的发生、变更或者终止"[126]。他的看法因此满足了拉伦茨对"由功能确定的"法律概念的要求，这种概念将作为基础的法律原则，在此是将私人自治（自主决定 Selbstbestimmung）原则一同吸收到其内容中。[127]

但是，即使我们纯粹在"技术上"借助于意思表示的概念来定义法律行为，也绝对不可能有人误解，私人自治这一基本原则在这个概念所限定的领域之中具有决定性意义。至于说是否以及在多大程度上直接在概念措辞中表达出这一点，或者是

---

[126] Allgem Teil II³, Das Rechtsgeschäft (1979) 23.

[127] Methodenlehre 481 ff.

否在这一概念通常的界定功能范围内使用这一概念，然后针对如此确定的领域认为，自主决定原则对于相关规范的内容具有决定性的意义，客观上都只有次要意义。如前所述，也就是基于明确性的原因，才优先区分概念的界定和对在所界定的领域中发挥作用原则的表达。

具有决定性的是，由法律行为概念确定的事实片段和与此相关的规范群（Normgruppen）由于自主决定原则在这里尤其深远的作用，毫无疑问符合规范性特征的标准。但只有我们必要地更加完整地描述相关的原则层面，在自主决定原则之外，再补充强调交易或信赖保护，以及合同等价和受承诺拘束（die Bindung an das gegebene Wort）原则[128]，这才是完全正确的；完整地说，还包括那些明显表现为基础性原则，也即自由、法律安定、补偿正义原则具体化的，或者作为自己责任原则一部分的原则。正是这些价值原则的结合，加上私人自治原则在此特别广泛的影响，形成了法律行为制度的规范独立性。[129]

如果规范性上本身任意的抽象与提取公因式技术发现了明显高度符合规范性特征标准的一般概念，并且突出运用，理论上这当然可能是一种巧合了。有些人习惯于在任何关系中，也包括在体系性的关系中，都坚持针对"概念法学"在法律获取问题上的合理批评态度。他们可能会认为，一般概念"法律行为"，而不是一般概念"法律事实"或"行为"成为在规范性上持续发展与广泛分布的法律制度的核心概念，并且由此成为体系组成部分的核心概念，这纯粹是一个偶然结果。

对于主要"概念法学家"的智力和专业知识的这种贬低当然不需要严肃对待。这些"概念法学家"都完全（甚至是一边倒地）认为，法律行为的概念与个体自主决定的规范性主导思想协调一致。这也就解释并论证了他们——在最不相同的，并且高度抽象层次上概念金字塔的所有可能的组成部分中——赋予这个概念的特别的体系重要性。

抽象技术与体系建构技术的正式描述是否也充分明确地反映出，原则关联性（Prinzipienbezug）是在逻辑的概念金字塔里找到合适抽象层次的唯一可能性，最终可能不是决定性的。无论如何都要批评的是，完全放弃明确表达原则层次在体系上的重要性，以至于这一具有共同决定意义的体系化标准（"规范性特征"）只能下意识地发挥作用，因而也就不能充分发挥其确实存在的作用。

三、针对更新的批评

在构建总则或它的次级内容时，界定性概念（Abgrenzungsbegriff）与规范性

---

[128] 参见下文立即开始的详细论述。

[129] 因此从实际的角度看，对"功能确定的法律概念"的要求也就立刻变得有问题了，因为将一系列原则适当地吸纳到法律行为概念的定义自身中就至少是不相宜的。在概念中仅仅只提到一个（即使是优先的）原则却又只会掩盖了法律状况。

原则的结合，通过最新的批评得到证实。这是从有趣的历史法学的视角，根据自然法时代与潘德克顿学派之间的延续性考察[130]，对总则理论的解析性建构提出的批评。相关理论的伦理基础被认为是这一建构的标志性与决定性要素，这在体系上具有重要的意义，并且恰恰以法律行为作为范例——这同时又被批评是对于总则理论完全具有决定性的逻辑错误结论!!

以上大约就已经提出了针对迄今流行的、对总则抽象技术批判意见的可能最尖锐的反驳了，该批判意见强调了纯粹逻辑操作带来的"意义空洞化"（Sinnentleerung）和由此导致的与决定性价值原则之间关联性的丧失。相反，现在恰恰强调的就是这种关联对于总则的决定性意义——而且要指责其在逻辑上是站不住脚的! 针对"概念法学"，甚至于对其体系方案也进行抨击的习惯，似乎非常顽固，以至于大家完全没有注意到，那些批判的理由互相排斥，或者大家都觉得对此没有进一步澄清的必要。

这一新批判确实不容置疑的是，关于法律行为的总则理论以（经常没有充分明确表达的）伦理基础为前提——更确切地说，如同应当补充的那样，在基础的法律伦理原则中![131] 正如已经指出的那样，通过纯粹逻辑上的概念分析确实完全不可能发现规范上具有决定意义的抽象层次。相反，有观点认为，恰恰因为与伦理基本原则的这种关联，某个逻辑上的错误结论对于私法总则理论的构建也具有决定性意义。这种论断——就其本身和支持这一论断的论据中的细节而言——与前述批评意见完全无关。[132] 简单来说确定的是，"总则"的界定性概念，尤其是意思表示（或法律行为）的概念与规范性指导原则是互相协调的，只要在总则

---

[130] LIPP aaO（wie Anm 115）. 有关奥地利民法发展的历史性论题参见 WESENER, Zeillers Lehre „ von Verträgen überhaupt ", Forschungsband Franz von Zeiller（1980）248 ff; DENSELBEN, Naturrechtliche und römischgemeinrechtliche Elemente im Vertragsrecht des ABGB, Z für neuere Rechtsgeschichte 1984, 113 ff.

[131] LIPP aaO 50 ff（实体标准：进一步的论证对于私人自治原则是必要的；一个特定人类形象的结果）. 主导的潘德克顿法学家都完全以平等的意思自由"这个"法律原则为基础进行"进一步"论证。对此应当批评的也只是基础原则层面不正确的一元化理解。

[132] 所声称的逻辑错误结论应当属于混淆概念（metabasis eisallo genos）的范畴（LIPP aaO 52 f, 59 ff, 108），之所以如此是因为涉及总则的基础性陈述应当在"心理学的—道德的领域"中被找到，或者是自然法类型的，或者具有道德的、事实的性质（53; ähnlich 49, 50, 109）. 这些措辞已经让人感觉到，作者更仔细地想到了从实然到应然的"自然主义的错误结论"；此外，他认为伦理是不具有规范性内容的事实上的东西。这些推定得到完全证实的是，LIPP"用一句话"总结他的批判：从实然中推导出应然（109）. 然而，之后对于（无论证地）将伦理简单归类于实然领域，作者面临巨大的怀疑：最后他在130注2看到，实证法与伦理之间关系的问题是"极其困难的"，而且"这里与那里一样"都牵涉规范。这就回避了之前对"自然主义错误结论"的主张，该结论尽管是一个重大的逻辑错误，却也同时是全部基础。倘若在规范领域内法律与道德之间存在着不可逾越的界限，那么混淆概念的指责或能够以其他形式得到维持。如果某些东西确实在逻辑上是任意的，那么就是这个主张，法律与伦理之间就存在着由逻辑建立的、不可被逾越的界限。事实上，这种界限的存在与其法律理论意义取决于是构建一个广泛的、合适的法律概念还是一个被限缩的法律概念，在逻辑上这种构建肯定不能被强制性地预先设定。——令人惊讶的是，现在居然还能如此轻率，并且明显非常严肃地提出这样的一些批判性主张，认为私法一般总则理论的构建（因此与这些理论本身）建立在一个基本的逻辑错误之上（!）. 尽管最近法学理论的基础讨论呈现多样化的混乱状态，我们本当期望：至少一方面在法学或许最重要的解析性贡献与另一方面基本的逻辑错误之间无争议地保持某种程度的距离。

的框架内，各个概念确定的制度能够被证明具有充分的规范独立性。有关这一结论更进一步的论证，以及在尚未被谈及的私法分则部分的论证，后文还将在讨论"总则"分章节的"内部体系"时继续进行。

四、结论

结论上应当坚持的是，在非常特别的程度上要归功于理性分析的"总则"满足了前文提出的外部体系构建标准。无论是事实片段的可界定性，还是"规范性特征"，无疑只能非常有限地（并且在特别的"技术"意义上）针对"总则"这个整体体系类别得到承认，而主要针对具体的次级内容得到承认。对于总则整体来说，具有重要决定性的是：通过（彼此之间差异很大的！）高度抽象概念（也就是说，针对可界定性还要"进一步援引"）来实现的重要事实片段的可理解性（Erfassbarkeit）、通过体系来发挥作用的正义的均衡性（Gerechtigkeitsgleichmaß）（避免评价冲突）、法的安定性及合目的性（简洁并且因此条理分明的规则）。

第三章

有关总则及其次级内容的"内部体系"

第一节　一般原则与总则

　　如同已论述的那样，对原则层次"内部体系"的深入处理（Ausarbeitung）只能针对"总则"中具体的次级部分进行。这些具体的次级部分也早已查明并列举过了。已经被注意到的还有总则中通常表述的不足，这些表述虽然发展出私法的基础*概念*，但是没有或者还没有充分明确其核心*价值原则*。[133] 只要法律条文与法律制度的主导思想与原则被认为是体系上待表述"素材"的一部分，那么对这种表述的

---

[133]　BÖHMER, Einführung in das Bürgerliche Recht² （1965）74 已经对此批评。尽管他进一步针对实体内容报怨缺乏前后一致的构想，由于他在自由个人主义的基础之外还确认家长制式保守主义的因素及向社会主义的过渡（84），在此实际上只是表现了每个法律秩序原则层次中不可避免的多元主义。《德国民法典》或总体来说"古典私法"广泛地排他性地追溯于形式上的自由原则（参见最新的 REUTER, Die ethischen Grundlagen des Privatrechts -Formale Freiheits-ethik oder materiale Verantwortungsethik? AcP 189 ［1989］199 ff）今日将更少满足这种不可避免性。当针对这篇文章题目的替代选项，JOERGES, Formale Freiheitsethik, materiale Verantwortungsethik und Diskursethik im modernen Privatrecht, in: Pappi (Hrsg) Wirtschaftsethik (1989) 127 ff 认为经验上已经被驳倒的设想是，国家发挥着社会中心的作用，应当以其为基础启动一个按计划的社会变革（133），并且针对因此失败的"具体化"推荐商讨理论意义上的"改革化与程序化"时（134 ff），尽管以维持"形式权利"（135）普遍性的核心内容为条件，已经因此直观地显现出多元论的、部分地更多在内容方面的、部分地更多在程序方面的原则的现实性与必要性。将这一结论在"总则理论"的框架范围内充分表达出来的要求将愈加迫切，如果我们——根据 RAMM, Einführung, G 158 值得赞扬的想法——想要鉴于商法、经济法与劳动法领域的发展深化私法的总则理论，也即适当赋予总则理论也作为特别私法共同总则的功能。

扩充就肯定是必要的。[134] 无论如何，按照"总则部分"决定性的"提取公因式标准"，在"总则部分"应当明确的是那些在整个私法中完全有效的主导原则，也就是基础性法律原则与前文提炼出的三个特别的私法主要原则。除此之外，抽象性弱一点来说，还包括总则中具体的次级内容（Untermaterien）的那些原则。

在上述及后文将要讨论的"分则"的原则层次上有重要意义的是，它们在很大范围内——以基础层次来衡量——由"下位原则"组成。这些下位原则要追溯到具体的更基础层次原则的具体化推导，或者已经要追溯到多个（就此而言冲突的）更基础层次原则的权衡式均衡。不过，在同样非常显著的范围内，基础性原则也直接作用于具体的法律材料（Rechtsmaterien），也就是说不是借助于"下位原则"。这个现象在很多例子中得到证实。只有当某个（一般的）法律思想（一个基础的法律评价）由于相关的事实片段，并且由于对于这个事实片段可能产生的法律作用的类型，或者由于在"下位原则"中已经实现的对冲突的更高层次原则的平衡，对于更小范围材料获得了精确的或者其他修正性意义时，才需要去注意独立的下位原则。对此通常可靠的外部标志是，在法律语言中已经为该"下位原则"形成了固定的概念名称，或者明显表现出了这样的概念名称。相反，只要基础性原则直接地，也就是说没有特殊的修正、精确化或者影响，就对部分材料中的制度或者规则产生了证成性作用，那么如果再用特别的名称来命名这些原则的话，就只能徒增困扰。为承认一个独立原则而要考察的问题就是，与我们直接援用与其最接近的更高位阶的更一般原则相比，这一独立原则在应用时显示出更具说服力的内容。在承认这一点的情况下，同时得到证实的是，在论证这一更具体原则时，还必须考虑不同于最接近的更高层次原则和更小范围内法律材料定义的其他前提。例如，遗嘱自由（在一般意义上法律行为的私人自治之外）就包括一个自然人对其死后生效的财产处分仅取决于该自然人单方表示的意思。至少也必须从体现一般原则的评价或者行为倾向，以及更小范围材料的事实领域结构中，形成对此处可能后果的某种程度上的具体化。为了避免双重使用，在更小范围的材料领域中，只有当更一般的原则在这个更小范围的体系部分中没有被吸收到更具体的下位原则时，才可以向更一般的原则进行追溯：比如，在解决继承法问题时，不能在遗嘱自由之外补充适用一般法律行为上的私人自治。

---

[134] LARENZ, AT[7], 33 ff 也是这样的看法，他遵从其方法论与体系化的基本立场，在总则理论的描述中可能最全面地阐明了当今私法原则的"内部体系"，他的基本立场是在法教义学工作中始终考虑到法律基本原则和目的论上的意义关联。当然，这些部分地表现在强调"伦理个人主义"作为《德国民法典》基础的框架下（33ff），部分地表现在对直到当代的私法发展（48ff；此处尤其是"社会福利成分的强化"）进行的富有启发性的描述范围内，部分地也表现在对《德国基本法》影响的探讨中（82ff）。可能下一步应该检验的是，哪些一般私法原则，也即超越最基础层次之外的哪一抽象层次的原则，适合于在总则理论框架内进行体系化的、独立的描述。

第二节　主观权利

　　有关主观权利的通说[135]将法律上给予并保证一个特殊的（也即不是单纯存在于一般意义的行动自由中的）法律上的权能（Rechtsmacht）（针对特定的财物或针对特定的人），作为这一地位的典型特征来强调，主体被赋予这一法律上的权能以根据其自由决定来维护其利益，从而特定"法律后果"（Rechtsfolgen）的发生或实际执行取决于该主体的意思。与这种典型形式相偏离也是有可能的［例如可以参考信托、家庭法上的法定代理或者"义务性权利"（Pflichtrecht）］。有关"权利客体"的一般规则作为对某些类型的、涉及外部客体的主观权利的标的的规定，具有重要意义。所有主观权利的主导思想肯定是（2）*分配（或承认）个别的权利（"法律权能"）给对此有利益的主体，以便其独立行使*。

　　主观权利的形象及其无数的具体表现形态（Ausgestaltung）首先清楚地表明，法律规范不仅限制规范对象的自由，对其施加义务与负担，而且相反也同样拓展其他主体的自由，为此对另一主体施加相关的义务与负担；正是为了法律所赋予的法律上的处分能力。由于义务主体或负担主体的拘束（Bindung），我们自然也不能忘记他面对的限制自由的那一面，这正如专注于主观权利而且单独聚焦于意思自由"这一"法律基本原则时经常发生的情况。

　　因此每次在赋予或承认一个主观权利时，都会从*两个*方向上涉及自由原则。双边论证原则要求恰恰针对权利人与义务人或负担人之间的关系进行充分的理由陈述。除具有预先警示特征的措施（要求给付、要求尊重他人所有权，等等）之外，法律权能最终存在于，可以在必要时请求国家强制执行以实现特定的利益，这是一般意义上法的安定性，尤其是保障法律和平（Rechtsfriedens）和保护合法权利的要求。（3）*国家的法律保护优先，并且与此相关联的是，为维护和平而将私人暴力实现权利的情形限缩于紧急情况*，这一原则来源于（减少暴力的）法律和平中的基础性的法的安定性原则。

　　对于国家民事诉讼程序形式的权利保护中的全部制度而言，主观权利理论是其

---

[135]　大量文献之中参见 L. RAISER, Der Stand der Lehre vom subjektiven Recht im deutschen Zivilrecht, JZ 1961, 465 ff; LARENZ, AT⁷, 209 ff; AICHER, Das Eigentum als subjektives Recht (1975); EUGEN BUCHER, Das subjektive Recht als Normsetzungsbefugnis (1965); FEZER, Teilhabe und Verantwortung (1986) 尤其是 333 ff 强调主观权利的"优化自由功能"（363）与个人责任的限制（365）。最近有关（相对较晚发现的）"形成权"类别 BYDLINSKI, Die Übertragung von Gestaltungsrechten (1986) 尤其关于相当现实的移转问题。- GRIMM, Gemeinschaftsvorrang und subjektives Recht, in: U. Davy ua (Hrsg) Nationalsozialismus und Recht (1990) 38ff 示范性地指出在极权主义思想与主观权利之间必然存在的冲突；可是也表明了理论解释在何种程度上习惯于夸大在既定秩序与自由的个人意愿之间历史性的权重转移。

系统的实体法基础，纯粹"时评式的观察方式"（publizistische Betrachtungsweise）在没有论证的情况下就将这些制度与其恰恰实现实体权利的主要功能相割裂了。

主观权利的结构、功能和最重要的类型都应当在总则中阐述。而在承认与构建具体的、极其不同的主观权利时，尤其是针对它们的界限，必然到处都涌现出了数不清的权衡问题，这些权衡问题必须在其各自的位置上针对所有可能考虑到的法律原则，在优化这些权衡问题的尝试中得到回答。

作为一般界限，属于有关主观权利的总则理论（die allgemeine Lehre）的可能就只有（4）*禁止权利滥用原则* [136]了，其具体化还是必须考虑到所有可能的法律原则才能实现。当然其出发点不能是认为，只是为了完全特定的目的才赋予主体权利：如果是那样的话，就与法律秩序承认权利人自由决定能力（"法律权能"），并且最终与自由原则不相符合了。更确切地说，要确认权利滥用的存在，必须考虑具体权利行使的目的，根据法律秩序的明显评价，这些目的是被特别严厉地否定的。这种否定可能产生于相关法律领域的一般原则，或者甚至是更基础性的原则；尤其是存在现实危险，前述某个原则被权利人的行为严重忽视，并且这种行为的普遍化必然将导致完全或者不必要地过度排挤相关原则。

第三节 自然人

自然人制度 [137]首先通过以下原则确定：*（5）权利能力平等、（6）人格权同等程度的保护* [138]、*（7）"通常情况下"平等的，但是（在行为能力与侵权能力的各种类型中）考虑到人格缺陷而受到限制或甚至被排除的，也即分等级的行为能力*

---

[136] 可参见的只有比如 MERZ, Vom Schikanenverbot zum Rechtsmißbrauch, ZfR V 1977, 162（法律比较的）; MAYER-MALY/BÖHM, Die Behandlung des Rechtsmißbrauchs im österr Privatrecht, in: Rotondi (Hrsg) Inchieste di Diritto Comparato Ⅶ (1979) 223 ff; LARENZ, AT[7] 232 ff; MADER, Rechtsmißbrauch und unzulässige Rechtsausübung (1994).

[137] 参见比如 EICHLER, Personenrecht (1983) 27 - 324; DERSELBE, System des Personenrechts (1988) 25 - 52, 非常原则性的进一步 92 f; PEDRAZZINI, Grundriß des Personenrechts (1982); LARENZ aaO 88 ff.

[138] 参见比如 HUBMANN, Das Persönlichkeitsrecht[2] (1967); SCHWERDTNER, Das Persönlichkeitsrecht in der deutschen Zivilrechtsordnung (1977); STEINDORFF, Persönlichkeitsschutz im Zivilrecht (1983); BRANDNER, Das allgemeine Persönlichkeitsrecht in der Entwicklung durch die Rechtsprechung, JZ 1983, 689; E. ADLER, Die Persönlichkeitsrechte im allgemeinen bürgerlichen Gesetzbuch, Festschrift zur Jahrhundertfeier des ABGB Ⅱ (1911) 168; MAUCZKA, Die Anwendung der Theorie der Interessenkollisionen auf die "angeborenen Rechte", ebendort 229; EDL-BACHER, Der Stand der Persönlichkeitsrechte in Österreich, ÖJZ 1983, 423; AICHER in RUMMEL[2], Rz 1 ff zu § 16; KOZIOL, Haftpflichtrecht Ⅰ 222 ff und Ⅱ 138 ff, 167 ff; JÄGGI, Fragen des privatrechtlichen Schutzes der Persönlichkeit, ZSchwRecht nF 79 (1960) 133a ff. 有关个人（无体）权益私法保护的广泛描述，只要不是借助于主观人格权来实现，OTTO, Personale Freiheit und soziale Bindung (1978).

(*Handlungsfähigkeit*)。[139]

这些原则可以一直追溯到基本人格权益保护（Schutz der elementaren Persönlichkeitsgüter）与平等自由最大化的要求。鉴于某些个人资质妨碍充分维护自己的利益而排除和降低行为能力，其依据是对相关者的个人和合法权利的保护；可能也依据对于经济交往效率的考虑。侵权能力的欠缺是由于智力或情感上的障碍，或者因年龄导致的不够成熟，这些因素排除了对个人过错的非难性。在此，基本的自己责任原则无论如何都可以导致对（纯）违法行为承担的"公平责任"。

人格权保护的权衡范围较大，超越了应被加强保护的核心，这一点可以理解，原因在于：在权衡时也应当分别考虑到相关者相同的或相同价值的人格利益与自由利益。然而界定必须尽可能地基于平等和一般规则创造的法的安定性原因，也就是说，不是预先单纯通过（尽管很大程度上不可避免的）援用具体情况下的权衡。在确定权衡结果时，基于合目的性的原因（法律秩序的实用性 Praktikabiltät der Rechtsordnung!），那些专属于人类"内部领域"的事件与情况必须退居幕后，或者只能以粗略的、以中等典型为标准的近似度来考虑这些事件与情况。

尤其是在行为能力方面，法的安定性与合目的性同样要求广泛地以容易确定的、典型化的标准为基础，比如年龄界限。如果我们注意到最优化要求，那么尽管那些本来重要的情况，也即维护自身利益的实际个人能力难以确定，也不能完全忽视这些重要情况。这就形成了各种制度，比如成年、未成年延长、禁治产及指定事务管理人或者在具体情况下考察过错，都独立于年龄界限。如果纯粹出于实用性的原因，不顾"原本"关键情况完全不同寻常的构成，那么对这些情况的忽视就肯定会不必要地在很大程度上违反均衡性（Gleichmaß）的要求，这一要求必然恰好以在事实关联（Sachzusammenhang）上重要的"评价特征"（Würdigkeitsmerkmale）为基础。在法律行为交往中，这些评价特征还是由那些构成非典型地高度无能力充分维护自己利益的特征所确定。因此，要是没有相应的规范性预防措施，补偿正义与极端情况下甚至相关者的最低生存（Existenzminimum）都将受到威胁。

以不当得利补偿和（有限的）损害补偿为例外，这些权衡也产生（8），即无行为能力人的保护优先于——服务于法的安定性的——交易中的信赖保护[140]；因此，只要另一方当事人的信赖地位（履行期待）是由非完全行为能力人自身所引起的，那么非完全行为能力人的自己责任就被广泛地否定了。排除或者限制能力不充分者参与法律行为交易，同时也改善了法律行为交易在合理满足人类需求方面的功能适当性，而且因此也有助于经济效率的合目的性。

---

[139] 参见比如 SCHWIMANN, Die Institution der Geschäftsfähigkeit（1965）；MAYER-MALY, Die Grundlagen der Aufstellung von Altersgrenzen durch das Recht, FamRZ 1970，617。

[140] 尤其参见 BRANDT, Verkehrssicherheit und Geschäftsunfähigkeit（1936）。

第四节 法 人

一、一般原则

在法人制度中 [141]，以及在除此之外对于所有自愿的、有意识的，也即法律行为上的人的集合（Personenzusammenschlüsse）（也即对于无法律人格的公司来说）具有完全核心意义的是（9）*结社自由*（也请参见后文第 99 号原则之前的内容）。结社自由是下文马上要讨论的法律行为上的私人自治原则的具体化，私人自治还是自由原则的一种特殊运用。

结社自由的特殊之处在于，其所追求和引起的结果是以合作为目的的法律关系，以及同时创造一个较长期存续的组织，以谋求数人或者更多人相互一致的部分利益。只有这样才可能自由实现自己选择的目的，哪怕这些目的是对成功机会有任何一点了解的人都根本不可能会选择的。对于具有基金会特征的组织 [142]，符合这一特殊之处的是（10）*基金会设立自由（Stiftungsfreiheit）*，组织特定的资产用于持续追求特定的、自己选择的目的。

相对于成员或基金设立人（与基金受益人）而言，每个组织通过规范性赋予主体以完全独立的"权利能力"，并由此成为"法人"；在有些情况下也只是部分独立；换言之，也只是在特定的法律视角下。那么，如果再称基金会为"法人"的话，就令人

---

[141] 参见比如 OSTHEIM, Zur Rechtsfähigkeit von Verbänden im österr bürgerlichen Recht（1967）；AICHER aaO；FABRICIUS, Relativität der Rechtsfähigkeit（1963）；FLUME, Allgerm Teil I /2, Die juristische Person（1983）；RITINER, Die werdende juristische Person（1973）；K. SCHMIDT, Einhundert Jahre Verbandstheorie im Privatrecht（1987）；MUMMENHOFF, Gründungssysteme und Rechtsfähigkeit（1979）；DERSELBE, Verkehrsschutz im österr und deutschen Vereinsgründungsrecht, JBl 1987, 272；RUMMEL, Privates Vereinsrecht im Konflikt zwischen Autonomie und rechtlicher Kontrolle, FS Strasser（1983）814 ff；K. SCHMIDT, Verbandszweck und Rechtsfähigkeit im Vereinsrecht（1984）；最新的 MARHOLD, Rechtspersönlichkeit und Unternehmensrecht, FS Schwarz（1991）527 认为，在赋予权利能力时，实际上赋予权利能力的原则的体系前提与理由被置于立法者形式上的不受约束（Bindungsfreiheit）的对立面（531ff）。关于围绕法人著名的"理论争议"尤其令人信服的是 K. SCHMIDT, Gesellschaftsrecht² （1991）157 ff.（按其观点，团体人格实在说［Theorie der realen Verbandspersönlichkeit］讨论的是拟人化的实在"基础"，相反，"拟制说"讨论的是法律效果，也即赋予权利能力，仿佛像自然人那样存在。这里根本不存在矛盾。）

[142] 参见比如 BEINHAUER, Das Österr Stiftungsrecht, ÖJZ 1972, 378；DERSELBE, Der gegenwärtige Stand des österr Stiftungsrechts, ÖVA 1978, 160；DERSELBE, Die Unternehmensstiftung, GesRZ 1981, 214；WELSER in RUMMEL², Rz 6 ff zu § 646；K. SCHMIDT, Stiftungswesen, Stiftungsrecht, Stiftungspolitik（1987）；Nobel（Hrsg）Stiftung und Unternehmen（Sonderheft von „ Wirtschaft und Recht " 1985）其中有 NOBEL, RIEMER, GRÜNINGER, GROSSFELD/MARK, DRUEY, LÄUBIN, RECHSTEINER 等人的论文。现在也可参见 SCHAUER, Zivilrechtliche Grundfragen der Stiftungserrichtung；STERN, Die Organisation der Stiftung und ihre Eignung als Unternehmensform nach Handels-und Gesellschaftsrecht, 两者都载于：Csoklich/Müller（Hrsg）Die Stiftung als Unternehmer（1990）；有关最新的奥地利法律状况 CZOKLICH/MÜLLER/GRÖHS/HELBICH, Handbuch zum Privatstiftungsgesetz（1994）。

误解，并且不符合目的。因此，这一称谓对于非完全独立的组织并不普遍。[143]

权利能力是一种规范性的，也即通过法律秩序的特定规范赋予的特征，具有重要的额外后果（主要涉及成员的责任）。就此而言，法人实际上是一个"理想的整体"（ideales Ganzes）（弗卢梅），因为它是作为独立的单位，属于规范领域。这也就使得法人"拟制说"容易理解了，该说为了解释（11）*原则上法律将非自然人的组织与自然人平等对待*（平等对待原则；如《奥地利普通民法典》第26条的明确规定），认为这是一个相应的法律"拟制"。但是，这也只是作为针对法律上平等对待规定的解释而具有说服力，因为这样的"拟制"没有说明任何东西。

但是，不论是在理想状态下，还是在事实上深入发展的法律秩序中，平等对待不是任意实现的，而是基于可实行的、追溯至基础性法律原则的理由。与此相应，人格化（Personifizierung）的前提是一个真实的基础（Substrat）；是一个基于人和（或）财产的社会"功能单位"（Wirkungseinheit）（弗卢梅），它主要是在意思形成与代理（Vertretung）方面被如此组织，以至于它适于通过交易中独立的、一致的行动来持续追求特定的人类目的。主要是"真实的团体人格"（Verbandspersönlichkeit）理论关注了这一点。新近的法律社会学组织理论重新发现了这一现象。如果认为工会、全国汽车俱乐部、大型股份有限公司、强大的运动协会等都是"拟制"，那么鉴于其明显的社会功效，这样的想法也是没有讨论价值的，并且几乎从来没有人如此坚持过这样的想法。

合目的性原则对于法律上承认一个——有关人类的——"超人格体"形态（Gebilde）在交易中作为独立主体的最低要求可以被概括为（12）*适于独立的组织*。与此相应，对于作为基础的人合团体（Personenverband）所指的主要是"*实体组织*"（*körperschaftliche Organisation*），与之相对的是具有纯社会性特征（Gesellschaftscharakter）的人的联合，即使两者之间界限模糊。由此，这一区分具有类型学的性质。

基于一般而言的法的安定性和基于特别而言的法律行为上的信赖与交易保护的原因，经济与政治上的力量潜能（这种力量潜能尤其可能是较大团体所特有的）和法人相对于其成员或者受益人的法律独立性（这种独立性的典型结果是成员或者受

---

[143] 有限的独立性是完全可能的，而且可能是符合目的的。有限的独立性或许描述了"较新的共同共有学说"的核心，该学说将共同共有（Gesamthand）自身设想为权利人，却同时将权利和义务与共同共有人合同上结合的团体联系起来（FLUME, Allgem Teil I/1, Die Personengesellschaften [1977] 89；赞同人合公司的 K. SCHMIDT aaO 167 ff [177]；关于相对于法人残留的实际差别［尤其是社员的个人责任！]）176ff。如果该作者原则上针对权力人身份（Rechtsträgerschaft）"否定共同共有统一模式"，这一点就容易理解了；然而不太好理解的是，他以"实证主义的方法（！）"违背《德国民法典》的内容与《德国民法典》立法者的意思［K. Schmidt 自己这样 174］将［《德国民法典》的］民法上的社团（Gesellschaft）描述为具有权力人身份的共同共有。OSTHEIMS aaO 162 ff "暂时权利能力"的学说已经得出有限独立性的结论了；也参见 FABRICIUS aaO。也可以被归类为子集的是有关纯粹部分权利能力的那些情形，它们已经表明了不完全的独立性。——关于从人合公司法推移至人法的体系化建议，参见本章结尾关于公司法的部分。

益人不存在对于法人债务的个人责任，确切地说正是因为每个主体真正的"个人责任"，这里正是法人的"个人责任"）导致对于组织的规范性最低要求，以及至少如果这样的组织是在经济领域活动的话，对于其规范性在经济上的最低配置要求。充分考虑结社自由的话，这些要求就不能再反映于以行政机关的自由裁量作为决定性因素的行政许可体系之中，而可能应当是（13）*规范性前提条件原则*（*Prinzip der Normativbedingungen*），根据这一原则，在考虑到一般的安定性要求与潜在债权人保护的条件下，由法律一般性地设置最低要求。

基金会的特殊问题是财物的持续性（因为在基金会设立者死后原则上不可更改的）义务，使得这些财物脱离于普通的法律行为交易。[144] 这其中就存在一种比卡特尔问题更为古老的、自我取消自由的特定孤立的自由倾向的变体，从而违反了自由最大化原则：自由的基金会设立行为排除了无数的嗣后处置：即使是那些在各自的经济关系下可能是完全符合目的的。经济效率要求对各种新的形势具有适应能力，这一要求因此就只能发挥有限作用。这也就解释了反复强调的，比如较早的奥地利基金会法对于独立基金会的要求，基金会的法律存在前提是促进特定的公共利益。从更为自由的视角来看，对基金会还存在法律控制措施或者最高期限限制。规范性的理解是，为了补偿特定基础性原则受到的损害，具体情况下明确提升其他原则（或者同一原则的其他方面）是必要的，或者这样可以限制该损害。这就出现了与基金会相关的（14），即*通过特定控制措施以弥补交易限制的原则*。

该原则甚至作用于在例外情况下，（行政当局控制的）修改基金会目的或者解散基金会。在法人制度最重要的部分领域中，另外尤其要重视的是后文将会讨论的"公司法"诸原则。

二、平等对待的结果与限制

平等对待原则还有几个重要后果属于有关法人的总则理论（die allgemeine Lehre）。首先是法人的侵权责任[145]，这基本上是平等对待原则就已经要求承认的。在特殊责任法的意义上，更精确地确定法人必须以其财产承担责任的"组织机关"（Organ）时，很大程度上必然是进行与"辅助人责任"相同的规范性权衡。"辅助人责任"还将被讨论到，因为此处与彼处涉及的都是第三人侵权行为的归责。

---

[144] 更一般的，更确切地说尤其是针对公司法，REUTER, Privatrechtliche Schranken der Perpetuierung von Unternehmen（1973）研究了相应的原则上违反市场的现象。更广泛的是 GROSSFELDT, Unsterblichkeit und Jurisprudenz. -Eine rechtsmethodische Betrachtung, Festgabe M. Kummer（1980）3 ff.

[145] 尤其参见 MARTINEK, Repräsentantenhaftung（1979）196 ff；OSTHEIM, Gedanken zur deliktischen Haftung für Repräsentanten anläßlich der neueren Rechtsprechung des OGH, JBl 1978, 57；DERSELBE, Organisation, Organschaft und Machthaberschaft im Deliktsrecht juristischer Personen, GedS Gschnitzer（1969）317；BYDLINSKI, „Bananenprozeß" und Schadenersatzrecht, ZAS 1966, 169 ff（alle mwA）.

但是，平等对待原则的影响范围是，该原则支持法人对于那些在执行法人事务时行使主要决定与领导职能的人无条件地承担责任，如同这些职能由个人，作为有组织的支配与利益领域的主体，尤其是企业的主体，至少在一定范围内亲自地，并由此承担无条件的自己责任情形下常常行使的那样。因为实用而合目的的法律适用要求更加强烈地支持，由法人为作为"责任法意义上的组织机关"的每个独立行动的"当权者"或"代表"承担责任，因为在具体情况下难以判断，具体的法人最可能与哪一个由个人组织或控制的具体"领域"进行比较：具体企业经营者在极其不同的范围内向其所信赖的人授予领导与决策职能。

由于这一类型化的必要性，或许早就由于老一套的视角，即法人作为不能将过错归于其自身的"这一种"类型，法人的侵权责任就构成了相对独立的难题，而且该难题的解决规则属于总则。

同样属于平等对待原则（与完全的法律独立性）结果的是这一规则，即法人与自然人一样，都只以他们的独立财产为其债务而承担责任（"分离原则"）。只有在非技术性的针对位于"（法人）之后"的自然人的观察中，才表现出（这些自然人的）"有限"责任。

然而对于——还没有最终确定的——例外情形，法人制度的这个一般规则被"*刺破面纱*"[146] 的可能性所突破，责任追究直至属于法人"事实基础"的那些人，尤其是控制法人的那些人。就此而言，按照普遍的看法，如果为了避免过度损害基础性法律原则而有必要，就可以违背平等对待原则放弃法人的独立性。

然而很多在关键词"刺破面纱"之下讨论的问题基本上所涉及的都是，相关当事人根据一般（部分情况下当然被适用于法人的）规则，在其与法人相关的行为中，因为自己的违法和过错行为而被追究责任。比如，这适用于对破产申请负有个人义务的企业负责人所造成的迟延申请；更不用说由企业负责人或"事实控制者"所实施的欺诈；以由义务人控制的法人作为工具来违反竞业禁止，以及许多其他规避法律的案件。那么，"刺破面纱"就只存在于极其非技术性的意义上。事实上，这里涉及的是对合同与相关一般规范的符合事实和目的的解释（规范目的理论）。

有目的的分离机会与风险，破坏了交易与信赖保护原则、补偿正义和经济效率。为了遵循这些原则，然而也是基于极其"专属于法人的"权衡，就要把明显的、对于潜在交易伙伴高度危险的"资本不足"归类为法人组织者自己违反义务的

---

[146] 参见比如 DROBNIG, Haftungsdurchgriff bei Kapitalgesellschaften（1959）；SERICK, Rechtsform und Realität juristischer Personen² （1980）；MÜLLER-FREIENFELS, Zur Lehre vom sogenannten „ Durchgriff" bei juristischen Personen im Privatrecht, AcP 156（1957）522 ff；FLUME aaO 63 ff；J. WILHELM, Rechtsform und Haftung bei der juristischen Person（1981）；WIEDEMANN, Gesellschaftsrecht I（1980）217 ff；K. SCHMIDT aaO 170 ff；LÖBER, Die Durchbrechung der Rechtspersönlichkeit bei Kapitalgesellschaften in den Rechten Österreichs, Deutschlands und der USA, ZfRV 1966，61 ff und 145ff；尤其现在从奥地利法的观点出发 HARRER, Haftungsprobleme bei der GmbH（1990）123 ff（关于提炼出的案例类型与证明的概览），162ff。

行为。这种"资本不足"必须根据所计划的交易活动来衡量（在公司法上还要参照这些问题和下文的问题；彼处尤其是有关"规范目的理论"）。

除此之外，根据目前的讨论状况最明显的是，对于极其特殊的案件形式，一般的*禁止权利滥用*作为一般观念似乎具有相关性。这些案件形式的标志是非常严重的，并且在整体权衡中不合理地违反特定的基础性法律原则。正如通常那样，针对"原则上的"尤其令人厌恶的情况，禁止权利滥用原则在这里也纠正立法机关没有充分预见性的案件设想。这些立法机关制定了具体的规则层。

丝毫不令人担心的是，为了在经济活动中实现限制风险的目的而简单地使用"法人"这个法律形式。这样只是以合法的方式充分利用了平等对待原则的一个明确后果（只要不是从一开始，比如在明显的资本不足情况下，投入资本与追求的经营活动之间的关系恰恰显示具有极为可能损害其他交易参与者的赌博特征）。

基于同一原因，即作为产生于平等对待原则的后果，在法人制度中承认了"一人公司"这种形式；即使它在客观上（特殊财产，但是被"一人"自主支配）呈现为向基金会的过渡形式，而且仅具有责任限制的功能。就一人公司的设立被排除而言，也体现了结社自由原则对于设立规则仍然具有支配性影响。就是出于合目的性原因，即为避免在设立过程中和其后不久的不必要浪费，也应当优先直接允许"一人公司"形态的具有权利能力的特殊财产（参见最新的《德国有限公司责任法》）。

虽然前文最后讨论的这些难题或解决规则属于法人的总则理论。但是如前所述，这些解决规则主要产生于早就提过的那些原则。因此，扩充原则清单的肇端可能还不存在。

第五节 法律行为

一、私人自治

几乎毫无争议，法律行为制度在极大的范围内被（15）*法律行为的私人自治原则（自主决定 Selbstbestimmung）* [147] 所支配。根据该原则，当事人自己可以根据其法律上的自由意志为自己设立法律规则。这在很大程度上同样明显地表现为基础性自由原则的具体化。作为结果（下位原则），私人自治原则包括（15a）*由于意思*

---

[147] FLUME, Das Rechtsgeschäft[3] （1979）Ⅵ（第 1 版前言）将有关法律行为的学说视为"关于庞大的私人自治命题的变体"。根据本节此处的观点，这虽然夸张，但是也是针对在法学讨论中对于这一原则有时受欢迎的、广泛的忽视的一个富有价值的相反立场。对此尤其也参见 MERZ, Privatautonomie heute -Grundsatz und Rechtswirklichkeit （1970）。

瑕疵（强迫、欺诈、错误）的无效原则，但是其精确化在具体情况下也取决于与法律行为制度中其他超越私人自治的原则之间的权衡。

这一切的生效依据恰恰是——已在其他地方提出的——法律行为制度的"组合"理论[148]，该理论将法律行为制度规则归因于多元的原则层次，归因于多个原则之间的相互配合与相互作用：因为即使如此，符合真实自由的效果意思与表示意思的，也即符合较狭义的与原本意义上的自主决定的法律行为意思表示，也由此独自发挥最强的效力。这一效力没有受到意思表示瑕疵规则或者有关紧急状况的重要意义的规则或多或少地严重相对化。私人自治原则在法律行为制度的众原则之中的优先性由此已经得到体现。尽管该原则处于优先地位，也只有重视的确"客观的"原则，也即超越自主决定这个主导思想的原则，才能充分地理解并以合乎逻辑的方式对整个这一法律领域进行具体化。

术语上需要注意的是，自由原则在适用于所有社会的私法（相对远离国家的）关系时，有可能被完全称为"私人自治"。那样就既包括纯粹行使一般意义的行为自由（也就是作不被禁止行为的自由），也包括"内部"（即也不涉及其他主体）的权利行使，如人格权或所有权。后一类自由与一般行为自由的区别之处在于，遇到妨碍时总是存在防御请求权。我们可以想一想，在人格权框架内随意行为或随意运用所有权的这种——法律上特别保护的——能力。这里所说的也可能是"权利行使自由"。相反，比如某人的一般行为自由，在共同使用的范围内，在特定的位置上行走、坐下或放下某物，由于他人刚好已经实施过该行为而受到妨害，则不存在防御请求权。同样的道理也适用于比如单纯争取签订某个特定合同的自由：如果已有更成功的竞争者捷足先登，我们必须接受现实。

在这样的范围内，除了限定于私法关系以外，"私人自治"这个概念在与自由的关系上没有表现出任何不同的内容。因此，一方面我们可以同样直接认为是自由原则本身在私法中的适用，另一方面可简单认为是保护已成立的主观权利。

相反，"法律行为"的私人自治指的是完全独立的东西，也即每个人都有机会通过表示自己的意思，即确切地说正是根据所表示的意思内容，以使具有拘束力的

---

[148] BYDLINSKI, Privatautonomie. 针对特定部分难题的进一步论述尤其见于：Zur Einordnung der allgemeinen Geschäftsbedingungen im Vertragsrecht, FS Kastner (1972) 45; Erklärungsbewußtsein und Rechtsgeschäft, JZ 1975, 1; Willens-und Wissenserklärungen im Arbeitsrecht, ZAS 1976, 83 und 126; Die Entmythologisierung des kaufmännischen Bestätigungsschreibens im österr Recht, FS Flume (1978) 335; Zu den dogmatischen Grundfragen des Kontrahierungszwanges, AcP 180 (1980) 1; Die Grundlagen des Vertragsrechts im Meinungsstreit, Basler Juristische Mitteilungen 1982, 1; ——由多数法律原则"组合式"汇编的法律行为制度，一方面以 W. WILBURG (Entwicklung eines beweglichen Systems im Bürgerlichen Recht［1950］) 的动态体系思想为基础，关于对"客观"原则影响的承认，在此尤其也以 RUDOLF REINHARDT, Die Vereinigung subjektiver und objektiver Gestaltungskräfte im Vertrag, FS Schmidt-Rimpler (1957) 118 ff 为基础，而且以——与不能被根除的错误主张相反——Schmidt-Rimpler (参见更详细的注释) 细微差别的看法本身为基础，他甚至（可能过于广泛地）承认"主权形态"（hoheitliche Gestaltung）为共同决定性的。——除了在被引用的有关私人自治的续作中已经证明的观点之外，最近 FASTRICHT, Richterliche Inhaltskontrolle im Privatrecht (1992) 接受了组合式的看法，作为合法内容控制的核心标准，另一方面他以内容上的正确性与根据合同订立的通常情况被相对化的自主决定之间的关系为准。

特定法律效果发生效力；也就是一种设立（通常是个人的）法律规则的特别的私人方式。通常情况下，在类似强度地涉及他人的情形下——基于公平或同等自由的正义原因，也为了符合目的地避免法律上有效的、但缺少债权人利益而实践中无意义的单方义务——需要该他人对此的"合意"。由此，法律行为具有合同的特征，从属于*(16)* 合意原则。[149]

根据恰恰想要了解的更准确的作用与真实领域，可以在私人自治的框架内具体地区分合同自由与遗嘱自由。前者表现为债法（针对负担行为）、物权法（针对处分行为）和家庭法（针对地位设立）类型。合同自由的各种因此不同程度可限制的部分是缔约自由、缔约当事人选择自由、形式自由、内容上的形成自由与解约自由（Auflösungsfreiheit）。结社自由也在法律效果方面表现为合同自由的一种更具体的亚种（Unterart）。以上所提及的法律行为私人自治的下位原则（*Unterprinzipien*）因此属于更特殊私法内容的原则层次。

二、私人自治与商谈中的客观法原则

尽管私人自治在法律行为制度中具有首要的意义，这个巨大的领域也绝不能仅仅追溯到这一个原则。对此尽管存有争议。正如已经介绍过的那样，弗卢梅将法律行为的整体理论视为私人自治的释义（Papharasierung）。然后他却把"自己责任"（Selbstverantwortung）[150] 与之相提并论。即使这样始终过于简化的原则层次，能够被他坚持到底的唯一原因是，借助于重新复活一个陈旧的、但是原则上完全收益甚微的罗马法范畴，他将一整个系列的、相关的"实证的"法律建构（例如"权利失效"（Verwirkung）或"商业确认书"）单纯地归类为"各种原因情形"（variae causarum figurae）。这些法律建构的对象是某个"法律上意义重大的行为"的特定方式。[151] 这样放弃尽可能广泛的原则上的论证，而且不再对实证法形成的规则群（Vorschriftenkomplexe）进行体系化归类，由此也就放弃了逻辑性控制，这一做法已经被本书所追求的体系化目标所排除了。

在其他方面，如果试图证明实际行为与抉择的备用方案（即从极端的"肯定的"角度来理解自由）是每个具体法律行为都始终必要的生效前提条件，私人自治

---

[149]　针对这一原则、其原因与（当然是有限的）"准确性保障"尤其参见 SCHMIDT-RIMPLER, Grundfragen der Erneuerung des Vertragsrechts, AcP 147（1941）130；DERSELBE, Zum Vertragsproblem, FS L. Raiser（1974）1。在合同的合意机制中自身存在的"准确性"倾向（尤其是补偿正义；经济效率）说明，法律行为制度中的"客观的"法律原则局限于（非常重要的）控制性—校正性的意义。最近针对"合同"现象的广泛的、均衡的深入研究，参见 MERZ, Vertrag und Vertragsschluß（1988）。对合同约束效果的纯粹实证主义解释（30）却没有继续深入到，为什么（所有！）发达的实证法律秩序都清楚合同的约束力这个问题。有关合意问题具体的讨论，尤其参见 KRAMER, Grund-fragen der vertraglichen Einigung（1972）。

[150]　AaO 61, 417；也即作为自主决定的"部分"或者——更准确地说，由于涉及一个不同的原则——作为自主决定的"补充"（Korrelat），或者与其"相关"。这一权衡（416）——尽管 FIUME 反对信赖原则——完全是信赖理论的。

[151]　AaO 113 ff（133）.

就被夸大为法律的主导原则。[152] 这既不能在实践中被贯彻，也没有理论上的合理性：凭什么可以否定在一方当事人可能处于极端紧急情况下签订的，但是内容上却根本毫无疑问的合同的效力？即使是紧急需求，并且恰恰是特别迫切的需求，我们也必定能够在法律行为交易中得到满足。[153]

标志着相反的极端观点的命题比如有：根本不存在私人自治或合同自由。[154] 这种观点认为，所有注意力都应当置于保证合同正义上（有关合同正义我们的确知之甚少）。但是这里显然根本没有把合同自由理解为规范性原则，而是理解为不考虑情况与相对方的意思来贯彻个人愿望的实际可能性（人们可以几乎相同的理由主张不存在禁止谋杀原则，因为谋杀只能发生一次）。这种观点可能与某种不正确的基础观念存在关联，把法律规范误解为针对现实的——可能隐蔽的——陈述（Aussagen）。

最新型的针对私人自治的类似怀疑要求从——被理解为实际上无效的——私人自治过渡到"社会自治"，并且因此基本上是将劳动法上的集体劳动合同或劳资协定模式普及于各种其他关系，比如承租人或消费者关系。[155] 这对于一种按照原则的，充分重视作为规范性原则（而不是替代性地作为不准确的状态描述和作为乌托邦）的自由原则的观点（eine prinzipielle Sicht）来说，就偏离个人自由保护过于遥远了。[156] 另外这类怀疑也缺乏实在的前提，尤其缺少适合的、代表双方的团体（Verbände）[157]，正如劳动领域中那样。

在其他方面值得怀疑的是一种"双轨制"（zweispurig）观点，主张在法律行为制度中，一个单独由自我决定所支配的领域与另一个由信赖原则或"信赖责任"统

---

[152] M. WOLF, Rechtsgeschäftliche Entscheidungsfreiheit und vertraglicher Interessenausgleich (1970) 119, 162. 相反的比如 HÖNN, Kompensation gestörter Vertragsparität (1982) 以令人感兴趣的方式提炼出既有法律规则一个完全不同的体系。这些规则应当平衡了缔约人真实选择机会方面过于广泛的不均衡状态。也就是说，这些不均衡状态并非普遍性地被确定为无效原因。然而 HÖNN 完全是实证主义地以立法者关于在特定情况下存在关系重大的不均衡状态的意见为出发点。DERSELBE, Entwicklungslinien des Vertragsrechts, JuS 1990, 553 现在对合同法的当前发展状态提供了富有启发性的概括。

[153] M. WOLF aaO 113 同意这一理解，这就迫使他最终形成一个既复杂又令人迷惘的"抉择自由"概念（aaO 294 ff），这一概念必然包含了完全不同性质的、与通常的概念理解不相容的因素。

[154] 例如 ZWEIGERT, „ Rechtsgeschäft "und „ Vertrag " heute, FS Rheinstein II (1969) 501 ff; KÖTZ, Gutachten für den 50. DJT (1974) 36 f; 对此尤其参见 ZÖLLNER, Privatautonomie und Arbeitsverhältnis, AcP 176 (1976) 221 ff.

[155] J. SCHMIDT, Vertragsfreiheit und Schuldrechtsreform (1985) 250 ff (有庞大的材料，并且批评性地反对私人自治，因为它不能提供——仍然无定义的！——正确性）。

[156] 针对此书论证方法的广泛批评，参见 PICKER, Vertragsfreiheit und Schuldrechtsreform, JZ 1988, 339f, 尤其是针对不重视特有的"自主决定的价值"（也即自由原则本身）以及针对完全没有实现的对"社会自治"可期待结果的比较性的具体审查 (342)。

[157] 参见 VON STEBUT, Der soziale Schutz als Regelungsproblem des Vertragsrechts (1982) 294 f, 他尤其指出了承租人保护制度的"防御结构"。

辖的领域相互对立。[158] 始终应当重视的原则层次的多元性就已经一般地反对这种观点了，而实际上尤其反对这种观点的，是不太恰当的、在具备或缺乏表示意识时可能错误的界限划分。恰恰在自我决定的视角下显得难以理解的是：甚至是具备表示意识，但是在表示错误时却表达了不同于其所意欲的内容的同一个人，恰恰不希望——至少暂时直到可能被撤销前，如果撤销前提存在的话——从其表示中产生的*那个*法律效果。因此，无法理解的是，在完全狭义地将自我决定理解为有意识的最终法律效果构建的视角之下，哪里能存在区别；更具体地说，究竟怎么样才能仅仅基于这个原则来论证在表示错误中发出的表示的——即使可能通过限制被相对化——法律效果。[159]

较旧版的"双轨制学说"甚至面临着以下批评，即与其他条件不变（ceteris paribus）时有意地行使狭义上的自主决定行为相比，纯粹的信赖责任被认为具有更强大的作用[160]，这仅仅根据正义的均衡原则就是不可能的：即使是有意识的表示也引起（此外）可归责的信赖事实。

针对卡纳里斯力求谨慎地从目的论上进行协调的做法，还有另一点异议，即通过单纯强调私人自治原则，甚至不能充分地解释生效自主决定行为的法律约束效力。私人自治原则的确支持由参与个体尽可能自由地建构相互之间的关系。自主引起的约束力虽然肯定只是对这种自由建构最微弱的可能干预；也就是说在很大程度上符合权衡的原则最优化。然而考虑到自由与约束在概念上的对立，就是自由或自主决定也不能单独论证法律行为的拘束力。

如果想要强调，一旦承认参与者的意思在法律上具有决定意义，只要其意思是旨在发生有拘束力的法律效果，自然也就必须承认该意思的决定意义。这种想法可能纯粹只是一种肤浅的解决方案。这当然就跳过了一个关键问题：个体自由的自主决定——如果独自具有决定性——将要求，每个主体也能再次自由改变一时表达的意思，*包括受拘束意思*（Bindungswille）。恰恰这一点已经被业经实施的法律行为的持续法律拘束力所排除。

法律的拘束力规定的独立意义非常明显，并且尤其展现于，基于法律上的无效原因，参与者既有的和已表示的法律效果意思正好被剥夺了所意欲的法律效果。

[158] 有代表性的是 CANARIS, Die Vertrauenshaftung im deutschen Privatrecht (1971) insb 217, 249, 427 und 537 und 548 ff. 对他而言，属于"信赖责任"的包括比如表见代理，虚假交易中的"第三人保护"，其他情况如"权利外观责任"、"商业确认书"、形式无效合同的恶意、"禁止自相矛盾的行为"、丧失权利（Verwirkung）与取得（Erwirkung）等。过于普遍化地分离"信赖责任"与法律行为制度的，目前还有 SINGER, Das Verbot widersprüchlichen Verhaltens (1993) 79 ff, vgl auch 58, 76（在对其较狭窄的命题非常具有促进意义的研究的框架内）。

[159] 更详细的参见 BYDLINSKI, JZ 1975, 1 ff; 赞同的比如 LARENZ, AT[7], 354 ff, sowie BGH in BB 1984, 1317 = NJW 1984, 2279 (krit CANARIS) = JZ 1984, 984 (zust AHRENS).

[160] 参见比如 MANIGK, Das rechtswirksame Verhalten (1939) 108; KRAUSE, Schweigen im Rechtsverkehr (1933) 159.

　　尽管有些人认为，仅仅因为道德上的人格（sittliche Persönlichkeit）天生具有拘束能力与负担能力（Verpflichtungsfähigkeit），受到合同拘束力就已经得到足够的论证，以至于自主决定行为的法律拘束力不需要其他的理由。[16] 所有的无效原因再次证明，额外法律上的权衡仍然是必需的，也就是说，并非只有自主决定在起作用。除此之外，基于作为核心人格因素的自主决定原则根本不能进行论证，因为独立于自由意思变更的拘束力根本不能被从作为唯一主导目标的这一原则中推导出来，即使拘束力可能是被主动接受的。自主决定，也即自由，是一个方面，拘束力是另一个方面，双方是一对矛盾。辩证法式的相提并论只能导致混乱迷惘。

　　更确切地说，实际上在这一论证尝试中已经以隐蔽的方式同时考虑到了另一个自己责任思想（结果归责），它必然对应于承认人类（在一定范围内总是）作为一种自主决定生物。于是，拘束力恰恰不能单独基于自由的自主决定原则得到解释，否则就会自相矛盾，相反是基于，自由行为的外部的、同时涉及其他人的后果（例如：其他人的信赖状态）能够——具体根据基础性原则的广泛权衡——被归责于行为人；也即基于对行为人造成不利法律后果的原因。并非自主决定原则这个原则，而是——靠近的——另一个自己责任原则从根本上解释了法律行为有拘束力的、也即独立于参与人已变更意思的效力。自己责任原则从而注意到了作为表示行为可归责后果产生的表示受领人的信赖地位。

　　只有这样的视角才允许之后更精确地探讨，法律行为行动中的哪些要素根据哪些法律主导原则支持有拘束力的法律效果，并且在什么界限内正好是这样的情况。如前所述，自然而然地，这一问题必定首先引向法律行为行动的各个相对人，他们对法律行为所表达的法律效果产生信赖，也因此创造了或许甚至更广泛处分（Disposition）的有效基础。一旦信赖保护与（一般意义的）交易保护被承认为任何情况下都具有共同决定意义的原则，那么接下来的问题将是，为何信赖与交易保护原则发挥作用的条件可能只能是，仅基于最狭窄的责任标准，也即完全有意识与有意图地引起具有决定意义的（或对此的信赖）法律效果，就可能对法律行为的行为人进行归责。由于对此明显不存在有说服力的理由，立刻就显现出其他权衡问题。只要仅仅自己责任原则还发挥作用；换言之，只要至少涉及自己自由行为后果的归责或者自我领域的可控制影响，在这些权衡问题的框架内，在整体权衡的基础上，即

---

[16] LARENZ, AT[7], 41. CANARIS 一方面就引此为证，或者援引源于自主决定的法律上自我约束的替代意义（414），但是主要援引无瑕疵的法律行为"概念"（413）。然而来源于一个"概念"的那些规范性结论本身是值得怀疑的，因为它们只是可能的，如果我们将一个概念作为一个规范的表征使用，那么这一规范必然无论如何不是"从这一概念"进行论证的。因此根本性问题仍然是悬而未决的，因为法律正好才确定法律行为的瑕疵性或者无瑕疵性，并且肯定并非纯粹基于自主决定原则。

使一个较弱的责任标准可能也就足够了。"自己责任"与"信赖保护"[162] 所指的肯定——与有些最新的解释相反——不是法律行为制度中对立的原则或地位。毋宁说它总是涉及通过自己行为（或在自己领域可控制的情况）造成的"可归责的"他人信赖状况。该信赖状况是可预见、可避免的行为结果，这一结果被归于行为人（或该领域的主体）负责。

因此，在法律行为的关联上，尖锐的矛盾架构必定是错误的。由于在这一关联上专门涉及将表意人通过其自由行为，此外特别是通过对其可能偏离客观表达意义的真实意思的不完整表达，所引起的信赖归因于法律行为的效果，我在此称之为"广义的自我决定"，这就立即使法律行为制度的关联显得明晰。当然，自由原则与自己责任在此就不再严格地作为对真正自由的和有意识的权利构建的授权，而可能更弱地作为避免信赖事实的可能性，尤其通过告知另一方当事人真实的法律效果意思或该意思的欠缺。无意识的，但是可归责的表示"不足"可能被撤销；有时的结果也是更强化的"内容控制"。

三、法律行为制度的原则清单

以上寥寥数语大约已经证明，在此仅出于本书体量的考虑，有关当前针对法律行为制度原则层次的讨论状况就不能再更深入地讨论了。关于法律行为制度的"内部体系"，在此处可能的范围内可信的暂时结果最好通过以下方式实现，即以早先专著中所强调且论证过的法律行为制度的原则层次为基础，并加以少许补充和修正。

比起此处局限于仅仅针对原则层次可能进行的探讨，在以前的专著中[163]甚

---

[162] 有关法律行为制度中的"信赖原则"尤其参见 CANARIS, Vertrauenshaftung; MEIER-HAYOZ, Das Vertrauensprinzip beim Vertragsschluß (1948); FROTZ, Verkehrsschutz im Vertretungsrecht (1972); SCHMIDLIN, Das Vertrauensprinzip und die Irrtumslehre im deutschen und schweizerischen Recht, ZfSchweizerisches Recht nF 99 (1970) 225 ff; EICHLER, Die Rechtslehre vom Vertrauen (1950); VON CRAUSHAAR, Der Einfluß des Vertrauens auf die Privatrechtsbildung (1969); KÖNDGEN, Selbstbindung ohne Vertrag (1981), 将法学难题转化为一个社会学的术语。——LEENEN, Die Funktionsbedingungen von Verkehrssystemen, in: Symposion Wieacker (1990) 108 ff, 以富有价值的方式突出强调一个独立的、不依赖于具体情况下有权信赖的、也即更抽象的"信赖保护"；尤其是在经济上的效率视角之下。在大量的、尤其是触及相对较小利益的事件中，实际上经常表现明显的倾向是，取消针对事实上是否存在值得保护的信赖的具体的成本过高的调查，这种信赖在典型情况下本来就是存在的。然而原则上不合理的是，同时恰恰作为规范解决方案，也为恶意信赖者建立这样的保护，从而不利于或许只是稍微不够熟练的或者完全纯粹倒霉的其他交易参与者。作为规则必须绝对坚持的是保护可归责地引起的值得保护的（因为基于注意而产生的）信赖。LEENEN 明显普遍倾向于抽象的交易保护，他原则上的看法的缺陷在于，他只是单一地考虑在具体参与者之间进行利益衡量或者（作为替代）仅仅重视公众利益。以前法律状态的许多制度已经早就证明最广泛的综合可能性的可能性与现实。规范意义上被 LEENEN 误判的尤其是充分地双边论证这个核心私法原则（以上 V 4，那里当时以诉讼时效为例）。这类误判像那些涉及重大利益的虚幻的激进替代方案一样，导致当前私法教义学中许多令人怀疑的发展与立场，以致此处提出的批评需要被一般化。尤其在有关"第一个分裂倾向"的讨论处将证实这一点。

[163] Privatautonomie und objektive Grundlagen des verpflichtenden Rechtsgeschäfts (1967).

至已经对许多具体的权衡难题与——在现行法中找到的或推导出的——权衡结果进行了更加深入的探讨。在此尤其明确了具体原则的层次性，这对于支配更具体法律条文的折中性权衡具有决定意义。这一点尤其明显地表现在意思瑕疵规则制度中，此处还体现在意思表示错误规则之中，这一制度只能被理解为的确只是产生了一个框架的权衡结果。在这个框架内，明确化的"实证的"选择是必要的，正如不同法律秩序中原则上完全具有一定合理性的各种解决方案之间的一些差异所展示的那样。

法律行为制度中的下列原则[164]在以前的文献中已经被强调过：

第（1）号原则，即个人有意识地自主决定的思想（法律行为的私人自治）；包括该思想对于订立合同时的合意与对该合意——有条件的——"准确性保障"的必然的双边应用（如同以上第（15）号、第（16）号原则）；当时的第（2）号原则，现在的第（17）号原则交易安全，尤其是（*基于注意义务，可归责于另一方的*）信赖保护原则。当时的第（3）号原则，现在的第（18）号原则合同给付与法律地位的内容等价。[165] 第（4）号原则，信守合同的道德力量（更一般地说：信守诺言）（对此进行一定的拓展是必要的）。

针对以上原则可以参见当时所作的解释说明。针对几个强烈的反对意见，已经在上述的讨论中表达了看法，当然更深入的还在前文指明的作品中。

四、广义上的私人自治

在以上关联中只有几点还能被特别强调：首先，法律行为的私人自治可以被理解为前文已经探讨过的、狭义的、严格意义上明知有意识地设立特定的法律效果；但是也可以在广义上和（在权衡中）更弱化地理解：特定的法律后果可以在相对人无瑕疵的看法中表现为法律行为上所意愿的后果，这可能可归责地归因于（外观）表意人的自由行为（或者其领域可归责的影响），*也*可能归因于表意人原本能向表意对象澄清其真实意思，却怠于做到。（在此，也就是说对于法律行为后果，仅仅

---

[164] AaO 122 ff.

[165] 对于实体的等价原则回归合同法的证明，比如在交易基础学说的框架内，尤其要归功于 WIEACKER, Zur rechtstheoretischen Präzisierung des § 212 (1956)；也参见 DENSELBEN, FS Wilburg (1965) 229 ff. 尤其是 LARENZ, Geschäftsgrundlage und Vertragserfüllung[3] (1963) 166 f 强调了合同正义作为（客观）交易基础学说的决定性基础。等价思想最主要是考虑到由于一般交易条件或者由于"消费者合同"导致的明显不均衡的风险分配而获得最重要的意义，并且导致现在法律规定的通过《德国一般交易条件法》或《奥地利消费者保护法》进行的"内容控制"，这一"内容控制"以均衡的法定任意性规则以及主要合同目的为出发点。（在法定新规则之前，已经以笔者的法律行为制度的一般化"组合式"理论作为基础，在此意义上首先是载于 FS Kastner [1972] 45 ff. 的文章）——关于等价原则最新的参见 SCHAPP, Grundfragen der Rechtsgeschäftslehre (1986) 59 ff；尤其是考虑到任意法作为等价原则的具体化（鉴于一般交易条件尽管不值得赞同）。

对自由行为的归因还是不充足的，因为自由行为不可能是法律行为制度中"履行"责任的特性。）

属于法律行为制度的还有"广义的私人自治"的结果，因为不仅——在表意对象的观念中——至少存在一个特定的"意思表示"，而且更确切地说，表意人原本能够通过单纯相反的表示（也即不仅仅通过避免其他相关行为）排除其原已表达出的法律效果，以致在有些情况下即使是非意愿的、但是已经表示的（具有"履行效果"的）法律效果也可以被归责于他。"广义的私人自治"应当首先强调了，自由思想和由此而来（涉及私法权利设置）的自治思想也在法律行为法的规则与制度领域中得到充分的保障，而这些规则与制度最初起源于信赖原则与自己责任原则（和与其相符的归责标准）。如此一来，法律行为的——通常毫无偏见地假定的——统一性也就在原则上系统化地，而不是仅仅在外部体系的意义上得到维护：涉及的是决定性原则之间的内部权重转移，也就是说，于规范上不是其他什么东西（如同已陈述的那样，甚至是对最狭义的法律行为的自主决定行为的——特别广泛的——持续性"责任"，若不借助于信赖原则或自己责任原则，也不能得到解释）。[166]

五、形式自由、真实的选择自由与等价控制

起初，私人自治原则，也正如自由原则那样，以"形式上"或"消极的"自由概念为基础；也就是说，在数种可能性之间进行选择时不存在确切的特定障碍。这里涉及的是不存在预先法律上存在的责任，以及不存在有目的的、歪曲意愿的强制，这种强制超出了平等参与人可以拒绝合意的范围。

对于双方（或多方）参与者平等的"积极"自由，也即可检验的（！）相同程度的可实现的（可能的与可期待的）多种选择与行动替代方案——基于在其他地方已经阐述过的理由[167]——不能被要求作为自由原则的法律衡量标准。否则——在

---

[166] 据此，无表示意识的意思表示和那些以"虚假"表示意识所为的意思表示（表示错误）一样，不需要被排除于法律行为制度之外。只要（旨在履行，而不仅仅是针对消极利益的）"信赖责任"以宣告性的表示（例如授予代理权的通告）为出发点，或者以其他规范性确立的信赖构成要件为出发点，我们就必须将其与信赖责任（与CANARIS aaO 一样）在概念上加以区分，但是要谨慎地与本来的法律行为制度的原则性评价相协调（这以相应的类推观念为前提）。仅仅为了加强印象来说，可能值得推荐的（就此而言还是与CANARIS 一样，只要不涉及通过类推来进行论证）就是，将相关制度"外部体系性地"归类为——那么更广泛理解的——法律行为制度，那么当然必须要扩大地比如以"法律行为与类似的信赖事实构成"来定义其基本事实构成。在此，"内部体系"更好的扩散性明显地反作用于外部体系。

[167] 参见 BYDLINSKI, Fundamentale Rechtsgrundsätze 190 ff；也参见后文内容。后文的阐述将马上针对合同订立时的力量非均势问题。以后对此还要在"第二个分裂倾向"的问题上更详细地探讨。这里就应当参考 KRAMER, Die "Krise" des liberalen Vertragsdenkens (1974) 中许多准确的观察。但是该作者最后暗示以整个社会的改造作为出路，这不仅如他自己所认为的那样只是一个乌托邦，而且其缺陷在于一个内在的矛盾：作为广泛社会平等的生产者与保证者，明显只有"超级平等"的超级强大的行政干部才能堪当大任。不论是过去，还是现在，这都没有正常发挥过作用。毋宁说，有必要的不是"改造"，而是在各种真实的情况下，不断努力实现尽可能好地"平衡"指导性原则。

此也许足以作为归谬法（argumentum ad absurdum）——缔约人在具体的情况下"没有选择"的特别急迫需求，恰恰不可能借助于法律行为得到满足。基于该原因，即使在一方缔约人处于单方严重急迫的情况下，一个内容上不容置疑的合同也必须获得允许并且有效。

在原则的整体权衡下，可能非常值得注意的是参与者之间明显的、从而在法律上也清楚的、不平等的选择替代方案分配（也即清晰可辨的不同的"积极"选择自由）。为此也必须针对可能的替代方案设定明显不同的知情要求。也就是说，在这一权衡中，私人自治原则的权重可能受到显著限制。这种选择可能性的不平衡，因而谈判能力的不均衡变得非常重要，尤其是当这种不平衡在结构上持续存在，当某个其他重要原则也一并被涉及；比如等价原则作为涉及双方的给付以及法律地位的补偿正义的合同法形式；也即涉及风险与机会。后者也被合同约定所涉及，但是超出了对将要进行交换的给付的确认（担保、风险移转、撤销权、抗辩权等）。

有关最后一点，由于其影响经常难以估计，并且由于在有些情况下——对于交易上无经验或不严格的交易参与者——存在的不可理解性，存在着更加严重的内容不均衡风险。可证明这一点的尤其是"一般交易条件"，其中内容上经常贯彻对只是偶然实现的风险进行分配的单方规则，客户要么根本不理解这些规则，要么寄希望于这样的风险还不会发生在他们自己身上，从而低估了风险。

在这里，作为规范性批判标准的，必须是针对平均情况的均衡的法律上的非强制性规则（Dispositivregeln），并且必须进一步的是，在发生风险的情况下，（单纯）合同一方明显的合同目的是否根本落空的问题。

为了适合作为控制工具，补偿正义的在此相关的等价原则必须从"客观上"理解；尤其是在评估对待给付时，必须根据客观的市场价值来进行（参见暴利或者与暴利类似违反善良风俗的行为；非常损失规则（laesio enormis）；作为交易基础难题的等价障碍）。

因此，这一标准的构建本身就是以等价思想的一种纯粹校正功能为前提，因为正是自由交换行为的整体才能产生客观的，经常就他而言当然只是框架性的"市场价格"，能够被用于控制严重的（价格）偏离。[167a]这其中就包含了与乌托邦式的、被历史经验完全否定的对"那个"本身"公平的"价格进行探寻的明显区别。等价原则这一纯粹控制性的、框架性的功能尤其明显地表现于赠与合同，赠与合同缺乏*任何*等价，但是毫无疑问（自由与深思熟虑地），在成立的情况下就是有效的。如

[167a] 同样观看合同自由与合同正义之间关系的（以非常原则性的论证），现在有 CANARIS, Verfassungs-und europarechtliche Aspekte der Vertragsfreiheit in der Privatrechtsgesellschaft, FS Lerche (1993) 883；赞同在合同法中对正义问题的消极表达和合同自由的优先性，只要其结论没有明显违反正义，"原则上"即使没有根据合同机制的一般内容控制，这也是正确的，但是也需要各式各样的法律干预。——合同自由的优先性（及其必要的正确性，遵守合同）也在此处提出的想法的框架内得到解释，自主签订的合同的约束力不仅得到自由原则（作为尽可能少的干预）的支持，而且得到经济效率的合目的性原则、信赖保护的法律安定性原则和自己责任原则的支持。

果将其理解为非校正性的，而是纯粹补充性的原则，等价原则当然还有一个主观的、恰恰以缔约人的判断为标准的模式，正如其还将要展示的那样。

六、私人自治与人格权保护

除此之外，如果私人自治原则的效果根据基本人格权保护原则令人怀疑（如参与人的生命、健康或人的尊严受到威胁），那么在法律行为时明显不平等的"积极"自由（在可期待的替代方案之间的真实选择自由）就合理要求对私人自治原则的效果进行限制。在直接或者故意侵害的情况下，就触及了这一保护的核心领域。就此而言，与之相左的法律行为规则完全被排除并无效；就这一点而言适用的是：同意亦非法（et volenti fit inuria）。人格权相对于财产权的更高规范位阶由此表现得很明显，这与有些经济学理论在规范上错误的平等对待趋势是相反的。

在这一核心领域之外，存在着在自我决定与（其他的）人格权保护之间的巨大衡量难题，在这些难题的框架内，在做出法律行为时参与人的选择状态在结构上，也即长期性地，越是明显不平等，前一原则的权重也就越微弱。

人格权保护提供的不仅是界限，而且有法律行为领域请求权发生的实证基础。尤其是劳动和承揽合同制度中的照顾义务（Fürsorgepflichten）与一般社会交往中的保护与注意义务，只要涉及人格权益的保护。针对财产权与财产利益，相关的是作为基础的合法权利保护和——在通常交易范围内，也因此可期待的范围内——信赖原则。

七、意思自治与自由最大化

甚至连平等的"形式上的"或"消极的"自由最大化原则也可能针对特定事实有力地限制私人自治的权衡比重：按真实关联与需求能够区别各种具体自由。如果在行使某个消极自由时，由于针对选择方案之间的真实选择存在明显的不平等，一个相比而言在对象上更加广泛的或者在论证关联上更为基础的另一消极自由这时受到限制，那么消极自由原则的最大化要求本身就要求排除或者限制所讨论的具体自由行使的通常效果。

表现特别明显的是那些面临着合同自由"自我废除"的领域；尤其是如果通过完全承认某类特定的合同，针对许多未来合同（首先是一个主体和由此间接的许多未来可能的合同相对人）的合同自由（并且也因而扩及整个合同自由）就会被排除或者过度限制。作为范例的尤其是卡特尔合同；捆绑合同（Knebelungsverträge）；孤立的禁止竞争；有关禁止转让与禁止负担的协议。虽然每个有拘束力的合同都限制债务人（与其潜在合同相对人）的自由，即使是一个关于通常的经济上交换既有财物与劳务的合同，因为这一债务人就其义务范围不再可以通过其他方式予以处置，或者由于其劳动力已经耗尽。然而这一限制自由的效力只是利益交换的结果表现，根本不能被避免。其他令人怀疑的合同类型，如上所列，相反可以被概括为"根本限制自由的合同"。

反对不加考虑地承认这类合同的，不仅有（形式！）自由最大化，而且有经济效率原则，这一原则要求针对各种情况及情况变化的持续适应能力，也即当时重新进行合同决策的机会。

如果甚至那些特别接近完全基本的人格权益，并且不仅仅涉及经济交换过程的"个人的"自由，被广泛性较小（不涉及整个人身）和基础性较弱的经济领域的——非均势的——交易所限制（例如对孩子数量的限制、通过租赁或劳动合同对宗教或政治活动的限制），那么就存在着更多类似的问题与客观法的解决方案。在这里，如果适用非校正性的客观法规则，那么债法上合同自由的特定亚种就要获得远远超出经济交换关系范围之外限制自由的效果。

八、直接生效的基础性法律原则

根据前文最后所说的内容，有必要的是，对已经提出的法律行为制度的四个主导原则目录进行补充，特别要注意基本人格权保护（在相对于法律行为的私人自治独立的，甚至一定情况下相反的意义上！）、平等自由的最大化，以及在法律行为制度中通过经济效率表现的合目的性都同样重要；此外，这几个原则（连同等价原则）以其在合同与客观法的中间地位，也是在"补充性合同解释"[168]时的控制性指导方针：这一解释就是要探求，对于实际上没有想到的，并且没有确定任何规则的特定现实问题，假设缔约人意识到这些问题可能会如何约定；当然是他们原本

---

[168] 尤其参见 LARENZ, Die Methode der Auslegung des Rechtsgeschäfts (1930)；HENCKEL, Die ergänzende Vertragsauslegung, AcP 159 (1960) 106；SANDROCK, Zur ergänzenden Vertragsauslegung im materiellen und internationalen Schuldvertragsrecht (1966)；LÜDERITZ, Die Auslegung von Rechtsgeschäften (1966)；SONNENBERGER, Verkehrssitten im Schuldvertrag (1970)；RUMMEL, Vertragsauslegung nach der Verkehrssitte (1972)；DERSELBE, Verkehrssitten und Vertragsauslegung, JBl 1973, 70。——各种合同类型的法定任意法规则排除在其适用范围内的引起合同补充的"法律漏洞"；除非通过适用一个自身"事实构成上适当的"任意性规范而使缔约人明显的合同目的（更准确地说是一方缔约人的那个关系重大的、被相对参与人承认的目的）落空。在最后一种情况下，其存在必须被仔细检验与论证，任意性成文法规则的可适用性首先依据补充性的合同解释排除，并且相关问题在这一情况下必须通过补充性合同解释来解决。（相反，法律仅仅补偿性地援引普遍性的补充标准，如交易习惯与商业惯例，因此这类补充标准相对于法律任意性规范要退居次要位置，法律任意性规范相比于普遍性的援引更为特殊。）此外，根据通常的方法论标准类推适用任意性法律规则也是适当的；当然只要不会使合同当事人明显的目的落空。在合同补充的问题上，没有更多与任意性规定的"合同类型"有关的了。——只要存在补充性合同解释的各种各样的可能性，这种可能性整体上符合一般的、对于合同补充具有根本决定性意义的"当事人意图"（而且不违背客观的控制标准），应当选择的就是那个在该情况下并且在外部形式上要求合同最微小改变（扩展）的解释可能，如同合同由当事人实际上决定那样。对此支持的是合目的性的客观原则（这里是在劳动经济的意义上），同时强烈支持的是正义的均衡原则，因为否则就经常不能找到确定的解决办法，并且因此在相同情况的案件中面临不同的结果。

"诚实正直地"（redlicherweise）可能约定的内容。第一个标准，"假设的当事人意思"参考缔约人在订立合同时目的与利益的所有证据（Indizien）（如果没有明显的异常情况，也包括"通常的"利益状况）；第二个标准（"诚实正直"）参考通过前述原则进行具体化的相互尊重的客观法控制标准。

法律行为制度中的任意法，更不用说强行法的许多客观法律规范，在前述客观法律原则中都发现了它们的论证理由。暂且可以作为范例的就是照顾义务、通过最低权利在社团法上的少数派保护，或者针对一般交易条件或有益于消费者的强制性规则。

除了法律行为制度*特殊*原则的目录以外，我们必须始终特别注意以上三个基础性法律原则。笔者在较早的专著中也已经明确地指出了人格保护，并且根据真实的选择可能性，进一步对私人自治的权衡比重进行清楚的分级。有关这些问题的更广泛的想法则是后来才提出的。

只要前述原则消极地，也即以禁止特定法律行为或合同的形式发挥作用，其各种具体化形式就可以被概括为*（19）法律行为的合法性（Erlaubtheit）原则*，据此违反法律或违背善良风俗的合同或法律行为无效。这符合对法律行为制度中有关禁止或合法的通常体系化描述。但是用这一描述，通常也只是囊括了来源于基础性原则的后果的一个（重要的）部分，也即通过法定的具体规则"实证化"的后果和与法律相关的"善良风俗"[168a]，而对于严格的"实证主义的"观点来说，"善良风俗"必定始终是模糊的。只有从基础的原则层次出发，才能合乎逻辑地、全面地理解法律行为的客观法限制。尤其是请求权成立的法律效果，也即补充性的，有时是强制性的请求权根据（Begründungen），只有通过直接追溯于基本原则层次才能得到解释。

九、自己责任的标准

当时提炼出的法律行为制度的第四个原则，即忠实于诺言（die Treue zum gegeben Wort），还需要进一步修正，更准确地说是扩展。在现在被强调的更为广泛的基础之上才很明显的是，在此涉及自己责任原则的一种特殊具体化；更准确而言，在此原则框架内涉及一个特别强大的归责标准（Zurechnungsmaßstab）：谁自由并有意识地向他人表示其旨在发生法律效果的意思，对表意对象产生的表示效应（Erklärungseffekt）就要作为其行为所希望的后果肯定有约束力地向其归责。这里无须权衡表意对象一方的值得保护性。因此无关紧要的是，表意对象在具体情况下是否

〔168a〕 对此最近的 MAYER-MALY, *Was leisten die guten Sitten?* AcP 194（1994）105；以直接的实用性要求，不仅运用丰富的司法实践材料，而且运用动态体系思想（借助指导方针的构建）DERSELBE, *Münchener Komm*[3] I, Rz 1 ff zu § 138 BGB；zum österr Recht insb KREJCI in RUMMEL[2], Rz 42 ff zu § 879。

有充分的理由认为所表示的意思确实存在；或者他是否可能甚至确实由于明知表意人不可靠而根本不应当有这样的想法，等等。在有意明知地引起行为后果作为在自己责任原则框架内最强大的归责标准时，有（所意欲的）表示就足够了，只要根据表示的内容，该表示适于引起他人信赖；即不需要考虑，他人是否确实相信了，以及基于多大程度的注意可能相信了［可以比较真意保留（Mentalreservation）与承诺人预期违约时可预见的意思变更］。

（为他人的合理信赖）结果责任的问题也理所当然地出现在意思表示错误或者甚至无表示意识而发出意思表示的情形，以及有关引起其他信赖基础的情形。这种问题已经在关键词"归责"（Zurechnung）下被特别讨论过；而且结论是，到达他人的"表示"通过一般的注意可被避免的标准通常作为承担责任的标准；如果作为实用性（Praktikabilität）的合目的性或者法的安定性的特殊要求（比如由于迫近的全面一般的交易障碍）支持这一结论，在例外情形下，（相当的）因果关系就足够了。此外必须负责的是由于自己领域的错误所引起的结果；比如通过一个为了传递（或接受）交易表示而使用的传达人或者其他谈判辅助人而发生的传递错误。

惯常的注意这个通常的归责标准现在实际上受到正义的均衡原则的挑战：如果表意人受到法律效果的约束，而该法律效果实际上是其所不愿意生效的，并且在理解表意人所表达的法律效果时，信赖的对方当事人尽到了注意，那么与法律行为的约束力完全限定于表意人至少在表示时刻所真实希望的法律效果相比，表意人的自由就明显较少得到维护。只有在相对方，即意思表示受领人，还有额外情况具有重要意义，并且这些情况对于真正恰好所希望的和表示的法律效果并非必要时，对表意人——狭义理解的——私法自治的这一限制才能被合理地认为是合乎逻辑的、均衡的。

有关的标准通常是表意对象充分的解释注意（Deutungssorgfalt）：表意对象必须是在谨慎地考虑表示行为和辅助情况的基础上可以认为（并且，当然被推定为就是），表意人特定的法律效果意思是存在的。如此一来——在公平意义上——在法律行为制度中，在许多其他法律关联中有决定性的注意是否值得保护的标准（Schutzwürdigkeitsmaßstab der Sorgfalt）也合乎逻辑地作为基本规则得到遵守。

但是如果法律目标是尽可能地——也就是说，当表意人一方存在充分的责任原因；当然就是基于双边论证原则，而不仅仅是因为表意受领人如此值得保护的信赖！——保护表意对象基于注意的信赖，那么同一标准也必须同样为了表意人的利益予以适用：他所信赖的，不会在没有意志（Wille）的情况下陷入法律行为的约束，也确实同样值得保护。也就是说，只有当可以通过注意标准合理论证时，才可以使这一信赖落空；也即如果表意人有能力如同他面对他人那样，通过恰当的注意来避免意思表示的事实构成；尤其是通过表达其真实意思。

对表意人不利的责任加重可能发生的方式是，不需要某个特定表意对象基于注意的具体信赖，只要在交易中这类信赖有普遍的可能性就足够了。对此有必要极为谨慎。首先涉及的情况是，通过一种表示行为（例如登记！）可能涉及很多交易参与者，以至于以具体值得保护的信赖地位作为决定性标准时，面临着特别广泛且昂贵的调查必要性；比如需要调查，是否在每个具体案件中都确实查阅过登记簿。需要一并权衡的还有对表意人归责的强度和他所面临后果的严重性。在全面权衡时，仅仅根据双边论证原则，就必须放弃从信赖保护向抽象交易保护的一种普遍性过渡。[169]

前文所考虑的内容中，有几点已经出现于以前专著中的"归责问题"这一关键词之下；尤其是与"广义的私人自治"相关联；然而那个时候是并列于那里所强调的法律行为制度原则。从现在提炼出的基础来说，似乎真有必要将以上重复的原则目录中的第（4）号原则扩展为法律行为制度的一个广泛的、特殊的责任标准（Veranwortlichkeitkriterium）。它也许可以如此表述：（20）*为其承诺负责（信守合同 Vertragstreue），并且为可归责地引起的（通过恰当注意可避免的，或者至少由自己或者通过自己领域中的错误而相当性地导致的）意思表示事实构成（扩展地：及类似的信赖事实构成）负责*。

也就是说，扩展后的第（20）号原则紧接着前文（在前述第三点以下）首先提到的三个原则。它概括了忠实于（有意识的）承诺和超越其之外的归责考虑。

如前所述，对此，基本人格保护、平等自由的最大化和通过经济效率体现的合目的性（前文"八"）及其之前的论证等那些非专门法律行为的，但是在法律行为制度中非同寻常地发挥作用的基础性原则，也始终必须直接一并受到评价。

第六节　时间的流逝

一般规则，尤其是关于*时间流逝*[170]对于法律地位（消极）影响的时效规则，被纳入总则部分，这要归因于这一事实构成要件在私法中的普遍存在性。相反，取得时效规则仅限于物权法，但在对时间的依赖性方面却有相似的性质。也许法律上与诉讼时效相区别的，从一开始就在时间上限制特定权利的除斥期间（Präklusive- oder Ausschlußfristen）只存在于一些更加特殊的情形，但是实际上与诉讼时效制

---

[169]　对此已经有前文对 LEENEN 的评注（脚注162）。

[170]　尤其参见宏大的、从比较法上深入所有具体情况的著作 Spiro, Die Begrenzung privater Rechte durch Verjährungs-, Verwirkungs-und Fatalfristen Ⅰ und Ⅱ（1976），insb Ⅰ 7 ff 针对基础问题；此外 PETERS/ZIMMERMANN, Verjährungsfristen, in：Gutachten und Vorschläge zur Überarbeitung des Schuldrechts Ⅰ（1981）77 f。在这些文献中也详细讨论了支持诉讼时效法律制度的通常（有时也有少见的："惩罚"！）论证理由；对此让人容易记住的概括，参见 HEINRICHS, Überlegungen zum Verjährungsrecht, Versicherungsrecht -Karlsruher Forum 1991, 6 f。

度的区别只在于细节上的某些不固定的偏离。

与人法和法律行为制度相比，有关时间流逝而丧失权利的规范显得相对具有技术性和从属性。然而在内部体系上，也即众原则层次方面，由于明显的原则冲突，由于现在及过去为了克服这些原则冲突而必要的大量决断（Dezision），以及由于从中得出的具体结论，这些规范具有示范性的意义。

纯粹通过时间流逝造成既有权利的丧失〔至少在可执行性（durchsetzbarkeit）的意义上，也就是说附带着残存的自然债务〕显然意味着对保护合法权利、自由原则与正义要求的严重损害：未经过其意思，也即非自愿地，权利人遭受权利丧失以及相关财产价值的丧失，并且这种丧失不能仅仅在权利人与相对的债务人或者责任人的关系上得到合理化论证：以权利人的损失为代价，债务人或者责任人没有任何对待给付，也即单方地，并且没有权利人的相应意思，就获得了利益。因此，单单根据上述的原则来看，诉讼时效制度可能肯定从整体上被评价为违反法律伦理。

另一方面，法制史与比较法，也即法学理论的整体规范经验几乎再明显不过地证实了这一制度的不可或缺性和不言自明性。这种不可或缺性和不言自明性直接从其他基础性法律原则，也即从一般意义上法的安定性要求，从作为实践性与经济效率的合目的性中得到解释：一个真实的状况同时典型地反映并因此引起相应的权利状态（Rechtslage），存在越久，如果某人突然主张一个不同于真实的、或许只是纯粹声称的权利状态，对于消极涉及者——迄今一直被反复确认的——期待的破坏性影响也就越大，越严重；（或许只是所谓的！）债务人的辩护以及对真实权利状态所依赖的——很久以前的！——事实的调查也就越不确定，越困难，而且费用也越高昂。因此，可能根据所有发达法律秩序的看法，在时间的视角下，对于声称的和经常也确实"真实的权利状态"的追溯必须"有个了断"。在此，最后所提到的那些基础性原则作为诉讼时效制度的——虽然绝对不是特有的，但是在很大程度上并且直接具有重要意义的——基础，始终应当被纳入考虑。

首先提及的那组原则所受到的损害是不可避免的，并且范围广泛，但是（正如在原则冲突中那样始终）可以作为疥癣之疾而容忍。当然，这一妨害必须——由于在任何情况下都必须一并重视它——通过以下手段得到缓和，即我们以某种方式构建诉讼时效中有决定性的期限和其他前提条件，这种方式普遍地（在"典型的"情况下）允许权利人，为了自己的利益无须承担过度风险或者辛劳就实现其权利。如此一来，充分的双边论证这个私法基本原则所必然要求的，在权利人与义务人直接关系中的可合理论证性的最低限度也就同时具备了。通常权利人的确控制着，在时间流逝的视角下通过可期待的措施，适当地尽量减少义务人期待落空和负担的程度。如果权利人长期不作为，那么他（也在自己责任原则的意义上）就要承受严厉的消极后果。[17]

因此，主导性的（21）*由于长期的行使可能性而丧失权利的原则必须如此表述，诉讼时效*（与时间流逝导致的其他权利丧失）必须作为制度存在，但是诉讼时效只能始于权利人确实有能力行使相关权利时（《奥地利普通民法典》第1478条明确如此规定）。进一步的结果也必然是，（22）*适当的权利追诉追索措施（Rechtsverfolgungsmaßnahmen）使诉讼时效期限无害化*；例如作为中断事由。当然，权利行使的可能性可以进一步客观地只根据法律上的情形确定，或者主观地恰恰根据权利人的知情状况确定。

更不用说，其他诉讼时效前提要件的范围，比如诉讼时效中止与中断的更准确的构成要件的范围，在法律上是相当重要的；诉讼时效*期限*的范围几乎是无限制的。就此而言，对原则上的权衡进行补充的立法机关决断（Dezision）是完全无法避免的，该决断最好遵循已经成为历史传统的，并且因此相当众所周知的期限（尤其是作为一般规则：30年！）。对期限问题朝三暮四地进行尝试虽然特别容易，但是特别难以合理地论证。

因此，在"总则"中对这些问题的一般规则的描述应当尤其发挥了一个重要的功能，也即在某个更狭小的规则事实构成并非真正有大量特殊性必须考虑的情况下，普遍避免这类决断和由于这些决断所面临的法律碎片化（Rechtsversplitterung）及对公平的损害。实际上尽管如此，已经有倾向，在所有可以想到的特别情况下，尤其是在所有可以想到的特别法中都规定独特的，部分地高度"原创性的"诉讼时效规则，这些规则大多数虽然——绝对地看来——不比一般规则差，但是也并非更好。无论如何，它们恰恰在基本上是技术性的时效规则中导致了一个混乱无序的状态。

---

[17]　SPIRO Ⅰ 25："如果债权人有机会来避免诉讼时效，那么诉讼时效就没有对债权人造成不法"；更确切地说是通过可期待的措施。然而这只是"在典型情况下"是正确的。因为有可能遭遇诉讼时效的债权人完全无法知道他的债权。诉讼时效可能甚至使正好利用诉讼时效谋取利益的债务人受益。如果诉讼时效制度甚至不考虑那些在具体情况下明显非常重要的要素，可以论证这一点的唯有，恰恰就是这种——困难的，并且通常没什么效率的——后来的针对具体案件中这类特殊情况的调查由于其成本应当被避免。这还是只能根据有效法律交往整体的利益和有效法律保护的利益来解释。非常可能重点涉及公共利益；也即那些超越直接参与人的公共利益。类似的也体现于保护据称的债务人面对无理请求权时免于证明困难，对此 SPIRO（8 ff.）非常重视：诉讼时效也包括那些无争议的或者非常明显的，请求权最初存在并且没有被清偿的案件。因此，只有在我们不是单纯将所涉及的保护目的与直接参与人相联系，而是也与法律交往整体相联系的范围内，所涉及的保护目的才能发挥始终决定性的作用：继续坚持有充分理由的请求权的可执行性，在具体案件中可能确实在上述前提条件下毫无疑问是适当的。这里恰恰只是涉及那种代价，即在众多其他具体案件中成本过高的，并且由于澄清事实的可能性被典型地强烈缩减而完全无法令人满意地解决的争端将被容忍；也就是说，对法的安定性、法律交往的效率和法律保护的违反将全部被接受。如果没有（超越具体参与人利益之外）保护非常一般的第三人利益的法律原则的重大影响，诉讼时效制度也就——可能与 SPIRO 的倾向相反——无法被合理论证。在极端情况下，诉讼时效结果的合理化论证满足于在参与人之间的独特关系上债权人主张其权利的纯粹抽象的可能性，满足于债务人"本身"不怎么值得保护的预期，这种预期仅仅通过时间流逝得到加强。这个别地只有基于主要希望促进第三人利益和因而也是促进公共利益的非常有力的法律原则，才能被视为"正好充分"。——PETERS/ZIM-MERMANN, 105 将诉讼时效的理由合理地建构于债权人拥有足够的时间。相反，如果他们另外设置前提，债务人必须可以认为债权人对债权再也不关心，那么他们就违反了现行法，现行法绝对没有要求债务人的这种具体信赖。

这可能与一般规则及其理性优势遭遇的异常的贬低有关，特别是最近以浪漫主义与虚假现实主义（scheinrealistisch）的理由之名。对于每种在任意一方面获得特别规制（并且也许部分地应当如此）的材料，似乎立刻就被推定，此处确实应当与其他地方"完全不同"，而且肯定应当尽可能地将所有问题详尽地在特别法中进行调整。然后，在诉讼时效制度这一特别听命于决断的领域中，对于政治性和官僚主义立法者低劣的原创性（Originalität）就立刻不再设置任何有效的限制了。由于被认为充满不必要的碎片与矛盾，诉讼时效制度已经被合理地确定为特别需要改革的内容。这一改革必须明智地以解构性抽象的方式进行，也即指向一般规则；而不是像似乎遵循虚假现实主义的，因为厌恶规范的"时代精神"那样，按照口号：每个在任何一种视角下（也就是说事实上是任意的！）可界定的事实片段都有其独有的诉讼时效制度（而且尽可能地有其独有的专门可适用的特别法）。

在现行法中，可以被承认为主导思想的至少可能还有第（23）号原则，即*期限规则要适应于各个权利成立事件的实际通常形态原则*。它以支持诉讼时效的一般原则的不同强烈程度的效果作为基础：比如，在"日常生活"的交易中，通常不存在或者只是短期地存在书面凭据，而且参与人的记忆也不是特别深刻，以至于增加的证明难度这一实用性观点在此就导致了一般诉讼时效期限的剧烈缩短。

对于这一主导思想不可避免的具体化而言，可能必须明白的是，一般诉讼时效规则在此扮演的是个对比点（Vergleichpunkt），并且其本身已经根据可能形态的广泛范围进行了裁剪。只有意识到这一点，不必要的碎片化趋势才会消失。本书想要整体性展示，伪经验主义观念连同隐蔽的规范主义对其不可避免的补充是多么的非理性。恐怕诉讼时效制度只是一个个别的、但是特别生动的范例。

然而法律政策上的补救可能不是如同这里那样，到处都如此简便可行：只要没有真正可指明的重大理由支持这些特别诉讼时效规则，就无替代地删除所有这些特别诉讼时效规则，这一办法可能在此还是足够的。使得某个特别规则在内容上只是显得有一定道理的（vertretbar）"特别理由"在这里当然根本不是什么恰当的论据：鉴于在确定数量值时不可避免存在的广阔的自由决断空间，有一定道理的理由随处可见。这类统一化以其更技术性的、也更有意义的优点必须在此享有优先地位。恰恰对于每一个对已经确立的更一般规则的偏离，都需要一个实证的、合乎逻辑的论证。这样的论证实际上极少成为可能。

第四章
债　法

第一节　"外部"体系中的地位

一、特征描述

　　时至今日，就旨在界分的*债法之特征描述*已取得广泛共识。[172] 债务关系的概念——或者同义的法律关系结构，作为促成统一性和厘清界线的重要性（als einheitsstifende und begrenzende Größe）被一再强调。这一法律关系结构的特点是包含（至少一个）当事人（债权人）对另一个当事人（债务人）的要求特定"给付"（Leistung）（金钱、物、其他客体、广义的劳务、不作为）的相对权（债权 Forderung）。从前的教义学认为，在债法中，一个人只拥有对他人"个别行为"的权利，而（债务）人的人格（意志自由）在这一义务之外未被否定。[173]

　　为了释明，我们经常也会明确强调个别的"特别结合关系"的标准，这一标准本身已经包含在（债）权当中：此处不能仅仅涉及针对每一个人的规范命令（像在侵权中的行为义务那样）。这类命令同时也反射性地保护单纯以类别界定的其他特定主体。要承认"债务关系"存在，更确切地说，必须将行为义务规范性地置于

---

[172]　参考 LARENZ, Lehrbuch des Schuldrechts I[13] (1982) 1ff; ESSER/EIKE SCHMIDT, Schuldrecht I[6] (1984) 1f; FIKENTSCHER, Schuldrecht[8] (1992) 1ff; MEDICUS, Schuldrecht I[2] (1984) 1ff; GUHL/MERZ/KUMMER, Das schweizerische Obligationenrecht[7] (1980) 9ff; BUCHER, Schweizerisches Obligationenrecht, Allgem Teil (1979) 3ff; GAUCH/SCHLUEP, Schweizerisches Obligationenrecht , Allem Teil I[4] (1987) 6; KOZIOL/WELSER, Grundriß des Bürgerlichen Rechts I[10] (1995) 190f; GSCHNITZER/FAISTENBERGER/BARTA/ECCHER, Schuldrecht, Allem Teil[2] (1986) 1ff; MAYRHOFER/EHRENZWEIG, Das Recht der Schuldverhältnisse I (1986) 1ff; Schlechtriem, Schuldrecht, Besonderer Teil (1987).

[173]　参考 SAVIGNY, System des heutigen Römischen Rechts I (1840) 338f.

（技术意义上）完全确定的权利人（Berechtigter）的决定中去，行为义务针对这些权利人而存在。

一直被强调的是，债法并不对应于统一的"生活领域"。合同之债在其亚类型和经济层面方面与侵权损害赔偿及不当得利事实之间的显著差异实际上足以证明这一点：合同之债关注的是所有自愿的经济上对财货与劳务的经营，组成"法定"之债的素材实质上是从对有特定规范性归属的财货的既有保护中提取债法上的后果。

对债法的通常划分依循的是债之发生原因，划分使用的基本概念"法律行为"或"合同"，与"损害"不会产生与体系相关的困难。在其他"法定之债"中地位较为尴尬的类型是"不当得利"，其基本结构也可以在并不直接属于这一素材内容的法律制度中得到证明；即便在许多细节方面要做很大调整（无因管理）。

尽管有这么多差异，债法仍然可被称为"财货移转"的统一的"动态"法，尤其是财货交易的法，因为其完全是关于将特定的——通常经济上有价值的——财货或（尤其是针对劳动力）最后通过劳务获得的用益从最初（在所讨论的债务关系之前）有权处置之人处移转给另一个人。

债法所要表述的是这样一组私法规范，其涉及的是具有"债务或债权"（Schuld bzw. Forderungsrecht）的结构特征的法律关系。换言之，其涉及的是（社会的，与国家关系甚远的）事实，当中的一个主体可根据要件充分的规范向另一个主体要求给付，并可在必要情况下诉诸强制执行。遭强制执行的债务人需(24)*以全部财产承担个人责任*。这一原则的适用范围因最低生存保障原则，借限制强制执行措施而受到*限制，应顾及最低生存标准而设置例外*。如此一来，又涉及私法中有利于弱者的"社会保护"的一个最为古老和重要的影响，尽管因其程序法的"外衣"尚未获得其应有的原则和体系上的重视。事实上，强制执行的限制是实体法和程序法的交叉部分，因为它主要限制了执行，同时在紧急情况下限制了实体权限（Befugnisse）本身的内容范围。

要继续深入阐明的是，"个人责任"也意味着债务人的财产盈余——当然在极其有限的范围内——归属于债权人，这种归属关系"在极端情况下"会产生债权人针对债务人财产取得人的独立的债法请求权，特别是债权人撤销权。

正如上文所述，债法的"外部"体系标准是与规范相关的事实情况的一般法律特征（债权或债务，Forderung bzw. Schuld）。这一标准属于——如若重视这一问题——法学的元层次（Metaebene），不过这完全无损于这一标准的妥适性：事实领域首先是通过这些要件上肯定适合的规范得以界定的，这些规范赋予了事实领域以特定的法律特征及法律后果。所有涉及这些如此被界定的事实领域的规范在体系上归属于债法，即便其本身不产生界定的特性，而是超出了这一点（比如在迟延时赋予解除权）。

二、同其他体系部分的关系

然而，根据此处外部体系的基本标准，债法的体系妥适性仅因"所涉事实片段相对好且简易的可界定性"这个部分标准就仍然需要检验。因为显然在家庭法（比如抚养请求权）和继承法（如特留分请求权与遗赠请求权 Vermächtnisforderung）中也存在相同结构的法律关系。此外，基于物权基础的一些请求权，如返还原物或不作为请求权，在内容结构上与债务关系并无实际差别。

然而，更确切地说，此处涉及的仅是次要的困难。其产生于已经讨论过的因体系化思路重叠而引起的"交叉划分"，只要认识到产生的原因，就能轻易克服它。实际应用时，上述例子在分类上并没有大问题就能印证这一点。只是需要揭示明显毫不费力即可补救的补充性考量：以非法律人能理解的统一的生活领域（家庭、继承）来划分——只要还在法律体系上运用这种划分——优先于依据法律结构的划分。换言之，就通常的外部体系而言，以规范所涉及的事实情况的真正特征来界定，优先于借助法律特征进行的界定。

因此，那些在特殊的家庭法或继承法关系中产生的债权请求权关系被分类到上述法律领域，而不考虑其债权结构属性（妥当的债法规则的类推适用当然不是问题）。此外，直接服务于实现遭侵害或威胁的*物权*的"与债权请求权类似的"请求权由于同物权中财货归属（Güterzuordnung）问题关系密切，在体系上划归物权法。财货归属及其整个内容在体系上同样优先于财货移转。与之相同的是服务于人格权及其直接实现的请求权。"特别私法"也会规制结构与债权相同的关系。因此，"债法"在一定程度上只是规制未被优先顺位的分类标准囊括的"剩余"的债务关系。这些"剩余"的债务关系本身的素材之多，已经让人叹为观止。

只有根据这些补充性考量及其基础才能充分证明"债法"涉及的事实领域具有充分的可界定性。这也符合实践中对体系化争议较少的观察经验。

三、"规范性特征"

不过，根据前文所述，具有共同决定意义的问题是，债法是否符合"规范性特征"的标准，也就是说——针对外部体系只是进行相当粗略的检验时——是否能够识别出在内容上特殊的原则或原则综合体。

要对这一问题给予肯定的回答，只需相对简单地参考引用的标准文献中列举的债法原则层次：事实上非常正确地强调的是特别广泛的合同自由，通常包括债务关系成立、内容形成、变更、终止及相对人的选择等方面。法律行为的私人自治的所有个别要素（Teilelemente）——在本书的法律行为法部分就已经一般性地论及——在合同缔结或债权变动等更特别的领域里尤其彰显出来。只要这些权利由法律行为，主要是"债权合同"创设，则债权或债务的形成就是法律行为的给付允诺与法秩序对其效力基本承认（当然会受到无效事由的限制）的结果。*(25) 债法中的受允诺拘束或针对给付的合同忠实——即创设以履行允诺之给付的义务的意义上——构成法律行为性债法的基础；其决定了债法中的"负担行为"的本质。债的具体法律效果构成了与一般法律行为法相对的必要特征。*

包括内容自由在内的极为广泛的合同自由（26）通过将债务成立的要件事实的特殊效力限定于直接参与这些事实的当事人间，而能够得到合理的解释。*债权的"相对性"(27)* 构成独特的重要原则，其内容是债的法律效果主要限于债权人和债务人：这是自由原则的当然结果，个人的给付义务只能在自愿参与债的成立要件事实的主体之间产生，而不能由同样独立且平等的第三人施加。因此，让第三人承担义务的合同就当然不可能成为私法的公理。法定之债因相关规范的构成事实与目的，其债权人和债务人也限于特定当事人[174]，这一点在结论上与法律行为之债并无二致。

超越私人自治以外的法律行为法原则在债权合同法中当然找到了其主要的适用领域。最显著的是合同自由扩及于合同的各要素。举例而言，在合同法中并无"类型强制"，亦无特别的公示要求和以特别保护第三人利益为目标的信赖保护（至少对通常情况而言如此）。这是广泛的合同自由和纯粹的相对性的结果。

当与一般民法的其他体系部分比较时，对外部体系的目的而言，在上述论述中表现出的"规范性特征"已经很充分了。在原则层面对此进行更广泛的探究已无必要。债权的相对性、法律行为中的合同自由在合同所有上述要素中的延伸及拘束力的特殊种类，就将来的清偿及给付负担义务足以构成规范上的独特性。

上述原则当然只对法律行为的债法有效，其他广泛的合同自由仅限于变更、终止因法律行为以外的事实产生的债法关系。

四、作为体系部分的合目的性

可能仍有疑问的是，作为体系当中一个类别的"债法"能否满足"其他合目的性"的标准，抑或从清晰性的视角（从更高的规范性特征！）出发，我们更应当优先考虑将其拆分为多个更小的素材。这首先关乎新的"提取公因式技术"，该技术

---

[174] 债权的相对性会涉及它的特殊内容，即法律保护的要求所负的给付的可能性。除此之外，完全有可能发生侵权法上的第三人的尊重义务（Respektierungspflichten Dritter）。因纯粹债权缺乏可感知性（公示性），交易中的行动自由，力避成本巨大的调查义务（Nachforschungspflichten），且为了减少和其他法律保护领域的不合目的的重合，应谨慎地权衡第三人的尊重义务。就此的基本论述参见 KOZIOL, Die Beeinträchtigung fremder Forderungsrechte (1967)。这种外在保护（Außenschutz）在构成要件和法律效果上都和履行请求权的完全相对的 vinculum iuris 有不同。这种区分的必要性构成了 DÖRNER, Dynamische Relativität (1985) 对"相对性"这一极为复杂的概念分析的适切的实质内容；当中还有关于侵权的外在保护的更多文献。

导致了一般债法和特别债法的划分。后者包括有关债务关系各种类型的法律。考虑到这层关联，经常提及的问题是：是否应将损害赔偿法做统一处理抑或将其素材拆分在总则（损害赔偿请求权的整体规则）和分则（侵权和危险责任）中分别处理。

此外，毫无疑问可以考虑这样一种素材分类，即一开始就根据债发生的原因将其分为法律行为之债（意定之债）和法定之债，再将后者分为源自侵权和危险责任的损害赔偿及不当得利。由于债法的内容繁杂，当需要就债法的（只是）部分领域做一系统综述[175]或为了教学目的时，通常在事实上采取上述分类法。对庞大的素材越是追求深入细节的陈述的完整性，就越会基于劳力的有限和专业化要求等无可辩驳的事由对其进行更详尽的划分。

进一步观察就会发现上述提及的合目的性或对一般民法进行第一次体系划分的必要性并无特别的意义。因为基于清晰性的理由将大型素材进行更进一步细分的必要性是不言自明的，就如其在潘德克顿体系中被划分的那样，而论述涉及的对象越多，这种必要性就展现得尤甚。迫切的进一步划分不会成为反对债法的体系类型的论据（同样不会成为反对潘德克顿其他体系部分的论据）。更为有意义的问题是哪些关系更密切的见解（Positionen）应当被概括为更庞大的统一体或者反过来，该统一体应被如何细分。

如果这样来看待问题，那么就没有理由质疑经实践证明的债法体系类型。更可证明这一点的是，在所有可以想象的法律关系中一再参考这一体系，而丝毫未见替代这一习惯的更为简单的方法。就债法体系化的部分阐述也没有引起务实观点的质疑，因为它本身被理解为其所属的更大整体的一部分。有特色的是，当下就债法最为齐全且个别的阐述是有关债法各部分内容的多卷本，所冠的总标题是毫无成见的"债法各部分阐述手册"[176]。

除了对依然庞杂的法律素材进行细分的必要性这点陈腐的洞见外，对债法和其中某些方面看异质的部分的观察会得出这样的结论：从各自内容中通行的原则看，不同的下位素材（Untermaterien）呈现的可能更多是异质性，而非（至少还是存在的）共性。明显的比如说，合同自由在侵权之债和不当得利之债的成立中毫无意义（但在变更及某些终止类型中尚有影响）。相反，此处最为重要的是——通过债法手段追求的——对归属财货的保护（Schutz der zugeordneter Güter）。这一保护与不同的风险分配考量紧密相连，而这些考量又遵从当事人的自由行为及后果、自

---

[175]　例如，仅仅参考"法学学习系列"（Juristischer Studienkurs）：Teichmann：Schuldrecht I³；Leistungsstörungen und Gewährleistung（1988）；BEUTHIEN/WEBER, Schuldrecht II². Ungerechtfertigte Bereicherung und Aufwendungsersatz（1987）；BUCHER/ROTH, Schuldrecht III², Unerlaubte Handlungen（1984）；此外还有大量的，在下文中选择性的对损害赔偿法的论述。

[176]　NÖRR/SCHYHING, Sukzessionen-Zession, Vertragsübernahme, Schuldbeitritt（1983）；GERNHUBER, Die Erfüllung und ihre Surrogate（1983）；REUTER/MARTINEK, Ungerechtfertigte Bereicherung（1983）；SELB, Mehrheiten von Gläubigern und Schuldnern（1984）；WALTER, Kaufrecht（1987）；LANGE, Schadensersatz 2（1990）.

由的最大化、经济效率及自己责任原则，同时也遵从交换正义的考量（在合同之债中由于合同规则的优先地位，评价重点略有不同）。这些需坚持的基本原则在债法中发挥着直接的重要作用，且其作用领域不限于此。债法中的一些制度及其完整的"内部体系"若不直接（不借助次级原则的媒介）回溯到这些原则就无法被理解。有关法律行为之外的债的内容将进一步详述。

如果普遍化这些观察，则可以推出一个重要的一般结论：突出并强调这些重要的原则必须——如上文所述的那样——以外部体系为前提并尊重它方可行。但是对于"内部体系"而言，正如上述考察展示的那样，并非一定要以最大的体系类型为重：就表明原则间典型的价值和目的关联性而言，在一个大的领域内做细分，即诉诸更具体的法律素材和制度会更有成效。因为对其而言，可以展现出更富成效的原则布局（Prinzipienkonstellation）或原则组合（Prinzipkombinationen）；也就是那些人们在处理原则的层次上，仅在考量整体素材（此处特指债法）时，在"仓库"中准备好的论证材料，其在很大程度上会共同决定新的需要探讨或新出现的问题的解决办法。通过给定的原则布局对个别法律制度的决定可以（而且通常可以）走得很远。

对债法的考察很好地印证了在"总则"部分得出的经验：对"内部体系"而言，范围更小的法律制度，而非潘德克顿体系中的大素材更有用。因此对债法作为外部体系部分的妥适性进行的严肃质疑基于上述的考察并无道理。

第二节   债法的"内部体系"

一、法律行为之债法中的原则

就"内部体系"做一暂时的概览，即对法律行为之债法的原则暂可适用对"外部体系"予以总结中所述的：除了标表整个债法特征的债权相对性原则外，还适用法律行为制度中的原则，只是要顾及因允诺或旨在建立可强制执行的未来给付义务的合同拘束力这些法律后果的特点；还有广泛的合同自由，其范围可扩及上述合同的每个要素，即便每个具体部分的自由当然——由于超越自由原则之外的其他基本原则的影响——因强制性法律在某些特定情形中可能受到限制且在很多情事中确实受到限制。

在法律行为制度中已经展示了这些限制多基于基本人权保护（生命、健康、人格尊严）、自由最大化和交换正义的要求。在后文"经济法"和"非均势地位制度"中会有对由最低生存保障和社会正义原则产生的更多的这类限制的探讨。最后，就像其他法律素材一样，上述所有的基本法律原则都属于债法的规范基础。它们在其中部分以特有的具体化和关联形式出现，部分则直接以其最普遍的形态出现。在前文法律行为制度的原则层次上，合同及法律行为的合法性原则可以被理解为概括性地参考了对合同自由及与之冲突的核心原则的权衡带来的全部限制。正是在债法中，这一原则充分地发挥了作用。

在强制缔约[177]中对债法中（某一方当事人的）合同自由的限制尤其影响到缔约自由（也必然会延伸到内容自由），相关规定的积极命令特征与对特定合同及合同内容的禁令形成鲜明对比。此时，负有缔约义务的一方当事人的私人自治空间被限制在特定的"一般"行为类型，当然私人自治无论如何还是有效保留的：缔约强制只涉及经营者——通过开设、拓展或继续其营业——公开表示的为有兴趣者提供特定货物或服务的意愿。这一对"个人"的私人自治的强烈限制型改造的正当化理由恰恰在于，权利人一方中预设存在特别依赖他人生存之人这一例外情形，即其通过可期待的努力，以市场上通常的方式难以找到缔约相对人以满足自己的需求（这一前提大多以非技术的方式，如缔约义务人的"垄断地位"来指称）。在证立强制缔约和与之相应的将私人自治压缩到"一般"的最小模式这一过程中，分配正义和自由原则（满足基本需求自由在所有人中间应得到相同的法律保障）的要求、经济效率（抵抗市场结构扭曲的后果）的要求及间或出现的最低生存保障原则的要求都发挥了作用。可以做这样的总结：有这样一个原则，其内容是*(28)公开提供服务的经营者为依赖它的人（没有可以期待的其他可能性）的利益（涉及其通常需求或必需需求）负有强制缔约义务。* 强制缔约的边缘案例可存在于一般描述难以把握的、在债法中大量存在的对合同自由的程度较轻的限制中，并可追溯至超越合同自由的其他原则和相应权衡——只要其在原则体系内是正当的——的影响。它们对强大且层次特多、因其在出发点上就覆盖所有因素的法律行为之债法中的合同自由的影响力几无改变。对与之不同的见解的反驳是，所有法律领域的原则层次都具有多样性。这点当然适用于法律行为之债法。意思自治对这一领域的独占统治从未被断言，且今日看来也更不合时宜。这一原则独特的发展历程就如上文所述的那样一直以来为人熟知。

"客观"基本原则有多大的影响力通过等价原则（Äquivalenzprinzip）可见一斑。有偿特别是双务（gegenseitig，synallagmatische）合同在法律中被作为常态对待。这两种合同的特征都是自愿的交换关系，其中有偿的概念涉及待交换的给付，双务的概念涉及对立的给付义务。[178] 后者通常是前者的预备阶段，但并不一定总

---

[177] 就该问题尤其是 NIPPERDEY，Kontrahierungszwang und diktierter Vertrag（1920）；HACKL，Vertragsfreiheit und Kontrahierungszwang im deutschen, im österr und im italienischen Recht（1930）；KILIAN，Kontrahierungszwang und Zivilrechtssystem, AcP 180（1980）47ff；BYDLINSKI，Zu den dogmatischen Grundfragen des Kontrahierungszwanges AcP 180（1980）1；HONN，Kompensation gestörter Vertragsparität（1982）180ff.

[178] 参考 OERTMANN，Entgeltliche Rechtsgeschäfte（1912）；KULKA，Unentgeltlichkeit und Freigebigkeit, ÖJZ 1969，477；G. WILHELM，Privatrechtliche Probleme der Subvention, in：Wenger, Förderungsverwaltung（1973）216ff；SCHMIDT-RIMPLER，Die Gegenseitigkeit bei einseitig bedingten Verträgen（1968）；KLINKE，Causa und genetische Synallagma（1983）；KOENDGEN，Selbstbindung ohne Vertrag（1981）233ff（社会学的术语"Reziprozität"）。

是。(比如说，在单纯的"目的约定"中并无给付义务的承担或在报告缔约机会中的中介合同)。此处的债务"给付障碍"需要比单方负担行为更为复杂的规则，因为必须阐明——因等价原则而变得突出——的问题是：一方的义务是否以及如何影响对方的义务。*对未适当履行("给付障碍")负责的原则(28a)*；后续的同时履行的规则[179]，因违约而解除[180]和给付瑕疵时的担保[181]都需要考虑牵连性中的等价思想，但必须与缔约人主观给出的具体估价紧密相连。相关的法律制度也部分清晰地展现了其他原则的影响。对解除权的限制（要求基于宽限期）就是基于合同忠实和经济效率的要求，后者通常希望预期的交换能够正常进行。

涉及价金风险[182]的交付原则使买受人在成功交付（或发送或受领迟延）之后不得不在买卖物意外灭失时仍有义务支付价金。在其他重要的合同种类（劳务与承揽合同）中通行的风险分配规则是"领域理论"（Sphärentheorie），其取决于障碍发生的原因。这两种理论在等价性思想看来都非毫无问题的，其正当化理由主要来自（抽象）的*风险控制原则(29)*和（在交付原则中）通过统一风险（及其他负担）与（通过使用的机会和孳息的收取产生的）收益表现的交换正义思想。为了实现根据经济效率的假设而恰当的（超出通常的注意程度要求的）风险防御，应当以风险控制为出发点。

在有偿合同中，追求的对待给付也是负担义务的清晰的、典型的"原因"（causa），它可从合同的内容中充分阐明何为原因。"抽象的"，从而无法释明的以法律行为承担义务的行为可从意思自治（合同自由）中得到正当性支持。但其因缺乏等价性会引起很大的疑虑：某人是否缺乏某种严肃的表示而承担向他人给付金钱的义务，由此很可能怀疑这一行为是没有意义的，因危难被乘做出的或希望将实际

---

[179] 参考 JABORNEGG, Zurückbehaltungsrecht und Einrede des nicht erfüllten Vertrages (1982); BYDLINSKI, Die Einrede des nicht erfüllten Vertrages in Dauerschuldverhältnissen, FS Steinender (1958) 140ff。

[180] 参考 LESER, Der Rücktritt vom Vertrag (1975)。

[181] 参考 PISKO, Gewährleistungs-, Nichterfüllungs-und Irrtumsfolgen bei Lieferung mangelhafter Ware² (1926), RABEL, Zu den allgemeinen Bestimmungen über Nichterfüllung gegenseitiger Verträge, FS Dolenz ua (1937); 目前收录于 Gesammelte Aufsätze Ⅲ (1967) 171ff; FLUME, Eigenschaftsirrtum und Kauf (1948); BYDLINSKI in KLANGE, Kommentar Ⅳ/2 2, 151. 对统一模式的不当履行（nicht korrekter Erfüllung）情形的总结（例如在国际货物买卖中普遍有效的《联合国国际货物销售合同公约》Wiener UN-Kaufrecht)没有怎么偏离"内部体系"的原则立场。其意义毋宁在于具体的规定实证的具体规范和细节的内容。在这一范围内，真正的不履行和瑕疵担保法之间的一些，唯有从历史发展来看才能解释的不一致被克服了；然而，其付出的代价是在基本构成要件上的增强的不确定性，而该不确定性是因特别模糊的概念"根本"违约而生的。只要涉及不当履行（其边缘案例是不履行）中的损害赔偿责任，应参照其后讨论的损害赔偿法的基本原则，尤其是在"特别结合关系"中责任加重的事由。以合同达成的给付允诺（Leistungsversprechen）让债权人产生了特别的给付信赖，从而在责任中有重要作用。无论如何，这一切都会促进"特别结合关系"中的责任加重（过错的证明负担、辅助人责任、一般财产性损害），而合同关系当然是"特别结合关系"中首要的。效法普通法的《联合国国际货物销售合同公约》（第74条及以下规定）将其强化为法定的损害赔偿担保责任，但也列出了不少免责事由（第79条及以下规定）。在结果上，归责事由上的基础性的新衡量并没有乍看起来这么突出。

[182] 参考 SCHLICHER, Die Preisgefahr beim Kauf, JBl 1964, 395。

不法的行为变为法律上可行的。因此，"抽象的"负担行为要么基本被断定为无效（奥地利法），要么与特定的形式相关（德国法）。

在无偿的法律行为，尤其是赠与（也可能是使用借贷和无偿的消费借贷）中，单方、慷慨的给予就足以构成"原因"，并作为典型的、充分的表示从合同内容中得以承认。其正当性源自意思自治。由于完全缺乏等价性，至少对无偿的终局处分（赠与）而言，只有在通过严守特定形式或因明确的、自身具有警示意义的有力的"交付"（交出 Weggabe）保障其深思熟虑（所谓"合格的"私人自治）时，才能被视作有效。此外，还有仅因动机错误即可行的更为容易的可撤销性和一定的任意撤回可能性。无偿行为的拘束力相应弱很多。其与等价原则相悖，导致对以私人自治形成法律关系形式的品质要求更高。

在"三方关系"中，B 向 C 单独"抽象"且非有偿地承担义务通常可直接通过 A 和 B 之间以及 A 和 C 之间的基础关系得到解释，负担义务的意思表示通常与此相关（例如，B 希望通过符合 A 的意愿向 A 的债权人 C 履行，来清偿自己对 A 的债务）。如果是这样的话，那么——割裂来看——所谓"抽象的"负担义务行为的法律效力就并无任何障碍。[183]

最后提到的思考立基于对等价原则的扩张解释上：在法律行为制度中，它首先充当从外部矫正私人自治的原则之角色。就这一功能而言，其必须取向于给付的客观价值关系及客观上可比较的双方的风险分配。现在，等价原则在债法中出现了一种具有补充功能的现象，其与缔约人自主决定形成的主观等价关系密切相关，并将这种主观等价关系（部分地与其他相关原则进行权衡）作用于未曾考虑的事实问题或从当事人对等价关系考虑欠周中得出后果。因为缔约人真实的意思与表示会重叠，所以"主观等价"不仅仅是私人自治的另一种表达形式（与我此前的观点不同），更是紧紧依赖私人自治。结果是等价原则亦扩展到主观等价这一变体。无论如何，由（主观决定的）有偿性作为（毫无问题和强有力的）合同义务的"原因"的决定性意义是支持这一观点的。创设另一原则毫无必要。作为实现如此理解的等价原则的工具首先是补充性的制定法，尤其是上述债法总则中的制度。这一原则也在补充的合同解释，尤其是交易基础丧失中有着巨大的作用，当然对等价原则的客观分支亦有影响。就这些极其不同的、困难的及讨论甚多的问题的详述远远超出有关"内部体系"的暂时性讨论范围了。

无论如何，至少应强调原因，尤其是有偿（或双方相互的）的负担行为原则（30）。对抽象负担行为的承认需要要求高得多的前提条件。

在法律行为之外的债法，如上文所言，只在变更和（广泛地）终止债的关系时

---

〔183〕 有关这一主题尤其可参考 Koziol, Zur Gültigkeit abstrakter Schuldverträge im österr Recht, FS Gschnitzer (1969) 233；Der Garantievertrag (1981) 30ff；Klinke aaO；H. P. Westermann, Die causa im französischen und deutschen Zivilrecht (1967).

适用合同自由。债法的一般原则——债权的相对性对法律行为之外的债完全适用：因为债权的核心效力只限于债权人和债务人，他们通常可通过合意对其自由处置。

就债权或债务的成立来说，它们在法律行为外领域受到众多不同原则状况的统辖，在有关"外部体系"的讨论中对此已有所述。这也适用于损害赔偿法。严格来说，只有侵权法、危险责任法和类似的制度属于法律行为之外的债法。但是，即便是源自法律行为义务违反的损害赔偿请求权也不直接受当事人表示出来的意志的影响，后者通常限于形塑原给付请求权。它们通常建立在对法律行为确定的规则的法定补充基础上，即便并不一定完全建立在与侵权责任规范一样的归责和风险考量事由的基础上。因此，应当总揽"损害赔偿法"的"内部体系"并了解在其有效之处的侵权及所有法律行为之外的原则，以及以法律行为为基础的损害赔偿责任原则。

二、损害赔偿法的原则

（一）单纯的原因主义及归责的精细化："填补功能"

从历史发展看，损害赔偿法中一开始通行的是结果责任这一归责原则，也就是说就产生的*损害*承担简单的原因责任[184]，但就此需要在行为和侵害或损害之间有外观清晰、直接的因果关系[185]，这符合有关因果关系的不大成熟的观念。当下的毫不区分，且通常对事物无充分认知的法政策倾向，即无论如何要让每个损害都有责任者，导致在不同且非常偶然的情事中同样偶然地趋近于这些远古的法律状态。

在法律发展中稍后形成并一直发展的，以某些至少可证立的价值原则的视角对归责原则予以区分的观点是不可放弃的。现行法遵从这一观点，以许多不同的责任原则或损害赔偿承担事由为特征。然而，在它们及其更为一般的价值判断基础之间，损害赔偿法的个别制度和条文层面还远未形成充分的规范协调和外在的清晰性，以致有许多动因作优化努力。这些努力必须——假如并不希望做全新、有普遍说服力的"阐明"，当然也没有任何理由支持这样的"阐明"——以当下已经出现

---

[184] 事实上（从今天的视角看来）一直以来都有对单纯原因责任的限制。否则的话，就要费很大的力气处理受害人通常也和损害发生有因果关系这一难题了。支持原因责任的现代法律的理论家们同样也对其附加了很大的限制，参见 Mauczka, Der Rechtsgrund des Schadensersatzes (1904) 以及对原因责任持批评态度的 W. Wilburg, Elemente 1ff. Bydlinski 在其所著 Probleme der Schadensverursachung (1964 und 1977) 10, 18, 59. 中认为法律中的原因力不过是将损害回溯到某人的责任范围，作为归责标准尚不充分。其主要意义在教义学上对责任的限制以及因果关系问题，即损害赔偿义务只有因可能的因果关系，无须被证明的损害因果关系即能成立。新近强调损害因果关系也是损害归责"主要原则"的有 Koch, Die Sachhaftung (1992) 48ff.

[185] 参考列举的典型侵害行为，更一般的为阿奎利亚法中的 "damnum corpore corpori datum"；更详尽的探讨参见 Hausmaninger, Das Schadenersatzrecht der lex Aquilia (1987) 12ff., 19（在典型的侵害行为中通常自始"暗含"了此后出现的其他责任前提要件——违法性和过错）。

的法律原则为基础。[186]

在这些原则中就有——如在古代法当中就存在的，但不再具有实际上或表面上的排他效力——在当下仍然盛行的对结果归责的自己责任原则，其具体形态（31）"因果关系"或"导致损害的原因"在责任成立方面仍然扮演着绝对关键的角色，尽管其必须和从其他原则中发展出的责任要件合并适用。在下面讨论的所有损害赔偿的责任类型中，因果关系都是构成要件之一，有时候只是以弱化的形式"可能的"或"假设的"因果关系或通过"减轻受害人证明负担"的某种变通形式出现。[187] 在内容虽然是要求"损害赔偿"，但结果归责及因果关系因负担行为的纯粹合同基础而不必要时，即由损害保险或保证合同产生的请求权就完全不应归入损害赔偿法涉及的法律素材中。

此外还需阐明的是，作为归责要件的因果关系同样会在例如刑事责任或就危险状态的治安警察责任（sicherheitspolizeiliche Haftung）中出现。在损害赔偿法中，因果关系——及所有承担责任的事由——只要涉及归责事由，就和（32）填补原则或损害赔偿法的"填补功能"有关；即一般而言，都指向特殊的法律后果，其内容是消除可归责的损害。这一原则本身并非独立的"承担责任的事由"，但它无疑也属于损害赔偿法的基本价值判断[188]，若不突出其地位则整个损害赔偿法都难以理解。责任原则与（居于核心地位的）填补损害目的共同构成了损害赔偿法最重要的基本原理。基于损害概念无争议的核心部分（在主观、具体确定的利益的意义上），填补思想绝非一个"空洞的套话"：填补的思想至少是与其相适应的。在量的关系上，填补的思想符合"全有或全无"的原则，然而正确理解的话，它应当是作为具有可权衡性的原则，而非僵硬的规则。更精确地说，这关乎不可或缺的对（需进一

---

[186] 为损害赔偿法的一般（而非个别）原则（原理）做出努力的有 W. Wilburg 的基础研究涉及整个损害赔偿法的原理、其独有的体系方案及立法论建议（Elemente, dessen eigener Systementwurf sogleich die lex ferenda einbezieht）；追寻同样目标，但将范围限于解释论的有 Larenz, Die Prinzipien der Schadenszurechnung, JuS 1963, 373, Schuldrecht Ⅰ（1982）391, Richtiges Recht（1979）102ff. 范围较窄的考察有 Kötz, Ziele des Haftungsrechts, FS Steindorff（1990）644（dazu oben Anm 100）. 在其内容不是主要关注损害赔偿法原则层次的详尽阐释的，只是在对损害赔偿做系统阐释时会回溯到这一问题且只涉及当下体系的损害赔偿法方面的巨著有 Koziol, Haftpflichtrecht Ⅰ und Ⅱ; Deutsch, Haftungsrecht Ⅰ（1976）, Unerlaubte Handlungen und Schadensersatz（1987）; Lange, Schadensersatz（1990）; Kötz, Deliktsrecht（1988）; Oftinger, Schweizerisches Haftpflichtrecht Ⅰ（1975）; Oftinger/Stark, Schweizerisches Haftpflichtrecht Ⅱ/1（1987）, Ⅱ/2（1989）. 其他有关损害赔偿法的文献在下文中将在讨论具体问题时示例性引述。

[187] Bydlinski, aaO 65ff.

[188] 参考 oben Anm100. 照顾原则 "Versorgungsprinzip"（Schiemann, Argumente und Prinzipien bei der Fortbildung des Schadensrechts（1981）234ff）被 H. Lange（Schadensersatz（1990）10）恰当地归为填补思想的一种特殊类型。填补原则当然包括满足必要或通常的需求，如丧失的扶养费，特别是急需的扶养费。这契合了就具体界定在特定情事中应填补的不利的损害概念的外延日益扩展的趋势。通常来说，填补功能而无对"损害"概念的进一步说明的话只能就（财产）损害概念的清晰的核心部分提供足够清晰的内容，这一如既往地可通过差额或利益概念以具体主观的方式确定。在此之外通过判决中——有时是非常遥远的——的案件类型来确定损害概念的努力早已汗牛充栋，在此处也不能一一详述，参考 Mertens, Der Begriff des Vermögensschadens im Bürgerlichen Recht（1967）, 其"本来的损害"实质上与损害概念无问题的内核契合；Schiemann aaO; Magnus, Schaden und Ersatz（1987）及其他关于和非物质损害界分的著述，正确地反对所谓"消费保护"原则（Prinzip des „ Konsumschutzes"）Schiemann aaO 276ff.

步界定的）"常态"的初始或基础的价值判断。就此容后再述。

首先通过合法权利的保护会催生作为特殊法律后果的可归责损害中的损害填补问题。在已经发生损害的案件中，任何其他的法律后果都不再足以提供有效的保护。此时的保护还有可能的是至少在财产方面尽可能恢复原状。若无损害赔偿，则任何人都可以因自己的不法或明显危险的行为，借他人的代价，也就是受害人的代价享有由此产生的利益，而这和法律确定的财产归属秩序是冲突的。为了保障法律做出的财产分配不受不法或恣意行为的改变，在交换正义的意义上，必须由侵害者（根据具体的责任原因标准）承担损害。

责任原因从古代的因果关系原则占主导地位到当下的多种考量的发展，可归因于各种责任原因的独占地位都与作为整个法律基础的自由原则存在明显的紧张关系，唯有通过仔细权衡过的责任限缩方能解决这一问题。这当然不是说必须在历史上真正存在过这样的权衡过程，而是说这是各种发展的一个理性重构过程，也许这些发展在很大程度上是"自觉的"、较少反思的和缓慢的。然而，在损害赔偿法中简单的就结果归责的自己责任原则至少可以找到对合法权利保护及基本人格权保护的支持：显然最符合这些原则的是，受害人已经因单纯的损害产生的因果关系可以向他人主张损害赔偿，无论如何在涉及由特别的主观权利保护的法益时如此。

但是，结果可能必然就是，一个人任何随意的、在行为时完全没问题的或者甚至看上去有益的行为（或仅仅是不作为）都可能使其在相应不利的情况下陷入令人窒息的损害赔偿义务。每个人基于其目的和决定作为或不作为的自由，只要未因需照顾他人（如在规范的基本准则中被要求的）而受到限制，就会受到巨大的威胁：即便并没有可识别的照顾义务存在，仅是想减少承担不可预见的赔偿责任风险的话，每个人就必须在从事自己计划的行为时都尽可能限缩其范围。即便因不可预见的后果可能出现而为最佳照顾，也难以完全排除这种风险。这样的法律状况也必然与经济效率原则冲突，因为有时这会导致创造新财富所必要的行动自由受到非同寻常的限制。这些原则冲突 [189]最终在"产品责任"的讨论中，尤其是针对"发展风险"重新具有非常突出的现实意义。在这个可能被外行认为是有点"全新"的讨论中出现的，其实只是早已众所周知的问题而已，有些人甚至在解决这一问题时趋向于古老的单纯的致害原则。

（二）过错责任

1.（*33*）*过错原则*和——其必要前提——*违法性*作为损害赔偿责任的标准，导致为了保障行为自由，而对自己责任原则的重大限缩：如果说对于赔偿义务来说，

---

[189] 说理透彻的参见 Deutsch, Fahrlässigkeit und erforderliche Sorgfalt（1963）68f. Mauczka, aaO, 是对原因责任做大规模限制的赞同者。

还要有对已经独立于损害赔偿法（不论以何种形式始终存在）的法律命令的违反，施加损害赔偿义务就原则上不会对规范适用对象的行动自由带来更多额外的限制；该法律命令以其他方式得到认可（如实际履行、返还、不作为或排除妨害请求权或公法上的请求权）：不考虑损害赔偿责任，规范适用对象也可以不注意可以导致其承担损害赔偿义务的行为。损害赔偿责任"仅仅"是对制裁措施有时非常严厉地强化，以保障法律得到遵守。它同样在上述基本原则的层面上保障了受害人的损害能得到填补。在要求过错的范围内，只有在加害人的行为是可非难的，责任方才成立。也就是说，只有在他（至少）能够认识到其行为会与法律的要求冲突时，责任才会成立。违法性作为责任成立的必要非充分条件也同样需要具备。对损害赔偿义务而言，过错原则是对单纯的结果归责（损害归责）责任原则的经过考量的限缩，其目的是保障自由原则和（考虑到上述的行动自由方面的）经济效率。

其另一面是*(34) 损害预防*[190]，这也可以从人格权保护和合法权利（wohlerworbene Rechte）保护中推导出来，预防首先可通过促使谨慎注意而实现，人们可因此避免由过失导致的赔偿义务；同时在许多情况中主要是通过避免损害而防止承担赔偿义务。其他损害赔偿类型，特别是危险责任有些情况下也遵循损害预防原则，其方式是促使采取特别的合理的安全措施，只要这些措施总体成本比承担可能要赔偿的损害要低。

2. 一旦涉及损害赔偿法中的预防原则，就需要更多的阐释。预防损害的理念除了在证立归责原则上发挥着上述重要作用，还在许多具体问题上有影响，尤其是在主观具体利益之外更准确确定可赔的损害。这当然符合毫无疑问的损害概念的核心。借助预防原则的帮助，"损害赔偿法"的"外部"体系部分一开始就能得到足够清晰的界定。通过对原则层次的综合考量，不仅是在体系上，还是在直接的规范上，都能证明对这一原则进行扩张是必要的。

当某人通过其行为或其范围内的事件导致了责任原因产生，并因此导致了"真实的损害"（realen Schaden），即经综合评价后在总体财产中产生了事实上不利的变化，但这一变化在根据一般责任原则推定的赔偿权利人（因特别法律关系或嗣后的事件）的财产差值中未显现，则尽管现存的财产状态减少了或应增加的新财产未增加，赔偿义务仍面临几乎无法成立的境地。这样一种对加害人而言，无视已经产生的实际损害（不可与偶然的损害产生混淆！）而让其免责的机会，必将大大削弱

---

[190]　就损害赔偿法中的这一重要的目标在经济学中早有论述（及在经济上反对成本的外部化），参见 Mataja, Das Recht des Schadensersatzes vom Standpunkt der Nationalökonomie（1888）；当下持同样观点的是法律的经济分析学派，参见 Kötz（wie in Anm 186）和 Bydlinski, Fundamentale Rechtsgrundsätze 283ff 中引用和涉及的这方面的代表人物。然而，尽量预防损害发生这一指导思想在有关损害赔偿法的纯法学论述中也一直以来是主流并得到完全认可的（参见引用的标准文献中相关问题的讨论，如 Schiemann aaO 193ff.，由于惩罚并非私法追寻的目标，所以"惩罚的理念"只能在作为广义的预防目的中得以理解，即其目的不仅在于避免损害，还在于避免作为单纯的导致损害的原因的不法行为）。总体的经济效率考量在主要涉及加害人和受害人个体间关系时当然并无决定性的说服力。

损害赔偿法的预防效力。若视通过主观利益的损害概念确立的填补功能居于中心地位，而非全部及终局确定（的利益），则预防的理念要求扩张可赔损害的范围，由此可避免这种消极后果。

最能保障预防功能的是第二种、严格的客观、*抽象*的损害概念，借此可通过通常的市场及交易标准，在金钱上确定有关法益遭受的损害。由此可确定最低赔偿额，这完全独立于具体、主观的利益（《奥地利普通民法典》第1332条、第305条对物之损害有明确的规定）。[191] 这一最低赔偿并未考虑权利被侵犯者的整体财产关系及其嗣后发展，而是为了立即填补被真实损害的法益（或补充性地与其残存状态并存）。这可以被直观地称为权利存续（Rechtsfortwirkung）或权利持续（Rechtsfortsetzung）理念。[192]

此处涉及的并非是预防理念的对立面，而恰恰是其具体的一个方面。这个方面首先可通过指涉被侵害的权利得以彰显，并延伸到其权利人，其损害赔偿请求权的正当性恰恰在于"个体化"（individuelle）的责任法：其法益的客观财产价值在受侵害时无论如何都属于权利人，而无须考虑财产状况的整体发展，其偶然的发展不应免除加害人的责任，从而影响预防功能的实现。私法中的基本原则"双边论证"（beiderseitige Begründung）通过参引权利侵害和受侵害权利的主体而得以大大满足。因权利被侵害而遭受实际损失之受害人是否应将所获赔偿交给实际承担侵害导致的财产后果之人，是后者之间的事情，而与加害人无关（相对性！）。

客观、抽象的损害计算法在其所及的范围内，可以实质性地（部分）解决损害赔偿法中棘手的问题，如被否定的损益相抵（Vorteilsausgleich）、第三人损害清偿和超越因果关系（überholende Kausalität）。在其顺理成章地也可适用于劳动力时，可以为解决这一问题提供重要的解决方案，如受伤的家庭主妇的损害赔偿请求权。

客观、抽象的损害概念作为与主观、具体利益相对的概念，为准确界定与责任法相关的不利提供了第二种可选择的方案。只要将客观、抽象的损害概念理解为最低赔偿，则这两种选择可以无矛盾的并立。重要的"仅仅"是原则上的证立和损害概念的客观变体的一以贯之的适用。在其适用中会衍生出填补功能的相应变体。

完全客观、抽象的损害计算法也表明了抽象的最大可能程度：从受侵害的法益和市场价值外的所有情事中抽象出来。作为具体、主观损害计算法的对立面，客观、抽象的计算方法在所述的方向上不会遭遇什么困难。由于其限于最低损害，有疑问的是它是否足以满足预防原则的要求。可能存在这样一种情况，即特定的不利

---

[191] 与奥地利法的通说（Koziol, Haftpflichtrecht I 24df mwN）不同的有 Reischhauer 在 Rummel, Rz 12 zu §1332 所持的理解（仅仅是通过"经验法则"对证明难度的降低）与未规定反证的法典实际内容并无明确的联系。Reischauer 对通说的批评当然是从抽象计算的损害并非损害这一点出发的。这一论断未做论证就以对这种损害概念的垄断诉求作为前提并尤其忽视了可能存在真实的损害，若不考虑特定的财产及其金钱价值即无法确定其范围。因此，这一批评是不合理的。

[192] 参见到目前为止 Bydlinski 的论述，Probleme der Schadensverursachung（1964）35ff; Neuner, Interesse und Vermögensschaden, AcP 133, 277; W. Wilburg, Zur Lehre von der Vorteilsausgleichung, JherJB 82, 125ff; Selb, Schadensbegriff und Regreßmethoden（1963）vor allem 49ff.

虽然在主观、具体的损害中业已产生，但因损害赔偿义务特定的、受限的"通常前提条件"不属于受害人根据一般规则可获赔的、在其权利和其他受法律保护利益中的范围。就此会有这样的问题，预防的目的能否要求通过其他的，在范围上超出客观、抽象的损害赔偿计算的矫正方法得以实现。此外，对德国法而言，在制定法中根本没有与主观利益对应的界定清晰的概念，更无法界定清楚其和主观利益之间（作为最低赔偿）的关系。

预防的目的在逐项定义的部分抽象化（Teil-Abstraktion）中发挥着作用，这在德国法上尤甚。在"*第三人损害清算*"（Drittschadensliquidation）这一确定的领域涉及的问题是：真实损害的经济、财产后果由遭受损害的主体通过特殊法律关系转嫁给另一个主体，其目的并不是让加害人免责。通常这一目的源自因损害事故而借法律行为给予者的意图，而在当下主要是出于立法者规范保障系统的目的，意在为受害人在特定事故中提供一定的保障，而非为了让本应为此负责的加害人免责。与之类似的是——在许多得到肯认的第三人清算案型中——特定风险承担规范的目的，由于其并非意在让加害人免责。

单纯损害转移的不重要性，即恰恰从这一过程抽象出来（从而从权利受侵害与财产后果之间出现的主体不一致中抽象出来），是新损害赔偿法非常重要的基础判断，这也是威尔伯格（W. Wilburg）长期强调的。[193]

即便是这种部分抽象化，其基础也还是预防以及权利存续的理念。它主要进一步对被否定的损益相抵、第三人损害清偿和保险人、社会保障机构和其他"损害承担者"的追偿权产生影响。其对加害人的追偿权通常通过"法定债权让与"这一法律规定得以保障，这总是以（被让与的）损害赔偿债权尽管考虑到获利仍旧存续为前提。这些获利对于遭到最初侵害者而言是那些针对保险或保障机构的以损害发生为成立条件的请求权。在没有法定债权让与规范时，由于对单纯的损害转移否定了损益相抵，可以考虑适用意定债权让与或第三人损害清算。

在上述领域中，从主观、具体的损害概念迈向抽象化的决定性一步表现得相当精确。因此，经此改造的填补原则的稳定适用是可能的：被抽象化的正是，上文所述的从其权利或法益可归责地受侵害且在规范目的关联中遭受实际损害的受害人向承担其经济影响，但绝无免除加害人责任之意的人的"损害的转移"。

但是，在相关问题中的损害转移理念的中心地位及其在损害计算方面作为规范上可证立的和持续可适用的抽象化步骤的作用，并非共同的知识财富。这一理念更多是被漠视或误解。上面提及的问题及其不同的变种经常是被孤立的、基于不同和任意的价值判断加以对待，以至于不再能够获得一致的解决方案。比如说，被否定的损益相

---

[193]　AaO。但是一些学者出于难以理解的理由和不可知的判断标准拒绝将这一损害赔偿法的基本判断作为"价值判断"看待。所谓价值判断在他们看来只能是能够直接说服他们的。

抵问题在许多这一问题浮现的事件中是以不清晰的、不协调的及有很大争议的衡平办法解决的。此外，若不能从单纯损害转移并无免除（加害人责任）的规范目的这一无关紧要性出发，一以贯之和全面地思考问题，则很多问题也会变得十分困难。

如果将不同类型、极富争议且在当下日益突出的其他损害计算问题考虑进来的话，那么这幅乱象将更令人忧虑。此处只能提及一些关键词：与机动车、其他动产和住宅有关的使用利益、枉然的费用支出、旅游乐趣遭受的损害及类似问题的商业化、照顾的费用、自己修理、对家庭主妇的侵害、预支康复费的请求权等问题。就这些问题的讨论现状的特点是，基于部分模糊的、部分无法从法律中获得正当化的及肯定无法在体系上协调一致地一般化的、通常互相矛盾或有龃龉的价值判断，特别构建出某种特殊的"规范的损害概念"。以损害的具体、主观的利益概念及客观、抽象的损害概念来衡量损害，实质上不过是许多杂乱无章的中间形态，只是至少不能超出后一种财产损害概念的外部边界。为各自选择的抽象化范围——即哪些具体情形可以作为无关紧要的部分来处理——寻求原则、体系上的论证大多不是讨论的重点或者根本被完全任意的价值判断取代。其结果是在个别问题中，所有想得到的解决方案互有争议，而即便是占支配地位为众人接受的对个别问题的诸多解决方案——如果真的发展出来了——彼此之间也处于难以理解的关系中。[194] 比如说，丧失的使用利益是否只在机动车这一类型中是可赔的财产损害，抑或涉及其他物及在哪些物时也是可赔的财产损害。在这些讨论中涉及的所谓"标准"，如所谓物的"社会意义"，既难以把握，也难以在损害赔偿的正当性上得到理解。

我们渐渐又会想到在这些野蛮生长的漫无边际的价值判断中整理出一套法律秩序来。总体来说，其任务主要在于让各个通过"价值判断"建立的"规范"的损害概念通过各种关于抽象化——即"弃置"某些具体情况——的清晰阐述，变得更可理解和比较，并从法律体系中寻求其最有可能的规范理由，就此而言，特别是预防原则、当然还有经济效率的基本原则都有着直接的意义。[195]

当下对损害赔偿法的个别问题及其不同变种以自由和想当然的特别评价（ad-hoc-Wertung）为出发点的、盛行的、互相矛盾的实践是多么得不可持续，这由目

---

[194] 除了已经提到的文献外，对此提供了大量丰富材料的有 Chr. Huber, Fragen der Schadensberechnung (1993)。他在当中也对许多有争议的问题提出了有趣的自己的解决方案，其内容为财产损害存在与否及其范围取决于受害人一方的事实上的"对闲置经济资源的激活"。就与相关的（受限的）抽象步骤，他也提出了许多基于经济效率考量的理由。

[195] Chr. Huber 在其被提及的著作中就后者予以了清晰阐发。其有助于解决当下许多问题的抽象建立在对下述情形的忽略上，即受害人方面为消除或填补实际损害的后果而投入的自己的经济资源（自身的或处于情谊而拥有的劳动力、利用本来闲置的其他资源），这些资源若无损害事件就不会作为经济利益出现（空闲时间），而它事实上只是作为有偿市场给付的替代出现。正如 Huber 指出的，在计算损害时于完全抽象的损害计算意义上的完全的市场价格（即包括从专业供货者处获得的确定成本）和对价值毫不关注的主观的财产差额之间的摇摆不定可以寿终正寝了。支持这一抽象步骤的具有决定性意义的是经济效率原则，因为当按经济理性行动的受害人利用自己的闲置的资源不会获得损害赔偿时，则其始终会选择有偿的市场给付；即便其有选择更经济手段的可能。由此，损害赔偿的规则就会导致损害在经济上的扩大。

前损害赔偿法中有关财产损害的承认及金钱赔偿额的计算的讨论状况的严重争议性、不清晰性和逻辑不连贯性可见一斑。体系、原则的思考在此尤其失败。

3. 即便在"过错责任"中，过错也绝非唯一具有决定性的责任原则，这可由上文提及的原则层次的多元性再次确证：即便一个人有重大过失的行为，而另一个人有急需填补的损害，在两个重大情事之间若无因果关系，前者也无须承担义务（然而，这由已经提及的这一责任特征的稀释化"Verdünnung"的影响可得到理解）。比如说，A 出于谋杀的目的向 B 射击，但并未命中，所以 A 不必为 B 此后因传染病而长期无法工作所遭受的损害承担赔偿责任。

损害原因的责任原则在过错责任中也有着当然和显著的影响。为了避免产生损害赔偿法的不同部分各自有决定性的指导原则这一错误的表象，最好的方法是就损害赔偿法的不同制度分别做讨论，正如从过错责任开始讨论的那样；并且，应阐明不同责任制度中大多数的基本的基础。损害赔偿法的不同制度应根据其特别的原则予以阐释，因为其分量最重。多个主导原则会对同一个责任制度有影响，这点认识越来越必要。致害原则（Verursachungsgrundsatz）作为有效的归责事由应被优先强调。

如上所言，过错责任建立在——受到限制的——结果归责的自己责任原则（此处指的是损害的因果关系）和过错原则基础之上，而过错原则是（最初毫无限制的）致害原则和行为自由原则及效率原则之间的妥协衡量的产物。两种原则趋势的优先适用领域之间，通过过错种类及特征确定界线。该界线不会偶然地消失于那些我们通过基础层面的规范考量能够特别扩大结果归责的、只有很微弱的一般责任原则的地方。责任无一例外都以人的特性为基础，而人是拥有自由意志的生命，至少在小心谨慎的意义上，他能将对其有影响的内部和外部的动因经个人领会后产生自己的看法，又由这一看法形成行动的意愿，从而介入因果关系的发展当中。

那些恰恰在行为者意图当中或为其预见并放任（故意）的行为后果因此和行为人个人紧密相连，并在最大程度上属于其个人责任。即使在"过失"中，也大多如此，换言之，如果加害人就对他人造成伤害的影响或其行为的违法性很可能预见或尽到合理，为规范秩序所要求的注意就能预见，但其仍采取了行为。此处作为前提的可非难要素包括加害人至少能够认识到自己行为的违法性。通过这种将责任限缩于相关个人的方式，一方面能够最大程度地顾及自由原则（尽管责任的归属显然悖于当事人的意愿并因此始终是对行为自由的限制，但已经是尽可能小的限制了）；另一方面——从法的安定性的角度看——考虑到，加害人通常并非意外地因没有先行了解情况的机会而陷入不利的法律后果中。

过错责任的现行架构还详尽地揭示了其他基本原则的影响。因此，不能以预先精确化的行为规范确定的加害行为的违法性通过对受到绝对（或只是针对加害人的）保护的他人权利和利益的"外部注意"（äußere Sorgfalt）得以界定。[196] 这一

---

[196]　就"外部注意"中的定义参见 Deutsch（Anm189）及（即便对民法而言也是很有意义的）Burgstaller, Das Fahrlässigkeitsdelikt im Strafrecht（1974）。

注意又取决于加害人所属的"交易圈"中的一般成员在所涉情况中通常会采取的外部行为。当然这要排除惯行的"恶习"。无论如何，作为前提的标准形象是在所涉交易圈中总体看来对他人照顾有加的成员。非常重要的平均或通常的经验要素归因于一般的法的安定性原则，其通常以惯常可期待者为标准，并在损害赔偿法中提供某种信赖保护。对合法权利和基本人格权的保护及作为经济效率结果的预防损害的要求都要求做出排除恶俗的规范纠正。这种恶俗指的是，在作为其基础的特殊"交易圈"中，那些在法律共同体中*一般*可期待的、并为法律所要求的、对他人权益的"惯常"注意不再是寻常的情况。尽管如此，还是以所涉"交易圈"中对他人照顾有加的成员为标准。

法的安定性和（更确切的）对合理信赖的保护更以过失标准的"客观化"为基础。根据通说，这体现在《德国民法典》第276条的一般性规定和《奥地利普通民法典》第1299条对专家（Sachverständige）的规定中，即在专业领域内利用具有合格的能力、知识和经验的人群，（不考虑其事实上的个人情况）为避免过失的非难，其履行应满足相应的要求。当下广泛讨论的"职业责任"[197] 很难在此和将要讨论的"特殊关联"（Sonderverbindungen）理论之外提供更多的贡献。

4. 依照通说，加害人的过错无须及于所有的损害后果，而只需及于"权利侵害"本身。将过错责任延伸到由此产生的、但非过错所囊括的后果，一方面可通过致害原则，另一方面特别可通过预防理念得以正当化：预防理念明确反对这样一种观点，即当过错行为之人应当完全避免过错行为时，就应使他自始有可能更精确计算万不得已时会承担的责任。对最多会承担的责任予以更精确估量的可能性在对违法行为及由此引起的损害的预防能力上，会劣于或许会扩张的赔偿责任风险。在原则层次方面进一步优化的努力在这方面尚需证明其必要性。

然而，结果归责在今日因相当因果关系和违法性的关联（规范目的、唯有"直接损害"方享有的可赔偿性）的要求受到限制：如果损害与不法行为之间"无相当性"的联系，而不过是许多偶然的连结且纯粹在客观上有关联，也就是说即便有最好的能力也不可能预见，则相关的损害后果就不再能够被视为人的意志所能掌控的，也就不再能将其"客观"地——在对加害人更高能力的假设之下——归于这种作为个人责任出发点的意志。作为归责事由的"危险性"——就此还将有论述——在"非相当的"损害中不再存在：有问题的、即便是有过错的行为，在考虑到合理的预见能力后，也并未以可察知的方式扩大"非相当的"损害产生的风险。因此，相关损害从预防的观点看就非客观可预见的，也不重要。

尽管在过错责任中并未以重大的危险性（qualifizierte Gefährlichkeit）为前提，危险原则会反过来发挥限制责任的作用：（在不相当的损害方面）毫无危险性本身就排除了过错责任。

---

[197] Köndgen, Selbstbindung ohne Vertrag (1981) 352ff; Canaris, Schutzpflichten, Verkehrspflichten, Schutzgesetz, FS Larenz (1983) 79ff.

在相当性标准——事实上非常模糊的——可裁量的范围内，遇有疑问时可综合考量各个具体的责任事由，尤其是过错程度，以确定责任的界限，当然在责任的边缘领域还可以考量涉及的法益（比如生命和健康）等特别价值。

反过来说，当加害行为巨大的具体危险性和过错责任的其他"通常"前提一道出现时，该危险性就会正当化责任的加重，也就是说将对因果关系的要求降低到可能或假设的因果关系。

第二种特别有意义的不法关联性（Rechtswidrigkeitszusammenhang）的责任界限（规范目的）基本是通过（对违法性或责任成立规范的）目的性解释来解决责任范围的问题，并且通过这种迂回的方式回溯到（一般意义上的）合目的性这一基本原则。它也持续反对纯粹偶然和不可预见的赔偿义务，而绝不给予潜在加害人以确实计算的可能。[198]

正如上文所言，就现行的损害赔偿法而言，可能要强调的是通过相当性和规范目的实现的责任限制原则。更好的处理方式可能应当是，业已形成的责任界限自始作为限制要素而为其后的"全有或全无原则"（全面赔偿原则）吸纳，以避免就其实际效力范围产生误解。这一原则已经导致了重要和现实的原则冲突，对这一冲突的理解和解决不能再因对其在现行法中的重要意义的误解而变得更为困难（参考下文）。

最低生存保障原则在过错责任中也会有显著的影响，即因扶养义务人被杀而受损的扶养权利人因（"直接损害"的）违法关联性的突破受到优待，加害人要对其赔偿失去的法定扶养费。此外，在现行法与损害赔偿相关的案件中，主要是通过社会保障体系对最低生存保障（有时这也被称为"照管原则"）的特别持续的要求予以关注，它通过合理的高权强制（强制会员制和强制会费）的效力得以建立。[199]它应原则上在补充原则（Subsidiaritätsprinzip）的意义上作为损害赔偿法的补充，在后者尚有不足时适用。将两种制度彻底融合，必然会导致损害赔偿法蕴含的个人自己责任的原则被牺牲。因而，就如上文讨论以保险的方法替代损害赔偿法一样，应拒绝这一做法。

5. *(35)* 与有过错 *(Mitverschulden)* 及更为一般的受害人处的与有归责性[200] *(Mitverantwortung auf der Seite des Geschädigten)* 会导致损害的分担；即受害人必须承担自己的过错或责任事由与加害人的相较后一定比例的损害。这一原则当然是建立在分配正义原则的基础上的，因为不然的话，加害人和受害人就会被不同的标准评价。"过错赔偿"（culpa-Kompensation）的旧体系就是在这一点上有问题。根据这一体系，受害人在与有过错时就没有赔偿请求权。在某种通盘解决方式中，

[198] Bydlinski, aaO 57 ff.

[199] 就其与损害赔偿法的关系进行讨论的有 Gitter, Schadensausgleich im Arbeitsunfallrecht（1969）；特别关注重要的由损害赔偿法和其他集体损害分担体系相遇产生的追偿问题，如 Selb, Schadensbegriff und Regreßmethoden（1963）；Marschall von Biebestein, Reflexschäden und Regreßrecht（1967）。

[200] Venzmer, Mitverursachung und Mitverschulden（1960）；Rother, Haftungsbeschränkung im Schadensrecht（1965）30ff；Koziol, Haftpflichtrecht Ⅰ 233ff；E. Deutsch, Haftungsrecht Ⅰ（1976）318ff.

忽略与有过错的、新近的一些建议同样存在问题；此外在部分损害赔偿法文献中（幸好在判决中较少得到支持）偏爱的更严格的辅助人归责（即在纯侵权领域也适用履行辅助人的规则！）也一样有问题。

（三）危险责任

在打破过错责任一时近乎垄断的地位时，作为损害赔偿原则的"危险责任"可以延续不以过错为要件的赔偿义务的旧残余，尤其是动物保有人责任的特定形态。但是，其兴起主要与技术进步有关。技术的进步催生了大量的物或物之集合（Sachkomplex）（设施、营业），它们带有巨大的、技术引起的致害风险；如机动车、铁路、航空器、管道、核电站等。它们在统计上存在相对较高的可能性，即便没有（被证明的）过错也会出现损害，或者存在损害急剧扩大的可能性，或者只有偶然的、但是重大的损害可能性。尽管如此，我们仍不会考虑禁止这些事物，因为技术发展带来的总体而言是远远有利的后果。单纯的过错责任会导致，许多在个案中即便尽到注意义务仍无法避免的，但在统计上总体而言是可以预见的，且（作为生产风险）完全可以计算的损害最终仍须由受害人承担。若一切进展如常，则抽象技术风险营业的经营者及危险物的"持有人"将获取其行为的利益，但将与之相关可预见的损害转移给了受害人。换言之，危险活动的举办者将从中获益（至少有财产增益的好机会），而将可预见地损害他人现有的法益。这种"苦乐不均"将导致长期、持续和有计划的财产分配（无来自受损方意志的正当化理由）的推移，最终损害交换正义原则。若立法不对这种发展以相应责任规范的方式予以回应，则未遵从平等对待和分配正义的原则。[201]

此外，从事危险经营总体上（即使不是在具体情况下）可预见的损害在经济上看也是经营活动的成本，但这一成本外部化了，因为这些成本可推给非当事人，而不必反映在由从事危险经营者提供的货物或其他服务的价格中。这会扭曲市场上需

---

[201]　危险责任（各不相同地）可回溯到正义原则，Esser, Grundlagen und Entwicklung der Gefährdungshaftung (1941) 61ff；Larenz, Richtiges Recht (1979) 108. Rinck, Gefährdungshaftung (1959)；Hannak, Die Verteilung der Schäden aus gefährlicher Kraft (1960)；von Caemmerer, Reform der Gefährdungshaftung (1971)；Will, Quellen erhöhter Gefahr (1980)；Kötz, Gefährdungshaftung, in: Gutachten und Vorschläge zur Überarbeitung des Schuldrechts Ⅱ (1981) 177；最新的发展且立场不同的参见 Deutsch, Das neue System der Gefährdungshaftungen: Gefährdungshaftung, erweiterte Gefährdungshaftung und Kausal-Vermutungshaftung, NJW 1992, 73；最近有深入研究的参见 Canaris, Die Gefährdungshaftung im Lichte der neueren Rechtsentwicklung, JBl 1995, 2ff. 对损害赔偿法体系化的新的有趣的尝试是 Koch, Die Sachhaftung (1992)，他想用新的体系取代"危险责任"，遭致激烈的反对。其对行为责任和物之责任的（尤其是机动车主无须在驾驶人错误行为时承担责任。173）严格区分的主要理由是其无法（作为危险）判断人的行为的效果在多大范围内通过技术物的损害可能性得以扩大。显然他将仅将具体的危险视为危险（98f.）。他提出的标准，如物的"独特动态性"（Eigendynamik）、对外在影响的单纯反应（Reaktion）、客观可预见性和压倒性的因果关系影响（117ff）较之其反对的危险标准在实践上更难以把握。作者附加于收益—风险原则上的意义（58ff.）同样难以作为拒绝"危险"概念的理由；将辅助人责任和物的责任视为同一（62）的以收益—风险原则作为基本理念也难以有助于行为和物的责任的严格区分。在领域的归责上而言是正确的。

求者的偏好从而对经济效率原则产生负面影响。[202]

交换正义和经济效率都要求在由危险的物或危险经营活动产生的统计上概括可预见的损害可导致责任的产生。责任人领域内的因果关系同样也是必要的。基本的结果归责的自己责任原则也清楚地扩大作用于自己的领域。

合目的地与物或设施的特殊"内在风险"的协调体现在不可抗力或不可避免的结果等责任排除事由上，其主要要求在处理危险物时，达到关于避免损害的、超出过错的高注意标准和其客观的无瑕疵性。这一责任在使用特别高的注意及特别在持续控制危险物时要求完美无缺这一方面与预防理念一致，即尽可能避免损害（只要用于这方面的费用不至于可预见地高于可能要承担的损害赔偿的成本）。它同样能如上文所说的那样减少同一行为在收益（至少是获益的机会）和负担（抽象可预见的后果）上有违正义的分裂结果。[203]

现行法中"危险责任"的特征是制定法技术上的支离破碎，即立法者欲评价的技术危险都以特别法的形式规定，除此之外，还在这些特别法中决断性地规定了（非常不同的）责任限额。正义的均等原则（Gerechtigkeitsgleichmaß）要求危险责任类推扩张适用于未被特别法规定的、但有类似危险的物或经营活动。与这种类推扩张确定有关的问题在一定程度上是可克服的。[204]

最高责任限额难以从经常被阐述的、可欲的保险性中得以说明：即使在数额上不受限制的过错责任中，责任保险通常也是有最高限额的。这在危险责任中同样可能。也许数额上的限制——非常大直至任意确定——只是由于这样的损害可归责性较弱，即其产生不是由于责任人自己的行为或其个人有瑕疵的意志，而是单纯因外在的物的或组织的复杂性。无论如何，*(36)* 最高责任限额原则是现行危险责任的特色，即便这很难在体系与原则层面得以正当化，但仍然毫无例外地被执行。这或许应向一个根本上放松"全有或全无"原则（下文将会有详述）的更好的法律状态迈进。[204a]

（四）侵害责任（Eingriffshaftung）

并非单纯危险，而是完全可以预见地对他人法益进行侵害的行为因其压倒性的

---

[202] 因此，法律的经济分析会以损害预防，更准确地说是降低总成本的视角评价危险责任（参考文献参见Anm102）。从多样性原则层次的视角看，在证立危险责任的"下级原则"时多个原则共同作用并无困难。

[203] 一方面，损害赔偿法中预防目的配置中的经济效率，另一方面，交换正义中蕴含的收益和可预见负担的一致，都导致此前的自己责任从自己行为的后果扩大到（客体的或个人的）自己利益或支配领域的影响范围。"领域"当然包含责任人的行为，即其采取行动、保持行动和——无论如何有问题的——控制。其中，经常会有辅助人或——法定——责任人的代理人介入其中。有时，完全不可能将某个事件归于责任的行为，比如说，一个小孩继承某个企业，而责任事由对其发生不利。因此，因领域扩张的可归责性无须满足延伸之责任人个人行为的因果关系的要求。就领域对损害赔偿法的意义有奠基性贡献的有 W. Wilburg, Elemente 38ff, 108ff, 114ff.

[204] 特别参见 Koziol, Umfassende Gefährdungshaftung durch Anologie? FS Wilburg (1975) 173, 及赞同这一观点的奥地利司法裁判。支持德国法，即在通说中拒绝类推适用一般化的观点有 Will, aaO70ff; Deutsch, Gefährdungshaftung und Verschuldungshaftung, JBl 1981, 449ff (453).

[204a] 尤其参见 von Caemmerer aaO 23f.

有利性而为法律许可，但就此会产生损害赔偿请求权（由官方许可的设施产生的损害、征收、紧急状态或免疫接种损害等），这一情况属于*侵害责任*或——从受害人角度看——"牺牲赔偿请求权"[205]。对危险责任适用的规范基础在此处尤其适用。侵害责任延伸到采取侵害行为时明确预见到的损害。

就尚未充分发展的"环境损害"承担的责任[206]——无论其以何种形式最终总能成立的——必须对有意识的侵害在填补原则及在危险责任中进行规制；取决于损害究竟是从通常的经营中产生抑或因意外事故产生。此处涉及的不仅仅是单纯的"致害责任"。对"环境"的侵害，最终是对要享用环境之人的侵害与现有禁令的违背，总的来说是过错责任的一种清晰的形态。此处会产生特别的事实上的认定困难，尤其是有关因果关系的证明。

（五）类似的责任制度

在合同关系中的为他人利益的危险行为导致的"*风险责任*"[207] 和新近发展的特别法中的"*产品责任*"[208] 都有同危险责任类似的规范基础。对产品责任合乎逻辑的规范理由仅在于实际规制技术化大生产和由此产生的特殊风险，然而法律的规定在很多方面都是逻辑不一致的，且毫无原则上合理的界限，从而大大超出了这一

---

[205] 参考 Rummel, Ersatzansprüche bei summierten Immissionen (1969)，尤其参见"侵害责任概论"allgemein zur Eingriffshaftung 81, 96；Enteignungsentschädigung (1981) 64；Hubmann, Der bürgerlich-rechtliche Aufopferungsanspruch, JZ 1958, 489。

[206] 参考自 1991 年 1 月 1 日起生效的《德国环境责任法》(Umwelthaftungsgesetz) 及 Schmidt-Salzer, Das Umwelthaftungsgesetz 1991, VersR 1991, 9；就奥地利的草案的情况参见 Rummel 1991 年 9 月于 Altmünster 做的讲演。亦可参见合集 Hanreich/Schwarzer (Hrsg.) Umwelthaftung (1991)，尤其是当中 Kerschner、Rummel 和 Posch 有关私法部分的文章。现在的主要著作有 Rummel/Kerschner, Umwelthaftung im Privatrecht (1991)，在这本书的 (30) 部分突出强调了新"环境责任"与危险责任的体系协调问题；体系上有深入研究的有 E. Deutsch, Umwelthaftung: Theorie und Grundsätze, JZ 1991, 1097. 目前较为全面的论著 Gimpel-Hinteregger, Grundfragen der Umwelthaftung (1994)。

[207] 尤其参见 Canaris, Risikohaftung bei schadensgeneigter Tätigkeit in fremdem Interesse, RdA 1966, 42；Fitz, Risikozurechnung bei Tätigkeit in fremdem Interesse (1985)；Bydlinski, die Risikohaftung des Arbeitsgebers (1986)，当中强调单纯的活动义务是其适用领域。

[208] 尤其参考 Deutsch, Der Zurechnungsgrund der Produzentenhaftung, VersR 1988, 1197（当中有许多例证），将新的特别法规定的"产品责任"界定为与"客观过失相近、但不以过错为要件的生产者责任"。(1200) 他反对将其归入危险责任，因为"缺陷"是责任的基础。但这一点对危险责任而言并不陌生：在机动车领域，证明机动车无缺陷是不可避免事由的一部分（§7 Abs2 dStVG）。产品责任中的"缺陷"也必须停留在交易中对安全性的合理期待方能界定，也就是那些所涉特性的危险性。然而，此处涉及的实际上并不是对特定物或设施运营的技术危险性，就像在通常的危险责任中一样，而是——在这类责任已经超越对过错的证明责任倒置的范围内——由于其技术性（Technizität）以可期待的方法不再能足以控制的生产过程和其结果产生的一种组织的危险性。因此，其从通常的危险责任中分离出来是很明显的。但这丝毫不改变其与基本价值判断保持一致（通过利益和抽象可预见的不利益的统一实现的交换正义及通过激励损害预防和"风险吸收"（Risikoabsorption）的经济效率；总之通过避免可预见成本的外部化），这和"风险责任"一样。就早已生效的奥地利产品责任法参见 Fitz/Purtscheller/Reindl, Produkthaftung (1988)；Welser, Produkthaftungsgesetz (1988) 在其前言部分就对新法发表了批评性评释。P. Bydlinski, Produkthaftungsgesetz und Haftpflichtversicherung (1990). 就无特别法基础的产品责任，参见 Canaris, Die Produzentenhaftung in dogmatischer und rechtspolitischer Sicht, JZ 1968, 494；Diederichsen, Die Haftung des Warenherstellers (1967)；W. Lorenz, Die Haftung des Warenherstellers (1966)；Schmidt-Salzer, Produkthaftung (1983)；Bydlinski in Klang IV/2², 169ff；Koziol, Grundfragen der Produkthaftung (1980)；Posch, Produzentenhaftung in Österreich de lege lata de lege ferenda (1982)。

规范目的。

以过错责任为准的责任制度主要是作为归责原则的效果得以阐释，威尔伯格称之为"以侵害或危险利用他人法益"。因为侵害是危险的边缘状态，可将危险责任原则扩张，并称之为*(37) 危险及侵害责任原则*[209]，以此作为相关制度的决定性基础（但应与其他共同有效的原则，尤其是那些——扩张至控制领域的——致害原则结合）。

这涉及损害的发生，假如经济效率原则不能因成本的外部化，而交换正义不能因同一活动的利益与不利的错置而受到损害的话，这种损害事先于特定的活动中、在责任人的领域内，就其类型而论至少从长期统计的角度看来是可能（或完全确定地）预见的，由此必须算作这类活动的可计算的"成本"。

（六）为履行辅助人承担的责任

在所有劳动分工的经济关系中，实践上非常重要的是"辅助人责任"：任何使用他人以处理自己事务，尤其是履行自己的义务的人都将被使用人纳入自己的利益范围，且在具有指示和控制关系时无论如何被纳入了支配范围。因此，根据规范的整体考量，使用人要为辅助人行为的损害后果承担责任。因此，从直觉上说，辅助人责任（Gehilfenhaftung）更需释明（雇主责任 respondeat superior）。困难之处当然又在于更精准的权衡和划分。这一点从不同法秩序中不同的解决方案中可见一斑。

无论如何，我们法律圈的损害赔偿法首先规定了令人信服的*(38) "事务本人"*为其*"履行辅助人"承担责任*。履行辅助人是事务本人用以履行自己义务（因此需有事先存在的债务关系）的：事务本人对履行辅助人的过错负责，就如同对自己的过错负责一样。[210] 指示和控制上的依从关系并非前提条件，但通常存在。

就该责任经常起决定作用的是解释问题，即假定的责任人是否真的有约定去承担履行义务或是否仅仅是其负有义务为嗣后的受害人聘请一个向其直接履行的人（"被选择之人"Auswahlperson 而不是履行辅助人）。根据通行且值得赞同的观点，在履行行为和产生的损害之间还必须有典型的，即某种程度可预见且明显"相当"的因果关系。在履行中出现的完全偶然的侵害不会导致事务本人承担责任。很早以来，为辅助人担责就已延伸到了对合同上（通常是通过补充的意思表示解释）的保护和照顾（包括不作为）义务的违反；也就是说超出合同类型特有的实质性给付义务。这不仅关乎给付义务，还关乎整个债的关系的正确履行[211]，当中自然包括此前提及的保护和照顾义务。这是即将讨论的"特殊拘束关系"产生的责任中的原因的自然结果。

在辅助人责任中，以新的收益和可预计的不利统一的交换正义原则为归责事由

[209] Elemente 28.

[210] 这一看似简单的规则产生的许多问题请参见大型比较法文献 Spiro, Die Haftung für Erfüllungsgehilfen (1984)；早先的讨论参见 M. Wilburg, Haftung für Gehilfen, ZBl 1930, 650。

[211] 有关这一复杂的现象有全面阐述的是 Gernhuber, Das Schuldverhältnis (1989)。

十分重要：任何通过使用辅助人并增加其给付义务（和相应的获利机会），从而在法律交往中可较其只能自己履行更能增进其经济利益或经济机会的人应对纳入履行辅助人后引起的损害负责。但是，这一考量对无偿行为的履行不适用，因为对无偿承担义务者而言，无偿行为的目标和典型的经济利益毫无关系。履行辅助人责任在这一范围内应受到限缩。

然而，辅助人责任也仅是非常抽象地取决于损害的可预见性和可计算性，因为危险性要素限于与委托履行行为风险相关的相当因果关系，也就是说只有在极端案件中会作为排除责任事由发挥作用。损害预防的主要目标通过与抽象的风险控制的联系继续发挥作用，且只在"非独立"履行辅助人处于通常范围发挥效用，相反在"独立"履行辅助人处限于选任阶段。在前一种情况下，事务本人尚有指导、组织、提供物质工具和予以控制的可能性。[212]

与危险责任相比，到目前为止讨论的履行辅助人责任的正当化事由总体来说明显偏弱。但是，在作为加害行为前提的潜在责任人已有的债务的背景之外，还会有一般的交往安全和合法权利保护的要求作为补充：由于其此前存在的债权人地位，嗣后受害者可以信赖适当的履行。受害人的信赖会落空且其合法的权利会受到减损，如果事务本人在履行障碍的案件中使用辅助人会比自己亲自履行承担责任更轻：只有在后一种情形下，受害人才至少可以通过损害赔偿的迂回路径，（及在符合自己行为责任的更具体的前提条件时）取得通常对债务人处于若相关义务自始适当履行时的地位；而非在第一种情形下。

履行辅助人责任一方面通过保护嗣后受害人对适当履行的合理信赖，另一方面通过避免纳入辅助人而单方降低风险得以正当化，这在有偿的合同关系中是十分明确的：若无另一方为履行辅助人的责任，则在出乎嗣后受损当事人意料，另一方当事人使用履行辅助人时，受损人会通过自己的履行允诺事实上不能"获得"为损害赔偿法保障的对待给付请求权，更确切地说是对其适当履行的请求权。所有的给付的范围都是以对对待给付适当履行的设想来确定的。意想不到的损害结果将会产生严重悖于合同等价性的危险且会经常实现。

在并无受害人对待给付义务的法定之债的履行中，收益（通过使用辅助人扩大

---

[212] 因此，只有在"非独立"履行辅助人——广义理解的有偿关系中——中会有将责任类推适用于准备行为的论点，这一准备行为是为今后履行目前尚未成立的债务服务的。相反，在经济上完全独立的第三人履行中需要谨慎地检验，其是否债务人为向已存在的具体的债权人履行而被使用（否则的话，所有债务人都要对将来的债权人承担此前一切有瑕疵给付行为的责任，而这些给付此后会由其亲自向债权人履行，这种风险会成为完全难以控制的）。因此，"配件供应商"（Zulieferer）当然（大多这么认为）不能视为履行辅助人。同样地，作为劳动分工的经济中不可能期待作为商人的出卖人会生产标的物，以至于在有疑问需解释时，生产商品绝不会成为（买卖）合同的义务。为履行辅助人承担责任会因没有相应的履行义务而根本无须考虑。（与此不同的是，当买受人从出卖人自己生产这点出发和其缔约，而出卖人为了生产标的物将"配件供应商"纳入此时已经成立的自己与债务人之间的债权关系。但这毕竟是例外情况。）

的逐利可能）和不利（由辅助人过错引起的损害）统一意义上的交换正义及受害人（对适当履行）的信赖也始终是有效的。但是，后者并非因债务人的给付允诺而生，而是源自法秩序的给付命令。

履行辅助人责任这一损害赔偿法中的下位原则的主要正当理由是对受害人合理信赖的保护，该信赖的内容为责任人在为自己（存在于对待给付或借助辅助人顺利地清偿债务）交易利益而利用受害人合法权利时应尊重其权利。我们可称其为在非常广义意义理解上的"有偿关系"[213]，它让（为辅助人行为的）严格责任变成可期待的。

（七）交易接触中产生的责任

总体上可以说，这里涉及*(39)"交易接触"中更为严格的责任*（到目前为止涉及的是为辅助人担责）*原则*。这一原则不仅适用于主给付义务的履行，还适用于保护和照顾义务的履行，后者在细节上须符合具体合理的期待，特别是交易习惯的标准：任何可期待其狭义的给付请求权可受到尊重的人都可以期待对其他权利、法益和财产利益的尊重与保护，后者因相应的法律关系而和交易相对人有接触。因为人们在交易接触中通常希望获得一定的利益，相反，不可能希望早就保有且与相关给付毫不相干的财产遭受侵害。每一方当事人的这一信赖都会被另一方"利用"，其方式是后者为了自己的交易利益可以实际接触到基于信赖让其触及的前者的财产和利益。

由"交易接触"产生更为严格责任的原则（通常不是：源自外延模糊不清的社会接触！）[213a]通过很早就被称为"缔约过失"（通过法律规定的个别适用情形的类推予以一般化）的制度延伸到前合同磋商中的保护和注意义务及类似的信赖情形。在交易惯常和可期待的范围内，这些义务——无论是合同义务还是先合同义务——涉及的当事人是根据具体情事可以期待更易了解、控制并排除致害原因的人。否则的话，法律行为交易[214]的功用性（效率）（Funktionstüchtigkeit，Effektivität）会因为避免损害而支出的不必要的过高费用（"较远"的一方当事人或双方当事人都必须支付的费用），没有斟酌过的正当理由而受到损害。

源自"交易接触"的责任加重还有远超过辅助人责任的方面。特别是它包括了有关过错证明的倒置和通常对"纯粹经济损失"的责任。此处就不能再一一详述了。然而，无论如何要指出的是，也会有利于部分第三方受害人而（很早以来就这

---

[213] 对此有适切阐述的是 Köndgen, Selbstbindung ohne Vertrag (1981) 403；就有偿性对合同责任的影响，尤其是对履行辅助人责任的影响，参见 W. Wilburg, Elemente 122，226。

[213a] 在特定情况下，即便没有交易关系，在以互相依赖及高度危险为特征的团体里，如登山者们，会适用更严格的注意和责任原则，这是不可否认的。（是 Koziol 引起我对这方面问题的注意的。）

[214] 就这一目标设定在 Welser, Vertretung ohne Vollmacht (1970) 76 有明确的阐述，并在对缔约过失的各种理论的综述中尤其强调了这点；这远比法律的经济分析早。

样的）始终适用这一原则，这些受害人以特定方式明显和债法中的给付关系很近：这就是"附保护第三人效力合同"（或前合同磋商关系）。

"特别拘束关系"[215]的庞大复合体及其"类合同"的损害赔偿法处理方式建立在交易接触的责任原则的作用基础上，并一贯遵循阐发该原则的规范基础。当然现在有许多人相信，特别拘束关系的责任问题"实际是纯粹的侵权问题"。然而这一观点并不比如下观点更有说服力，即自始（a priori）认为为履行人担责是彻底错误的，因为为辅助人担责总体来说从"本质"上就是侵权法的问题。至少特别的交易背景关系被忽视了，该交易背景关系反映了双方都接受的经济利益认识，并借此让加重侵权法中"陌生人之间"的责任变得可期待。

只要义务得到应有的小心配置，以至于每个合同当事人或磋商当事人除了根据诚信交易和惯常的方式，即以其可期待的方式顾及他人，同时又能顾及自己的利益，权衡之下，这样一种对承担更严格责任者的额外的自由限制是有道理的。因为只要加害人有交易接触、并获得值得追求的交易和其履行的机会——而这在侵权法中是不存在的——加害人承担比侵权责任更高的义务和更严格的责任就是合理的。更为严格的责任与获得交易利益的特别机会是相对的。此处，等价理念足以补充以大众利益为重的、有利于降低整体成本的损害预防要求（尽可能有效率运转的法律交往）。

（八）为处理或完成事务的辅助人的责任

在侵权和其他法律行为之外的领域中，即使没有此前讨论的责任加重事由——就像一般的侵权赔偿责任——替处理或完成事务的辅助人承担责任也可以成立。此处涉及的基本情形是某人为了处理自己的事务请来另一个人，且后者在交易接触之外伤害了第三人。其前提条件始终是"辅助人"的某种指示或控制上的依从关系，该辅助人不能自主地追求自己的利益（或真正的"事务本人"的利益）。若无依从性标准，领域归属（将辅助人的领域归于责任人）将毫无可能。因为另一个限制性的要素——具体交易接触中为自己利益的投入在此处并无对应的部分：一个行为可能同时为了许多不同主体的利益，而通过（现存或追求的）行为标准实现的"导向性"可能却没有可能性。在侵权法中，只有通过"控制"（非独立性）标准方能将"辅助人"行为归入责任人的领域。

在许多知名的法律制度（Rechtsordnungen）中，至少一开始的规则是看上去

---

[215] 参见上述 Anm197 中提及的，如 Picker, Positive Forderungsverletzung und culpa in contrahendo. -Zur Problematik der Haftung „ zwischen " Vertrag und Dellikt, AcP183（1983）369；Vertragliche und deliktische Schadenshaftung，JZ 1987，1041（有全面的说明）；von Bar, Verkehrspflichten（1980），及我的评述 JBl 1983，276。就此问题正确和更深远的论述参见 Koziol, Delikt, Verletzung von Schuldverhältnissen und Zwischenbereich, JBl 1994，209ff。当 Picker 处理双方都愿意、具体的事实履行关系时，他实际上是要对通说中寻求的"加强义务的因素"进行总结，这些因素可通过类推适用扩展到合同责任，而并非说明其不必要性。

理所当然的"雇主责任原则"（respondeat superior），但并未能对这种"完全的辅助人责任"提供理论上和规范上合理的论证，也未能做体系定位。因此不乏有争议的问题，甚至会出现部分极端的结论，需要花很大的力气和通常前后不一致的论证才能避免。事务本人就其辅助人在琐碎的日常生活中不可预见的有过错造成的损害承担有时令人无法忍受的责任，这通常是不可理喻的：派孩子去取牛奶的人或让朋友来帮忙装修房屋的人，在辅助人于这一场合中因过失造成严重的交通事故时，若适用严格和无差别的责任原则，将受到巨大的赔偿义务的威胁。不管包含这一规则的知名法律制度具体怎样，无论是这一结果，还是意在避免这一结果的规避的可能性都不支持这种无差别对待的责任规则。

相反，在我们中欧法域的法律制度中，简称为"侵权辅助人责任"的制度显然没有多大的发展。早在过错责任的框架内，就因针对他人权益（不是：针对他人的纯粹经济利益！）的一般注意命令产生了事务本人的选任、指引和监督义务（《德国民法典》第831条，《瑞士民法典》第55条），且因证明责任倒置而更为严格。在奥地利法中没有这样加重的责任。然而，有事务本人无过错责任的规定，即为"不称职"执行事务人的责任（《奥地利普通民法典》第1315条），但该规定在实践中的适用领域非常小。事务本人就辅助人因持续的特质（Dauereigenschaft）无法胜任委托的事务（从而充满了致害可能性 schadensträchtig）应承担责任，即便本人可证明对此一无所知。

事务本人的法定"免责可能性"——即通过自己无过错免责——被司法实践和学说通过各种途径在通常不确定和有争议的范围内限缩，在极端情况下实际上被完全排除。[216] 后者与正式的适用更广的单纯过错原则不符，并表明现行有效的有关法律规范的不足。

在这一背景下，要根本解决这一问题，必须首先充分运用作为补充归责基础的危险原则：就在不折不扣的危险经营中使用的辅助人应根据有关条文直接（且不受单纯危险责任的限制）完全负责（尤其是《奥地利铁路和机动车责任法》第19条（§19 Abs2 öEKHG）；《帝国责任法》第2条（§2 ReichshaftpflichtG））。此时，经营活动的危险性本身就足以让责任成立，且无论如何有理由成立。应顺理成章地为辅助人责任选取危险标准，其介于单纯相当性（在真正过错责任中）的最小值和在很大程度上抽象的危险责任中的危险性之间：当被委托处理之事务清楚表明其会导致损害，且事实上损害如是发生，则应成立为事务执行或完成辅助人的责任。这不仅取决于被委托执行事务的种类，还取决于其范围和持续时间及使用辅助人的数量。日常一般的个别事务处理，如信使或运输，无论如何达不到这一标准。另一方

---

[216] 就经常讨论的"分散的免责证明"——具体实施加害行为的辅助人的上级（比辅助人层级更高的人）的谨慎选任和监督需由雇主（作为法人的机关）亲自实施，参见 Spiro, aaO 404。

面，从损害的可预见性及可估算性——且从交换正义——的视角看，与经济计划密切相关的事务处理，尤其是和经营活动融为一体的活动在风险判断时应一并处理。因为不应让企业将经济上可计算的"成本"从由此获益者转嫁给外部的罹于事故者。这种"外部化"也与经济效率原则相悖。支持这一责任的理由还有"风险吸收"，其通过价格上对责任负担的分配方可实现。

如果所有个别的事务处理看上去是日常且无危险的，但由于其总量从统计学上看必然会出现损害，则应对属于这一类型的个案适用履行辅助人的规则。[217] 由于可能存在的边缘案例，应无论如何允许部分责任的存在。只有在特定的意义上才能让私人及小企业与大企业之间的分别处理具有规范上的正当性。

在单纯个案中，就"典型的处理事务危险"这一基本情况而言，前述考量尚显不足。因为正如前文所言，这种风险尚达不到"危险责任"所需要的程度，为了在体系、规范层面获致肯定，尚需以某种情事为前提来弥补这一缺陷。在威尔伯格深刻的理论中可以"瑕疵"的理念来弥补缺陷。这样一种瑕疵存在于责任人领域内的瑕疵特性或功能缺陷。[218] 从规范的视角看，辅助人的不法行为意味着事务本人"领域"内的重大瑕疵，可附加于单独作为责任成立基础尚不充分的、因其对危险责任而言过弱的"典型的处理事务危险"。更确切地说：在"典型的处理事务危险"之外，具有重要意义的是，法秩序（在违法性关联性的框架内）将不法行为视为对嗣后实际遭侵害财产的重要的、不合法的危险。

此外，当奥地利法（《奥地利普通民法典》第 1315 条）要求辅助人的"不称职"作为个人特性的要件时，"瑕疵"作为责任的前提就变得特别明显了。在这一联系中，"瑕疵"可以作为状态或过程来界定，它们是充满致害可能性的、危险的；但无须事务本人事先可知且可估测。"领域"的有瑕疵特性毋宁是嗣后在进一步了解相关情事后方才可认识到的，至少是更为明显的。[219]

（九）责任人领域内的瑕疵

从原则上看，此处涉及的是：当致害的原始责任基础扩展至该责任人领域［例如"替属己者致害的赔偿责任（Noxalhaftung）"的形态属于最为古老的法律制度］时，其是否具备足够的承载力。此时，责任人领域会出现事先亦不可认知的瑕疵（达不到法律命令的要求，辅之以达不到事实上可期待的要求）和危险的特性（瑕疵）。

总体而言，这一责任原则在自由原则和较弱的、在当今法律发展中较长时间以来单独看尚不充分的、作为致害原因的自己责任原则的原始形式之间几难成立；为

---

[217] 就此参见 Bydlinski, Zur Haftung für Verrichtungsgehilfen, ZVR 1980, 354。

[218] Elemente 43 und 225.

[219] 就领域的"内在因果关系"和致害原则的考量，参见 W. Wilburg, Elemente 38ff, 49, 136, 243。

了损害预防的目的而以抽象的危险控制为标准，同样仅能微弱地支持该原则：因为，现实地说，以超乎寻常的谨慎注意来排除或限制以通常的谨慎注意不会认识到的危险源的可能性或机会不大，而人们采取超乎寻常的谨慎注意是由于面临的责任威胁。

在现行有效的法律体系中，完全以具有不可识别的危险特性的物之致害原因为基础的一般责任并不成立：危险责任无一例外地以事先可认知的抽象危险性为对象，且正是在这一框架内赋予物的瑕疵性以某种与责任成立有关的意义；即在"不可避免的后果"方面赋予这一意义。对于这一评价的改变，似乎在规范、原则层面上并非一定是恰当的，即便不能完全排除改变的必要性。

与此相反，不可认知的有危险瑕疵之物的范围更狭窄的致害责任是可取的，这些物是在技术发展过程中产生的，尤其是电脑取代人类从事了许多智能活动，且因此在规范看来完全偶然的情况下会改变责任的基础。[220] 此外，就有可预见的轻微危险的特定种类之物，如动物和建筑物适用证明责任倒置的过错责任。但是，有部分学者将其解释为发展程度较低的危险责任；就德国法而言，"奢侈动物"（Luxus-tieren）的分类确属如此。但无论如何，就物的不可认知瑕疵的一般的致害责任远远（且前后不一致的）超出这些责任情况。

但在现行法中，辅助人责任自始与之不同：针对事务本人的严厉的证明责任倒置（如在德国法中，《德国民法典》第 831 条）只能是建立在为属于责任人领域的人的瑕疵承担合适责任的设想基础上，奥地利法中的"不称职规则"更是如此，不需要考虑事务本人的任何过错（《奥地利普通民法典》第 1315 条）。不法行为和辅助人危险的长期特性就足以构成让事务本人承担责任的瑕疵，现行的"侵权"辅助人责任离开对该原则的承认就无法被理解。

如果将这种单纯与个人相关的、由责任人领域内瑕疵致害之责任原则的说法与此前在典型的和（在营业领域内）累积的事务处理风险中论及的考量联系起来，那么在这一框架内，就事务处理的典型风险（超过单纯的相当性，但又未达到危险责任的程度）为辅助人负责且无免责证明在规范上就是有道理的，至少在立法论层面如此。在此意义上，现行德国法框架内通过目的性限缩解释尽可能减少免责证明的可能，这是可正当化的；奥地利法中可类推适用《铁路和机动车责任法》第 19 条第 2 款（§19 Abs2 EKHG）和《奥地利普通民法典》第 1315 条。这些都需要进一步的方法上的考量。

无须仰赖上述考量，现行侵权法中的辅助人责任已经印证了*(40) 就典型事务处理和完成风险为辅助人负侵权责任的原则*。它至少以不法行为或其他辅助人具有

---

[220]　参考 Koziol, Die Haftung der Banken bei Versagen technischer Hilfsmittel, ÖBA 1987, 3 (mwA). 此处涉及的是功能转化（Funktionswandel），为了保障此前法律价值判断在新形势下有效需对其作出新的解释甚至修法；此处涉及的就是将辅助人责任的规则类推适用于具有人工智能的物。

的可能致害的瑕疵（同时也在责任人的个人领域内）为前提条件。这一原则合乎逻辑地贯彻，甚至由"瑕疵责任"延伸到"事物领域"（Sachsphäre），是留待将来讨论的重要议题（参见已经提及的"产品责任"）。

（十）代表人责任（Repräsentantenhaftung）

法人就其"机关"（Organe）承担责任实际上是法律行为外辅助人责任的一种特殊形式。其特点及责任的加重归因于将法人与自然人同等对待，由此在侵权法内将法人的特定人的加害行为完全归责于法人成为必要，就如自然人要对自己行为负责那般天经地义。

最初这一无条件就"机关"负责的规则仅限于章程确立的代表人行为，但渐渐通过服务于此目的的"组织过错"（Organisationsverschulden）这种矫揉造作的概念而得以放宽。事实上，有充分的理由通过类推和解释的方法将可归责的范围扩展到"特别责任法"意义上的"机关"，即所有在法人中行使独立领导职权的人（在此范围内，同自然人在其拥有的组织中（ihr untergeordnete Organisation）的地位相当，如个体企业）。

这会引起更深远的结果，即这一对法人而言不再特殊的归责标准至少可适用于所有具有独立领导职权的辅助人（代表人），亦包括自然人的这类辅助人。由此必然导致对免责证明的限制和对一般意义上辅助人责任的扩张。[221]

对这一由责任人领域内瑕疵致害的自己责任原则发展起来的趋势予以原则上的正当化是可能的，只要依程度不同区分瑕疵（无论如何必要的）并将不法行为及组织中有独立领导职能者的危险的持续性特性视为尤其重要的因素。"领导层"的行为及由此产生的予以谨慎选任与监督的特别迫切的动因等多重因素都支持这一观点。损害预防及经济效率原则的作用更得以加强。行为中利益（由于使用特别合适的"辅助人"）及不利的结合之原则也发挥了同样的效果。此处即便没有超出通常水平的典型"事务处理"风险的实现，也应认为事务本人的责任成立：与法人及——适当的扩展——与"自然人的"事务本人的被处理的事务之间有相当关系就已经足够。"代表人责任"最好归于上述第（40）号原则的扩展形式，同时作为*（40a）*"为代表人负责"这一独立的次级原则。

（十一）无责任能力人的"公平责任"

一直以来，对于所有欲单独或完全从某一个损害责任原则出发的所有理论而言，*（41）* 无责任能力人的"公平责任"[222]都会面临特别大的困难。这从"公平责

---

[221] 可参见上文（Anm145）引用的文献。
[222] 就此非常基础的论述参见 W. Wilburg, Elemente 22, 81ff。

任"这一尴尬的表述可见一斑,即无责任能力人需要对其不法加害行为的后果负责。公平责任也恰如其分地表现在:责任的范围严重依赖个案中法官的自由裁量及裁量的根据主要是对加害人与受害人财产状况的衡量,看看究竟谁更容易承受损害。不过,对公平的援引无法表明责任的基础。

然而,事实上确有到目前为止讨论的这些责任要素的适用实例:无责任能力人引起了需赔偿的损害,且在客观上是不法的。无论如何,规范上重要的行为瑕疵(当然无论如何在其"领域"内)是存在的。个人的瑕疵亦包括造成无侵权能力且经常与加害息息相关的事实特性。充满致害可能的瑕疵,特别是行为的不法性早在辅助人责任中就已被证明是"个人"领域内与责任相关的。但是,对其行为的个人的可非难性、将不法侵害归于加害人个人意志领域的核心因缺乏可归责能力而无法成立。可是,对责任人的这种归责就是在其为辅助人负责时亦无须作为前提要件。甚至在单纯的证明责任倒置中,众多责任案件即使无任何过错也被顺其自然地考虑进来了。无责任能力人就自己的不法行为负责,就像事务本人在辅助人责任中为他人负责一样:不以个人的可非难性为必要。

然而,在"领域责任"中,在某种程度上将责任成立要件间接归因于责任人的意志,无论如何是可能的,只要责任人构建并维持了这一领域:可能是通过代理人,无论其是由本人自己设立的,还可能是法秩序出于关心的目的而为责任人设立,但亦需归责的(即通过法定代理人获得的责任领域)。无责任能力人毫无选择地取得了其人格及相应的一切特质。避免这一可导致责任发生的"领域"出现在此情况中殆无可能。结果的归责不再间接取决于责任人的有关意志及其追认(或可归于其的他人意志),而是取决于其存在本身。

因此,就结果归责的自己责任原则在责任人自身的无责任能力中,较辅助人及相应可比较的瑕疵而言是更无足轻重的,这初看起来令人吃惊。[223] 这也影响到了单纯"公平责任"的弱点,其目的在于具体的财产衡量,并根据具体结果确定部分责任。在有经济上弱者参与时,这一考量亦受到最低生存保障原则和一般的"风险吸收"原则的重要影响,后者源自经济上的合目的性(wirtschaftliche Zweckmäßigkeit)。

在无侵权责任能力人侵害中毫无疑问展现出来的特别困难的权衡状况在高度自由主义的时代并未引起真正的反感。这一时代倾向于严格遵守过错原则、交易安全(在损害赔偿中全有或全无的原则),且出于对主体的平等对待而无视个人的财产状况。相关规则的原则性和正当性在今天的视角看来是需要证明的。

根据这些规则有时可以认为,比如在奥地利法中就紧急状态(《奥地利普通民法典》第 1306a 条)的责任规定,损害赔偿法中*(42) 更易承受损害(财产衡量)的原则*(只是)作为解决特别困难的归责事件的辅助原则。

---

[223]　这一区分在 Bydlinski, ZVR 1980, 361 中并未得到充分的承认。

尼佩代（NIPPERDEY）[224] 从上述法律状况中得出了一个重要且无法辩驳的结论：有责任能力人不法，但缺乏认识到其行为不法性必要的认知和能力，从而无个人过错实施加害时，必须承担这一"公平责任"——根据举重明轻（Größenschluss）或至少是类推推论（Analogieschluss）——就像法律直接规定无责任能力人需承担责任一样。其在同等条件下（ceteris paribus）不能享有优于完全无侵权能力人的待遇（当然，只有当不是像《德国民法典》的绝对通说一样，认为"客观"过失总应作为过错处理时，这点才有意义）。

（十二）完全修复（Totalreparation）

除特别例外的制度，如无侵权能力人的责任，现行损害赔偿法有着(43)"全有全无原则"的强烈倾向：一旦认定某事实满足责任事由，则可正当化此后一切损害后果的归属。前文已经提及并已有论证的相当性标准和违法性的相关性标准（规范目的）已对这一原则进行了明确限制。"全有或全无"的原则（即完全修复）在论及何谓"全部"时自始应受到"在相当性范围和违法性相关性范围内"的限制。

就奥地利法而言，需要马上进一步释明的是：这一原则只有根据其"分层次的损害概念"（《奥地利普通民法典》第1323f条）的标准以及与之关联的过错程度原则方能有效。这就意味着向今后将要论及的与之相反的等比原则迈进了一大步，尽管这一步还是非常粗略且无甚区分的。

其他在实践中极为重要的对全有全无原则的限制源自上文提及的受害人的与有过错，这一限制在考虑到其他责任事由时，为了遵从与有责任的规则而需扩大适用范围。就加害人角度看来构成责任事由的都可以构成让受害人承受损害的事由，此为正义的均衡原则（Grundsatz des Gerechtigkeitsgleichmaßes）的要求。[225] 然而，历史经验（过错赔偿）和当下讨论的一些建议都表明与这一基本原则存在明显冲突。

（十三）就非物质损害予以金钱赔偿

完全的损害赔偿责任自始只对物质的或财产的损害有效。"非物质的"或"精神的"损害唯有在实证法有特殊规定（《德国民法典》第253条）或只有在严重的人格侵害（《瑞士债法典》旧第49条）及特别的过错形式（《奥地利普通民法典》第1323条和第1331条的末尾）的情况下方可获得金钱赔偿。

区分这两种损害类型的问题在损害赔偿法中普遍可以觉察到的泛滥趋势——尤

---

[224] Enneccerus/Nipperdey, AllgemTeil II（1960）1322。

[225] 参见 Koziol, Haftpflichtrecht I 233ff；Rother, Haftungsbeschränkung im Schadensrecht（1965）30ff, 66ff, 85ff。

其是因为"商业化议题"——中成为一个困难的问题。[226] 无论如何，在此范围内起决定作用的标准本身十分简单；只要不考虑几乎到处都存在的"灰色地带"。起决定作用的是：为填补［损害］确定的金钱数额（无论如何相关事实的释明必须成功；参照《奥地利民事诉讼法》第273条和《德国民事诉讼法》第287条有关估算的条文）能否通过真实的市场过程[227]，而非任意的判决、冷冰冰的假设或任意发明的计算表和扣除比例，从数字上计算出属于受害人一方真实遭受的不利。从这一意义上说，"徒然支出的费用"这一特殊问题亦可得到解决，当中特定的金钱数额可作为根据。[228]

法律在非物质损害方面更为保守，并非由于非物质财产或利益本身不重要：在法秩序的整体框架内不能这么说，就如针对侵害纯粹人格利益的严厉刑事警告所表明的那样。这一保守的态度也难以完全通过容易想见的理由——非物质利益难以通过金钱得到填补——获得解释。就这点而言，较弱的赔偿总比没有赔偿强：受害人可以通过得到的金钱去获取一些便利和好处，对其遭受的不适给予某种程度的赔偿。对受到特别伤害的被害人的法感情的非物质损害赔偿发挥的"抚慰功能"也属于这种"间接"填补。

对非物质损害赔偿的保守态度起决定性作用的其实是不可置辩的事实，即非物质的不利在原因上特别难以获得客观的确定，在范围上更是如此；且特定的非物质实际损害（如身体侵害和由此带来的痛苦、尊严受损及由此导致的不舒服，等等）与特定的金钱数额之间的关系在计算上必然是恣意确定的，换言之，往往取决于仅仅在原因上可能，实际上却非常遥远的赔偿思想才得以确定。只有在法律权威机构设定了确定的数额，例如就每日的间接痛苦设定确定数额，才有换算秘诀（Umrechnungsschlüssel）可用；在具体个案中，人们才至少在"计算帮手"的意义上可以得心应手地以它为方向。"首要换算秘诀"（erster Urmrechnungsschlüssel）的决定性特质的明证是在不同法律体系中可以看到的，在事实上非常近似的案件中赋予非财产损害赔偿的过分不同。

这一根源上不可避免的恣意性必然意味着正义的均衡原则上的瑕疵，确切来说

---

[226] 就此参见 Hans Stoll, Begriff und Grenzen des Vermögensschadens (1973)；Grunsky, Aktuelle Probleme zum Begriff des Vermögensschaden (1968)；P. Wieland, Das Recht der Pauschalreise in Deutschland und Österreich (Bielefelder Diss 1990) 117ff 中引述的大量文献。因损害事件导致的对经济上有关，但处于闲置状态的财物或（劳动）力的激活构成了新的需要界分的重要方面，对这一问题予以关注和发展的有 Chr. Huber, Schadensberechnung。

[227] 与之类似的有 Magnus, Schaden und Ersatz (1987) 311 （在我看来，其就非物质损害赔偿未给出充分理由就想不理会《德国民法典》第253条的规定）。

[228] 就著名的"拟制"租车费用和其他纯粹未能使用的问题，最好用投入在一段时间内被剥夺使用可能的物之上的资本及交易中惯常的利息数额来解决，而非德国法中偏爱的、奇幻无比的观点。在使用不能期间支付的利息可决定其金钱价值；参考 Flessner, Geldersatz für Gebrauchsentgang, JZ 1987, 271 及当中讨论的英格兰案例，其涉及的内容是无法正常使用船舶。无论如何，应避免因同时赔偿表示使用可能性的物的价值和对使用不能做出赔偿而导致重复赔偿，因此，奥地利法拒绝在实质损害之外对拟制的租车费用予以赔偿。

是"度"上的瑕疵。此外，还有确定真实损害时经常出现的不确定性，以及运用通常不精确、因为部分需要进一步参照个案的特性的"换算秘诀"的不确定性。从法的安定性角度看来，这是大有可疑的。由此可以说明为何在某些时代，比如对那一时期的"上流阶层"，或稍后（在某些东欧法域中）对"先进的社会主义觉悟"而言，会特别拒斥非财产损害；当然也同样包括我们法域的上述保守态度。

无法反映在更易把握的外在事实中的纯粹"情感损害"（Gefühlsschäden）当然不属于适于法律规制的对象。因此，人类共同生活中势必有许多特别轻微的不良行为被法律标准所遗漏，而法律标准本身的完善程度事实上就为法律的运行能力设定了非常明显的界限。

与此不同的是加害行为和实际的损害后果至少总体上是易于确定的情形，因为它们涉及外部极易感知的法益。因此，比如说，身体伤害中的慰抚金在我们这里早就是毫无疑问的法律实存。此外，抛开上述困难不谈，非财产损害的赔偿义务至少在核心领域内是原则上必需的，这一领域一方面包括极可归责的加害行为，另一方面包括核心的人格法益。至少对重要的人格法益的保护以及更一般的预防思想是支持该观点的，该保护在精神性利益方面必以作为功用的合目的性为依据。本质上，在人格受侵害中主张不作为请求权通常太迟了。排除妨碍请求权和财产性的损害赔偿请求权则在事实构成上通常就不会成立。因此，最核心的人格权就会经常被侵害，而无任何私法上有效的惩罚。此处就会有本可避免的对上述基本原则的极大损害。德国联邦最高法院因应合理的趋势，一旦在波恩颁布的《德国基本法》为其提供了现行法上的有力依据，它就克服了《德国民法典》第253条在实证法上的狭窄限制。如果没有上面提出的原则方面的背景，被引用的宪法条款本可能表达的内容甚少：它们既不可能直接涉及非财产性损害，也显然不是因考虑到这些问题而颁布的。

然而，在尊重前述的原则关系时，德国联邦最高法院的立场至少是非常正当的，其在严重侵害案件中肯认一般人格权的过程中，给予非财产性损害赔偿，并事实上采取对《德国民法典》第253条的部分限制。作为典型，在这一原则认识的印记下，在奥地利近来也经历了在结果上类似的发展历程。此处的障碍当然不是制定法，而是一个世纪以来停滞不前的司法裁判。只有在瑞士，通过非财产性损害赔偿对一般人格权予以保护才符合毫无问题的（但最近更加严格的）法律基础和法律解释。[229]

由此得出的结论是现行的损害赔偿法承认下述原则，即（44）*严重的（同时也涉及归责事由的强度方面）和客观上可确定的重要人格法益的侵害及身体侵害中应给*

---

〔229〕 就德语法圈的法律制度的相关新发展的更为详尽的比较评述参见 BYDLINSKI, Neue Entwicklung bei den Persönlichkeitsrechten in Österreich, Festgabe für Radwanski (1990) 133ff. 不同制定法和司法传统在新发展趋势上的广泛重叠性只能通过关键原则和对其的更好肯认得以解释。

予"适当的"金钱上的非财产性损害赔偿。[230]

非财产性损害赔偿尤其重要，因为在没有导致财产领域附带损害的人身侵害中，非财产性损害经常是唯一的法律后果。若受害人通常没有什么财产时，这种情况时常发生。这样就会让他承担这种风险，即他对其他人可能承担财产侵害的责任，而反过来别人对他不会承担相同的风险。通过非财产损害赔偿可以缓和这一情况。对贫困者来说，我们法系统中肯认的对非财产损害相对微薄的赔偿金额实际上仍有重大意义，尽管其对"富人"来说通常是象征性的。因此，提供非财产损害赔偿恰恰可视为区分原则意义上的制度性预防措施。[231]

（十四）等比原则（Proportionalität）及责任减轻

上述对"全有全无原则"相对化的一部分使得有意在个案中根据损害归责事由的轻重调整责任的趋势得到承认。当中包括奥地利法中对两种情况非常重大的区别对待，即在加害人轻过失时仅限于对"实际损害"的赔偿（在物之损害时限于通常价值），而在重大过失和故意（以及在商法中）时对损失的盈利也需赔偿（参见《奥地利普通民法典》第 1323 条以下规定与第 1331 条以下规定）。

但是，像耶林[232]要求的那样在个案中按比例区分债务（现在从更一般的意义上说是归责事由）和责任显然不是当前损害赔偿法中广泛存在的指导思想，这也为

---

[230] 就非财产性损害的金钱赔偿问题，可参见 STRASSER, Der immaterielle Schaden im östrr Recht (1964); STOLL, Empfiehlt sich eine Neuregelung der Verpflichtung zum Geldersatz für immateriellen Schaden (Verh des 45. DJT I/1 1964; Der Ersatz immateriellen Schadens (1964); BYDLINSKI, Der Ersatz immateriellen Schadens als sachliches und methodisches Problem, JBl 1965, 173, 237; Der immateriellen Schaden in der österr Rechtsentwicklung, FS von Caemmerer (1978) 785; BRUSIIN, Zum Problem des immateriellen Schadens (1966); E. LORENZ, Immaterieller Schaden und „ billige Entschädigung in Geld " (1981); KOZIOL, Haftpflichtrecht Ⅰ 222, Ⅱ 138, 167。就日常实践中影响力巨大的"慰抚金表格"，其只是作为"计算之辅助工具"，而不应视为终局性的计算方法，DANZL, Schmerzengeldsätze in Österreich? ZVR 1990, 295 (mit Angaben)。一般的计算指令对变相计算出慰抚金数额到一个概数可能是有帮助的。但是它不能为损害的精确数字化提供充分的依据。就此而论，上述文献中的表格使用者和一般化的计算指令的支持者之间的争议并无太大意义。-OTT/SCHÄFER, Schmerzensgeld bei Körperverletzungen, JZ 1990, 563, 试图将慰抚金在经济上导向这一数额 (568)，即风险团体中的成员愿意为预防措施支付的费用，该预防措施可以阻止侵害带来的损害。因缺乏确知的市场价值而通常需以"间接方式"(566) 确定，且需借助（自我评估的）"生命价值"这一迂回手段达致，而这一价值通常又需借助不同的经验计算方式方能获知。其结果的谱系范围在人均净国民生产总值（Bruttonationalprodukt pro Kopf）的 11 倍到 809 倍之间 (571)。作者根据自由的假设 (freie Annahme) 认为结果应是 44 倍。同样非常棒的是对严重身体伤害的建构，但其基础是对专业人士就决定性关系的调查问卷上 (572; 尽管 570 页中对不同意见的问卷调查在方法上显然是有瑕疵的。仅仅从经验观点出发要得出一个关于慰抚金计算的最外部框架都是不可能的)。

[231] SEROZAN, Eine differenzierte Beurteilung des Anspruchs auf immateriellen Schadensersatz, Türkisch-Schweizerische Juristenwoche 1989 (1990) 50, 他强调对弱者的保护是非财产损害赔偿非常重要、但常被忽视的目的。在这一背景下，对联邦最高法院就人格权和非财产损害赔偿也会有陈词滥调式的"资本主义批判"的现象是非常反常的。因侵犯人格而赔偿非财产损害的广泛社会适例已为近期的判决事实印证，但不是通过那些著名的先例 (Leitenentscheidungen)。但是民事法院显然不能为自己挑选案件。进一步参考 BRANDNER, Das allgemeine Persönlichkeitsrecht in der Entwicklung der Rechtsprechung, JZ 1983, 685。

[232] Das Schuldmoment im Römischen Recht (1867) 55ff.

迄今为止提及的那些限制损害赔偿的不成体系的近似个案所证，在这些个案中毋宁是在追求极不相同的一些目标。等比本身是威尔伯格[233]核心的法政策诉求，席尔歇（SCHILCHER）[234] 发展了这一理论，它有时以《德国民法典》中新的第 255a 条的立法建议中的"扣减条款"（Reduktionsklausel）——这一条款可追溯至公平理念——的简化形态在讨论中产生影响。[235] 最近，卡纳里斯[236]通过德国基本法中的等比原则至少在极端案例中依据现行法实现了这一趋势的核心内容，该趋势意在避免毁灭性的或负担过重的损害赔偿责任。在奥地利，这一原则在适用现行宪法时也可以得到承认。[237]

追寻等比原则的缘由在于——损害赔偿法中自己责任原则的具体化——"归责事由"（过错、危险性、领域瑕疵、财产关系中的"公平性"）在个案中会以多层次，即或强或弱的形式出现。因此，基于正义考虑，应在责任范围的衡量上顾及它们，否则在由此计算出的"度"的方面就会忽视其差异性。

在比较法上具有示范意义的是《瑞士债法典》第 43 条，该条一般性地承认了相应的分层次损害赔偿。但是，在瑞士唯有在特别极端的案件中才会适用这一弹性规则，只要有充分的归责事由，通常只会适用完全赔偿的规则。[238] 瑞士的实践经验证明单纯因对过度的法不确定性的疑虑而反对某种程度上的等比原则是没有根据的：在损害赔偿法的日常实践中，一般性地允许单纯的部分责任显然不会有什么特别的影响。

这一点对于处理确有归责事由，但该事由很弱，且会因此承担重大乃至毁灭性责任的具体当事人遭遇的问题有重大意义。一个人的经济生存不仅会因遭受的损害，还会因可能是轻过失或毫无过失引起的巨大赔偿义务而毁灭；且很可能是很偶然的。因为导致责任成立的事件发展过程是否会引起及会引发哪些损害往往又是偶然的周边环境的问题。

---

[233] Elemente, laufend; Referat auf dem 43. DJT II C (1960) 3ff.

[234] Theorie der sozialen Schadensverteilung (1977).

[235] Stoll, Die Reduktionsklausel im Schadensrecht aus rechtsvergleichender Sicht, RabelsZ (1970) 481；Bydlinski, Zur „ Reduktionsklausel " des deutschen Referentenentwurfes, JBl 1968，330.

[236] Verstöße gegen das verfassungsrechtliche Übermaßverbot, JZ 1987，993ff; Die Verfassungswidrigkeit von § 828 Ⅱ BGB als Ausschnitt aus einem Verhältnismäßigkeit im Privatrecht, AcP (1992) 35ff (53ff)，但做了妥协，其内容为宪法或许只是作为给定了限缩完全修复原则的最低限，其余的仍应由立法者定夺。就我看来，就解释论（de lege lata）而言，这会导致宪法的限缩效力会被限定在极端案例的范围内。

[237] 对此有详尽阐述的有 Stelzer, Das Wesensgehaltsargument und der Grundsatz der Verhältnismäßigkeit (1991) 169ff.

[238] Oftinger, Schweizerisches Haftpflichtrecht I (1975) 261，264；作为扣减原因除了受害人的与有过错和致害人过错的大小外（265ff.）还要考虑责任承担人的困境（与受害人的情况相比）、受害人非同寻常的高收入、与受害人应负责情况间的因果关系、加害人的好意施惠行为、加害人方面的特别预防措施、双方当事人之间一般的社会和经济关系、"意外"的出现作为共同致害原因。作者原则上赞同就损害在多大范围内由意外引起，多大范围内由其自身原因引起而需由其承担责任做区分处理（279）；当然在此处适用相当性标准。文中的解决方案建立在各种致害原因的比例基础上。

从现实角度看，很难通过规范排除人类共同生活中偶然因素的影响；由此，致力于实践理性的规范秩序必然会以此为己任，即在充分权衡涉及的法律原则后减轻意外引起的尤为严重的后果。考虑到毁灭性责任存在的可能性尤应涉及最低生存保障原则。此处，最一般的责任限制（强制扣押保护及其他制度）作为绝对的最低保护机制发挥作用，但不会让其他更进一步的、特别损害赔偿法上的"债务人保留生活必需物的正当权利"（beneficium competentiae）显得多余。不仅如此，社会正义下的"差别化原则"（Differenzprinzip）也追求制度上的保护措施，其可缓和情事的影响，这些情事是穷人们因财产损害有可能陷于巨额责任的窘境，而在与之相反的方向上〔即在富人对穷人的关系上〕很少有陷于窘境的问题，至多有人身损害责任。

当然，最后提及的这些主导原则不应突然被视为唯一的或完全具有优先的决定性地位。若在这一方向上有任何过分之举都将严重违背损害预防及与之紧密相关的经济效率的主导目标，而这从长期看肯定会给经济上的弱势群体带来不利。因此，更为合理的处理方式是综合权衡这些原则和支持全额赔偿的那些理由。责任事由（Haftungsgründe）在个案中越微弱，那么上述原则的作用就越强。

有问题的是如何能够在实践中最好地处理原则间的冲突。完全将这一问题推给"公平条款"处理或交由审判者自由裁量，绝非是在个案处理中有助益的解决方法；相反，毋宁说是对这种解决方法的放弃。从瑞士的经验看，这一条款的作用很小，因为实践中，根据判例和学说，很少使用这一范围广泛的条款，而是通常仍停留在全额赔偿。当几乎所有问题都取决于其在个案中的决断时，法官显然不乐意调整。

作为规范和统计意义上的"规则"，完全赔偿好像实际上是必不可少的，因为，若无它作为判断的出发点，则很难予以可控的限缩。原则上被排除的似乎尤其是，对于责任的法定限缩可能性——正如《德国民法典》第 255a 条的立法建议和学说中的其他建议——以一个根据具体情事或通常的交易观念"异常巨大的损害"为基础。一个——按照数字可以被确定的！——"通常损害"（Normalschaden）在此就明显被假定为"异常巨大的损害"的对应物。但是由于在人类的共同生活中，各种幅度的损害（Schäden aller Größenordnungen）都有，寻求抽象的"通常损害"必然一无所获。即便诉诸具体情况（必须考虑损害发生前的所有情况），最多也就是在万不得已时对特定真实损害后果是否有相当性（Adäquität）做出判断，而不大可能给出一个金钱数值上最多可期待的损害额。若真能给出，必然是恣意判断的结果。特定行为在多大程度上增加了他人车辆刮擦损害的可能还是可以预测的，但是如型号、生产年份、汽车现状及其价值的影响则很难预估，即便是以金钱表示的损害也不能。至多能够确定一个范围极大的"标准值"（Normale）的"外部框架域"（Rahmenbereich）。以这一框架域作为紧随其后的更多价值衡量的出发点并不合适。

　　此外，具体预估根据定义也不会限于数额异常高、对损害赔偿义务人而言可能是毁灭性的损害：如果在具体情事中数百先令是可期待的，那么，即便是数千先令的损害也会显得异常得高。（只要反对上述观点而将这种预估视为有意义的）如此一来，就会基本导致"酌减"（Reduktion）成了完全不必要的麻烦。

　　有观点认为，在存在平均强度的责任事由时，"通常损害"无论如何都应当得到赔偿[239]，而对于较弱的责任事由则应当相应限制赔偿。"通常损害"这一理论设想必然失败，直接原因就是，无法在一个非常广泛的框架内明确一个按照数值可确定的"通常损害"，结果无非就是简单地规定一个。意外因素在损害发生过程中，对其广度和幅度有影响，使得让数值上可预估的"通常损害"作为等比思想的参考因素还是十分不可行。

　　解决这一问题的出路在于：只在损害分配首先由财产上的比较衡量（也包括风险吸收原则、最低生存保障原则及差别化原则的考量）引起，*并且*其次由于加害人的具体责任事由微不足道的重要性又不会严重违反其后的基本原则时，努力比现在更加强调以加害人和受害人之间在致害原因上的比例关系分配损害。按比例计算的出发点仍然是因致害行为产生的所有损失。若不想如"通常损害"的不可把握性导致的那样恣意妄为，则除此之外别无可能。

　　在传统的损害赔偿法中，只有在受害人也同样具有加害人一方所具有的责任事由（与有责任，特别是与有过错）时才可能有损害分担。因为财产衡量与加害人一方在个案中责任事由微不足道而要求减轻赔偿义务时，则根据原则上的整体比较，受害人一方的致害原因（只要其还不能当然在通常的与有责任的框架内得到考虑）就会作为独特的考量因素而更凸显其意义。至少《德国民法典》第 254 条第 1 款显然将与有过错案件中双方行为的因果关系作为考量因素。那么与有原因（Mitverursachung）至少也应发挥这样的作用。

　　在上述前提条件中主要还可能有致害的"外部"原因，它既非加害人，也非受害人领域内的瑕疵或危险，但在权衡后应归于后者。意外的致害边缘条件通常都会归于实现了责任事由的加害人，其理由是损害预防和作为其基础的经济理性（wirtschaftliche Zweckmäßigkeit）。相反，在正当化责任减轻的前述条件中，外在的致害偶然情形会归受害人承担（所有权人承担风险 casum sentit dominus；*此处*，在特别需要时，作为衡量规则有独立的意义）。因为行为（和领域状态）对双方产生的结果也会取决于外部的附随条件，上述情况会导致自己责任的"换向"（Umpolung）：通常在权衡中会让加害人就责任成立（直至相当性和不法性关联的

---

[239]　所谓"基础判断"（die "Basiswertung"）bei Schilcher aaO 216，其诉诸"典型损害"。

边界）和外部附随情事承受不利。在"换向"中，对独特的因果关系考量变得必要，在该衡量中，外部原因［的不利］现在由受害人负担。

发生的损害也必须根据随这种变化而不同归属的各种致害原因的比重（同时要考虑其他致害事由）予以分配。这涉及的其实是按比例的损害分配，如同主要在与有过错中通常所为的那样。只不过现在需考量的因素中增加了因果关系，在前述的前提条件下，外部的意外原因导致的不利归受害人承担。[240]

这一建议试图在其他相关的责任原则之间进行新的衡量，其前提条件是，财产比较明显偏向加害人，*且*在具体个案中一般的责任事由只在非常弱的程度上要对加害人施加责任。它将避免恣意性（即违反正义的均衡原则的要求），这种恣意性存在于法定最高赔偿额的决定以及个案中由法官确定的"通常损害"。后者因其完全不可预见性尤其不必要地违背了法的安定性原则。[241]

然而，这一就所述特殊情况建议的新考量会让本来很平常的与有责任原则得到极大的扩张。此外，其核心建立在对致害原则（作为结果归责的自己责任原则之具体化）的不同理解之上，该理解值得认真对待，且不应好像单纯是其他责任事由的非独立前提：加害人就其行为后果和领域内的状态或过程负责，但是从现在开始还要注意，它也涉及受害人领域或中性领域（neutrale Sphäre）原因引发的后果，其本身和加害人无关，该危险原则上应由受害人承担。

只有在上述原则冲突的领域内，这一规则才会通过作为损害承担事由的因果关系（Ursächlichkeit）的独立估算得以遵循，并在损害责任方面减轻意外因素的影响。就不同领域内的各种原因的相对权重，建议采用威尔伯格[242]确定领域"内在因果关系"的标准：损害发生的可能性需通过对责任人领域内的所有事实（包括嗣后方才确定的事实）的认识方能做出判断，但其基础是对致害过程发生前其他领域内事实情况的认识。就此，应当了解与之相反的受害人领域及中立领域内的事实，从而使得按比例分配成为可能。纯粹根据原因的"相当性"（Adäquität）做出的估量又将因需遵从的纯粹预测的视角包含过大的意外因素，该视角只依靠此前客观可概观的情事。

这一根据威尔伯格的（经过了部分改造，因为在适用范围上有限制）观点发展起来的、并以卡纳里斯的宪法观点为基础的建议究竟在多大范围内能够在其框架内适用，甚值探究，因为现行法的主流观点仍旧是"全有全无原则"。此处只取决于通过充分运用立法论（暂不考虑《瑞士债法典》第 43 条）发展损害赔偿法的基础层面，该基础层面既要符合私法的"内部体系"，又要在当中寻求最优的方案。就

---

[240]　目前成型的立法建议参见 Bydlinski, JBl 1968, 331. 讨论最多的"Reduktion"适用案例在此有探讨（332）。

[241]　就此而言，在相应案件中，责任将从加害人可处分的财产范围和月收入的数倍中得以执行。但确定倍数本身又是纯粹恣意的决定。

[242]　Elemente 42, 136, 243.

严重违反"等比原则",即违反原则间的最优权衡而言,解释论上的解决方案即可。其通过所谓原因等比(Verursachungsproportionen)这一与有过错的(补充)因素超越了恣意的衡量或单纯的"公平"规则。

无论如何需强调的是,应在现行法规定的模糊之处——这些模糊之处通过"通常"的方法是难以解决的——根据责任事由在个案中的强度,于现行法内运用威尔伯格关于不同责任事由的"动态"结合理论。因为在这些问题上,其他理性可行的法律获取(Rechtsgewinnung)都不存在。[243]

冯·巴尔提供了一个与之相关且在实践中很有意义的过渡现象作为佐证,这一现象就是"交往安全义务"(Verkehrspflichten)。虽然其出发点为过错责任,但就其发展现状看,实为过错责任和危险责任之混合(以一种交流管道的方式 kommunizierender Gefäße)。[244] 唯有通过这一基本洞见方可理解在交往安全义务中惯用的、但从理性角度看难以容忍的过错拟制,并可知其实为多此一举。不仅如此,通过这一洞见方知由通说渐次因确信而发展为德国法的重大理由使得通过类推完善法定危险责任变得没有必要:其一直都潜藏于交往安全义务的框架内。

"全有全无原则"的全面松动以及在劳动法中向某种按具体责任基础比例分配和确定损害赔偿责任范围的转向正在当前法中获得全面贯彻;这一转化在奥地利是通过《雇员责任法》(Dienstnehmerhaftpflichtgesetz),在德国则是通过法官法得以实现。总体来看,居于基础地位的主要是风险原则,该原则认为此前可以概算的"经营风险"(尤其是源自可致害工作的风险)可一并归入因使用雇员而获得的利益,在此基础上可以证成雇主一方的与有过错,这一过错可针对致害雇员的过错起决定作用。财产权衡和损害预防(有动力去谨慎组织经营活动),以及主要是劳动法上的照顾原则指明了这一方向。上述理由导致经营以及中性的致害事由,即便其是超出雇员的过错行为发生的,也应归于雇主,损害可根据双方的负担事由(Belastungsgründe)进行分配。

有些细节问题并不确定;*(45) 减轻的雇员责任原则(das Prinzip der gemilderten Arbeitsnehmerhaftung)* 本身却属于非常明确的法律状态。[245] 但不可因此认为在劳动法中一切是根本不同的。雇员责任尽管属于劳动法,同时也属于损害赔偿法体系,至少其内在统一性交由法学来实现。因此,它应被理解为按比例分配责任趋势在一般损害赔偿法中的先驱和出发点,并印证前文所言。

---

[243] 就此更详尽的论述及示例(相当性、过失),参见 Bydlinski, Methodenlehre 529 以及 Das Bewegliche System im geltenden und künftigen Recht (1986) 21ff.

[244] von Bar, Verkehrspflichten (1980) 128ff.

[245] Gamillscheg/Hanau, Die Haftung des Arbeitnehmers 2 (1974);Mayer-Maly, Österrr Arbeitsrecht I (1982) 81ff. 当下的观点变现为联邦劳动法院 BAG (Großer Senat), SAE 1994, 89 (见 Bydlinski 的观点)。

由于前述强调的原则冲突，通过*(46)按比例减轻责任的原则*（*Grundsatz der proportionalen Haftungsmilderung*），即旨在避免社会困境的，在责任基础较弱时在因果关系方面拓展的与有过错考量使得业已受限的全部填补原则被更为全面和逻辑一致地限制。

如果这一目的（在损害特别巨大时）通过相应的按比例分配损害难以实现，则需辅之以直接适用财产权衡原则（只在特别困难的归责场合）。当然考量是双方面的，因为被害人的窘境亦非法律所愿。

第（46）号原则从立法论的角度在体系上得以贯彻，同时也能够对更逻辑一致地松动目前通行的"全有全无原则"有所助益，至少是符合卡纳里斯所指的宪法上的比例原则的要求的，并为极端案例中的适用大开方便之门。

三、不当得利法[246]

(一)"不当得利"

关键的体系上的界定概念（Abgrenzungsbegriff）是作为"损失"概念对立面的"不当得利"：这一法律领域涉及某人获取的本不属于他的*好处*（Vorteil）。这一基本概念本身就包含了很强的规范性的、参照其他先在规则和原则的要素。不当得利的特征中有部分属于法律元层次，这种部分的附从性对其界定能力（Abgrenzungseignung）

---

[246] F. SCHULZ, System der Rechte auf den Eingriffserwerb, AcP 105（10909）1；W. WILBURG, Die Lehre von der ungerechtfertigten Bereicherung（1934）；denselben in KLANG VI, 439；denselben, Zusammenspiel der Kräfte im Aufbau des Schuldrechts, AcP 163（1964）346；denselben, Die "Subsidiarität" des Verwendungsanspruches, JBl 1992, 545；Flume, Der Wegfall der Bereicherung, FS Niedermayer（1953）103；VON CAEMMERER, Bereicherung und unerlaubte Handlung, FS Ernst Rabel I（1954）333；denselben, Irrtümliche Zahlung fremder Schulden, FS H. Döll I（1963）135；KÖTTER, Zur Rechtsnatur der Leistungskondiktion, AcP 153（1954）193；JAKOBS, Eingriffserwerb und Vermögensverschiebung in der Lehre von der ungerechtfertigten Bereicherung（1964）；W. LORENZ, Gläubiger, Schuldner, Dritte und Bereicherungsausgleich, AcP 168（1967）286；EHMANN, Über den Begriff des rechtlichen Grundes, NJW 1969, 398；BYDLINSKI, Lohn-und Kondiktionsansprüche aus zweckverfehlenden Arbeitsleistungen, FS Weilburg（1965）45；denselben, Zum Bereicherungsanspruch gegen den Unredlichen, JBL 1969, 252；denselben, Mißbräuchliche Verfügungen über Bankkonten und Verwendungsansprüche des Kontoberechtigten, QuHGZ 1981 H3, 51；FLESSNER, Wegfall der Bereicherung（1970）；denselben, Bewegliche System und Bereicherungsrecht, in：Bydlinski ua（Gesamtredaktion）, Das bewegliche System im geltenden und künftigen Recht（1986）159；CANARIS, Der Bereicherungsausgleich im Dreipersonenverhältnis, FS Lorenz（1973）799；J. WILHELM, Rechtsverletzung und Vermögensentscheidung als Grundlagen und Grenzen des Anspruchs aus ungerechtfertigter Bereicherung（1973）；JOERGES, Bereicherungsrecht als Wirtschaftsrecht（1977）；WEITNAUER, Die Leistung, FS von Caemmerer（1978）255；KUPISCH, Gesetzespositivismus im Bereicherungsrecht（1978）；LARENZ, Lehrbuch des Schuldrechts II（1981）520；REUTER/MARTINEK, Ungerechtfertigte Bereicherung（1983）；KERSCHNER, Bereicherung im öffentlichen Recht（1981）；denselben, Zur Höhe des Benützungsentgeltes, JBl 1978, 411；denselben, Anmerkungen zum östrr Bereicherungsrecht, JBl 1990, 562；P. HUBER, Wegfall der Bereicherung und Nutzen（1988）；APATHY, Der Verwendungsanspruch（1988）；KOPPENSTEINER/KRAMER, Ungerechtfertigte Bereicherung（1988）. 尤其应关注的当下对不当得利法的综述是 LARENZ/CANARIS, Lehrbuch des Schuldrechts II/2（1994）127ff（当中的部分内容已不再能使用）。

并无不利（参见上文的一般论述）；当然这一切只有首先从（原始的 natürlichen）得利概念中毫无疑问的内核出发方可成立（其余延展部分需从体系角度，以及规范上的权衡分别予以证立）。

自古以来，不当得利法的基础规范性原则就是人们不断探寻的目标。人们起初认为在"任何人不得损人而利己"的法谚中可以发现它（可参照《奥地利普通民法典》第 921 条和第 1447 条）。但其实很早就不得不承认，这样的规则在自由竞争的经济生活中是不可行的。在这种经济生活中，市场主体的活动大多是"损人利己"的，而且这也是天经地义的（采取不正当手段的除外）。不仅如此，以损害其他竞争者为代价追寻自己的利益也是法律容许的：那些扩大经营规模，攫取更高利润的人都在伤害其他竞争者，让其利润缩水。盈利（Nutzen）和损失伴生且对应。但在这类情形中以不当得利济之显非必要。另一方面，有些确定无疑的不当得利请求权并不以债权人的"损害"为基础。比如说，某人无权使用了他人的物件，该物件完好无缺，且权利人在他人无权使用的期间本也不会自己使用它。[247]

因此，探寻到的基础评价一方面要做部分限缩，另一方面要做部分扩张，最终应表述为：（47）无人可从他人的财产（*aus fremdem Vermögen*）或借他人代价（*auf fremde Kosten*）而不当得利。这种得利应予返还或偿还（vergüten）。[248] 可将这一原则（Maxime）称为"不当得利原则"（Bereicherungsprinzip）。

这一原则源自交换正义（ausgleichende Gerechtigkeit）的理念是非常明显的：所有那些没有规范上正当化事由且在结果上违背合法的经济利益归属的事实（tatsächliche Vorgänge），应通过原物返还或偿还不法所得，在结果上达到财产利益上的复归。通过这一方法，被破坏的法律保护的财货归属关系方得以矫正。同时，当不当得利债务人获得源自他人权益的利益，则遭受不利者（negativ Betroffene）先在的既存权利，即使在权益消灭时，仍然在可能的范围内——在"存续效力"的意义上——始终得到保护。

当然，在具体个案中，不当得利的原则必须进一步指示参照必要的具体标准，尤其是在财产变动缺乏正当化事由、可作为请求权基础的财产利益以及对可矫正的"得利"的确切特征和评价方面。这些问题包含大量的风险归责问题。与之相关的还有在个案中确定不当得利债权人和债务人的判断标准，这一问题在"三角关系中的不当得利"中尤显棘手。

尽管如此，不当得利原则绝非空洞无物。它不仅使提出正确的后果问题成为可能，更给定了问题的核心领域。借助所有对借这一原则提出的具体化问题的可能回答，可以划定这一核心领域的范围及指明不当得利自足的请求权基础。但是，以暂

〔247〕 Vgl zu all dem bereits W. WILBURG, Bereicherung 5f, 97ff.

〔248〕 W. WILBURG, Bereicherung 6, 106f. 就奥地利法典化历史的研究富有教益的研究是 BECK-MANAGETTA, Überlegungen zur Geschichte des österr Bereicherungsrechts, FS Wegener（1992）47。

定的原则稳定的核心领域为出发点，逐步且系统地解决剩余的问题的模式并不时兴。当下，就上述问题及在各个层面就后果问题的讨论是如此繁复芜杂，已到不可概览的地步。[249] 针对大量的具体问题，什么观点都有，因为人们总是习惯从非常迥异，有些甚至是非常随心所欲地选择的论点出发解决问题。

这一状况引起了对法教义学的全面反思，乃至有建议认为应放弃目前的以法条规范为中心、希望在个别法律问题的解决上起决定作用的教义学，转而采用更谦逊的"商谈"法学（konsultative Jurisprudenz），其作用限于为法律实践提供参考建议。[250]

这一观点正确的核心是法学需在如此困难的法律领域内更多地考虑到理据方面的事态不明（non liquet）的僵持局面，也就是说必须考虑到以现行法（尚不包括法官法）为据的各种旗鼓相当的解决问题规则。在这种情况下，必须有先例用这种观点或那种解决方案处理问题，或（附随性地）承认它们的效力。[251] 首要的当然是得到承认的制定法中的价值判断应受到认真对待，而不能因其不欲迎合某种新的理论或一再出现的理论而弃之不顾。在这层意义上，如何强调理论的自我谦抑都不为过。

与之相反，看不出为什么法教义学恰恰在此处应该且必须放弃其使命。在教义学家看来，基于法的体系（其内容首先包括制定法的规定、制定法的目的、作为制定法基础的各个抽象层面的原则，其次包括判例法），为个案的解决探寻最有理由，且在此谦抑的意义上的法律上正确的解决方案，在批判性地检验所有现有的争论基础上，将这一解决方案尽可能清晰地呈现出来，这些正是法教义学的使命。由于过高地评价自己的观点，而过度贬低对立的观点，导致很多观点都信誓旦旦地宣称对自己的解决方案有十足把握，揭示它们正是且始终是批判性讨论的任务。这种讨论与严肃认真、也许略有夸张的正确性宣称毫不抵触：即便是毫无批判精神的教义使用者有时也会觉得当一种观点有不可尽数的反对观点时，通过对其有利的论证，也会发现宣称某个特定的解决方案在法律上确实可靠也不过是相对的。希冀通过对教义学结果做符合自己主观偏好的新表述来实现某种改进，不过是纯粹的文字游戏。

倒不如说与之相反的观点更切合实际。这样的表达将更易诱使讨论者比当下芜杂的方法论潮流本来就在做的更甚，认为自己的判断总是重要的论证。这当然会导致无药可救的争论，因为没有什么比提出反对观点更容易的了。相反，认为自己的学说有法律上权威的表达至少坚持这一观点，即作为法律人必须在主体间有拘束力

---

[249] Reuter/Martinek 对目前的讨论研究状况进行了全面的令人钦佩的整理工作。（下文对该著作的指示参引通常是为了说明所有的争论状况，在这本著作中对这些问题进行了细致的阐述和分析。）

[250] FLESSNER, Bewegliche System.

[251] 无论如此，只要其在改变了的事实或规范背景下，经始终必要的批判检验后，在（优先于法官法的）法律体系内显得有道理。就这一对法官法和判例法的观点，进一步参见 BYDLINSKI, Methodenlehre 501 或 Hauptpositionen zum Richterrecht, JZ 1985, 149; 自此之后就相关文献观点的进一步探讨参见: Die normativen Prämissen der Rechtsgewinnung, Rechtstheorie 16（1985）1; Methode und Jurisprudenz（1987）; Unentbehrlichkeit und Grenzen methodischen Rechtsdenkens, AcP 188（1988）447。

的（但被普遍理解的）法体系基础上进行讨论。如此，方有希望让践行这一观点并摒弃普遍存在的"自由判断"的状况成为常态。

在不当得利法中呈现出的令人尤其不快的现状绝非法教义学的不适当的规范"风格"，而是当下普遍存在的为解决具体法律问题而形成意见时的不假思索和不可检验的自我评价（Eigenwertung）、与之相关的对原则、体系的，从有拘束力的规范基础出发的，在各个问题上尚需具体化处理的思想的反感。首先应从较为简单的案件中确定明显的原则和与之对应的清晰解决方案，并以之为连贯一致的理论的出发点和框架，同时也作为解决疑难案件的出发点——这些困难案件有其他补充性的具体素材，或许最终真的需要某种程度的"自我评价"——还要利用这些原则和解决方案，如果抛弃这一做法，则任何理论上的原则性的观点肯定都会被批评得体无完肤，只要这一理论不能自动（且总是）令人满意地解决所有具体问题，且它立刻会遭到另一种观点的反对，而该反对观点在其他具体案件中也当然会遇到同样的窘境。因为毫无节制的"自我评价"必然会彼此争论不休。只要每位作者都认为自己的观点应为权威见解并可在教义学上独占鳌头，那么分歧和由此产生的不可概观性就会永无尽头。

需要的不是特别"商谈性"的或完全自由评价主导的教义学，而是在体系上更深刻，即更有原则性及逻辑更为一贯的教义学。它并不随意废弃讨论的有拘束力的和可检验的出发点，而是尽可能体系化地求索、维护和深思这些出发点。[252] 希冀

---

[252] Reuter 和 Martinek 在其著作的前言部分就在完全相近的意义上寻求体系化和一贯性作为对抗无章可循的衡平法学。他们也借助给付概念反对恣意的风险分配（若无这样或者那样的"概念"帮助，为恣意评价当然得不出更有说服力的结论）。比这一规划更有意义的是这两位作者在大量的问题探讨上通过寻求有拘束力的论辩基础及其逻辑一贯的发展确实实现了其规划。（在其不应赞同的地方，作者也给出了教义上准确的理由，而非仅仅作为反对观点宣示而已。）Reuter 和 Martinek 也正确地反对以新的、"经济法"的观点（Joerges aaO 61ff 就是这么做的）出发来解决不当得利问题的尝试。与前述观点截然相反的最明显的是 Kötz 的论述，Rechtsvergleichung und Rechtsdogmatik, in: K. Schmidt, Rechtsdogmatik und Rechtspolitik (1990) 85, 87f. 他建议放弃漫无边际的不当得利的教义，坚持将其视为法官评价的简单问题 "einfache Problem richterlicher Wertung"，坚持以法官的 "天然的公正性"（natürliche Unbefangenheit）以及直接切入关键的评价（Durchgriff auf die maßgeblichen Wertungen）为导向。他说通常无人会指摘实践中判决的结果，尤其是在 "飞行旅行案" 及其争论限于教义学上的构造，以此回避如此简单的问题，即在处理众多争议问题时其权威性从何而来。这些论述在事实关系中很难被贯彻：Reuter 和 Martinek 讨论的针对未成年人不当得利请求权及针对 "飞行旅行案" BGHZ 55, 128 的（现在还包括 Westerhoff, Die Elemente des Bewegliche Systems [1991] 74ff）三种主要争议观点会导致大量不同的后果。Kötz 在其书第 87 页认为偷偷乘坐从德国飞往纽约的航班的 17 岁的未成年人当然要支付正常的机票价格，这只是对他自己——及其假设的外国权威人士——天经地义的解决方案，而依我之见，无论从教义学上，还是个人的价值判断看都是完全无法赞同的。若像他说的那样，法秩序因未成年人心智未熟而试图阻止让未成年人在未经法定代理人同意时缔结合同、负担支付同样的全额机票款项义务的努力还有什么意义呢？实际使用航空公司提供的运输服务并不能作为否定该服务最终对未成年人而言是毫无财产上利益可言的论断的理由，更何况航空公司并未因此遭受财产上的不利。因此，类推适用《德国民法典》第 829 条及《奥地利普通民法典》第 1310 条中的财产衡量对请求权的计算是必要的，尽管有侵权责任能力（但无损害！）。在三角关系中的不当得利问题上，上述学者们在向假想的债权受让人履行案件中争论的焦点是谁为真正的返还义务人。就此问题，如果说仅仅是 "教义学" 上的争议，而对结果毫无影响，显然是不可能的。就像 Reuter 和 Martinek 在其著作中毫无疑问地提及的那样，其他有关不当得利的大量争论和上述两种案型的状况差不多。单纯想以法官对评价（而不顾可检验的正确性标准要求），而放弃教义学上的努力，这种讨巧的解决方案毫无价值。只有顺便提及恣意评价的任意观点，但朝尽可能有利于原则—体系性教义学的方向压制这些恣意评价的教义学才是可取的。只有在这一意义上，Kötz 所做的在 "好一些" 和 "差一些" 的教义学之间做出的完全区分才是值得赞同的。与之完全类似的是 Canaris, FS Kitagawa 77ff.

完全排除人类社会生活中偶然因素的影响，而不是单纯减轻其影响（而这是公正要求的主要任务），是乌托邦式的梦想。以此为目标的话，就会与教义学的发展方向背道而驰。这种过分的要求在不当得利法中不会结出善果。脱离任何价值观（Wertstandpunkt），毫无方向地就个案予以探讨，希冀以此为具体问题寻求解答，该目标无疑是定得过高了。

本书只能探求目前（不包括在某些领域不可尽览的争论）已知的不当得利法的"内部体系"。

（二）"以其他方式"（in sonstiger Weise）得利

这一问题建立在长期以来对不当得利请求权的二分法——一部分是"给付不当得利返还请求权"，另一部分是"以其他方式获利的不当得利请求权"（广义的"侵害型不当得利"，奥地利法中的术语是"费用之诉"Verwendungsklage）（《德国民法典》第812条以下的规定、《奥地利普通民法典》第1041条及第1042条、第1431条以下、第877条及第1174条）。这一区分的产生和发展 [253] 是为了能够尽可能方便和体系上一贯地确定得利的"不当性"、借他人代价获得的利益的请求权条件以及由得利事实造成的债权人和债务人地位。[254] 外在的区分特征是得利过程是否基于"给付"。目前普遍认为"给付"是给付人基于特定目的（清偿某项债务，创设合同上的返还义务，通过单纯的"法律原因约定"获得一项无拘束力的未来的对待给付）向受领人所为的有意识的给予利益的行为。[255]

"以其他方式"不当得利是更有问题的案型，且——与传统的观点相反——是不当得利请求权的基本类型；因为在这一案型中，不当得利请求权的规范基础和相应的事实构成特征不必借助准法律行为，如作为给付基础的意思（Willen），亦可发展。自从认识到法律交往中的参与人的得利不会仅因其同时损害他人就成为不正当的之后，就产生了极大的不确定性。人们经常借助的是难以把握的一般的衡平考量（Billigkeitserwägung）。最初尝试的一般性解决方案是，和得利人的不法"侵害行为"（Eingriffshandlung）联系起来：只有源自不法侵害行为的侵害人得利才是不当的。但是这一影响至今的理论的创始人舒尔茨（F. SCHULZ）通过一个问题也自证这一理论的不周延性，即为什么自然灾害（显然不是某种不法行为）引起的不当得利要另为处理？[256]

威尔伯格在其基础性的研究中，正确地将强调重点由得利人的不法行为转移至得利人的得利后果：如果得利后果与财货的法律归属及其目的相悖，则源自他人财

---

[253] 可回溯到 W. Wilburg, Bereicherung 7，49，113，尤其是第23页（在基础和根源上区分给付型不当得利和以其他方式不当得利）。将不当得利划分为两种类型在 Anm246 中所引文献和司法裁判已成为通说。

[254] 反对当下通说的少数说是不当得利法的统一说，如 Wilhelm aaO, Kupisch aaO。参见 Reuter/Martinek 35ff（39ff）的论述，即便在统一说中在坚持统一理论的基本框架下仍要做必要的区分。

[255] Reuter 和 Martinek 在其著作的第33页对给付概念进行了详细阐述，在第88页以下对给付概念的具体要素予以了不同的阐释，包括对通说中的大量观点予以了阐述。Kötter 的论述极具影响力（AcP 153, 193），他认为给付具有事实给予的一面，也有追寻特定目的的一面。

[256] AaO 440 目前仍持侵害行为说的有 Jakobs aaO 和 J. Wilhelm aaO。

产的利益就是不当的且需填补的。重要的首先是，哪些财货作为主观的排他性权利的客体归属于特定权利人，以保证其享有利用这些财货的可能。这种法律地位的例子主要有所有权和其他物权，然后是公开的（真正、善意和有权的）占有（绝不是单纯无权占有，其仅有单纯维持和平的功能!）；作为人格权保护客体的劳动力[257]；其他（也）包含经济目的内容的人格权；债权（其在法律上属于债权人）；无体财产权。[258]

在疑难案件中，合理的检验方法应当是，涉及的财货是否通常且允许以有偿方式利用。[259] 如果这一标准是切合实际的，那么所有与法律保护的他人财货有相当因果关系的获利原则上都是不当的（如果所获不能通过作为"法律原因"的特别法律关系正当化），因为与保护财货密不可分的利用可能性应全部属于权利人。[260] 与从前的、在逻辑上无法坚持一贯的观点相反，不当利益无须在此前就以这一形态存在于不当得利债权人的财产中，只要不当得利是针对取得利益的机会的就够了。

因此，"不当"得利以及借他人代价获益在"以其他方式"得利中应按照*(48)* 归属内容原则（*Prinzip des Zuweisungsgehaltes*）确定：起决定作用的是先于得利过程的、法律上的财货归属及其财产性的包含用益机会的归属目的（*Zuordnungszweck*）。因为到目前为止讨论的案件中，不当得利请求权都是因得利过程中涉及的、基础的主观权利而产生，所以可以称其为*(48a)* 权利存续原则（*Prinzip der Rechtsfortwirkung*）：如果归属性权利（*Zurordnungsrecht*）蕴含的用益可能性以有利于非权利人的方式实现，根据其目的，针对非权利人会产生一项债权请求权，该请求权可能与原权利并存且作为其补充，也可能——在有利的使用他人之物的案件中尤为明显——替代原权利出现，则相应的归属性权利就成立。

在权利存续原则下，得利发生的原因并不重要：得利既可以因获利人、失利人

---

[257] 依一般的、但在教义学上未被充分释明的理解，劳动力在不当得利法上并不是无条件属于劳动者的，而是属于那些以自己的代价能够使用它的人。尤其是根据劳动合同或承揽合同，属于雇主或定作人。显然，此处与不当得利法有关的"归属"只是部分的，在第一层次上属于劳力所有者（劳动者）；在第二层次上，通过劳动者承担的提供劳务的义务将其归属于有权处置人。在给付型不当得利中通过履行辅助的可能，做这种归属是可行的。这在"以其他方式"不当得利中当然也是可接受的。那些［误将他人之物］视为自己之物对待、修理或改进，并因此使用他人劳力的人当然可通过不当得利法要求这部分劳力的价值补偿，而不是只能仅仅获得投入材料和自己的劳动的价值补偿。在归属内容说（Lehre der Zuweisungsgehalt）的框架下，至少应特别注意这种混合的、人格权与债权兼有的劳动力归属（同样的归属问题会出现在物权法中，体现为劳动者或承揽人实施的加工或附合）。

[258] W. Wilburg, Bereicherung 28ff; Reuter 和 Martinek, 248ff 和 Wilburg 在无体财产权方面的观点略有不同，赞同的有 Joerges aaO 57ff. Wilburg 认为应承认无体财产权的归属内容。就针对反对竞争的垄断权一再提出的质疑，正确的应对不是反对将不当得利请求权作为具体法律后果，而最多是反对承认特定的无体财产权（或反对其范围）。无论如何，这一权利本身包含保护财产的目的，是毋庸置疑的。为什么在无体财产权领域要将不当得利请求权掩盖于"损害计算方法"之下（通常是以拟制的许可费计算）——其实此处适用损害赔偿法是完全不合适的——就如德国通说认为的那样，是完全未见其明的。正确的看法有 Koppensteiner/Kramer aaO 80f.

[259] "市场性的利用可能性"（Marktfähige Verwertungsmöglichkeit），Reuter/Martinek aaO 256（司法实践中持赞同态度的主流意见也可为证明）。

[260] 就对所有人开放的用益过程而言，应做有利于侵害行为说的限缩，因为权利人不能通过排他权防止任意第三人采取有针对性的用益活动。以他人所有的房屋或自然古迹为对象，从公共土地或高空取景进行绘画或摄影，并将作品用以盈利，即为其著例。以临摹的方法利用和通过单纯的观看一样，在法律上不为所有权垄断。

或第三人的行为，也可以因自然事件而发生，这对请求权的成立无足轻重。[261]

归属内容原则（das Prinzip des Zuweisungsgehaltes）在结果上当然并不限于特别明显的主观排他性权利领域：一些人类的利益（及与之相关的机会）通常并未在法秩序中通过普遍上升为主观权利客体的方式得到保护，而是以对抗他人的特定行为的方式得到有限的保护。这种方式通常是具体的保护性法律以及对悖俗行为毋庸置疑的对抗。这在损害赔偿法中是显而易见的现象。一般会由此想到"纯粹财产损害"（reine Vermögensschäden），如单纯的盈利机会、交易中有价值的信息以及组织方面的创意（organisatorische Ideen）等。

这种有限的财货归属以及归属内容原则的结果是：当某个行为因保护相关利益而被禁止，且该行为会产生得利时，就应考虑不当得利请求权。此处，得利事实必须是因某项自身不法的行为（或至少是某项可归责于他的辅助人行为）而生，因为财货只是相对归入这类行为。当不正当竞争未引起当事人的损害，而仅仅给侵害人带来利益（或侵害者所获利益超过受害人遭受的损害）时，上述内容就有实践意义了，且主要是在这一领域内有意义。

威尔伯格一开始就在上述讨论的案件中肯定不当得利请求权。[262] 因此，批评其创建的理论将归属内容限于主观权利是不对的。[263] 这一批评至多是针对该理论的未经充分论证的偏离。然而，这一偏离，即将重要的归属内容限于主观权利，直至今日仍有有力支持者。[264] 限于主观权利的理由主要是维护竞争的要求。垄断特定的用益机会将对自由竞争构成进一步限制的威胁。但是，这一观点是不恰当的：因为有关得利事实始终限于得利人不法且与规范目的有关（im Normzweckzusam-

---

[261]　Wilburg, Bereicherung 27. Reuter/Martinek 378ff 也基本赞同前者的观点，他们都认为以得利过程的种类来体系化是不可行的，而仅仅接受可概观的列举。但是，其不仅涉及"自然结果的不当得利返还"（Naturereignis-Kondiktion）、追偿型不当得利返还和费用型不当得利返还（源于失利人的行为，如清偿债利人的债务从而随后向其追偿；为误以为是自己、实为他人之物支出费用），还涉及狭义的"侵害型不当得利返还"（得利是通过得利人的侵害行为产生的）。因为不当得利不要求任何形式的过错，即不可能以任何客观的注意义务违反为要求，普遍加重的不当得利责任不可能被正当化。该责任本可以设定具有自身特点的法后果的特殊体系种类。Reuter 和 Martinek 232，371 将侵害型不当得利（狭义）与去除型不当得利（Abschöpfungskondiktion）对立起来在体系上是有问题的，因为他们的划分观点过于严格且毫无必要。真正需要考虑追偿型不当得利返还在规范上的特殊性，因为进行支付的第三人是有意识且在对他人事务无义务时将他人事务和自己事务混在一起。既有的债权应按计划清偿，即便是通过第三人干预实现的，这当然符合法秩序的目的。在这一特殊的保护领域中，在结果上自然要承认不当得利请求权，不可能考虑排除它（这和《德国民法典》第 814 条及《奥地利普通民法典》第 1432 条中有意的无法律原因给付是不同的）。亦可参考《奥地利普通民法典》第 1042 条（AUCKENTHALER, Irrtümliche Zahlung fremder Schulden [1980] 24 页）。

[262]　Bereicheurng 44ff；Koziol 也赞同其意见，Der Verwendungsanspruch bei Ausnützung fremder Kenntnisse und schöpferischer Leistung, JBl 1978, 239 当中涉及一个有意思的案例，该案例是关于不当取得并滥用中介人给付的悖俗获利。OGH JBl 1978, 254.

[263]　至少在 Koppensteiner/Kramer, Ungerechtfertigte Bereicherung 1 (1975) 90 中对此表示质疑；在这本书中对归属内容理论的质疑实质上已经被放弃了 aaO 75.

[264]　Joerges 59，尤其是 70ff 强调的竞争自由和营业性保护权利给予的垄断地位之间的"自相矛盾"（Antinomie）。在营业性保护权利中经常提及《反不正当竞争法》（UWG）。Martinek/Reuter 254 和 258 中提示到威胁性的垄断引入，以及《反不正当竞争法》通常只是对单纯的获取机会予以消极保护，这种机会在自由和公平的竞争中应对每个人开放。最后亦可参见 279ff。目前对《反不正当竞争法》中归属内容的适切阐释可参照 Koppensteiner/Kramer aaO 81.

menhang stehende）的行为，而在此情况下承认不当得利请求权根本不会构成对竞争的进一步限制。肯认不当得利请求权的观点只是在无论如何不被法律允许的行为的其他法律后果（停止侵害和损害赔偿请求权）之外增加了不当得利返还请求权。从正常竞争行为中分离出来的禁止行为的范围并未扩大。

因此，应承认归属内容原则在主观排他权利及其广泛的用益机会归属外还有第二个适用领域；即那些通过禁止性规范确定的不法行为相对地划定的法律上利益和机会的归属。[265] 从体系上而言，*(48b) 有限的法律上利益的保护的存续效力和范围广泛的"权利存续效力"是一样的*。

（三）给付型不当得利返还

在当下的不当得利理论中，给付型不当得利返还是一个有自身特点的法律问题，因此在体系上应占有特殊的地位；但经常过分夸大其特点是不正确的。[266] 不容忽视的是在大量"给付"的案件中涉及的财货恰恰是根据归属内容原则受到保护的那些财货，尤其是物品（Sachgüter）和劳动。因此，给付型不当得利返还不可能是另一个完全不同的世界。然而，给付建立在给付人的私人自治的意思决定（以及在给付需要受领人积极协助时的受领人的意思决定）基础上。与"以其他方式"不当得利简单的基础情况不同——在这种［非给付不当得利］情况中，不当得利只取决于与归属内容相悖的利益这一结果——这会引起显著的变化；尤其是因为给付人和给付受领人主要是通过法律行为确定的，在一定范围内和给予的事实过程可能不完全吻合。这主要体现在三角关系的不当得利中，就这一问题后文将继续讨论。

给付型不当得利的变化有两个相反的方向。第一个是拓宽不当得利请求权的合适基础：双方当事人想将一方当事人要实现而对另一方当事人而言是有用的给付视作和定义成什么，都是他们自己在交易中的事。这不涉及此前法律保护的可移转的地位和机会，即便这绝对是通常的情况。当事人可以在其合同自由的范围内将本身不受保护的信息、交易观念或单纯的不作为，乃至单纯的占有当作有关的"给付"。如果这种给付是为了实现假想的法律基础而做出，就会涉及真正意义上的无法律原因给付，由此会在给付人与给付受领人间产生不当得利请求权。此处，该给付和由此带来的利益与法律上预先规定的财货和利益没有关系，因为具体的参与人已经将得利过程作为法律上重要的"给付"确定下来了。[267]

但是，为此——还需详尽讨论——给付的特征必须不仅仅存在于给付人一方，毋宁还需要受领人的明显的意志（也就是表示），其内容为他将相对人的特定行为

---

[265]　在这一范围内侵害行为理论适切地强调了一个重要的领域。不当得利债权人是否遭受损失及损失的大小对根据归属内容原则的有限利益保护的存续效力的不当得利问题不生决定作用。

[266]　与之相反，对其最初严格区分进行了相对化，W. Wilburg, AcP 163, 349（如果反对它的力量不存在，则给付中亦有权利存续效力。）Derselben, JBl 1992, 545. 蕴含在给付里无瑕疵（原）目的确定中的"反对力量"（Gegenkraft）在此处被低估了。

[267]　Vgl. Wilburg, Bereicherung 49f. 在讨论区分两种基础的不当得利类型时，对讨论的扩展的观点（Erweiterungsgesichtspunkt）着墨甚多，而该观点在后继的文献中未给予充分的重视。

视作向自己履行且重要的"给付"。这样一种给付决定当然同样可能存在于给付行为的动因（比如通过无效合同的缔结）或在需要受领人积极协助的案件中通过受领行为实现的给付中（代理人或设立的受领辅助人也能协助，其就给付决定以使者的方式起作用）。法律行为的给付决定只和给予行为（Zuwendung）本身有关。因此，它与假想的（或最初有效，但最终消灭的、事实上的）作为基础的债法上的原因行为的某种瑕疵无关。就如给付人一方那样，此处涉及的只是目的决定（Zweck-bestimmung），后文将讨论这一问题。

相反，如果某人向另一人"给付"利益，但是针对该利益前者并无法律上先在保护的地位，且受益人根本未表现出要通过前者的行为获得该利益（比如，不采取法律允许的某项竞争行为，就此，"受益人"可能从来就不知道），那么此处根本没有考虑给付型不当得利返还的余地。

早在双方当事人将法律上其他情况下不受保护的财货的给予作为共同确定的"给付"中，在给付型不当得利返还法中有意义、马上将进一步阐明的*(49)*尤其是通过目的确定和授权的私人自治的风险分配原则[268]将持续发挥作用。

这同时也在相反的方向，即限制的方向上有效：无论如何，给付人自愿且有意识

---

[268] 授权主要指三角关系给付中的"支付地位"（Zahlstelle）的确定。Reuter/Martinek（在其他联系中）有很好的理由将这一箴言作为给付型不当得利返还法的著名指导思想 396（vgl KUPISCH aaO 27）。两位作者能够从这一容易把握的观点出发，完全符合逻辑地让私人自治的形成自由的一般界限清晰可见，这同时肯定会涉及给付中的法律行为决定。比如，它就对"第三方融资的买卖"（beim drittfinanzierten Kauf）有效：因为买卖合同和融资合同内容上的关联性，贷款人和出卖人的相应交易关系的形成以及因为合同发展变化（Vertragsspaltung）的不透明性（Undurch-schaubarkeit）及其对买受人的影响，而仅仅将两个合同关系置于同一法律命运下（通过交易基础以及与之相应的"抗辩突破"Einwendungsdurchgriff）是不够的。如果出卖人没有给付或者瑕疵给付，买卖合同因此解除（Rücktritt）或因瑕疵解除（Wandlung），则在该效力扩及到融资合同时，单纯让两个合同同一法律命运也无甚助益。融资贷款人虽然不可能通过合同要求买受人将自己向出卖人支付的款项返还，但可以根据给付型不当得利要求其返还。这主要源自涉及融资贷款人的支付行为的法律行为上的授权和目的确定，其内容为合同的变化发展风险应由买受人承担，融资贷款人不承担风险，这当然包括债务合同变更的风险。如果不应针对这些合同变化的法律保护最终落空，就必须让其延伸至不当得利法。为此目的，应批判性地检视融资贷款人事实上给予了买受人什么，且需将这一给予的额外的法律行为的"增益"（Aufwertungen）变为进一步的"给付"，并判其为无效。融资贷款人不像典型的借款或信贷合同那样，将一定资本交由借款人并可依其利益和意愿处分，而是依照融资贷款人自己组织的交易结构将此前确定的金额给予特定的出卖人，在这一过程中融资贷款人事实上没有给予买受人任何利益。买受人从这一给予行为中获得利益并非简单的用益可能性，这一可能性与交由处置的资本额有关（且通过这一资本额表现出来），而是体现在让买受人免除对出卖人的一定的价金债务，在买卖合同无效或变得无效后，让买受人享有对出卖人的不当得利返还请求权。对这一请求权的让与正是贷款融资人对买受人请求权的内容。引起额外的不当得利返还请求权的法律行为必然因同样的法律上强行性的保护理由而落空，旨在获得完全独立性的融资合同的形成基于这些理由不可能存在。这一点不可能通过如下方式规避，即可将融资"提升为"照管他人事务，从而使融资贷款人为买受人清偿价金义务而可要求费用赔偿：价金债务的清偿也不简单的是买受人的事务，融资贷款人代为管理而已，而是融资贷款人为自己利益安排的交易过程的一部分而已，至少同时是其自己的事务。再次回到原点，买受人获得的利益不过是单纯的债务免除或者给付型不当得利请求权。以法律行为从事的"增益尝试"因强行法而无效。正如上述例子证明的那样，在给付型不当得利法中通过私人自治分配风险的箴言指的恰恰是在这一法律领域内"社会的"保护目的在体系上能实现之处（其他的对实质上类似，但过于模糊的"经济法"上的趋势有效 JOERGES aaO.）。最后，此处涉及的是典型的更能为融资贷款人掌控，而买受人通常无法完全了解的交易风险，这一风险将借由法律行为一意思自治的方式转嫁给买受人，这一结论无论从经济效率的观点（偏好决定的知悉性），还是从矫正正义（并非在充分掌握信息基础上的私人自治决定导致的原始财货分配的变动的风险分配）看来都是有问题的。不仅负担行为层面的有关尝试，而且在广义的"给付"下的有限的事实给予的法律行为的"重新上色"（Umfärbung）的尝试都会失败。有关第三人融资买卖中的不当得利返还问题，可参见 Esser, Das Verhältnis von Kaufvertrag und Darlehensvertrag beim B-Geschäft des finanzierten Teilzahlungsgeschäfts, FS Kern (1968) 109ff；Bydlinski in Klang IV/2 (2)，427；REIDINGER, Die Rechtslage nach Wegfall eines drittfinanzierten Kaufvertrages, JBl 1984，190；OGH ecolex 1994，224 (zust REIDINGER) = ÖBA 1994，723 (krit KOZIOL)。

的"给付"（大多）是对属于他的受保护地位的处分，他通过该处分恰恰利用了与受保护地位相关的用益、盈利和享用的机会。给付受领人由此获得的利益原则上不违背相关法律地位的归属目的。毋宁是权利人和受保护人利用了这一法律地位且实现了其目的。如果另一方的利益恰恰源自这些处分，则归还或偿还这些利益不会仅仅因违反相关法律地位的归属目的而可以被主张。在这一范围内得利并非"不当"。

然而，与给付关联的意思行为可能是基于某种瑕疵。根据法秩序的一般评价，这一瑕疵排除了将受领人的利益归因于处分人以法律行为实现的私人自治。此处需考虑所有法律行为无效事由的事实构成。如果这种重要的瑕疵存在，那么（也只有在此时）欠缺有效活动的私人自治就不能有说服力地阻止向初始法律地位的归属内容的追溯及交换正义、保护合法权利的要求。如果该处分无瑕疵且完全有效，则是可以阻止的。

今天，在给付中存在的处分行为的重要瑕疵实质上——进行最广义的理解——被总结为"目的落空"（Zweckverfehlung）：在有意识的事实给予某项利益外，作为给付概念的重要要素的是给予所指向的特定目的。[269] 当目的落空时，可要求相关给付的返还或偿还受领人由此获得的利益。

换言之，给付型不当得利返还法的核心原则是*(50) 针对目的落空（或处分瑕疵）的给付保护*（*Leistungsschutz gegenüber Zweckverfehlung bzw Verfügungsmängeln*）。

根据处分行为的瑕疵或目的落空的种类对给付型不当得利做出区分，这是合理的：在非债清偿型不当得利返还（condictio indebiti）中，需有足以让返还请求权成立的义务或（要物合同！）法律行为的前提（rechtsgeschäftliche Voraussetzung），且因错误认识而负担了义务或实现了这些前提。在给付原因嗣后消灭的不当得利返还（condictio causa finita）中，给付是为了追求同一目的，如果最初事实上成立的义务嗣后消灭，因为基于对未来的错误认识或更愿意称之为交易基础丧失。与之类似的是给付目的不达的不当得利返还（condictio causa data causa non secuta）。此处涉及的是基于单纯的无拘束力的"法律原因约定"，出于获得无拘束力的、将来的对待给付的目的而为给付，但对待给付嗣后并未实现的情况。在因悖俗或不法原因给付的不当得利返还（condictio ob turpem vel iniustam causam）中，目的追求和处分违反法律或者违背善良风俗，所以不能存在（然而，经常在不被允许的案件中出于预防的原因，通过法秩序的特别命令排除返还请求权；参见《德国民法典》第 817 条以及远为慎重的《奥地利普通民法典》第 1174 条）。无法律上原因的不当得利返还（condictio sine causa）作为其他处分或目的确定方面的瑕疵的兜底事实构成发挥作用，如行为能力欠缺（也可以将其理解为更为一般的因特别无效事由而缺乏法律原因的给付，其返还符合致其无效规范的目的）。威尔伯格强调不当得利

---

[269] Vgl oben Anm 255 以及建立在 Wilburg 和 von Caemmerer 理论基础上的不当得利通说。

返还的前提与法律行为瑕疵一致。[270] 概括性的概念"目的落空"应在这一意义上进行理解。

自从发现了给付中的目的要素，就有了将给付概念，主要是其意志要素用于解决几乎所有给付型不当得利问题的许多尝试，也取得了各种不同的成果，尤其是在三角关系中确定给付人和给付受领人。但是，给付概念的过多使用也遭到了大量，有时甚至是超出其目的的批评。[271]

正确的出路既非牺牲事实上不可或缺的目的要素，也不是按照各自的前见对其做毫无依据的恣意解释，而是体系性的分析和在法律体系中尽可能让其与最相近且更详尽规定的制度联系起来。罗伊特（REUTER）和马蒂内克（MARTINEK）[272] 正是在这一意义上强调了无法律原因给付和——因为作为前提条件的法律原因的存在——作为适于清偿的给付之间的非常重要的关联性。他们从这一点出发，即清偿虽非"清偿合同"，但在事实给予行为之外还需要有给付人发出的单方需受领的清偿决定（Tilgungsbestimmung），这一清偿决定应定性为（纯粹与给付相关且在此意义上抽象的）法律行为。

与之相应，他们认为应将不当得利法中的给付理解为事实上给予和法律行为上的目的决定，尤其是清偿目的决定的结合。由此出发将产生许多具体的重要后果，尤其是单纯内心的目的设想（Zweckvorstellung）的不重要性、受领人视角在可归责但非所意欲的表示中的决定性作用，以及通过有据可循的规则处理表示出来的目的决定，[273] 即根据相关的法律行为的规则处理它们。然而，目的决定的错误不是通过撤销来救济，而是直接通过不当得利返还法上的返还请求权来救济；且符合目的决定的抽象、单纯与给付有关的特征，该特征完全排除了行为错误（Geschäftsirrtum）存在的可能。

然而，罗伊特和马蒂内克的清偿法上的前提要求得太多了。虽然在制定法中可以明显地看到在清偿中与事实给予伴生的法律行为上的清偿决定在法律上是有意义

[270]　Wilburg in Klang Ⅵ（2），446. 在 Bereicherung 118 中即阐述道："不当得利法不保护自愿且无意思瑕疵的放弃法律原因的行为。"Wilburg 在第一处阐述了各种给付型不当得利的事实构成。Reuter 和 Martinek 就此在第 125 页以下予以了详述。就法律原因消失后的不当得利返还以及目的落空的不当得利返还分别予以阐述的参见 Rummel, JBl 1978，449。就目的落空的不当得利返还论述还有 Bydlinski, FS Wilburg 45；就特别困难的不法原因给付不当得利返还问题，参见 Wilburg in Klang（2）462ff.，Niederländer, Nemo turpitudinem suam allegans auditur, Festgabe Gutzwiller（1959）621ff；Honsell, Die Rückabwicklung sittenwidriger oder verbotener Geschäfte（1974）。

[271]　比如说 Kupisch aaO.（对通说所持给付概念一直有激烈的批评）和 Canaris aaO. 与之相反，尤其重视给付概念的有 Ehmann aaO 和 Weitnauer aaO.

[272]　AaO 91ff.

[273]　JOERGES 担心受领人视角（事实上，受领人视角是结合归责标准后对表示解释中可归责于双方当事人的风险因素的转述 Umschreibung）的隐喻（"Metapher"）会单方面只顾及给付受领人的利益。而意思表示的可归责性（不小心做出表示行为或未阻止表示行为，在其他严重的交易障碍情况中的有相当因果关系的风险行为）这一最低要求可反驳其担心。抛开不当得利法不论，即便在法律行为领域，这种单方性也因违反公平的正义和平等原则而不可能被接受。

的：在相同的当事人间有多个债权时，制定法规定首先依照清偿决定判断受偿债权（《德国民法典》第366条，《奥地利普通民法典》第1415条及以下条文，根据该规定，债务人的清偿决定只有在不受债权人反对时方生效）。更为重要的是不可被制定法条文替代的第三人给付中的清偿决定（《德国民法典》第267条，《奥地利普通民法典》第1422条及以下条文）。虽然就第三人给付问题，制定法中并没有明确提及清偿决定；但是，根据事物本质，如果第三人自己（即便是通过可推断的意思表示）不指明受偿债务，根本不可能将他人的特定债务和任意第三人的给付联系起来。

此外，很难找到合适的理由将清偿决定视为不同于需受领的意思表示的观点也是正确的。

但是，在每一个既有债务的清偿中在事实给予外附加清偿决定，以使其能够成为给付或清偿的做法并没有明显的必要性。如果债务人事实上（也可能是通过使用辅助人）实现了对这名债权人唯一的债务清偿，很难想象法律行为性质的清偿决定（Tilgungsbestimmung）或其瑕疵能有什么意义。不仅债权人的同意——与今天已被正确否定的"清偿合同"理论相对——是多余的，而且给付人的单方清偿决定也是没有必要的。可以简单地认为事实的给付行为就是"可推断的做出"的清偿（给付），可能——无论如何都是多余的——有一种拟制，即当债权人对事实上的给付毫不知情，且债务人并未意识到其债务而为的给付行为之时。这在实践中是非常罕见的案例，尽管完全没有效果意思和意思表示的信赖，看不出为何要以不必要的法律行为的拟制来解决这类案件。如果（即使仅仅在）客观上吻合，看不出否定其为给付究竟有何意义。假如某人对 A 负有修剪花园篱笆墙的义务且他完全这么做了，但仅仅因为其（或其使用的辅助人）错将 A 的篱笆墙认为是自家的或某个 X 的，则不存在针对 A 的意欲的清偿决定，且在其不存在时也没有（依照信赖理论）被表达出来。但是，没有任何合理的理由能否认清偿的存在。替代方案只可能存在于不当得利法和赔偿法上矫揉造作的迂回之路。

因此，在清偿法上应原则上采"事实清偿效果说"[274]，仅仅在清偿决定根据法律行为的规则事实上存在时方认可它。只有在有多项债权或因第三人参与，有必要阐明作为前提的法律原因或特定当事人意思的有效性时，方应探寻清偿决定，以此作为清偿的前提要件。

在不当得利法中的类似问题上应追随上述方案：即只有在依据假想的先在法律状况，客观的或涉及主体（给付人、受领人）的当事人意思偏离于事实给予，而目

---

[274] Vgl etwa LARENZ, Lehrbuch des Schuldrechts Ⅰ (13) 1982 220f. -Koziol 我要感谢上述文献中不当得利部分的批判性的检视和有趣的建议，但也考虑过在本文上一节中提及的批判性案件中接受通过事实清偿行为以可推断的法律行为做出的目的决定（Zweckbestimmung），这一意思表示在（开始并不在场的）债权人知悉或按通常情况应知时抵达。如此一来，有关拟制的批评事实上可避免。但是依此推论，清偿的效果要迟至有效的清偿决定意思表示到达之时。客观的适当的清偿应早在给付效果在债权人处以清偿方式发生效果时生效，以此避免不必要且违反事理的复杂构造（Komplikationen）。

的决定确实发挥决定作用时，方有必要要求在给付中有表示出来的目的决定。当在"三角关系"中要确定"给付"发生在给予的当事人之外的主体之间时，目的决定就有决定性作用，因为给付不是和给予当事人之间，而是和其他方向上作为前提的法律原因紧密相关。

与以法律行为方式表达出来且因此引发法律后果的目的决定相区分（但竟然通常未做区分！）的是另一种单纯单方内在的目的决定的变种，即这一决定不以法律行为的方式表示出来，因此仅仅是形式上的法定事实构成，实质上主要是客观不当得利法的基础评价的出发点。这一内在的、不以法律行为表示出来的目的决定在其将利益给予自动连接的意义上看，实际上非常平淡无奇：有意识的给予他人利益之人通常都以此方式追寻特定的目的，该目的要么是针对受领人的，要么是针对第三人的。作为有意识的给予的意思行为当然是有目的的（zweckgerichtet）。因此，只是在区分"以其他方式"不当得利和给付型不当得利方面，根本无须强调目的因素，因为这一因素在其内在变种的意义上无论如何都会随有意识的给予而同时出现。

在判断给付保护中的失利者（Verkürzte）的应保护性上有所不同。将归属于自己的财货有意识地以有利于他人的方式处置的人，自主实现了法律上的财货归属，且因此不能仅仅以这一归属关系为基础，主张让相对人返还其获得的利益的请求权。只有在作为处分行为基础的意思行为的目的有瑕疵，即基于原则上类推适用法律行为的无效的事由而有瑕疵时，该请求权方可主张。（详言之，在只涉及单方得利的矫正时，重视不当得利法中的瑕疵就足够了。）只有可以知悉具体的给予目的并以此为基础时，方可确定是否有目的瑕疵。这取决于基于何种（假想的）"法律原因"（合同、其他债的关系、法律原因约定）让给予在特定意义上发生效力。如果这一原因失效，则给付的目的即有瑕疵，给付是可请求返还的。如果没有法律行为表示出来的有效的目的决定，单纯的单方的内在的目的决定有瑕疵就足以构成目的瑕疵。

不当得利返还请求权根据不当得利的原则最终针对事实给予的受领人。其最终是关于不属于受领人的利益的矫正。至于目的决定（法律原因的确定 Rechtsgrund-fixierung）究竟是针对他还是第三人，就不当得利返还义务人的确定而言都是一样的，只要该决定没有通过法律行为且被当事人有效地表示出来。换言之（和科齐奥尔的观点不谋而合）：如果给付不仅缺乏法律原因，而且因欠缺将给付受领人归于意欲的受领人的归属可能性而缺少其当事人，则给付型不当得利返还请求权就针对事实的给予受领人。

在单纯内在的单方目的决定案件中，目的要素绝不会导致这样的情形，即只有目的决定确定的人才可能成为不当得利法意义上的给付受领人，而实际的给予受领人断无可能成为给付受领人。相反，目的要素只决定是否存在有意识的给予，即被称为依赖于目的的给予，以及是否存在目的瑕疵。必须承认不当得利法通行的目的说的批评者是有道理的，他们警告说目的要素会承担其本无法承受之重。将以法律行为方式有效表示的目的决定作为不当得利返还的前提条件并非是无条件的。就像清偿制度中的事实给付实现，在不当得利制度中有意识的、"内在地"追寻一定目的而无意思表示的给予（且因此没有法律行为上确定的给付受领人）就满足了给付概念的事实构成。[275]

只有依照这一观点，上文提及的小案件才不会构成什么困难，在这一案件中，X 将本有义务给 A 的标的物误向（比如因弄错了地址）B 发送。假设 X 和 B 根本就不认识。X 向 B 给付的目的决定并非其所愿。B 同样不能从受领人视角认为 X 有可推断的特定目的决定表示。因为没有内在的、与 A 有关的目的决定，而事实上是向 B 给予，所以 X 向 B 要求不当得利返还是天经地义的。

相反，如果目的决定被表示出来，即便是通过可推知的意思表示表达，则该决定就将给予和想象的特定法律原因联系起来了。它也以此揭示了法律意义上的给付人，尤其是给付受领人究竟是谁。通过这种方式，目的决定能够赋予事实上的有意识的给予以法律上的给付的特性，尤其是在三角关系当中。

但是，如果表示出来的目的决定和事实上的给付因素（即事实上的给予）不吻合，且该差异不可能通过法律行为消除，则前段的论断不适用。表示出来的意思决定在不当得利法上的有效性以给付人能够确定对其亦有拘束力的给付受领人的身份（Person）为前提。唯有在事实上的利益给予根据法律尤其是法律行为的"边界条件"（Randbedingungen）的归属在这一意义上是可能的时候，这一论断才是合适的。可以向错误的代理人给付为例说明（错误的被代理人并未追认或没有通过进一步的给予获得该利益）。此处非常清楚的是给付人是将自己和对被代理人的（真实的或假想的）债务作为法律原因联系起来，他是希望清偿对被代理人的债务。对法律原因的界定和对所欲给付受领人的确定，从可识别的意愿看来是毫无问题的。由于错误的代理人没有对被代理人有效的、受领给付的代理权（及所有作为有效前提条件的权限），单纯的目的决定即便是仅欠缺向被代理人的"间接"给予也必然是无效的，只要该目的决定意在将错误的被代理人作为给付受领人。因为欠缺始终会在目的决定中有效确定的法律原因，必然会导致不当得利返还请求权的发生。这一请求权是针对作为利益受领人的错误代理人。此处涉及的完全是给付型不当得利返还。只需要将目的决定中无论如何无效的部分视为未进入该决定即可，该无效部分是指在错误的被代理人案件中对给付受领人身份的确定。在与错误代理人的关系中，有意识的给予以及因错误而缺少所谓（即便是与第三人相关的）法律原因就可满足返还请求权成立的要求。[275a]

---

[275] 给付概念在两种制度中仅存的差别职能通过各自不同的功能得以解释：在履行制度中，给付概念的最低内核仅仅是给予的内容和债务内容一致。在不当得利制度中，给付概念的最低内核是有意识的（有一定指向）的、有目的的给予。

[275a] 就针对导致错误的代理人的不当得利请求权参见 Welser, Vertretung ohne Vollmacht（1970）242ff；Karollus, JAP 1990/91，83。

将该种案件认定为"侵害型不当得利返还"并无必要性。即便在可比较的案件中（例如清偿一项事实上完全不存在的且因此不能正当化其追求的归属性的指示），侵害型不当得利在部分学者看来也是一个过度矫揉造作的解决方案，这一看法是有道理的。这一解决方案无非是要实现直接的事实性的给付的返还。当然，侵害型不当得利也并不适用于权利人有意识地处分归属于自己的财货的案件。在这种案件中，作为通说的目的说事实上遭到了过分的批评，该批评认为目的说是过度建构（überkonstruiert）和歪曲事实（sachlich schief）的。反对目的说的主要理由是清偿制度中居于通说地位的事实给付实现说的类推适用。只有在目的决定被表达出来且有效时——亦可以取决于同事实给予的一致性及"周遭的"法律状况——它才以法律行为的方式确定给付关系，以及超越事实参与人之间的有意识的给予，确定给付不当得利的债权人和债务人。

（四）尤其是在"三角关系"中：指示和债权让与

正是在这一受到限制的、没有不必要的夸大其辞的框架内，罗伊特和马蒂内克总结得出的法律行为的观点意义极为重大。他们主要是在其基础上强调了"指示给付案件"（Anweisungslage）中的基本要素，而指示给付是给付型不当得利返还法中三角关系的典型。他们有理由更具体地追问，在受指示人（Angewiesenem）和指示给付受领人（Anweisungsempfänger）之间事实上的给予如何成为法律上的给付，且有两个关系：一个是受指示人和指示人之间的关系（补偿关系 Deckungsverhältnis），另一个是指示人与给付受领人之间的关系（对价关系 Valutaverhältnis）。不仅如此，他们还通过参照法律行为架构的可能性适切地回答了这些问题（且无其他明显的选择）。

"指示给付案件"中的法律行为基本要素当中，第一个是债权人授权对"支付受领人"（Zahlstelle）的确定，根据这一决定，债务人可以向支付受领人有效（免除债务地）给付，以替代直接向债权人给付（《德国民法典》第362条第2款并第185条，《奥地利普通民法典》第1424条中的债权人的"有权受领人"包含了支付受领人）。第二个要素是此前讨论过的目的决定。[276] 总体而言，受指示人有权不向债权人，但对其依然有效地向受领人（作为支付受领人）给予或者给付。[277] 通过（因指示人指定为履行辅助人而可归于前者的）受指示人的帮助可对受领人实现其应予指示人的事实上给予，同时转介目的决定，其内容为该给予和受领人对指示人

---

[276] Reuter/Martinek 388，425.

[277] 进一步细致的考察可以证明，清偿决定绝非给予人（Zuwendende）有效"给付"（Leistung）始终必要的条件：受指示人向受领人给予时断无机会向指示人（与其之间并无联系）表达清偿决定。只对属于自己的给付感兴趣的受领人也无动机作为受领使者或代理人起作用。但是，指示必须理解为指示人对向"支付受领人"的给予作为是对自己的给付的承认，而不需要针对自己作出的目的决定。相反，指示人自然要非常重视如下事实：对受领人的给予伴随着和指示人的关系以及为了指示人而发生的给付原因，因为否则受领人不可能将给付归属于指示人。通过指示向支付受领人给付的授权并不取决于对指示人的清偿决定，而是取决于受指示人向受领人做出与指示人有关的目的决定。即便没有"指示给付"的特别制度，通过法律行为也可当然确知上述所有事实。

的特定债权相关（或借此形成的法律关系）。受指示人是指示人的目的决定的使者。

　　想象一下，当所谓"受指示人"向受领人为给付，但并未就此做出任何提示或者未同时说明给予是为了清偿所谓"指示人"的债务时，罗伊特和马蒂内克观点的正确性就可得到证实。"指示人"参与其中的事实从外部看可能根本无法辨识。目的决定和与之相关的给予的清偿效果也可能悬而未决。可能根本不能将此处的情况界定为以指示给付的方式同时履行两个债务的通常模式。如果受指示人对受领人也负有内容完全一样的债务（在金钱之债中很有可能出现），从起决定作用的受领人视角来看，当然很可能将其与受指示人自己和受领人的债务关系联系起来：在有疑问时，人们都是为自己的利益行为的。不管该给予是由指示人引起乃至资助的事实，受领人针对指示人的债权应当依旧存在。否则，受领人将在与两个债务人的关系上陷入对其完全不透明的危险境地。最终可能并非是其所愿的债务人的债务消灭，而是另一个债务人的消灭了。（在予以必要的注意后，嗣后的目的决定表示或者"改作他用"Umwidmung 应允许按其内容（re integra）存在；即只要由此不会导致具体个案中受领人的信赖落空并产生实际不利后果，都可认可其效力。）

　　如果单纯是为了让"指示给付案件"中通过一次直接的给予间接实现两个债权的清偿成为可能，像上文所述那样将指示作为一项特殊的制度实无必要。"支付受领人"中的授权和表示出来的清偿决定就足以实现这一目的。在"指示"中法律定义式的受领人的（双重）授权，即为指示人利益计受领给付，同样被证明是无用的：要将受指示人对受领人的给付归属于指示人，只需要履行辅助人制度即可，而无须考虑上文提及的法律行为架构的可能性。履行辅助人制度只以债务人以清偿目的纳入第三人为前提，即第三人是被债务人有意识且可归属地纳入履行中的。这在指示情况中通过无论如何都属必要且由引发给付的指示人对受指示人的意思表示而得以保证。当受指示人遵从指示，进行履行就满足了这一条件。（如果并无指示，只是误认为有该指示，则缺乏将行为后果归属于假想指示人的可能性。所谓"受指示人"既非其履行辅助人，也不是为传达目的决定表示而委派的使者；受领人也不会被授权作为"支付受领人"。）

　　在"指示给付案件"中，于法律原因领域内出现的不当得利法上的瑕疵后果亦源自受指示法律行为中的基本要素：如果事实上没有指示人和受指示人之间的假想的"补偿关系"，但前者仍（通过支付受领人）得到清偿，但没有（或嗣后丧失）法律原因。给付型不当得利返还请求权在补偿关系中成立。相反，在指示人和受领人之间的"对价关系"中，（通过作为清偿辅助人的受指示人的帮助）发生有效清偿。如果"对价关系"有问题，在补偿关系中的清偿没有问题，则指示人作为"间接"（通过受指示人帮助）给付人仍可要求受领人返还。受指示人和受领人之间直接的给予被有效的私人自治规则剥夺了法律意义上给付的性质。因此，在这一关系中自始就明显地欠缺法律原因，在不当得利法上不起作用。

作为独立且和给付相关之法律行为的"指示"首先是上文提及的两个基本要素的结合，即对支付受领人的给付的授权和对给付确定意思表示的履行辅助人及使者的委任。这两个要素之间也有法律上的重要关联：如前文所述，让受指示人能够向作为支付受领人的受领人给付的授权取决于受指示人同时向受领人转达了指示人的清偿决定，在此意义上，受指示人又同时是意思表示的传达使者。

如果指示作为特殊的意思表示（"双重授权"）也抵达受领人，则他因此从指示人那里了解到整个的法律状况。"双重授权"和与之相关的整个独立的法律制度的仅有的意义就在此处：受领人就会知道直接面对他出现的受指示人同时希望履行其对指示人的债务（或对指示人创设债务关系）；此时涉及的不仅仅是"非独立"的履行辅助人（履行辅助人在给付物或金钱时，并不是要履行对指示人的同种类的债务，而单纯是为了履行自己的劳务债务）。因为有效的"指示"表达的是，一项财产移转同时清结两个法律关系。

与之相关的问题——即一项真正的、也对受领人发出的特殊"指示"是否在不当得利返还法上有独特的意义——会出现在实践中有争议的"双重瑕疵"案件中。这种案件是指补偿关系和对价关系都不成立或嗣后消灭。如果同时对受领人发出的特别"指示"让其知悉受指示人想在一次给予中同时履行自己对指示人的债务，那么在通常情况中，即对价关系有效时无须特别照顾受领人的利益：他依据有效的私人自治形成的履行规则获得了其应得的。如果对价关系无效，其应考虑到根据既有规则可能面临指示人的不当得利返还请求。

在双重瑕疵案件中，对受领人发出的内容为：受指示人也要履行其对指示人的法律关系的指示，支持让受指示人替代指示人而享有针对受领人的直接的不当得利返还请求权的可能。真正的双重表示的指示（非单纯的"指示给付案件"）——有利于受指示人的指示人的表示——作为次要的目的决定（sekundäre Zweckbestimmung）也还是表明，给予同时服务于受指示人对指示人的履行。一旦针对受领人的主要的目的决定未实现，则次要的目的决定可视为对受领人也有效。这样一来，指示就将作为双重的目的决定发出，当中次要的目的决定只有在主要的目的决定无效后，方对受领人表示出来。如果只有次要的目的实现，则受指示人对受领人不可能有不当得利请求权。但是，如果最终的目的也未实现，则受指示人对受领人直接要求返还的不当得利请求权成立。因为此时所有对给予受领人表示出来的分层级的（gestaffelte）目的都已落空，包括直接给予的受指示人的目的。换言之，指示作为（根据法律规定）特别的、（双重的）法律行为性质的表示，表明直接的给予行为应在两个内部关系的基础上发生，但首要的是对价关系。如果作为给付目的的两个意欲的法律原因都落空，则受指示人对给予受领人的直接的给付不当得利返还请求权有理由成立。

相反，如果否认给付指示有任何独立的法律意义，且完全只是满足于以上讨论的法律行为中的一般主要要素，则只有目前的通说是逻辑一贯的。这一学说在双重瑕疵案件中也单纯按照作为前提的内部关系的发展确认不当得利请求权。[278] 在制定法中曾予规定的指示作为一项独立的——但事实上是多余的 [279]——制度赞同"直索不当得利返还"（Durchgriffskondiktion）。在私人自治的基础上，更确切地说，是在给付人以法律行为表示出来的清偿决定的效力基础上，双重的（同时有先后顺位的）给付决定才有可能不受质疑。根据本书支持的观点，这两种决定在（真正的）指示中得以类型化：例如，作为支付者的第三人可以表示说，其给付同时清偿受领人对债务人的债权和自己对债务人（作为第三人的债权人）的债务，且只要两个目的中的任何一个落空，自己要索回给付。债权人当然可以拒绝接受这样的给付，且不陷于受领迟延。但是，如果他接受了这种给付，则只要两个聚合的目的之一因错误而落空时，不当得利返还请求权就当然成立。亦向受领人做出的真正的"指示"也可能合理支持在这一方向上的推进，而无损受领人的利益。其次，由于上文提及的第二个给付决定的终局性特征：在单纯的对价关系瑕疵中，受领人将面对另一个不当得利返还请求权人，而非往常的请求权人。被避免的是以牺牲受指示人为代价而毫无理由地有利于指示人的破产债权人，其应根据先在的内部关系对不当得利返还关系有思想上的准备（指示人破产财团可以要求受领人完全返还不当得利，而受指示人只能从财团中获得破产份额的偿还）。

对这种目的上显非合理的偶然的有利或偶然的不利的避免只是在上述直接给予中是可能的；也就是说，不总是在结果类似的案件上可行。比如说，当 A 因单纯假想的法律原因借钱给 B，B 又将这笔钱付给了单纯假想的债权人 C 时，A 和 C 之间的不当得利的事实构成并未实现，即便 B 陷入破产亦复如此（有关价值追索 Wertverfolgung 的问题参见信托部分）。不当得利中的公平内容受到经济效率和法的安定性（Rechtssicherheit）要求的限制。法的安定性禁止随意突破债之关系的相对性。自从不再能将不当得利法理解为模糊不清的衡平法（Billigkeitsrecht），毫无疑问的是不当得利法绝非治愈各种"不公正结果"的万能药。然而，直接给予构成一种特别的事实的（且易把握的）情事。人们在该种案件中努力探究出借的金钱（或其代偿物）是否真的用于向特定假想的债权人清偿，而这种探究通常是没有出路且毫无必要的，因此应拒斥该问题。此外，和指示中的情况不同，上举例中 C 完全没有必要预计到 A 会为了自己的缘故独立地参与其中，也不必考虑在特定情况下要与其发生争议。由此观之，此处讨论的直接

---

[278] 相关争议可参见 Reuter/Martinek 408, 415。奥地利有关直运交易（Streckengeschäfte）中指示案件的讨论的重点在物权法中的所有权移转问题，因为奥地利法采取有因原则。相关讨论参见 Bydlinski in Klang Ⅳ/2 (2)，305；SPIELBÜCHLER, Übereignung durch mittelbare Leistung, JBl 1971, 589；KOZIOL, Streckengeschäft und Anweisung, JBl 1977, 617。

[279] 此外，该制度追求的受指示人对受领人的直接的义务（通过接受指示）可通过并存的债务承担 Schuldbeitritt 实现。

给予的情况在规范上确实特殊。

近来由于受到卡纳里斯[280]的影响，三角关系中也愈来愈多地讨论向假想的债权受让人给付的案件。此前一直认为假想的债权让与中的债务人毫无疑问可以要求假想的债权受让人返还不当得利。事实上，正是在这一方向上发生了意在清偿假想债务的给予。根据全面的风险权衡，尤其是与债权让与制度的体系比较——债权让与不会让债务人陷入更不利的境地——卡纳里斯反而认为不当得利请求权应原则上针对债权让与人。他认为债务人将债权让与人作为自己的合同相对人；债务人必须承受替代债权让与人的另一个假想的债权受让人的支付能力和抗辩风险，这在债权让与制度看来是不可能的。

尽管如此，还是应当坚持以前的观点，因为给付型不当得利中的当事人通过现实给予和目的决定表示毫无疑问指向了假想的债权。相反的论证并无说服力。债权让与制度只是保护债务人不至于陷入比债权让与发生时更坏的法律状况，而非陷入可能更坏的事实上的状况，比如更为宽厚的债权人变成了更为苛刻的债权人（相反的情况也完全可能出现）或者嗣后发生对债权让与人的对抗权利（Gegenrechte），而非针对债权受让人的权利（此处也完全有可能出现相反的情况）。不当得利中的支付能力这一事实风险也是如此。一般来说，在债权受让人处（通常是银行）发生这一风险的概率远低于债权让与人。此外，依据某人对不当得利返还债务的偿还能力来寻找债权人也不大可能。同样，比如在涉及得利丧失抗辩时，该抗辩更可能在假想的债权受让人处发生或产生抗辩范围更广的风险，是和该风险可能比在债权让与人处更小的机会紧密相连的。但是在特殊的个案中，可以确知债务人之所以选择债权人正是因为其不同寻常的个人品质，如更为守信或有更强的偿债能力。债务人对此非常重视，才最终选定其为自己的债权人。可通过可推知或补充的合同解释将其理解为禁止债权让与的约定。当然最好的办法是明示的债权让与禁止，债务人可通过这一禁止规则实现对债权人特定人身性的合理利益。（我非常感谢科齐奥尔的适切建议[280a]，使我对卡纳里斯的观点稍稍做了妥协。）

支持卡纳里斯论点的主要论据是债权让与和指示给付的可比较性，而且两个制度在许多经济关系中可互相替换的。如果受指示人——除"双重瑕疵"问题外——不可以直接要求受领人返还不当得利，那么看上去让债务人有要求债权受让人直接返还不当得利的请求权无论如何是需要检讨的，而且出于体系上协调的考虑，很容易想到根据内部关系依次分步要求不当得利返还。

但是这种观点恰恰忽视了两种制度事实上巨大且在规范上重要的区别。债权让与中的债务人（Zessus）和债权受让人在假想的债权让与中无论如何都是独立行

---

[280]　FS Larenz (1973) 834ff；当下在奥地利的讨论参见 IRO in：AVANCINI/IRO/KOZIOL, Bankvertragsrecht Ⅱ (1993) Rz 2/120；HANEL, WBl 1987，118；BECLIN, JAP 1993/94，132；KAROLLUS, JBl 1994，573。

[280a]　亦可参考 AVANCINI, *Anerkennung einer abgetretenen Forderung*, ÖBA 1989，451 (462)。

动、在给予和受领给付中追求自己利益的主体，且在给付关系中基于假想的他们之间存在的法律原因（即被转让的债权）而将事实给予和目的决定（包括受领给付）与自己联系起来。如果在这种案件中排除不当得利返还，恰恰会违背给付型不当得利返还的基本模型，其风险权衡和体系上的协调性也需考虑。正如对给付概念的更为精确的表述，此处涉及的是嗣后的不当得利当事人已为给付的返还问题，该给付欠缺在这一法律关系中作为前提的法律原因。

与之相反，在指示给付中，受指示人和受领人，即事实给予的双方当事人之间并无作为前提的法律原因，而是（无论如何首要，即以关于双重瑕疵的论述为前提）追寻另一个方向上的法律原因。给付的法律原因通过债权让与（至少是假想地）发生了转移；相反，通过指示只是将受指示人纳入假想前的法律关系的清偿中。在这一关系中，受指示人主要是服务于与他显然无关的法律关系的履行，就和履行辅助人一样。[28] 对指示给付和债权让与区分对待的充分理由还有：在债权让与中，给予人是以自己的名义，即自己向债权受让人履行；而在指示给付中，给予人（主要）只是作为履行他人债务的辅助人为假想的债务人，即指示人而履行。这一区别足以正当化法律效果上的不同处理。

对给付型不当得利返还同样根本的区分，即对以自己名义和以他人名义行为的区分（以及为自己和为他人的行为的区分）在这一法律领域内未得到足够的重视。但是，这一区分对给付人身份和可能的不当得利请求权人的确定显然是具有决定性意义的。以代理人身份，更不必说以履行辅助人（及使者）身份参与到他人债务的履行中的人只是为了协助他人，可能的给付型不当得利返还请求权也自然是归属于事务本人的。相反，独立的履行第三人将其目的决定和他人的债务联系起来，但仍以自己名义履行。在给付的法律原因丧失时，他当然是不当得利返还的请求权人。由于在目的决定表示中仍以法律行为中决定性的受领人视角为归依，起决定作用的依旧是针对给付受领人的行为表现。除罕见的给予人的明确表示外，受领人视角取决于实际给予人是否可视为（假想的）债务人纳入履行，且在与受领人的关系中仅仅是为了清偿债务人的债务，或者他是出于自己的原因，或显然是追求自己独立的利益。当其履行（假想的）债务不单单是要清偿，而是显然要取得该债权，则给予人是出于自己目的的履行就至为明显了。

和所有必要的法律上的区分一样，这一标准的运用可能在边缘案件中有问题。这在区分债务人需为其承担损害赔偿责任的履行辅助人和单纯为自己的履行第三人上就是不可避免的，这在不当得利制度中也难免会出现。如果以这一区分为基础，则应将受指示人作为单纯的履行中的辅助人，和以自己名义行事的独立履行的假想

---

[28] 类似的论述参见 Reuter/Martinek, aaO 491，在目前讨论的问题上对 Canaris 予以系统回击的亦可参见 DÖRNER, Dynamische Relativität (1985) 328ff。

的债权让与中的债务人区分对待是没有问题的。罗伊特和马蒂内克的箴言（Maxime）——通过目的决定和授权进行私人自治下的风险分配的原则于此处再次得以证明。[282]

（五）界分和竞合问题，尤其是"补充性"

不当得利法中的许多界分和竞合问题早先主要是在非常模糊的关键词"直接性"（Unmittelbarkeit）下讨论的。根据过往的观点，只有得利人"直接"从不当得利债权人处获得利益这一过程才能让不当得利请求权成立。

在此期间，相关的问题大多是通过如下具体得多的方式解决的，即以前述原则为基础确定具体的债权人和债务人：在给付型不当得利中，请求权在给付人和给付受领人间成立；在一般的不当得利返还请求权中，当事人是从其法律上受保护的财产或利益范围内产生的债权人和违反相关法律地位的归属内容取得该利益的得利人。由此尤其会让无法律原因消费或使用他人之物自然地引起所有权人的不当得利请求权。在这当中，不当得利法就已不适合在非常任意的范围内作为一般的公平矫正工具来适用：允许赊欠货款而将被消费之物给最后的所有权人之人，因所有权人支付不能将遭受价金债权无法实现和丧失该物的风险（若该物未被第三人消费，还有可能索回），但仍不可以向消费该物的第三人主张利益的返还。

因为奥地利法秉持有因原则，而德国法秉持抽象原则，关于谁为所有权人的结论往往不同。因此，在德国法中，为了缓和抽象原则中的不当得利的严苛后果，在很多问题上都有可能将第三人无法律原因取得和无偿取得做类比，而为同等对待，具体规定可见《德国民法典》第816条第1款第2句、第822条和第988条。

但是，有时候得利的"直接性"问题仍旧作为特别的竞合问题出现，而无视对上述诸原则的强调。当今，其仍然在利用之诉（Verwendungsklage）和侵害型不当得利的"补充性"的观点下经常被激烈地讨论，以至于必须考量是否要承认不当得利法上的"补充性原则"。反对承认"补充性原则"的第一个论据是不当得利法中

---

[282]　对利益第三人合同有解释性的不同的解决方案，参见 Reuter/Martinek aaO 478ff 在纳入允诺人（Versprechende）的目的仅在于简化受诺人（Versprechensempfänger）与第三人之间的履行，则其意义和"指示给付案件"类同。二者的区别仅仅在于利益第三人合同是通过合同，而非通过紧随合同的特别"指示"来达到同样的状态。当受诺人追求的目的显然是让第三人获得允诺人承担的义务，而向第三人给付仅仅是允诺人自己的事务，则情况和前面所述不一样。这主要适用于养老金合同和其他第三人利益的照料合同（Versorgungsverträge zugunsten Dritter）。这符合允诺人以自己名义向利益第三人给付的目的决定且在无法律原因时，允诺人可以要求直接的不当得利返还。这同债权让与的情形类似。

的这一概念可以做非常不同的理解：在奥地利的讨论中[283]，其含义主要是后位性（Nachrang），更确切地说是排除利用之诉（Verwendungsklage，《奥地利普通民法典》第 1041 条），即一般的不当得利请求权。该后位性适用的案件是假设的不当得利债权人出于一定的法律原因向特定的相对人给付并因此取得对受领人的"合同上的或准合同上的请求权"。第三人由该给付获得利益本身并不足以让针对该第三人的不当得利请求权成立。与之类似的案例是某位家庭成员的房子的修理，承揽人根据和另一个家庭成员（以自己名义行事）订立的合同而进行修理；机械师根据和借用人、承租人、所有权保留买卖中买受人乃至小偷缔结的合同而修理汽车，或者次承揽人因和总承揽人（Generalunternehmer）缔结的合同而将建材装入装修人的房屋。在所有上述案件中，受益的第三人都"直接"从法律上归属于假设的不当得利债权人的财产中获得了利益（对材料的所有权、其可处置且由其付费的劳动力），而得利人和受损人之间此前并无法律关系涉及该得利变动。当作为中间人的合同当事人陷入支付不能且给付人因此不想只满足于对合同当事人无价值的合同请求权时，就会产生真正的冲突。

这种完全满足归属内容原则要求（和一般不当得利请求权的积极事实构成）的"直接的"财产移转的案件中，奥地利的通说和判决都以对合同关系的"补充性"而拒绝承认不当得利请求权的成立。通过解除合同而留有不当得利请求权成立空间的可能性甚少被考虑，但同样应予否定；其（符合逻辑的）理由是解除引起的对物权效力的消解是面向将来的（ex nunc），即符合其意义的一般化扩及于权利存续的请求权，解除后的物权效力不可对抗第三人。

在德国法中，上述案件的解决结果是相同的，但是其方法不是仰赖"补充性"，而是直接借助于《德国民法典》中规定的"排除普通法中的转化物之诉"观点，该观

---

[283] 此处涉及的主要就是"转化物之诉"（Versionsklage）的问题，参见 STANZI, in KLANG Ⅳ/1 (2) 912；APATHY, Verwendungsanspruch 81ff, 但他只在评论 SZ 17/119 中使用补充性的概念（90）；WILBURG, JBl 1992, 545 以及司法实践。根据前述判决，在可能涉及"合同关系或准合同关系"时，通常会以补充性为由排除利用之诉，该观点自 JBl 1956, 17 的指导性判决（Leitentscheidung）以来是司法裁判中的固定见解（后续判决参看 APATHY 83 Anm 372）。相反，STANZ 和 APATHY 强调并非这么一种合同关系，而至多是基于这种债的关系的给付可以排除利用之诉。APATHY 希望在给付是"完整"（Vollständigkeit）时才接受这一规则，而何为给付的完整性并不令人容易理解（was in dieser Form nicht einleuchtet.）。将主物连同从物一并出卖且只移转了主物所有权的人因没有所有权，对消费或使用主物的所谓"反射得利者"（Reflexbereicherte）不可主张利用之诉，此处不必考虑其给付并未完成。在 APATHY 着力讨论的所有权保留买卖中，出卖人只是暂时履行了移转占有的义务（至少完全履行了当下的所有义务）起决定性作用。一项（尚）不涉及所有权的给付因此缘故不可排除建立在该所有权"存续力"基础上的不当得利请求权。这是与完整性相对的另一个质上的观点（或许 APATHY 关注的是某种质上的完整性，即所有权移转，但这不可能符合他提出的承揽合同的解决方案）。给付的完整性无法包含承揽合同的解决方案（90ff），其判断取决于向定作人移转成果（在移转之前，不当得利请求权应针对所有权人）。当然这一结果基本值得赞同，可参见下文论述，但仍需其他的理由。此处不能像 APATHY 那样大度乃至忽视承揽人对该物不属于定作人的可能认识。如果某物属于 E，B 占有之，C（无任何的移交工作成果的问题）根据和 B 的合同修理或改良了该物，在彻底完工之前，C 可以对 E 主张利用之诉，其范围限于该物的部分增益；但在完工之后（完全履行之后）反而无权主张，这在结果上是极不妥当的。

点在德国被视为与补充性观点对立的独立见解[284]：合同关系，尤其是有间接代理人参与的合同关系或无因管理不应导致给付人享有对合同相对人背后之人的不当得利请求权；更不必说对其他人的不当得利请求权。虽然在不当得利法上就此有许多争议，通说仍然坚持遵循《德国民法典》制定者针对"转化物之诉"[285] 做出的有意决定。

相反，补充性概念在德国并非指不当得利请求权针对合同关系的后位性，而是针对给付型不当得利和"以其他方式"不当得利类型之间的关系，但是该关系究竟为何有不同的理解，有的认为是与债务人有关的关系，还有的认为是与债权人有关的关系。根据第一种观点，因无法律原因给付有所获的人无须考虑和给付人之外的其他人产生侵害型不当得利的纠纷，该观点亦是司法裁判中的惯常观点。换言之，一方的给付型不当得利排除了同样内容的另一方的侵害型不当得利，其原因是后者的"补充性"。

根据相反的观点，应以"失利人"的视角处理：若失利人向特定受领人无法律原因给付，则他不能就同一法益和过程向第三人主张侵害型不当得利。若给付是有法律原因的，该规则可适用就更不言而喻了。因此，排除转化物之诉也作为当中的一种情形而被纳入：任何的"给付"都会因已为之给付而排除让受领人之外的第三人作为以其他方式得利者承担返还责任。

在德国还有第三种观点，它放弃了任何特别的补充性设想，并根据从无权利人处善意取得的规定，让因给付结果受益的第三人免遭侵害型不当得利请求权的侵扰。[286]

在上述三种观点中，第一种与债务人相关的补充性设想因违反原则而应遭到强烈批评。当建筑承揽人将偷盗而来的建材安装入恶意（！）的业主（Bauherr）的房屋内，建材的所有权人不仅被剥夺了其物权（因没有继续存在的独立的物而不可避免地要发生），且其对因违法行为而从自己所有权处获得利益的不动产所有权人（业主）的不当得利请求权也被"扼杀"，由第一种观点导致的这种结果是极为荒谬的。它和归属内容原则，尤其是权利存续原则，更一般地说，与合法权利的保护有不可调和的矛盾，尤其是对恶意得利人而言，不可能通过信赖保护以及与之相关的交易安全的考量正当化对他的保护。违法行为人根据上述被批驳的观点有效剥夺了建材所有权人的所有权且无任何补偿地有利于恶意的人。相反，假如业主即使是善意的（！），自己将失窃的建材安装到房屋内，他当然还要面对曾经的建材所有权人的侵害不当得利请求权。所有这些都不可能是正确的。

然而，罗伊特和马蒂内克试图从《德国民法典》第 816 条第 1 款中探寻一套复杂的正当化理由，并指出这仅关乎原所有权人究竟向谁可主张侵害型不当得利返

[284]　Reuter/Martinek 18，512.

[285]　就此尤应参见 WELLSPACHER, Versio in rem（1900）。

[286]　有关此问题详细的论述和丰富的例证参见 Reuter/Martinek 399ff。

还：该请求权应针对无权将建材安装的，但通过安装事实处分的建筑承揽人。[287]

这一观点首先建立在对《德国民法典》第 816 条第 1 款作超出其历史出发点的、相当有问题的扩张解释上，该规定限于从无权利人处善意取得。交易安全和信赖保护都是善意取得的基础指导思想，它们当然会要求取得人不仅在形式上成为所有权人，还要避免受到原所有权人任何的价值偿还请求权的侵扰。[288] 但是，罗伊特和马蒂内克想将《德国民法典》第 816 条第 1 款的适用范围扩大到所有有效的处分行为；包括所有权取得之所以有效完全是源自制定法规定的情况，如有关加工、添附和混合的规定。但是，这些规定都不以取得人的善意为条件。正是这个原因，必须检视这些规定根据其目的是否只有有限的物权法上的归属功能，即避免让不同原料已组合而成的价值又被破坏，这一目的和在金钱上补偿不法取得的财产利益并不矛盾，或者需要检视这些规定根据其实质的保护衡量是否要完全排除取得人的任何负担。在上述案型中，根据制定法的规定（《德国民法典》第 951 条）毫无疑问的是连取得人善意的案型都符合前一种情况。

如果在所有权移转中作为业主善意取得前提的是中间人的交付，而非安装行为，则与该取得紧密相关的对侵害型不当得利的排除，更确切地说是在物权法中善意取得规定中蕴含的同时排除不当得利请求权的债法规则，可以类推适用于在债法上完全相同的通过安装取得所有权的情形，这在目的解释上是融贯一致的。

《德国民法典》第 816 条第 1 款并未涵括恶意者，将该规则扩张到恶意者完全违反了原则和体系。罗伊特和马蒂内克就其主张之结果——关注的只是原所有权人可对谁主张侵害型不当得利返还——所做的主要论证大大错失了债法中债权相对性这一核心原则，也未直击中间人支付不能中的现实冲突。此处要处理的问题不是让债权人能够取得对某人的请求权，而是要向规范上"正确的"债务人取得请求权；即向呈现出请求权成立事实构成和基本思想的当事人主张。

如果业主尚未就安装的建材向中间人支付，此处支持的建材所有权人针对业主的侵害型不当得利请求权就可以阻止中间人的其他债权人借不法被侵害的原所有权人的代价而无理由获益。如果业主已经支付了，则他因自己的恶意，比被不法"剥夺所有权"人更可期待承担其合同相对人支付不能的风险。如果原所有权人觉得针对中间人的不当得利请求权比对不动产所有权人的更有价值，他可以根据《德国民法典》第 816 条第 1 款追认中间人的处分（安装），从而使该处分对恶意取得人有效；此处的物权效果仍依制定法规定发生，只不过对不当得利法上的效果有影响。

在上述讨论之后，现在探讨的"补充性"的诸多变种只剩下（51）*扩及于不当得利法的善意保护原则*。出发点是，与善意取得所有权和其他权利的交易安全及信赖保

---

[287] Reuter/Martinek，402 und insb 405.

[288] 简短且清晰的说明参见 WILBURG，Bereicherung 48，12f.

护的目的内在相关的是排除不当得利请求权的债法规则（《德国民法典》第816条第1款就其实际适用的案型清晰地包含了这一规则）。债法上的排除规则可类推适用于所有如下情形：虽然当中不适用物权法上的善意取得规则，因为此处适用特别的制定法上的所有权取得规则或物权上的相关行为单纯因简化的需要而被回避（比如以转账替代支付，即金钱的交付），但是当事人的利益状态在债法上和善意取得的情形是一致的，因此有关其利益可保护性的制定法上的判断当然也是适用的。当然这不仅取决于受益人的善意，还取决于其他的（假设的）物权法上善意取得的前提条件，尤其是有关脱手物的规定（《德国民法典》第935条）和占有委托物（Anvertrauen）的规定（《奥地利普通民法典》第367、371条）。有关上述问题值得关注的一个问题是账户的有权使用人（Zeichnungsberechtigte）滥用，但为了其善意的债权人而有效处分了银行账户（Bankkonto）内属于他人的债权。[289] 在直接支付及可类推适用的转账的案型中，应尊重善意取得金钱方面的更为容易的前提条件。

另一种补充性的想法，即以债权人为中心的想法看上去导致的原则性质疑更少：将属于自己的财产向他人（在上文讨论的意义上）"履行"的人恰恰是自己利用了法律提供的可能性和利用机会；他自己处置了该法律地位。他有何理由还可要求法律保护首先由其实施的，但最终自己放弃的财货归属？

然而这个问题过于简单和不作区别：如果当事人基于重要的处分瑕疵，以目的欠缺的方式实施处置，则法律完全有理由按照他考虑并以处分决定确定下来的方向，即针对给付受领人肯认其偿还请求权。该偿还请求权是在针对目的欠缺而予给付保护的原则意义上而言的。这一原则后文还将提及。在"附随方向"（Neben-richtungen）上，根据私人自治分配风险的原则，处分行为应不能发挥更强的作用（当然有可能出现给付型不当得利返还债务人与侵害型不当得利返还债务人承担连带责任的问题，但失利人不可进行重复清算）。所谓"附随方向"是指第三人未经特别的法律关系，从给付人的财产中获得的得利可能是不在计划内且未尝考虑过的，即毫无相应处分决定基础而产生的得利。如果可以在无法律原因时，仅因为背后的意思行为有瑕疵（目的落空），而无视给予决定和法律行为性质的目的决定而要求受领人返还给付，则该意思行为单靠自身就更不可能正当化纯因意外从法律上归属于给付人的财产上受益的第三人的得利。

根据债权人取向的补充性思想，只要给付标的和第三人得利客体不一：A只向B给付了物的占有，而C消费了该物且无法律上原因，则A对C享有侵害型不当得利请求权并无窒碍，这一点是毋庸置疑的。给付的利益和第三人获得利益的财物之间必须在法律上区分开来。

补充性作为独立的标准很可能大大超出这种自明性而导致其他后果：A（比如

---

[289] 有关这一问题参见 BYDLINSKI, QuHGZ 1981 H3, 51.

是次承揽人）向其合同相对人 B（总承揽人）给付买卖之物，方式是将该物直接安装进业主 C 的房子，这样一来，A 向 B 的给付就包含了 A 对 C 失去所有权。如果该给付无法律原因，则会产生 A 对 B 的给付不当得利返还请求权。为什么 A 不能同时对（直接）从其所有权中没有法律上原因获得利益的 C 主张一般的不当得利返还请求权呢？作为给付基础的承载着当事人意思的处分因有瑕疵不会排除要求原计划中的给付受领人返还给付的请求权。针对意欲的目的范围以外之人的处分的超级效果（Superwirkung）将会是难以理解的。

当然，根据前文所述，在得利的 C 为善意的案件中，只要涉及物权取得或物权取得是有可能的，扩及于不当得利法的善意保护原则就会发挥限制性作用。但是，在劳务提供和承揽工作（不考虑承揽中的材料问题）上不适用这一原则。在该原则适用的范围内，得利人的善意保护规则需通过非常远的类推适用物权法的善意取得规则中得出的蕴含于不当得利法中的规则以及更好的、也许是更充分的不当得利法的内部规则进一步发展：即便是善意的 C 也要偿还从 A 处"直接"获得的利益，只要该利益不能通过其相对关系被有效正当化。但是，C 作为善意的不当得利债务人可以将遭受的不利作为"失利"从自己的返还义务中扣除，例如他已向误以为是债权人的 B 支付，且因 B 支付不能而可能无法完全返还。还可以想象：从 C 的起决定作用的受领人视角看，存在上文讨论的"指示给付"情形，当中附加有 B 对 C 的清偿决定（从 C 的受领人视角看）并取决于 A 在安装时传达了该决定或通过可推知的方式证实了该决定，即 A 显然不是作为独立的第三人"为自己"行事。但是，仅有 A 对特定受领人 B 无法律原因给付的事实，就排除其他可能成立的、针对偶然得利的 C 的一般的不当得利请求权是毫无道理的。

上述所有观点都无法证明给付型不当得利和一般的不当得利之间存在特别的"补充性原则"。在某一方向上存在给付型不当得利请求权并不因此当然排除另一方向上的一般不当得利请求权。

尚需讨论的当然还有重要的有法律原因给付的案件；尤其是其基础为与给付受领人之间存在的有效合同关系的案件。如果该给付给第三人带来利益，其可能让一般不当得利请求权成立（因为其事实上源自未移转于给付受领人的受损人的法益），反对这一不当得利请求权的观点认为给付人通过有利于给付受领人的处分利用了其受保护的法律地位，而且该处分原本的（主要）目的（清偿等）也已实现，所以并无瑕疵。无论是归属内容无理由的破坏，还是保护给付免受目的欠缺之害，都难以支持在此处承认不当得利请求权。没有比让权利人拥有特定用益处置的可能更好的方式来实现法律上的财货归属关系了。无瑕疵的处置——就像其在给付及其中的法律行为要素中可能存在的那样——排除了诉诸法律上财货归属和其保护的可能。但这一切只限于有效的处置。此处主要讨论的"排除转化物之诉"（以及奥地利法中补充性的变种）看上去基本上是有道理的。合同的嗣后消灭，尤其是因解除、买卖上解除或终止合同而消灭，在物权法上只会有面向将来的效力，且——如果在"物权法"上对第三人部分有效，则全部有效（pars pro toto）的话——不会为奥地利法中至今没有的对第三人的请求权大开方便之门。只是向将来被排除的法律原因对得利第三人的作用相当于继续存在的法律原因的作用。相反，完全溯及既往的撤销合同就会再次面对无法律原因给付和一般的不当得利请求权的关系问题。一般的不当得利请求权不会因给付不当得利而原则上被排除，而只有通过善意保护以及有时非常广泛[290]的有效的法律行为的目的决定和与之相应的给予才会受到限制。在德国法中，起决定作用的是上文提及的将无法律原因取得类推适用于无偿取得。更具体的界分是一个独特的问题。

通说认为应在依其事实构成成立的一般不当得利请求权同时具有转化物之诉的特征，即在对给付受领人的合同请求权之外成立独立的请求权时，排除该请求权。如果批判性地检视到目前为止通说使用的狭义的目的概念及其对法律行为性质的目的决定的影响，则前述论断难免遭受某种程度的质疑。到目前为止，因其缺失而致给付型不当得利成立的目的（且不影响并存的事实构成充分的针对第三人的一般不当得利请求权）主要被理解为清偿在目的决定中确定的义务。问题在于每个给付人在有偿合同，尤其是在有牵连性的合同中追求的明显的次要目的是通过自己的给付取得对待给付。不仅仅在单纯的法律原因约定中，将给付和对待给付按因果律联系起来，后者仅仅是作为没有拘束力的期待的内容。在这种案件中，目的不达，即为获得所欲的对待给付毫无疑问可导致给付目的不达的不当得利返还（condictio causa data causa non secuta）成立。

如果给付人赋予对待给付这样的价值，即他正是为了对待给付才会允诺并拘束自己，则无论是被期待的对待给付，还是有拘束力的、确定的对待给付未实现都属于重要的目的落空，这点是应承认的。没有更多的理由采取相反的观点，将此处重要的目的落空仅限于最为狭小的意义，即所欲的清偿落空，同时忽视追求的对待给付目的落空就显得非常荒谬，而这正是通说的观点。但在实践中的转化物问题会涉

---

[290] 这一尤其在指示给付情形中的深远作用无须引起原则一体系上的质疑：受指示人作为指示人的使者首先是要将指示人的清偿决定传达给受领人，所以受领人当然不会误解，受指示人只是服务于履行指示人和受领人之间的法律关系。由此可排除受领人对补偿关系的审究（Reflexionen），其对奥地利法奉行有因原则下的受领人对（可比作在"长程"im langen Weg中有关的假设）指示人所有权的物权法上的善意有影响。因为它证成了受领人的信赖，即无须再关注指示人和受指示人之间的关系。经谨慎的审视后，受领人是否会对补偿关系效力产生怀疑以及该怀疑能否影响有关从无权利人处取得权利的物权法规定中的善意，这一问题是没有意义的。直接适用这些条文当然是不可以的，因为受领人是直接从有权利的受指示人处取得所有权的，而不是从无权的中间人那里取得。特殊的债法中的信赖保护标准无论如何具有更高的效力；当中自然包括受领人视角，根据这一视角，受领人是因其与指示人的法律关系才获得给付的。最后，根据奥地利法，受指示人对债务指示具有服从义务也并不起决定作用，因为这不会改变受领人视角以及由此获悉的意义。但是，如果给付受领人确实知道补偿关系是无效的，则他必须在判断清偿决定的法律行为意义时考虑这一情况（Evidenz waere wohl gleichzustellen）。给付受领人不得主张受指示人已通过自己的行为让审视补偿关系的注意变得没有必要。如果意识到了补偿关系中的瑕疵，可让真正指示中明显的关涉补偿关系的次要清偿决定（sekundäre Tilgungsbestimmung）针对给付受领人，这和"双重瑕疵"中的情形一样。这样一来，就应肯认直接的不当得利返还请求权（具体内容参见"双重瑕疵"）。

及这种对给付和目的决定的最狭义理解：某人因和相对人有效的合同给付且达到了最初追求的清偿结果，同样被追求的作为次要目的的对待给付则因合同相对人持续的支付不能而未取得。

在与合同相对人和给付受领人之间的直接关系中，给付障碍法（包括瑕疵担保规则）的相关规则作为特别规范应优先适用。就和同时以其他方式得利的第三人的关系而言，问题是为什么只有欠缺追求的清偿意思是重要的，而同时追求的对待给付目的就不重要。如果作为次要目的的对待给付目的欠缺，则判定作为私人自治处分行为的给付有瑕疵。以有瑕疵的私人自治为基础的给付并不影响根据前文所述对违背给付人的法律地位而得利的第三人而生一般的不当得利请求权，善意保护和指示给付的情形除外。

将重要的给付目的限于清偿必须有特别的规范上的理由予以正当化，而该理由亟须阐明。在当事人的意思中找不到理由。因为对待给付目的和清偿目的相比同样真实和典型。这在目的不达的不当得利返还中非常清晰，且在法律上是重要的。

在对待给付目的（或偿还目的）欠缺而清偿目的（或请求权成立原因）实现的，从更细致的观察看，只是给予给付受领人信用的另一种表达。限于将第一种最狭义的给付目的作为唯一在法律上重要的目的，通常只能从这一"健全的基本思想"（aus dem gesunden Grundgedanken）中方可得到阐释，即信用给予人在法律交易中欠缺担保权利时，只能诉诸与之缔结（以信用给付为内容的）合同的人。[29] 如果让信用给予人嗣后在周遭人当中找寻某个需一同承担责任的得利的第三人，则对得利第三人、法律交往以及司法裁判而言，只会是低效的调查成本及不确定后果的源泉。需要检视的是除合同相对人之外的谁，在多大范围内，从信用给予人的给付客体的法律行为中获利，数额有多高以及在多大范围内可主张扣除得利丧失的损失，尤其是信赖损害（向中间人支付）。这些大都和失利人根本无法了解的他人之间的事实有关。比如说，得利第三人向中间人支付的时间可能是关键性的：如果得利第三人已经知道给付受领人的取得无法律原因的征兆，则他的善意及与之相关的不利清算都不复存在。

此外，给予信用者只需计算取得信用者的债务及责任，其在此范围内有意承担高度风险是有道理的。无论如何，他不可能事先可靠地考虑到得利第三人的额外责任。给予信用的风险归属于给予的个人是可期待的，即便是完全通过其他的考量方能正当化。

最后，经济效率原则和作为交易安全的法的安定性原则也支持将请求权通常限制在针对中间人的请求权的范围内。中间人是失利人的合同相对人。考虑到给付人做出的私人自治、结果自负的给予信用的决定，这一限制对他而言（在双边论证原

---

[29] WILBURG，Bereicherung 63；对此予以赞同的有 APATHY，aaO 86；APATHY 和 WILBURG 在后期著作中都对此做了限制。

则的意义上）也是可期待的。如果某人与特定的相对人达成合同上的信用给予关系，但嗣后又寻求向其他责任人寻求债权的实现，这和债权的相对性显然不符。如能证明相关情况，恶意借助无财力的取得信用者而得利的"幕后人"（Hintermann）的诡计当然可以通过损害赔偿法得以挫败。在许多案件中，取得信用者虽然没有财力，但对"幕后人"有基于委托或无因管理的请求权，给予信用人可为了自己债权的实现而利用该请求权。

出于这一考虑，通说将不当得利法中关键的目的决定限制在第一种最狭义的目的上，即通常限定于清偿目的，以排除任何合同请求权之外的"转化物之诉"，这一做法虽然并不是必然成立的，但总体看来还是比较有道理的原则性解决方案（Regellösung）。如果这一理由的核心在涉及给付和信用受领人的给付方向上的私人风险决定（在与得利第三人的关系上根据私人自治、后果自负的原则而可归责），则同样会要求限制"转化物之诉禁令"：如果给付人根本未察觉有风险的授予信用的情况（Kreditierungssituation），而是根据其了解的情况不管先行给付可以认为自己是有保障的，则缺乏有意识的、和损失有高度盖然因果关系及有很强归责性的风险决定。机械地以有效合同及首要目的的达成为标准不再能够毫不区分地满足所有要求。这主要发生在承揽案件，当中的承揽人根据他和非所有权人的合同进行修理，且误认为后者为所有权人（未明确显示有相反的状况）。如果证实定作人支付不能，而突然出现的所有权人就修理的物品对承揽人主张所有物返还请求权，则所有权人只有在支付了劳务报酬或至少偿还所有权人因修理而获得的利益后方可要求返还原物。但是，此时承揽人会因其保管而在可感知的范围内不会察觉到授信风险；承揽人当然只需要想到唯有满足自己的报酬债权方要返还原物。因为返还修理之物是承揽人的合同义务，只要返还原物尚未实现，当然会争论说是不是根本就不存在真正的信用给予（授信）。

浅显的解决问题的尝试始于这一问题，即法定的质权（gesetzliches Pfandrecht）（《德国民法典》第 647 条）或扣押权（Retentionsrecht）（《奥地利普通民法典》第 471 条）是否能够善意取得。奥地利法中对这一问题的肯定回答会导致法律上不可解决的灾难，即会产生永久性的僵局状态：所有权人依旧是所有权人，但因留置权而无法要求返还。但是该留置权并未包括自助求偿权（Befriedigungsrecht），所以（没有作为前提条件的对所有权人独立债权的）承揽人无法就该物品变价获偿。由此导致的唯一结果（当然不考虑理性和解的情况）就是修理好的物品毫无用处地一直存于承揽人处。这当然是法律上不可取的解决方案。[292] 法定质权当然促成自助求偿权。然而即便在德国法中对于法定质权的善意取得的问题也

---

[292] Vgl RUMMEL, Gutgläubiger Erwerb von Retentionsrechte? JBl 1977, 521; immer noch für solchen Erwerb die Rspr, zuletzt JBl 1991, 241 (kritisch RUMMEL) Vgl dazu jetzt REIDINGER, Zum Konflikt Werkunternehmer-Besteller-Eigentümer, JAP 1990/91, 206ff.

有争议。[293] 此外，此处是否符合物权善意取得的前提也是有疑问的：想通过和窃贼之间的合同，以善意取得人的身份从所有权人那里"剥夺"所有权的人的努力根据现行法是不会成功的。同样，因和窃贼的合同事实上提升了物品的财产价值且希望仅仅去除这一增益的人也始终难以成功。[294]

因此，优先考虑的应该是不当得利法上的问题。承揽人向合同相对人履行了修理债务，同时"以其他方式"在相同范围内增益了实际的所有权人。因对承揽物的保管和由此产生的不付款就无须返还物的确信，有意给予相对人信用而做出的风险负担决定并不存在；除非承揽人认识到此物并不属于合同相对人（虽不知悉，但这种情况十分明显的，在类似案情里同等对待）。只有在后一种案件中，他必须考虑到巨大的危险，即无视其占有标的物的事实，很可能导致请求权实现的极大困难。通常来说，因为缺乏自主的、有意的或明确的有风险的给予信用的决定，没有充分的正当化理由可以排除针对得利的所有权人的不当得利之诉。因此，这一排除不会发生。根据法定质权以及留置权进行的追索没有问题。[294a]

如果修理之物在未支付报酬时就返还了，就是有意做出的有风险的授信，包括相应的不当得利法上的后果。排除对作为得利第三人的所有权人的不当得利请求权的理由嗣后又出现了（当然，所有权人获得的利益也是有疑问的，因为他未获得修理之物）。相反，如果合同相对人支付了报酬，则与之并存的所有权人的作为（不真正）连带债务的不当得利之债也得以清偿。在实际支出费用后，（实际也会成立的）中间人向所有权人主张费用偿还请求权（Aufwandersatzanspruch）就毫无窒碍了（此前只有消灭债务的请求权 Anspruch auf Befreiung）。

其他类型的案件，在其中给付人没有有意识地做出负担有风险的授信决定的，表现为比如预先获得的给付或担保嗣后表明是有重大瑕疵的，比如说以假钞支付价款。在这类案件中，基于前述理由，也不应排除针对第三人的不当得利返还请求权，如基于修理或将受损人的建材安装后获得利益的情形。

完全实现了首要目的的给付本身尚不足以排除对给付关系外的第三人的一般不当得利请求权的观点，还能通过"追偿型不当得利返还"（Rückgriffskondiktion）这一纯粹不当得利法上的制度得以印证：支付金钱的第三人的目的是为他人清偿债务，该目的在支付的债权存在时得以完全实现。但这一目的的实现完全不妨碍其针对债务被清偿的得利第三人的不当得利请求权成立，而且恰恰是它导致追偿型不当

---

[293]　Vgl KAYSERS, Der Verwendungsersatzanspruch des Besitzers bei vertraglichen Leistungen (1968) 16f.

[294]　WILBURG, JBl 1992, 545.

[294a]　根据上文（Anm 290 之前）所述，如果与中间人的合同真的被撤销，则在奥地利法中尚有让针对所有权人的费用请求权（Verwendungsanspruch）成立的可能。这在中间人狡诈的案件中，中间人有意就自己的支付能力和支付意愿进行欺诈时在实践中是有意义的。在承揽人单纯对中间人（定作人）资信发生错误时，会有一个普遍的问题，即何时发生行为错误（Geschaeftsirrtum）（有关合同相对人的，《奥地利普通民法典》第 873 条）。（KOZIOL 在上述问题中提示大家注意到这点）。

得利请求权的成立。然而，在给付方向上缺乏给付人的授信决定。这一决定顶多是在追偿方向上（参见《奥地利普通民法典》第 1042 条中的自己之债 animus obligandi 的问题），且不妨碍这一方向上的不当得利请求权。考虑到在某一方向上做出的有意识的有风险的授信决定的有限意义，追偿型不当得利和此前的论述并不矛盾。

与此前提及的善意保护并存的是无论如何非常有限的(52) 一般不当得利请求权的"补充性"原则（Prinzip der "Subsidiarität" des allgemeinen Bereicherungsanspruchs），其含义是："因其他方式得利"而生的请求权会被受损人有意识（或明显）地向特定受领人有法律原因（这一原因亦可能嗣后纯粹在"债法上"丧失）、有风险的授信性的给付排除，即便是他在针对第三人可能满足事实构成时亦如此。

（六）不当得利责任的范围

不当得利责任的范围[295]给不当得利法的精细化工作带来了大量问题，因此在只对不当得利法原则的考察中，仅能做一粗略的概览。

不当得利概念中毫无疑问的内核是在得利人财产中持续存在且可反映在财产收支平衡表（Vermögensbilanz）中的获利，且该获利在清偿不当得利债务时还存在；其可能是不当的具体客体的"所获"，可能是诸如节省支出而生的财产增益，还可能是替代物或使用所获客体得到的财产增益。无论如何，得利人"拥有"获得且现存的财产利益必须是不当的，即违反先在的法律地位的归属内容或违背其获给付的目的。得利人必须返还不当保有之对象或予以偿还：不当取得且现存的财产增益必须"去除"。这不取决于具体的得利过程，也不取决于当中找得到的一方或另一方的特殊归责事由。任何一种不当得利的事实构成至少涵括如此限定的、以现存总体财产为归依的不当得利责任，这一责任与最初也许是唯一的，但无论如何是最基本的不当得利理解契合。单是不当得利原则就可完全囊括它：如果法秩序既规定特定的不当得利事实构成，又认为由此产生的不当"拥有"（Haben）竟（至少）不是应予填平的客体，显然会自相矛盾。[296]

当然，即便在这一框架下，仍有许多具体的问题，尤其是要处理与各个得利过程有因果关系且在目的上有关联的特定的财产上的增益和减损的问题。比如说，试图以向（从其处获得标的物的）无权处分的出卖标的物的第三人支付的价款作为财产上的减损对抗因消费他人之物而生的不当得利请求权。但是这一方案将与权利存续原则冲突，因为在消费之前也不能以支付了价款对抗原物返还请求

---

[295]　全面的问题概览可参考 Reuter 和 Martinek 第 516 页到第 660 页中的详尽讨论。

[296]　比如说（幸好没有通过的）《奥地利劳动法典》的第一部分草案中第 78 条的建议称雇主因多支付薪酬而对雇员享有的不当得利请求权因所谓"社会原因"即便在单纯的不当"所有"中也应受制于短时效和相关形式，这一立法建议是一种典型的错误。

权（参照《奥地利普通民法典》第 333 条第 1 句）。或者：他人之物被卖了个好价钱，若无该他人之物，出卖人出售自己的物也可以取得该有利的价款。从他人之物中取得的与财产相关的得利就不是获得的价款，而是节省的自己之物的（很可能更少的）价值。

对于有关"得利丧失"及"不利抵销"（Nachteilsanrechnung）大量及多层次的讨论，只能做简明扼要的提示。[297] 就整体财产的得利而言，最基本的问题是在具体个案中涉及的财产客体的价值能否以客观价值估算，抑或在何种意义上以得利人的主观估值为基础。从可行性角度看，更应适用前者。换言之，应探寻的是在得利人的整体财产中产生的具体的、独立的（abgeschlossene）利益，该利益可通过财产损益表得以体现。但是，其价值通常以涉及的具体财产客体的客观估值表现出来。如果得利人现存有效的利益源自其物的增值，增值额为 100 000（如果没有费用支出或类似不利需要扣除），则不当得利返还请求权的范围就是 100 000。

作为相反的解决方案，彻底的主观评价在法律上几乎是不可行的。它不会产生外观清晰可辨且因此在法律上可贯彻的评价标准，而只会引起得利人完全恣意的陈述，在实践上会导致一开始就毫无方向的法官自由裁量。[298]

只有在有关财产法益（Vermögensgüter）以客观方法计算的背景下，方可朝主观的方向迈出有可行性的一步。也就是说，在例外的情形中允许得利人证明客观上的财产增益因其个人确定的生活或经济计划，在主观上未给其带来任何好处或带来的好处不及客观增益。如果得利人本没有想出售房屋，因为他仅仅想居住，且按照其使用方式也不会给他带来任何便利的好处，则房子的客观增值对他而言是无关紧要的；或者其偿还会使其负担别的已计划使用的资金或必将导致非其所愿的债务时，该客观增值对得利人而言也毫无意义。

对主观情事——当然存在极大的诱惑就主观情事做合乎其目的的陈述（ad-hoc-Behauptung）——的关注当然会极大地影响有关估值的问题，且使它在面对处置变更（Dispositionsänderungen）时十分不确定和易受影响：一旦提起对抗不当得利返还的诉求，客观增值可以通过出售获得，或者用益类型可以按新的可能性予以调整。法的安定性和经济效率原则要求保持客观评价标准，以尽量避免这些困难和不确定性。

---

[297] 尤其可参考 Flessner, Wegfall; Reuter/Martinek 576ff; Wilburg in Klang VI², 478ff; P. Huber, Wegfall。

[298] 就这一问题富有启发的是 P. HUBER 的有趣尝试，其意欲防止以逻辑一贯的主观计算的特定得利引起的得利丧失及不利填补方面尤其困难的问题，例如旅游享受。遗憾的是：在经济模型中清晰明白，在智识上得到充分发展的观点在法律实践中难以导出哪怕是近似的明确金钱数额，而是立刻会导出——甚至不是框架清晰或有确定出发点（至少是类似财货的市场价值）指导的——估值裁量。

但是，这一规则在"强迫得利"的特殊案型[299]中并不合适。在这种案件中，在得利人不知悉也不愿意的情况下发生了得利。更清晰地可以说，得利人未以积极的、有相当性（adäquate）的行为（或仅仅以微不足道的方式）参与到得利过程中。例如，他发现自己（被扣押的）的账户中因完全不认识的人错误转账而多了一笔钱，或者发现在自己很长时间不在家后，其花园小棚被粉刷一新，而他自己本想将其拆除。在这类案件中，得利人可以主张自己就得利的发生不承担任何自己责任（在结果归责的意义上说）或只承担微不足道的责任。因此，要求他在具体的生活或经济计划上受到哪怕一点点不利影响都是不正当的。此时，必须接受前文提及的主观视角引起的困难。当然不能让得利人免于证明客观增值在主观上是没有价值的。在奥地利法中，主要是通过类推适用有益管理（nützliche Geschäftsführung）的规则（《奥地利普通民法典》第 1037 条："明确且主要的"，即主观利益）确定主观价值标准。

遭致批评且颇多争议的是，对仅仅意在去除现存得利的最低责任的加重。重要的第一步是起初获取的得利（其原初意义上预计会持续存在，同时在资产损益表上能够表现出来的财产增值）嗣后"丧失"被称为无关紧要的。因此，《德国民法典》第 818 条第 4 款和第 819 条都做出了不利于认识到欠缺法律原因的非善意不当得利债务人的决定，且在处于诉讼系属（通过排除《德国民法典》第 818 条第 3 款的得利丧失条款）时和根据《奥地利普通民法典》旧法第 1041 条的文义，都一般性地规定了［针对非善意得利人的］利用之诉（Verwendungsklage）。在给付型不当得利法中，奥地利法通过指示参照所有人—占有人关系对善意得利人和恶意得利人的责任作了区别处理（《奥地利普通民法典》第 1437 条和第 335 条），但其结论亟待解释。根据奥地利法，任何过失皆可满足非善意认定的要求。

根据更严厉的自己责任标准，对非善意得利人的劣待原则上是容易理解的。但是仍然存在困难的问题。尤其应当区分自始非善意取得利益的人和开始并未参与不当得利或善意参与，嗣后变为非善意之人。尽管后者也许既无法阻止得利事件的发生，也无法阻止得利的意外灭失，但是，为什么嗣后变为非善意的得利人不仅要承担自己处置行为的后果，还要承担单纯的，可能是无法避免的意外事件的结果？其理由并不清楚。因此，对非善意得利人加重责任应做相应的限缩解释。

---

[299]　详尽的问题讨论和大量的例证可参见 Reuter/Martinek 544ff. 更进一步的是对财产取向的得利理解和具体客体取向的得利理解所做的特别逻辑一致的区分。但是，与作者的独特观点相对，从文中所述的合目的性和法安定性理由看，主观价值的确定即便在财产取向的得利中也很难作为普遍可使用的方法。至少必须运用对主观财产价值和客观财产价值一致的强烈推定，这样一来又会让纯粹主观的观点沦为毫无意义的空谈。——我的观点是：在奥地利法中，区分通常的以获得的持续的财产利益为客体的不当得利责任和（非善意人有意识地为自己的目的利用他人的、在合同关系中不属于自己的给付或财货的得利人的）加重的不当得利责任，其客体是给付或财货（及其使用）的客观价值，是有道理的。但就此有必要尽可能对有关的法律条文做体系上尽量逻辑一致的解释。这些条文既不充足，也不清晰（第 1041 条一方面使用"用益"（Nutzen），另一方面又用客观的"价值"；第 1431 条第 2 支项中：带来的用益；第 1437 条和第 335 条对非善意人：返还受损者本可以获得的利益，在不当得利的背景下会被解读为客观可获利益的加重规则）。

如果在最初获取的财产利益丧失后仍有不当得利请求权，则去除不当保有不再能够解释，而只能从与增高的归责标准相应的额外的风险归责（Risikozurechnung）中方可得到解释。紧接着产生的想法是：当相应的加重事由适用时，同样不应再取决于最初取得的独立的整体财产利益。取代独立的、有潜在可能持续的财产利益的，可以是在相应给付与用益过程中具体化了的获得该利益的机会，或者是他人之给付或为得利人利益利用的法益（Rechtsgut）本身，只要人们愿意如此。因而，"得利"当然不再可能是与结果或财产相关的，而是和他人给付的客观价值或被使用的他人财物息息相关。与"与财产有关"的不当得利构造并行的是"（具体）客体取向"的构想，它是以涉及的给付及他人之财物的客观价值为基础的。正是在这一意义上，《德国民法典》在所获（Erlangte）返还不能时规定不当得利请求权的内容为对价值的赔偿（《德国民法典》第 818 条第 2 款）。《奥地利普通民法典》第 1041 条就利用请求权（Verwendungsanspruch）作了同样的规定，但是在第 1431 条中对（天然无法原状返还的）行为给付是完全以［整体］财产为导向的（与带来的用益相当的报酬）。

在冯·克莫雷尔（von Caemmerer）及后继的学说中[300]，法律确立的出发点被扩大，似乎客观价值就是不当得利请求权的基本内容，而第 818 条第 3 款的失利规则只是例外地对善意得利人的信赖保护规则。借助这一规定，善意得利人可以主张扣除自己因信赖所得的稳定性而蒙受的不利。从这一视角看，"所获"的风险，特别是获利性的使用这种经济上的风险，原则上由得利人承担，因为不当得利请求权与给付或法益的价值紧密相关。因此，即便是非物质的利益，在结果上也可为不当得利法涵括，只要这些非物质利益是由具有市场价值的经济上的财物促成的。

在当下的讨论中，已经不再质疑对得利做"［具体］客体取向"的理解，即以客观价值来理解得利。然而，在多大范围内能够以体系—原则（systematisch-prinzipiell）上正当的方法使用它仍然存疑。以旨在去除不当的（unberechtigte）"保有"这种毫无疑问的、狭义的得利观念衡量，客体风险及以牟利方式使用的风险显然是更为严厉的归责（Zurechnung）。这种加重必须通过更严格的归责标准才能正当化。这对通过非善意的方式得利的人而言是没有问题的。得利人可能要承担所有风险——就得利丧失而言普遍化的法定责任加重——而这些风险都是他本不可以引发的。特别是出于预防的目的，非善意的得利人不得主张相关过程（Vorgang）在经济上自始没有带来什么好处（Erfolg）。单是为了抑制以他人的财物牟利就应让得利人处于这样的地位，即假如他以通常的方法，即有偿的方式获得了（最终未实现的）盈利机会（Vorteilschance）。在事实状态上，作为非善意者不应处于比这更

---

[300] AaO, ins 333，368；Larenz，aaO 573ff. 在 Wilburg，Bereicherung 133 中就已经有以客观价值为不当得利法导向的重要观点，这一观点对"创造性"（produktiv）的得利案件中的得利分配是非常重要的。

优的地位。如果他不必支付市场上的对价，而能随意主张自始欠缺在财产（可通过损益表体现出来的）上获得利益而免负责任，就会处于这种更有利的地位。

除了某种非善意之外，还有为了自己的目的而有意识地利用他人的财物或给付同样应适用责任的加重。这主要是指在纯粹的法律原因约定（eine bloße Rechtsgrundab-rede）中有意识地利用他人的给付。如果先给付的受领人的目的——虽然这一期望是毫无拘束力的——是为对待给付，则不能认为他取得先给付是非善意的。但是，他利用他人的给付也是在追求自己的目的，这和有偿取得给付并无不同。如果他人给付并未引起其欲追求的受领人的"对待牺牲"（Gegenopfer）（不存在给付人自己阻止其实现的情形，即便其非背信），则受领人必须偿还其客观价值。[30] 如果受领人是基于有偿合同取得给付的，则他也要承担其利用行为的经济后果。

但是，作为加重责任的责任标准（Verantwortlichkeitsmaßstab）并非是（在《德国民法典》和《奥地利普通民法典》中作了不同衡量的）非善意的过错类型（Verschuldenskategorie），而是有意识地陷入风险，且因此可归责地为自己的目的利用他人给付或财产的行为。这一行为的后果是缺乏经济上持续后果的风险由此实际实现，之所以如此，可能是因为自始追求的是非物质的后果，而该后果可能实现。即便没有非善意，有意识的权衡并作出了利用他人财产利益的得利人不应比通过正常交易从市场上获取给付或法益的人处于更优的地位。

不当得利责任的加重不仅可以体现在客观价值责任上，还可以体现在其范围可扩大到无效合同中约定的对待给付，前提是法律行为无效的原因不会触及双方以法律方式约定的等价判断（Äquivalenzbewertung）。例如，当单纯因违反外国人劳动禁令而无效的劳动合同就是如此。在这类案件中，通常更合乎目的和更值赞同的是，让有关约定部分无效，但特别让合同约定的给付价值判断不受影响继续有效，而只是排除未来的义务。这是完全可能的，因为人们将法律行为的不被许可性的效力限制在禁令的内容和目的要求的必要范围内，这一点在教义学上是正确的。

上述对得利范围的极为粗略的评释正当化了一项原则，其内容为(53) *依据承*

---

〔30〕 在有意识利用他人给付和法益时需根据市场价值客观地确定偿还义务的基础性文献是 Wilburg, AcP 163, 346。就本文中提及的实践中重要的领域参见 Bydlinski, 报酬及不当得利返还请求权，其考察了自 EvBl 1973/317 以来的判例。然而，因有意识的利用而生的责任加重远超过考察中讨论的案件类型。比如，它还涉及以使用或消费的方式有意识地侵害他人的所有权，而侵害人因无过失的错误而认为自己是有权利的，例如源自假想的租赁合同。（与此类似的情形可能出现在源自"事实合同关系"理论的"停车场案"中，如果人们可以认为使用公共事业者有错误但可理解的法律观点）如果侵害并未带来独立的财产利益（abgeschlossenen Vermögensvorteil），则出乎预料的预想的合同不成立并不应导致侵害者使用他人之物，而让所有权人承担风险；这和他自己的期待（或在其法律观点不正确的案件中，无论如何应可期待的）也不同，其内容为应由自己承受经济上的风险。有意识地利用不属于自己，而属于他人的机会的人应当依照市场价值偿还利益给该人。该规则同样适用于有意识地陷入用益机会可能属于他人的风险的人。（使用误认为是自己，但实际上属他人财产的有风险的利用行为和前者完全不同。如果得利人因此节省了自己的具体的财产，如果他未使用他人的财产就会使用自己的财产，则无论如何就有需要填平的得利。如果是另一种情况，即不存在可能有问题的节省的自己财产，则潜在的得利返还义务人在主观上至多承担的风险是丧失自己的财产且无法获得收益；但不是在此之外必须向他人偿还财产的价值。）

担责任的决定性标准分层次确定不当得利责任［的范围］(*Prinzip der gestuften Be-reicherungshaftung je nach den maßgebenden Verantwortungskriterien*)。

以遵守不当得利责任的最外部边界为目的，还应将特殊的"创造性"(*produktiv*)的不当得利事件归入这一分层中：借助他人的财产或给付，且得利人是无法律上原因使用的，他会获得异乎寻常大的盈利(*Gewinn*)；这一得利通常也可追溯到自己法益的参与，尤其是得利人自身特别的努力(劳动)。

在其他违反不当得利原则的类型中，借助于不同因素对所取得的所有利益进行分配是不可避免的：如果对得利人的贡献坐视不理，在返还或偿还所有的利益之后，原本的不当得利债权人反而变成了没有法律上的原因而得利。按照威尔伯格[302]的建议，分配得利有两种可能的路径。要么是不当得利债权人获得其贡献的客观价值，全部利益的剩余部分归其他参与人；要么根据各自贡献的客观价值比例分配全部利益。

第一种路径在经济上通常的案件中更佳，因为它是一种更为简便的方法；第二种路径在经济上不同寻常且充满意外因素的案件中是有效的解决方案。[303] 奥地利最高法院(OGH)在"存折案"(*Sparbuchfall*)[304] 中清楚地表明，即便是针对严重非善意的得利人，忽视其［对得利的］重要贡献也是站不住脚的。(决定性的、也是通过其创造性的贡献获得的全部利益尤其不能被直接认定为"因占有他人之物而获得的利益"，《奥地利普通民法典》第 335 条) 毋宁说，应当通过在确定不当得利返还请求权人贡献的"客观价值"时采用直至顶格计算的方法，以体现得利人有较高的需负责性和预防的需求。[305] 可一般化的无非是在分配全部利益时，选择对非善意得利人最为不利的计算方法。即便是在有意识地不法介入他人的事务(《德国民法典》第 687 条第 2 款)中——由此会导致返还全部所得的请求权发生(《德国民法典》第 681 条第 2 句和第 667 条)——不真正事务管理人的反向不当得利请求权也应得到尊重，该请求权保障其贡献能得以偿还。因此，即便在最为严重的不利于得利人的担责标准中，也应避免不当得利责任的极端化。

---

[302] Bereicherung 128ff. 对其难以信服的批评参见 JAKOBS aaO；反对前者的参见 Bydlinski, JBl 1965, 598 (Buchbesprechung)。

[303] 起决定作用的是：若以失利人(der Entreicherte)的贡献的客观价值为准，则在十分异常的意外情况介入时，会引起矫正正义不可接受的后果。以一个著名的教学——高额彩票盈利案为例予以说明，在该案中有人用他人的钱购买了彩票(且自己无钱购买彩票)。失利人在购买彩票款上的贡献毫无意义，因为它让失利人和此处唯一有价值的获利机会无甚关联。没有失利人在购买彩款上的贡献，获利机会也无法实现。相反，在通常的经济交往中，特定财货的盈利和用益机会会以平均水平的市场价格，因此在通常的经济运行模式中得到充分预计。经济上完全特异的风险或机会情形(Risiken-und Chancensituationen)不宜适用将失利人贡献的客观价值作为请求权的固定内容，并以此为其上限的多数建议。在缺乏加重不当得利责任的充分事由时，若整体收益较少(wenn der Gesamtnutzen geringer ist)，该建议也会导致得利人承担过重的责任。

[304] JBl 1969, 272.

[305] 参见 Bydlinski, JBl 1969, 272。

(七) 两不当得利返还说和差额说

至少应简要地提及已有诸多讨论的不当得利责任和风险归属这一特殊问题。这一问题在无效买卖合同导致的失败的交换关系中，以"两不当得利返还说"或"差额说"之名得以深入的探讨：如果价款和标的物已经交换，且在发现买卖无效后要返还，则会产生问题，即谁来承担期间标的物意外灭失的风险。如果人们孤立地看待不当得利返还，则假想的出卖人作为标的物不当得利返还的债权人将承担这一风险，当然无论如何是从财产取向的不当得利理解出发的：他必须返还受领的金钱，而自己却不能获得任何返还。因为买受人获得的标的物已经消灭，且在其财产中无任何利益残存。

德国的司法实践长期以来以（旧的）差额说[306]来反对"两不当得利返还说"的这一推论结果。旧的差额说认为出卖人的得利仅仅是差值，而买受人的不当得利返还请求权的客体仅限于该差值。因此，买受人只能要求出卖人返还超过标的物价值的价款部分，他要承担物灭失的风险。其基础为不再进一步阐释的双方给付的综合导致的统一过程及随后的简单得利清算。

这种旧差额说的不当之处在其立基于使用得极有问题的得利概念上，这一点在今天看来是毫无疑问的。这一学说将导致物的风险的承担取决于表面的买受人是否支付以及支付了多少价金这一荒谬的结论。上述将风险移转给买受人的机制唯有在价款已经支付的情况下方才有效。若非如此，出卖人依旧无法获得灭失之物的返还。买受人因合同无效无须支付价款。最终还是由出卖人承担风险。为什么物的风险取决于成功或失败的价金支付，为什么买受人未支付价金还要对其有利，显然无法理解。[307]

因此，差额说的新说[308]认为物的风险原则上在物交付给买受人时就已经移转，而不取决于他是否支付了价款。尚未支付价款的买受人必须偿还灭失之物的价值。这一风险移转导致的不当得利返还责任加重的正当性基础在买受人自治的"财产上的决定"（vermögensmäßige Entscheidung）[309]；更为全面的正当性基础还是"事实上的牵连性"（faktische Synallagma），给付与对待给付的牵连性在不当得利返还中依然存在。[310] 给付中的"我给为你与"（do ut des）在无效合同中依旧有效。[311]

---

[306]　就整体发展参见 DIESSELHORST，Die Natur der Sache，verfolgt an der Rechtsprechung zur Saldotheorie (1968)。

[307]　重要的批评参见 FLUME aaO。

[308]　就奥利地的文献而言，与之相关的讨论尤可参见一方面是 HARRER，Rückabwicklungsansprüche bei fehlhaftem Kauf，JBl 1983，238；另一方面是（对差额说的批评）KERSCHNER，Der OGH auf dem Weg zur Saldotheorie? JBl 1988，541 und 624（两篇文献都提供了丰富的信息）。

[309]　FLUME aaO。

[310]　von Caemmerer aaO 333，386f；"Mortuus redhibetur"，FS Lorenz (1973) 635；Leser，Von der Saldotheorie zum faktischen Synallagma (1956)，Der Rücktritt vom Vertrag (1975) 110ff；Reuter/Martinek 599ff.

[311]　Reuter/Martinek 在其书第 598 页、第 600 页，尤其是第 608 页中援用了给付中"我给为你与"的目的决定（Zweckbestimmung）来支持这一观点。

亦可援引交付在有效合同中也将风险转移给了买受人。买卖合同中以交付移转风险的原则及其理由，尤其是接受者的抽象风险控制也支持将返还中的风险分配给作为物的占有人（Inhaber der Sache）的买受人。因此，在结果上，德国的通说认为每个当事人只有在归还自己受领的给付或在其灭失时偿还其价值后，才能要求现在属于自己的给付的履行。[312]

但是，无论如何也不能将"更新的"差额说作为通常的解决方法。如果买受人基于前文讨论过的理由承担加重的责任，也即非善意或（意识到归属他人而仍有意地）使用，则买受人的风险承担已经得以证成。

然而，超出差额说以外的责任加重缺乏原则—体系上的正当性。主要的抗辩是财产上决定（以物易钱）、通过法律行为上的目的决定建立起的牵连关系（synallagmatische Verknüpfung）以及事实上的受领通常都会受到同一无效事由的影响，这些事由最终导致了债权合同的无效。[313] 然而，在德国通说看来，这一点只有为无行为能力人以及在买受人的恶意欺诈（这一点尚有争议）时才会被接受，在这些案件中会承认差额说的"例外"的存在（通常只是基于公平的理由，而无体系上的正当化理由）。[314] "例外"应合乎逻辑地扩及于所有无效事由影响到风险移转的决定性私人自治的法律行为的情形（可能是财产上决定，也可能是事实上的牵连关系，还可能是受领 Übernahme）。如此一来，在合同无效时给有效的"事实牵连关系"留有的余地就很少了，以致"两不当得利返还说"的适用成为原则，而非某种"公平考量下的例外"。尚需详细探讨的是何种情况会出现"事实上牵连关系"是无瑕疵的，尚可适用差额说的飞地。

与上述情况不同的是法律行为，尤其是交付（受领）显得毫无瑕疵的情况，因为整个剩余的合同内容有效，无瑕疵或虽有瑕疵，因未撤销而起作用。相关合同仅仅是通过嗣后的过程，如解除、买卖中的解除之诉（Wandlung）或指向将来的终

---

[312] 奥地利司法实践的最新动向也很有趣且有问题，毋宁说它也可以归入"事实上的牵连性"：只要涉及双方的使用利益（Gebrauchsvorteile）和收益（Nutzung）的，奥地利最高法院最近将当事人有关给付和对待给付之间主观价值平衡的合意扩展至返还的情形，而不管其无效性。双方因受领给付获得的利益通常应视作等值的，因此一般视为被填平了，所以从返还清算中剔除出去：JBl 1987，513＝SZ 60/6；JBl 1988，250（Anm KAROLLUS）；JBl 1992，594。这一裁判的正当性尚需经基本的教义的检验，主要也是要澄清到目前尚未解决的通常案件的范围和例外案件问题。首要质疑的是合同当事人有关主观价值平衡的设想是否以如此孤立的方式仅限于孳息和使用利益（即便该设想并不依赖于导致合同无效的原因，这一点必须得到保证）？更可能的不是当事人将特定时间段的使用利益和孳息视为等值的，而主要是将原给付的标本身（当中蕴含的待将来实现的盈利机会）视为等值的。如果人们如第一眼要求的那样（wie prima facie geboten），仅仅关注合同无效原因的不相关性和以主观等值设想为准，而将这种设想与原给付标的剥离，则很可能将原则变为了罕见的例外。

[313] 就此适切的论述见 Medicus, Bürgerliches Recht[11]（1983），130f.

[314] Reuter/Martinek 并未能逻辑一贯地反对最后一种例外，因为买受人只能因欺诈撤销自己的目的决定，而无法撤销出卖人的目的决定。然而，事实上的牵连关系是一种双方对待的关系，即以双方的目的决定为基础。因此，一方的撤销足以排除"我给为你与"的决定性。在后面的论述（第 682 页）中，Reuter/Martinek 又毫无偏见地从对待的"我给为你与"的意思决定出发处理相关问题，并以此作为事实上牵连关系的基础。

止合同。在这些案件中，通过交付而实现的无瑕疵且有效的买卖法上的风险移转，不会因在法律上不取决于标的物灭失的解除过程而回转，其根据是交付原则中支持风险移转的理由，而这一判断在不当得利法中同样有效。由此必然导致出卖人要求价值偿还的不当得利请求权（causa finita）。但是只要解除权蕴含将意外灭失风险回转的目的，则这一请求权应被否定。这在灭失和解除权发生原因有关时成立，比如说物的瑕疵导致的进一步侵噬（Weiterfressen）。

（八）特别规定（Sonderbestimmung）；无因管理

在法典中真正的不当得利之外，尤其是在特别法中的许多个别和特殊的规定明确地或依其意旨（根据其目的基础）创设了不当得利请求权。这些规定在单纯原则层面的论述中无法论述，但依旧属于不当得利的丰富素材。比如，对占有人的费用补偿、合同解除的后果、加工或附合的后果以及著作权法中的法律后果。与其说是追寻特殊目的，不如说是历史的偶然性通常决定了这些规定与不当得利的核心规定之间的关系。因此，法学被委以原则—体系的操作尽可能达致与基础规定无矛盾的目标的重任。当然，这通常也需在方法论允许的可能范围内依据实定法才能运作。去除某些事实上并无道理的、有意识且显然已成为规范的不当之处还是立法者的任务。比较适切的例子是善意占有人可保留取得的孳息而因此可以无法律上原因，借所有权人的代价而得利。从实定法上说，唯有限缩解释尚有可能。

然而，此处还需详细指出的是一个完整的法律制度，即无因管理，其规范基础和不当得利法密切相关。这一点在今天已经很少有人注意到了。[315] 当然也有其他的法律思想进入了无因管理的规则中。事务管理人通过事务管理的开始就妨碍了事务本人或其他更有权的人管理该事务的可能，解释了事务管理人的继续管理义务（Fortsetzungspflicht）。这种由信赖保护决定，且因事务管理人关键的、单方的"事务管理意思"导致其和基于合同关系而生的事务照管关系（委托）中的事务管理人的法律地位非常近似，这些都构成了无因管理制度非常与众不同的特征。在经济结果上非常重要的义务，即在缺乏法律行为上的给付允诺时，事务管理人返还所获［财货］的义务和实践中极为重要的费用偿还请求权，需建立在同一规范基础上，这和不当得利法并无二致。较为尴尬的类型"准合同"或"其他各种原因"（variae causarum figurae）不应误导。如果没有上述请求权，则相关债务人将事实上能够保有从他人财物上或管理人认为属于事务本人的机会中（主观上的他人事务）无正当理由产生的利益（哪怕是紧急管理中的单纯的挽救机会也应理解为这种利益）。这迫使根据不当得利原则予以补偿。

---

[315] 更多的是处理其和真正不当得利法在技术上的竞合问题；如 Reuter/Martinek, 705ff；Koppensteiner/Kramer, 210ff；与之相比，今日的研究总的来说走得更远，如 Messel, Geschäftsführung ohne Auftrag（1993）10ff。

这种情事的特殊性一方面在于事务管理人有意识地介入他人的事务（类似的有有意的无法律原因给付，这会排除非债清偿的适用！）；另一方面在于事务管理人（事务管理的目的）是出于利于事务本人的意图，即为了其利益，在紧急管理时是为了避免急迫的损害而行事的。

考虑到这种互相反向的特殊性，法秩序区分不同的事务管理类型（适法和不适法的、必要的、有益的、无益的、禁止的管理）并配以合适的法律后果。此处不可能就细节问题一一展开了。[316] 但是，就无因管理在债的成立效果上和不当得利法基本共享同样的原则这一点不应有误解。比如，在是否以及在多大范围上将事务管理人的劳动付出作为可偿还的"费用支出"这一困难和充满争议的问题上，应持较为大度的态度，因为不当得利法中会考虑劳动这一点是毫无疑问的。在有意的介入他人事务中，当然尤应考虑强迫保护（Aufdrängungsschutz）的问题，同时应考虑与合同中的事务管理的协调。在源自委托的事务管理中，（根据法秩序的规定）通常或者在有疑问时是无偿的，而且自己的努力通常不被视为"费用支出"（因为如果把劳务的客观价值作为费用支出，这一规则在实践中将变得毫无意义）。解决的办法可能是，将事务管理人的劳务（当然不考虑未从事的其他有偿经营活动）在其导致事务本人尚存的需去除的"财产利益"（该利益是在具体的、客体取向的得利概念意义上理解的）的范围内作为"费用支出"处理；即便采主观标准亦复如此。[317] 即便若非从事事务管理，劳动力的经济潜能便不会显现，而仅会作为闲暇时间而毫无经济价值，也应将这一财产价值作为事务管理人付出的劳动的最低价值。

---

[316] 参见 SWOBODA, Bereicherung, Geschäftsführung ohne Auftrag, Versio in rem (1919)；WOLLSCHLÄGER, Die Geschäftsführung ohne Auftrag (1981). 这些著述都有对无因管理和不当得利法在规范基础上的亲缘性有显著的提示或论述。WETTMANN (123ff) 十分强调"有用性"（Nützlichkeit）是事务管理的前提，这已经显示了某种与"得利"的亲缘性。SWOBODA (44ff) 明确讨论了其和不当得利的关系并证明《普鲁士普通邦法》和 SUAREZ 认为"得利思想"对不当得利亦有决定性作用，然而 Windscheid 强烈批评了这一观点，因为罗马法认为事务管理人仍可享有枉然支出费用的请求权，而不管该支出实际上失败了，即没有给事务本人带来得利。ZEILLER 认为奥地利法中的无因管理需从其他角度得以阐明，即"赔偿损失法"，（不考虑损害赔偿）其理由是某人提升了他人的用益或以其财产增益了他人的财产。SWOBODA 完全赞同最后的观点。但是看不出在何种程度上最后被重复的论述能够构成对"得利思想"的明确反对：用益（Nutzen）和财产增益不过是"得利"的另一种表达。不过，SWOBODA 受到此间早已被超越的不当得利法的基本思想的影响。无论如何，若从"标的取向"的得利理解出发，其结果是单纯的机会也会被视为可能需要填补的"得利"，则在无因管理中无疑存在规范基础上（与不当得利）的高度一致，且不以"财产取向"的封闭的（abgeschlossene）的得利为前提。WOLLSCHLÄGER (32, 214ff) 对该主题进行了细致和令人信服的探讨：在费用偿还请求权在实践中最为重要这一观察的基础上，他从费用偿还请求权缺乏得利丧失抗辩出发阐释了《德国民法典》第683条中更为严格的要求，因为此处填补事务管理人的财产减损是首要的目标。接着他以无因管理的不同类型与不当得利法中的解决方案进行比较，得出的结论是通过不当得利法中的价值偿还通常能够获得（和无因管理）同样的结果。最后他未对其和不当得利法的关系作出定论，因为这取决于得利的定义。如果人们像上文论述的那样以有层次的得利概念为基础，则严格区分不当得利法和无因管理法总的来说就不再有必要了。

[317] 这一最后的评论是受 CHR. HUBER 对损害赔偿法的考察的启发，其内容为损害的计算问题和以其为基础的与该作者在相关探究阶段的讨论。在这一讨论中，无因管理的问题尤为重要。目前对此有说服力的文献有 MEISSEL, 196。

四、剩余的债法制度：尤其是源自共同体（Gemeinschaften）的债务关系

1. 仅仅上一章已经探讨过的债法制度在过去和将来在体系上就通常处于非常尴尬的分类中，诸如"法定之债"、"准合同和准私犯"（Quasikontrakte und Quasidelikte）或"其他债因"（variae causarum figurae），更不用说债法的其他剩余部分了。由此只会带来臆想的消极共同点，即它们不可能被适于体系化关联的基本概念涵括。

这一点在迄今已经讨论的制度中已显露出其可能性。因此，问题在于是不是无法为剩余的"法定之债"找到结构概念（Strukturbegeriffe），而这些概念足以确定"外部"体系边界，同时在"内部体系"的意义上能够突出相关法律领域中的指导性规范原则或原则的结合（Prinzipkombinationen）。

只要人们注意到剩下的债务关系中分离的两类可以追溯到两个不同的特征时，就会发现至少对于它们而言看上去确实如此。它们同（就目前要讨论的债法上请求权成立而预先规定的）共同体或者源自既存债务关系的预先规定的财产责任（Vermögenshaftung）有关联。法律上基于对广泛和不同的原则的权衡可以确定特定的一些情事。在特定情事出现时，可因预先规定的共同体或财产责任而在共同责任人之间或非最初债务人或责任关系当事人之间产生新的债务关系。若忽视各种类型中决定性的规范上的正当化事由，至少在从一个预先规定的共同体或责任基础出发可构造出共同的、适于塑造"外部"体系的结构特征。就像两种互相区分的结构概念，其原则层次也是不同的，以使两种不同的体系类型能够得以建构。然而，特征性的原则在某种范围上有重合之处，因此首先应提及这些共同之处。这就是*(54) 共同体中的平等对待原则*（Gleichbehandlungsgrundsatz in bezug auf Gemeinschaften）（共同体是因法律规则预先规定或因相应之权衡通过法律上的组织产生）和*(55) 债务人的责任财产（对第三人有效的）归属于债权人或在不得已的情形时（对第三人有效的）归属于债权人的原则*（Der Grundsatz der (drittwirksamen) Zuweisung des schuldnerischen Haftungsvermögens zu dem Forderungsgläubiger oder den Forderungsgläubigern (bloß) im Notfall）；即很可能无法完全满足所有的债权。

2. 此处第一个重要的、在债法上的共同关系可作为债权成立的事实构成的事例就是共同债务人之间的追偿（Rückgriff zwischen Gesamtschuldnern），该追偿可回溯到责任的共同体（Haftungsgemeinschaft）。请求权基础在此处无关宏旨，这些请求权基础是为了"内部关系"，从不依赖于共同债务的法律关系中产生的：此前存在的可能是委托，为了履行该合同，共同债务人为了他人的债务承担共同债务（非连带，而仅为附随性的担保性债务承担 akzessorische Sicherungsübernahme 就

非常典型）；在损害赔偿法中，某位加害人支付全额损害赔偿金会导致所有损害转嫁给他，以至于他必须就其和其他加害人之间具体的损害承担基础的分担做出决定，这一点（根据与有过错的原则）和加害人与受害人的关系非常类似。同样，在"社会保险"体系中的追偿规则也意义甚微。通过社会保险系统，特定的损害无论如何都会被就此设立的机构承担。但是，如果加害人在具体案件中应对发生的损害负责，则该机构承担损害的目的并非免除该加害人的责任（从预防的角度看就不应有该目的）。法定债权让与是符合目的的解决之道。在共同责任并非根据法律的目的，而是根据法律行为只是暂时或"对外"发生效力时亦同；尤其是在保证［合同］中。

在上述所有该种案件中，追偿通过已知的请求权基础或很容易想到的目的性考量即可正当化。与此相反，连带债务（Solidarschuld）这一类型尤其有意义，因为其并不适用任何一般的追偿事由，或者这些事由不能以可行的方法确定追偿的范围。且在这些案件中，根据法律规定或单单是连带债务的规定，应根据人头按份额（Kopfteilen）决定追偿（《奥地利普通民法典》第 896 条、《德国民法典》第 426 条）。这同样适用于多个彼此互不依赖的担保人（《奥地利普通民法典》第 1359 条及其类推适用）。

基于上述"纯粹制定法"基础的追偿债务关系[318]只同这类案件有关，当中多个债务人负连带责任，而当中一人偿付了全部（或超过其份额比例）的债，由此导致他人的债务或责任消灭。免于必须向债权人本人支付的风险对被免除债务的共同债务人而言是一种财产上利益，该利益归因于以自己的财产或法益支付的人。若无特别的内部关系，则该利益的取得并无"法律上原因"作为正当性理由。根据这一理由，不当得利原则当然会要求追偿请求权成立。

但不能简单地将源自共同债务的"纯粹制定法"的追偿请求权归入不当得利请求权。追偿债务人获得的利益绝非按人头（Kopfteil）均分的样态存在，而是可大于或小于这个平均数。该利益应具体取决于支付前就存在的风险分配，该风险是指多个债务人中每个人可能被债权人要求偿债的可能。这一风险显然并非平均分布的：与债权人之间的个人关系或商业关系，债权人对每个债务人信守合同及其按时偿债能力的看法，债权人和每个债务人在空间上的距离和其他许多情事都能说明每个债务人被要求偿债的风险是完全不同的。另一方面，前面阐述的，部分是完全主观的情事并未或无法以充分可行的方法衡量。如若转向债权

---

[318]　就共同债务人之间的追偿关系的一般论述参见 SELB, Mehrheiten von Gläubigern und Schuldnern (1984) 90ff（当中也阐释了一些法定债务关系中的规范事由，但并未提及不当得利法上的成分）。在奥地利的学说和判例中，追偿请求权的不当得利法基础通常以不同的形态被提及；有时是援引"共同关系"作为基础（相关论述及说明请参见 GAMERITH in RUMMEL², Rz 1a zu § 896）。相关决定性的规范原则（Maximen）之间的共同作用并未得以阐明。这一基本问题未因接受了（部分）的法定债权让与（KOZIOL, Haftpflichtrecht I 302f）而被触及。这只是把问题推到了另一个问题上，即人们必须回答为什么以及在多大范上已经支付的共同债务人需偿还"实质上的他人"债务。

部分的"客观价值"，在不当得利法上又是难以正当化的，因为在共同债务人之间并不总存在必要的强化责任的事由。也只能从此处架设通往按人头分配的桥梁。

由于无法探知确切的"得利"而不得不放弃补偿请求权（Ausgleichsanspruch），根据非常基本的理由是不会予以考虑的。连带债务是为了让债权人的债权实现更加容易并保障其实现。在这一点上——在该制度的特殊目的有其他不妥的情况下（bei sonstiger Verfehlung des spezifischen Zwecks des Instituts）——必须让债权人保有向共同债务人任意求偿的可能。但是，如若让所有负担都落在债权人最先选择的债务人身上，就不仅仅只是存在同时免责的其他共同债务人的偶然得利（如考虑到其他共同决定的原则，则这种情况不可能总被避免，就如在不当得利的论述中已经展露无遗的那样）。毋宁说债权人的个人的任意专断最终决定了负担和好处在债务人关系中的分配，而非偶然事件。但这将明显违背公正原则。这事实上会导致债务人采取竞争行为，以允诺债权人将来获得利益的方式来换取对已有利的债权人选择，但是债权人并无获得该利益的任何请求权，且在即使不利的情形下，他也能勒索债务人以获取该好处。不仅如此，经济效率和预防违法行为的考量也排除了保持债权人最初做出的负担分配状态这一选择。

法律在无法具体确定产生的利益的情况下决定按照人头在债务人间平均分配是基于独立的、对得利原则在数量方面做修正的评价。此处涉及的是平等对待原则（Gleichbehandlungsgrundsatz），该原则尤其适用于共同关系。共同关系可以源于私人自治、意外事件或——因特别的原则上的考量——有关法人组织的特别规定。[319] 在共同关系中，表面看来（prima facie）多个主体都发挥了同等的作用。但是，在没有特定的事实能够依据目的性考量正当化不平等对待（或者相关情事以法律的方法难以确定）时，均衡（Gleichmaß）（以及宪法上一般的平等原则）的正义标准（在缺乏有效的法律行为的规则时）会要求在他们间出现的问题中适用法律上平等对待的原则。其次才是平等对待是否是对共同关系人而言的，还是对其上级的、有决定权（Gestaltungsbefugnisse）的中央机关（Zentralinstanz）而言的。

3. 有关共同关系的法律规定通常都会详尽地考虑平等对待原则，这不仅适用于和追偿请求权息息相关的责任共同体（Haftungsgemeinschaft），也适用于人们主要会想到的（通常是物权中的）权利共同体。首当其冲的就是共有关系中以共有人间债权请求权实现的源自共有关系的利益和不利的法律上的平均分配（当然不是按

---

[319] G. WÜST, Die Interessengemeinschaft (1958) 79 以天然的（natürliche）和人为的（geschaffene）利益平等方向（Interessengleichrichtung）来界定这一概念。它可适用于所有法律上有关的共同关系。

照人头，而是按照物权法上的份额）。[320] 设立共同管理人并不会根本改变这种关系。

在以法律行为建立的"共同体关系"（Gemeinschaftsverhältnisse），如各种法人（Körperschaften）或合伙（Gesellschaft）中，对其有效的平等对待的命令（Gleichbehangdlungsgebot）是建立在对法律行为的基础的解释之上的，因为发起人（Gründer）和根据特定章程或决议（Statuten）加入的后续成员都应意识到他们都愿意在共同体关系中的问题不明或规定不明确时受这些基本标准的拘束。这些发起人或后续成员依据一定的标准分配成员权利和义务，或是知悉这种分配。在这种建立在解释基础上的平等对待原则之外，还有一种绝对必要的变体（eine zwingende Variante），其理由是不受控且全面地将私法主体置于其他私法主体的决定权限下，违背了基本的人格保护（Persönlichkeisschutz）和自由原则（以及与之关联的善良风俗）。[321]

法律中确立的源自权利共同体的平等的出资义务（Beitragspflichten）和利益分配（Vorteilszuteilung），不仅仅是建立在平等对待原则的基础上——如前述讨论的责任共同体（Haftungsgemeinschaften）——一般更是建立在得利原则上：当某个共同体成员首先承担所有的负担（Belastung）或为全体获取特定收益时，根据分配好的权责（Rechtszuständigkeit），其他成员或其自己会有需去除的不当得利。但是，分配的标准还是依平等对待的命令按份额确定（不考虑具体的先在的负担或获取收益的机会）。得利原则和平等对待原则的这一结合在根据共同关系依法律产生的债务关系中非常特殊，以至于应作为一个独特的债法中的体系类型予以构造。只要涉及物权中的共同关系，则共同体成员间的债权请求权当然在合目的与考虑到物权上的关联性，作为债法上的飞地予以阐释。

4. 然而，平等对待原则在私法的共同关系中不仅仅作为债之发生因素（Element）。毋宁是它会在很大范围内导致既存债务关系的重要变化。这主要适用于

---

[320] 就此可参考 BYDLINSKI, Der Gleichheitsgrundsatz im österr Privatrecht., GAÖJT 1961, 10ff, 40ff。就私法中平等对待原则事例的全面综述的基本文献有 G. HUECK, Der Grundsatz der gleichmäßigen Behandlung im Privatrecht (1958)。他认为大多数平等对待的事例在规范上皆源自应平等对待人之间的共同联系（Gemeinschaftsbindung）(132ff，但是这一尝试对法律创制的共同关系（利益平等方向）并无说服力。参见 Bydlinski, 35ff，就实际上规范基础十分不同的私法上的平等对待义务可参见同书 40ff。相反，如果不管天然或法律创制的利益平等方向，"共同关系"（Gemeinschaft）是比较合适的体系上的界分概念（Abgrenzungsbegriff）；在这一概念的框架内亦可指示出特别的原则结合（Prinzipienkombination），这一结合在体系建构时亦能传递显著的"规范特性"（normative Spezifität）。就规范而言，平等对待原则不是从共同联系导出的，而是从公正或一般的平等原则导出。由于立法机关受到的相关约束（不要空格，格式调不过来）(infolge der einschlägigen Bindung des Gesetzgebers），随处可见的现象是，基于原则的整体考量而产生实体法规则（不仅仅是援引私法自治），并且平等对待当事人不单纯是源自事实构成的建构（Tatbestandsbildung），而只是由于施加于特定主体的平等对待义务。

[321] 就社团法中平等对待原则的不同规范基础及相应的强度层次可参见 BYDLINSKI, GAÖJT 1961, 20ff, 46ff；亦可参见下文中有关公司法（Gesellschaftsrecht）的论述。

多人的债权需从总共并不充分的财产（Gütervorrat）获得清偿的情形。[322] 典型情形是破产及和解（Ausgleich，Vergleich）。其他的还有限额责任（Fälle betragsmäßig beschränkter Haftung），只要最高限额并不足以满足所有债权人；有限的继承责任（die beschränkte Erbenhaftung）以及有限的种类之债（die beschränkte Gattungsschuld），只要存货非因债务人过错不足以满足所有需要它的债权人。

法秩序当然不能填补事实上的差值（Manko）。（当然法秩序可以通过破产亏空保险 Insolvenzausfallsversicherung 为典型的生存必需的薪资债权提供有限的帮助。）若无特别的预防措施，每个债权人即便在极为困难的场合也只能和通常案件中一样，同其他债权人竞争以获得清偿。只不过在极为困难的场合，不再有全部债权人都获偿的机会。由此导致的债权人间必要的竞争将使每个债权人需花费甚巨，以持续关注债务人的经济状况（及责任财产情况），并在债务人出现一丝支付困难的端倪时，就需尽速采取应对措施。而这些花费的结果又是极不确定的。债务人"拍卖"优待个别债权人的机会或者在清偿时完全恣意地优待个别债权人这种风险是极大的和极具勒索性的。此外，债权人的获偿机会也将是迥然不同的，因为它取决于完全不同、很难量化的情事（同债务人的私人关系，具体的监控和应对可能性等）。

直到债权难以获偿的风险因债务人的实际破产轻易可知且公开之时，事实上在债权人间盛行的当然是自由竞争的状态。其实这从他们之间根本不存在某种天然的、先于法秩序存在的利益共同体就可获确证。但是，在上述特别困难的情事，经济效率原则会要求避免总计数额巨大的费用，这笔费用是各债权人个别支出的，且其能否奏效也很成问题。法的安定性（Rechtssicherheit），尤其是对合法权利的保护也当然支持预防违法的阴谋诡计。这会导致法秩序在缺乏充分的清偿资金时，让多数债权人成为受偿共同体，且通过特别的实体规定和国家主权（司法）控制的程序有序组织受偿过程。若基于上述缘由出现这些情况，则需基于分配正义（austeilende Gerechtigkeit）的原则（及宪法中的一般平等原则的派生）平等对待债权人，只要没有非恣意的、基于本质或目的上可以证立的区别对待支持特定的优先权。

因此，在破产和和解中*(56) 平等对待债权人*（*par conditio creditorum*）是破产法中最为重要的实体原则。它在内容上符合前述的平等对待原则，但为实现其特定目的需为强行性的且在破产程序中会影响到债权人的程序地位。仅仅因其特殊性就已显现其为独特的下位原则（Unterprinzip）。其适用当然会大大限制当事人的私

[322] 就此问题及后续问题参见 BYDLINSKI aaO 11，43，46；就破产程序中的平等对待原则参见 KOZIOL, Grundlagen und Streitfragen der Gläubigeranfechtung (1991) 15ff；Zur Abschwächung des Gleichbehandlungsgrundsatzes im Konkursverfahren, FS Wesener (1992) 267（有较新的文献，并有和相关文献的探讨）。我衷心感谢作者热忱地将其文章在公开出版前就给我阅读。

人自治，但该适用是其他正当原则考量引起的、在现实危险境况中建构债权人受偿共同体的结果。因为独立形成实体规范（而非仅仅接受私人自治形成的规则的后果）的立法者需受一般平等原则（Gleichheitsgrundsatz）的拘束，而该原则又是源自均衡原则（Gleichmaßprinzip）。

此外，破产法的古老例子和作为其核心原则基础的上述众基本原则都非常明确地证明了所有对私法排他性的"个人性"结构的批评是不正确的。就像无数其他事例明确证明的那样，即便是"经典的"私法规则也绝非仅仅是两人关系间的利益权衡，而是也建立在尊重第三人和公共利益（也就是许多第三人利益）基础上的。

就此而论，破产法当然并无什么引人注目之处，因为一般会将其归入形式意义上的"程序法"。但是不能误解的是，它首先在实体上改变了相关的债权：在和解程序（Ausgleichsverfahren）中未获清偿的部分债权会沦为纯粹的自然债务（此外，有效的债权人多数决议是和解的前提，且对反对的少数也是有拘束力的。这和盛行的对私法的批评中的"个人主义"的典型尤其不符）。然而，与债紧密联系的个人"责任"（即债权人对债务人财产追偿的权利 Zugriffsbefugnis）通过破产程序——姑且不考虑许多对到期期限、请求权内容、可抵销性和返还可能性等的影响——发生了根本性的变化，即从个人的实现变为共同的实现。因为这一责任不仅对债权的法律性质，而且对其经济价值都有决定性意义，所以与之相关的破产法上的主导原则至少也——且主要——属于民事实体法。这对重要的（57）*排除共同的债务人对其财产权的处分权*（*Ausschluß der Verfügungsmacht des Gemeinschuldners über seine Vermögensrechte*）而言亦是如此，该原则也会触及其人格权上的地位。

五、现在的责任法上的财产归属：尤其是债权人撤销权

1. 剩下的最有意义的、有直接法律基础的制度是债权人撤销[323]，它有两种形式：一种是破产之外的个别撤销，另一种是破产撤销（通过破产管理人为债权人利益撤销的行为）。上述撤销涉及的都是某个债权人或在破产案件中多个债权人在试图向债务人求偿时发现他并无充分的责任财产的情形。因此，债权人试图通过"债权人撤销"追及第三人，以增加其获偿机会。该第三人从债务人的财产中获得财产价值，并以不利于该债权人或众债权人的方式减损债务人的责任财产。

此处的前提是——根据法律上更细致的权衡——撤销相对人（在其取得财产前当然也是该债务人的债权人）的取得在与撤销权利人的关系中相比更弱或显得更不值得保护。在这一权衡中应谨慎和克制，显然出自交易安全和信赖保护的一般要

---

[323] 就此尤其可参见 G. PAULUS, Sinn und Formen der Gläubigeranfechtung, AcP 155（1956）277；GERHARDT, Die systematische Einordnung der Gläubigeranfechtung（1969）；KÖNIG, Die Anfechtung nach der Konkursordnung（1985）；以及 KOZIOL, Gläubigeranfechtung。

求，它们原则上会支持撤销相对人取得的持续稳定性（Bestandsfestigkeit），尤其是通过债权的相对性这一原则实现该目的。但是后面的这些原则只对债权的核心内容，即债权人的原给付请求权是有决定性的，这一请求权只针对债务人。在债权中当然有因素（Elemente）是可以向第三人主张的，这一点在债权人撤销这一法律制度中表露无遗（德国的《撤销法》以及《破产法》第 29 条及以下规定；奥地利的《撤销条例》及《破产法》第 27 条及以下规定）。

应坚持的是债权人撤销的总体目的始终是更好地实现财产责任，即最终以金钱债权为前提，包括次金钱债权，如损害赔偿的金钱之债。它绝非意在为撤销权人取得特定物或实现其对特定物的实际履行请求权。该特定物只是在债法上应属于撤销权人。它只是为了解决债务人责任财产不足的问题。它是一项特殊的债法上的、与债务关联的个人责任紧密结合的制度。

债权人撤销会在撤销人和撤销相对人之间产生法律关系，它和迄今为止的债权人和债务人之间的个人关系应明确区分。新的法律关系是将迄今为止的法律关系与债务人，更确切地说是与其以全部财产作保的个人责任联系起来：债权人"新"的追及到作为第三人的撤销相对人，只有在因其所获（在最广义的意义上理解）致债务人责任财产不足时方为可能。因此，合适的界定概念是（先在于同作为第三人的撤销相对人的关系存在的）债务人的财产责任。在所有债权人撤销的情形中，只要满足源自债务人责任的其他进一步的要件，债权人针对撤销相对人的撤销权就会发生，并产生相应的后果。

这必须以债权人最初且通常只针对债务人的债权包含——尚需满足其他条件——可针对从债务人责任财产中取得部分财产的第三人的因素为前提。我们可以在术语上相对于针对债务人行为的原给付请求权，将债权中的这一因素——债权是债务人责任的积极对立面（Gegenstück）——作为"受偿权"（Befriedigungsrecht）或"追及权"（Zugriffsrecht）强调。[324] 无论如何，在法律上起决定作用的是，债务人的责任财产不仅以债权人可追及债务人执行其债权的方式而处于债权人的处置下，毋宁是债权人在满足特定前提时，还可以追及于取得的第三人；即向第三人追索要取得的客体（Zugriffsobjekt）。这是根据其有某种"第三人效力"的债权而应归属于债权人的；在这一意义上很类似于物权的客体。因为更为狭隘的要件和更为有限的效力，这种单纯的"责任法"上的归属关系实质上更弱。

对追及第三人要件的核心限制主要是从债务人处获偿无望（强制执行无果或破产）。唯有在债权人陷入这一困窘的状况时方可考虑追及第三人。当然这还取决于

---

[324] KOZIOL, Die Beeinträchtigung fremder Forderungsrechte（1967）165ff；Gläubigeranfechtung 4ff. 当 GERHARDT 否认这是权利，但仍承认它是有利于撤销的债权人的责任归属（Haftungszuordnung），侵害该归属关系会导致撤销时，并非采实质相反的观点。如果可将这一对债权的债权人有利的责任归属视为债权的元素，则人们也可称其为"受偿权"。

一系列可替代的法定要件，这些要件的基础主要是相反方向的法律原则，尤其是交易安全、信赖保护以及对（撤销相对人的）合法权利的保护。

上述权衡清晰地阐明了对债权人撤销的极为独特的基本评价，即上文提及的第（55）项原则，即在债务人支付困难时，对第三人而言，债务人责任财产有限归属于债权人（们）的效力。

如果没有这些实质性的基本评价的前提条件，则无论是破产程序之外的个别撤销还是破产撤销，从一开始就是难以理解的，更遑论二者之间明显的广泛一致性。[325] 较弱的、单纯的"责任法"上的归属关系还和侵害型不当得利请求权［"利用之诉"（Verwendungsklage）］之间有基本的类同性，后者的基础同样是先在的法律上将特定财物归属于特定的权利人。格哈特（GERHARDT）最早发现了这种一致性和主要是责任法上的归属关系本身，并将其作为债权人撤销权的基础评价。[326] 基于债权人撤销权中"归属"的有限目的和其特殊的规范后果，就将债权人撤销权和不当得利法联系起来，显然是走得过远了。

保卢斯（PAULUS）[327] 发展出来的阐明债权人撤销权的整个"责任法"理论，实质上为债权人（获偿）权利的"责任法上的归属关系"的强调做了铺垫。该理论从者甚众，只是有时在细节上略有不同。[328] 这一理论的优点是，能够将债权人撤销权的上述基本评价明确地表达出来，同时能尽可能精确地指出债权人撤销权的特别功能和目的，能将它们用以在仅仅是针对撤销权人或进行撤销的破产财团的被撤销法律行为的单纯"责任法"上的无效性的全面观点下解决个别问题。此前盛行的"物化说"（Dinglichkeitstheorie）认为撤销后相对人的权利取得（如所有权取得）对撤销人而言是无效的。这种观点超出了撤销权的保护目的，不必要地导致出现所有权在特定当事人间属于一人，而在其他人之间又属于另一人的现象。享有撤销权的债权人在撤销相对人破产中的"物化"的优越地位是前后矛盾的，因为无担保的

---

[325] 因此，限于两种债权人撤销权中的一种须将视角移到二者共同的关键部分。当 KÖNIG 在共同债务人的"欺诈"（fraus）外还强调"债权人的风险和损失共同体"时，上述观点也适用于只针对破产撤销的 KÖNIG（1）的考量。该债权人共同体要求平等对待债权人。个别撤销在重要的各构成要件（在指导目标方面亦同）和破产撤销完全相同，但是个别撤销中并无某种共同体，而只能确定债务人的财产部分在责任法上归属于债权人及其受偿权。破产撤销的特殊性主要是基于破产法中特殊的平等对待原则。如果应遵从公正平等和一般平等原则的命令，则这一原则必须适用于共同体成员（对法定共同体亦同）。

[326] 在其被引述的文献中。但是，GERHARDT aaO 主要是 162ff 的论述将债权人撤销权在体系上完全作为不当得利的一种归入其中则走得太远了。与之相反，KOZIOL 认为应关注撤销权的原权（Primärrechte），见其著作 Gläubigeranfechtung 55ff；KÖNIG aaO 12（对不当得利法持某种不区分的态度）。尤其是债权人撤销权仅限于形成效力（排除被撤销的法律行为，比如为撤销相对人利益或为其竞争的受偿权而抛弃）的法律后果很难被不当得利的理念吸纳。十分典型的撤销相对人单纯容忍义务在不当得利法中也找不到对应的部分。单纯责任法上的归属的规范后果应如此建构，以至于应更为赞同视其为从不当得利法中分离出来的独立体系类。无须再将债权人撤销权称为什么也没说的法定之债。

[327] AaO.

[328] 参见 KOZIOL，Gläubigeranfechtung 45，Anm 19 的例证。

债权人即便在原债权人破产时也不享有这种地位。

更早的债权人撤销权的"债之"理论适切地限于认为，仅仅成立进行撤销的债权人针对撤销相对人（包括其个别权利的后继者，只要对其的撤销事由也成立）的债法上权利。但这一理论在解释如下现象时有很大困难，即在某些债权人撤销的案件中（如排除抛弃、债务承认或竞争的受偿权），撤销相对人作为债务人的给付是毫无疑问的；更为经常的是，在可撤销的某种特定财产客体的取得的原始案件中，给付合乎目的的只限于对强制执行的容忍。相反，债之理论倾向于不太克制地接受某种为积极给付行为的义务。

相反，应将"责任法上"的理论评价为更全面且尤其符合目的的：作为有效撤销的法律后果，其要求的仅仅是必要［之后果］，以满足撤销债权人或破产债权人的要求，让其处于可撤销行为未发生过的状态。如上面提到的例子，只要排除特定法律行为的效力就足矣时，那么排除其效力就可以了。只要撤销债权人或破产财团为受偿的目的必须追及到已经属于撤销相对人的财产客体，则产生撤销相对人（他不能以所有权人身份利用强制执行法或破产法上的防御权限 Abwehrsbefugnisse）的债法上的容忍义务或（在必要时的）积极行为义务，其内容为基于整体利用的目的将客体返还给破产财团。这适用于所有直接的、可撤销的从债务人处取得，如果该不作为导致撤销相对人取得权利，也适用于撤销债务人对权利取得的不作为。在撤销产生相对人的容忍或积极给付义务时，撤销是债务成立的要件。它产生了一项新的、因为此前在撤销当事人间并不存在的请求权和义务关系。在此范围内，债权人撤销权事实上属于法定债务关系。[329] 如果正确理解的话，"责任法上"的理论也将债之视角作为一部分包括进来了。[330]

财货归属中的对"处分功能"（Verfügungsfunktion）和"责任功能"（Haftungsfunktion）的可能区分的洞见应归功于作为重要副产品的债权人撤销权的现代"责任法"视角。通常情况下，两种功能同属于相关财货的权利人，如所有权人。但在债权人撤销权中可清晰地看到二者的分离是解决困境的方法：撤销相对人仍旧是所有权人或享有相应的处分可能和相应的（一般）法律保护，比如说所有权之诉。相反，在撤销的情形中，可撤销的取得之物根据法律仍属于债务人的责任财产，而非撤销相对人的责任财产，以至于债权人仍旧可以向前者追索。调和之道是作为所有权人的撤销相对人不许对有撤销权的债权人主张相应的权利保护，而必须（至少）容忍责任的实现。责任和其他归属功能的例外分离在信托法上得到很好的证明。

2. 就债权人撤销权而言，使其整体仅能作为例外被看待的限制性前提条件尚

[329] 就单纯的权利变动（Rechtsgestaltung）和债权的成立之间的适切区别参看 KÖNIG, aaO 15。
[330] 就债权人撤销权的主要学说的讨论参看 PAULUS aaO 279 und 286；GERHARDE aaO 1 bis 42；KOZIOL, Gläubigeranfechtung 1ff，42ff。

需于此进行探讨。虽然该探讨仅能限于原则的抽象高度。这些前提条件主要包括一些原则和对限制性基础的权衡。就撤销案件作极为谨慎细致的权衡，其必要性是一目了然且无须细忖就可理解的：如若在日常交易中，每一个同时为其他债权人的债务人的主体（几乎是每一个人！）的交易相对人，都必须预料到，在这些债权人受到支付不能威胁时，嗣后会以撤销追及于己；如此一来，交易安全和信赖保护将荡然无存或者一直要支出用于自我保护的不合比例的调查费，而其结果却是有疑问的。尤其是每个撤销相对人始终可以主张他也是该债务人的债权人，且因此作为合法权利人（Inhaber wohlerworbener Rechte）的性质，通过债务人的给付取得有关财物。他完全有理由援引属于他的权利保护和平等对待的正义要求，主张说他的取得也应得到保护，且无论如何不能遭致比行使撤销权的债权人更不利的对待。

这些业已与这些权衡相关的基本法律原则在斟酌之后会立刻引起如下后果：只有在撤销权人针对第三方撤销相对人的受偿权的责任归属得到其他原则的推论的有力支持时——姑且不考虑已经讨论过的一般前提——才会考虑债权人撤销权的问题。这些推论在有限的范围内能够正当化撤销权人的优先地位。这些原则在法定的撤销权事实构成中展露无遗，尤其是在赠予撤销（Schenkungsanfechtung）和因债务人故意的撤销（Absichtsanfechtung）的事实构成中，这一点是个别撤销和破产撤销的共同之处。无偿行为（因减少特留份而导致的赠予撤销是继承法上的特例）的可撤销性很容易从 *(58)* 无偿取得的脆弱性（*Prinzip der Schwäche des unent-geltlichen Erwerbs*）这一原则推导出来。它总体建立在这个基础上，即无偿的法律行为以及由此导致的取得根据交换正义（ausgleichende Gerechtigkeit）的原则无法得到支持，相反，往往会与其矛盾。它的效力和存续力（Bestandskraft）基本上仅在于无偿赠与人以法律行为实现的自治，该自治因该矛盾而更加无足轻重。取得人的信赖保护虽然需要考虑，但就其而言也意义甚微，因为他取得的有利法律地位是信赖者以自己没有付出什么、在经济上难以解释且在通常的交易行为之外的方式取得的。

如果无偿取得本质上只能从给予人在处置自己财产中体现出的法律行为上的私人自治得到正当化的话，则法律后果应严格限制于其对给予人的影响。在仅考虑债权人撤销权的危困局面中，无偿的法律上行为（Rechtshandlung）可能最终对第三人不利，即有撤销需求的给予人之债权人；而后者的债权取得更强，因为交换正义和通常的经济交往的运行原则都支持它［的正当性］。[33]

---

〔33〕　无偿取得的脆弱性还可以通过许多重要的法律素材的影响得到证明，它们已经在此有所涉及或将要在下文提及，但阐释的程度大多不够具体。为更有力地展示这一原则的广泛影响，可以刚才提及的例子为证。另一些例子是无偿行为要求极为严格的条件（赠与形式！）、有利于无偿赠与人的解释（《奥地利普通民法典》第915条）、仅因动机错误就可撤销无偿行为和排除从无权利人处无偿善意取得（《奥地利普通民法典》第367条）或在不当得利法上对这种取得的"更正"（Reparatur）（《德国民法典》第816条第1款第2句）。

在因债务人故意的撤销中（其典型的特别事例是由于不适当低价抛售财产而产生的撤销）取决于撤销相对人是否在采取嗣后被撤销的法律上行为时认识到债务人（针对其债权人的）有损害故意或——仅在奥地利法中适用，在德国法上并非如此——必须认识到这点。[332] 在这些前提条件中，它涉及的是大量的法律上关联，尤其是在损害赔偿法中，居于自己责任原则下的显著更强的归责标准，即故意以及（在奥地利法中）过失的标准。[333]（由于上文提及的对立的有效原则）单纯的因果关系作为自己责任原则的最低限度的表现尚不充分，因而，撤销相对人的行为是无法就债务人的责任财产受偿的助因的事实，尚不足以正当化债权人撤销权。只有认识或应当认识方能排除撤销相对人对终局取得的信赖的可保护性。如果人们认为债务人的财产会为了满足债权人的受偿权，而在责任归属的层面上与作为撤销相对人的第三人有某种关联的话（这种归属在不得已的情况下会对第三人有效），那么知情和应当知情会被认为是更为严厉的归责事由。与第三人不相关的事当然不会特别由其承担不利，即便他知道这件事。上文处理的责任法上的财产归属的基本评价在因债务人故意的撤销中也是不可或缺的体系基础。单纯援引难以进一步分析的撤销相对人的恶意还是不充分的。

还有一类破产撤销的案件是因优待（Begünstigung），尤其是因"不对等的补偿行为"和因认识到或（根据奥地利法）应认识到支付不能而撤销不利于债权人的法律行为（参考《奥地利破产法》第30条及以下的规定和《德国破产法》第29条的细微差别）。在破产撤销中，上文讨论的限制的必要性也通过撤销相对人的主观归责事由得以体现，这些事由排除了值得保护的信赖地位（在德国法中，认识到支付中止或启动破产申请就导致证明责任倒置；在奥地利法中需认识到或应当认识到）。就"不对等的补偿行为"而言，在奥地利法中只要存在对取得［正当性］的可疑性即可。

补充性的破产中的撤销可能性涉及先于破产程序启动，但已经陷入窘境时，即实质上破产（其充分的表征是破产申请）的法律上行为。它的特殊目的实际上在于适用于破产的债权人平等对待原则应尽可能提前到实质破产，即陷入无法满足受偿权的窘境时，以让债务人在这一阶段所为的优待和亏待至少嗣后不会发生有害影响。这是必须的，因为否则就会让成本巨大、不确定和引发不正当行为的债权人间的竞争更加肆无忌惮和有害地支配从实质破产到破产程序开始这段时期。而这种竞争正是破产中的"整体执行"（Gesamtexekution）所欲避免的。支持（不享有优先

---

[332] 体系上不可理解之处是，其应取决于歧视的意图，即必须和撤销相对人的知情或应知这种意图有关。仅就撤销中的第三相对人更好的归责事由而言，却仅仅取决于对歧视的知情或应知。

[333] 尽管有这层意义，且同时有损害赔偿法中的归责标准，债权人撤销权仍然因其保全或回复初始责任财产的有限目标而与损害赔偿法有别。那些非因侵害撤销相对人的所得或其替代物而造成的损害，无论如何不可根据撤销权的事实构成获得赔偿。此事需要满足侵权责任的前提要件。

权的）债权人在破产中的法定利益均等（Interessengleichrichtung），并根据法定规则导致平等对待命令的事由同样会有某种溯及力，它会体现在撤销权的补充性要件上。

正如科齐奥尔[334]阐明的那样，以破产法中的平等对待的溯及力尚不足以解释对债权人不利的法律行为的可撤销性。与之相关的还有会影响所有债权人的受偿机会的法律行为，比如由后来的破产者（Kridatar）承担保证；这一撤销事由只有通过下述理由方能正当化，即（不仅仅是破产法上的平等对待，而且）破产程序启动后，债务人的处分权限的排除应回溯到实质破产时，只要这对责任归属及债权人的受偿权是必要的（不利的法律行为!），且撤销相对人因认识到或因过失而不知破产而可以期待。[335]

3. 在许多重要的法律领域都会出现整体财产的移转（Übertragung）或承受（Übernahme eines ganzen Vermögens /Güterkomplexes）。债务人的整体财产在不得已情况下归属于众债权人（Forderungsgläubigern）的原则在相关规则中也仍然有效。通常它不会产生新的债，而是会正当化将属于财产的部分（即既存的债务）转向积极财产的承受者。根据法律上转向的规则（Überleitungsregelungen），积极的责任财产和原债务人承担的责任即便在移转后也是共存而不可分离的。如果适切地让生动而神秘、且在法律上并未规定的"被继承人借遗产实现人格之存续"的设想隐而不现，继承法中涉及遗产中负资产（Nalaßpassiva）的概括继承（Universalsukzession）是上述原则的最重要证明。继承人承受责任财产并以其（或其价值）对迄至当下的债权人承担责任（前提是他已经做了对交易安全而言必要的财产清理以掌握相关情况）。该原则在法人的合并中也发挥着完全相似的作用。原则上作为前提的不得已情况因原来的债务人消灭而发生。债权人当然失去了他的责任基金（Haftungsfonds）。他只能且必须向新的主体主张其债权。

更为有问题的是一种——在此处尤其需要讨论的——特别的债法上制度，根据该制度，因以法律行为承受责任财产，而强行规定的"法定债务加入"，可在转让人的债权人和承受人之间产生额外的债的关系。但是，根据责任法上的归属原则，当中的承受人仅在获得的积极财产的范围内负责（承受人责任 Übernehmerhaftung[336]）。《德

---

[334] Gläubigeranfechtung 22f. 在其他一系列的，此处无法再深入探讨的问题中，KOZIOL 还指出人们在解决相关问题时，最容易借助对债权人撤销权中原则性基本评价的强调和遵从而走得更远。

[335] 破产中的补充性的案件当然无法仅通过平等对待原则得到解释。如果人们将破产程序的目的作为一种替代（Alternative）而希望从债权人责任法上的归属以及受偿权这一起点出发，因为破产的实质性的主要目的无外乎尽可能地满足债权人的需求，这种看法是很不合适的。

[336] 就此一般性和比较法上的论述参见 KOUMANTOS, Erwerberhaftung bei Unternehmensveräußerung (1955)；就奥地利法的讨论参见 WELLACHER, Die Schuldenhaftung des Übernehmers beim Übergang von Vermögen und Unternehmen (1951)；KOZIOL, Welchen Schulden tritt der Übernehmer eines Vermögens, Unternehmens oder Handelsgeschäfts bei? JBl 1967, 550；Betriebsübergang und Arbeitsvertrag (1972) 138；就德国法的论述参见 LARENZ, Schuldrecht I 13 (1982) 555ff.

国民法典》第 419 条和《奥地利普通民法典》第 1409 条都就此有规定。奥地利的规定还扩展到"营业"（Unternehmen）的承受上，也就是（涉及到客体方面的）基于特定经济目的而统一整合在一起的个别财产（Sondervermögen），其收益通常是期待被用以满足为其目的创设的债务。另一方面，奥地利的规定将承受人的责任范围限于取得人认识到或必须认识到的范围（并有相应的针对近亲属的证明责任倒置）。这当然是为了信赖及交易安全的保护。然而此处要提及的是《德国商法典》第 25 条的规定，根据该规定，商人的营业（der kaufmännische Geschäftsbetrieb）承受人的责任取决于企业的继续经营以及没有相反的、在商事登记簿上公开且特别告知的合意。责任法上的债务人财产归属原则以不清晰的方式与不明了的信赖保护衡量联系起来。该不明了的信赖保护衡量涉及迄至目前的债务人（然而不考虑在企业中的后续补充 Nachfolge-zusatz）在交易中的继续经营活动。[337]

若不考虑这一特例，则财产或营业承受中的法定之债关系的核心基础当然是责任法上的归属原则。因为不可能一一详论在适用和解释上述规定中的许多有争议和质疑的问题，所以只能满足于综述的结论，即彼此矛盾的原则在上述规定中以有限的但极其偶然且无法理解的权衡的方式发生作用。因此有理由做一些补充评论。所有这些疑问、解释的困难、和承受人责任有关的部分完全没有讨论的结果实际上是很好的示例，即为了所谓的实用的特别规则（ad-hoc-Regelungen）放弃体系－原则地对法律的处理会带来何种结果。这种所谓的合目的的方法就是为了克服显而易见的弊端而通过特别规定的逐条修正，但是通过这种肤浅的方式只会引起其他的、可能是更为糟糕的弊端。

承受人责任的出发点当然是某些案件的出现，在这些案件中，因为有效的财产或营业的转让使债权人丧失其责任财产，而债权人撤销权对此又无能为力。当然，这部分归因于不必要的严格的撤销期间，且合理延长该期间又断无可能。但是，对撤销权的一些其他限制在更高效率的意义上仍有发展的能力。但是取代这一做法的是承受人责任变为完全独立的制度，该制度虽然和债权人撤销权在根本上目的一致，即尽可能满足债权人，但是从未试图和既有法律领域有最低程度的契合。这就导致了许多价值判断上的矛盾和个别问题上的悖谬。与决定性的原则及其在债权人撤销权中的具体化相悖，承受人责任不取决于不得已的情况，即确实有威胁的债权人受偿失败，这一点是根本性的悖谬。也许立法者的出发点是认为出让财产或营业本身就导致了困窘的受偿情况或至少征引了这一情况。但在大多数案件中并非如此；也就是说，当这涉及完全有偿的出让时（这是通常情况），而其对价会成为新

---

[337] 就该定义的不同意义的清晰简明的探讨参见 CAPELLE/CANARIS, Handelsrecht[21] (1989) 90ff.（有许多说明）和令人遗憾，但很有说服力的论证的结论。该结论是它与现行制度格格不入，且无有说服力的正当内容的规范，其解释的结果也很糟糕。目前对此进行了深入阐述的有 CANARIS, Unternehmenskontinuität als Haftungs-und Enthaftungsgrund im Rahmen von § 25 HGB? FS Fritz (1993) 11ff；有（部分令人激动）新案例和论证充分的限缩建议。

的责任财产供债权人支配。如果债权人此外还可以向承受人追及最初的责任财产，在结果上无疑是为债权人利益提供了很不错的双倍责任财产，而这完全无法正当化。在特别极端的案件中，承受人已经直接向债权人支付价金或可证明通过债务人向债权人支付价金，而债权人（为了其仍然存在的债权）对承受人主张承受人责任。奥地利最高法院总会基于冷静而理由充分的目的性限缩，避免债权人借承受人的代价获得有问题的得利。[338] 已有大量不同的建议认为应更强地将其限制于无偿出让。

另一个灾难性、有时甚至是毁灭生存性的后果是旧奥地利法中的家庭成员的承受人，其责任不限于获得的财产价值。入不敷出的家庭企业的不谨慎和不幸的承受人必须终其一生将从别处获取的收入用于清偿债务。他根本没有欠下这些债务，且这些债务因无债权人的任何协力（Mitwirkung）对债权人而言早已是无利可图的鸡肋。所幸的是自 1982 年以来，立法者已经废止了相关条文，从而消除了这种巨大的不公。[339]

从另一个角度看难以置信——初看甚至令人惊愕——的结果是承受人责任会完全阻碍（经济上有独特意义的）在破产、和解或强制执行中对企业的统一变价，因为没有任何人会愿意作为取得人冒承担这种责任的风险。这样一来分割财产获得的收益通常就会少很多。立法者就必须为承受人责任这一例外规定再创设例外（《奥地利普通民法典》第 1409a 条）这种矫揉造作的灾难修复最坏的后果；当然不会因此带来禁止恣意的整体规则。

在众多当下的解释问题中还应提及的是听上去吹毛求疵，但一定有实践价值的问题，即当个别的物，例如不动产是其所有权人的（主要）财产时，能否将其视为承受人责任意义上的财产。

当在德国当前的改革工作中建议废除《德国民法典》第 419 条时，这是可以理解和值得赞赏的。[340] 该改革建议符合威尔伯格有充分理由的假设 [341]，对承受人责任的基本批判应归功于他。

承受人责任和它的发展是富有教益的样本，它认为应重视原则—体系化的法律思维，反对表面务实，实际上不过是立法中的毫无目的性可言的实验，而该活动处于法律门外汉的巨大影响下并不鲜见。

这一批评绝不针对不得已情况中的责任法上的归属原则。该原则也是制定法中不甚成功的承受人责任的规范基础。但是有必要谨慎和合乎逻辑地将互相矛盾的原则纳入考量，尤其是注意与（有时发展得很远的）债权人撤销权保持必要的一致并认真地以不得已情况为准。

---

[338] JBl 1984，436 mit Anm von KOZIOL; SZ 61/49.

[339] 这一值得赞赏的探索的开启者是 FENYVES, Gleichheitswidrige Diskriminierung von nahen Angehörigen bei Vermögens-und Unternehmensübernahmen nach § 1409 ABGB? JBl 1975, 617。

[340] 当下对德国破产法的讨论建议稿（1989 年补充稿）中的 Art 11/16。现在的废止已经成功，但是将有长期效应。

[341] WILBURG, Abschied von § 419 BGB, FS Larenz (1973) 661.

第五章 ▶
物权法

第一节 作为"外部体系"的部分

　　如果我们忽略对于当前关系不太重要的细微差别，那么就物权法也能达成关于其特征的广泛共识：它包括将（位于核心领域的）有体物，即感官上可察觉的外部世界的财物，持续地归属于特定主体的规范群，这就意味着（根据具体情况在每个主观权利的界限内）根据相关主体的自由意愿来处分与使用收益。特定物归属于特定主体对于外部体系而言是决定性的（konstitutiv）（此外参见第（68）号原则以下）。

　　服务于归属目的的工具规定的是，绝对的，也就是对每个人发挥作用的排他性权限，权利人借助于它们可以阻止每个妨害相关物的第三人。它们主要体现于针对权利侵害人所发生的返还请求权、不作为请求权、排除请求权。另外被强调的是，"物的支配力"系直接获得[342]，这意味着与债法上的物之用益关系（租赁、使用租

---

[342] WOLFF/RAISER, Sachenrecht[10] (1957) 1 ff; WESTERMANN, Sachenrecht[6] (1990) 2 ff, 6, 8 und 17 ff 最重要的是物权的归属功能或者其结果；F. BAUR, Lehrbuch des Sachenrechts[15] (1989) 1 ff; WIELING, Sachenrecht Ⅰ (1990) 13 ff; M. WOLF, Sachenrecht[9] (1990) 2 ff; K. H. SCHWAB, Sachenrecht[21] (1987) 1 ff; KOZIOL/WELSER, Grundriß Ⅱ[9], 1 ff; GSCHNITZER/FAISTENBERGER/BARTA/CALL/ECCHER, Österr Sachenrecht[2], 1; LIVER, Schweizerisches Privatrecht V/1 (1977) 2 ff. 一个当前的、紧凑的关于"物权法发展与债法的关系（Die Entwicklung des Sachenrechts im Verhältnis zum Schuldrecht）"研究包括其出发点，现在由 Wiegand 提供，AcP 190 (1900) 112；运用自己以前的研究与其他的参考文献。就其特别感兴趣的而言，其结果能被这样总结：体系化独立的物权在很大程度上具有这样的权利地位（Berechtigung），即其规范化的"隔离"于债权，对解决实际问题的方案却从一开始就是失误的（verfehlt），而且被新的法律发展所广泛消除（überwunden）。这是完全令人信服地而且被认可具有必要性，来同时区分"外部的"与"内部的"体系并且反射到它们的联系中。物权特殊原则的说明与其基于（经济）流通目的、交易安全、交易公平的很大程度上的强行法特征是有说服力的（119）。这些——"大致说来"（vergröbert gesagt）——"共同福祉目的"，如同强行法的优先性已经足以使人没有误解，与私人自治形成对比，而且由此反驳了已经成为部分的、流传的、多数情况用于批评的错误设想。该设想旨在实现一个个体的意思自由、纯然个人主义的、形式上的或"古典的"私法。然后新的法律建构将习惯于以共同福祉目的矛盾地对抗这一私法。在物权法中从一开始就强烈地重视第三人交易利益与一般交易利益，这意味着，如果人们想使用这一术语，已在其"古典"私法形态中清楚地实现私法等"物质化"（Materialisierung），尤其是通过信赖保护原则与经济上有效的财物销售（Güterumsatz）原则。（转下页）

赁、借用）不同，"物的支配力"不是经由债务人意思的帮助而获得（vermittelt）。由此，主体——物的关系构成出发点，而且针对所有其他主体的以上法律效力都是归属目的的规范性结果，这样的效力也显然是存在的。[343]（主观）"物权法"对于客观物权法表现出前后一致的标志性，它据此应该通过绝对性特征与法律上"对物支配力"的直接性来确定。[344]

通常被强调的——与指向将来给付的债法的"动态"特征相比——不如说是物权法的"静态"特征，它的主要效力恰恰存在于，在每个要考察的时点上确定财物归属，并由此也自然确定将来财物移动的出发点。这一视角只具有相对的意义，这一点清楚地体现为，物权法在很大程度上恰好由关于物权取得与丧失的规定组成。

自然的、原则上的规范性之外的"物"的概念似乎首先直接适合作为界定性体系基本概念，这一概念简要确定了被如此界定的法律材料（Rechtsmaterie）。然而这个第一印象却是欺骗性的，其原因就在于债法上的债权也频繁地包括"物"。实际上，该界定必须同时依据法律上的特征和并不考虑能否适用于体系的规范的特征所确定。"物权法"上述规范群所包括的现实片段，以及这些规范群自身再次——如在债法那样——主要是通过法律上的特征被说明（umgeschrieben）；这里却是通过包括人——物——关系的现实片段来说明；通过特定的、构成要件上总是适合的规范的内容，这一关系作为归属关系被赋予上述物之直接支配性与绝对的诉讼保护等特征。

这一结构上的体系化标准还是属于元层次（Metaebene）：该标准超过已在规范上被调整的事实。物权法显然也包括那些规范，它们不再关心确立这些法律上的特征（法律效果），而是恰好在有关的已被说明的事实上涉及其他要求。例如，这里涉及到具体情况下物权请求权的规定。就真实规范领域充分可靠的界定而言，这一体系化标准根据经验显然是普遍适合的。还要谈及的是某种程度的过渡形态（Gebilden）与中间形态。它们不是决定性的反对意见（Einwand）：几乎所有概念都有某种程度上的灰色地带与过渡现象（Übergangserscheinung），这种情况完全普遍违背了对精确区分的极端要求。就目前所见，尚不存在相对更好的界定。

（接上页）这并非自萨维尼或《德国民法典》以来才能被认识到（zu 134）的发展，这样一种"物质化"（Materialisierung）。Säcker 于 1989 年民法教师大会的第二个报告中（它未被公开）迫切地并具体地表明，总体上放弃将物权作为特殊的体系范畴，而且毋宁说将其内容相应地分解。由于体系化的问题不能仅仅依赖于思维上的可能性，而且因为物权法的解体根据这里作为基础的"外部的"体系标准是（wäre）完全不合适的，这一考虑仅形成了理论上有兴趣的思想实验。它的实际意义仅在于，被展示的具体可执行性最终证实，如同它错误的那样，债权与物权由于完全符合目的的外部分离，在内容规范上也可作为完全分离的世界来对待。

[343] 就目前所见，还没有人对此质疑和有意隐瞒。由于始终被强调的物权绝对性，也就是以诉讼方式对每个人的可行使性（Durchsetzbarkeit），最后一点是尤其不适当的。权利只在人与人之间发生关系，却和物无关，物权只是一个用以揭开这一事实而被发明的范畴，也就是完全无实质的（substanzlos）。这是在定期内、十足热情的、始终重复被新"发现"的反对意见。通过其绝对性概念特征，物权概念以无比的清晰程度已经表达了以下内容，即该特征最后自然涉及权利人与其他人的法律关系。这一概念仅仅首要表现其主要目的，即对物归属。其他的、至多被涉及主体的义务是这一目的的手段。如果人们在这里看到意识形态批评的"揭露工作"动因，那么这就是人们有时在这个工作中做得相当容易的标志（Indiz）。

[344] ACCHER，Das Eigentum als subjektives Recht（1975）64 ff 以无数的证据与具体的争论。

第二节 原 则

1. 基于"规范性特征"的视角，更不能得出反对体系范畴"物权法"的质疑。有意思的是，在对这一法律领域的整体描述中，与债法领域的整体描述相比，远远更加明示地将一系列基础"原则"置于顶端，并且对之经常进行更为详细的探讨。[345] 所提到的——以具体不同的详细程度，而且不总是以相同的顺序——有以下原则：*(59) 物权法的类型强制或物权法定*（*numerus clausus*）是对合同自由的限制，权利交易据此被限制于被法定调整的物权类型，而且由此没有新的物权能被私人自治创设；*(60) 物权绝对性的保护*，对此已经得到阐述；*(61) 公示性或公开性*，据此物权法上的权利变动与权利状态应该对于最初未参与交易的第三人尽可能明显（这根据情况而言显示出强烈相对化，例如"交付"仅由约定占有改定替代）；*(62) 物权的特定性或确定性*，据此物权与物权法上的过程必须始终包括特定的存在物，而且——一个实在法的技术扩展——它们不能在集合物（财产）上设立；*(63)* 多个物权之间的*固定顺位*(Rangordnung)；*(64) 根据权利外观从无权处分人处的善意取得*以及*(65) 物权性处分行为的必要性*，它们被规定了*特殊的事实上的效力前提*（交付、土地登记簿上的登记）。[346]

作为替代性原则还必须坚持的有*(66a) 德国的无因性原则*与*(66b) 奥地利的有因交付（权利移转）原则*（《奥地利普通民法典》第 380 条），据此物权法上权利移转行为的效力不依赖于作为基础的债法上原因交易的有效性，而且完全独立于其目的，或者（另一观点）很可能依赖于"原因行为"的效力。[347]

2. 对于这些原则中的少数来说，似乎符合目的的简短解释说明可能在此足矣。它们的价值倾向与核心内容是公认的。但是，首先关于物权法的"类型强制（*物权*

---

[345] 参见最后第三个说明的例证。关于主要物权法原则的更详细探讨，特别由 WESTERMANN aaO 17 ff 提供，而且最重要的 F. BAUR aaO 27 ff，它也为每个从事物权法研究的人恰当地突出了澄清这些原则的重要性；类似的参见 M. WOLF aaO 9 ff.。有关物权法财物归属与物权法原则的详细内容 J. WILHELM, Sachenrecht (1993) 1 ff, 145 ff; knapper SCHAPP, Sachenrecht (1989) 1 ff, 9。

[346] 此外，与传统观点相反，处分行为不需要作为在时间—空间上通常与债法性质的负担行为相分离而被思考。毋宁说它能够（而且应该为避免虚构）在简单情况下被理解为：纯粹在思维上能被作为与债法相分离的、真实的、已在债法合同被共同包括、不能被撤回的、关系到所涉物的物权归属的（将来的）"物权合意"；就此而言恰当的观点如 SPIELBÜCHLER, Übereignung durch mittelbare Leistung, JBl 1971, 592 ff; vgl im einzelnen BYDLINSKI in KLANG IV/22, 370 ff; DENSELBEN, Die rechtsgeschäftlichen Voraussetzungen der Eigentumsübertragung nach österr Recht, FS Larenz (1973) 1027 ff。

[347] 在瑞士，最后提到的原则明确地只在不动产法被确立（《瑞士民法典》第 974 条第 2 款），而关于动产的这一问题则被立法者搁置。较新的判例偏爱通过类推反对解释，以充分的理由填补这一漏洞。vgl BGE 55 II 306; BUCHER, Obligationenrecht, Besonderer Teil[3] (1988) 74。

法定）"的额外说明（Bemerkung）确实是必须的，它与债法相比首先确定对于作为内容上形成自由的合同自由予以重要限制。这一原则的意义多次在特殊范围被相对化甚至被否认。就这些针对法定确定的过渡现象与中间形式的质疑而言，例如法定的"物权化"债权，相关的现象，如物权化的优先购买权或者出让禁止，或者租赁权针对出租人的权利继受人的物权效力，可以在形式上直接被理解为物权的额外法定类型，但只享有有限的物权效力。它们肯定以法律上特别承认的（或者甚至在效力上扩展的）合同自由的使用作为基础，也就是说不是单独以此为基础。合同自由的普遍化限制在物权法中还是依然如此（es bleibt sehr wohl）。

由于在交易领域自身发展出来的物权法现象，如所有权保留，担保式或其他的信托所有权或期待权，针对类型强制原则的适用提出了严肃质疑。它们具有不同的权重。上述提到的现象首先以也适用于物权交易的一般法律行为规则为基础，如所有权保留中的条件规则，同时也以合同自由为基础，只要合同自由允许所有权移转以任意的债法上原因行为作为依据，以及以担保义务为依据。在无因性原则之下，根本无须债法上的原因行为来抵偿。在有因性的交付原则之下，首先令人怀疑的是，担保约定（或其他的信托约定）作为"名义"（Titel）（法律原因）对于所有权移转是否在任何时候都是足够的（zureichend）。这在奥地利很早就得到承认，更准确地说是基于破产法的法定规则，这些规则体现了事实上的认可。[348]

然而这里根本不涉及物权类型的新创造，而是*所有权在法定范围内的债法上的目的设定*（Zweckwidmung）。在此具有决定意义的是，合同自由的关键可能性也与强制性的物权法规则整体相协调，而且还要防止对这些原则的——最重要是普遍的——突破与规避。这一问题尤其表现于动产物权领域中无占有且因此未公开的担保；即通过占有改定设立的所有权让与担保（Sicherungsübereignung）。作为法定担保权的质权被禁止通过占有改定设立。占有改定使为第三人占有就仿佛没有公示性那样，而是只在出让人与受让人的关系间无疑明确了当前的移转意思与取得意思。在通常的所有权移转中，这样的意思根据明确的法律状况就足以满足要求。相反，在特别棘手的担保权中，其意义恰恰在经济危机的情况下展现出来，欺诈交易的风险应该被最小化，而且人们由此要求可感知的、尽可能建立被担保人对物支配力的移转行为。奥地利原则上允许所有权让与担保，这一立法的评价得到尊重，而且对动产质权（有体的"交付"，或者基于物之属性而导出的、其不作为有体物时，象征性的、至少公开的"交付"，《奥地利普通民法典》第451条以下）的设立前提类推移用于担保所有权。担保所有权在德国在其他方面都以类推质权的方式加以对待，例如涉及拒绝流质条款。相反，在非常形式化的论证中，占有改定在所有权上的移转方式也被允许适用于所有权让与担保。因此，对于担保物权所提高的公示性

---

[348]　Vgl FROTZ, Aktuelle Probleme des Kreditsicherungsrechts（I/3, Verb des 4. ÖJT 1970）108.

要求实际上被清除，而且整个动产质权制度为了无公示的所有权让与担保的利益而被剔除出法律交往（Rechtsverkehr）。这与广泛的、体系化—目的性的法律适用方法论是绝不相容的。导致的后果也就是破产财产基本上被完全掏空，因为通常所有现存积极财产（Aktiva）都为担保而被移转于特定债权人。矫正手段（Gegenmittel），如对特定债权人无所顾忌的过度担保而致违反善良风俗，虽然能被适用，却伴随着困难与经常自始几乎难以判断的成功前景。较新的破产法规则绝没有在实体法根源中涉及这一难题。该规则希望无占有担保权具有抵御破产的能力（Konkursfestigkeit），这自然必定完全普遍地缩减担保功能。基于避免混乱的实践性原因，人们由此本应优先选择一个原则上的实体法解决方案。

根据其目的，所有权保留是一个无占有且无公示的动产担保物权，而且因此经常遭人质疑（例如《瑞士民法典》第715条的登记前提。关于动产的登记质权之外的可能性也在德国与奥地利被反复探讨，迄今为止它们由于不同的实践困难而告失败）。相反，尽管无占有的所有权让与担保遭到拒绝，简单的基础形式的所有权保留（不同于"扩展的"所有权保留的形态）却在奥地利获得完全承认。这绝不是前后不一致的，只要我们认识到，困难法律问题的解决方案更多是以多个原则之间的概括权衡为基础。尤其是债法上给付与对待给付相互之间牵连性的法定原则，这里是同时履行原则的形态，支持简单所有权保留，而且在此首先意味着相应地限制公示原则：所有权保留不仅仅是通过合同自由的自由创造，而是面对法定清算中同时履行的合同步骤：出卖人给予信贷（kreditieren）的只是占有（Innehabung），而非所有权。一个其他法律原则的更好实现与——其自身单独在物权法中不必然足够——合同自由共同为在担保法领域限制公示原则提供合理说明。[349] "价值追索"（Wertverfolgung）的正义思想也在背后支持，它在现行法中只是限制地获得表现，而且在信托中必须要谈及。

整体而言，在法律交往（Rechtsverkehr）中自身产生的较新的物权法现象，只要它们能被承认，就可以被理解为制定法上（gesetzlich）相当固定的物权（所有权的权利）类型在纯粹法律行为上的修正。这些现象能够根据相关（绝不是纯粹孤立的——物权法上的）原则的概括性权衡获得支持。它们并不意味着推翻类型强制。

在其关联中更为困难的是余留的（verbleibende）现象，即担保人或其他的信托人正好在对于受托人（Treuhänder）的强制执行和受托人破产的危机时刻所享有的权利（取回权，或仍然是抵押权，或第三人异议的权利）。它在一般意义上以物权为前提，即物权法上的归属。（完全）信托的基本建构恰恰在于，信托财物的所

[349] 更详细的参见FROTZ 166；BYDLINSKI in KLANG Ⅳ /2², 459 ff；也见以下内容。针对德国法，讨论的所有细节与有关所有权保留与让与担保的发展被呈现于史无前例的、全面的专著SERICK, Eigentumsvorbehalt und Sicherungsübereignung Ⅰ (1963)，Ⅱ (1965)，Ⅲ (1970)，Ⅳ (1976)，Ⅴ (1982)，Ⅵ (1986)；尽管有部分基于不同的教义学基础。

有权被移转于受托人，而且他对信托人只是负有债法上的约束（Bindung）。这在危机时刻如同物权一样开始发挥效力，是信托的真正奇迹。对此后文必须还要谈及。在此，人们只能坚持这一可能性，即如果信托表现为物权，类型强制（不是将担保*所有权*或信托*所有权*作为这样的类型，而是相反）可能被信托人公认的法律地位所打破。

物权法定原则的效力不是因为法律交往中新的物权法类型的发展，而是从一开始而且完全普遍地被否认，这是维林（WIELING）最近的观点 [350]；该原则已经被《德国民法典》第 1007 条排除，只要每个占有权的持有人（Inhaber）一获得占有，它就赋予他一个物权地位。完全类似的还存在于更古老的《奥地利普通民法典》第372 条（布布里奇安之诉 actio Publiciana），它赋予每个（以前的）善意的、合法的（也就是根据有效的名义）与真正的占有人向每个合法性较弱的占有人主张物权保护的权利。

在现在的联系中只是以下内容具有意义：这一物权化效应（Verdinglichungs-effekt）就是通过*占有*，即一个当然物权法现象，而发生。纯粹的占有将物上重要的防御权限赋予物的事实支配者，表面上自相矛盾地不考虑其对物的合法性，肯定"仿佛"占有是一个物权。这一表面上的罕见性（für diese scheinbar Selt-samkeit）的充分正当化理由在于，占有保护首要的维护和平，反对私力（即使它的行使是为了实现真实或臆想的权利）的功能。私法中几乎没有其他哪个制度通过其规范正当化在这样一个范围内显然由共同利益目的（Gemeinwohlzwecken）所支配。以占有人对于平静的、真实的物之支配力的继续存在的个人利益为出发点，仅其本身明显是不够的，因为这些利益*可能*是完全非法的。人们可以将(67)针对*物的支配*的私力最小化或*维护和平*原则称为占有法的核心准则，它在占有保护预防性规定之外是类似的，在没有物的关联的情形下，明显存在于对正当防卫（Notwehr）与积极的自力救济的限制中（例如《奥地利普通民法典》第19 条），尤其表现为提供"正当的法律途径"（ordentlichen Rechtswegs）。

倘若占有人的占有哪怕事实上只是依据纯债法上的权利，那么如同已经援引的法律条文所展示的那样，占有保护在维护和平的功能之外，还额外获得带有相应加强效果的权利保护功能。人们是否愿意把它视为一个在很大程度上的"物权化的债法权利"或者一个具有重要附加作用的更高资格的占有（一种占有的升级，从纯粹反映禁止私力的准权利到真正的主观权利），只是一个纯表述问题。无论如何，占有与债法权利的结合（zusammentreffen）才导致每一个具体因素都不能引起（nicht nach sich ziehen kann）的效果。时而能听到的、自身无逻辑的主张，即两个构成要件或原则的结合不能合理地说明那些不是由某个因素单独引起的效果，在此

---

[350] AaO 22 f.

受到特别明显的驳斥。

如果我们从现在起至少在相同层级上重视占有，那么《德国民法典》第1007条与《奥地利普通民法典》第372条保护的法律地位就是一个本已是物权法现象的适格次级类型：占有。那么就不存在与类型强制的矛盾。同样可能的，从债法角度明显的同样正确的物权化形式迫使人们认识到，与实际规范性问题相关联的物权法与债法的严格"分离"（Abschottung）应当原本是不存在的（nie hätte die Rede dürfen sein）。越是在前文所引用法律规定所授予的请求权之外应当再强调另一个一般化的"物权化现象"，情况就越是如此：每个相对于所有权人（或者其他物权人）存在的（也是纯粹）债法上对物的"占有权利"都成功地表现为针对任何物上请求权，尤其是返还请求权的占有抗辩权形式，而且在此范围发挥了"物权法"效力。在这里，通过占有就已经建立的两个体系内容之间深刻的规范上的横向联系（Querverbindung）也是唾手可得（Mit Händen zu greifen）。[35]

该部制定法（Das Gesetz）在上述表明的联系与此外的许多具体规则中都表明，在该部制定法中，债法与物权法的严格"分离"在实际规范性问题上事实上绝不会存在；也就是说，该部制定法绝不追随对于严格区分的"外部"体系化的法律意义过度"纯粹"的想象。尤其在追随有因交付原则的法律秩序之下，应该对此完全没有怀疑。即使在无因性原则之下，它的严格性（Stringenz）也由于新的法律发展而频繁变得松动。如果人们对具体的、实践的法律问题——幸运的是这些问题足够稀少——在决定性的地方简单地以严格区分债法与物权法来论证，这就特别过时了；而且在理论上从一开始就是错误的。因为这样的论证暗示将法律获取的方法论问题

---

〔35〕"物权化"难题的全面论述尤其见于 CANARIS, Die Verdinglichung obligatorischer Rechte, FS Flume Ⅰ (1978) 371 ff; vgl auch DIEDERICHSEN, Das Recht zum Besitz aus Schuldverhältnissen (1965); aus der älteren Literatur vor allem DULCKEIT, Die Verdinglichung obligatorischer Rechte (1951). 根据"中间现象"的标准文献，尤其见于 WESTERMANN aaO 43 ff. 如果一个"（对自身的）an sich"债法权利在某种程度的关系中被赋予物权效力（在通常方法论的找法框架下，被法律明确认可的物权效力能够被精确或补充），一个过渡现象尤其存在。最后被引用的引导性物权教科书涉及在"外部的"体系建构与方法论上找法之间这个正确关系，如果它表述为：在法律状况要求违背法学体系论的设置（Einrichtung）的地方，该状况可以为这个公正且符合目的的解决方案而被牺牲。实际上应该只是谈不上法学体系论的"牺牲品"，如果人们想到，"外部的"体系只是通过其特性与方法论的找法发生限制的关系，该特性使得突出内部体系的原则成为可能；就此而言就是这些原则在找法时发挥关键性作用。在实际问题上，基于不同领域之间的关键性原则也必须被互相援引，如果它们全部包括发生这些问题的事实。对于这一已经根据基础法学经验证实的法律思想，应该是一个根本不需要继续讨论的公理。获得的具体解决规则应该被外部地一体系化地分类，然后参照它们与体系化基础概念之间更大的相近关系；辅助方式基于符合目的的考虑，他们不必要让一个唯一的解决办法作为可行的方案。这经常在清楚的法律内容上能够被认识到。例如，人们能够困难地以强制性理由来决定，先买权的物权法变体（Variante）（《德国民法典》第1094条以下）分割地在物权法，或者纯粹作为债法制度的变换（Abwandlung）（《奥地利普通民法典》第1073条第2句与第1079条第2句）在物权法中更好被废止。人们也能够将转让禁止与负担禁止在其债法变换中列为物权法的所有权限制（《奥地利普通民法典》第364c条），或者甚至在总则中将其列为被禁止的法律行为（《德国民法典》第137条）。如果这样"外部的"分类难题相对地（verhältnismäßig）经常出现，由于财产法上强化的实质性与规范性联系，它（es）可以不必令人惊讶。至少只要没有更尖锐的、而且为制定"内部体系"相同的、适合的体系性概念被指出，在许多核心问题中，关于作为基础结构概念的完全无困难的区分可能性，这些完全仍然边缘的区分难题没有决定性地发生改变。

与体系难题等同视之，甚至在讨论后者时没有在外部体系与内部体系之间进行区分，而且完全没有充分地反映这三个现象之间重要的、分别被限制的联系。这在本书的第一部分已被详细阐述。

为了将这些概括的论述变得直观化，扎根于现有客观关联的举例讨论基于奥地利法的范围发挥助益。该讨论关系到租赁人对第三人的"占有的"（petitorisch）与"准物权的"保护。它已在其他地方得到分析，在此只能被指出。[352]

第三节　原则名单的补充

1. 被普遍提到的名单与上述已被合理说明的物权法原则在更详细的观察中表现得惊人地（auffallend）不完整。外部财物（Sachgüter）广泛归属于特定的权利主体应该具有哪个目的，这样一个简单的问题就超出了以上名单。这一目的可能——根据抽象的描述——只在于，将被涉及的外部财物以法律上被保障的（gesicherter）方式无限地或在有限的范围内，交由权利人对其用益、使用或者转让进行自由处分；也可能同时在于，将外部财物作为权利人的"财产"，以此为其债务履行作担保。后者在关键词"个人责任"之下已在债法中获得强调，在那里它具有重要的作用。对于前者这个赋予"物权法"整体范畴内在意义（sinnstiftend）的方面，人们可以——针对限制物权，用部分代替整体——称之为法律上受保障的*所有权自由*。

在探讨物权法的一般原则中，这一物权法中的决定性思想极少在权威文献中被指出。[353] 类似的现象也发生在广泛的各种各样的所有权自由的法定限制中。这些限制无论如何都不会被习惯地理解为主导思想。[354] 更鲜有被强调的是支持非集权的市场经济体系的物权法的完全决定性的特征，尤其是所有权法的特征，如果这个特征也扩展于"生产资料"。[355] 它与一般的债法上的合同自由分享这一决定性特征。相对于私法的这些核心原则和制度，那个——在经济法上同等程度被赞颂的——竞争法对于一个很大程度上由私法组织的经济秩序的基础来说，倒不如说只具有脚注的性质。

如果人们在内容上对物权法归属功能的频繁与恰当的指示进行充分评价，那么

---

[352]　BYDLINSKI, Der negatorische Schutz des Mieters gegen Dritte und das Rechtssystem, FS Wesener (1992) 81 ff.

[353]　ZB bei M. WOLF aaO 8 und bei LIVER aaO 3.

[354]　Anders wieder LIVER aaO 2, 表述为"共同体思想"（Gemeinschaftsgedanken）的决定性原则。法定限制原则的特殊理解可能仍应该被优先考虑。……恰当地并列提出所有权自由与所有物之支配性权利的社会义务原则。

[355]　ZB M. WOLF aaO 8.

在更详细地观察时，令人费解的忽略所有权自由的印象至少缩减至原则层面。这一功能就是存在于将物在法律上置于权利人自由、有意的（willentlich）处分之下。因此，所有权自由（与行使其他物权的自由）的核心主导原则以适当的方式在持续地被强调的"财物归属"之中被隐含地包括。人们确实不能疏于明确强调（68）*财物（materieller Güter）归属于权利人处置的原则*；简而言之，即*所有权自由*。

这更是非常必要的，因为通常所说的这些物权法原则合理地未被理解为彼此完全孤立的现象，而是被归因于互相间有意义的联系，而且伴随着主导性的归属目的，即上述原则。[356] 据此，绝对性是归属功能的后果。如同对此能被说明的那样，这一"归属"在法律上恰恰存在于保障绝对的诉讼保护。由于物权是对每个人的效力，而不是只针对在权利发生的过程中参与的特定人，物权法要求公示性，尤其反映在对物权法处分行为的要求上，而且新型物权类型的自由创造更是被"类型强制"所排除。交易保护与信赖保护的法的安定性要求与经济上有效的、避免不必要支出费用的交易建构相结合，明显地作为幕后决定性的根本评价基础；即使存在善意取得的权利外观原则、权利的固定顺位与特殊性。如果没有所有权自由的基础理念，也即人们自由处分属于他们的外部财物，那么所有的这些准则将不能产生正确的意义。所有权自由基于一般自由原则的可推导性，以及它与债法上合同自由与遗嘱自由的亲缘关系（Verwandtschaft）是显而易见的。

2. 即使还要补充说明，所有权自由的原则不应被理解为权利人可以完全不受限制地处理其所有物的要求，这也完全符合一般意义上对"这些原则"的上述理解。鉴于其他的、反向的原则，权衡性限制的必要性也是这些原则与生俱来的。所有以上被提及的原则在法律上是强制性的，也就是不依赖于物权法上权利人的意思而被设置（ausstalten），已经清楚地证明这一看法（Sicht）的正确性。如果人们没有在相同程度上重视所有权自由与其强制性限制，物权法也就完全地不能被理解。

即使单独考虑到所有权的内容，实证法上忽略基于多样化原因在规范上施加于所有权人的对自由处分在内容上的多重限制，在原则上是错误的，而且是荒唐的。在以前和现在，所有权都不适合仅仅通过所有权人鉴于物的自由意愿而被定义。限制始终也是通过法定的、以公众利益提出的规定在定义中被一起包括（例如参见《奥地利普通民法典》第 354 条与第 364 条第 1 款、《德国民法典》第 903 条、《瑞士民法典》第 641 条）。时常成为趋势的相反主张是显然根本错误的。人们认识到所有权法也受限制，这绝不是社会科学的新知识，或者也绝不能归功于本应认识到所有权"社会义务"的现代观点。

因此，所有权限制方面范围广泛的、数量上的发展显然不应被否认。基本上，过去与现在一直都是这样，即所有权人的具体权限包含着关于其物所有可能的用益

---

[356] WESTERMANN aaO 9，17 ff.

与处分的总和；扣掉那些由法定规定普遍排除的权限，或者为相关种类的物所排除的权限。这一统一的基础本身就已将统一与广泛的所有权概念正当化。现存所有权限制的多样性与差异性迫使我们需要根据种类与影响（Ausprägung）继续探知具体的所有权权能。[357]

　　所有权限制在内容上本身部分地属于私法，为此相邻关系法以其特殊的容忍义务成为最重要的例子。它主要属于行政法中最具多样性的领域。在此涉及两个很大的法律领域（Rechtsmaterien）之间的交界处或"混合地带"中一个最重要的实例。值得考虑的限制根据其自身的类型与范围在内容上几乎难以概观，而且肯定无法在原则层面上进行更详细的探讨。其部分原因在于，相关的法律制造活动在很大程度上是基于日常政治的愿望，以及为彰显其存在正当性而主动制造规范的庞大官僚主义的固有规律性。仅仅出于这些原因，在公众福利要求与其可检验的实现效果之间的差距经常是非常巨大的。仅以公法的建筑法为例以一句话来说明：它显然既没有成功地反对许多丑陋建筑的产生，也为前赴后继的无数建筑或维修申请人在追寻完全无害的愿望时造就了巨大的官僚主义障碍。在行政法的这个或其他相关领域，尤其是行政机关经常具有决定性的，即使多数情况下以许多话语掩饰的自由裁量造成了干扰，这些自由裁量在恶劣情形下由惊人的官僚主义自信在完全不能被合理说明的程度上取代所有权人的处置自由而被确立。

　　在它内容丰富的、分别依赖于真实关系及变化的合法核心，针对大概所有其他的道德原则，这些所有权限制都表现出了所有权自由之限制在很大程度上的可正当化性。生命、健康与人的尊严保护、最低生存保障、差别化原则以及法的安定性的特殊要求与经济效率（最后一个以最深刻的理由正好支持所有权自由原则）能够在许多法定所有权限制的例子中不费力地表现为基本上恰当的正当化理由（Rechtferi-tungen）。在体系化、致力于最优化的原则权衡的视角下，基于以上理由，尤其是由于无节制的"非方法论"影响，具体而言自然存在许多批评的动因。只要在规范设立时实证主义——决断论的瞎折腾（Herumhantieren）被认为是无可替代的必然现象，只要许多很有影响力的政治参与者是如此外行，以致他们根本没有严肃地认识到所有权自由与所有权法律制度的根本意义，即使仅仅有限的矫正也是不可想象的。正因为如此，而且由于其不可避免的抽象高度，人们在体系化、原则性方面的努力如同以上暂时的努力中，只能寄希望于为该意识的逐渐发展给予推动力，即在一定范围内存在比"无体系的体系"更好的可能性。人们必须将这里所

---

[357]　LIVER这令人信服的、以自己以前研究为依据的建议 LIVER. aaO 3 ff. 相反地、附带地推荐不同作者，建构所有权的不同类型或"概念"，或者重新激活历史性的区分，如在上级所有权与下级所有权之间，所有权限制的多样性与差异性几乎不能比单一的所有权概念更好地得到考虑。在另外一个方向，有关所有权的术语解体确实不能被格外期待什么积极内容。严格地区分不同的所有权种类，如在"真实存在的社会主义"的法律秩序中，过去或现在都是单方规范性指导准则在那里（发挥作用）的鲜明后果。在此期间，它们现实效果上的严重缺陷在经验主义上是明白无误的。

面临的巨大的分析工作托付于目前许多值得向往的书籍。这些书籍应该在广泛地权衡相关原则下被写成，而无论它们究竟是以公法，还是以私法作为出发点。[358]

在以上框架中，在物权法的原则层面至少还能而且必须强调的是*(69)（以点代面）通过公众利益限制所有权的一般化规范的原则*或更简短地表达为*所有权负有社会义务的原则*，物权法的原则名单缺少这些就会变得令人迷惑的不完整。它指向了法律道德的必要性与所有权自由限制在实证法上的现实性。所有权自由的限制根据与反向的其他原则的权衡，最后基于基础性法律原则的层面而得出。这一指向的第一部分应该在此有意识地使得理性体系化的权衡优先于即刻的自由决断。

3. 如果人们在应然法里找法，那么所有权限制的整体现象通过与"征收"的必要对比，即征收是基于公众福祉的主导性理由而首先剥夺归属于权利人的物品，最主要地提出一个重要任务。征收——根据毫无怀疑的德国宪法与奥地利正确的宪法解释，尽管奥地利宪法法院对此并不同意，而且根据几乎所有的奥地利征收法律——必须以完全赔偿为代价而发生。[359]

在极端的征收情况下，虽然合法取得（wohlerworben）的所有权权利在标的物保护上完全退后，然而在物之上附着财产价值的保护却根据补偿正义原则完全保持不变。就此而言，由于该原则基本上无处不在且不可避免，所有权限制从所有权保护的观点来看是更糟的：它原则上不会引起赔偿，因为所有权权能受限制的界限从一开始就存在着。

所有权限制可能被如此升级，即"所有权人"最后只剩下"虚有财产权"（nuda proprietas），或者可能只有与所有权有关联的法律上的真实负担是有效的。这样纯粹的"事实上"征收，因为并非与形式上剥夺所有权相关联，但相同或效果更糟的征收（或者"与征收相同"的干涉）却能架空整个征收规则，而且掏空所有权制度。由此出现将"事实上征收"作为法律意义上征收而对待的这一非常实际的问题，而且最重要的是它与"纯粹"所有权限制之间区分的问题。这是司法界与法教义学付出最多辛劳的对象。这一区分尝试以可理解的方式，在每个具体的关联中争取一个广泛权衡的界限区分，而非首要地抽象探知一般的最外部界限。在过去和现在尝试流行的方案，如"特殊牺牲理论"与"可期待性理论"，前者取决于具体涉及者的偶然多重负担与由此违反的分配正义，或者一般的平等原则；后者将内容上限制的范围与比重视为决定性的。艾舍（AICHER）将这些观点概括地接受并以私法的区分标准，尤其是相邻关系法，在方法论与体系上令

---

[358] 法律秩序"外部—体系化"大致两分为私法与公法，由此表达的相对化只不过意味着体系建构与借助于"内部体系"可能的强调，虽然对正确的规范性问题解决是重要的，但绝非提供方法论上唯一决定性的前提。由此，它完全符合本书关于外部体系、内部体系与方法论上找法之间关系的以上明确发展出来的基础概念。

[359] 由此相关的当前基础问题尤其参见以下研究与建议：RUMMEL, Enteignungsentschädigung (1981); DEMSELBEN, Enteignungsentschädigung in der Land-und Forstwirtschaft (1984); DEMSELBEN, Für ein neues BundesEnteignungsgesetz (1984) (teilweise mit Mitautoren).

人信服地继续发展为将惯常的所有权限制与相当的、符合征收的所有权限制相区分的动态体系。[360]

由此，区分的理论提议在上述关联中必须被提及，尤其因为它包括一个目前还未被提及的因素，它对于原则—体系的权利思想在一般意义上特别富有教育意义："私人用益理论"（Privatnützigkeitstheorie）[361] 至少找到被寻找的界限在于，由于那里可适用的物之所有权的限制总和，以至于所有权的处分可能性实际上不再残留，这符合独立于所有权人本身判断的所有权人的利益。例如，这一界限从建筑法、区域规划法（Flächenwidmungsrechtlich）、自然保护法、环境法等限制而产生：它（所有权限制）能在其整体上排除每个对所有权人有益的土地使用收益（Nutzung）。

为在教义学上确定征收与真正的所有权限制之间的界限，"私人用益理论"（Privatnützigkeitstheorie）在一般意义上遭到拒绝。如果人们将其与其他区分尝试置于相同的层面，这是可以被理解的。但它因此也被误解：它找的根本不是各自在具体关联中基于广泛权衡可被区分的界限，而是标志着普遍的、抽象的*最外在的*界线。纯粹的所有权限制在超出这一界限之外肯定不能存在；如果广泛的权衡能够支持，所有权限制很可能在其之前已经被逾越。

这样理解，这里相关的理论提议为原则权衡整体构建了一个特别直观的佐证。根据在此获得支持的观点，每个有效的原则（在其真实领域的框架内）必须在每次权衡时还要在一个可感知的最小程度加以保持。据此，法律状况与尤其是法律后果必须在现实更加重要的形式上不同于如果该待讨论原则不存在的情况下。在允许这一设想适用于所有值得考虑原则的框架中，为优化平衡的继续努力根据"权衡法则"（Abwägungsgesetz）享有其重要的地位。从法政治学上看来，这些继续的努力必然还会经常导致准确化的抉择。然而在最大限度的范围内被置于其之前的，是在应然法的工作中体系化地寻找在相似情形下已经更加准确确定的类推基础与"基础评价"。

在这样的视角下，"私人用益理论"（Privatnützigkeitstheorie）标出了完全正确的基点，从此开始，核心的关键原则所有权自由在实践上就不再留有剩余。这里最终且普遍地不能再讨论什么纯粹的所有权限制。除非与法律秩序上对所有权自由原则性的承认相反，完全否认所有权自由，否则一个如此广泛的限制就不再能以其他原则来正当化说明。在这一基点*之前*，在每个具体联系中的广泛权衡

[360] 参见全面的与有说服力的、也提到的较早的区分，AICHER, Grundfragen der Staatshaftung bei rechtmäßigen hoheitlichen Eigentumsbeeinträchtigungen (1978) 165 ff bzw (eigener Lösungsansatz) 235 ff; erste Ansätze in dieser Richtung bei BYDLINSKI, Der Ausgleich von Schadensfolgen der Durchführung öffentlicher Projekte, in: Rechtsprobleme der Planungsfolgen (1971), Schriftenreihe der Bundeswirtschaftskammer, H 15, 27 ff.

[361] REINHARDT in: Reinhardt/Scheuner, Verfassungsschutz des Eigentums (1954) 1 ff.

中，运用在艾舍意义上所有在法律秩序现存的有教益的标准都是必要的。因此，在所有权限制原则的具体联系中，以上一般意义上关于方法论的运用以举例的方式得到证实。

第四节　物权法的次级内容

1. 物权法最大的次级结构（Unterabteilung）毫无疑问是动产法与不动产法。这一分类连接着"动"产与"土地"（Grund und Boden）的"自然"差异。某种程度上的边缘区分难题没有决定性地妨害以上基础概念的适用性，尤其是没有更好的其他可能性以供选择。

在不同种类的公示思想影响下与相应地在物权处分行为效力的要求中，不同的"规范性特征"（normative Spezifität）可以被最清晰地辨认：*(70)* 登记原则适用于不动产，据此基于法律行为的不动产物权变动需要在不动产登记簿上（Grundbuch）进行登记。这样尤其满足很大程度上的法的安定性要求。总体而言，不动产的物权状态应在不动产登记簿中清晰可见。它的前提是一个专门组织的不动产登记名册（Liegenschaftsregister），也就是不动产登记簿。对于多样性的、不同种类的、经常不是特别有价值的动产来说，一般应当避免类似的代价，以致这里对权利移转与权利成立只适用物权法的*(71)* 交付原则（*Traditionsprinzip*）。它使得法律效果依赖于可感知的交付行为。这些要求基于实践性理由在很大程度上被削弱。在"占有改定"时，其实一个当前权利移转的完全清晰状况只是存在于直接参与人之间，在善意的前提下，他们这样做当然可以作为有利于整个交易领域（Rechtsverkehr）的解决办法。

对于稀有且价值昂贵的动产完全可以适用具有相应法的安定性优点的登记制度，只要我们愿意认真地克服与此相关的实践困难与区分困难。当然在这里特别关注的法律秩序中仍然还没有实现。

根据不同的事实情况（Gegebenheit），善意取得的权利外观组成对于不动产与动产也有所不同。它在不动产这里是存在于登记簿的登记，而在动产那里是存于（实际无权利的）出让人事实上的支配权（Gewahrsame）。

另一个规范性差异表现在所有权限制原则的效力上：从种类与范围来说，不动产所有权的限制一般显著地大于动产所有权的限制。所有权自由相应地表现较弱。两个原则各种典型的混合比例也由此构建了特殊的规范性差异。在两个物权法领域自身的各个领域，无数不同的细微差别都由此没有被排除。因此，两个不同的"所有权概念"的差异可能已经不必继续论述。

最后，我们可以在不动产法中观察到一个趋势，或许可以将该趋势表述为*(72)* *不动产法上的所有权分散（Eigentumsstreuung）原则*。[362] 物权法争取保护通过"客观关联"建立的经济价值免于不必要的毁灭，这表现在组成部分与从物的规则上，并且在不动产法"地上物跟随土地"（superficies solo cedit）的规则上表现得最为突出。古老的、实际划分的"楼层所有权"（Stockwerkseigentum）已经在很大范围内成为它的牺牲品。然而，最新的法律发展没有停止于此而且也未停留于共同所有权的可能性。毋宁说通过建筑物区分所有权（Wohnungseigentum）[363]，在他人土地上的（私法）建筑权，而且在奥地利也通过这里实践上重要的"地上权"（Superaedifikate）制度创设了各种可能性，一体化的物之复合体（Sachkomplexe），即不动产与其之上的建筑（以完全不同的技术）按照每个真实的部分广泛地可被多人中的一人或甚至许多权利人独立处分。因此，即使是融资能力较弱的权利共同体成员也能以充分有利的安排（Ausgestaltung）获得不动产所有权。考虑到非同寻常的广泛成功，尤其是建筑物区分所有权所实现的成功，人们在此能够为真实适用"差别化原则"（Differenzprinzip）确定一个很好的范例。

不动产法所有的上述特点都与土地的特征相联系。土地是一个不能被增加的而且由此特别敏感的财物。这一特性（Qualität），不仅仅是土地经常表现的显著经济价值，对其在物权法上受到的特别对待具有决定意义。在较少受关注地区的较小土地与土地上尤其或许过于微弱的部分（共有）权利（Anteilsrecht）很多时候低于可移动财物的经济价值。从不动产到资本财产与总体上从物质财产到债法权利，对此有关历史上重要性移转的经济反思，如同经常被列举的那样，显然不适于使人理解不动产法上现存的毫无争议的特点。价值关系与功能可能是相当不同的。倒不如说是土地的以上特性为以上不动产法的特点构成真正的出发点。

2. 最后再次涉及在有些关系上与债法间不稳定的界限区分，一个困难的问题在此关系到，物权是否而且在多大范围能够且应该也涉及无体物，特别是债权、成员权等特征的财产价值。德国法明确地将物限制于有体物（《德国民法典》第90条）；《奥地利普通民法典》希望同样十分明确地包括"无体物"（《奥地利普通民法典》第285、292、298条）。《瑞士民法典》的物虽然不包括权利，却将"自然力"视为动产所有权的标的物（《瑞士民法典》第713条），由此采取了一个折中方案。

两种可能的基本抉择只能非常有限地被坚持，这使债权与物权关系的"分离信条"（Abschottungsdogma）再次成为可疑，并且现在甚至在某种意义上对于"外

[362]　BYDLINSKI, Das Recht der Superädifikate（1982）3.

[363]　Vgl nur FAJSTENBERGERIBARTAICALL, Kommentar zum Wohnungseigentumsgesetz 1975（1976）; BARMANN/PICK, Kommenrar zum Wohnungseigemumsgesetz¹²（1990）; BARMANN, Wohnungseigentum（1991）.

部"体系建构的问题也值得怀疑。即使根据德国法，例如权利出质（或让与担保）在内容上也紧密依附于相应的、僵硬的（strikt）物权过程。所有的财产权（而且不仅仅是当然由物权法涉及的有体物）都表现为归属于权利人的财产标的物或经济财物，这似乎原则上支持《奥地利普通民法典》的更宽广视角。[364] 这通过恰恰以这种财产归属为唯一标准的《奥地利普通民法典》第353条的第二个广义的所有权概念直观地表达出来。这一归属以最清晰的程度也体现于处分行为（债权让与、债务承担、免除［Verzicht］等）的可能性与必要性。这些处分行为关系到这些权利，确切地说是直接关系到这些权利的归属。每个主观权利最终意味着将一个特定的"法律权能"（Rechtsmacht）分配于权利人。此外，债权与其他财产权利归属于权利人的责任财产也足以完全不受怀疑。

然而《奥地利普通民法典》所承认的也主要是一个远远更加狭义的、对物权法更有意义的所有权概念。它只包括有体物（《奥地利普通民法典》第354条）。更富有启发性的是，它调整在其他地方对权利的上述处分，即完全包括债法；确切而言，是特殊的（spezifisch）物权法原则的影响只是例外地表现出来，例如体现在债权让与的有因性与债权出质或债权让与担保的公示性要求。

鉴于以上观察，体系化上不适合将无体物法在不动产与动产法之外作为第三个物权法的次级内容而提出，或者也不适合将其郑重地建立为动产法的下级部门（Unterabteilung）（如《奥地利普通民法典》第298条尝试的那样）：如果那样的话，不论在其他权利上也存在的归属目的与归属问题，无体物法与其余物权法在"规范性特征"上的一致性太少了。至于可界定性，也许可以借助于广义的、也包括无体物的物之概念。至少这一物的概念与有体物概念相比没有那么严格的区分性。

因此似乎符合目的（也考虑到非物质财产）的就是，在物权法里容纳另一个、广义的所有权概念与一个相应广义的物之概念作为一种"备注项目"（Erinnerungsposten），这一概念指向也在债法的与其他的财产权利中出现的"归属法上的"的功能与效果（如在不当得利法与损害赔偿法中）。在特定的、更狭窄的关系中，尤其是在征收与（在根本不是"物权"客体上）设立物权时，一个额外的、广义的概念建构是直接有益的，因为它完全使接下来的目的性衡量变得容易和简化。

正如奥地利的例子所表明的那样，人们不能从一个广义的物之概念与所有权概念期望更多重要的东西。由外部体系性考察，"无体物"应在物权法发挥不超过"备注功能"（Erinnerungsfunktion）的作用。在债权与其他财产权中也出现"归属

---

[364] Vgl dazu insb W! EACKER, Die Forderung als Mittel und Gegenstand der Vermögenszuordnung, Deutsche Rechtswissenschaft 1941, 49 ff, 61 ff；奥地利文献关于"债权作为财产权"尤其参见 RABER, Zum vertraglichen Abtretungsverbot, JBl 1971, 445 ff. Wolff/Raiser 也在 aaO 4 恰当地强调，归属存在于所有权利与财物。他却错误地否认内容上差异的可能性：直接物之支配性的"绝对"归属对立于其他较弱的归属形式。

法上的"问题与效果，而且"适合的"物权法规则在它们的解决方案中能够而且必须被援引，这一点体现得至为明显。在这一视角之下，财产法的两大题材在内容上的"分离"也就可以完全不用讨论了。

第五节　作为边界难题（Grenzproblem）的信托

1. 产生于债法与物权法的规范性难题领域的篇章正是信托法，它对原则性—体系性的渗透与由此最终的法教义学设置了最大的谜题。"信托财产"既能存在于有体物，也能同样存在于权利，这适用于如"信托账户"上作为对银行的债权，是实践上的一个主要情况。信托打破了"外部的"体系的界限，在此已经体现。更不用说更深刻的规范性意义上的突破。人们尝试合理化说明一个内容上——原则化的信托现象。该尝试首先正好引起了（vermittelt）一个法学上奇迹的印象。信托通常的概念规定几乎不能让任何内容从中被猜到。限制于完整形式的信托在意义上（Sinngemäß）的内容是，信托财产以完整的权利，如所有权，被移转于受托人（Treuhänder）；受托人负有义务以自己的名义，但不是为了自己的任意利益，而是仅根据债法义务行使该权利。这些债法义务是受托人在此方面对"信托人"所承受的。[365]

只在"有因交付原则"之下初看起来可能令人怀疑的是，在"自益型信托"或担保型信托中的担保约定，及在他益型信托或管理型信托中的信托约定，究竟是否可以作为所有权移转的适当法律原因。当这个在无因性原则（Abstraktionsprinzip）之下根本不会出现的问题被承认时，某人既是归属于其物权的承载者，同时也在这一物权方面受制于任意的强制约束（只要这些强制约束遵守合同自由的界限），没有什么比这种情况更不言自明的。如果人们没有通过逐渐强化的语言陶醉（Schwelgen）使自己在"信托义务"中混乱，这一约束的属性肯定没有特别之处：在自益型信托中，从法律关系的目的和担保权人（Sicherungsnehmer）地位（尤其是有关流质条款）的强制性法定限制来说，受托人的债法义务完全符合质权人的义务。在他益型信托中涉及受托人的义务，使其对特定的事务处理负有义务。[366] 存

---

[365]　按照意义的、与此相符合的信托概念如 HÄMMERLE, Gutachten zum 36. DJT (1930) 644；KASTNER, Die Treuhand im österr Recht, JBl 1948, 305；STANZL in KLANG IV/F, 788；SIEBERT, Das rechtsgeschäftliche Treuhandverhältnis[2] (1933) 1；COING, Die Treuhandkraft privaten Rechtsgeschäftes (1973) 1；Art 897 Abs 1 des Liechtensteinischen Gesetzes über das Personen-und Gesellschaftsrecht als singuläre Legaldefinition der Treuhand。

[366]　管理型信托的简单事务处理特征被有说服力地突出，BUTSCHEK, Die Rechtsstellung des Treugebers bei der fremdnützigen Treuhand (Wiener Dissertation 1989) 7 ff (15)；kurz jetzt DERS, Die Rechtsstellung des Treugebers bei der uneigennützigen Treuhand, Bll991, 364 f；grundlegend in diesem Sinne bereits BEHR, Wertverfolgung (1986) 133 und (hier zutreffend zum österr Recht) 138。

在于此的信托义务与通常义务并无二致，都是善意、谨慎与符合利益地处理承接的事务（übernommene Geschäfte）。其外部的特点仅在于，承接事务在这里根据约定对于事务处理者来说，包括以自己名义作为"拥有"（Haben）信托财产的权利人。

如果人们考虑到一般与"信托"相关联的具体法律效果，这幅无害的图像就完全改变了。针对受托人违反约定处分信托财产，主流的即便是经常被质疑的观点根据前述法律状态得出了仍然有说服力的结论：由于受托人作为真实的权利人而处分，对受让人而言无须从无权利人处善意取得的前提。只有受让人一方特定的归责原因，也即第三方受让人明知处分"在内部"违反义务以及违反义务的明显性，才导致（与不忠实的受托人相似的）违法性（Unerlaubtheit）并由此引起取得无效。根据过于严格的、较早的观点，甚至必须以明知（或明显 Evidenz）损害信托人为前提，（根据取得交易的违法性）方得以否认第三人的取得。

如果人们在谨慎估量的范围内也承认一个应由第三人尊重的债权"外部方面"，这所有的仍然能与受托人义务的纯债法特征相协调。当然首先是赋予作为所有人的受托人以返还请求权与否认性（negatorisch）请求权的权限，这是"正常的"。权利的处分权限整体上还是由受托人享有。

强制执行与破产这样的危机局势让普遍承认的而且严重难以理解的"信托"法律效果显现出来：在担保型信托中，信托财产只用于满足担保权人的被担保债权。担保权人固有的债权人不能通过强制执行或破产而要求享有可能超出被担保债权价值的部分（Wertüberschuß）。毋宁说是担保人（如出质人那样）能够主张返还这个超出部分。根据以上描述的法律状况，相反的结果一定也是不言自明，由于信托财产确实属于受托人所有（或者作为其他权利归属于他），如同人们认为的那样，以至于它理所当然也属于他的责任财产。

在管理型信托中，根据无争论的观点，仅在债法上有权的信托人完全能够通过取回权或第三人异议之诉阻挡受托人的债权人所进行的干涉（Zugriff），也就是所有权人的债权人进行的干涉；以致仿佛他是所有权人，而非受托人是所有权人。反之，面对信托人的债权人，同样的权利也阻止了受托人。债权与物权的通常关系以及权利保护完全被颠倒了。[367]

对此，无数的正当化尝试被提出。但是，如果它们根本没有或者相当有限地回归于法律更深入的、原则的层面，那么这些尝试就是不充分的。"经济所有权"这一流行措辞可能是对上述被认可法律效果的有用的简短描述。但是对于这些法律效

---

[367] 参见两个最后引注中所引用的所有文献，而且尤其还要参见 ASSFALG, Die Behandlung von Treugut im Konkurs des Treuhänders (1960); CANARIS, Die Verdinglichung obligatorischer Rechte, FS Flume I (1978) 405 ff. Aus der Judikatur zuletzt etwa OGH in ÖBA 1990, 472 RdW 1990, 311; 大范围的判例如 BUTSCHEK aaO。最新的判例也表述了信托的特殊效力，而不是论证其效力（als sie sie begründet）。

果的正当化说明，它却没能贡献任何东西。"经济所有权"究竟应该于何处存在，这甚至还不清楚：是否存在于每个债法权利中？那它就也存于每个买受人的请求权？更不用说那个未解之谜，一个对应法律上所有权的纯粹"经济所有权"如何能够引起巨大的法律效果。

关于信托思想的历史的浪漫主义同样没有什么成果。就那些基础问题来说，比较法上指出了那些同样很少澄清基础问题的，或者没有特别重视针对已生成的问题解决方案进行最大限度一致性、体系化说理的法律秩序，但是同样很少具有助益。有一个建议将信托人与受托人的法律地位分别解释为相关权利在物权上分别归属的部分[368]，这个建议鉴于其结果很有说服力，却由于缺少权利前提的可论证性（Begründbarkeit）而正当地未被接受：忽略显然被违反的物权法上的"类型强制"，它违背了当事人清楚表示的意思。据此，受让人应该享有完整的权利。信托人没有公示的物权却恰恰在破产或强制执行的危机局势下发挥着特殊的法律效力，由此已呈现出少见的违反常规。除了与其说是无价值的公平衡量之外，调动关于取回权与第三人异议之诉（Exszindierungsklage）规定的特殊法律目的，而且该目的也表现为能够适用于强行法，由于有争议的法律目的缺少明确的表述与论证，以前的这个尝试（西伯特）表现为一系列的循环论证：那些在危机情形下的阻止权限扩展至债权，在某种程度上是可能的。但是可以毫无疑问地适用的权利只能是那些至少清楚地证明，相关标的物根本不是义务人或破产者（Kridatar）的所有物，由此不属于其责任财产。例如出借人、寄售人或出租人的权利。在危机局势下，这些（针对债权人或者针对债务人破产财团）额外的第三人效力确实也是一个债权——强化的——"外部方面"值得注意的范例。对信托而言，从上述例子中却未得出任何结果，因为这里受托人是真正的所有权人。起诉的信托人恰恰希望从受托人——所有权人通常的责任财产中分离信托财产。

一个较新的建议依托于相当有意识地使用原则性——体系化的法律思想，尤其是在信赖原则方面。该建议以《德国商法典》第 392 条第 2 款，也即——当然只是适用于行纪法的狭窄范围——明确规定信托有些不能被解释的特殊法律效果的这一最重要的法律条文为基础，将决定性的权重置于信托关系中某种程度的公示性。[369] 如同在此阐述的那样，被引用的特殊规定的产生可能以事实上的设想为基础，即职业经纪人

---

[368] REINHARDT/ERLINGHAGEN, Die rechtsgeschäftliche Treuhand -ein Problem der Rechtsfortbildung, JuS 1962, 41 ff, insb 49.

[369] CANARIS aaO 407 在为他人利益的行为与其行为根据营业的公示性的结合中发现第 392 条第 2 款的理由。公示性思想将移转于整个信托：在以任意方式能够得到的公示性上，尤其是基于受托人的营业与职业（416 错误；信托人的），不取决于获得信托财产的直接性，没有公示性也非常妥当（wohl）。（如果就此而言存在习惯法，这对于相对较少的缺少公示性的案例是令人怀疑的。）例外存在于不动产法，在那里经由登记的（注明"回复请求权"或"信托标记"）公示性是必备的。进一步的争论由此参见 BUTSCHEK aaO 96 ff.

公开的职业角色使信托财产的存在成为典型并且由此使其充分地公开。如果人们希望认为在论证这一特殊规定时共同对行纪法发挥作用的这个思想普遍地具有决定意义，那么它必定导致收缩信托的适用范围：信托将远远达不到在此期间长久习惯的、且获得承认的适用范围。由于作为前提之公示性要件的弱点——法律绝不要求，相关行纪人的活动事实上在交易中获得公示性——哪些类似的微弱标志（schwachen Indizien）应该已被承认为引发公示性（publizitätsbegründend），可能极其无法确定地进行判断。该法定规则也明确扩展于纯粹的机会行纪商（《德国商法典》第406条第1款第2句）。在此，信托财产缺少一个通过职业地位来充分传导的公示性。

2. 信托与债权人撤销权以及该制度突出的在一般的物权归属与为危机局势而与物权归属分离的"责任法"归属之间的差别具有一定的相似性，这在新近反复被强调，这似乎提供了一个能被使用的首个开端，可以原则化—体系化地合理说明信托被承认的、首先是神秘的法律效果。[370] 进一步的观察实际上表明，即被描述的、首先不能被解释的法律效果在结果上类似于以上已经为债权人撤销权强调的在责任法上归属的原则。它在危急情况下将责任财产归属于财产承载者（Vermögensträger）的债权人；尽管该原则伴随着一个重点的强烈推移：信托财产仍然属于信托人的责任财产，而且因此作为责任基金（Haftungsfond）只供其债权人处置；信托财产却非受托人的责任财产。主张权利（主体）要视事务的情况而定，要么是信托人自己，要么（例如在其自己破产或对其启动强制执行的情况下）是他的债权人。只要一个危急局势在受托人处通过破产与强制执行变得明显，这一重要性在这里就消极地体现为，信托财产就（在担保型信托中是超过担保目的的价值部分）不属于受托人的责任财产。

对消极方面的强调，强调信托财产对于受托人责任财产的非归属性，意味着与债权人撤销权相比，信托人权利"物权化"意义上的一个强化作用：如同已阐述的那样，在债权人撤销时，享有撤销权的债权人在相对人破产时享受不到根据某个物权类型的优先受偿权；因为这样的物权即使在其主要债务人破产时还不属于债权人。在信托中则是相反，它恰恰涉及信托人的权利面对受托人债权人的权利时能否经受住破产的考验（Bestandsfestigkeit）。

法律状况在原则上的类似性不受此影响而且仍然能被明显地坚持（festzuhalten）。这种状况存于危机情况下例外地从完全物权法的财物分配中有效分离出"责任法上的"财产归属。

一个显著的差别更是存在于，债权人撤销权依托于由法律自身对归因原因与值

---

[370] GERHARDT, Die systematische Einordnung der Gläubigeranfechrung (1969) 268 ff. 全面的表述是责任法上归属分离于其他物权法上归属的可能性 BEHR aaO 10 ff.

得保护原因的自身权衡，并最终表现为强行性的法律规范，而信托财产的特殊地位必须被追溯至当事人的相应约定；也就是归因于存在担保约定或其他的信托约定。信托关系中被描述的不同寻常的效力越是与恰恰没有区分不同归属功能的强行性物权法存在矛盾，就越需要解释。

不考虑这些矛盾，首先必须被坚持的是，如果不坚决地强调信托关系当事人的私人自治，信托甚至不能被界定。如果人们没有强调，参与人，就他们所涉及的（soweit es an ihnen liegt），显然希望并宣示只是局限于同时被确定的担保与事务处理目的，才将信托财物归属于受托人，否则信托的法律难题甚至不可能被恰当表述。根据主流观点的理解，这一目的的限制导致责任法上的归属对应于信托人。

对此显然不仅仅涉及内心的愿望，或者是一个根据客观情况不言自明的最终目的：任何人对一个物、一笔钱款或一个其他的给付给予信贷（kreditieren）时，肯定有一个可识别的目的，即为此得到预期的对待给付或返还给付。在存有疑义时，理性上肯定不能假定，给付人不考虑前述情况而有目的地，为了有利于给付受领人之债权人而扩大给付受领人的责任财产。然而根据法律本身，在结果上通常恰好发生这一法律效果。有些新的解释为了说明信托的效果，主要以信托人针对责任法归属的明显意思为基础，因此也就有所欠缺了。

在信托中涉及的不仅仅是信托人一个单方的而且对此纯粹"内部的"意思，而是一个合意的合同规则。它以法律行为的方式来确定权利移转的限制性目的义务与在此包含的责任法结论。信托情势与简单信贷的可区别性（Unterscheidbarkeit）并不缺少，尽管信贷人那里理所应当的可被推知的意思，至少如果他充分了解，责任法上的新归属应该只伴随着对他的清偿而发生。出于法律行为交易在安全与经济节省（unaufwendig）建构的原因，法律秩序不重视这一意思。

法律行为上的合同自由通过参与者获得行使，相反至少能够作为责任法上另行对待的出发点。一个由合同表示的，有关由完全的物权法归属分离出来的责任法分配的法律行为意思，肯定不能具有绝对决定意义。比如，也没有人主张说，如果参与人一方面约定移转所有权，另一方面任意地约定独立于所有权移转的、关于物的责任归属，那么也应该有效。在实际上确实可想象的这类案件中，这一条款将用于排除新所有权人的债权人以强制方式攫取（Zugriff）该物。协议中针对第三人，也即第三人的债权人的效力直接违反强行法，也即法律规范对于针对第三人生效的让与禁止与负担禁止所规定的禁令或者限制（《奥地利普通民法典》第 364c 条、《德国民法典》第 137 条）。由此也就表明，即使私人自治原则对信托关系而言在此关联上如此明显的重要，也仍然没有为信托财产在结果上公认的、教义学上真正的谜题般效力构成充分的基础。

如果人们一并考虑到"价值追索"（Wertverfolgung）的正义思想，那么可能仍然得出一个充分的正当化说明。威尔伯格[37D]将这一思想表述为，只要最初源自于每个债权人财产的标的物或其替代物以可区分且可辨认的形式现存于破产财团，他就应该在破产时享有一个优先受偿的权利。他主要依据这样一个令人不安的例子，即一个窃贼将一个偷来的物品与其他人交换，而且由此失主必须与窃贼的其他破产债权人分享该物品的价值。后者可能之前早就失去获得清偿的可能性。该建议确实也包括在破产不久之前还一直提供现货给付（未采用所有权保留）的出卖人。有反对意见在破产财产部分来源的可确认性面临困难与支出高昂的视角下提出抗辩，尤其突出了追寻特定财产或许长期、或许反复变化命运的必要性，威尔伯格则反驳道，人们可以将价值追索的优先权限制于清楚存在的事实。

"价值追索"在更详细的观察中表现为一般不当得利原则的"分支"（Ableger）。从这一原则出发，决定破产开始或供货或付款的关系在时间上的偶然性，或者甚至是窃贼违反善良风俗的行为，在极端情况下，以供货人或失主这些第三人的代价，导致已经完全或部分丧失清偿机会的债权人团体获得清偿，就在事实上表现得令人厌恶。

在另一方面同时显而易见的是，一般的不当得利原则在归属内容原则与给付保护原则形态中已经合理地获得对"作为代价"（auf Kosten）或"从其财产"（aus dem Vermögen）要件特征的仔细阐明。该仔细阐明恰恰不能支持价值追索的优先

[37D] W. WILBURG, Gläubigerordnung und Wertverfolgung, JBl 1949, 29ff. 法律比较上全面阐明是"价值追索"思想 BEHR aaO。该思想作为"价值追索"（在此之下它虽然包括无数物权法上已经能被说明的情况）的"合意纽带"或"合意括号"（Klammer）（564, 567）强调这一特征，即最初的财产承受者（564尽管"尤其"早［allerdings besondere eher］）是否希望将标的物加入他人的责任财产（502）；也就是价值追索者给予信贷的意思（Kreditierungswille）（495）。具有决定意义的固然是在法律行为所表示的、而且与纯粹愿望相比被突出的意思（493）。具有决定性的是为设立责任财产的目的而自愿移转财产（564）。这尤其表现在事务处理关系（502, 567；有关信托尤其参见603）。伴随着这些结果，迈出渗透与一体化理解这些难题的重要步骤。然而这些步骤显然并不足够。如果决定性的法律行为是合同，那么它首先很难依赖于单方的、即使是最初的财产承受者通过法律行为表示的意思。最重要的仍是在接收人（Übernehmer）那里设立责任财产的"目的"与"给予信贷的意思"在内容上不明确，由此也是它明显地在内容上被相同对待：如果为了特定管理目的与将来的财产返还（标的物或其代位物），信托人将信托财产移转于他益型（fremdnützig）受托人，这应该完全没有"信贷给予"，未承受一个明显的、明白无误的（unverkennbar）风险（500）？至少在风险视角之下，风险（es）不能仅取决于作出自己的给付、期待他人的对待给付。另外，在买受人处设立责任财产却恰恰不是给予信贷的出卖人"目的"。毋宁说其希望得到对待给付。错过这一目的恰恰也出于信赖保护与交易保护、交易安全与实践性的理由，对于成功给予信贷的第三方债权人仍显得无关紧要，作者（510）的（总结的、大的）权重却评价得不充分，主要是忽视基于法律行为交易的效率。对此以特别的理由也出现承受明白无误的（unverkennbar）风险的自己责任标准。与作者似乎承认（zugestehen）的相比，其他物权法归属与责任法归属的结合作为通常情况至少也更符合事理。在信托中，尤其从权利移转的明示的、被限制的目的直接得出以下结论，即权利移转不应是这样一个进入受托人责任财产的移转。实际上在信托人处的责任归属由此符合这一法律行为的规则（并非单方的表示）。因此，缔约人的目的也纯粹包括一个被限制的（却总是一个）风险承受与由此的信贷给予（Kreditierung）。就责任法上的特殊对待，这是否足以满足，考虑到相关的强行法规则与原则，自然还远远未获澄清（ausgemacht）。就此而言，法律秩序让所有其他的根据参与人的意思或纯粹他们中一人意思来断定。纯粹信托归属的资格作为恰恰事务处理的可使用工具与由此一个特殊的符合目的的理由十分明显地支持以下内容，至少在这样的、被限制的信贷给予与与此相适应的减少有意识的（或明白无误的）风险发生中，让"价值追索"的不当得利思想获得实现（durchdringen）。实证法上获得承认的信托制度显然以此为基础。对于未给予信贷而基于侵权或有益之处发生的债权，必须更多地（das umso mehr）适用这一思想。

权利，因为破产人的（其他）债权人只是要求从其所有物或其他财产中获得根本清偿。如同反复强调的那样，这样体系化精确的不当得利思想绝不可能而且绝不可以导致撤去（Abschöpfung）在交易中的任何偶然不当得利。不支持这一点的是经济交往中交易保护与信赖保护的重要权衡，以及经济上有效建构的要求。这些权衡必然导致一个将"经济给付关系"（以固定对直接参与人的法律效果）相对化的强烈倾向。

通过将"价值追索"限制于那些事实清楚的案件来驳斥异议的建议，可能还不能作为充分的补救：恰恰在债务人经济上绝望的破产局势中，必然对每个可能的债权人存有一个强大的诱因（Anreiz），至少会试图证明最后清楚存在的情况，即使如以前，供货的命运首先是完全不确定的。因此，即使将一般的"价值追索"限制于最后能被清楚证明的情况，其所带来的额外的代价与额外的对责任清算的拖延都不应当被低估。

此外，"价值追索"思想在现行法上只能获得相当可怜的支持；如依据在破产中的"追索权"与尤其是根据信托（更是如此）。信托原本的不确定基础让"价值追索"思想进一步的一般化显现充满疑问。

现行法的保留态度（Zurückhaltung）根据前述内容通常表现得非常具有合理性：谁在没有特别担保的情况下给予信用，就是自己有意识地（或者甚至在最少的考虑中仍然完全明显地）接受对待给付或返还给付的风险。这也满足——在"双边论证"这一私法基础原则的意义上——个别权衡作为最低的归因原因，如果被暗示的、巨大的"共同福祉目的"（Gemeinwohlzwecke）也支持以此风险对信用给予者施加法律上的负担。在获得优待的债权人方面必须被重视的是，他们得到的无非是本来就属于"自己的"的清偿。即使他们"本身"显然无权要求，以其债务人的信贷给予者的代价，使其经济上获得清偿，但是考虑到额外值得考虑的交易功能，在他们一方也满足双边论证必要的最低程度：他们总归要从其债务人的财产中获得清偿。自从不当得利思想不再可以被理解为纯粹的公平规范，就绝不可能借助于其帮助普遍地阻止经济运行的偶然事件，这也是清楚的。在这一视角来看，完美主义必须从一开始就被放弃。无论如何这都是正确的，如果法的安定性和合目的性这些重要的"共同福祉原则"支持让这些结果存在。这（前述问题）显然与"惩罚"信贷提供方无关，信贷提供方完全具有提供极具价值、意义的给付之经济负担能力。与核心的自己责任原则相一致，他们只是被课以自身创设的风险的后果，对此在整体上有充分的理由加以支持。

但是所有这些反对*普遍性*适用"价值追索"的怀疑现在绝不排除，"价值追索"作为不当得利理念的独立影响，与前述提炼出的规范性基础相结合恰恰能够在信托中富有助益：如果不是每个偶然的财产移转都被补偿，是因为作为优先权的基础，那可能如此的情况就是，如果这个——本身，也即仅在个别权衡中——非常微弱地论证的由信托人向受托人债权人的财产移转同时也直接违反（如同目前假设那样）某个合乎事实与功能的私人自治规则，*并且*如果在危急情况下借助于别除权的责任归属，则没有强烈损害"共同福祉原则"也能避免这种财产移转。

个别的、几乎难以被合理化的财产移转在德国通说中被狭窄地理解，更确切地说是作为对一个本身不清楚的制度的难点限定（Verlegenheitsbegrenzung），具体化为某种"直接性原则"（Unmittelbarkeitsprinzip）的形式。该原则要求，信托财产直接从信托人移转于受托人。针对——否则根本不能发挥作用的——"信托账户"，这一原则绝不能被坚持："信托账户"通常通过第三人支付获得支持。

除此之外，如果某物作为信托财产是由受托人从第三人处为了信托人的利益并由信托人承担费用而获得，也就看不出这能产生什么区别。由此，人们在奥地利具有充分理由不强调直接性要求。[372] 但是如果以信托人的"代价"无理由地优待受托人的债权人必须在完全明显的经济意义上进行，也即会造成信托人的损害，那么坚持核心前提条件——根据价值追索原则出发——就更加重要。它不仅有信托财产在标的上首先属于信托人的这种情况，而且有信托人预先为获得信托财产而融资；也还有信托人嗣后给付购置费用，或者他始终负有义务而且*有能力*偿还该费用。如果信托人虽有义务偿还购买费用，但其自身却无支付能力，情况则有所不同。于是"信托财产"必须承受为购买费用预先融资的受托人之债权人在责任法攫取的处置。这里的信托财产只是根据协议，而不是根据经济上危险负担的这样一个财产。在缺少补偿或还将进行的补偿时，购置价款（Erwerbpreis）就从受托人责任财产或从该受托人的债权人那里逃脱。信托人承受的信托财产损失不是损害，因为信托财产系经由第三人获得，而且信托人没有支付对价。

"直接性"因此缩减至根据价值追索思想的决定性视角，即受托人债权人的清偿必须以信托人的代价，即基于信托人的损害而进行。

因此，危急情况下将责任法归属与完全的物权法归属相分离、法律行为的私人自治（也即信托协议中约定的受限制的目的）、"价值追索"作为一般不当得利思想，也因而最终作为补偿正义的分支，这些原则在协同作用中也许就能够合理化论证具有首先无法解释的特殊性质的"信托"。上述前两个原则已经提到过了。后一个原则针对信托（也考虑到破产中的"追索权"）可以被标注为（73）紧急情况下价值追索的不当得利（次位）原则。该原则指的是根据责任法归属能够经受住破产与强制执行的债权人优先权，只要标的物或其替代物被包含于物权法上归属债务人的财产，而这些标的物或其替代物确凿地（这是一个根据事物本质不言自明的前提），即使并非无条件地"直接"来自一个特定债权人的财产，而且其变价有益于

---

[372] 关于直接性问题参见 BUTSCHEK aaO 29 ff 具有丰富的说明。已经根据最重要的法律比较的调查 KÖTZ, Trust und Treuhand (1963) 132，直接性原则对于德国法也应该"完全被抛弃"；同样特殊的调查参见 G. WALTER, Das Unmittelbarkeitsprinzip bei der fiduziärischen Treuhand (1974) 147。

所有权人的其他债权人，故而是由优先受偿债权人来承受代价。这一原则在法律上的影响过于微弱，以至于不能作为单独产生基本法律后果的充分原因。但是，这一原则与相应行使的，准确地确定相关财物并且由此迎合交易安全的私人自治相结合，以及与别除权上责任法归属的可能性相结合，就表明其为信托（此外以相近的方式也出现于所有权保留！）中合理化论证债权与物权之间的重要"过渡现象"的必要前提。这一合理化论证带来了突破"外部的"体系界限的法律发展。就此而言，信托中的重点在于债法的"责任法上的"外部效力，也就是在于债法。通过这里给出的物权法上完全归属（Vollzurechnung）的削减，也就是通过分离出责任法上的归属，物权法确实也同时被决定性地触及。

至少在应然法意义上，对法律行为外成立的损害赔偿债权与不当得利债权而言，以上优先原则的独立可能应该相当地被权衡。在那里不存在归因于债权人的给予信贷的风险，而且其他真正已经丧失清偿机会的债权人得到的优待，是通过请求权发生的过程中"价值追索"债权人的代价，不是纯粹依据偶然，而是以"中间人"的违法行为作为基础，并且因此也和法律秩序的预防目的相矛盾。我们应当想一想威尔伯格所举的窃贼陷入破产的例子。就此而言可能还需要具体的、更加广泛的调查。

以上论述提供了信托在原则化——体系化的、规范化的合理论证中的粗略描述及其根据通说很早就被承认的效力。该制度无条件的、原则上的必要性由此尚未被阐述，而且几乎没有无可辩驳的可论证性。在担保型信托中，确实为避免脱法行为，有必要与质权规定完全谨慎地协调。以至于发生以下疑问，人们是否应该不是更好地与不复杂地以这些规定单独寻求满足。担保性信托获得承认，这正好使可能考虑旨在以移转完整权利来达到受限制担保目的的当事人意思，而且在"责任法"道路上避免具有脱法效应的、溢出的，甚至可能的剥削（流质条款！）效力。当受托人作为真正的物权人处分时，而且在某种程度简化被担保人（例如在债权让与担保时额外的催收约定 Inkassoabrede）清偿可能性时，完全可被察觉的区别仍然存在。超出纯粹质押意思的当事人意思具体地影响着上述区别。

在他益型信托中，有关管理他人财产所希望的效果也能够被广泛地通过委托与代理权授予的方式实现；尽管付出代价，但由于在代理权授予时必要的"以他人名义的行为"，特定法律过程的"幕后人"的相关内容（Betroffenheit）必须始终被披露。一方面，这将有时候令人愉快地阻止法律上可疑的"阴暗面"。另一方面，许多符合目的的简化在交易中被排除。只要所有权人自身在那里基于规范性要求与谈判伙伴的愿望被询问，在代理人之外，所有权人必须到处变得积极。他原本想将一个特定的管理复合体不受限制地"对外"移转于他的受托人。这一目的将由此不能实现。如果许多较小的部分权利人必须分别作为授权人出现，而非总是能够通过被一个共同的受托人所代表，这将变得尤其不切实际。

有益于信托的合目的性与简化的理由肯定确实很强大，以至于交易中的这一制度自身早就实现，而且法庭与法学界也表示支持。针对可能促进违法行为的质疑本身不是特别强烈，因为被禁止的信托与其他被禁止的合同一样显然都是无效的。仍然保留下来的显然符合某种强烈的需求。

总结陈词：信托以不言自明的方式避开了债权与物权外部体系部分的无缝隙分类，而且因此也是不可想象的，如果人们认为它也是规范性地分裂的领域。信托体系化地作为独立的制度，能够原则性以其普遍认可的效力被合理化说明；然而没有强制的必要性鉴于邻近的、但同样以接近方式导致同一结果的替代制度进行论证。根据一个针对这一替代制度的交易领域的教义学回应，至少一些显然频繁被希望的效果将没有或没有如此简单地被取得。如果信托呈现为现行法的部分，这样一些回应的尝试由此绝不是可取的，更应该说是在现行法上应当放弃的。

这的确是这种情况。信托作为广泛的制度，以其被普遍赋予的效力，确实是发展自法律交易领域自身，而非成文法。当司法界与学术界同样很早就已在同一意义上实现而且仍然实现着信托法律特征的确信，对其存在相应的法律确信也更少能够被怀疑。这里因此涉及一个习惯法上的清楚范例。[373] 当习惯法制度在此期间也通过一系列制定法的具体规定得到认可时，在奥地利法中对这一法律来源[374]广泛传播的、本身完全错误的保留态度在具体情况下更加不恰当。这些规定绝没有建立信托的法律制度，而且未提供该制度在内容上广泛的规则。但它们却通过整体参阅而指向该制度，而且由此在实在法的层面证实该制度存在。[375]

除此之外，相对广泛的适用情形是已被提到的适用于行纪交易的《德国商法典》第392条，但是明确地仅适用于在此获得的债权。对于这种情形，信托的典型法律效果也由法律得到认可。在这一规定中，信托最重要效力的狭隘的立法规则理由从一开始就不太令人信服。这一规定通过习惯法发展无论如何都已落伍，而且此外在奥地利本身，在历史解释的框架中也不重要。[376] 如果在广泛发展的习惯法的当今规范性背景与通过相应援引在其经常被重复的法定认可中，人们看到前文最后被讨论的规定，那么习惯法与成文法的对立就不再能被构成：除一个内容上完全相应的制定法的部分规范化（Teilnormierung）之外，广阔发展与真实认可的、也由立法者一直重复承认的习惯法与其在整体制度中的规则联系在一起。实体法的检验结果（Befund）比原则性—体系化的分析引起了许多更微弱的困难。这些分析才展示了规范性的法律正当化能力与由此该制度在内容上的体系相容性（在原则上错误的实证法制度中，尽可能狭窄的解释与适用是必要的）。

---

[373] Vgl OGH in JBl 1976, 588；KASTNER, Die Treuhand im österr Recht, FS Hämmerle (1972) 164。对于习惯法的德国法如 WIEGAND aaO 126 f 在复述结果上统一的文献，并且伴随着学说与判例的佐证。

[374] Vgl BYDLINSKI, Methodenlehre 214 ff.

[375] 一个这样的法定规定的清单参见 KASTNER, FS Hämmerle 164 und bei BUTSCHEK, JBl 1991, 364 Anm 3。

[376] Vgl näher BUTSCHEK 92 ff，基于这一理由，在类推适用商法典第392条中看到信托的实证法律基础。从现在开始（JBl 1991, 369）他在有些情况下也援引习惯法与其法定认可。

第六章

家庭法

第一节　"家庭"作为"外部体系"的限定性概念

　　1. 作为私法体系一部分的"家庭法"[376a]通常很自然地通过以下方式被划定了界限，即该领域的相关规范群是和*现实现象"家庭"*（*Realphänomen "Familie"*）相关的。[377] 家庭往往被理解成一种"社会制度"（或者一个特殊的"生活领域"，等等），它先于国家而存在，人类在其中长久地共同生活，并且受到了一些根本的人类学事实的深刻影响，诸如人类的两性区分，以繁育后代的方式维持自身之存在，子女需要长时间的照看，以及相应的伦理要求。

　　事实上，国家的立法者或其他特殊的法律机构并没有创造，而是发现了家庭及

[376a] 有关在共产主义法秩序中受到普遍（同时在一些旧理论中也有零星）支持的学说，即家庭法在其与私法相分离这一意义上的独立性，主要可参看 MÜLLER-FREIENFELS, Zur Diskussion um die systematische Einordnung des Familienrechts, RabelsZ 37 (1973), 620 ff；（慎重地表述了）经详细论证的，对财产法和家庭法从根本上可清晰区分的反对意见，载于 RabelsZ 38 (1974) 569 f.

[377] 当然，这一点以及部分以此为基础的家庭法特殊原则也在私法内外的其他法律领域起作用。在私法之内可以举出的例子有继承法中的家庭继承和"家庭成员"（familia suspecta）在债权人撤销权中所具有的债法意义。在私法之外，家庭法关系为大量其他领域的法律规范提供基础，诸如行政法（例如个人身份法）、税法、社会保险法、诉讼法（例如拒绝出庭作证法）、刑法（例如家庭内部某些特定不法行为的特权化）以及宪法。（在宪法中都会有诸如对婚姻和家庭的基本权保障；但在奥地利，"多亏"了政治上占主流的"进步"的影响，只能不成熟地依赖于《欧洲人权公约（EMRK）》这一国际基础。）但所有这些都是建立在通过真正的、私的家庭法所展开的、"家庭"制度基本的规范建构之上。

其基础规范性原则，并仅仅是进一步地对其进行建构而已。[378]

---

[378] 然而颇为狭隘的政治性"社会批判"的一个很有影响力之变体，利用以下口号，相当成功地推进了作为传统法律制度之家庭的进一步不稳定化：应该抑制加诸个人最私人化生活关系之上的，使自由受到威胁的不恰当的"国家"影响。但这一做法在事实上却导致了，家庭关系中规范性约束的进一步瓦解。尤其是当首先表现为令人不安的高离婚率和各种对子女的疏忽以及在他们个性发展上的相应后果的家庭不稳定化，由于各种有力的法外原因已经达到了十分危险的程度时，这一做法便愈发可疑了。此外，也许是不同的因素发生了合流。这些因素有可能汇聚成为一种不断增加的趋势，包括众多让所有人不舒服的对眼下行为意愿的限制，以及其中甚至将自己承担的，对亲近之人的全面责任以加重第三人负担的形式任意地推至一旁，并且还为此反复准备了听起来十分科学的托词。一再作为其基础的似乎就是关于在个人和社会生活中，可达到之目标的乌托邦式的异想天开；此处所说的尤其是这类观念，即同样在个人的亲密领域（以及也可能对自身而言）没有义务的束缚以及对责任的拒绝和一种可达到的令人满意的生活形态是可以协调一致的。如果是这样，国家立法就有了所有动机，利用其手段来抵制这一类极其有害的实际损失。遗憾的是，这些手段总归太弱了，因为利用法律措施在此处所考虑的较深层次的私人领域很难（并且在短时间内完全不可能）达到积极效果。越发需要避免还有，通过法律措施还反过来强化和加速对此暗示的毁灭性趋势。因为与积极效果不同的是，现在所提到的通过立法措施所达到的效果，还是很容易可达到的；更确切地说是既通过经济领域中的，也通过理念——象征（ideell-symbolisch）领域中的措施。HELSPER, Die Vorschriften der Evolution für das Recht (1989) 159 ff, 直观地强调了那些非常有可能是为瓦解家庭稳定性而做出贡献的规定，这些由较新立法通过的经济上十分重要的规定，诸如保险法和养老金法，不仅没有鼓励稳定和履行其功能的家庭，反而是与之相反。需要补充的是，自从新近国家的"大锅"耗尽了其负担能力并且因此便几乎不存在更多办法以来，便规定了这些非财政性法律措施，其按效果必定主要是为在心理上瓦解那些还存在着的家庭责任做贡献的。可归之于这类措施的有：即使对之婚姻破裂负有单独过错的配偶也享有单方面的离婚权能或者在德国，原则性所公布的，离婚过错（Scheidungsverschulden）的完全无关紧要性；通过较高的补助来帮助非婚生子女；通过巨大政治噪声所实行的，使——一直以来是需要受到刑罚以及民法上违法的——"婚内强奸"与强奸完全等同；尽管鉴于在宪法等级上生效的《人权公约（MRK）》及"简单法律"状况，宪法上的保障将不直接修改任何东西，仍然指示性地拒绝在质朴的奥地利宪法中对婚姻和家庭进行此类宪法上的保障；人为使之发生的关于婚姻姓氏的最新讨论；要求去除通奸行为的可刑罚性以及现实中不可能很少见的《奥地利普通民法典》第 146a 条（末尾）的规定，其不仅仅禁止父母在教育任务范围之内对子女进行哪怕是最小程度的惩罚，而且禁止父母使子女遭受"心灵上的伤害"。这一类惩罚或者伤害很明显还可能和剥夺利益或者简单的"责骂"联系在一起，就像年龄较小之子女的反应一样，清楚可辨。所以很难理解，按照这些规定，父母还有什么可以拿来为他们的合法教育措施作后盾支持的。如果在这样的情况下，出现了比从前更多的父母，感觉着几乎无法为其子女的发展负更多责任之时，这不得不部分地归因于这一乌托邦式的立法者自身。遗憾的是，立法者绝对不可能以积极效果接受在家庭中已不再能被观察到的责任的分量。恰恰是在国家与家庭的关系中，有理由必须要细心注意辅助原则（Subsidiaritätsprinzip），并且要格外地避免可通过国家措施促成家庭功能之恶化的一切。当乌托邦式大试验的追随者在这些表现为马克思主义经济秩序崩溃和财政上渐渐不能支撑的透支社会福利体系的经济领域明显的试验失败之后，似乎事先躲避到了个人——家庭领域之时，这一点便愈发紧迫了。此处的后果可能在长期之内还会是更加灾难性的。可是在这方面也没有救治的药方。但是，以放弃在某些观点的基础上将所意愿的当作自然而然的，特别是以放弃让未来代际承受负担的盲目试验这样的方式，所做的严肃和全面的优化努力还是必定能够引起某一特定趋势逆转的，就像在所引用 Helsper 的著述中原则上非常正确地所建议的。但在细节上，该作者看待某些事物过于片面：作为将共同调节合作压力（以及因此而可能产生的家庭稳定）的家庭法主导思想，他将这条简单的规范看作：作为夫妻一方，放任共同家务不管的，就必须不考虑任何理由地负担经济上的不利益（前引第 179 页）。但是在事实上，这完全不是达到诚实地维持婚姻合作以及稳定这一目的的手段。认真地在婚姻中奋斗的配偶只会被催促着走向这一条——特别糟糕的——道路，不是他自己离开，而是通过系统的不可忍受的行为强迫对方离开：之后他会同时离开这令人不愉快的配偶另一方以及（按照所作的建议）每一份经济上的负担。也就是说其中所存在的，首先是对特别无所顾忌的不稳定化的刺激。不考虑可期待性的权衡，即使是为了适宜的稳定也不允许这样走下去：并非放任家务不管的一方，而是婚姻破裂时有过错的一方应该首先承担经济上的负担。过错原则应当在离婚法中——与很多时兴的趋势相反——保有更多的分量。这一原则的重要性本身，尤其是在统一于破裂原则之下的"第二年轻的"德国离婚法中，已经因为其相对贫乏的法定"严苛条款"，首先在扶养方面作为离婚后果，而在法律适用中获得承认（参看 BOSCH, Ehe und Familie in der Bundesrepublik Deutschland-Grundfragen der rechtlichen Ordnung (1983), 23 ff; 同前一作者所著 Das „ Ehegesetz " von 1938-1946: seine Weiterentwicklung in der Bundesrepublik Deutschland und in Österreich, ZfRV 1984, 256 及其说明）。当立法者跟随政治时尚而有时忘记了优化性原则权衡的必要性时（细节上很有意义的法伦理学检查，参看 DIEDERICHSEN, "Richtiges" Familienrecht, FS Larenz [1983] 127 ff, 然而其标准和法伦理学上的原则（第 134 页）却属于非常不同的体系上 （转下页）

在现有的法经验所描述的范围之内呈现出的家庭类型多样化，是值得关注的。正如人们所经常强调的，其最新发展的典型便是，从一种很大程度上是生产单位，并且在其范围之内所有年龄段均分配到重要功能的大家庭（家族），过渡到一种由父母和与其生活在一起的、大多情况下仅是未成年孩子所组成的小家庭。这种小家庭构成了一种私人的生活、消费和教育共同体。

在使用"家庭"这一概念时，其通常的语言使用变体幅度一直以来都相当大，以至于其本身还不足以对这一私法体系部分进行充分的界定。这一方面我们只需考虑一下女婿与儿媳、继子女或寄养儿童（Pflegekinder），"共同居住关系"（Wohngemeinschaften）或者非婚同居（Konkubinate）即可明白。

所以家庭这一概念还始终进一步通过——非常不同的！——"婚姻"和"亲属关系"这两个概念，来进行法律体系目的上的阐释。[379]因此在家庭法中也已经形成了两块最为重要的从属领域，也就是通常所说的婚姻法和（父母与子女间的）亲子关系法。

2. 此外，作为第三块内容，还出现了*监护法*（Vormundschaftsrecht）。在该法中试图以国家职能介入的方式来替代那些在个案中需要照料的人，诸如孤儿或者残疾人，所缺失的个人—家庭的照料。该法首先涉及的是对监护人或者其他"法定代理人"的选任和监督。按照最初的设想，这些人无论如何应当是需照料之人家族中的其他家庭成员。可是现今由于合适以及对此有兴趣的家庭成员很大程度上的缺乏，这一点的可能性已经受到了极大的限制，并且已经变成了亲属的某项优先权。就这点而言，也常常急需一项官方行为，如某一"官方监护"的介入。如今，监护法对家庭法有些松散的从属性可以首先从以下事实中得出，即在其范围之内，在紧急和需要的情况下，辅助性地履行通常情况下存在于原本最紧密的家庭关系内的照料功能。因为后文将不再讨论监护关系法了，所以与之前所说的相对应，对于"内部体系"而言，这一家庭法领域应当马上通过*(74) 以国家指定之法定代理人替代家庭照料的原则来突显其特点*。在对此处具有决定性意义的需求情况

（接上页）的抽象层面；现在也可参看同前一作者所著 Teilhabegerechtigkeit in der Ehe, FamRZ 1992，1 ff），相应的司法实践中不可避免的任务就会增加。关于值得赞同的德国法律对司法实践的最新适应，参看 BEITZKE, Familienrecht[25] (1988), 172。

[379] 所有上述内容特别参看以下各书导论部分，BEITZKE, Familienrecht[25] (1988)；GERNHUBER/COESTER-WALTJEN, Familienrecht[4] (1994)；SCHWAB, Familienrecht[4] (1986)；HENRICH, Familienrecht[3] (1980)；SCHLÜTER, Familienrecht[3] (1986)；RAMM, Familienrecht Ⅰ (1984)；SCHWIND, Familienrecht (1984)；GSCHNITZER/FAISTENBERGER, Familienrecht[2] (1979)；KOZIOL/WELSER, Grundriß Ⅱ[9] (1991) 173。比如现代伦理学家 HÖFFE, Politische Gerechtigkeit (1987) 353 f，也论述了一个对法律人来说绝对可以熟悉的家庭概念。

（Bedarfssituationen）下，很明显依据的是最低生存保障、保护被照料人的合法权利以及通过国家机构进行法律保障这些基本原则。而这些基本原则正是借助国家机构的介入才得以实现的。这些原则中对于作为私人的法定代理人的选任和监督的限制，以及在紧急情况下可能出现的，求助于具有法定代理人地位的政府机关，很显然都是从辅助原则（Subsidiaritätsprinzip）中推导出来的。

监护法的替代性功能使这一法律领域——虽然是显而易见，而且是一直存在着的，与公法的"交叉情形"——首先很方便地同其他的家庭法领域产生紧密的联系，因为监护人和其他法定代理人的权利和义务在内容上必须遵照其应当替代的家庭法律地位。

3. 但是即使不考虑监护法，上述具体化的"家庭"下位概念，即"婚姻"和"亲属关系"也马上使人认识到，有效的*体系化标准*（Systematisierungskriterium）具有极其复杂的性质。这一点已经非常明显了，因为婚姻和亲属关系是完全不同的事物。但对家庭法的界定就是借助了这两个表示完全不同现实截面（Realitätsausschnitte）的概念的引入来完成的。

这两个具体的概念本身仍需要进一步的确定。尤其是"婚姻"，鉴于其在历史上和现实中出现的大量真实形态，而这些形态有时甚至包括存在于两种可想象的变体中的多偶婚以及"群婚"，在对其的确定上相当不容易。但总的来说，如今有关婚姻本质的最新规定之间也是不同和多样的。这些规定所涉及的范围包括将婚姻作为合同，并强调缔结婚姻和配偶间法律关系个人方面的陈旧的自然法归类（如《奥地利普通民法典》第44条），将婚姻解释为——借助于不同级别的强度——指明了其包括超越个人目的和结构的"法律制度"或者"制度"，作为"社会行为形式"而束缚双方的婚姻学说以及最近的，作为将个人关系重新拉回到关注焦点[380]的"共同自由组织"的婚姻理论。

---

[380]　进一步的，参看 MÜLLER-FREIENFELS, Ehe und Recht, (1962) 20, 58；前引 GERNHUBER/COESTER-WALTJEN 27 有文中所提及的折中式表述；MIKAT, Ethische Strukturen der Ehe in unserer Zeit (1987) 强调了制度因素作为西方历史进程艰难平衡的结果（11 f），但是更加根本的阐释是，其在近代理性和自由的社会思潮的框架内作为"伦理——个人方式的基础关系"(33)，而这一基础关系，作为全面的生活关系共同体，凭借其自身的特性，最终追述到制度性关系或者社会制度中 (40, 53)。现存秩序中这些不可避免地达成的最优化倾向在此处变得非常容易辨识。进一步的，参看 PAWLOWSKI, Die „Bürgerliche Ehe "als Organisation (1983) 2。上文最后提到的这个极富启发的视角，就个人观点而言，部分依据的是单方面的夸张描写：一个由于宪法而规定了世界观多元化，特别是规定了信仰自由和良知自由的国家，自然也会严肃地假设，夫妻双方自己以自由的职责，建立了一个带有相应义务的，全面而长期的生活关系共同体！这一点在一定范围内，例如对信仰自由和良知自由的确认，也能够通过某些反对婚姻的教派的宗教实践而被排除，或者无论如何以高强度的限制而被要求。对于那些自己建立的，首先相对于夫妻另一方而存在的婚姻义务，我们自然不能因为简单地声称，国家在相关问题上必须尊重个人自由，就公开放弃了：这完全不涉及国家。事实上，最近提出的"仅仅"是一个，在一方面是私人自治和自我负责以及另一方面是信仰自由和良心自由之间的最优化问题。这自然会导致（在同某些传统观念相比）具体夫妻的自由空间，在马上将会论述到的"家庭自治"意义上的一个扩展，但绝对不会导致必须需要一个全新的视角。同样需要反驳的还有以下这一过度的主张：组织法规定的"只是程序，而非内容"(7)。毋宁说，一个内容性的规范框架对每一个法律上重要的组织来说都是不可或缺的。

针对这些总体的定性有所疑问的，仅仅是（这些规定和观点的）那些排他性的要求，只要是提出了这样的要求。也就是说，鉴于具体规则的发展和现状，这些要求本身已经不切合实际了。要承认的是，没有什么可以否定，婚姻就是所有这些不同的有关本质的规定所宣称的那样。而且这些的确只是分别从某个确定的方面（或从一些不同的方面）出发来观察婚姻的。所以上述所勾勒的普遍化的定性对具体法律问题而言，也很少有用。

对在"外部"体系中具有决定性作用的界定目的而言，一开始就更多地取决于适合界定之用的基本概念。也是针对这些目的，可以当然罗列出不同性质的，各根据每个概念适用的普遍程度特别是不同的抽象级别的婚姻概念。对一个完全一般性适用的婚姻定义而言，或许只要强调两个特性，即性关系共同体（Geschlechtsge-meinschaft）和紧密的法律关系。于是"婚姻"便被表述为具有广泛法律效力的性关系共同体。[381] 但在当前的背景之下，当我们承继作为每个文化中人类所塑造和负责的历史性法律制度而流传下来的，在法律上予以固定的婚姻结构时，那么我们就能够确定一个内涵更加丰富的，并因此对形成"外部"体系的界定之目的而言更加合适的婚姻的概念。比如对我们的文化而言就形成了一夫一妻制（Monogamie）的秩序形式。[382] 在更加详细地描述我们历史上形成的、具有文化特殊性的婚姻现象时，我们就能勾勒出以下五点特性：性别不同性，一夫一妻制，婚姻之合意，负有共同生活之义务以及持续时间的终身性（Anlage auf Lebenszeit）。[383] 如果我们将这些特性——以及法律上带有最高强度法律后果的性关系共同体的一般特性——作为基础，那么"婚姻"或许真的是"毫不含糊"（ohne jede Unschärfe）[384] 的，至少也是具有相当充分的精确性的。

家庭范围内另一个下位概念，亲属关系，在界定其合适性上从一开始就没产生特别的问题。对在法律上亦具有重要意义的这一概念之核心，其依据的是一种生物学上的，并因此可以根据实践经验予以确定的特定人之间的关系。当某人为另一个人的后代或者某两人（至少）为同一个第三人的后代，则他们之间就存在这种关

---

[381] 前引 MÜLLER-FREIENFELS 1，法律、习惯和现实要素之间的相互关系也同时得到了强调（25，44）。

[382] 前引 MÜLLER-FREIENFELS 69。

[383] GERNHUBER, Ehe und Familie als Begriffe des Rechts, FamRZ 1981, 722；表示赞同的还有前引 PAWLOWSKI 12。尽管如此，这两位作者还是提到了"原则"（Prinzipien）。而这些原则，与"外部"体系的界定目的相对应，首先也能够被表述为一个界定体系的基础概念的定义特征，尤其是当这些原则对这一基础概念而言，很明显已经具有决定性时。——在所引用的这些地方也提到了强制性的民事婚姻原则。但是作为婚姻这一现实现象的历史发展特征，这一原则已经与我们的文化体系相分离了，因为这一原则依据的仅仅是特定立法机构的积极决断。对我们文化体系中的婚姻而言，这无论如何都不涉及普遍的特殊特征。——作为界定体系之基础概念的家庭概念，要与适用某些包含家庭概念的特殊法律规定时，受规范目的限制的可能的概念偏差（Begriffsabweichungen）相区别开来。这些概念扩展，例如在前引 GERNHUBER aaO 725 所讨论的，首先就是依据这些概念偏差。关于非婚同居（Konkubinat）的体系性归属应当要予以特别的思考；对此参看下文的附论。

[384] 前引 GERNHUBER 722。但这一评价仅仅涉及了"国家层面的法律秩序"。但这一评价并未在上述的历史—文化范围内予以普遍化。

系。也就是说这种"血缘亲属关系"（Blutsverwandtschaft）是通过生育或者出生而产生的。[385] 当事人之间的这些法律关系依据当事人之间的亲等（Grad）而进行或亲或疏的安排，并且在达到一定距离之时就完全排除这种法律关系了。

尽管如此，围绕着由血缘亲属关系所确定的亲子关系法之关系的核心领域，自古以来就积累了通过一些特别法律事实行为所创立的各种关系。这些关系就权利和义务方面的内容而言，都与依据血缘亲属关系所成立之关系相应或者相近。构成这些仅仅是法——社会亲属关系，而非"自然"亲属关系的例子有收养，当事实上妻子的非婚生子女被推定为婚生子女时，丈夫没有进行婚生子女之否认（Ehelich-keitsbestreitung）以及不少情况下（可能是有意识地）对非婚关系产生的父亲身份的错误承认。在这些情况下，血缘亲属关系在规范意义上便被替代了。

4. 这些在家庭之概念中总结出来的，尽管互不相同的*界定标准*（*Abgrenzung-skriterien*）也在如下意义之中表明了"家庭"这一概念之确定是极其*错综复杂的*（*komplex*），也就是说，此处受规范制约的现实截面部分是借助一些实践经验中的特性或者概念特征（血缘亲属关系；性关系共同体），但部分则是通过那些属于法律上元层次（Meta-Ebene）的特性来确定的：这取决于，这种性关系共同体是否还另外受那些额外赋予其独特法律特质的（不考虑体系上的归属问题，按其各自的构成要件已经可以适用的）规范所制约；或者特定人之间法律上的特别事件或构成要件是否产生了与那些血缘亲属间的特性相对应的法律特性（权利和义务）。

若我们坚持上述的下位概念，那么家庭概念的这种非同寻常的复杂性对界定之适合性来说似乎也并非特别不利。那么（*dann*）有关家庭法的特别界定难题无论如何似乎也就不存在了。但是当家庭概念在家庭法规范之外被使用时，模糊的意义上的细微差别很有可能在其解释之中浮现出来。这些意义上的细微差别是从其各自的目的相关性和体系性背景中表现出来的。所以这一方面的问题无论如何要与体系性基本概念的界定之合适性相区别开来。这样一来，其他与法学目的相去甚远的不同的家庭概念也才能够被确定；在仅仅是字词定义（Nominaldefinitionen）之情况下甚至可以是完全任意的。尽管这些概念被确定或者能够被确定，长时间以来仍然不能赋予它们法律上的意义。

---

[385] 对于通过现代生育技术所产生的，怀孕生产的妇女与遗传基因上的母亲不再绝对相符这种错综复杂的情况，在这里的论述中就不进一步地探讨了。但是之前的一些奥地利法律草案规定，无论何种情况，只有怀孕生产的妇女才是母亲（现在参看《奥地利普通民法典》第137条b），依笔者的观点是有益的。1986年6月由奥地利大学校长联席会议（die österr Rektorenkonferenz）委员会所出具的，有关体外人工授精的意见书也这么认为（收入于1986年联邦政府科学和研究部向国民议会所提交的报告，第13页及以下各页）。这些法律草案一般（尽管有一些明显的缺陷）也是依据对立法政策来说，正好适宜的体系性原则权衡的方法；参看BYDLINSKI, Zum Entwurf eines Fortpflanzungshilfege-setzes, JBl 1990, 741；进一步的，参看BYDLINSKI/MAYER-MALY (Hrsg)，„ Fortpflanzungsmedizin und Lebenss-chutz "（1992）；另参看目前的《生育医学法》（FortpflanzungsmedizinG），刊载于《奥地利联邦法律公报》（BGBl），1992年，第275页。

第二节 家庭法的"规范性特征"和"内部体系"

1. 上述有关家庭法实质内容的简要概览已经毫无疑问地表明，这些材料和私法内的其他部分有显著差别。这种要求全面的生活和性关系共同体的长久义务，尽管也只是框架性地予以确定了，但相较于其他，在此情况下法律上却应当更高强度地包括较深的人格层次（*tiefe Persönlichkeitsschichten*）。那些绝对重要的经济方面，更确切地说是在家庭法关系中所负担和履行的，具有财产价值的给付，在这些关系中并非首要目的，毋宁说是作为全面的，首先是个人的生活关系共同体以及根植于其内的扶助和照料义务的结果而表现出来的。所以在家庭的经济领域中，典型财产法上的有偿和双务之倾向，以及至少在一定范围之内经济上对等交换情形之倾向，在很大程度上都退居次要地位。特别是父母与子女之间补偿正义的标准，按照双方给付的财产价值具体地表明了，这完全就是必然加重前者负担的明显的不对等。同样，在夫妻之间，按照某些情形（例如一方长时间生病）在相当大的程度上也可能是这种情况，而且不会引起任何反感。

主导模式同样不是经济上的交换，而是全面的，也带有其自身经济上之结果，特别是广泛共同风险的个人共同体。当然，法律的一个非常重要的任务就是在这一共同体破裂之时，在之后仍需要清算的经济层面上，防止出现单边的或者十分明显的剥削结果。在婚姻的"清算阶段"，也只有在这一阶段，在该时间点所存在的，涉及共同体经济结果的补偿正义才会真正地处于中心地位。有关离婚后财产分配的最新法律规定原则上考虑到了上述情况。[386]

此外引人注目的是，尽管还谈不上是一种对不法行为（侵权）所负之责任，但这些广泛的义务之产生，包括亲子关系法中所履行的具有财产价值的给付（抚养、照料、教育、代理、财产管理），同法律行为上的财物销售（Güterumsatz）完全相反，是不考虑承担义务者（真实或表示出来）的意思的。

2. 以上粗浅的观察已经能够推断出一个对家庭法体系上的独立性来说显然已经足够了的家庭法"规范性特征"（nomative Spezifität）了。当我们总结在文献中通常得到强调的*家庭法的特征*（*Besonderheiten des Familienrechts*），并将其表述

---

[386] 当存在婚姻财产增值时，对待在婚姻共同体内适当分配的正义性问题（"负担补偿之理由"）与婚姻关系破裂之后的同一个问题，采取不同态度仍然是错误的，参看 BYDLINSKI, GAÖJT 1961, 131；同前一作者对其有所修正，参看氏著, Zur Neuordnung des Ehegüterrechts, FS Schwind (1978) 42。

为该法律领域的原则时，这一推断就能得到证实。这些原则包括[387]：*（75）家庭法上之关系的"持续性"和稳固性原则，这些关系因此不具有或仅能在特别的前提下才具有可解除性；（76）家庭法上之关系的透明性原则，根据这一原则，这些关系都应当具有轻易和可靠的可识别性。* 对（通过法律行为）建立这些关系，这种可识别性要求严格的形式规定，以及在一般情况下与其可靠声明相应的预防措施（有关"婚姻状况"的官方登记）；*（77）通过广泛地使用强制性法律来贯彻制度性（超个体性）的家庭目的之原则*（简称：家庭照料原则），特别是在子女有关抚养、照料以及代理的请求权上，这一原则具有极其广泛的支配地位，并且总是框架性地强制规定了夫妻间的关系。这一原则在家庭法主观权利广泛的不可放弃性上也发挥着作用；而在权利与义务广泛的强制性相互联系（"义务性权利"）这一点上也同样如此。因为教育权只能以履行教育义务为目的，并因此只有在与其进行严格绑定的前提下才能被承认的，所以这种相互联系在亲子关系法中也是非常典型的。

这些方针首先是那些赋予了家庭法一种在其他私法领域内无法以这种方式所观察到的，超个体的——严格的（Überindividuell-strikten）特性之方针。这种特性在最新的法律发展中虽然很明显被削弱了，但绝对没有被完全消除。如果不放弃家庭的独立性功能，这也是完全不可能的。例如使父母之义务取决于父母决定给予子女所必需的照料，那么完全就是全面要求采取增加第三人负担的行为了。

对这些与私人自治明确区别开来的，严格的家庭法之特点的通常解释是，在家庭法中存在特别的"国家利益"，或者家庭法应是"身份法"，也就是说全面而长久地规定了人们的法律地位。

前一解释的令人奇怪之处在于，它意图（部分地）从国家的角度来解释一个或许比国家还古老的，真正的社会制度。这一解释也歪曲了法律状态。情况绝对不是，比如抚养和教育子女原本是国家的任务，国家为此利用了父母，还因此通过严格与强制性的法律督促他们恰当地遵守转嫁给他们的义务。就规范上而言，一项扩展得如此宽泛的国家职权也是无法论证的，尤其是明显地违背了辅助原则。实际上，大规模地将这些负担归于国家因其不可实现性而完全不在考虑之列。所以在思维上由其出发也是完全错误的。如果国家想作为自己的任务来接管所有父母在资金上和额外工作上所存在的负担，这对国家来说也将是一种额外的极端苛求。（国家承担了教育事务中教育开支的很大一部分，这本身对其就已经是强度很大的负担了。）因此，那种认为父母履行自己的义务实际上是在完成国家的任务，并因此严格地维护了国家在家庭功能方面之利益的观点作为思维上之出发点，对任何一个规范解释来说都是不合适的。国家在家庭之功能上有利益或者理性地看应当有利益这

---

[387]　参看上述（在第 379 个注释之中）所引的家庭法教科书，尤其是前引 BEITZKE 论著以及 GERNHUBER/COESTER-WALTJEN 论著。

一点并不会因此而遭到否定。但是这对于所有具有广泛的社会意义的私法制度来说都是如此，对合同与所有权来说尤其如此。

更为特殊，也因此具有解释性的也许就是对"身份法"的提示了。事实上，家庭法将具有根本性法律后果的，法律上重要的持续性特征（Dauereigenschaften）分配给了人们。所以，与相对次要的财产领域，尤其是与经济上的个别过程相比较，此处对安定性以及法律状态因此对于具体当事人不同的、变化中的意思的独立性的需求就提高了。应当牢记的是与财产法相比更加重大的法之安定性要求的影响。

但是，当我们将家庭法理解为了为了对需要特别照料的人类弱势群体予以优先保护的材料，那么家庭法是最古老的，同时总的来说或许仍是当今最重要的"社会法"这一点首先起着强烈作用。家庭法中需要长时间抚养以及通常需要照料的儿童便是这种情况的典型。最低生存保障原则和超出最低生存的照料，差别化原则以及基本人格权保护原则都能在上述的家庭法下位原则中找到它们具体的反映。而上述最后被提到的基础原则也包括为保障子女的生命和健康而采取必要切实的措施以及——在人格尊严原则中——在人格发展上给予必要的教育帮助。同样，在最新的法律发展中迅速的，很可能过于迅速地被废止的，本意是为了保护婚姻之稳定性的法律规定，很大程度上就可以被理解为是为了父母对子女的共同照料有更强的给付能力之缘故。[388]

3. 除了上述讨论的，更确切地说是属于"制度性"方面的，家庭法原则层面的要素之外，长久以来还出现了现今表现得更为突出的"个体"要素（"individual-istische" Elemente）。这些要素可以上溯到私人自治并且最终可以追溯到基础的自由原则，而且不得不首先考虑到在家庭语境中可达到的极端高度人身性（höchstpersönliche）之方面。

对所有能够通过法律行为成立或者改变的家庭法上之关系，法律行为上的私人自治原则作为相关之原则也是直接起作用的。尤其是首先要求未婚男女（Nupturi-enten）表示缔结婚姻之合意的结婚便是这种情况；另外还有收养（尽管如此，其中额外的具有监管功能的政府许可行为也是十分重要的。）；此外在（单方的）非婚父亲身份之承认上也一样。家庭法上的法律行为都带有很大程度上的财产法上的内容；特别是婚姻财产法上的"婚姻财产协议"（Ehepakten）或"婚姻财产合同"（Eheverträge），意图设定一条广泛的、以婚姻为条件的有关夫妻财产的规范。更进一步的，例如有关离婚之后的扶养或者财产分割的合同，会对相应的法定规范进行具体化甚至完全将其替代。

---

[388] 参看上述第 378 个注释。——尽管如此，但是相关规定的直接效力，例如更为严格的离婚理由，还是被恰当地当作现今非常疑难的问题来处理。但是间接的经济刺激，正如 HELSPER（参看第 378 个注释）所建议的，在一定范围之内是一定能够长期"起作用"的。

特别是这些家庭法律行为中"身份法上的"法律行为表现出那些也表明了"制度性"原则所存在之影响的显著特点。即使抛开上面所提到的严格的形式要求不论，这些法律行为也同样通过"类型强制"，通过广泛的不可附条件性、不可附期限性和不可代理性，以及通过广泛针对意思瑕疵的特殊规则而凸显出来。同样，主观家庭权利因其根据自身之目的具有高度人身性的特征，所以在很大范围之内也不允许通过转让而进行法律行为上的处分，而且如上面所提到的，在很多时候不能通过放弃来进行处分，以至于这些类型已经从法律行为之中分离出来了。

鉴于以上这些特性，我们可以看到特殊的(78)私人自治制度性的——与家庭相关的修正原则。但是法律行为之实质无论如何还是在家庭法上有效的法律行为中得到了保存。正是通过法律行为，私人自治得以进行，也就是说法律后果的出现恰好是因为其作为意思被表示出来了。

4. 除此之外还应当强调的是，特别是最新的法律发展已经极为显著地强化了*家庭和夫妻的自治*（Autonomie der Ehegatten und der Familien）。有关婚姻生活和家庭关系共同体之形态的强制性的制定法上的具体规范被大规模地废止了，并且被限定在一个框架规范之内（参看《奥地利普通民法典》第90条）。在给定的框架之中，制定法部分明确地听任夫妻或者父母自己，部分则通过其自身的默认而可推断出由夫妻或者父母自己来形成双方一致同意的生活关系共同体的以及他们同子女之间所可能出现的关系。共同生活中的日常小事以及一些诸如有关住房、职业、子女之教育和提供扶养之方式等的重大决定也同样如此。只要当事人之间达成了合意，就应当如同出于合目的性的理由一样，出于自由最大化之理由而同意赋予直接当事人以自治，因为原则上当事人对其自身的需求和愿望最为了解。这种自治的赋予尤其能让每一对夫妻自己去形成经济上具体的关系共同体，而这种共同体可以是"家庭主妇婚姻"（Hausfrauenehe）或者"双职工婚姻"（Berufsehe），但也可以是"家庭主男婚姻"（Hausmannehe）以及养老或者学生婚姻（Pensionisten-oder Studentenehe）。而且在不需要同某个相关的具有约束力的法定统一模式相冲突的情况下，夫妻双方在一致同意的前提下还可以再次更改之前已经确定了的婚姻形态。当然，在考虑到子女之利益时，针对自治的滥用，无论如何都必须通过从法院之监管直至剥夺父母权之行使等一系列手段来应付。当父母无法就关系到子女利益的必要措施达成一致时，也同样如此。[389]

---

〔389〕仅仅在夫妻关系中出现的无法达成合意的情形，按照现行法律的规定，通常没有法律上补救的可能。而夫妻关系共同体有可能会因此成为丧失决定和行动能力的组织。此外，这还会导致夫妻"死死咬住"那些对他们来说相对无关紧要，但又无法通过达成合意来解决的问题；这甚至很有可能导致共同体的崩溃。所以，应该事先允许让那些生活共同体中可能变成无休止争端的，但又不能长时间放任不管的问题，能够通过法院公平的判决来确定。参看 BYDLINSKI, Ehegatten-und Kindschaftsrecht in der Familienrechtsreform, in: Sonderveröffentlichungen des ÖJT 1974, 40 f, 46; 反对相应"规范漏洞"之说的，也包括如前引 DIEDERICHSEN 论著 14。

一方面是法定框架性的，但也是强制性规定的义务，另一方面又将具体的细节交由夫妻或者父母之间通过自治所达成的合意来处理，这二者之间的互动开启了一种经家庭法修正过的，同法律行为意义上的私人自治不同的"家庭自治"在非常重要之意义上凸现出来的可能性。因此这不仅仅是关于自由意义上的自治，即作为或不作为那些法律上没有要求或者没有禁止的事，而是关于法之形成（Rechtsgestaltung）的广泛效果。以相应的事实形成（faktische Gestaltung）为基础或者在其中表现出来的，有关家庭共同生活中特定具体问题的明示或可推论之合意并非必须要包含法律行为的中心特征，也就是某一以法律上之效果为目的内心意思的表达。虽然这一特征一般只能在较弱之意义上来理解，亦即意图让作为基础的特定实际结果，通过某种方式变得具有约束力、可得到保障，也因此具有法律上的重大意义（或者如果就是明确所追求的，那对当事人来说有关法律上重要性的问题就只能是有意的了）。与此相反，在家庭共同生活中的很多一再明示或者决意的合意上却显而易见，当事人仅仅注意到了实际的状态，却一次也没有牢牢地（im Hinterkopf）或者半清醒地打算法律上具有约束力的效果。毋宁说他们所明确追求的仅仅是一种实际的，在某一瞬间合自己心意的家庭共同生活的形成。[390]

所以，可以让合意得以被识别的，通常和合意所依据的状态之真实起因没有区别的行为——按照"适当法律后果理论"（gemäßigten Rechtsfolgentheorie）意义上对法律行为的主流和正确的理解——不会被认为是法律行为。但是无论如何，这里所涉及的是法律上具有重要意义的行为，因为这是带有法定法律后果的行为，也就是说，此处更确切地说涉及的是类似法律行为的"其他法律上的行为"（sonstige Rechtshandlungen），因为它们包含了一个内心意思的对外表示（这一内心意思之前可能就只是以实际的状态为目的）：夫妻通过他们的合意将法定的，仅仅是将框架性表述的义务予以具体化；尤其是有关全面的生活关系共同体的基础性义务，更确切地说是按照法律所要求的那样达成合意。

只要没有出现新的合意，那一开始所选择的，通过一致合意所确定的，并因此符合法律规定的形态在相对较弱的意义上，无论如何便具有了约束力，以至于单方面任意的放弃是不允许的。在确定能够取得一个新的合意之前，这种放弃必定会妨碍通过合意所具体化了的法定状态。因此，按照情势变更原则（Rebus sic stantibus），曾经由夫妻双方通过一致合意所达成的形态，必须根据法律显示出某些肯定需要谨慎衡量的具有约束力的效果。尽管夫妻之间已适用很强的照顾义务，但如果不承认这一形态，那夫妻一方如此强化的信赖地位仍无法得到保障。

也就是说，夫妻一方没有充足理由单方面任意地背离该形态必定意味着某个带

---

〔390〕 "夫妻从不在意思表示中交流，这句老话总是没错的"；GERNHUBER, Die geordnete Ehe, FamRZ 1979, 201 中的说法；HEPTING, Ehevereinbarungen（1984）120 表示赞同。

有离婚时相应过错后果（Verschuldensfolgen）的婚内过失（Eheverfehlung）（或者按照德国法，至少倾向于适用法定苛刻条款时所出现的法律后果）。这些事实上之变更的重要性程度取决于这些改变与那些来自婚姻的，其内容由法律所确定的即使是框架性义务之关系。而这些义务又是夫妻通过双方合意所接受的，并且在其框架之内还继续以可合理期待性之考量（Zumutbarkeitserwägungen）为其基础。例如，某个重大的，并且估计不会再出现的夫妻一方变更职业的机会虽然能够为限制之前完全紧凑的生活关系共同体提供正当性之理由，但是将生活关系共同体的强度降低到一个违背夫妻另一方意思的"假日婚姻"（Urlaubsehe）的程度就不具有正当性之理由了。如果出现了超越之前所实践的夫妻间一致合意的，具有重要意义的变更（并且这些变更也不会让之前的合意至少作为新规则的适当出发点而保留影响），那么就会因为缺乏新的合意而变成了似乎从始至终在相关问题上都没有达成过一致合意的情况：也就是说通常情况下，按照现今的法律，此时就应该适用法律上的退出（rechtliche Resignation）了。而法律所提供的第一条出路便是离婚。

如果夫妻双方就他们共同生活中的某一问题达成了具有法律后果意思（Rechtsfolgeswillen）的一致合意，那么对上述具有约束力的效果而言，这一较强的私人自治构成要件当然就不可能是有害的。但是，鉴于强烈的个人方面之影响，同时面对这类家庭一致合意的效果，夫妻双方面对这些对一方当事人而言可能产生不可合理期待性（Unzumutbarkeit）的变动了的关系，也必须保持特别的敏感；甚至无论如何都要比面对债法合同中之变动了的关系时更敏感。也就是说，或许除了少量例外情况，情势变更原则条款在这里与那些从一开始就仅以实际状况为目标的一致合意起到相类似的作用。

在上述意义上，现今讨论非常热烈的法律现象"婚姻协议"（Ehevereinbarungen）或者更为普遍的"家庭协议"（Familienvereinbarungen）便可作如下的理解：这些协议（通常）涉及的是对法定义务框架内实际状况的明示或者可推断的合意；也就是说，这里涉及的是根据法律而发挥有限法律约束力的双方"其他法律上的行为"。但是当这一合意（例外地）也表现出了法律行为上的法律后果意思时，这一约束力也仅仅是得到了无关紧要的增强。[39]

---

〔39〕　有关"婚姻协议"问题的基本论述，参看 DIEDERICHSEN, Die allgemeinen Ehewirkungen nach dem 1. EheRG und Ehevereinbarungen, NJW 1977, 217；非常全面且带有大量深入分析的论述，参看前引 HEPTING 论著，该论著在其开头部分便意识到了合同与非法律行为约定之间的矛盾（1），之后强调了所有相关理论逻辑上的不一贯性，这些学说一方面将"婚姻协议"解释为法律行为，但另一方面又与一般性法律行为理论相反，或者认为被表示出来的法律后果意思没价值或者甚至明确将其抛弃（121, 230）。在这之后该论著得出了令人信服的阶段性结论：我们应当承认，婚姻中自治上的自我形成（Selbstgestaltung），也能够以在常规性要求背后仍退回到最终的法律行为的形式展开（177）。但较为欠考虑的则是依据该结论所作的，变更法律行为概念的要求（178）。之后这一要求事实上更进一步地细化为放弃法律后果意思（229 ff）。就如同一般意义上的意思一样，这一要素在一部同样重视信赖保护的，原则性、适当的法律行为法（以及在相应的法律行为概念）中并非首先（保留意思瑕疵的情况下）被理解成是"真实的"意思，而是本来就被理解为对外表示出来的或者可推断的意思，以至于信赖思想和所有一般性的解释问题，都不能给法律行为学说的一般性修正提供理由。（转下页）

在实践中非常具有意义的，法定框架性规范和通过作为类似法律行为的"其他法律上的行为"的自治合意来对其填充这两者间的互动构成了一个对家庭法来说意义重大且十分典型的，具有根本法律效力的，自由或者自治原则的非法律行为之变体。一个属于该变体的（尽管是单方的）法律事实的一个古老例子就是离婚权（Scheidungsrecht）中的宽恕（Verzeihung）。宽恕意味着一个自由的意思或者感情的表示；然而这一表示不是指向某些法律后果，而是指向一个事实上的和解；但通过客观规范，宽恕被赋予了一定的法律后果（即离婚权的丧失）。

（接上页）因为在法律为直接当事人自治上的决定提供了较宽广之空间的情况下，当我们——以上文中所描述的方式——将法律与（也可以是可推断的）有关事实上的情况协议（不是关于法律后果）的互动看作是"其他法律上的行为"时，家庭自治从教义学上便已经得到了非常充分的考虑。而今日在家庭自治的情况下，对此也已经没有疑问了。只要法律不是由自己规定一定的情况，而是赋予某个通过当事人的意思合意而确定的实际情况本身（同时无论如何也是适当的）一定的法律效果，那么它就在很大程度上重视了意思以及相应的自由原则和当事人的自治。因为法律行为在法律上的约束力和效果（在不考虑其他生效要件的情况下）同样也是取决于某个以之（*darauf*）为目标的明显的意思，所以很自然，这里所说的私人自治上的意思与客观规范之间的互动在法律行为上进行了明显不同的（*anders*）架构。HEPTING（更早的还有 WILLOWEIT, Abgrenzung und rechtliche Relevanz nicht rechtsgeschäftlicher Vereinbarungen［1969］）以互动的方式，通过一个"规范性约束力理论"（Theorie der normative Verbindlichkeit）抹去了这种清晰的区别，从中是看不到明显之益处的。之后对模糊这一区别的论证还求助于能解释任何一个允诺在规范上是否具有法律约束力的"法体系自身"（257）。但寻找这种能应对"每一个允诺"的法体系中的相关规范却是徒劳的。我们所能找到的仅仅只有，一方面是一般性的解释标准或者对某一假定的当事人善意意思的指示，另一方面则是那些客观规范赋予非法律行为的表示自身某些法律效果的情形。通过"类型学上的特征"（typologische Merkmale）对这一理论进行更替却没有继续进行下去。因为抛弃了可推断的、假定的当事人之意思，该理论只能更加尖锐地提出了这些标准的正当性（Legitimität）问题。即使"规范性约束力理论"之后由 HAUSMANN, Nichteheliche Lebensgemeinschaften und Vermögensausgleich (1989) 369 ff 所接受，仍然不应该认同这一理论。这一理论以不必要的程度，从总体上危及到了真实的，以及根据具体当事人具体利益状况所假定的，当事人意思所应得的明确优先性。特别是在某些看不到其他（*keine anderen*）可能性的方面，利用法律后果意思所进行的，强烈客观化了的操作，所带有的那种权宜之计的特征受到了压制。但是这些权宜之计在某种程度上也并非一般化的合适客体。——参看 FENN, Ehevereinbarungen, in: Bosch（Hrsg）Neuere Entwicklungen im Familienrecht (1990; Beitzke-Symposion) 43 ff 中的有关约束范围的各个观点的概要。达成一致合意的法律上的行为既义务性地将法定义务具体化了，同时在情势变更之时直到产生新的合意，都有源自法律的有拘束力的效果。这样一种正确的定性虽然在某些受赞同的观点看来还显得不够清晰，但对"交易基础解决方案"（Geschäftsgrundlagenlösung）的支持者来说，在结果上已经是非常清楚的了。而在情况变动之时，作者自己的，以婚姻生活关系共同体之义务为导向的"权衡概念"（Abwägungskonzept）(46)，应当作为家庭法上经过正确修订的行为基础解决方案来理解。——奥地利最高法院（OGH）的最新判决原则上是正确的，刊载于《奥地利法学报》1991 年（JBl 1991），第 714 页；判决评注中的 FERRARI-HOFMANN-WELLENHOF 的思考也以如下方式得到了注意，即某一对夫妻一方来说客观上不可合理期待的形成（Gestaltung），明显逾越了法定框架，因此不具有（*nicht*）约束力。在某些两难案件（Grenzfällen）中，事后形成的，强烈且可理解的有关过分苛求和不可合理期待的感觉（*Gefühl*），也可能被当作具有重要意义的变更情况。在婚姻中也确实必须顾及夫妻另一方的感觉领域。但是婚姻作为法律制度在婚姻共同生活的中心问题原则上完全没有（通过自治形成的！）约束，也是不可想象的；不然的话，这样一种婚姻制度对我们来说还不如将其废除了更好，而这似乎就是某些"改革者"的根本目标。目前奥地利法中与 FENN 观点相类似的，有 KERSCHNER. Vereinbarungen der Ehegatten über die Gestaltung der ehelichen Lebensgemeinschaft, in: Harrer/Zitta（Hrsg）Familie und Recht (1992) 391 ff；另外还有 PICHLER, JBl 1993, 747（针对所强调的无约束性进行了正确的反击）。——关于非法律行为合意，MAYER-MALY, Vertrag und Einigung, FS Nipperdey (1965) 509；但是和法律行为的区分仍然不足。

因此，上述现象更为深入的规范基础可以表述为*(79)*（*非法律行为上的*）*家庭自治原则*。家庭自治以仅仅是框架式的法定内容性规定为基础，并在很大程度上都是通过具有类似法律行为的"其他法律上的行为"特征的合意（或者有时也通过单方面表示）来实行的。这些"其他法律上的行为"被称为婚姻协议或者家庭协议。这一原则涉及包括经济方面（扶养；家务上的工作）在内的全面的"个人婚姻效力"。

但是，除此之外，这一原则还可能涉及其他的，特别是在法律中没有进一步规定的，婚姻与财产法的边界领域。然而此处的相关问题共同构成了一个广阔的问题领域。这一问题领域缺乏一个整体的永久性解决方案，所以还一直处于讨论之中。[392]

5. 不可否认的一个出发点是，*夫妻之间*（*zwischen Ehegatten*）可以进行任何的*债权行为*（*schuldrechtliche Geschäfte*）；而在这点上，按照奥地利的法律，在某些情况下（没有合理的界限）有需出具公证书（Notariatsakt）这样严格的形式要求。[393] 以婚姻法已经规定之义务的核心领域为先决条件，在实践中十分常见的（无形式的！），夫妻之间的劳务合同及公司合同（Gesellschaftsverträge）也是被允许的。[394]

夫妻之间或者其他家庭成员之间"普通"债法上的法律行为同婚姻生活关系共同体或者同家庭关系存在着紧密程度不同的联系。在极端情况下，这样一种联系甚至完全不存在。但无论在何种情况之下，至少在动机层面上存在着某种联系。不过这种联系只有在无偿合同的情况下（特别是订婚赠与或者结婚赠与）才在法律上具有直接的重要意义。除此之外，以现今的观点来看，双方的动机在一定的附加前提条件下也能构成行为基础。因此按照相关的行为基础丧失的理论，这些动机也能产生法律效力。鉴于婚姻关系或者由夫妻双方对方的父母所提供的优惠贷款，在诸如离婚的情况下也能够提前解除。正如上述所引文献中所看到的，我们可以将这整个的难题都归入（附加的）"行为目的婚姻"这一关键词之下。超出交易基础规范的债权合同"原因"（causa）理论似乎在实践中可能不会超出上述范围。

---

[392] 对于所有细节必须要参阅所引的文献了。

[393] 最新的研究，参看 P. BYDLINSKI, Heilung formungültig geschlossener Ehegattenverträge durch Erfüllung? in: Harrer/Zitta (Hrsg) Familie und Recht 243 ff。

[394] 参看 HOLZER, Zivilrechtliche Konsequenzen der Angehörigenmitarbeit, in: Ruppe (Hrsg) Handbuch der Familienverträge（1985）159 ff; JUD/GRÜNWALD, Zivilrechtliche Probleme der Anerkennung von Personalgesellschaften zwischen Familienangehörigen, 收录同上 277 ff; 有关家庭近亲属间的家庭上工作关系以及劳动合同上之形态的所有变体以及他们之间的交集，参看 FENN, Die Mitarbeit in den Diensten Familienangehöriger（1970）; 有关夫妻一方在另一方企业里的无合同协同工作的广泛论述，参看 LIEB, Die Ehegattenmitarbeit im Spannungsfeld zwischen Rechtsgeschäft, Bereicherungsausgleich und gesetzlichem Güterstand（1970）; 前引 HEPTING 论著，尤其是 120 ff 有关默示的公司合同及劳务合同，以及 425 ff 关于作为与财产有关的"婚姻协议"第二种类型之特征的"与婚姻相关的行为目的"（Geschäftszweck Ehe）的总结性论述。

但是有关有效债权行为之前提条件的材料之所以（sedes materiae）仍然位于法律行为法和债法之中，是因为家庭上的行为目的对法律行为及其解释和效果的影响从根本上来说不会不同于行为双方因追求其他共同目的所产生的影响。

6. 但是以下这些还是促成了非常广泛的特别问题领域，即，夫妻之间在财产法方面的关系，尽管常常也是框架性的，但同样在很大程度上是由家庭法的法律规定所确定的；特别是，正如前面所提到的，夫妻之间一般情况下不会以债法上意思表示的方式相处。同样，即使夫妻之间互相给予或者接受经一致合意的具有财产价值的给付（einvernehmliche vermögenswerte Leistungen），无论如何他们也不会明显地表现出彼此间要建立特别的债法上之关系的意图。在所有情况下，所能看到的只是他们想进一步安排他们的，包括财产法领域在内的，婚姻生活关系共同体。因此，由于欠缺法律行为的中心要素，（尤其是）默示的公司合同或者劳务合同的前提要件在通常情况都非常成问题。

虽然通过不当得利法上对目的不达的返还之诉（condictio causa data causa non secuta）具有决定意义的特别的法律原因约定（Rechtsgrundabreden），这一问题还不是太难以处理，但在结果上却仍然非常棘手。尽管在这方面一个法律后果意思（对此在其他地方还要进一步阐述）不是必需的，但必须能够推定，某一特定给付的实施是由于一个带有目的的对待给付。如果一个给付之实施仅仅是由于婚姻，那么就急需解释，这与目的不达的返还之诉的构成要件具有何种关系。

即使夫妻曾经想要将他们财产关系中的特定问题变为某一独立的债法规范之客体这一推定缺乏特别的依据，但长期以来，尽管面对诸多困难，在裁判实践中默示合同或者法律原因约定过去与现在仍然常常得到肯定。[395] 这么处理的依据在于，出于公平原因，对那些因其所有权之情况，"形式上"仅属于夫妻一方，但实际上是由夫妻双方共同创造的财产价值进行分割常常是不可避免的。这种情况在婚姻破裂之后特别普遍，但在婚姻存续期间也时有发生。虽然婚姻财产法上有关离婚之后双方财产整体性分割的新规定已经大大缓和了对共同获得的财产性利益进行个别、具体分割的需求，但绝对没有完全消除；对婚姻存续的这段时间来说尤其如此。此外同样存在着这种可能，即整体性财产分割的规定没有充分考虑到涉及某些个别财产价值的、夫妻双方具体协同工作的结果。就这方面而言，默示合同或者特别的法律原因约定似乎和以前一样，在确定双方对某些现存财产利益的具体贡献上为了能够满足公平要求，仍然是不可或缺的工具。

尽管如此，个别情况下在夫妻之间的某些生活事件（Vorgang）上究竟是否存在某一法律行为上之建构的一般性特征，通常还保留着有很大的疑问。更确切地说，相关的问题和通常的婚姻生活关系共同体之捆绑越紧密，相应地，夫妻在特别

---

[395] 大量的裁判说明，参看之前和接下来所引文献。

债法上的建构意思也就越不可能，这一疑问也就越大。典型的例子有劳动和其他职业上财产性利益的合并，或者婚姻住房之安排，以及夫妻一方在另一方职业性经营，尤其是企业上的辅助。而这种辅助即使在今天也常常出现在诸如农场、小型企业、自由职业之中以及艺术家和科学家之间（特别是夫妻双方都是同一个专业的时候）。而当我们考虑到，这些供家庭和职业所支配的时间量是互相依存的，而且其职业收入通常也构成了婚姻生活共同体的经济基础，那么上述最后一种例子同婚姻生活关系共同体的紧密联系就变得尤为明显了。

所有上述生活事件自然都是依据夫妻间相应的，在某些个别特征上至少是有关他们生活关系共同体的事实建构之默示一致合意。在这点上，就应该联系到上文所作的论述并提出"婚姻协议"这一法律现象作为明证。然而这里的实质问题（Sachproblem）并不在于以下疑问，即这一非法律行为上的协议如何能得到即使只是受限制的法律后果，还不如说是在于它们内容上有补充之需要：这首先涉及的是，通过夫妻双方一致合意的活动所带来的财产上的好处不仅仅完全只在夫妻一边形成，而是最终面临着这些好处只被一方所得到之危险。这方面的例子包括一方的企业性经营行为或其他职业性的经营行为，或者在某一方的地产上以夫妻双方共同协作的方式建造房子。在个案中，若夫妻双方没有通过劳务合同或者公司合同，或者以其他法律行为上的方式事先确定好合适的规范（这样做显然是有可能的，也是优先适用的），那么出现剥削式不公平和单方面的结果看起来就很容易理解了。如果最终只是受益的夫妻一方的债权人享受到了来自夫妻另一方所贡献的利益，或者如果受益的夫妻一方一旦自愿地为夫妻另一方就其所做的贡献进行补偿，税务局就会征收赠与税，那么这才会显得极其古怪。

因此，司法判决通过推定默示合同或者特别的法律原因约定，而不需要进一步地审核其前提条件来创设出补救措施并最终使夫妻共同获得的财产价值得以适当分割，这样一种大胆的设想是非常容易理解的；就结果而言，从公平原因这个原则性观点来看，大多数判决也完全值得赞同。但仍有疑问的是，在不存在改变和扰乱法律行为学说之危险的情况下，这些参与分配请求权（Beteiligungsansprüche）是否也都能得到论证。

难道不需要为这些因为共同协作的夫妻双方的参与分配请求权而显得颇有疑问的"婚姻协议"找一些家庭法上的或许有些特殊的基础作为补充吗？就笔者之观点而言，格恩胡贝尔（GERNHUBER）早先就对这个问题作了让人信服的肯定回答了，并且将其依据溯及到婚姻生活关系共同体本身这一指导思想之上。更确切地说是这一思想之中所包含的"相互的"帮助的基本规则，也就是说绝不可能仅仅是夫妻一方单方的帮助（《奥地利普通民法典》第44条有明确规定）。这一基本规则禁止，那些夫妻一方以创造更好的婚姻共同生活之条件为目的而提供给另一方的具有财产价值的协助，即使在出现成果的情况下（否则变成了承担一定程度的共同风险

了），也没有让做出贡献的一方对于财产性成果享有份额。毋宁说"相互性"恰恰
也要求了，在夫妻双方之间，首先通过另一方所提供的帮助使自己财产受益的夫妻
一方应当为其所获之利（财产）而向另一方提供"相对应的帮助"（Gegen-
Beistand），以便于另一方也能够适当地参与到通过具体的共同努力所创造的财产价
值。婚姻无疑也是一个风险关系共同体（Risikogemeinschaft），这一点意味着在出
现成果的情况下没有反对之理由。当然，提供协助的夫妻一方通过实际的婚姻关系
共同体所获的分配（Teilhabe）也有可能足够了，只是这一点在诚实的婚姻中也并
不必然一直起作用；例如在有贡献一方出现紧急的个人方面金钱需求时就不起作
用了。

　　这些考量引出了一个特别的家庭法的参与分配请求权。对这一请求权的细节，
因为缺乏家庭法上的特殊规定，就此处涉及的整个相应的分配问题，应该确定类推
适用公司法上（gesellschaftsrechtlich）关于公司财产和公司盈利之分配的相关规
定。[396] 在奥地利，依据上述方案如今已经产生了虽然在细节上还不是特别出色，
但已经是很明确的，有关在夫妻另一方所获之利中对协助进行补偿的《奥地利普通
民法典》第 98 条。[397]

　　而那些之前实际上存在的产生债法请求权的构成要件都仍然保持有效。至于他
们是否和家庭法上特别的请求权基础产生竞争并与之处于特别的关系之中，则是一
个次要的问题。

　　当通过相应的一致合意使家庭自治原则成为这些"婚姻协议"必须被补充的前
提条件之时，那么这一原则在上面所说的最后一个问题领域中仍然产生强大的影响
力。但是作为全面婚姻生活关系共同体的一部分，且其源自补偿正义的可推论性也
是明白无误的婚姻上之互相帮助原则，在客观上也要求这一补充。这意味着，在成
功的协同工作的情况下，也就是说在出现现存可分配的财产性成果的情况下，所浮
现的并非一个新的家庭法上的原则，而很有可能是一个非常独特的原则组合。

　　7. 将已经导致了婚姻与家庭的"伴侣关系性"组织的(80)性别平等原则作为
当今家庭法中仍然具有重要意义的特别基础，总的来说毫无疑问是正确的。这一原
则在第二次世界大战后家庭法领域大规模法律变动中的决定性作用，就不需要额外
论证了。只是以下少数几点意见仍需提及。

　　A. 这里所涉及的毫无疑问是为夫妻或者父母间的关系量身定做的"个人主义"

---

〔396〕　特别参看 GERNHUBER, Die Mitarbeit der Ehegatten im Zeichen der Gleichberechtigung, FamRZ 1958, 243
ff；同前一作者所著 Das eheliche Vermögensrecht und die Verpflichtung zur ehelichen Lebensgemeinschaft, FamRZ
1959, 465；表示赞同并通过类推适用公司分配来进行补充的，BYDLINSKI, GAÖJT 1961, 127 ff；稍晚一些，持同样
观点的有前引 LIEB 论著，186。有关在德国法方面，反对对法律行为的协助给予特别考虑以及对增益共有制规则的最
终采纳，参看前引 HAUSMANN 论著，575 ff（附有诸多说明）。

〔397〕　更多细节方面的批评，参看 BYDLINSKI, FS Schwind 32 ff。——值得注意的是，在德国很有可能会被大多
数人拒绝，而且稍晚些时候亦为作者本人所放弃的 GERNHUBER 的理论，已经在奥地利的立法中获得了成功。

原则；但对婚姻和家庭的稳定或者"持续性"这些"制度性"要求而言，这一原则却有可能是有害的。而且在一定范围内，这一点现在由于一再出现的原则冲突已是不可避免的了。但在某几个点上绝对有理由怀疑，在涉及相关原则时，最优化问题是否得到了充分重视。对此比较明显的就是曾经导致了上文已经提过的法律上的退出的男女权利平等原则，据此，婚姻有可能因缺乏夫妻间具体合意而在大多数问题上成为无决定能力，进而无行为能力的组织。尽管如此，总归会有不同的，符合男女权利平等原则的解决方案得到讨论，而其中的一些毕竟还是要好过法律的完全投降。对于那些重要的，且一直有争议的问题，尤其是由作为家庭法仲裁机构的法院在关于双方立场上的权利作出终局决定是有可能的。

B. 鉴于——作为各种类型中的一种可能性的——现实中占绝对多数的"家庭主妇婚姻"模式，男女权利平等原则在决定性的程度上也为现行的离婚后财产分配规则做出了贡献；也就是说，为一个从公平性标准出发原则上（对个案中某些弱势者而言）值得赞同的法律变更做出了贡献。

被分配的财产，在德国是"增益"（Zugewinn）（《奥地利普通民法典》第 1363 条及以下各条），在奥地利则是婚姻上的使用性财产和储蓄性财产（《婚姻法》第 81 条及以下各条）。但是具体细节和限制则是非常复杂的。整体性分割（对所有经济上的婚姻类型而言）也能引起对仅仅是夫妻一方为增加另一方财产所作的，具体上（同时也是很迟以后）完全不可重构的可能贡献的偿还。虽然此种可能的贡献很常见，但其存在和数量却另外主要是由法律直接推定的。这种介于机械性平分和单纯按公平分配（参看下文第 420 个引注）之间的分配规则的宽松设计及其在财产法上同样很难理解的形态，如果存在的话，仅仅被解释为由夫妻一致同意的全面生活共同体在法律上被推断为也适用于财产领域。对财产法上正确分割的追求也因此得到了抑制；另外毫无疑问，这样也是为了有效地避免困难的、不确定的、需长时间追溯的事实解释和证据调查这一目的。

因为具体细节上有诸多疑问，所以我们必须将*(81) 婚姻上的财产分配原则*作为巩固婚姻财产法的基础。在婚姻解除的时候，这一原则支配着财产法上的清算。[398]（只有对作为婚姻解除之原因的夫妻一方）死亡，婚姻法才保持完全或者具有优先性的适用。）与之相反，对婚姻存续期间而言，在德国和奥地利都仍然保持着*(82) 财产分别原则*。这一原则实现了夫妻各方在财产领域的个人自由。[399]

---

[398] 财产自由与借助婚姻解除标准而进行的，共同体的财产整体分配之间，令人意外和充满疑惑的界限似乎（仍然）比他们本身还要错误；对于所涉全部财产，形式上分配的愿望和需求几乎永远随着婚姻的解体而形成。

[399] 有关这对评价上的两级（Bewertungsmaximen）以及他们结合可能性的比较法上的基本论述，参看 NEU-MAYER, Die Kombination von Vermögenstrennung und Vermögensteilhabe im ehelichen Güterrecht, RabelsZ 18 (1953) 376 ff；关于共有原则也可参看 DIEDERICHSEN, FS Larenz (1983) 156；进一步了解文中的论述，参看 BYDLINSKI, GAÖJT 1961, 114 ff；其中对德国"继承法上的解决方案"提出了特别的批评。对时间上晚一些的奥地利的改革而言，这一对婚姻财产法和继承法前后矛盾得难以置信的结合，能够被很好地松开了。

C. 男女平等原则从基本的一般性公平要求中衍生出来本身是十分明显的。因此，在每个具体问题上以及对家庭具体发展的每个时间点而言，是不能要求男女法律地位的机械性平等的，而且这在很大程度上也是完全不可能的。在这点上，我们只需想想例如因为怀孕和分娩所带来的身体上之负担即可。

第三节　下位领域的诸原则

1. 正如我们前面所讨论过的，家庭法的下位领域，亦即一方面是婚姻法，另一方面是亲子关系法，毫无疑问可以借助相关基础概念得以在"外部体系"中进行互相区分。至于这些下位材料的原则，也就是说他们的"内部体系"所涉及的内容，则应首先为婚姻法而承继上文提到的，作为我们文化体系中成熟制度的婚姻的概念特征。而这些概念特征现在则被表述为原则，也就是说被表述为规范的主导思想，而且在所引的文献中也是作如此表述的。因此这里所涉及[400]的原则有*(83) 性别相异*；*(84) 一夫一妻制（Monogamie）*；*(85) 婚姻合意*；*(86) 负有履行全面的生活关系共同体之义务*；*(87) 持续时间的终身性*；*(88) 强制性民事婚姻*（obligatorisches Zivilehe）。

关于这些主导思想，在这里自然只能简短地且仅仅是鉴于其在私法原则内部体系中的地位而作一个简要的表述：有效婚姻合意这一要求在今日很幸运地已经是（经由家庭法修正的）私人自治中一个完全没有疑问的"个人主义"后果了。而"强制性民事婚姻"则是反复出现的文化斗争（Kulturkampf）的遗迹。出于身份关系"透明性"的要求而原则上能够阐释的，事实上也仅仅只是由欲缔结婚姻之双方（Nupturienten）所作的，经官方认可的婚姻意思（Ehewillen）的形式上之表示，以及对该意思值得信赖的登记和注册而已。除此之外，教会中的仪式性缔结婚姻，只要以登记的形式将其通知某一"户籍登记处"并由其注册在案，也就符合了这些"透明性"要求。

上述其他原则依据的则是之前所说的婚姻"制度性"的一方面；尽管如此，当今这些原则在很大程度上还是呈现出一种与"个人主义"原则相平衡的形态（Gestalt）。这一点首先适用于已经广泛讨论过的，处于全面生活关系共同体的具体构建中的"家庭自治"，并且首先表现在除了婚姻的"持续"时间终身性之外，还存在着极其广泛的离婚可能性。此外对婚姻失败有过错一方的主观离婚权无论如何也是值得怀疑的，特别是试图在法律秩序中一般性地从自身的违法行为中推导出主观权利，最终都因权利滥用之禁止（Mißbrauchsverbot）而失败了。

---

[400]　参看上文第 383 个注释中所引文献。

合意离婚（einvernehmliche Scheidung）是（在实体法意义上，也就说不管那些在某种程度上起到阻却作用的程序法上的程序）对家庭法中的私人自治以及那些为了使婚姻不至于违背夫妻双方持续的意思，而仅仅在形式上作为法律状态得以维持的一些合目的性权衡的一项极其宽泛的特许。针对夫妻双方面对每个较大的困难便很容易采取的，且一直受自怜（Wehleidigkeit）这种当今的"时代精神"所推动的放弃而在制度上设置的必要"刹车"，在实质关系上仅仅存在于非常微弱的要求之上；例如在——非常短暂的！——最短分居期限上以及在全面合意规范的必要性上。关于客观上可识别的婚姻破裂的证据却几乎没有得到重视；更别提发现涉及具体婚姻的有可能重新开始的机会。[40] 关于具体的细节，此处自然就不展开了。但仍需把握的是，这方面最新的法律变更与其说是全面最优化之努力的结果，还不如说是因为意识形态和实用主义上的偏见而产生的。如果不依赖于涉及具体婚姻的挽救机会，那我们就必须要更加强烈地避免这样的一般性印象，即婚姻在法律上仅仅是一个可以按照意愿随时可解除的关系，并因此在实际上并无用处。

2. 那些之前尚未提到的，特别是在剩下这些原则中表现出来的"强硬的"*制度性要求*，在它们的规范性证成能力（Rechtfertigungsfähigkeit）上，首先取决于我们是否以及在多大范围上承认，生物学上"法的进化准则"以及"婚姻"和"家庭"法律制度历史性—超个体性（historisch-überindividuell）发展起来的，具有文化特殊性的目的是规范性理由的一部分。人类（也）有两种性别，人的性欲以及他们为促进生物学—进化上所确定的保存物种（Arterhaltung）这一整体性目标所作的结合，作为生物学上的事实，是毫无疑问的。而子女有帮助的需要这一点也同样没有疑问。无论如何，母亲都不可避免地要为新生婴儿"全权负责"。而当不仅仅是母亲一人，而是一个全面的家庭关系共同体，在"小家庭"之关系下至少包括了父亲，一起承担起照顾子女的任务，那么在面对人类自身相对较弱的自然条件时，不仅极大地提高了子女个体生存的可能性，也极大地增加了整体性目标之实现的可能性。（关于此处仅仅作为前提条件的，母亲和父亲相对于子女负有一定义务这一点，稍后还会予以特别论述。）这一点必定给男人带来了动力，而女人则很明显地承担了首要风险。这一生物学上的联系是如此强烈，以至于完全能够解释男女之间发展出了完全不同的"双重"性道德。[402] 看起来只有现代的避孕技术才能抵抗此种风险；然而在子女有帮助之需要与子女双重家庭照顾的合目的性上，都不会有什么变化。

从规范上来说，也就是说在家庭法和家庭伦理的范围内，个体上的帮助之需要

---

〔40〕 比较法上的全面论述，参看 VERSCHRAEGEN, Die einverständliche Scheidung in rechtsvergleichender Sicht (1991)；对其总结性评价请参看本书 588 ff.

〔402〕 关于此点，参看 CHRISTIAN VOGEL, Evolutionsbiologie und die "doppelte Moral", Jahrbuch der Akademie der Wissenschaften in Göttingen 1988（1989）41.

和保存物种一直以来持续且毫无变化地使人容易想到，应该将对子女的照顾建立在尽可能稳定的父母关系共同体这一基础之上。这里同样也对规范秩序到底为什么要设定人类之间"性关系共同体"这一问题给出了首要的答案；当然，这一问题更确切地说应该是，为什么规范秩序要致力于赋予这些性关系共同体中的某一特定类型一定的特权并使其稳定。此处涉及的是这样一些关系共同体：共同体的参加者严肃地着眼于其长期存在性，并因此可以给子女之照顾提供相对来说最佳的可能性。

因此这里要引入第二种完全不同的思路，即并非将人类的本质确定为生物性的，而是确定为伦理性的。这种本质在某种程度上能够使人通过反省与自由形成的意思来自己控制其行为，并且在人类性生活中也不仅仅只是本能。在人的这———对所有规范秩序来说都是最基本的——前提之下，作为个人很容易就会产生这样的想法，即他的性生活不应该像动物一般，只是按照自然法则进行，而是受限于一定的规范性要求。这些要求有助于使性行为作为子要素（Teilelement）而归类（Einordnung）到一个十分全面的，同时也是完全个人的关系之中。这一关系包括了人格的所有要素，并因此而为参与者的共同人格发展（然而，当然不是在任意地不负责任的意义上）提供了特别的可能性。

在这一意义上，缔结婚姻首先也是公开负责的双方承诺，承诺尽可能严肃和认真地尝试去丰富共同的人格。当然不可能也不应该就此取消夫妻双方的个性，这一点在今天已几乎不需要再去强调了。但是明确全面的关系共同体和夫妻双方个性之间的界限却恰恰是能使婚姻既困难又充实的任务之一。

特别是将婚姻首先理解为圣礼（Sakrament）的基督教婚姻理论给与了上面所表明的个人—伦理的婚姻视角强烈的重视。此处相关的宗教问题在本书范围之内就不予以讨论了。鉴于人类的弱点，过于理想化的婚姻伦理模式在进行法律上的转变时，对人类来说常常有可能意味着一种苛求。而每一个相当成功的婚姻却都证明这一模式的积极效用以及重要的现实内容。但用这一类婚姻来区分外表上就已经失败，或者说破裂的婚姻和外表上仍然完好维持着的婚姻，在统计学上几乎是无法把握的；或者说完全不可能从统计学上把握这类婚姻。但需要注意的是，在日常理论上这些婚姻幸好都是来自完全"普通的人"，而并非那些道德上特别优秀的例外形态。我们或许可以将成功的婚姻定义为参与者在以后回想起来之时会将其评价为对他们生命的丰富（Bereicherung）。这毫无疑问也包括大量的危机和困难。然而"时代精神"对这一目标的实现肯定不是有利的。毋宁说它同样非常倾向于将可以实现的描述为不可能，将乌托邦式矛盾的（就像例如完全的个人自由和紧密的个人关系共同体同时存在）描述为可实现的。

婚姻制度那超个体的，与"事物之本性"相一致的，并同时解释了其自身形成与历史发展的目的或者功能，按前文所述可以作如下总结：为照顾子女创造一个稳定的基础以及将人类的性生活归类到一个非常宽泛的个人关系共同体之中。作为这些主导目标的前提，婚姻法这些"制度性"原则很容易就能从合目的性这一基础原则中得出。重要的仅仅是，在该原则范围之内我们不能将这些具有决定意义的目的完全理解成进化选择的产物，而应将其理解为制度性—超个体性所塑造出来的。

这样一种看法肯定不是"逻辑上必然的"。如果有人想坚持为了完全的个人行为自由，从而能够比在其之前创造和发展了"婚姻"制度的人们更加聪明或者绝望，那么就不会赞同这种看法。但是如果我们想回答，到底为什么规范秩序选择特定类型的性关系共同体作为特别的制度，使其同其他关系区别开来（例如偶尔的性行为或者任一强度的恋爱关系），并且赋予其特别的效力，那么这种看法则是必须的。那些拒绝这些所说明之理由的人，也必须逻辑一致地为拒绝将婚姻作为法律制度，而因此在"伴侣关系"的形态以及每一个变种之中投赞成票。这无疑总归默默地成为一些"改革者"最新的主要政治目标了。因为要使这些可以考虑的备用方案，也就是所有或者那些会维持一段时间的"性关系共同体"成为特别的法律规范的对象，那就完全不用说明强制性的规范理由了。很明显，在性生活本身和法律的制度形成之间没有必然的联系。

但是针对逻辑上显然有可能的废止婚姻及其相关变种的假定，首先还存在着经验观察上及其在冯·哈耶克（Von Hayek）进化道德理论意义上道德理论解释的抵抗：他建议，关于道德的基础，要坚守那些"自发"形成的原则或者由其所支配的制度来代替仅仅是理性的—纯理论的构建尝试。那些接受了这些制度的社会集团已经有能力可以声称，比起其他相竞争的社会集团，他们生存得更好（在需求之满足上达到了更高的水平）。这类制度具体地说就是指所有权和家庭。[403]

最初令人印象深刻的强大社会或者由这些社会组成的国家随着这些社会集团内部家庭关系的衰弱，也都趋于衰落或瓦解，这是由历史上的观察所反复证实的。也就是说完全存在动机，不再继续通过对婚姻超个人的制度要素的规范解构而让婚姻继续地不稳定化。那些大政治实验家在东欧马克思主义所统治区域内进行的经济领域的建构，现实上很明显地崩溃之后，他们只好愈发地转向家庭领域以及对该领域的废除，因而每一个不想为这些糟糕的后果共同承担责任的人都应该尽可能地对其乌托邦式的—喧闹的趋势抵抗到底。这些后果不仅仅抽象地存在于特定社会团体的崩溃之中，以至于某些人或许还想对其表示赞同，而的确是首先存在于个体的灾难之中。对这些社会集团中的很多成员而言，这些个体的灾难一直都是和这些社会集团的崩溃捆绑在一起的。

如果不考虑那些我们肯定能够用以证明某一"家庭的危机"（就像所有其他新老制度一样），并且能够进行多重解释和论证的统计学上的材料，那么我们应该从

〔403〕　参看 VON HAYEK, Recht, Gesetzgebung und Freiheit Ⅰ（1980）24 ff；当前的则参看同前一作者 Die Überheblichkeit der Vernunft, in：Europäisches Forum Alpbach 1985，12。

法律上尽可能地坚持和确保这些在进化中形成的，作为起稳定作用之要素的超个人的婚姻目的和功能。如果因此暂时（也许要直到下一次大的经济危机）无法得到积极的结果，那至少也不会继续加剧消极的结果。对于一个纯粹个人的，完全——不仅仅在法定的框架内——取决于参与者意思的"婚姻"则不存在需求。当且只要参与者想要在一定范围之内确定某些规定，那么在其他性关系共同体中或者其他个人关系中，例如友谊，一般的私人自治之工具也同样足够了。在高度人身性的私密领域内，完全从纯粹个人自由的立场出发，这些毫无疑问肯定要完全摒弃的。

3. 与此相反，如果我们从所给的理由出发坚持上面所描述的*超个人的婚姻目的和功能*部分是生物进化，部分是文化进化的产物，那么上述的婚姻法个别原则就能从中得到证成，并且很容易也能从合目的性这一基础原则中得到证成。例如婚姻是两性（Zweigeschlechtlichkeit）之间的这一特性就是婚姻涉及后代以及对其照顾这两方面的后果之一。在个别国家的立法机构中似乎已经获得成功的，由激进的同性恋者所提出的将同性关系作为"类婚姻"而予以"合法化"（Legalisierung）的要求，很大程度上所依据的就是误解；更确切地说依据的是"合法化"一词在某种程度上的模棱两可性。当且只要不存在与其对立的法定禁止，那么同性恋作为行为之总和是"合法的"（legalisiert）。至于作为具有一定法律效力之法律制度的规范建构则是完全不同的。即使是异性恋关系也绝对不是可以一般性地分配到这种规范建构，除非这一点也通过处于这些关系之*凝聚力*（Zusammenhalt）中的所谓"超个体目的"而得以证成。也就是说作为一个重要的子要素，婚姻一般性地（制度性地）以一个养育后代的稳定基础为目标才具有决定意义。而这一目标必须要以两性为前提。

另一个问题则是，这一点在上述方面到底是否已经足够或者说最低限度上要求一个可以生育的婚姻作为婚姻之前提在逻辑上是否具有一致性。如果是这样的话，即使不考虑作为同意缔结婚姻之条件的两性，老年人和某些病人也因此被排除在外了。然而现行法律不考虑这些个别情况。这一点很有可能只有从一个关于婚姻个人性实质的宗教的，尤其是圣礼的视角来看才能毫无困难地达成逻辑上的一致性，并且现行的国家法律很大程度上就有可能是这种视角的一个长远结果。但是毕竟从实用性角度出发，因为避免了在未婚男女最私密的私人领域中的既困难又难堪的调查，国家婚姻法规范是值得赞同的，也就是说从不同的基础原则出发，无论如何都应当赞同一个宽阔的怀疑领域（Zweifelsbereich）。

但是在很确定的，以及不用调查也可识别的，特别是因年老而没有生育能力的情况下，这一理由便肯定不适用了。在这种情况下，仅仅剩下了作为婚姻超个体"生物学"目的的最后剩余要件的两性本身；换言之仅作为该目的实现之必要条件，但并非充分条件。对现行法来说，和上面所讨论的第二个超个体目的相联系便已经足够了；也就是个人的—伦理的目的。但是作为一个特有的法律制度的稳定基础来说，这一点本身还是不够的：否则，特别美妙、热烈和长期的恋爱关系也同样必须要成为一个法律制度了。而这点被婚姻的首要目的，也就是为养育后代提供尽可能稳定的基础所阻止了。如果这一目的只是需要在不考虑个别情况时抽象近似地恰恰在两性之中显现出来，这样我们或许就能认为这是逻辑上的不一致。但即便如此，解决方案也不可能存在于对同性类婚姻的法律建构当中，而是在很确定的，以及不用特别调查也可以肯定的没有生育能力之情况下，存在于对（国家规定的）婚姻能力的否定之中。顺便提一下，这一解决方案还将会带来令人愉悦的附带效果，那就是纯粹的养老婚姻或者照顾婚姻将几乎不会成为现实问题。

但是无论如何，同性恋关系总归缺少一个和婚姻首要的养育功能的抽象联系；而且不取决于，这种联系在其他地方是否已经变得非常松散了。就像普通的性关系共同体一样，对同性恋关系来说，不存在充足的规范理由对其进行这样一种法律上的构建。[404] 性关系共同体本身同规范秩序的关系也不会强于（与此相反的）不包含任何性关系成分的友谊关系。如果我们首先从根本上就将婚姻降低为性关系共同体，并且在这之后为了有利于其他类型的性关系共同体而进行平等对待的考量，那么这就因此成了一个典型的错误论证。

一夫一妻制所触及的首先也同样是那两个一再提及的婚姻制度的超个体子目的（Teilzweck）：照顾子女很清楚地包括在其中；不会存在父亲偏爱某些子女，例如目前"最爱的妻子"之子女的危险。将性关系共同体嵌入包括所有人格层面在内的一个深层次个人关系之中的目标就完全导致其排他性。[405]

但是鉴于每一代际中男性和女性的出生概率都差不多相同这一事实，则出现了另一个更强的原因（无论如何只要婚姻机会被评定为一个积极的价值）：只要被允许，那么根据经验，群婚仅仅由富有或者拥有权力的人通过赢取更多个另一性别的伴侣才能被实现。但是一旦这种情况发生，那么其他经济上处于弱势的同一性别之人的婚姻机会必然会相应地减少。所以一夫一妻制婚姻也是对经济弱势群体在确保他们婚姻机会这个意义上的一种制度性保护。就这方面而言，一夫一妻制婚姻正好是"区别化原则"（Differenzprinzip）的适用案例。

因此一夫一妻制婚姻无论在何种情况下都证明是原则上—体系上最有说服力的

---

[404] 与此相反，尤其是在同性恋关系上，我们规范秩序的决断（Entscheidung）也赞同异性恋相对于同性恋具有原则上的优先权（优先性）（前引 PAWLOWSKI 论著16）。然而作者却不正确地认为，要为此举出一个原则上不同于依据养育功能的另一个辩护理由：上面所说的优先性的评价要从生物学上所形成的保存物种的目的倾向和评价倾向中得到解释，并因此也不能通过意志而予以"废除"。

[405] 试图通过根据"无伴侣关系的同居关系共同体"这一类型而进行的类科学实验来重新恢复"群婚"，已经由于这些原因而成为一个怪异的歧途。人类长久以来早已取得了相关的经验，并将其用在了废除原始社会集团中所存在的"群婚"的过程中。另外，在一夫一妻制婚姻中经常已经足够巨大的，长期保持人格与行为协调一致的困难，在多人关系中必定也仅仅会因为数学上的原因而相应地扩大。这一例子是富有启发的，因为它展示了失去束缚的"进取心"甚至不怕违背经验和逻辑。

婚姻形式；它也有可能是历史上一经验上多种可能性中的唯一一种。

4. 在这一原则已经——正如之前所描述的——以第一个超个体的婚姻目的之形态决定性地共同确定了婚姻制度之后，这一对该法律领域影响最为深刻的，但在文献里关于其特性的讨论中却令人惊讶地没有被提及的原则，已经在亲子关系法中明白无误地显现出来：这里所说就是(89)*血亲关系原则*。

这一原则自然要同人们以同样名字称呼的事实关系区分开来。这一原则涉及的是一个在规范秩序中影响（Tragweite）极大的基础*评价*。对这一有效范围我们可以作这样的表述，即亲属之间互相负有广泛的照顾和扶持义务；或者更客观地说，亲属关系构成了广泛的照顾和扶持义务以及其他带有类似倾向的法律后果的一个充足理由。这就是在"血浓于水"这句格言中所表达出来的这一基础评价。这一评价的强度视亲等（Verwandtschaftsgrad）的情况以及与此相应的亲属关系的典型社会效果而有所区别，并且必须通过积极的法律裁判来进一步确定和区别，如同其他原则一样，这些都是不言而喻的。但是因为对同样作为中心法律原则的血亲关系毫无意识，所以家庭法在其核心上仍然处于无法被理解之中。家庭法这种仅仅从财产法的形成原则出发所进行的思考导向了一条毫无希望的歧路，并最终导致了这样一种真正古怪的思想，即家庭法这一致力于研究最强有力地远离于国家的社会现象之一的法律"最终"竟将要被移到"公法"之中。但事实上亲属关系是一个真正的私法关系。亲属原则的广泛效果显现在所有将亲属关系包括在构成要件之中，并据此在亲属之间形成相互权利与义务的众多法律规范之中。因此，这些广泛效果就不需要在细节上进行论证了。

然而更为困难的却是考察亲属关系作为法律原则本身能否以及在多大程度上能够从规范秩序的基本准则中得到论证。这一论证恰好就处于某些全面的私法理论，特别是历史法学派所与之战斗的事物之中，但很明显却没有取得任何成功。所以所寻求的论证必定是一件异常复杂之事，这一点是丝毫不令人吃惊的。而且似乎也给不出一个统一的答案。

第一个可资利用的线索首先就是这样一种——上文已经使用过的——观察，即父母—子女关系原则上完全是一种由父母负担的经济上不对等的法律关系：父母所负担的首先肯定就是抚养和劳动上的大量具有财产价值的给付。子女在相反方向上所提供的相对应之给付甚至都不能完全覆盖这些给付的种类（比如教育！），而且这些相对应之给付还要依赖于特定需要或者具有给付能力之情形的出现。这些相对应之给付相当少见，因此从一开始就几乎不能。所以这并不满足从经济上所理解的补偿正义的要求。也就是说，我们可以首先将问题的提出限定在以下这一重点：这种强加于父母的，对其子女单方面的、广泛的，并且极其重大的负担，是否有一种规范上的证成？

如果仅仅依据毫无疑问的子女的帮助和照顾之需要，那么就会得出一个不是很有说服力的答案：这一答案不能证成，这些相应的负担正好被强加给了父母。但是按照私法"双边论证"的基本原则，这样一种证成是必要的。但这一证成不是必然只得出这些请求权是子女应得的。这一点按照最低生存保障原则已经是不容置疑的了。毋宁说这一证成也必须表明，父母是正当的负担者。只要证成的这一部分不存在，那子女的帮助之需要就只会导致这一假设，即国家、社会或者照管青少年的特别机构就应当提供相应之给付。（当然这一假设的可实现性则是另一个问题了。如果忽略从属性思想，按照经验，对这一问题的判断无论如何都是消极的。）

我们或许能够设想将这缺失的论证部分通过强调生物学上的血缘关系及其典型效果而将其归结到人类的意志倾向上：父母在子女身上传递他们的基因；这些基因极大地共同影响了子女的人格，并导致父母能够感受到子女作为"自己的一部分"，作为自身存在的一种延续方式。在母亲这方面，怀孕和生育的生理上的亲近关系也在同样的方向上起作用。由此也能引起典型的个人—情感关系以及之后的社会（家庭关系共同体！）关系。

然而所有这一切一开始仅仅是存在领域（Seinsbereich）的事实现象而已。出于上述的原因父母极少认为照管子女所需的精力和花费是负担，而更多的是——就像一般情况下"真正的父母"所做的——常常将其当作特权，并且（"父母权"！）例如，用以防御国家。但是将——无论如何都必要的——照管需要帮助之青少年的精力和花费强加给父母这一点已经要求将合目的性作为现实功用和效率。因为在一般性的考虑之下，由于和义务人典型的自身利益在很大程度上是一致的，因此通过这种方式一方面实施法律的精力和花费会被最小化，而另一方面，甚至义务分配本身经常也会成为增加利益的一种手段。

然而上述拟就的论证仍然是不充分的，在更确切的考虑之下，只能作为补充理由而加以使用。因为这一论证不能令人信服地说明为什么那些父母在不存在所描述之事实，而且或许也没有意识到对他们子女负有一丁点责任的情况下，至少在履行父母义务的范围内，特别是其中的抚养义务，也应当被如此对待，就如同通过法律手段可以达到的那样。仅仅是一般的合目的性和效率，还不能全然地替代从个人关系来看对那些例如完全不是自愿给付之父母的负担所进行的（至少是刚好的）充足论证之缺失。鉴于父母同子女的典型个人—情感上以及社会上的关系而将义务分配给父母是某些一般性目的所要求的这一思想，在考虑到那些缺少这一关系的父母之后，对"双边论证"的要求来说仍然是不足的。那些不是自愿给付的父母将会仅仅因为一般性利益而遭受某种财产的剥夺（Enteignung）。

那么就表明了这一——私法基础上的——*自己责任原则*的特殊适用情况是有最终说服力的：子女的生存以及他们的抚养和教育之需求至少是作为父母行为之可能可预见的后果。因此，父母（而并非国家或者社会）要对满足这些需求负责。（这并不排除按照必须还要提到的辅助原则和负担平衡规则而得出的救济，但是要将其排在第二顺位。）父母这些重要的行为存在于他们之间的性关系之中。此外，现在还要纳入考虑的有参与医学辅助生殖方法的行为，相对于子女来说，在自己责任原则之下（或者在其他的原则性视角之下），这不会造成任何区别。[406]

这一成熟的论证并没有将以下事实考虑进去，即在这些事实中，父母一方并不是通过自由的、可避免的行为，而是纯粹作为生物学意义上的人并因而牵连到子女的生育之中的，尤其是在母亲遭受强暴的情况下。这里可资利用的只有一开始提到的，仅仅起补充作用的，带有其所论述之弱点的论证。尽管如此，现行法律秩序还是分派了完全的父母义务。这虽然非常难以解决，但这一冲突在现实中也可能通过"放开收养"的方式而得以很好地解决。但就此方面而言，这一以及接下来的考量仍然让现行法律在原则上看起来还是值得赞同的：毕竟出现这类问题的孩子（幸运地）构成了十分微不足道的少数。如果法律秩序仅仅依据自己责任原则所要求的结论便得出，当事的父母一方不用违背自己的意志而负担父母义务，那么就会造就一小群子女，他们虽然有众所周知的（也就是说不是出于事实上的，法律上不可影响的原因而无法找得到的）"自然"父亲或母亲，但与其却不存在法律上的关系。正是由于这些处于非常规情况下的子女数量极少，并且也由于家庭法律地位对人来说具有基础的法律和社会意义，因此对其中所涉及的子女而言便会存在难以承受的巨大歧视。也就是说，当这种父母义务的分配在当事的父母一方能够决定对子女的最终接纳或者其"放开收养"这种意义上只是暂时的*情况时*，对其避免的要求以及就像上面所发展出的"具有补充性的"论证，也可能违背自己责任原则而例外地证成了对父母义务的一种分配。在后一种情况下，在有需要之时，为了决定的实现而提供有效的帮助或许真的是一种辅助原则所要求的国家职能机构的任务。

那些存在于子女对父母的义务之中，也就是存在于与前述义务相反方向中的那些广泛血亲关系的效果，通过之前的思考仍然没有解释清楚。当然部分涉及的自然仅仅是义务履行的手段而已：父母的教育义务（Erziehungspflichten）和遵循父母教育方式的子女义务作为"义务性之权利"（Pflichtrechte）从事实上看是不可分割地互相联结在一起的，并因此不需要进一步的证成。

但是子女的其他义务约束却具有独立的意义。在家庭关系共同体中，子女的劳动义务在一定程度上很有可能已经超出了单纯的教育范围。而已经具有给付能力的

---

[406] 在奥地利，针对那些通过人工授精受孕的，或者接受试管授精胚胎的妇女，相关的法律（联邦法律公报1992年，第275页）就是如此处理的。比较怪异的，则应该是——也包括在那些作为生育者之丈夫外的另一个男子在法律上的父之身份并不因为特别的法之行为（Rechtsakte）就能得到保障，徒受批评的案子当中——针对"捐精者"的那些不同规定。他们可以全然对这些义务免疫（immunisiert）（《奥地利普通民法典》第163条第4款中的措辞是"生育医学法"）。起说明作用的立法意见（216 BlgNR 18. GP, 74）对此是这么解释的，精子捐助和同样会导致非自愿父亲身份的同居行为还是不能比拟的。却没有说明对此类无法比拟性的任何一个可以理解的理由。就可看到的而言，对那些想逃避每一个责任的父亲，在仅是重要意义的一般性自我负责原则之中，是全然无法认识到这二者之间的差别的。可为之辩护的理由看起来只有这一区别，即我们将父亲对子女的责任理解为某种类型的，针对与子女的母亲同房而提供的利益第三人的补偿。如果这种理由事实上真的存在于这一毫无根据的设计差别背后，那么对其真正之理由的沉默，便是可以理解的了：因为这就是真正之理由本身。

子女相对于已经需要赡养之父母的赡养义务则肯定是独立的。（尊重义务对成年子女来说在法律上几乎不被承认，更确切地说只有在最极端之情况下才会通过继承权剥夺的原因而在法律上予以承认。）

为了证成"反向的"赡养自然不可以用自己责任原则来进行逆向证明。毋宁说起作用的仅仅是在极其微弱之意义上的补偿正义：这肯定不是一般地在有偿关系意义上，而是当根据具体状况，在有关的家庭关系共同体中子女有能力通过家中的协作或者通过赡养及照料的给付而对父母给予支持，而父母对这些亦有需要之时，（即便通过共同体关系已经被极大缩小了的）补偿的思想也会要求，子女要报答父母对他们的给付。在过去，这样做的原因在于较低的寿命，如今则在于，在工作生活过程中习惯于获得对养老金的期待，以至于子女的"对待给付"在所有情况下都相对地有所降低，甚至就如现今的通常情况一般，有可能完全消失。[407] 尽管如此，以下这些仍然保持不变：只要血亲关系原则也同样导致了子女对父母的独立义务，那么这些义务只能出于补偿正义并因此只能根据那些由于自己责任原则成立的，先前父母方面的义务负担才可被证成。

---

〔407〕 "双向而非相当原则"（Gegenseitigkeits-statt Äquivalenzprinzip）准确地表达了其特性，参看 DIEDERICHSEN, FS Larenz (1983) 151 ff. 此外这里再次让人回忆起 HELSPER 关于养老金和保险体系对家庭稳定的副作用的论述；参看上文第 378 个注释。虽然在对所涉及的原则进行整体性权衡的框架之内，这些副作用是无法完全避免的，但还是需要通过"反向控制"（Gegensteuerung）在原则自身的意义上对这些副作用进行更为强烈的缓和。作者首先建议那些其子女无法依靠"公共部门"生存的父母追加养老金，而为那些很有可能就是此处所说的这种情况的父母削减养老金。现存社会保险体系所面临的崩溃或许将会迫使我们预期就此方向上采取一些措施。但是同时，家庭法和社会保险法的关系也提出了全新的巨大剥削问题（Ausbeutungsproblem），对此国家正努力通过"补偿家庭负担"的不同措施来进行补救。单单是家庭法就有或者有可能有如下作用：那些已经将多个子女培养成优秀人才的父母，在其年老之时就能享受到其子女相互的赡养给付，并因此可以安享一个相当有保障的晚年。而那些不是此种情形的父母，尤其是没有子女的父母，则没有此种益处。因此对基本照料来说不可避免的，适应于通常只是将子女的赡养义务作为补充功能的大保障体系养老的调整，由于对子女给付能力的提留（Abschöpfung）而在很大程度上导致了养老水平的同等化。这一点几乎不再取决于，这些现在需要照料的老人是否以及在多大程度上对当初子女那一代人的负担做出贡献：这些子女以积极工作的方式，强制性地通过"现缴现用"原则（Umlageverfahren）中的保险费用和税收来提供巨大的保障机制，使老年人可以不用考虑之前他们对子女的负担或者这类负担的完全缺失，而能够平均地从中得到保障的分配。但其中存在着那些没有子女的人以及那些善于逃避其对子女负担的人对抚养了子女，特别是抚养了众多子女的人之利用，则是非常明显的。因为不要子女（或者尽可能少地照顾他们），但之后又可以从由他人之花费抚养和教育成人的下一代中获得自己的养老金，是非常"经济的"，因此不要子女或者减少子女数量的倾向有上升的趋势。与此同时，正因为如此，由于后者所导致的上述剥削效应以及对积极工作的一代人的负担乃至解除（假定的）"代际间协议"（Generationenvertrag）的危险都在上升。因此 HELSPER 的建议一直都能跟得上形势。在此当中，国家尝试着通过税法或者补助法上，以有利于有子女家庭的平衡负担之措施来减轻这种剥削的状况。但更确切地说，这些尝试的进行是非体系化的，并且是以对国家再分配措施来说是非常典型的，或许在一定程度上也是不可避免的数量上不清晰的方式，以至于最终多子女者和无子女者都同样感觉到受了亏待。然而，当一开始已经通过强行法确立了上述的剥削状况后，根据基于公平观念的原因，而存在平衡家庭负担的法定措施的所有动机这一点，则应该是非常清楚的。值得注意的是，这一整个非常明显是由于此种养老集体体系所产生的剥削问题，甚至从经济方面来看也遭到了错误的认识；参看 SEIDl, Einkommensverteilung, Effizienz, Gerechtigkeit, Macht, in: Pappi (Hrsg) Wirtschaftsethik (1989) 102. 作者抱怨到，当今法律中的"婚姻和家庭"在很大程度上逃避了关于其自身和自由主义价值相兼容的反省（Reflexion）。很显然，他仅仅将国家平衡家庭负担的给付归结到家庭集团（Familienlobby）的权力。此外他还毫无根据地假定，婚姻和家庭也（仅仅?）受制于"自由主义价值"。可是自由主义者，包括冯·哈耶克（Von Hayek）在内，也首先会以作为演化所形成的带有决定性功能之制度的家庭为导向，就如同那些所有社会集团一样，使个人人格的发展稳定化。

那些在父母—子女关系中最后才"暴露出来"的，通常已经是极端的不等价性，当这一关系（由于某一当事人死亡）终结之时，使人很容易想到，依据最低生存保障原则和差别化原则，亲子关系法完全优先地服务于对正如子女这样的弱势群体的保护。而作为中心主导目标的"子女利益最大化"原则（Kindeswohl）则已经在所描述的关系中发挥持续性的作用了。但在某些特别的规范领域，该原则也明确地起到了主导动机的作用；例如在针对父母虐待子女或违反对子女之义务的法院监管（gerichtliche Kontrolle）中，或者在父母离婚或已经事实上分居之后对父母权的分配中，都是如此。主导目标也同样适用于仅仅是法律上形成的，也就是说不依赖于血亲关系形成的亲子关系。所以，作为极其有效的形成因素，在亲子关系法中无论如何也要强调(90) 子女利益原则。

5. 如果我们对在家庭法及其主体部分中所凸显出来的原则性视角作一番概览，那么即使没有进一步的阐释，也不会对以下事实作出错误的认识，即这一法律领域显示了其非常高度的"规范性特征"。特别是血亲关系原则以及因此与之相联系的超个体—制度性的婚姻目的在之前已经讨论过的部分私法材料中完全没有相对应的体现。就是鉴于家庭法这种不同寻常的规范上的巨大独立性，有关这一体系环节的普遍的合目的性问题也应该要毫无怀疑地，并且在与法教义学之经验的完全一致性上予以承认。

第四节　附论："生活关系共同体"是作为微弱程度之婚姻还是作为财产法上的问题？

1. 在之前的论述中，最新且讨论最广亦最多的，或许是真正的，也可能是臆想的家庭法上的这个问题还完全没有被提及："非婚生活关系共同体"（Nichteheliche Lebensgemeinschaft），也就是说"非婚同居"（Konkubinat）[408]。其被理解为

---

[408] 最新且集大成的相关考察就是已经引用过的 HAUSMANN, Nichteheliche Lebensgemeinschaften und Vermögensausgleich (1989). 其他文献经挑选有以下这些：BATIES, Nichteheliches Zusammenleben im Zivilrecht (1983); Blaurock (Hrsg) Entwicklungen im Recht der Familie und der außerehelichen Lebensgemeinschaften (1989); Bosch (Hrsg) Neuere Entwicklungen im Familienrecht (1989); 同前一作者所著, Staatliches und kirchliches Eherecht -in Harmonie oder in Konflikt? (1988); EHMANN, Die nichteheliche Lebensgemeinschaft (1988); FRANK, Die eheähnliche Gemeinschaft (1986); LANDWEHR, Die nichteheliche Lebensgemeinschaft (1978); LIEB, Empfiehlt es sich, die rechtlichen Fragen der nichtehelichen Lebensgemeinschaft gesetzlich zu regeln? (GADJT 1988); SCHWENZER, Vom Status zur Realbeziehung (1987); (DIEDERICHSEN, Teilhabegerechtigkeit in der Ehe, FamRZ 1992, 11 反对强调 "真实关系"); VERSCHRAEGEN, "Samenleven Buiten Huwelijk", "Cohabitation" oder die "nichteheliche Lebensgemeinschaft" in niederländischer, englischer und Österreichischer Theorie und Praxis, ZfRV 1983, 85 ff; MELL, Lebensgemeinschaft und Familienrecht in Österreich, FS Demelius (1973) 155; MEISSEL/PRESLMAYER, Die Abgeltung von Leistungen in der Lebensgemeinschaft, in: Harrer/Zitta (Hrsg) Familie und Recht 515 ff.

真正的性关系、共同居住关系以及经济关系共同体；或者被理解为一个"在经济方面同婚姻一样安排的家事关系共同体"（Haushaltsgemeinschaft）（《奥地利房屋租赁权法》第14条第3款）。

现今，非婚生活关系共同体作为*现实现象*正经历着一个全盛期，所以能引起巨大的兴趣就很好理解了。实际上，当事人选择这种随时能解除的没有约束力的关系共同体形式的动机是非常不同和多样化的。这些动机不一而足，从结婚时由于不够明晰的法律而有经济损失之虞，到年轻人的"试婚"，再到至少当事人之一方长期地希望能保有全身而退的后路，甚至在极端的情况下，是因为对任何束缚的拒绝，甚至包括作为制度的婚姻。但这些动机的共同特征却是，人们对法律后果已经"不再关心"了。[409]尽管当事人自身长期完全忽视自身基本利益以及自身责任，然而很多当事人和政治讨论者仍然认为，当某一危机状况来临之时，法秩序必须提供所有就现存事实而言，符合每个判断者法感（Rechtsempfinden）的所有解决方案。这当然是完全不可能的；之所以不可能，是因为可以设想会有不同的全面生活关系共同体的"法律化"（Verrechtlichung），并会相应地出现非常不同的类婚姻化，而且还有各个不同方面的要求。

2. 提供可让未婚男女能够从中加以选择的，带有不同全面法律效果的不同婚姻模式这一设想就原则上来说应该是毫无问题的。法律史可为此提供一些例子；例如罗马法中就有"夫权"（mit manus）婚姻和无夫权婚姻的分别。但是鉴于在婚姻关系共同体存续期间具有全面家庭自治的以及带有（部分已经受到全面质疑的）解除可能性的正常婚姻的现今组织形式，对一个进一步弱化的婚姻模式也很难存在真正的需求。更确切地说，一位具有重要地位的家庭法学者的以下思想是值得考虑的，即一种更加严格的，特别是在可解除性上更加困难的婚姻形式也应该按照未婚男女之意愿提供给他们使用。[410]

但是在有关生活关系共同体的讨论中，归根结底却根本没有涉及这一类法律上可供选择的模式，毋宁说是不考虑当事人所表示的意思，任何情况下在一段时间之后，就将或多或少与婚姻相接近的纯粹法定法律效力与生活关系共同体的直接"现实构成要件"联系在一起。

此处自然不可能就这一大范围的讨论在细节上进行探讨和展开。只是据此可以表明，在当今广泛地延伸到规范性基础的法体系的范围中，一个原则的一体系上的论据能够得出一系列导向性的标志（Orientierungspunkten）。我们应该坚持这些标志，而不能将其作为转化为规范的"事实"而任意地牺牲掉。

3. 对于"个人婚姻效果"形成的义务之个人核心领域，据此直接适用的规则

---

[409]　参看前引 HAUSMANN 论著，17 ff。

[410]　参看 BOSCH, Staatliches und kirchliches Eherecht (1988) 106 ff（但这一思想在此处相对于之前的表述有所保留）。

是，它们不得被外界强加给夫妻。在这一关系中若缺乏明确和严肃的合意，在高度人身性领域中就会存在一个完全不能被证成的，对私人自治和自由最大化的违反，也就是说存在某种"强迫婚姻"。仅仅因为当事人创建了一个性关系、共同居住关系以及经济关系共同体并将其维持了一段时间，是无论如何都无法得出，在此范围之内，当事人也想在未来，哪怕仅仅是有限地将双方互相捆绑在一起。这一对当事人来说无论如何都可意识到的，与缔结婚姻的鲜明对照引起了特别的疑惑。假定双方内心的意思或许仍朝这一方向继续前进，可能是无益的。此一意思有可能存在，或者也有可能不存在。通常法秩序也会以一个很好的理由让其取决于，当事人是否表达了一个法律上具有重要意义的意思。法秩序无论如何都不能免除直接当事人的这一负担。如果需要以某一关于一个具有持续性约束意思之存在和范围的推测来支持，那么以强制性的方式将这些义务强加入高度人身性的领域，结果无论如何都不会更好。

但是此外也存在很好的理由，让当事人在目前所提到的个人领域中，即使通过清楚明确的约定，在没有缔结婚姻的情况下也不能建立（部分的）婚姻效果：如果他们互相之间明确地表示，他们想负担一项以长期全面的生活关系共同体为目的之义务，那么按照现行法（de lege lata），由于婚姻缔结形式的欠缺，肯定将会是一项无效婚姻（Nichtehe）。在将来的法律中，由于有充分理由的透明性原则，就此点而言仅仅内心合意还不可以使婚姻生效，肯定仍需公开、充分确定以及足以能够登记的形式。

如果伴侣们仅仅约定一些个人婚姻效果或者只是短时间地或可以解除地约定所有效果，那么这一类"近似婚姻"或者"暂时婚姻"就违反了那些在婚姻制度的"超个体性"目的中得到了充分论证的婚姻法"制度性"原则。就债法上合同自由的另一方面来看，这些约定也会因为不合法而落空：众所周知，高度人身性领域的强制性约束是违反自由原则和人格权保护的，并因此会被判定为违反善良风俗。因此，同样根据债法合同自由原则，婚姻在纯粹的个人领域是不允许被仿制成任意的近似品的。如果我们一定要对此做出一些改变，我们可能会立刻回到在细节上非常需要考虑的，且相应地带有例如仅仅通过合意登记（Konsensregistrierung）这类较少透明性之论证的第二类较弱化的婚姻模式之变体中来。

4. 在生活关系共同体中，伴侣们的财产领域则完全不同。[41] 这一领域包括了任意的法共同体成员（Rechtsgenossen）（也就是说包括所有没有结成生活关系共同体的）之间直接可以被或者已经被债法规范的所有问题。这里不存在合法性的限制。毋宁说处于中心地位的是另外一个问题，即在什么前提之下可以认为在个人关系上非常亲密（naheverbunden）的人存在债法上的意思表示，尤其是，是否以及有哪些依据能让我们在债法的意思表示欠缺的情况下，可以借助客观的法律避免可

---

[41] HAUSMANN 是正确的，前引氏著 19, 373。

能出现的严重显失公平之结果。这一点经常是非常迫切的，因为诸如夫妻这样处于一个非常亲密之个人关系中的伴侣，在各种情况下往往缺乏法律上的思考并且也不考虑谁的财产"形式上"形成了某一财产利益，却习惯于互相提供具有财产价值的给付。

更为确定的出发点则是，生活伴侣们能够在重要问题出现时，一般性—预先性地或者分别专门地在一般债法合同自由的范围内规范所有包括家政—服务给付以及任何细节上的共同家政资金的财产法上的问题。[412] 这一类"伴侣关系合同"的性质是合伙合同（Gesellschaftsverträge）、自由劳务合同（freie Dienstverträge）还是混合合同其实只有次要意义：首先适用的无论如何都是约定。尽管如此，用任意法来对约定进行必要的补充也会造成一些困难。但是只要不是在法律上清晰地存在确定成型的合同类型，普遍都会如此。

或许仍有可能有疑问的是，对生活关系共同体存续期间的扶养约定以及特别是在其可能的解除之后一段时间内的扶养约定是否被允许。虽然扶养一方面涉及的是财产法上的问题，但另一方面却作为直接的经济后果而属于个人共同体。扶养约定当然可能成立于任意人之间的纯粹债法基础之上，这一点对于赞成其有效性具有决定性。对于给予扶养（Unterhalt zuwenden）的无偿允诺当然存在着赠与（Schenkung）。但是这里所提出的仅仅是形式问题。但生活伴侣之间的扶养约定通常完全不具备赠与的性质，而是作为权利人针对这类"生活方式"的——特别巨大的——风险的保障，对其财产性给付的补偿，有时候也可能是对所受之不利的赔偿。

相反，在生活关系共同体解除之后，通过制定法强加扶养义务有时会被特别地考虑作为减轻公共社会救济财政的手段，但是不能被证成。如果我们不以最外在的，在"经验上"所掩饰的表层来作判断，那其与婚姻解除的区别还是非常明显的：夫妻双方相互作出全面持续的，在有需要时，作为其经济方面的扶养亦属于其中的生活关系共同体的允诺。至少是允诺的这一部分的履行在婚姻破裂和解除之后以金钱请求权的形态出现还是可能和适当的。因此这一部分因有利于有需要者而仍然保持有效。这其中就存在着关于我们到底如何能够论证离婚之后的扶养这样一些号称所谓的谜团的简单答案。

非婚同居的情况则正好与之相反，谈不上是对持续生活关系共同体的允诺，因此也谈不上包括在其中的扶养。这种情况下的法定扶养规定就完全是一种国家对那些就此点而言自己显然没有负担了义务之人财产的强制干涉了。不同于通过伴侣明确的负担义务之表示而形成的信赖，一方生活伴侣对生活关系共同体解除之后可能的扶养之信赖也许只能在万不得已之时证成对信赖损害的请求权。因为根据对于每

---

〔412〕 相关的合同表格已经形成这一点，总还是经常出现；参看 LANGENFELD, Vertragsgestaltung（1991）186 中撰写一份"伴侣关系合同"的范例（关于"伴侣关系合同"的一般性论述，181ff）。

个人都明显的情况，即使只是投入对于信赖保护所必要的、略微的注意，对法律上可强制执行的扶养请求权的期待也是不包括在其中的。可能产生的、信赖另一方伴侣即使没有法律强制，也会在需要的情况下适当地提供给付，（即使就法秩序中最低限度之结论而言也）是不能够引起以下的超级效果（Superwirkung），即形成关于这类给付的法律上可执行的请求权。因此这只能作为信赖利益责任的基础而具有法律上的重要意义。

5. 毫无疑问，以约定债法义务的方式对生活关系共同体的经济方面进行约定通常是不存在的。对此类生活关系共同体——肯定是所追求且协商一致——的同意和维持，即使鉴于习惯于与其捆绑在一起的经济上的给付，也仍然无法表示负担义务的意思：就如同其整体一般，即使是生活关系共同体的这一方面没有法律义务也能展开。尽管欠缺相互之间的约定，伴侣们仍然互相向对方许诺虽然是双方性的，但无论如何不具有约束力的，诸如家庭财务的资金支持或者家务上的工作这些在生活关系共同体内典型可期待且持续的给付。因此在有关具体情况中双方可期待的经济给付上，有关生活关系共同体的意思一致仅仅包括了一个"法律原因约定"（Rechtsgrundabrede），使得各方受领者在履行了按照通常可期待的标准所确定的带有目的之对待给付后，都有权利保有其所得到的给付。一旦前述条件欠缺时，给付者为此便可基于*因给付型不当得利而享有的目的不达的返还请求权*（*Leistungskondiktion causa data causa non secuta*）而要求归还其给付或者相应的金钱补偿。

但司法实践中也认可大量这样的案例：其中生活伴侣一方在生活关系共同体范围内履行了*比例过大的*（*überproportional*）给付，却明显地仅仅涉及特殊的，不强制要求对方承担对待给付的意思。实践中作为这类给付目的而出现的，首先是带有达到所希望的未来照料之效果的指定继承人、遗赠或者将来缔结婚姻。在这类案例中，当缺乏法律原因约定中所确定的特别的给付目的时，便会形成不当得利返还请求权。[413]

如前所述，如果无法确定这一特别的给付目的，可推断的法律原因约定就要援引具体情况中可期待的，也就是说，通常典型的双方性生活伴侣的给付。如果生活伴侣双方都履行了，那么在生活关系共同体解除之时，他们相互之间也不存在不当得利返还请求权了。

但是，当当事人一方在生活关系共同体的范围内"逃避"应当由其履行的给付，并且例如一直让另一方工作以及提供资金，那么情况就不一样了。之后（在目的落空的范围内），前面所提到的有利于给付者的不当得利请求权就成立了。

复杂性可能首先产生于时间维度。例如，因为生活伴侣一方专注于诸如自身学业等事务，另一方则完全地如所期待的那样，在此期间几乎独自承担了共同家务负

---

[413] 具体细节，特别是关于请求权的不同范围，参看 BYDLINSKI, FS Wilburg 45 ff；特别是随后较新的奥地利判决。

担。但也可以预料到，在这之后首先负担共同家务一方在经济上会强烈要求分配已完成学业一方的较高收入。然而这一点还未实现之前，明显受益的一方便已和其分手了。明显受益的一方可以直接主张，在生活关系共同体事实存续期间，另一方为这段期间履行给付时所明显怀有的期待已经实现了吗？

与此相似但却更加尖锐的情况是，正常情况下，在一个生活关系共同体中典型地能够被预料到的，当生活伴侣一方加入另一方财产的给付从一开始就超过了其财产本身，并且给付是以现在的给付者也期待通过生活关系共同体分配其中的长期利益为目标的时候。例如，生活伴侣一方将更大的资金额投入另一方的企业之中，或者为购买另一方工作所必需的汽车提供资金，或者大规模地资助另一方在其土地上建造房屋。通过提高受领者为将来的共同生活方式所贡献的资金或者通过给付者分享生活关系共同体范围内所改善的居住环境，某一未来的利益回收（Rückfluß von Vorteilen）很明显是能够被期待（并因此通过给付的接受推断地将其确定为法律原因）的。但是由于生活关系共同体的解除，这一期待却落空了。受领者能够成功地证明，给付者无论如何都已经得到了*在生活关系共同体事实存续期间所能够期待的对待给付*吗？

在上述所有例子中都能够肯定一个不当得利返还请求权：可推断的法律原因约定是按照与具体资助行为（Zuwendung）联系在一起的"相互性之期待"（Reziprozitätserwartungen）[414] 来确定的；更确切地说，是按照对受领者来说，明显可辨识且可归责于他（至少是通过接受带有目的的给付）的，所引起的给付者对某一确定（广义上的）对待给付的信赖。在有争议的案件中，很自然必须要由法官在数量关系上对通常非常不明晰的，作为目的所追求的对待给付进行仔细的阐明；例如可以通过查明，在哪些时间段事实上参与到借助给付形成的，有所提升的生活环境，能够被期待处于受保护的信赖之内。此外必须要特别地关注具体共同体的状态与发展，但是很显然也要注意到这一关系自身的任意可解除性。然而一般来说，后者仅仅排除对可能出现的，期待终身持续参与其中的保护。

如果所追求的目的（与法律原因约定相对应的对待给付）没有或者没有完全达成，就给付者个人而言便形成了目的不达的返还请求权；生活伴侣之间（此外也包括夫妻之间！）与其他情形一样。特别的个人亲密关系则在以下方式中产生作用（可能已经涉及赠与性质的资助行为这种可能性则被排除在外了），即双方典型持续的给付在亲密关系的范围内，即使没有特别的等价性考察，也会被互相地视作是确定了的法律原因。

---

[414] 在这一问题上 HAUSMANN 确实是正确的，前引氏著 625（尽管如此，作者却将其与"交易基础"理论联系在了一起，对此将会马上提及）。对此我们自然不需要社会学上富有启发的"相互性理论"（Köndgen），而只须注意，有偿概念不仅包括双务性的，也包括不当得利上以及——此处令人感兴趣的——原因上之给付的联系。此外，通常的解释规则，特别是（信赖理论上）领受者视角下的判断就已经足够了。

但是，超出了生活关系共同体内持续典型的金钱和工作耗费，并且在此意义上是不同寻常的给付，已经不再能够被归入存在于对生活关系共同体本身的同意和维持之中的法律原因约定了。这些给付毋宁说是独立的真实合意的客体。关于这一类特别的资助行为甚至大多会或多或少地详细谈及。因此，也应当从不当得利法上对它们进行独立的判断。

然而这样还是没有解释清楚前述第一种情况，在这种情况下，（或许甚至是明确地）恰恰针对持续性出资从一开始便确定了一种极端单方面的负担分配；并且同对将来的时间段内某一补偿的期待联系在一起。为第一阶段所做出的法律原因约定使得受领者的即使微不足道的给付，也相对于另一方有价值得多的给付似乎是充足的法律原因。但是在注意到额外的未来期待时，情况马上就改变了。就此而言，有时候我们甚至可以设想某个针对不同阶段的，复杂的双方法律原因约定。但是当第一部分或许甚至已经明确确定了的时候，而第二个阶段被保留在这一背景中越强烈，则有关也包括第二阶段的复杂法律原因约定的假定也就越困难。然而在结果上却不需要改变什么：次要的"相互性期待"也肯定至少会被视为无论如何都会做出的，与第一个阶段有关的法律原因约定的交易基础。这一交易基础的丧失也导致了法律原因约定本身的丧失或者调整，并且即使（完全或者部分地）不管在第一阶段的法律原因约定中所确定的，但是正好不再重要的直接目的的达成，也仍然引起给付型不当得利：一开始便存在的，恰好就是法律原因约定的，给付的法律原因在事后也丧失了。[415]

6. 除了同法律原因约定联系在一起的不当得利法之外，在同不当得利法上的方案交替地一再得到司法实践承认的，对生活伴侣之间的补偿请求权以及对夫妻间的这一类请求权而言，也可以考虑涉及共同创造和使用的具体财产价值的*可推断的合伙合同*（konkludente Gesellschaftsverträge）之设想。就此方面而言所存在的困

---

〔415〕前引 HAUSMANN 论著 620 认为，纯粹法律原因约定可能需要通过有关交易基础的规则来修正，因而这一见解是十分有价值和更进一步的。这一见解也引出了有关法律行为无效以及解除原因适用于法律原因约定这一有趣的一般性问题。但是豪斯曼认为适用有关交易基础的规则只是适用不当得利法的一个现实备用选项这一点，却是不正确的（明确反对不当得利补偿，312ff，463）。他自己事先已经对纯粹交易基础解决方法的决定性弱点作了强调（336ff）。但是他明显想在交易基础丧失之时直接从"纯粹法律原因约定"之中"得出"合同上的补偿支付义务这一点，却加剧了这一情况。但是这一类约定甚至都没规定义务的成立（Obligationsbegründung）。这些约定甚至连法律行为上的"保留允许"（Behaltendürfen）也都没有规定。毋宁说这一点是从相对立的合同义务以及法定不当得利补偿构成要件的缺失中得出的。交易基础丧失也不能导致源于本身完全没有规定义务或者其他法律效果，而仅仅将某一真实状况确定为目的的合同义务的形成。就前后一贯性来看，某一法律原因约定的无效或者丧失也只能在不当得利法上具有重要意义，也就是说通过排除作为其基础的法律原因约定，来为给付型不当得利的补偿创造空间。就此而言，交易基础这一方案——与黑普廷思想内容丰富的评论正好相反，参看氏著，JZ 1991, 34——并不是针对不当得利法上解决方法且带有相同结果的独立的教义学备用选项，但无疑是在其范围内的一次重要修正。尽管如此，不当得利法上能引起兴趣的只有给付的原因，而不是——诸如作为其基础的真实或假定的——债务行为的原因。就这点来说，豪斯曼的方案澄清了，在给付履行时，作为其前提条件的法律原因约定，以及当法律原因约定有效存在时，连同在其中作为目的所确定的对待给付一起，也起到了给付原因的作用。

难——当我们不仅仅"从结果出发"，也就是潜在地任意考虑——早在有关夫妻的论述中就已经强调过了：因为人身关系上彼此特别亲近的人，在他们相互间具有财产价值的活动上，也从来不习惯于在法律外行领域内具有"平行评价"的意义上考虑债法上的法律后果，即使已经对他们提出了相对较弱的要求了，也常常缺乏一个可辨认的法律后果意思。因为纯粹法律原因约定仅仅以作为目的确定的实际情况为目标，所以在这些约定方面情况则有所不同。因此，正如上面所展示的，就夫妻间关系来说，针对具体经济协作中的债权的，家庭法上的特定请求权基础是值得追求且明显的。

对生活关系共同体而言则没有这个可能性。在此，这一在司法实践中运用颇多的，针对"共同创造价值的意图"或者（在经济意义上的）"共同所有的设想"[416]的合伙法上之方案，最近已经被广泛地检讨，并且针对再三的虚构指控在结果上得到了辩护[417]：只有针对默示合伙合同这一虚构设想的批评才是有根据的；但是由于利益情况的相似性，合伙法上分配规范的类推适用绝对不能被排除。对此具有决定性作用的，涉及具体财产价值的"共同创造价值的意图"也不以法律行为上具有约束力的约定为前提。"共同所有的设想"不是必须要由伴侣双方提高到法律行为的层面，也可由一个纯粹事实上的意思一致构成。但是大多数情况下，一个关于经济上财产共同分配的真实意思也并非可以容易确认的，而是必须要由法院在假定的意思这方面予以确定。对此也可能存在着一些可供使用的标准，特别是作为根本标志的对收入的实质贡献。也就是说，很容易可以确认的常常只有以共同*使用*为目的的真实意思。只要这一关系明白无误了，通常情况下也就不用再考虑共同还是单方所有的问题了。

在合伙法（绝不仅仅是类推）适用于通过当事人的意图而特别地"与关系共同体有关的"具体财产利益的结果上，我们必须听从这些阐述以及具有相同立场的司法实践。但是关于这一思路的某些论述在细节上却存在着问题。首先引人注意的是，根据主流的法律行为学说，豪斯曼（HAUSMANN）在此处以下面两点作为出发点，即对一个法律行为而言一个可辨识的法律后果意思是必需的，并且在生活伴侣间的经济合作约定中常常缺失。按照笔者在其他地方费尽全力所引用的"规范约束力理论"，完全一般地来说甚至不应该依赖于法律后果意思这一点[418]，但是就直接解决问题而言，在这里明显不再起作用了。在实践层面忘记上述理论无疑是正确的。就如同可归属于这一理论的优点被认为很少一样，以下也明确表明了这一点，即只有在补充性地相对于真实可确定的意思，并且借助一般的解释标准的情况下，被豪斯曼看作具有决定性作用的关于"共同所有"的事实上的意思才可能被查明。

---

[416]　前引 HAUSMANN 595 f。

[417]　前引 HAUSMANN 587 ff。

[418]　前引 HAUSMANN 362 ff 作了非常详尽的论述。

如果这一点是恰当的，这些解释标准就已经表明，当事人也想让"共同所有"成为法律上受保护的状态，或者在获得有关法律状况相应告知的情况下，当事人本来也确实非常可能想（如此）。不暗示地根据分配"所有"的规范秩序，一个与共同使用不同的"共同所有"是完全无法设想的。显然，这一归类不是必须从一开始就被设想为物权法上的归类，就像一种仅仅是"经济上的"，也就是说存在于债法请求权中的"所有权"这一表述所已经表达的。

也就是说，如果存在一个约定，而生活伴侣据此以持久的共同所有和共同使用[419]为目的来约定金钱、物品，或者为获得收入而工作或扩充某一具体财产利益（例如一座房子）或者某一具体的财产总和（例如一个企业），那么通常情况下必要的法律后果意思也就变得可推断了。当存在着——不考虑已经提到的那些前提条件——由物权上没有权利的伴侣一方所做出的特别"实质性贡献"，而共同体的目的也毫无疑问地被明确且持续地追求着，并且所涉及的财产领域是如此得复杂，以及随着时间的流逝需要不断地去处理之时，以至于很明显，如果缺少某一法律上的组织，将无法进行管理，这在企业领域尤其如此：如果生活伴侣（或者夫妻也一样）在事实上相当平等的位置上共同管理一个属于他们中某一人的企业，并且他们也一直以某种非正式的方式持续地分享来自企业利润中的收益，那么同样从法律行为学说的立场出发（从"规范性约束力理论"那个立场出发就更是如此了）主张一个可推定的合伙合同，就可能不会引起什么严肃的怀疑了。[419a]最终起决定作用的将会是，我们是否能够在各种情况之下，心安理得以及以较高可能性地肯定，在面对相应的询问时，生活伴侣双方将会意思一致地表示，他们想要让——很明显所追求的——以共同体方式获得或者构建的财产利益作为共同所有和收益，在未来的意外情况下成为法律所保障的状态。这样即使没有对整个法律行为学说进行不必要的改造，也可以借助判决来肯定合伙合同。这样就不需要对合伙合同进行几乎无法正确论证的类推适用。

当前文所述的不当得利法上的解决方案准备作为"第二条防御线"的这样一种意识已经充分传播开来时，在司法实践中经常可以被观察到的，虚构的过度延伸（fiktive Überdehnung）的危险可能将会明显地降低。奥地利法上最新的判决已经大规模地撤回到了这里。这在避免过度延伸和虚构这一意义上，无疑赢得了赞许。然而关于其适用要件，作为完全原因行为的合伙合同要优先于不当得利法上的解决方案，因为这些给付是以"无法律原因"为要件的。

7. 对于经常出于公平原因而在前生活伴侣双方之间进行的财产分割，债法提供了两种充分的、可替换适用的解决方案，这两种方案也绝对允许考虑生活关系共

---

[419]　仅仅约定"共同所有"将会意味着仅仅成立一个权利共同体而非合伙。

[419a]　当豪斯曼依据生活关系共同体本身是一种无法律后果的约束这一点，来批判在德国司法判决中可观察得到的生活伴侣之间"非补偿原则"（Grundsatz der Nichtausgleichung）时，是值得赞同的。之后便可从中推论出，生活伴侣间所实施的具体合作规则以及没有法律上重要意图的资助行为也是可实行的。这一点太过笼统，这从豪斯曼的批判中可以非常清楚地看到。

同体存续期间紧密的人身关联性。体系上把问题归类为债法，应当是根据这一点。从原则性—体系性视角而言并不明显的是，在内容或者体系方面的改变是恰当的。由于至少从更长期的视角出发，当今大规模且热烈的政治讨论和倡议似乎在没有法律修订"成果"的情况下不可能结束，这类法律修订就长期来看也许是无法避免的。我们只能希望，法律修订会尽可能少地给法律状况带来额外的不和谐。〔420〕

那些已经在现行法中存在的，包含非婚姻生活关系共同体构成要件之特征的规范没有涉及生活伴侣之间的关系本身，因此之前在这里也没有进一步进行探讨。〔421〕这些规范可能是呼吁已久的"家庭概念之变更"的动因。然而就像一开始已经提到过的，这一概念从来都不具有确切的统一尺度。这一概念过去能够，同时也必须一直分别按照本质的联系以及问题的提出而在不同的范围内予以解释。过去在描述家庭法时，对于法学上的体系性界定目的来说，家庭概念尤其一直需要准确表达的规

---

〔420〕 当对婚姻进行进一步的象征性废除对某些人来说仍然具有吸引力，并且在结果上仍然相当值得讨论时，那么类推适用离婚后夫妻间共同财产分割规范似乎也有可考虑的可能；也就是说，是婚姻结余性财产以及使用性财产的共同增益补偿规范或者分配规范。（但是与此相反，前引 HAUSMANN 586 则坚决地支持德国法；相比较而言，RUMMEL 于 1990 年在维也纳法学家协会所作的演讲中，对奥地利法更赞同一些。）对此表示反对的理由则有以下这些：一方面这一解决方案恰好在那些实际中存在主要问题的生活伴侣的具体共同体财产利益上，将会是完全不充分的。（例如在奥地利，我们考虑只有从分配财产中剥离出企业）。但是更进一步的，对普遍化而言，这些分配原则自身也很少是适当的，因为最多只是对那些通过自己的婚姻合意而自主地受最紧密共同体所束缚的夫妻而言，是可替代的：众所周知，在德国原则上适用对半分配；并受到一个不仅仅在内容上，尤其是在适用性上也完全开放的纯粹公平条款所限制。在奥地利适用的则首先是一个法定的公平条款（《奥地利婚姻法》第83条）。这一条款包括一些法定的指导方针，但这些指导方针由于一方面依赖于双方对分配财产的贡献，另一方面却将婚姻生活共同体范围内某些特定的活动，假定为这一类贡献而予以规范化，由此反而造成了最大的模糊性。因此，在司法实践中至少就"正常案件"而言存在着法律上所没有规定的对半分配的趋势，而关于"特殊案件"以及对其的处理，却很少能够取得清晰性，就很好理解了。（特别参看 GIMPEL-HINTEREGGER, Billigkeitserwägungen bei der Aufteilung des ehelichen Gebrauchsvermögens und der ehelichen Ersparnisse in der Rechtsprechung des Obersten Gerichtshofes, JBl1986, 553。笔者在 1990 年年底所出具的，也包括最新司法判决的司法鉴定书中所做的检讨，也证实了此处所作的论述。）不管如何总应该是这样的：不仅是机械地对半分配，而且包括毫无轮廓的公平性，甚至包括越发不可预见的两者间的替换，在任何情况下对那些（前）夫妻都能够证成，而这些（前）夫妻一开始便通过他们的婚姻合意全面且持续地结成最紧密共同体，而在这一共同体中，尤为重要的经济方面却仅取得第二位的重要性。出于更为简单地进行清算的理由，我们应该或是完全机械地一般，或是完全不可预见地来处理共同体解体之后，婚姻财产制法对夫妻的后续影响，而这也是有可能的。这样，一般财产法上的规范就被排除适用了。但依据自由的婚姻合意而建立起来的夫妻间紧密的法律共同体，在生活关系共同体这里却没有相对应之物；因此以概括性财产分配的形态出现的，其效果的法定扩展，也没有相对应之物。毋宁说就此而言，从一开始就只有财产法方面具有法律上的重要性。但最终，债法上的解决思路仍具有很大的优点，即，这些思路不用改变便可适用于所有家政关系共同体中，在人身关系上互相十分亲近的同伴；就是说也包括和一个成年子女共同生活在一起的父母或者父母一方、兄弟姐妹、其他亲属，那些具有财产法上完全不用依赖于此，且其中具有或者不具有性要素关系的女朋友或者男朋友们。就像在"非婚姻生活伴侣"之间一样，在他们所有这些人之间，也可能存在由于同样原因而产生的同样的财产法问题。我们不需要去认识不同的解决方案所应该证成之事。但是婚姻法上特别的总分配规范，很有可能也越发地不会考虑最后所提到的那些人群。

〔421〕 对奥地利来说，作为例子需要一提的首先是社会保险法上利于被保险人之生活伴侣的规定；已经存在于私法中的，房屋租赁法上的保护性规定。在属于家庭法的婚姻外父亲取名（《奥地利普通民法典》第 165a 条）上，子女与父母的家庭关系共同体有可能是通常的前提条件；以及在法院将共同照顾给予婚外父母（《奥地利普通民法典》第 167 条）上，这种家庭关系共同体就是很明确的前提条件了。但是子女利益最大化原则需要在各自的情况下进行审核。只要离婚的夫妻一方，诚实地维持了生活关系共同体，那么当其离婚后扶养请求权停止时，生活关系共同体在这方面也具有了构成要件上的家庭法意义。（最新最高法院案例，刊载于《奥地利法学报》1991 年（JBl 1991），第 589 页）。对此具有决定性意义的是，在再婚时，目的性地依据扶养请求权的消灭。

定，并且需要通过"婚姻"和"亲属关系"这两个概念来维持这一规定。因而这一点在今后必须要从根本上予以保持。婚外的亲属关系也满足家庭概念这一点，从其自身的分析上来看也是容易理解的，并且仅从法律术语上看也从来不应该被怀疑。

至于生活关系共同体，我们当然不能阻止任何人声称，生活关系共同体"从根本上"是一个属于"家庭"的现象。一个对此相适应的家庭概念是很容易被提出的。但是法律上有意义的仅仅是，生活关系共同体在其法律方面必须要按照债权行为和法律行为的规范以及尤其是众原则（私人自治、信赖保护、不当得利原则、一般性的补偿正义）来进行判断。特别是后者应该在将来可能对生活关系共同体具体事务的特别立法中仍然保持其决定性意义。就如可能所预期的一样，生活关系共同体在术语上仍可能披着家庭法的"外衣"。当我们想赋予生活关系共同体更加弱化却仍然全面的，个人领域的制度性—强制性规定之结果，并借此将其提高到较低等级的婚姻之时，只有当其无论如何仍然与尚可辨认的稳定性要求连接在一起时，才具有一定意义；也只有如此，在内容上近似于婚姻也才是合法的。但是出于强制性的原则—规范上的理由，这一点要以一个相应的，即使可能是经简化的当事人所表达的合意作为前提条件。

对那些即使是一个"较低权利的婚姻"也不认同的，而是仍想摆脱每一个特殊法律上约束的人而言，作为家庭法外现象的生活关系共同体无论如何仍然会继续存在。也就是说，这类关系与家庭法中所包含的关系的相似性，仍然会非常表面地得以继续保持。在对所有规范具有决定性意义的，同时无论如何也是真实的（合意的）意思要素中，重要的区别仍然会存在。出于号称的经验性原因而要将这一区别从"这一"被认为是唯一权威的、自制的（selbstgemacht）家庭概念的定义中去除，那将会是选择性进行的，并且由此而产生隐蔽规范性（kryptonormativistisch）效果的"真正科学"的一个经典例子。法律人不应该追随这类趋势，而应该在自身适当的方法范围之内，对其进行抵制。对不同目的而言，概念建构（Begriffsbildung）会呈现出不同内容，这在今后仍然会是理所当然之事。

第七章
继承法

第一节　“外部体系”中的继承法

概括为“继承法”的规范群是通过以下方式，在具体事务上被统一规定的，即规范群规范了对某一死者“遗产”（Nachlass）或者“被继承财产”（Erbschaft）的继承（Nachfolge）。[422] 也就是说与继承法规范有关的现实截面，通过界定的基础概念“遗产”（Nachlass）或者（同义的）“被继承财产”（Erbschaft）而得以表述。就此而言，当强调经验世界之事实的界定标准或者属于一个法律元层次（juristische Metaebene）的界定标准这两个一再可观察到的可能性，在此处的一个概念中同时发生时，这一概念就变得十分有趣了：“遗产”（Nachlass）或者“被继承财产”（Erbschaft）存在的必要条件是某人的死亡，一个简单的事实。但是此外，我们必须，同时也是绝对有必要同意的是，死者作为法律上财产地位的前主体，遗留下了适合移转给一个或多个继受者的权利和（或者）义务。这首先取决于可适用的规范，更确切地说，一方面取决于那些死者生前便已将一定的权利和义务分配给他的规范，另一方面则取决于另一些可以让人认识到这些法律地位应该不仅仅是“高度人身性的”，也就是说和死者的人身相绑定的规范。就后者而言，对财产性权利来说通常很容易作出肯定的判断，而对人身性权利来说通常无疑是作否定的判断。但是在一些边界领域也可能出现一些较为困难的解释问题。这一点一直以来都

---

〔422〕 *参看例如* KIPP/COING, Erbrecht[14]（1990）1；LANGE/KUCHINKE, Erbrecht[3]（1989）8；VON LÜBTOW, Erbrecht Ⅰ（1971）1；SCHLÜTER, Erbrecht[12]（1986）2；LEIPOLD, Erbrecht（1988）17；GURSKY, Erbrecht（1988）1；BROX, Erbrecht[11]（1988）5；GSCHNITZER/FAISTENBERGER, Erbrecht[2]（1983）1；KRAUK/EHRENZWEIG, Erbrecht[3]（1983）1。

是无法避免的。

当然，作为基础的体系化概念，在其法律上所预先创制的要素中是绝对没有逻辑上的疑虑的，因为并且每当（此处也是）据此具有决定性意义的相关现实截面的法律特性在从规范的内容和解释中推导出来时，是不考虑相关的体系化的。按照法律经验，基础概念在现实中的适于界定性是不容置疑的，尤其是在不同的特别法中所规定的"特别后果"，在基础概念的帮助下，也同样能够被视作是这一类规范。

第二节　继承法的"规范性特征"和"内部体系"

1. 作为内容上具有的显著特征而在继承法体系内经常并且准确地得到强调的是以下这些原则：(91) 带有亲属及配偶继承顺序（*Verwandten-und Ehegattenerbfolge*）这两个下位原则的*家庭继承顺序原则*（*Das Prinzip der Familienerbfolge*），而这两个下位原则对——在内容上空白的——"法定继承顺序"来说具有决定性意义；(92) *遗嘱自由原则*作为法律行为上私人自治原则在继承法上的具体化，具有众多独特性，比如被继承人"终意处分"（letztwillige Verfügung）的单方性（遗嘱、遗赠、附条件遗嘱、附期限遗嘱、负担遗嘱、设立遗嘱执行人和管理人[423]）；不存在以关于意思瑕疵和解释上的相应后果对某一特定表示受领人进行的信赖保护或交易保护；形式要求上极其严格，以适当地确保某个（已经不可能被询问的）死者的某一法律行为具有严肃性、可检验的真实性以及客观上可确定的最低限度内容；(93) *概括继承（全部权利继承）原则*，根据该原则，继承人或者按比例分配的多个继承人统一地（einheitlich），也就是说无须个别获得行为便取得了被继承人的权利和义务。此处和受遗赠人或者受赠人相比，存在一个决定性的区别，因为受遗赠人作为"个别权利继承人"，只是取得了被继承人所赠给他们的，全部遗产中的个别物品或者一定金额。

此外，还须特别提及(94) *特留份原则*（*das Prinzip des Pflichtteils*）。这一原则是通过强制性法律规范才得以在互相对立的家庭继承和遗嘱自由原则之间确定了一个实用的折中：一方面规定，按照被继承人自由意志所确立的对继承人的决定优先于法定继承，但是另一方面也规定了，以法定继承份额之价值一部分为限，以继承人的金钱给付为目标的，强制性的近亲属（nahe Angehörige）分配请求权

---

[423] 关于终意处分最后一项内容，在奥地利法上，不管是法律规定还是教义学上的论述都同样匮乏，具体论述参看 BYDLINSKI, Letztwillige Verwaltungsanordnungen, JBl 1981, 72。

(Teilhabeanspruch)。[424]

在同样可适用于某一案件事实，但又互相冲突的原则之间寻找一个力求最优化的平衡，常常是必要的，而特留份权涉及的就是一个对此而言特别直观的例证。这个例子也令人印象深刻地证实了，即使在冲突的案件中，原则既不会变得过时也不会变得无效，但却提出了特别的界定任务。这些任务必须要通过精确表达的，关于构成要件上"优先关系"的抉择来完成。

2. 对于上述继承法的建构性原则而言，就现存联系中特别令人感兴趣的方面在此仅仅作一些*补充性评述*还是有可能以及必要的[425]：遗嘱自由（Testierfreiheit）也包括将先前的继承人指定（Erbeinsetzung）和其他终意处分，单方面不受（例如债法上创立的）约束地予以更改的自由；甚至也可以重复更改或者一直更改，直到遗嘱人死亡。尽管如此，终意处分自由的这一方面还是可以通过法律上的方法，通过为了使遗产或者其中一部分的继承人指定具有约束力的"继承合同"（尽管如此，这在奥地利只适用于夫妻之间）受到极大限制或者甚至被排除。这里显示了在终意行为方面也存在着一块合同义务的飞地。但是法律行为上的私人自治也表现为继承人的处分自由；比如表现在继承人有决定接受或者拒绝遗产的可能以及在接受遗产的情况下也有决定限定性抑或非限定性继承责任的可能。如果一个人因为是被继承人的近亲属或者由遗嘱人指定为继承人，即使被继承人的义务超过了遗产的正资产价值，或者必须要对此进行认真的核算，也只能毫无办法地负担起被继承人的义务，那么就确实明显违背了继承人的私人自治，并且肯定会导致被继承人那些或许早已经失去受清偿资金的债权人，毫不费力地从继承人自己的财产中赚取了不当得利。

*概括继承原则*也着重强调了接受被继承人的债务。[426] 也就是说，只有针对遗产的正资产来说，全部权利继承涉及的才是一个较为"法技术性质"[427] 的原则：

---

[424] 对这些继承法原则本身的详细阐述，可参看诸如 LEIPOLD, Wandlungen in den Grundlagen des Erbrechts? AcP 180 (1980) 162；前引 KIPP/COING 4 ff 以及 LANGE/KUCHINKE 3 ff；在其他所援引的体系中，继承法原则更多的则是偶尔（en Passant）被提及。

[425] 对于所有其他的细节，参看所引用的继承法文献。

[426] 当前引 BROX 12 除了概括继承原则之外，还提出了为遗产义务负责原则时，明显是想将概括继承原则限定在正资产上，这既非通常情况，亦因为"概括继承"全面的字面意思而不符合其目的。但这一区分还是准确地参照了全部权利继承两个方面的不同理由；参看原文。

[427] 正如前引 KIPP/COING 中所说的。但是他们自己也强调，这一原则为债权人保全了过去的责任资产。——在为遗产义务承担责任这方面，全部权利继承因有关特定财产价值（特别是社会法上的请求权；受保护的租赁关系）的不同法定特别规定而发生的"架空"，也证明是绝对有实体意义的；但是更加有意义的，还是在那些流行的私人自治行为中，在大多数条件建构中，或在那些会引起继承法外特定利益（例如因人寿保险产生的债权利益）移转的债法或者合伙法的利益第三人合同中（对此参看例如前引 LEIPOLD, AcP 180, 204；ECCHER, Antizipierte Erbfolge [1980]）。关系到正资产项的，作为以遗赠形式而在继承法中最为常见的个别权利继承的自治形成，只是在继承法的特别形式规定这方面还成问题。尽管如此，自治形成还是在例如"死因委托"（Auftrag auf den Todesfall）这方面提出了界限问题。但是实质上，所涉及的首先是没有为遗产义务负责便取消责任财产。这些相应的形成最终都很自然地合并到了债权人撤销权中。

在这一方面，备选的方案是继承人必须通过与遗产的所有个别组成部分相应的特别的法之行为（Rechtsakte）（涉及动产时为交付，涉及不动产时为登记，涉及债权时为债权转让）来取得遗产的所有个别组成部分。对此也还需要一位特别委任的代理人或信托人来代替死者处理事务。因此，与此相反，只要稍微注意作为经济效率的合目的性，就几乎自然可以理解，应当偏爱依据法律或者根据统一的法院决议、（在奥地利的）"继承资格认证"（Einantwortung）进行统一的权利移转。因为无法看到由其他原则得出的重要相反结论：这种移转本身确实是一种预设的必需，以至于整体上成本过高的单个获取措施已经完全不能满足其一般目的了。

反之，继承人概括继承遗产中的负资产则绝对不仅仅是一个简化了的合目的性问题。在今日，这一问题已经不再能用被继承人的人格通过继承人得以延续这种半神秘或者形象的观点来解释了。继承人想保护不清偿债务的被继承人，以使其免受他人中伤诽谤这一可能的愿望，对继承人负担债务这一行为来说同样也是不够的：若真的存在这么一个愿望，那确实没有什么可以阻止继承人的自愿清偿。即使接受遗产时未限制责任，不作假定的话，我们也绝对不能从接受遗产的行为中解释出，继承人向遗产债权人做出一种法律行为上的允诺，甚至用自己的财产为遗产债务承担责任。

毋宁说，继承人为遗产义务负责构成了上述债法方面已经遇见过的，紧急情况下债务人财产归于债权人原则的最重要之适用。与债权人受清偿相关的就是，由于前债务人的死亡无论如何都产生了紧急情况。

3. 但是这一原则的涵盖范围很明显只是以所接受的正资产财产负责或者（用更技术化的方式表达则是）以这些财产的价值负责；而不是让继承人也以其原来或者后来另外所获的其他财产负全部责任。然而，当继承人没有及时采取为达到"有限的"继承人责任（"附条件的继承表示"或者申请遗产监护；遗产清册）所需的必要措施，按照现行法律，继承人还是很有可能会碰到这类承担全部责任的情况。但是鉴于某份遗产在其价值上完全不用怀疑，这些措施作为不必要的耗费而有可能会被有理性地完全搁置。此外，在出现没有预料到的债务或者正资产的价值出乎意料得少时，继承人就会碰到一个远远超过从遗产中所获正资产的沉重的保证义务。而债权人为何应该拥有要求继承人以自己的财产偿付他们那些或许早已失去价值之债权的请求权，则是很难理解的。

这里显示的是一个非常原则性，但看起来却被长期习惯所掩盖的继承法的结构问题。但是，如果缺少对遗产财产监管式的正式保全和遗产清册，那么本来就已经非常严重的，对债权人不利的遗产正资产"被消失"的危险就将更加扩大化了，就这点而言，是需要支持严格的继承人责任的。债权人本身也确实无法插手债务人的财产范围，并且通常要到很迟才会获悉债务人死亡。如果不是不迟延地，而是在有关遗产充足性的具体争议中才采取监管措施和证据保全，那么继承人所声称的，一开始"那里就什么都没有"了，一般情况下就无法反驳了。如果没有要求尽可能早地查明遗产的存在状况，那么对债权人正当获得的权利的保护则很有可能是支持严格继承人责任的。继承人没有注意到法律为其提供的，以遗产正资产价值为限为遗产义务负责的可能性，这一点作为自己责任的最低归责标准，无论如何仍然是——与私法上双边论证的基本原则相一致——这一严格责任的必要条件。[428]

继承法上的遗嘱自由（以及继承法中合同自由和处分自由）来自法律行为上的私人自治，并最终来自自由原则，其*可推论性*（*Ableitbarkeit*）是显而易见的。在通过强制性特留权进行限制以及家庭继承原则方面，那些与夫妻间合意以及"超个体的"婚姻目的——对应的，来自家庭法中众所周知的血亲关系原则和全面的婚姻关系共同体原则也同样将其效果延伸到了继承法中的财产领域。关于这些原则部分非常复杂的论证已经在上文作过阐述，此处便不再重复了。

4. 非常有疑问的是，为了表达与国家对其所有公民的全部遗产所享有的全面"继承权"思考模式相对立之物，是否应该承认一个继承法上独立的"私人继承权"（Privaterbrecht）[429] 原则。对此表示反对的则认为，在这方面，规范上十分重要的预见性措施（Weichenstellung）已经在很多一般层面上出现了，而且在继承法中仅仅表现在其实践中显而易见的结论上。处于一个尤其遵照自由原则和经济效率原则，于私法上（远离国家的）原则性地创制了一个宽广的"社会"领域，并且在当今甚至通过那些包含相应所有权、合同自由以及辅助原则之倾向的基本权规定，来对此进行保障的法体系之下，紧随一切之后的对每一份遗产进行国家征收，无非只是个思想上的"戏耍"而已。上面所简述的基础性原则的结论已经将其可实现性排除了。

在所引用的文献中，确实正确地强调了，就财产角度而言继承是自由所有权的结果，因为将包含于所有权取得之可能性中的奖赏（Leistungsprämien）以及激励功能的一部分，也就是说将用于保障家庭或者其他近亲属未来的财产取得废除，将会是完全无意义的。[430] 甚至可能正好与此相反，事实上这反而有可能仅仅起到刺激无节制的，或者是完全无意义的消费的作用。继承法激励给付能力以及限制挥霍浪费的"功能"，在一个很大程度是私法上所创制的自由秩序中，显然一如既往地不可或缺。

同样正确的还有，那些聚集在一起可以被继承的财产赋予了家庭以及整个（在

---

[428] 当只有最低限度归责（Mindestzurechnung）在其中共同起作用时，一旦继承人知悉遗产资不抵债，只要没有过失，德国法便允许他通过（不迟延的）破产申请来降低他的责任（《德国民法典》第1980条）。由于债权的相对性，由于债权人的一般支付不能风险以及由于单纯诱因的归责标准的弱点，这么做是非常正当的（legitim）。而奥地利法中的严格责任则取决于"无条件的继承表示"，这样一来，当他有证据证明即使没有那些债务，他也错误地评估了遗产价值时，只要这一表示将会导致债权人可以从继承人财产中无偿获取不当得利，那么这一表示无论如何都因错误而必定可撤销。在欠缺遗产清册时，对遗产耗尽的举证负担在任何情况下都必须要由继承人承担。

[429] 前引 BROX 10 以及 LEIPOLD, AcP 180, 163 便是如此表述的。

[430] 例如 LEIPOLD, Erbrecht 18。

辅助原则意义上的）"社会"相对于国家的一定的独立性。[431]

所有这些观点都已经通过遗嘱自由和概括继承原则，以及需特别强调的以有利于通过遗嘱或者通过家庭关系所确定的，也就是个别继承人的方式，完全以及确定地在继承法中体现出来了。"私人继承"已经是如此全面和清晰地包含在了在这些原则中，以至于不应该将其单独列出了。尽管有以下的事实，即本书对原则层面进行论述时完全容忍了这些原则的相互交错，但这一点仍然是适用的。当数个作为价值趋势而的确互相独立的原则在某些案件事实领域内指向了相同的方向时，这些原则的相互叠加对衡量具有十分重要的作用。与此相反，对于那些完全明确地包含于不同地方的原则或者规范上所设定的"功能"来说，则将仅仅存在一个对衡量目的来说正好不合适或者至少肯定是让人困惑的双重性（Verdoppelung）。"私人继承权"这一原则，除了一方面已经在基础法律原则中所显露的，另一方面已经在提到过的继承法原则中所显示出的那些内容之外，没有表达出其他任何东西。

5. 此外，还要对第二个原则性的继承法问题做简短的讨论。但这次所涉及的不是避开某一无用的原则，而是关于指明作为私法体系中下位材料的继承法上，在*相对比较具体的原则层面中的一个漏洞*。鉴于某些基础原则，也就是最低生存保障原则与差别化原则，并且在同其他私法材料以及特别是同其最新发展相比较，就得出了立法者对（在这一情况下）某一特定优化任务执行得不充分的强烈提示。由于这里所涉及的是清楚且恰好有这样倾向的继承法规范的适用，因此这从根本上"仅仅"提出了一个法政策问题：在过去数十年中，尽管有高强度立法活动，继承法在私法的中心领域也还是相对较少地经历了独立自主的修改。虽然关于继承法的改革也进行了彻底而激烈的讨论。[432] 但是在更大的范围内，继承法中的规范仅仅是通过家庭法修改的远程影响，特别是通过——从平等原则推导出的——以和婚生子女具有同等地位为目标的非婚子女关系法的修改以及通过在财产领域同样对夫妻间关系共同体的联系进行强化而得到了改动；对于后者，具体来说是通过提高配偶的法定继承份额以及特留份权中的份额。

几乎没有其他的继承法修改了。这之所以让人觉得惊讶，首先是因为，在其他情况下，很有可能没有法律领域能够保持自身不受法政策上——粗略地说——广泛的"保护弱者"倾向的根本效果影响。通常情况下，各个领域在追求这一倾向之中都设法使上述基础原则获得比之前更多的影响。在按照目标来对互相相反的原则进

〔431〕 前引 KIPP/COING aaO 2。

〔432〕 参看诸如前引 SCHLÜTER 10 ff 简洁且令人印象深刻的论述；全面，但是仅仅限于修改继承法基本原则的则有前引 LEIPOLD, AcP 180, 160；其中也带有很多统计学上的材料。尤其是他将配偶继承份额扩大的原因归结于，这一份额是按照"平均子女数量"来确定的（第 182 页）。关于早期讨论阶段中平等原则的继承法效果，参看 BYD-LINSKI, GAÖJT 1961, 140，第 136 页也有一些论及。当时为非婚子女及其父母权利（Unehelichenrecht）所提的事实家庭关系共同体的见解现在在《奥地利普通民法典》第 773a 条（《奥地利联邦法律公报（BGBl）》1989 年，第 656 页）中有了更佳的解决方案。

行补偿性优化的意义上，这一点曾经无论如何常常是有充分根据的。[433]与此相反，这一"社会思想"（这一本身令人难以忍受的过度简化在此可能是无害的）在继承法中没有显现过独立的效果。这有可能与以下事实有关，即以前特别经常的关于继承法意识形态上的讨论[434]在激进的"修改"先锋那儿，本质上也仅仅是产生了一个废除继承法的先决条件而已；这一先决条件自身在东欧马克思主义的统治体系下也没能实现，并且很明显，特别地不适合作为优化性权衡努力的推动力。[435]

因此，现行继承法在关于继承候选人的排序及其在法定继承权和特留份权中份额的极为精确的规定上全然没有考虑到具体的穷困（Bedürftigkeit），这一点仍然没有丝毫的改变。某人遗留下两个子女，其中一个长期残疾，且在其父母去世后需要特别昂贵的专人护理，而另一位则收入丰厚，甚至仅依靠自己就已经积累了高额的财产。按照法律其遗产不得不平均分给这两个继承人。对于显著不同的照顾需要，此人毕竟还是可以通过行使遗嘱自由在一定范围内考虑的；但是也只能到健康子女（对两个子女而言份额同样高的）特留份请求权的限额为止了。

这一点也不是不言自明的。虽然继承法在很大程度上已经丧失了其有利于整体社会保险体系地作为为了死者家属的这种照料手段的功能。[436]然而这些体系大多只是提供一个相对适度的基础照料，因此绝对不会提供保障，使得死者家属能够继续维持其之前的生活方式。继承法上的收益取得绝对适合用于改善因缺少这些取得而固定的生活标准。在这富裕极其普遍的现当代，能使财产价值急剧增加的继承法上的收益取得，对更大多数的民众阶层来说比以往任何时候都更具现实意义。

社会保险体系所提供的定期基础照料，从整体上能稍微减轻继承法中对具体穷困的忽视所造成的不良后果。但是完全没有因此得到解决的继承法上的问题是，同样亲近的继承候选人之间显著不同的照料需要。值得注意的是，在"东欧的"继承法中，具体继承人的劳动能力或者照料需要的问题，按照法律无论如何都起到非常

---

〔433〕 尽管很遗憾，在——其全部一直以来都很重要的——细节中大多数具有政策式或者官僚式的随机性；更确切地说是在追求权衡性但又一以贯之的解释中，处于互相矛盾的过程（Hü-und-Hott-Verfahren）中；非常经常的则是处于将所有实质性评价任务推给法官和对其完全青睐（Gängelung）之间毫无标准的摇摆中。

〔434〕 对此参看 KRALIK/EHRENZWEIG 2 ff. 中富有启发性的简短论述。

〔435〕 而在我们这儿也已经实施了显著的，有时候已经让人有所疑虑的高额遗产税了。遗产税作为所积累的私人财产的财产税是直接攫取其价值的。对此的理由是，财产积累以及保有通常也是以由平民大众所提供的有利界条件作为前提的。但是对该论点的一个可证实的量化却是不可能的；因此高额遗产税具有促使观念转变的性质（dezisionistisch）。需更加留心注意的是，遗产税没有危及一个私法上组织起来的、相对于国家具有一定独立性的"团体"的存在，也就是说，遗产税仍然对所有权制度和控制这一制度的那些原则表示了明确的尊敬。然而那些相当不清晰的界限，也通过宪法上对所有权的保护和平等原则在实证法上得到了支持。对于遗产税，LEIPOLD, AcP 180, 164 也提供了统计学上的材料。——与此相反，国家对于一份在其他情况下没有人继承而留下来的遗产所拥有的权利，已经因为其强烈的辅助性而几乎没有疑问了。也可以积极地从国家的储备职能（Reservekompetenz）出发，依据辅助原则对其进行证成。

〔436〕 对此参看前引 SCHLÜTER 8（带有说明）；LEIPOLD, AcP 180, 187, 与此相反，有根据地反对将继承法的照料功能解释为完全是计划好的。当代有关"继承法之社会功能"非常有说服力的论著，参看 PAPANTONIOU, AcP 173 (1973) 385。

重要的作用。[437] 这一点和正统意识形态上对继承法的拒绝在内容上完全没有关系，但很有可能是作为一开始非常全面的修改倾向的残余而保留下来的。对体系上努力追求以优化为目标的全面的原则衡量而言，即使没有特别的外在推动力，考虑继承法中具体的照料需要也无疑肯定是合适的。

尽管如此，也存在反驳的意见：首先可能会强调，遗嘱自由使一个有责任意识的被继承人有可能同样考虑照料需要中的显著不同以及可以不均匀分配遗产的其他理由。然而这只在强制性特留份权范围内适用。此外还可能的反驳是：对具体照料需要的每一次考虑都有可能极大地损害"法定继承权"和特留份权在适用上令人印象深刻的简单、确定和低成本。这一反驳在某种意义上之所以相当强有力，是因为每一个人总有一天会碰到需继承的情况（Erbfälle），所以是法律生活中的普遍现象。因此，对法律状况进行实质性改善却不注意成本，在这里无疑是不适宜的。但是这终究只是一项在出现某一新规范时，针对相应注意的理由。至少可以作如下的规定，即只要为了照顾另一当事人而这么做是迫切且必须的，被继承人可以将某一完全被照料且有自我生存能力之亲属的特留份缩短至正常份额的某一部分。即使是这样一条例外性规范，从整体上看也几乎不会出现重大的不确定性和巨大的费用。

而且除此之外，还可以建议这样一条规范，即在自我生存和照料能力出现具体差别的情况下，在继承候选人范围内，以利于有需要之人的方式依据法律来互相调动他们的继承份额和特留份。因为且当这样一条规范被限定于引人注目的区别上，特别是某一继承候选人没有自我生存能力时，那么在优化性权衡的意义上，较为困难和成本过高的法律适用仍然是可以忍受的。

更为重要的是，为特别需要照料的亲属负责还必须成为对那些没有考虑到这一责任的遗嘱处分的一道限制，即使这一遗嘱处分还没有损害到特留份请求权。这一点已经按照现行法律，通过将这一类以更恶劣的方式违背救济近亲属思想的遗嘱认定为违反善良风俗而得以实现。[438]

与前文论述相反的是，这一基于更深的原则层面而值得推荐的*根据具体照料需要而修正继承份额和特留份份额原则*，按照当今明确且已清楚地计划过的法律状况，是不可能成为现行体系的一个组成部分的，但是有可能预先成为（现今没有被完全注意到的）实证法律规范上原则层面的假设。依据现行法，只有在特别极端的情况下才可以通过提出权利滥用来进行弥补。如果某一近亲属相对于另一近亲属意图完全忽视其极其巨大的照料需要，这一类权利滥用应当被确认。

6. 如果我们通观这些提炼出来的继承法原则，就不会对其"规范性特征"产生怀疑了：作为遗嘱自由的法律行为上的私人自治，其独立具体化及其与源于家庭

---

[437] 参看 KRALIK/EHRENZWEIG 6 的指示。

[438] 参看前引 VON LÜBTOW 19；LEIPOLD, AcP 180, 194；SCHILCHER, Erbrecht und bewegliches System, JBl 1977, 57。

法的相关原则的竞合关系，通过特留份权（特别是在量上的）解决此竞合以及也包括概括继承的两个方面，这些一起构成了一个独特的原则组合。

更进一步地说，按照法教义学的经验早已经证明继承法是体系的一部分，并且相对于体系的其他部分来说，合目的性的理由并不是非常明显。一般来说，其合目的性也因此是需要肯定的；其作为私法体系独立部分的地位也同样如此。

此外绝对不能断言，其他体系上的划分就不可设想了。我们恰好也能够按照例如法律行为法（遗嘱）和家庭法（家庭继承）来划分继承法。但两者共同的问题，诸如遗产的取得和地位，特别是继承人的责任，就必须要重复或者通过交叉援引来（Querverweisung）予以规定了。这再一次证实，即使是"继承法"也肯定满足法体系学（die juristische Systematik）所提出的要求。

第三节　继承法中的下位材料

我们可以将继承法中的下位材料作如下区分：一方面是通过法定继承权，另一方面是通过遗嘱所规定的继承人的指定，遗产的取得和地位，特别是继承人的责任；特留份权和遗赠权。而且这一"外部的"体系化不具有特别的困难了。所提到的继承法原则在部分材料中以不同的强度并且在不同的组合中发挥着作用。总结具体下属部分中独立的补充性原则已经足以深入法律体系的具体层面了，因此必须留作继承法教义学本身的任务。

第三编　私法体系中的特别私法

第一章

特别私法

第一节　意义及一般性描述

　　1. 由于法教义学根深蒂固的以及其一部分长久持续的*体系化实践*（*Systematisierungspraxis*），现行私法中很大一部分完全不能被归入目前所提及的"一般"私法或者"民法"的部分材料中。除此以外，体系上更是出现了一些"特别私法"（或者说"特别领域"），正按照商法的形成过程，以日渐增多的数量从一般民法中分离出来或与其并行发展。这一体系化正是由承认部分带有极其明显特点的大量特殊规范的法律状况所一再引起的。对于大部分接下来将会提到的材料而言，关于其作为"外部体系"中独立"特别私法"这一地位，从根本上来说完全不存在疑问。其中一些在过去或是现在也以很好的理由被认为是法政策上的特别更新甚或被认为是一般民法发展的"先驱角色"；历史上的商法以及更晚些的劳动法便是如此。另外需要强调的是，私法中一些最新的重要发展对于特别私法中的很大一部分而言都是过时的；正如下一节将要确定的，这一观点是相当有道理的。这一观点尤其适用于劳动法、竞争法，并且无疑也包括公司法；此外对于知识产权法的形成也适用。（然而自然也要记住那些在一般民法中格外重要的最新发展，例如一般交易条件法或者消费者合同法、危险责任及产品责任、家庭法改革和建筑物区分所有权中的任意一个均可作为例子）

　　民法学者联合会（Zivilrechtslehrervereinigung）值得赞许的长期活动也可归因于这一现实性以及将其置于更大范围的体系背景中进行处理的尝试，而在其每两年举行一次的大会上，至少会有一项特别私法的材料被一同作为研讨主题并推进对其的评议和讨论。[439]

也就是说，不管是由最宽泛之共识所保证的"特别私法"例子，还是对其强烈的兴趣，都已经有了。在这一情况下我们本该认为，这些总的来说对"特别私法"之分类以及对具体体系化具有不寻常之决定性的体系标准肯定早已经被澄清了。而事实上倒不如说是完全相反。只要进一步探讨在"外部体系"之独立部分意义上的"特别私法"，我们总是特别强调其与必定转向于人人平等之原则（Rechtsgenossen gleichmäßig）的一般民法的不同之处。与此相对的则是特别私法肯定会成为规定范围较狭窄之人群（或者也可以说是"职业群体"或"生活领域"）的法律材料；例如商人或者非自主的雇员（很明显必须立刻想到要扩展至其合作伙伴，例如雇主）。有些人觉得这一规定已经足够了并且之后显然也将著作权人或其他知识产权所有人或者有价证券义务人（以及权利人?）当作了这一类特别人群，因为他们对于知识产权法或者有价证券法而言具有决定性的意义。而另一方面，除了这一类对某些特别私法具有决定性意义的特别人群之外，另有一些人还提出，例如知识产权或者有价证券是一般民法中没有被考虑或者被考虑得不够充分的特别权利客体。有时某些特别私法和公法的紧密联系也会被作为其特点而指出。

根据这些一般性标志，我们通常能从文献中得出一份或多或少比较详细的特别私法目录。简单地说从中便可以得出如下的列表：商法、公司法、有价证券及竞争

---

[439] 这一纲领性的计划被理解得非常广泛并且最终也包括了那些私法之外的法学子领域或者相邻领域，但是对私法整体同样有意义的是特别私法的发展。参看 F. BAUR, Möglichkeiten und Grenzen des Zivilrechts bei der Gewährleistung öffentlicher und sozialer Erfordernisse im Bodenrecht, AcP 176（1976）97；BADURA（在同一个标题的文章中）AcP 176, 119；GAMILLSCHEG, Zivirechtliche Denkformen und die Entwicklung des Individualarbeitsrechts, AcP 176, 197；ZÖLLNER, Privatautonomie und Arbeitsverhältnis, AcP 176, 221；H. P. WESTERMANN, Sonderprivatrechtliche Sozialmodelle und das allgemeine Privatrecht, AcP 178（1978）150；LIEB, Sonderprivatrecht für Ungleichgewichtslagen? Überlegungen zum Anwendungsbereich der sogenannten Inhaltskontrolle privatrechtlicher Verträge, AcP 178, 196；MERTENS, Deliktsrecht und Sonderprivatrecht, AcP 178, 227；M. LUTTER, Theorie der Mitgliedschaft, AcP 180（1980）84；K. SCHMIDT, Der bürgerlich-rechtliche Verein mit wirtschaftlicher Tätigkeit AcP 182（1982）1；CANARIS, Grundrechte und Privatrecht, AcP 184（1984）201；G. DILCHER, Vom Beitrag der Rechtsgeschichte zu einer zeitgemäßen Zivilrechtswissenschaft, AcP 184, 247；GROSSFELD, Vom Beitrag der Rechtsvergleichung zum deutschen Recht, AcP 184, 289；EUGEN BUCHER, Für mehr Aktiendenken, AcP 186（1986）1；HELDRICH, Die Bedeutung der Rechtssoziologie für das Zivilrecht, AcP 186, 74；HONSELL, Privatautonomie und Wohnungsmiete, AcP 186, 115；MÖSCHEL, Dogmatische Strukturen des bargeldlosen Zahlungsverkehrs, AcP 186, 187；RITTNER, Über das Verhältnis von Vertrag und Wettbewerb, AcP 188（1988）101；HÄSEMEYER, Prozeßrechtliche Rahmenbedingungen für die Entwicklung des materiellen Privatrechts, AcP 188, 140；KOZIOL, Sonderprivatrecht für Konsumentenkredite? AcP 188, 183；CO ESTER-WALTJEN, Die Inhaltskontrolle von Verträgen außerhalb des AGBG, AcP 190（1990）1 ff；SCHULZE-OSTERLOH, Zivilrecht und Steuerrecht, AcP 190, 139. ZÖLLNER "以呼求颇多的特别私法之形成为关注重点"并且以强烈拒绝"分散漂浮"（Auseinanderdriften）式持续的方式，给出了一个极其密集的，同时如同纲领式批评的发展总结，参看 ZÖLLNER, Zivilrechtswissenschaft und Zivilrecht im ausgehenden 20. Jahrhundert, AcP 188（1988）85. 本书试图继续深化这一讨论中的某些纲领性要素并采用其中的一些建议。但在这一点上，还需要强调的是，民法学者联合会框架内的相关工作还尚未着手对"特别私法"的体系性标准作出广泛的澄清。实质上，这一概念有部分还是被理解为"外部"体系意义上的，只要已经稳固设立的特别材料还在适用中，虽然其中部分涉及的是非特殊规定的材料，那么对其而言，同"传统"私法相异的基本价值判断或者"社会模式"就被当作了决定性标准；在涉及一般交易条件法以及消费者保护法时尤其如此。无论如何，对体系化问题的进一步深化和精确阐释都绝对不是一个可有可无的事。

法、知识产权法（包括作为其下位材料的著作权法、专利法以及商标法）、保险法（只要其依据的是合同基础并因此而归属于私法），最后还包括劳动法（以及相关行政法上的例外）。

从根本上而言，这些就是能从现有文献中所获悉的有关"特别私法"体系性分类的一切。[440]

2. 从这一通常描述中无论如何能够得出，特别私法必定涉及*少数*（*exklusiv*）按照各自更为狭窄的现实领域（人群或职业群体；"生活领域"；权利客体的种类）被划分开来的*规范群*（*Normengruppen*）。因为那些往往只是附带涉及各自特别领域的规范必须依据前提条件而归属于一般民法的更普遍性体系分类中。对于那些普遍性问题而言，例如一般合同法的或者主体适格性的这类问题，在不同的特别材料中设定一再重复的规范显然将会是极其不合理的。为了其自身的缘故，这一类规范在不同法律材料中的变体，按照均衡的一般公平性要求和其在一般平等原则中的宪法性强化，已经被排除在外了。

但是这样一来，"特别私法"的独立性必然从一开始就变得具有相对性了，并且民法总体似乎也必然会起到特别私法之总则的作用。[441] 也就是说在法定形式上，这些特别私法仅仅包括那些被认为对一般民法而言必不可少的补充和修正[442]；当然，对此也经常附有大量而广泛的正当理由。然而属于某一特别材料的法律案件在一些基本概念上也还是按照一般民法的规范来进行裁判的。

对于这些偏离，应当这样来看：对于一门将其价值放置于理性架构和体系之上的法学而言，这一要求本该就是绝对必要的，因此当一个对普通民法的偏离（按照这些分析仍然）看起来是值得追求并且在不考虑公平要求的情况下肯定会被允许时，特别私法的规范才在充分客观性及规范性的分析基础上被实施。

尽管如此，令人遗憾的是，在同样强大的程度上对此经常存在（根据"宏大而崭新的"）政治偏见或者竞争需求的阻碍，就如同懒散的专业化主义一样希望能够在相应的分离视角上将自己完全限于一个较为狭隘的规范群上，以及如同对所涉法

---

[440] 参看例如 LARENZ, AT[7], 5 f; BROX, Allgemeiner Teil[12] (1988) 10 f; PETERS, Allgemeiner Teil (1984) 3 f; KÖHLER, Allgemeiner Teil[20] (1989) 8 (附有——一般而言几乎不准确的——对由特别材料所包含的特别职业团体和生活领域不断上升的复杂性的提示); HÜBNER, Allgemeiner Teil (1984) 4; MAYER-MALY, Einführung in die allgemeinen Lehren des österr Privatrechts (1984) 14 ff; 同前一作者, Einführung in die Rechtswissenschaft (1993) 93 ff; BYDLINSKI in RUMMEL[2], Rz 11 zu § 1; MEDICUS, Allgemeiner Teil (1982) 7 ff (附有重要的批评性评注，下文马上将要讨论); BREHM, Allgemeiner Teil (1991) 38 f (所提出的整合性任务是正确的)。

[441] 因为其适用领域的幅度具有特别大的范围，因此这一点确实适用"总则"这一说法，然而可惜的是，对这一"总则"的描述在通常情况下却根本就很少顾及特别私法领域中的适用以及特别私法。

[442] 对此以及对法律适用（以及对法律构建）的后果还将会对这些进行讨论，这一点前引 MEDICUS 和 MAYER-MALY 的著作已明确指出了。

律材料的体系性关系全然无知一样。[443] 甚至在认真严肃的法学活动中也能观察到这样一种倾向，以至于恰恰是特别材料中有关特别主题的那些专著变得特别厚重并且有时还变得漫无边际。这通常可以用下列方式来解释，即经常将相邻学科的片段或者将具有模糊实践意义的，有时候极其遥远的比较法上的观察包括进来的大规模材料汇集，取代了那种对于法秩序内在一致性的全面并因而是体系性的追求。

当外部推动经由一种在每一现行法中保留其约束力的原则—体系思想进行过滤时，这些推动毫无疑问还是能够非常有促进作用的。否则这些推动只能完全通过隐蔽规范的转变来导出对具体法律问题的回答了，而这些回答中尽可能的毫无矛盾性和可预见性却完全无法得到保障。

综上所述，首先可以得出的是：特别私法的存在提出了某些特别任务并且在经过长期考虑之后有可能完全是一件法体系上的麻烦事（Ärgernis）。但是仅仅通过明确和强调体系性联系，而不是通过逐渐增多的对规范上交叉联系的取消，这一麻烦只能暂时地得到解决。特别私法完全不同于那些从一般民法中完全脱离且自给自足的材料。从相当长远的角度来看，重新获得一个不再按照一般民法和特别私法之区分的体系性大统一才应该是目标，要差不多地实现这一目标还将需要大量而全面的准备工作。而持续的分离和一再加剧的孤立则肯定是错误的方向。作为对抗方式，我们再怎么强调一般民法在特别私法的现实领域中不言而喻的辅助性适用也不为过。

3. 为了不至于忽视一般民法和特别私法之间的重要联系，了解"特别私法"这一当今现象更加详细的情形是非常有意义的。梅迪库斯[444]明确地提出上文所引对"特别私法"的一般性论述是有缺陷的：即使是一般民法（民法）的规范也并非涉及"每个人"，而是按照事实要件分别涉及进一步所限定的人群；例如婚姻法仅涉及已婚者（或者有结婚意愿者），建筑物责任仅涉及建筑物占有人，等等。而这些所涉及的民法规范群却从来不会被理解成"特别私法"。同样无法反驳的是，每个人都能够结婚或者取得一座建筑物：同理，每个人都能够成为商人或者雇员。也就是说，特别私法同样也不应该只对事先所划定的人群圈子（Personenkreis）有

---

[443] 在这方面我们必须考虑到最让人惊讶的错误构想。一个例子就是：商法无可置疑地并且正好是在其主要代表的判断之后具有相对较少的独立性。商法案件中所适用的规定的绝大多数通常属于民法；在银行合同法程度还要更高一些（参看 CAPELLE/CANARIS, Handelsrecht²¹, 3，因为这一判断依据的是作者对这一材料所作的对其具有纪念性的著作，因此具有权威性；参看 CANARIS, Bankvertragsrecht² [1983]。也可参看 IRO 不偏不倚的导论性评注，收录于：AVANCINI/IRO/KOZIOL, Österr Bankvertragsrecht I [1987] Rz 1/1）。然而，例如在奥地利还是有些人意图为某些特定经济或者社会学科的研究方向弄清楚：自主，也就是在没有其民法基础的情况下运作的商法。因为商法仅仅具有补充或者修正性质的功能，所以商法作为一个受限制的材料已经完全无法被适用了，这一点还是很大程度上没有被认识到。甚至在法学学习中，因为依据的是一个不太符合实际情况的考试条例，在奥地利出现了这样的现象，商法科目的考生们在毫不知晓代理制度本身之不可或缺的情况下，却不得不回答有关商业代理权的问题。维也纳大学法学院的修改建议（1991 年）力图对这一类误解进行补救。

[444] AaO.

效。因此将特别私法分离出来的有说服力的体系性原因仍然没有找到。倒不如说这一情形产生的原因很有可能是历史习惯使然。

就笔者观点而言，上述这一批评无可辩驳。然而援引历史性解释还是不能令人满意的，尤其是因为这些历史性理由既没有更加详细地得到表述并且也没有就目前可能的体系性意义得到检验。毫无疑问的是，所有事实上已发生的，也就是说特别材料的现实产生都必定已经有现实（历史性）的原因了。但是从法学的理性体系化任务这一角度出发，仍然存在着这一可能性，即在今日要尽可能地克服这些原因所产生的影响，并且在一般民法的学术体系中提倡取消所有特别私法。对此就如上文所阐述的，必须要取决于特殊法学体系化的标准。

但是在将这些标准以检验之方式适用于当下已设立的单独特别私法之前，作为先决问题（Vorfrage）必须要澄清的是，这些材料是否以及如何完全从任意的"特别法"中被区分出来，就像它们在一般民法的范围内，有些也以形式上独立之法律（Gesetzeswerke）的形态所经常被发现的那样。为什么婚姻法，至少是其在"婚姻法"（Ehegesetz）所包含的那些部分，从来没有被当作以及被称作"特别私法"；为什么这种情形也同样出现在危险责任法上？此处所说的这两种情况以及在大量相似的情况中一直说的是那些毫无疑问被归入一般民法的特别法或者"附随法"（Nebengesetz）。然而在其中存在某一核心法律的已经设立的特别私法材料中，补充性特别法或者附随法仅仅被当作是特别材料的一部分。

第二节　特别法与"法典化"

1. 纯粹"附随法"这一现象已经排除了把"特别私法"的"历史性"解释表达为，所涉及的材料之所以没有进入核心的私法法典化，或者是因为这些材料是晚于法典化而在法秩序中发展起来的，或者是因为它们在法典化时被认为与法典化的素材相比存在实质性的区别。（对此例如可以在同《德国民法典》进行比较的情况下参考《德国商法典》的情形。）

当我们想要以其与法典化的关系为标准来描述"特别法"时，乍看之下似乎就是没有希望的。某一法律的"法典化"指的是这一法律"有意识地包含了对其材料进行终局性以及穷尽性的编纂"[445]。另外，一个宽泛的法领域并因此也包括对其进

---

[445] WIEACKER, Privatrechtsgeschichte der Neuzeit[2] (1967) 475；关于法典化观念还可以参看例如 WESEN-BERG/WESENER, Neuere deutsche Privatrechtsgeschichte[4] (1985) 156 ff；MAYER-MALY, Rechtswissenschaft[2] (1981) 43 ff；在法律适用方面与这一观念相联系的过度期望则参看 HÜBNER, Kodifikation und Entscheidungsfreiheit des Richters in der Geschichte des Privatrechts (1980) 11 ff。

行深入的体系性研究，是前提条件。如若欠缺深入的体系性研究，那么一个具有相当实用性的较大范围内的立法构建是不可能成功的。法典化因而就成了立法技术中要求最为严苛的一项工具：要求将某一大领域内的所有法素材在一部宏大的法律以及一种布局中进行描述，并且这一布局"外部"在架构的清晰性和可理解性上，"内部"在规范内容无矛盾性及一贯性上都要尽可能地满足与其学术知识状况分别相适应的、理性的体系性要求。

在实证的制定法中从外部描述——前文讨论过的——"私法统一体"的任务是如此充满挑战，以至于这一任务本身即便是在最有利的情况下也只能以相当大概的方式得以完成：即使在成功的法典化之外，由于千变万化的原因，总是至少有一些正式独立的法律被保留了下来，更不用说的是，除了某一已完成的法典化之外，当前还一直以庞大数量颁布形式上独立的法律；甚至无视立法机关本身针对法典的调整性工作。某一法典越是古老，特别法的数量和意义也就变得越发重大。在迄今仍然有效的大型私法法典中，通过数量众多且部分在发展过程中已经独立的子法典而变得极具影响力的《法国民法典》，以及《奥地利普通民法典》都是同时具有立法乐观主义的 18 世纪理性自然法思想的产物。《德国民法典》（其对《奥地利普通民法典》的大量修订产生了深刻影响）以及《瑞士民法典》（包括《瑞士债法典》）的背后则有历史法学派和潘德克顿法学派作为基础。尤其是后者，深受具有强烈实用主义态度的目的法学或者利益法学的影响。尽管存在各种差别：除了法典化本身，到处还散落着，尽管数量与意义各异，但是数量庞大的其他私法性法律或者在这类经常表现为公法和私法"犬牙交错"的法律中的私法性规定。

现今，作为理性法律构建头等工具的法典化观念面临着形形色色的状况，这些状况在十分危险的程度上一再地导致当今立法上令人非常遗憾的缺陷，诸如"立法狂潮"（Gesetzesflut）、不可概观性（Unübersichtlichkeit）、矛盾性以及在不必要的模糊性和法律适用的极端"决定性"之间的摇摆不定。[446]

有时候，面对并非十分重视外部的概观性和内在无矛盾性以及逻辑性的立法风

---

[446] 参看例如 MAYER-MALY, Rechtskenntnis und Gesetzesflut (1969)；KOZIOL, Entschuldbare Fehlleistungen des Gesetzgebers? JBl 1976, 169；HONSELL, Vom heutigen Stil der Gesetzgebung (1979)；HELDRICH, Normenüberflutung, FS Zweigert (1981) 811；DIEDERICHSEN, Die Flucht des Gesetzgebers aus der politischen Verant-wortung im Zivilrecht (1974)；BYDLINSKI/MAYER-MALY//WALTER, Zur Erneuerung der Struktur der Rechtsordnung (1971)；SCHMITZ, Die Gesetzesflut；Folge und Ausdruck der Überforderung des Staates (Gutachten für den 7. ÖJT 1979 1/1)；SCHILCHER, Gesetzgebungstheorie und Privatrecht in：Winkler/Schilcher (Hrsg) Gesetzgebung (1981) 35 ff；WINKLER, Gesetzgebung und Verwaltungsrecht, 同上注 100 ff；SCHILCHER, Gesetzgebung und bewegliches System, in：Das bewegliche System im geltenden und künftigen Recht (1986) 287 ff. 当这些资深"法学家"（Legisten）一致同意这一批评以及分析最新的典型法律缺陷时，令人印象特别深刻；参看例如 ENT, Gesetzgebungsökonomie, in：Öhlinger (Hrsg) Methodik der Gesetzgebung (1982) 83；ADAMOVICH, Typische Mängel der Gesetze und ihre Ursachen, in：Klecatsky/Wimmer (Hrsg) Sozialintegrierte Gesetzgebung (1979) 5 ff.

格，这些将上述立法缺陷当作一个"以民主方式创立的工业社会"的规范性的，将对其自身的批评反而当作"摹仿浪漫主义"（Romantizismus）的法学护教士们只好靠边站了。[447]

相反，不久前法典化观念中的永恒的合理性成分（Rationalitätsgehalt）又重新明确地获得了支持。[448] 然而十分迫切的问题还是，在面临着一个法典化观念的有效性因政治以及学术上不利的"框架条件"而仍然相对微弱的情形时，法律人，尤其是在立法工作中，应该如何行动。答案无疑必然是，法律人的一项职业任务就在于努力创造理性体系的规范，并且在其中特别要使其如同现实中总是可能出现的那样，尽量对法典化观念产生影响。法律人首先必须要尝试将那些分裂的法源（尤其是）从内容上尽可能地理解为并且当作体系上的整体；也就是说，至少大体上以法学上尽可能接近体系性整体的相似形态，来促进法典化观念独立于分裂的现实法律状态。法律体系越是有问题，法学的体系任务就越有价值。如果并且只要在现实法律状态中不存在或者没有充分存在一个法典化，那么每一个规范，并且尤其是每一个法律问题和每一个立法上的构建任务，似乎本就应该被归入一种纯粹被构想出来的理想法律素材的法典化之中。这当然是一项艰巨的任务，但并非不可能。一次囊括所有私法的真正大法典化甚至在当今也可能是一项可实现的（即使是极其长期的）目标，比理论思考能更好地证明这一点的是最近荷兰这一令人振奋的例子：基于数十年的不懈努力，荷兰已经有可能进行一项包括特别私法在内的所有私法的法典化并且（基本上）有可能通向直接的立法。[449] 目前，东欧国家，特别是波兰、捷克、斯洛伐克和匈牙利则面临着包含范围较小，但在某些领域（比如财产法、合

〔447〕 特别是参看 KÜBLER, Kodifikation und Demokratie, JZ 1969, 651 以及 ESSER, Gesetzesrationalität im Kodifikationszeitalter und heute, in: 100 Jahre oberste deutsche Justizbehörde (1977) 18. 这些似乎十分看重"政治"会将自己对法理性和法经验的每一个可能导向解开这一点上的违反，在实质上无疑还是会导致相同的结果；还可以参看 OGOREK, Gesucht: Rechtsethik, westlicher Typ, Rechtshistorisches Journal 1990, 404；但也有完全不同的观点，例如 SCHELSKY 的社会学，Die Soziologen und das Recht (1980) 58 ff。

〔448〕 参看例如 MAYER-MALY, Kodifikation und Rechtsklarheit in der Demokratie, Rechtstheorie, Beih 4 (1982) 201 ff；KÖTZ, Schuldrechtsüberarbeitung und Kodifikationsprinzip, FS Müller-Freienfels (1986) 395 ff；SCHILCHER, Gesetzgebungstheorie 42；K. SCHMIDT, Die Zukunft der Kodifikationsidee (1985)；RAISCH, Zur Bedeutung einer systematisch angelegten Kodifikation für eine einheitliche Rechtsanwendung am Beispiel des Unternehmensrechts, FS Pfeiffee (1988) 887；RITNER, Die Sachleistung bei der ordentlichen Kapitalherabsetzung, FS Oppenhoff (1985), 附有对"法典化之重新发现"的原则性评注，332. SCHLECHTRIEM, Schuldrechtsreform (1987), 在也包含了一般法典化视角的情况下探讨了德国债法改革的最新进展。当 A. WOLF 在 Die Überarbeitung des Schuldreshts, AcP 182 (1982) 83 一文中报告，对德国 250 部法律的 2 700 条规定的检讨可以得出，这些都应当归入民法总则和债法两编之中时，法典化观念的吸引力重新加强就可以理解了。对此还可参看本注前面所引著作 SCHLECHTRIEM 9。

〔449〕 参看 Bydlinski/Mayer-Maly/Pichler（Hrsg）Renaissance der Idee der Kodifikation. 1992 年荷兰新民法典 (1991)；包括 PICHLER, VAN DIJK, HoNDIUS, HARTKAMP, VRANKEN 的论文以及 1990 年国际研究中心法政策和法伦理研究所在萨尔茨堡会议的讨论中关于学科基础问题所作的报告（Berichten über die Diskussion auf der Salzburger Veranstaltung des Instituts für Rechtspolitik und der Abteilung für Rechtsethik am Internationalen Forschungszentrum für Grundfragen der Wissenschaften 1990）。

同法、公司法）也因此显得更加深远和急迫的私法法典化任务。[450] 无论多少对其"祈求死亡"（totzubeten）的尝试，二战以降直至最新发展之前，在整个世界范围内已经新形成了大约 50 个民法法典化这一事实本身，就已经清楚地展示了法典化观念的生命力。[451]

2. 也就是说，如果我们认为私法法典化并非过时的现象，那么在这些特别有意思的法秩序中毫无疑问还存在以下可能性，亦即虽然其中已经存在包罗万象的私法法典化（《德国民法典》、连同《瑞士债法典》在内的《瑞士民法典》、《奥地利普通民法典》），但具有私法内容的其他法律在很大范围内仍然存在于法典之外而对其给予协助。这一状况在另有变化之前有可能在相当长的时间内都会持续不变。

从法典化和特别法相对立这一情况来看，就像已经表明的那样，目前还未获得所需求的体系上正好能够确定"特别私法"的合适标准；此外历史性的解释也同样不行，因为这些"特别法"的形成同法典化的时间关系是不相同的。无数法典化之外的"特别法"还不能说获得了一个体系上独立的"特别私法"地位。对某些非常重要的法律而言仍然如此，就像已经提到的例子当中诸如婚姻法或者有关危险责任的法律那样。也就是说，法典化和在其之外存在的特别法之间纯粹的法律技术关系，对于有关"特别私法"的法学体系问题尚无法提供答案：纯粹"特别法"或者"附随法"和"特别私法"两者之间何以能够区别，这一问题仍然完全没有得到解决。

此外还有第二个原因同样导致了这一负面结果：这里还涉及在一般民法的集中法典化之外还可能存在的"特别法典化"这一现象。其典型代表就如德国、奥地利的商法典（HGB）以及法国的商法典（code de commerce）。商法典一直以来都可以被归入"法典化"这一分类里。与之相对的则是如瑞士法体系和意大利法体系这样的，其中存在着"整体法典化"（Einheitskodifikationen），将商法特别规范也纳入了集中的私法法典化之中了。而在一个法典化法律中将特别私法，一体化这一荷兰的最新例子则已在前文提及。毫无疑问的是，一体化更加符合法典化观念，因为某一子材料的特殊法典化从根本上确实与这一观念完全无法契合。这一在德国和奥地利进行了很长时间而又中断了的，最终以"劳动组织法"（Arbeitsverfassungsgesetz）的形态，获得了有限

---

[450] 对此暂时参看这一文集 Harmathy/Nemeth（Hrsg）Questions of Civil Law Codification（1990）；包括其中的 23 篇论文。

[451] 参看 SALVATORE PATTI, Zivilgesetzbücher in Europa Krise und Reform（1985）7, 其中引用 SACCO, La codification, form depassee de legislation?, in: Rapports nationaux italiens（XIe Congres international de Droit Campare in Caracas［1982］85 ff）。对于东方民法法典化的论述参看例如 GÖHRING, in: Zivilrecht, Lehrbuch I（1981）51。

成功的劳动法法典化的努力[452]，如果能够继续进行下去的话，那么也只是有可能产生出"特别法典化"的又一个例子而已。

特别法典本身是一个不折不扣的矛盾现象：在其范围内，其自身恰好也构成了一个法律技术上的广泛法典，并且就像诸如商法等特别法所直观阐明的那样，也因此成了特别法的对立物（Antipode）。与此相反的是当与集中的一般法典相比较时，特别法典自身又具有了特别法的特点。正是像商法这样的某一特定材料首先被当作"特别私法"这一点明白无误地表明了这一矛盾。因此，对其进行集中立法才会被冠之以法典化的特征。但"特别私法"的标准又因此再次完全处于悬而未决的境况。如果我们想要以可理解的方式在一方面是特别私法或者特别材料而另一方面是纯粹的特别法或者附随法这两者之间以及在（恰恰是特别私法的）"特别法典化"和简单的特别法之间作出区分的话，显然必须要摆脱制定法法源形式上构建的影响。

因此，通过以上的思考可以确定，所寻求的标准并非法律技术上的，而仅仅只能是法学体系上的。因为前者只是凸显了一部企图十分全面的，在现实当中总是最广泛的制定法体系，也即法典化，与仅仅只是较为紧密地编纂在一起的法规综合体之间的区别。因为上述原因，这一点对于"特别私法"的界定没有任何帮助。

第三节　特别私法的外部体系标准

1. 能够容许在一方面是纯粹附随法或者特别法和另一方面是"特别私法"这两者之间作出区分的一个充足的体系性原因，似乎从来没有被详细地阐述过。然而这样一个原因很有可能是存在的，并且被无意识地当作了前提条件。这一点之所以可以被推断出来，是因为特别私法，更为明显消极的是对于那些虽然被规定在特别法中，但从来没有被当作私法对待的一些规范群，存在着令人惊讶的重叠之处。

如果相较法学界长期以来的惯常做法，我们更加深入地探讨体系问题，那么实际上就显现了一个简单的原因，该原因很好地解释了惯常的划分行为（Einteilungsverhalten）并且也必定一下子就能被明白无误地阐释清楚。而这一原因就是

---

[452] 劳动法的改革工作尤其要参看 MAYER-MALY, Arbeiter und Angestellte（1969），STEININGER, Die Auflösung des Arbeitsverhältnisses（1969），BYDLINSKI, Arbeitsrechtskodifikation und allgemeines Zivilrecht（1969），TOMANDL, Wesensmerkmale des Arbeitsvertrages（1971），STRASSER/REISCHAUER, Der Arbeitskampf（1972）；另外还有 TOMANDL 的法律草案稿（关于劳动组织法的），ZAS 1971, 146；STRASSER（关于集体劳动法），DRdA 1971, 303（STRASSER 关于劳动关系结束的著作可惜尚未出版）；MAYER-MALY（关于劳动关系法），ZAS 1975, 110；1976, 68；BYDLINSKI（关于总则），ZAS 1982, 113；另外作为"动机报告（Motivenbericht）"的参看 DERSELBE, Gedanken zum allgemeinen Teil der österr Arbeitsrechtslsodifikation, FS Strasser（1983）37 ff. 参看 BYDLINSKI 所著德国法典化工作的一篇论文 Die Bedeutung des Rechtsscheins im Arbeitsverhältnisrecht, Zf Arbeitsrecht 1970, 249 ff.

指那些引人注目的、恰好处于集中法典化之外既存的（并非是相对于法典化以及制定法体系既存的，而是相对于潘德克顿体系既存的）法律素材与学术上的*潘德克顿体系*（Pandektensystem）之间的关系：那些虽然不用理会其在"特别法"中的实证法化，但至少其中典型的核心规定很容易就能被直接归入潘德克顿体系各部分之一的规范群（以及完全属于其中的"法律素材"）正是以这样的方式，也就是说被当作纯粹的"附随法"并且正好被分配给了所涉及的体系组成部分。对于上文所提到的例子而言，这一点是明白无误的；就如婚姻法，有关危险责任的法律那样，但是对于有关区分建筑物所有权的规定或者建筑法而言也同样如此。这些法律同一般法的关系从根本上是按照特别法规则（lex-specialis-Regel）确定的。这些法律在体系上无论如何都很容易地被归入了家庭法、损害赔偿法以及因此还有债法之中，同时就如前面最后几处所涉及的，也包括了物权法。（就如毫无争议地属于物权法的一般所有权共有一样，某些债法后果规范在归类时同样被忽略了。）

可以以反推的方式（in der Umkehrung）得出如下结论：如果不损害（"外部的"）概观性以及（"内部的"）价值一致，一个在特别法律中规定的法律素材就无法被归入潘德克顿体系的某一特定部分中，那么这一法律素材就构成了一部"特别私法"。

2. 对上述大部分特别私法进行一个暂时性的前瞻就已经可以确认上述的标准了：商法的组成包括众多（一般和特别）债法、某些物权法、数量上并不少的法律行为的一般规范，例如有关代理问题或者合同缔结（商业习惯；沉默）[453] 以及有关"商人"和其公司，但也包括有关其企业（人法、物权法和债法在其中汇合交融）的人法规范。

通过内含使一个法人（或者一个隶属于其中的组织）能够对外形成和存续的符合人法前提条件的公司成立协议，公司法将债法权利和义务的规范整合进自身当中。

有价证券法的特征恰恰在于债权或者也包括其他可以归属于例如公司法或者物权法的权利的——不同程度的——实体化（Vergegenständlichung）及相应的物权法特点。

知识产权法与物权法相对应的则在于其对那些与非常特别，但肯定是非实体客体相关的权益分配（Güterzuordnung）的核心功能。但是知识产权法也包含了保护精神产出的很强的人法因素以及重要的债法成分。

对劳动法而言非常核心的劳动关系包含了尽管对劳方的生存而言特别重要的，但也是一个地地道道的债法上的给付交换。因此并因为广泛的覆盖范围和由此带来的雇员的危险情形中，劳动法必须同时包括那些全面的具有人法保护目的的规范。此外——在企业组织（Betreibsverfassung）和劳动法上的结社的层面——还出现了

---

[453] 直观的章节概要参看 CAPELLE/CANARIS, Handelsrecht[21]，221，276，294。

特殊的结社法和法律共同体法，也就是"总则"以及通过"规范协议"（劳资协议或者集体协议）而产生的法律行为的一个特别类型，也具有真实的规范效果，也就是说甚至具有一个特别法源的特点。就此而言，这一类型必然早已诉诸私法一般学说最为基础的导论部分了。

虽然在保险合同法中，（私）保险法主要包括了债法，但是也还是包含了相对于总则来说的特别规定，例如有关保险人方面的辅助人的，有关合同缔结时保单（Versicherungspolizze）的或者有关作为一般交易条件子类型的一般保险条件。在有些情形中会出现物权法上的代位问题。在《保险监管法》（Versicherungsaufsichtsgesetz）中除了原本的（公）监管法之外还对互助保险协会（Versicherungsvereine auf Gegenseitigkeit），也就是结社法作了规定并且包含了有关保险企业执行董事会的规定；它因此是特殊的人法及公司法。

进一步考察的话，至少当我们将其各个组成部分，也就是反限制竞争及反不正当竞争的法律集合在一起的时，竞争法也同样满足与潘德克顿体系互相重合这一标准。针对卡特尔协议的禁止或者限制属于法律行为的准许性（Erlaubtheit）问题并因此可归入总则中；而其目标方向本质上又完全是法律行为上私人自治的自我放弃以及为了维护作为基础的经济效率。合并审查（Fusionskontrolle）则属于公司法。针对协议性卡特尔类型之外的禁止或者限制以及滥用市场支配地位之企业的审查，必然会因其私法性的方面而作为卡特尔侵权法被归入损害赔偿法之中。而针对"内部卡特尔强制"（有关解散权或者解约权以及违约金）的规定又具有债法性质（《奥地利卡特尔法》第 28 条及以下各条）。

与之相反，反不正当竞争法则整体上被认定为侵权法的特别材料，因此被当作损害赔偿法，进而被当作债法。但是由于对停止侵害请求权的明确规定，在涉及交易关系和机会时，其本身也承认一定的权益分配功能（具有不当得利法上的结果）。尽管如此，就像主观独占权（Ausschlußrecht）的客体一样，这些请求权并非通过全面的法律保护而被宽泛地分配给受益人，仅仅是针对某些特定损害而给予相对的保护。这其中存在着一个和知识产权法的区别。但是，通过消极利益保护而得以被承认的有限权益分配，仍然表明了与知识产权法某种程度上的接近。

通过上述简短的概览应该就能够充分确认之前所展现的"特别私法"的法学体系标准了。我们可以将其总结为"特别材料与潘德克顿体系的不相容性"。然而，当某一特别材料所包括的某一法律素材属于两个或者多个潘德克顿体系的领域时，必须还要依据的是，这一特别材料在没有任何不利之处的情况下是否能够准确地以这一方式进行划分。这就进一步得出了以下结论，即不相容性标准对于体系上独立的特别私法而言，只是构成了一个必要但不充分的条件。甚至还存在这样一个问题，亦即是否以及在哪些前提条件下，对某一特别私法材料按照潘德克顿体系的"主管"（zuständig）部分进行划分在体系上才是正当的（legitim）。这是接下来需要探讨的。

第四节　遗留的体系化问题及结论

上述概览表明，通常所谓的特别私法无一例外地都满足不相容性标准；还表明，重要的特别法从来就不属于"特别私法"及其产生的原因。然而必须要明确强调的是，这些体系化问题涉及的也仅仅是"外部"体系，因此还完全无法对其进行最终的回答。对于特别私法仍然需要考察的是，这些特别私法是否以及在何种程度上满足前文所提出的三种一般性体系化标准，即充足的可界定性，规范性的特征以及一般的合目的性。也就是说，如果某一特定规范材料想要作为特别私法而对体系上的独立性有要求时，那么对于这一目前所获得的适用于特别私法的不相容性标准而言，必须还要*附加上*（hinzutreten）一般体系化属性。不相容性标准无法替代一般属性。例如假设存在某一传统上得到承认的特别私法，虽然符合不相容性标准，但是却缺少界定上的适合性或者可以表述的规范性特征，那么这一特别私法就无法在理性体系化的框架内得以维持。倒不如说必须建议通过将其不同部分（其存在符合不相容性标准）分别归入潘德克顿体系的相关部分而将其取消。就此处要讨论的对法学材料整体描述的特殊法学体系来说，这一建议不依赖于形式上独立的制定法之存在。但是从更加长远的视角来看，一个优秀的学术体系一直以来就应当按照自身来发展一个相应的制定法结构。以一个形式上独立的法源，也就是一个独立制定法的形态，尽管可能存在一个不符合体系的法律混合体，这一事实本身确实无法为这一状态的维持而进行辩护，只能说能够促进体系上的改善。

因此，只有当其从理性体系的立场出发，超越不相容性标准之外而被置于可界定性、规范性特征以及一般的合目的性这几个角度之下，作为学术体系上独立存在的材料仍构成一个整体，而且这一整体如果通过划分为潘德克顿体系的各部分材料而进行分割将会产生丧失外部概观性和内容逻辑性以及法律适用上原则层面的丰富性这一结果时，特别私法才能（且唯有如此）最终得到承认。

如果某一材料只是符合不相容性标准，而缺少充分的规范性特征，那么该材料对于内部体系所做的方法论上的基本努力是无法起到独立作用的。倒不如说必须要将这一材料一并纳入一般民法以及与其分别相适应的法律制度的相关大材料框架中。

因此，在通常所谓的特别私法满足不相容性标准这一——已经得到肯定的——前提条件下，仍然还存在这么一个需要考察的任务，也即是否以及在何种更加准确的定义和设计中，这些特别私法会符合一般体系化标准，或者在何种意义下，为了遵守这些标准而使这些特别私法被重新解释，被归入更大的材料或者被按照这些更大的材料进行划分。这一考察首先是按照以下框架来确定的，亦即这是由当今实证法状况所设定的，用以澄清必定存在的"私法整体"成分并因此而同时为将来改善之努力提供一个准备工作的框架。在这一视角之下，对个别特别私法"规范性特征"的考察以及相应地至少是初步确定原则层面的"内部体系"都具有特别重要的意义。

这些对内部体系方面进行的个别工作所设定的界限，上文已经予以强调过了。而在考虑到"特别私法"时，这些界限还要更加着重地予以强调，更确切地说是出于主观上的原因：笔者从根本上来说还是一般民法的代表。因先前法教义学和法政策学上的工作，笔者只对诸多特别私法中的某一部分，也就是劳动法，达到了和潘德克顿体系中诸材料大致相同的熟悉程度。笔者对其他特别私法——在不同程度上——就有些陌生了。

这就迫使我们比之前还要更加强烈地信赖专家，并且尤其是信赖个别特别材料的经典文献以及信赖之前所得出的，相当程度上可以保证其有效性的结论。然而，这些却在谋求整体性要求中，和之前所设定的一般体系标准相冲突了。对于个别特别私法的下位材料以及因此还包括相应的下位原则层面，本书一般情况下就无法再进一步探讨了。

对于考察这些通常所谓特别私法的某一特定次序，我们看不出有什么更深层次的实质原因或者目的论上的原因。因此接下去将首先提及那些较早并且初看时（prima facie）较少与一般民法相异的特别材料；而竞争法和劳动法，因其领域能够过渡到当今已极具现实性意义的"内部"体系的"外翻"（Außenwendung）问题，则紧接其后进行讨论。

第五节　一般民法的"辅助性"

通过上述对特别私法的体系性思考，已经得出了一个一般性结论：体系上按照上述标准而具有正当性的特别私法与一般民法的适用关系，不仅是通过特别法规则（lex-specialis-Regel），也是通过辅助原则确定的[454]；于某一特别私法现实领域内，

---

〔454〕 对于奥地利法，虽然在接下去的章节中会经常对所提到的有关辅助性的规定进行思考；但是不会对此进行详细讨论；不同观点参看 E. ADLER, Das Verhältnis des Dienstvertragsrechts der dritten Teilnovelle zum ABGB zu den "für bestimmte Dienstverhältnisse bestehenden besonderen gesetzlichen Vorschriften", GZ 1917, 65, 81, 95, 104, 117, 将这一关系极受时间因素制约的原因在结果上同特殊性等同起来（10 ff des Sonderdrucks）；关于商法的非常简洁的提示可参看例如 HÄMMERtE/WÜNSCH, Handelsrecht I⁴ (1990) 16; STRAUBE in STRAUBE, HGB, Rz 8 导论部分；关于德国法同样简洁的指示参看例如前引著作 CAPELLE/CANARIS 4. 尽管这些讨论阶段的成果不太丰富，但是在章节中所陈述的对辅助性的解释无疑还是可以被看作是可信的，因为对于特别私法和一般民法的关系而言，辅助性从原则——体系性思考中得出的仅仅是一个技术性结论。

一般民法始终——就像上文已论述过的——在很大范围内必须与该特别私法一并适用。特别法规则涉及的是某些特定的，至少在一般情况下明确的具体规则之间的关系，在法律后果彼此之间发生逻辑矛盾的情况下，具有更加狭窄的（更加封闭的）构成要件的具体规则优先。

与之相反的是，按照辅助原则，特别材料中内含的正好由其特别目的和原则所确定的规范性成分相对于一般法领域的规范具有优先性。在奥地利法和德国法中，商法（《第四次奥地利商法规定施行规章》第 4 条；《德国商法典施行法》第 2 条）以及在奥地利还包括劳动法，至少在核心部分上（《奥地利普通民法典第三次修订案》第 153 条），与一般民法的关系是由法律在辅助性的意义上明确予以规定的。因为这一关系符合实质属性，所以当具有规范性特征的某一特别材料实际上存在时，上述这一点应当推而广之：这一规范性特征必须要在法律适用中得到充分利用，而一个独立的法律体系类型的构建不应该有时没有作用，也就是说不应该受限于特别材料中有时相当偶然的明确成分以及从一开始就已经在方法上偶然推导出来的相关规范。因此，例如较早的奥地利判决，在没有评价劳动法上休假规范目的的情况下，就根据权利人遭受意外（《奥地利普通民法典》第 1311 条第一句）的一般民法规范而中断因病休假，这是错误的。

从另一方面来看，辅助原则确认了特别私法的规范性特征这一体系化标准：这一特征必须存在，这样原则才能得到充分的利用。

对于在哪一范围内，在一个首先属于特别领域的法律案件中同时也可以适用一般民法这一点，辅助性概念也做不了判断。这个不如说是完全取决于各个体系组成部分之间各自*内容上*的关系。也就是说，一般民法的"辅助性"适用也能够扩展到很大的范围，当特别法就像所要求的那样仅仅包含必要的修正以及对一些特定问题的补充之时尤其如此。

第二章
商　法

第一节　外部体系中的商法

1. 对于制定独立商法的合理性，争议颇多。德国和奥地利都各自有一部与一般的民法典相分离的"商法典"，且这两部《商法典》内容基本一致。这种状态的外部主要原因大概是认可商法是特别私法的意见长期以来占了上风。而与此不同的是通过立法技术来囊括商法内容而采取的"统一法典"模式，例如在瑞士和意大利。毋庸置疑，后一种立法技术更加符合法典化思想的本意。并且，即使在德国商事特别法当中，也有部分规定已经得以普遍适用，还有部分规定仅作为一般民法制度的修正和补充[455]，而与一般制度共同适用或者被放在一起加以表述。[456]

但也应当注意的是，即使在统一法典的模式中，商法作为一门有其适用范围的法学科目，也绝对没有被完全摒弃。按照本书的观点，法学研究的体系化和外部成文法的构建之间，仅仅在一种目的性的视角下存在着联系。因此，法学体系中单独一门"商法"学科的合理性在相当程度上独立于外部的成文法构建状况。对制定独立商法的合理性的争议跨越了不同的法典状况这一事实，就清楚地表明了本书的这一观点。在适用统一法典的瑞士，欧根·布赫（EUGEN BUCHER）最近还认为民

---

[455] 关于其范围并不是很大的问题，强调指出的有诸如 CAPELLE/CANARIS, Handelsrecht[21], 4 und MüLLER-FREIENFELS, Zur „ Selbständigkeit " des Handelsrechts, FS von Caemmerer (1978) 591；目前，类似的还有 KRAMER, Handelsgeschäfte, FS Ostheim (1990) 299 ff。

[456] 以入门学习为目的、忽略商事特别立法的这类综合性论述，参见 P. BYDLINSKI, Grundzüge des Privatrechts[2] (1994)。

法和商法之间存在着"结构矛盾"[457]；而基于德国法的法典分立，德国的法学家们也持不同意见，特别是穆勒-弗赖恩费尔斯（Müller-Freienfels），在赞成和反对的讨论展开之后，他在一篇详尽而深入的论文中，将独立商法典的制定判定为完全是"时代的局限"，也就是说，从体系的角度来讲，当前已经没有依据了。[458]

如果遵循上文阐发的"外部体系"的标准，那么对适宜于该体系的一个部分来说，与相邻的内容之间存在深层次的、规范性的区别，甚至对立，绝对不是必要的；如上文所述，独有的原则或原则组合意义上的"规范性特征"就已经足够了。并且，在该体系的这一部分当中，除了这些独有的原则或原则组合以外，完全还可能存在因涉及相邻内容而应用范围更为广泛的其他原则。根据各种独有的原则和原则组合与共同的原则和原则组合之间的不同比重，"规范性特征"的程度也会有所区别。但是，当联想到有关商法的文献时，我们就会发现，这些文献中通常相当一致地习惯于列举商法一系列的特殊性或特殊主导目的（对这些特殊性和特殊主导目的，本书还将进一步说明），而正是这些内容，往往会使人对于肯定和否定独立商法的两种断然的理论抉择都会产生疑问。较为现实的做法是，首先要考虑到有关材料可能论证出一个虽然存在但却并不充分的规范性特征，且在必须运用业已建立起来的体系化标准时，对于商法区别于一般民法的明确的特质和结构的有关内容，事先不要急于赞成或者反对。但必须先予说明的是，鉴于德国和奥地利的特别立法，在这里作为目的性理由的成文法渊源和法学研究传统对于承认商法为特别私法发挥了支持的作用，但也显示出从主导标准出发所存在的巨大困难。

2. 体系的外部界定，也就是说，对部分现实情况的划定，在商法中是借助商人概念来实现的。但这一概念有别于潘德克顿体系中大多数重要的界定性概念，其本质并不是一个先验的、一般语言习惯中的基础型概念，这起码从日常意义上的"商人"在法律角度早已不再重要时就已如此。据此，现今的商法肯定再也不能通常地被理解成一个为统一的"商人"职业群体（作为一个社会阶层——译者注）所制定的"阶层法"。而发挥界定作用的商人概念更大程度上是通过区别细致、烦琐复杂的成文规定（参见《德国商法典》第1条以及其后的相关条款）所进行的纯粹法律上的描述。《德国商法典》对各种"基本商业经营"进行了列举，虽然这些列举并非完全令人信服；规定了"法定商人"的前提条件，虽然这些前提条件相当模糊；规定了"登记商人"这一身份，而且要通过形式商人和表象商人的规定对其进行补充。诸如这些问题无须在此从细节上逐一展开，因为上述情况已经足以说明，尽管对商人的法定概念进行了极其复杂的实证主义的构建，或者说正是由于这种构建，使得这一概念在发挥界定作用时并没有造成特别的困难，并且，这一概念与其

[457] Der Gegensatz von Zivilrecht und Handelsrecht，FS Meier-Hayos，1972）1 ff（11）；持相反意见的参见 MERZ，Schweizerisches Privatrecht Ⅵ/1，（1984）20 f。

[458] AaO 583 ff（613）.

他体系方面关键性的基础概念相比较，在界定的明确性方面旗鼓相当。对于"界定时不会发生特别困难"这一论断，《德国商法典》第 2 条尤其提供了支持。该条对"法定商人"进行登记的要求所依据的核心事实要件（"营业性的企业，其根据自己的营业种类和范围，有必要设立一个商人性质的营业运行机构"）虽然模糊不清，但其影响主要被局限在了管理登记事务的法院（*德国的工商登记机关附设在基层法院，法院在大量实践中总结出的标准更具有可操作性，并且便于随时调整。——译者注*）。

而与上述情况不同的是，这种诸如《德国商法典》中商人概念的人为的、实证主义的界定性概念，从一开始就会引起人们的疑问：是否真的可以借助它来界定某种特殊的现实情况，以及据此界定专门涉及这个特殊现实情况的法律素材，并且该法律素材恰恰在这种界定中具有足够的"规范性特征"。

3. 商法的适用通常会被扩展至所谓"单方商行为"（《德国商法典》第 345 条），即参与行为的当事人一方为商人，另一方为其他法律主体。通过这种扩展，上述疑问会进一步增加。在这里，造成困扰的也绝不是外部的界定问题，首先就令人无法理解的是，这种越来越被详细规定的、仅适用于商人的商法中的内容竟然也对非商人至关重要，而且仅仅是因为这些非商人与商人发生了法律行为上的关系。如果考虑到当前"保护消费者"的倾向，即使这里暂时只是粗浅地涉及这一倾向，也会更加令人无法理解，因为这种倾向在"消费者"和"经营者"的关系当中，恰恰是优先顾及了前者而不是后者的利益和需求，即使在后者属于"商人"时，亦是如此。甚至从历史的角度来看，在商法中引入"单方商行为"在体系上也从来不具有合理性。而实际上对此发挥影响的仅仅是人们当时的愿望，即 19 世纪中叶订立《普通商法典》时，人们在当时德意志帝国的国体和法律上都极度分裂的状况下追求法制的统一，并且意图尽量扩展这种法制统一的应用范围。虽然只是一种权宜之计，但"单方商行为"却因其顽强的生命力，居然在没有以任何方式得到体系—规范上的合理性论证的情况下，完全跨越了上述历史条件。因此，早就应该取消商法对单方商行为的普遍扩展适用了。[459] 在与"通常"的私法主体的关系中，基于"符合商人条件"而对一般民法所进行的修改或补充只应当单方面地触及作为当事人的商人，并以此加重其义务或负担。但是，也只有在不至于发生过分有利于非商人的合同状态时，这种情况才是合法的。每当将商法（或者企业法）的特殊规范扩展至与"私人"的关系时，都需要有条理地进行仔细的检验，而且绝不能事先通过一般性的体系界定来完成。一旦这种一般性的体系界定确实涵盖了"单方的"商行

---

[459]　所有这些观点参见 RAISCH, Geschichtliche Voraussetzungen, dogmatische Grundlagen und Sinnwandlung des Handelsrechtes (1965) 33；关于限制商法适用于单方面商行为的问题，M. LEHMANN, Bürgerliches und Handelsrecht - Eine juristische und ökonomische Analyse, (1983) 263（只有在商法特殊规定导致商人的负担加重时，才可适用）；涉及反对将单方商行为纳入商法规制范围的观点，参见 KRAMER aaO 301, 305。

为，则现实的"规范领域"（Normbereich）和符合商人或者企业条件下的"规范性特征"就并不相容了。

　　但是，上述批判性—体系性的法律思想所得出的清晰结论并没有得到现实必要性相应的有力支持，并且长期以来没有对法律状况产生影响，这大致可以归结为以下诸多原因：首先，如上文所提到的，商法对一般民法所做的大部分补充和修改只是次要的，因此，即便是在商法案件中，对一般民法规定的适用也通常多于对商法规定的适用，所以"单方商行为"的体系性弊端始终也没有凸显出来。其次，一系列的商法条款，特别是那些导致风险增加的条款（例如《德国商法典》第 377 条）的适用范围被明确限定在商人之间的关系当中，也使这一情况得以缓和。再次，当前的"消费者保护条款"对于"单方商行为"来说，本来而且恰恰涵盖了可能出现的商法上的特殊性。

　　对于原则性—体系性的法律思想来说，取消"单方商行为"作为商法中的一般组成部分，必须成为一项具有充分理由的要求。并且，与此相适应，在目前的法律状况的框架内，当商法的"规范性特征"对"混合"法律关系中的私人当事人有产生不利影响的危险时，在方法论上具有可能性的前提下，本来应当偏重于采取限制解释的方法。但现实情况并非如此，前述批判性—体系性的法律思想所得出的结论也没有改变这种情况。虽然还未经论证，但在此就应该可以说：经营者（包括商人！）与消费者的关系本来应当无条件地持续归属于或者变为归属于一般民法，并因此使"消费者保护"发挥或者产生其应有效果。因为，至少作为各种经济角色中的其中一种时，任何人都可以是"消费者"，因此，将其从一般民法中剥离的想法没有多大的意义。但是，经过权衡而塑造的消费者的形象也是值得质疑的。通过区分是否有"消费者"的参与而对特别现实情况所作的规定，应当与对任何没有特别的专业交易经验和地位的人所参与的特别现实情况的规定相一致。（顺便提到的是，有利于弱者的"保护目的"仅仅在有限的范围内与以经济意义上的"消费者"为标准是相容的。对这一点下文还将进行更为详细的说明。）

　　"单方商行为"在实践中十分重要，而从商法中取消它的要求同样理由充分，并且这一要求也具有重要的实践意义。但是，这种实践意义仅在一定情况下才能表现出来，即现行规定加重私人负担的理由仅仅是因为其对方当事人的身份是商人，但却无法进一步说明为什么要加重私人当事人一方的负担。奥地利法中一个典型的例子是其商法对"过半损失规则"（laesioenormis，拉丁文原意为"巨大损失"，罗马法中的一项规则，指当合同一方当事人所受到的损失超过对方当事人所得利益的一半时，损失方有权要求解除合同。——译者注）适用的排除。对该规则适用的排除直至《消费者保护法》颁布前仍然有效，而审判实践此前也一直不合情理地严格按照条文的字面表述来适用对这一规则的排除，并且是适用于商人获利过半而私人受到同等程度损害的案件当中。[460] 类似问题目前在奥地利法中仍然存在。[461]

当商人的对方当事人是非商人时，如果商法特殊规定所确定的更重的义务或者更严格的归责标准也适用于商人，这从商法特殊性的标准观点上讲，是毋庸置疑的。这样，在商人和非商人交易关系中所存在的现实情况实际上表现为一种民法和（根据应然法而被准确界定的）商法之间的"混合"过渡范畴，它意味着在商法内部竟然存在着一个异质的领域。如果有观点认为，这里所涉及的"规范领域"（指这类规范是应当属于一般民法还是商法——译者注）应当基于法律上对其归属的标准特性所做的特别考量而得出结论，根据上文所进行的体系化方面的考量，这种观点也并非一项具有说服力的辩解。

人们目前已经取得了更为合理的法学认知，且该认知也将会影响到立法机关，并有望变成现实的法律。但在此之前，即使把有关"单方商行为"的规定当作成文法中的错误规定（通过对其采取偏重于限制的适用方法）来进行操作，也还是不得不将其视作有效的法律规范。在这里，已经明显地显现出方法上的法律获取与原则性—体系性的法律思想所具有的认知可能性之间的区别：前者以现行法律及其最具体的规则层面（当然，这也包括作为该层面基础的理由、目的和原则）为基础；后者尤其以对法律体系的原则层面加强的优化努力为基础。[462]

4. 如果我们从思维的—体系的角度，也即至少从应然法的角度撇清商法的体系问题与前文讨论过的"单方商行为"的规则，则我们——始终还是在关于"外部的体系考量"的框架内——就会首先注意到当前关于将商法发展为企业法的讨论，更确切地说，就是将商法发展为调整企业间外部关系的法律。对这种发展表示特别赞成的主要有赖施（RAISCH）和卡斯滕·施密特（KARSTEN SCHMIDT）。[463] 首先是赖施的详细研究，但这一研究只是揭示了对商法和一般民法进行区分的历史原因，这些原因仅适应于以往的历史情况；同时，该研究显示，对当前的法律状况已经无法再进行体系上的合理性论证了。[464] 只是在批判性地延续已经脱离法律现

[460] 参见早期的第四部《商法实施条例》（EVHGB）第 8 条第 6 项，进一步参见 SZ 28/171；批评的观点参见 GSCHNITZER in KLANG Ⅳ/1²，568；目前的正确规定参见《商法典》第 351a 条。

[461] 参见第四部《商法实施条例》（EVHGB）第 8 条第 2 项，据此，德国《商法典》中应当予以赔偿的损失始终包括丧失的赢利，这不同于奥地利《普通商法典》的规定，有关问题还可参见 E. BYDLINSKI, Interesseersatz im Handelsrecht, JBl 1989，409；另外可参见 WEILINGER, Zum Ersatz des die Vertragsstrafe übersteigenden Schadens im Handelsrecht, JBl 1989，356。

[462] 对此，特别是联系随后所提出的问题，参见 BYDLINSKI, Handels-oder Unternehmensrecht als Sonderprivatrecht,（1990）22 ff。

[463] Vgl RAISCH, Die Abgrenzung des Handelsrechts vom bürgerlichen Recht (1962)；DERS, Geschichtliche Voraussetzungen, dogmatische Grundlagen und Sinnwandlung des Handelsrechts (1965)；DERS, Zur Analogie handelsrechtlicher Normen, FS Stimpel (1985) 29 ff；K. SCHMIDT, Das HGB und die Gegenwartsaufgaben des Handelsrechts (1983)；DERS, Vom Handelsrecht zum Unternehmens-Privatrecht?, JuS 1985, 249 ff；DERS, Spekulation oder skeptischer Empirismus im Umgang mit kodifiziertem Recht, JuS 1985, 939；DERS, Handelsrecht⁴ (1994)。

[464] 脚注 463 中 RAISCH 第一部论著的第 26 页和第 27 页。

状的界定努力时，赖施才在"企业"的概念中得出了一个在体系上可行的界定标准。据此，被升华的商法应当被合理地理解为在事实要件上针对企业的规范总和，或者针对在实践中仅出现在企业范围内的法律关系的规范总和。[465] 赖施认为，在现行商法仍然还没有贯彻这种理论上的基本思想的情况下，企业这一在基本特征上十分符合现实情况的法律概念，可以在对体系进行区别方面构建出有实际意义的（特殊）原则和指导思想。[466]

最近，赖施特别强调其在方法论上得出的结论。他建议，原则上可以基于类推将商法中的规定直接适用于企业，而不必顾及商人的概念。为此，他首先完全在通行的方法论的意义上援引了《德国商法典》具体条文的立法理由，这在其较早的论著中就已经是一个重点。[467] 但今天，类推的方法毕竟首先要以规定《商法典》适用范围的条款为标准——具体地说，就是以《德国商法典》所规制的特殊主体为标准。[468] 也就是说，对属于企业概念范畴内的事项没有作出规定时，如果情况在法律上是相似的，就有理由类推适用《德国商法典》中的有关条款。

卡斯滕·施密特也完全倾向于上述观点，但却特别强调理论上的透彻分析。按照他所阐发的观点，商法根据它的"主导思想"应表现为"企业的对外私法"[469]，这样的理解在体系上才是正确的。决定商法内容的应当是这种"素材"本身，而不是法典中一系列有缺陷的条文。[470] 他通过强烈批判《德国商法典》第 1 条以及其后各条中用来界定的、复杂的商人概念来支持自己的观点。

这种批判首先令人信服地证明，法定的商人概念已经明显地超出了本来的物品交易，并因此也就明显地超出了日常用语中商人的含义。而把这一概念扩展至经营性的服务行业时，却没有划分界线的明确着眼点。正是由于这种概念含义上的延展，使得为原本特殊的商人阶层制定一部专门法律的思想已经明显地不再能够承载现已订立的法律。卡斯滕·施密特在很确定地综述各种疑难问题时，也指出了由此而产生的法律适用的实际困难，以及商法重要性的巨大损失。

作为弥补手段，卡斯滕·施密特提出了一个总体上的"法律发展目标"[471]，即通过将商法规范类推适用[472]到一切企业（包括非商人性质的企业）之间的外部关

---

[465] 特别是脚注 463 中 RAISCH 第二部论著的第 21 页和以下各页。

[466] 脚注 463 中 RAISCH 第二部论著的第 17 页和第 30 页（信条上的原则）；在 1962 年时，在脚注 463 的 RAISCH 的第一部著作里，他就在寻找可以说明分类合理性的法律原则；最后，在《Stimpel 纪念文集》（FS Stimpel）的第 39 页中，他已将企业当作"筛选的原则"和主导思路。

[467] 参见脚注 463 中 RAISCH 的第二部著作。

[468] FS Stimpel 45；vgl auch 39.

[469] 参见脚注 463 中 SCHMIDT 第一部著作的第 13 页、第 17 页、第 31 页；JuS 1985，250，254；Handelsrecht4 VI，7，12，48 ff。

[470] JuS 1985，250.

[471] 脚注 463 中 Schmidt 第一部著作的第 31 页；Handelsrecht4，12，48 ff.

[472] Handelsrecht4，55 f.

系，从而将传统商法进一步发展为"企业的对外私法"。

在其堪称巨著的教科书中，卡斯滕·施密特将这一观点贯彻到了大量具体问题的论述中。他在一篇论文中也特别指出了[473]《德国商法典》的第54条（代理权）、第362条（视为承诺的缄默）、第366条（善意取得）、第369条（留置权）、第377条（瑕疵异议的义务），但不同意将这种扩展适用于第348条（违约金）和第350条（形式自由）。尤其有创见的是针对第25条所提出的，应当将交易继受者的责任扩展适用至商号和商号的持续运营。

5. 上述在体系上所勾画出的商法新方案引发学者们发表了一系列的看法，特别是策尔纳、卡纳里斯和佛斯[474]，这些看法主要是针对卡斯滕·施密特[475]的。总的来说，这一崭新理论所具有的较高学术水平和探讨价值使它赢得了应有的高度尊重，企业对外私法的思想也原则上受到了广泛的赞同。

此外，着眼于实然法的意见所持的是批评的态度。明确反对的意见主要认为，如此地对待具有约束力的《德国商法典》，超出了该法明确的适用条件和效力范围的条件，在一定程度上可以说是无视法律；这即使是为了"发展法律"也并不是特别合法，因而在方法上是不恰当的。对于把商法条款适用于非商人企业，批评者们的意见十分一致。他们认为，只是针对个别问题谨慎地进行法律发展本来是与现行标准一致的，特别是与一般的类推前提条件是一致的，但在这里却值得质疑。他们的理由是，这类类推应当以相关具体条款的法理为指导；但是，如果用企业概念替换法律明文规定的商人概念，则是在总体上以另一个方案替代现行法律的基本方案，这是不允许的。他们的结论是，从这个角度上讲，尽管存在"灰色地带"，也只能提出法政策上的建议，而这种法政策在方法上是不被允许冒充生效的法律的。

与上述情况不同的是，在*法政策*方面，人们所持的观点却发生了分歧。佛斯从应然法的角度强烈支持企业对外私法的新理论。而由于企业概念一般的不确定性和被批评的学说中对其所下的特别宽泛且有疑问的定义，其他批评者对新理论怀有顾虑。这些批评者更倾向于在未来的商法中完善对"基本商业经营"的列举。

此外，卡纳里斯[476]也担心对所有企业普遍适用商法的条款会对重要的改革目标造成不利影响，该目标是意图将适当的商法规范（例如关于往来账目）普遍规定

---

[473]　JuS 1985，254.

[474]　ZÖLLNER, Wovon handelt das Handelsrecht? ZGR 1983, 82 ff; CAPELLE/CANARIS, Handelsrecht[21], 8 ff; VOSSIUS, Noch einmal: Vom Handelsrecht zum Unternehmensrecht? JuS 1985, 936 ff.

[475]　对于 RAISCH 的企业法理论的较早的内容，有很多人提出质疑，例如 GIERKE/SANDROCK, Handels-und Wirtschaftsrecht I[9] (1975) 178 及 HÄMMERLE/WÜNSCH, Handelsrecht I[4] (1990) 2. 但表示赞同并进一步阐述的参见 WENGER, Die öffentliche Unternehmung (1969) 以及 DERS, Wirtschaftsrecht I (1989)；表示赞同的还有前引 M. Lehmann aaO 249；原则上表示赞同的参见 SCHWARK, Die Abgrenzung von Schuldrecht und Handelsrecht als legislatorisches Problem, in: Kindermann (Hrsg) Studien zu einer Theorie der Gesetzgebung (1982) 20。

[476]　AaO 10.

到一般民法当中。策尔纳[477]最终也还是在法律政策上反对卡斯滕·施密特所赞成的将"企业"设为法律主体。

尽管佛斯和卡斯滕·施密特在涉及应然法的问题上存在一致意见，但他们之间的分歧已经超出了法律获取以及法律制定的范围，而是在一般科学认知的方法问题上进入了特别的深度。佛斯[478]总体上的立场可以称为是一种"持怀疑态度的经验主义"，他相对于自己的立场将卡斯滕·施密特的观点诊断为一种体系的—概念的认知上的"投机"方法，并且他首先提出的反对理由是，这种方法在 19 世纪就已经被滥用，而且这种滥用的危险始终存在。他认为，如果断言体系上正确的商法可以先验地优于制定法，且可以脱离实际上的制定法和习惯法，那么这样的断言就仅仅是一个没有现实认知客体的推测。按照他的观点，法教义学就是要建立起一个假设，但这种假设并不能通过形而上的概念体系，而只能首先借助"法律现实"，以经验的—归纳的方法得以验证或者证伪。

但佛斯的这些观点却不太符合他前面对卡斯滕·施密特的指责。他此前认为，卡斯滕·施密特通过一个实在的体系建立起了与法律现实的各种联系，而法律现实被视为更高层面上认知真理的手段和标的，借此，卡斯滕·施密特也就否认了实然和应然的二分法。而在前面提到的佛斯后来的批评观点中，"法律现实"大概仅仅是指成文法。

卡斯滕·施密特[479]接着回应称，他本来怀疑法律是否能够成为"现实认知"的客体，而法律同样可以因法政策的目标预设而发展，而这种目标预设在认知理论上是无法被证实或证伪的。

这个回应听上去首先像是一种偏重于唯意志论的立场，据此，也就能够清楚地将服务于某些群体利益的法律发展区别于另外一种法律发展，后者仅仅是考虑如何对一部虽然致力于法典化，但仍然还是不完备的法律进行"体系上的完善"。这种重要的认知方式在这方面还是有可能的。

6. 上述争论所包含的一些要素直接指向了*方法上的法律获取问题*：在一定程度上，企业法的拥护者实际上首先是在建议，将商法典核心的适用领域规则通过类推而扩展适用于所有的企业，除非与特定规范的特殊立法理由和目的相悖。据此，特别应当直接取消的，就是把法定商人概念作为适用商法规范的前提条件。而企业法的批评者却因上述方法明显违法而对其予以否定，他们认为，只有在符合类推通常所应当具有的前提条件下，才可能对商法的个别具体条款进行扩展适用，这样的类推结果才是合法的。当然，这种对类推手段可能性的限制由来已久，人们对这种限制的认可也是有道理的。

---

[477] AaO 85.

[478] AaO 937 ff.

[479] JuS 1985，939.

对于争论所涉及的这方面问题，该说的在其他论著中都已经说到了，具体内容可以参阅这些论著。[480] 我们前面的结论认为，持批评态度一方获取法律的方法是应当予以认可的，对于这一结论只是需要再次指出："在存疑的情况下"将商法中的规定普遍化适用于所有企业，这违背了对法律适用的限制，而这样的限制在立法时都已明确表述，并且是明确一致的实际立法意愿；并且这种方法也确实突破了通过正确方法获取法律时在"实然法上的界线"。在方法上合理支持松动这一界线的理由中，唯一可以考虑的情况就是所谓"功效的变动"，也就是说，在涉及类似的、因而也是具有启发意义的事实情况和利益冲突时，新制定法中所认可和贯彻的立法价值观念发生了变化。

但是，总结最近几轮立法和修法的过程可以得出的结果恰恰是，人们察觉不到"把商法特别规定普遍扩展适用于企业的意见符合最近的立法价值观念"的这种情况。在新的立法中，企业，或者说经营者似乎确实成了大量重要的法律规范的关注点，但这还不足以表明出现了上述情况，因为这种关注的原因无须和商法中的界定考量有任何关联。商法中的界定考量中出现了"功效变动"的前提条件，还从来没有得到具体合理的说明。

7. 在本书中，我们感兴趣的还不仅仅是采取一定方法在实然法中找法的问题，更加使我们感兴趣的还完全应该是进行体系的—原则的思维的可能性。当然，即使鉴于现行法状况，这种可能性只能是局限于对应然法的准备。对于我们应当感兴趣的这二者的关系来说，前述（佛斯和卡斯滕·施密特之间）争论中关于认知理论的观点是一个恰当的连接点。是现实的认知？是其他方面的认知？抑或根本就不是认知，而仅仅是从未消失过的法律政策上的目标预设？还是各种先验体系中的形而上学的概念思维？在普遍的法学领域中以及在商法扩展适用于企业法的专门领域中，它们是否以及在多大程度上可以得以运用？对于这类问题，前述争论中分歧尤其激烈。

这种提出问题的方式似乎不会得出太多有意义的研究成果。这就像法学领域里的许多其他的认知理论一样，如果这些认知理论不足以反映其特有的使命和可能性，或者错误地采取了无法说明理由的结论、目标或者价值观，那么其作用也无非如此。但这些争议也提示出了两方面的区别：一方面是指着眼于利益群体的法律政策，另一方面是对一部虽然致力于法典化，但仍然还是不完备的法律仅仅进行"体系上完善"的思考，从而来发展法律。这一提示的确还是具有理论上的意义的。

---

[480] BYDLINSKI, Handels-oder Unternehmensrecht als Sonderprivatrecht（1990），对此的探讨参见 RAISCH, ZHR 1990, 567；很多类似的观点，参见 NEUER, Handelsrecht und Handelsgesetz, ZHR 157 (1993) 243 ff，他还进一步建议，因违反平等原则应当取消《商法典》第 1 条和随后几条，该内容该刊第 286 页及以下各页。但是，在应用范围广泛的法律时，是否可以每次都确定其适用范围从而使其缩水，这从合宪的角度是值得质疑的。

但这一提示也只是标明了一个没有解决的问题，因为该提示本身就是模糊的，完全还需要加以明确说明。从这个角度，应当赞同企业法理论的批评者们的观点。首先不确定的是，循着一部不完备的"法律"一直思考下去，从中到底会想到什么。在这部"法律"中所明确包含的规则中，没有一条可以阐发出企业法理论这一结果。据此，人们通过体系上的进一步思考在商法和企业法的联系上所取得的认知种类也是不确定的。对于所有这些问题，企业法理论似乎从没有做出过明确说明。

另外，企业法理论相当执着地将"企业概念"当作法律原则，或者也同样可以说是设定为发展法律的目标[48]，并相应地作为其规范结论的充分理由加以使用。这当然也就招致了各种异议，这些异议都是人们长久以来反对"概念法学"方法论（当然完全不是反对其体系性的结论！）的合理共识。概念可以对事物加以区别，但仅仅概念本身却无法说明任何事物的合理性，除非人们首先用相应的规范内容填充概念，但要在体系上具有充分理由的情况下，才可以这么做。因为要有助于问题的清晰和避免存在没有被直接表达出来的概念细节内容，所以最好是能够明确所要表达的就是规范上的概念，而不是规范地"被填充的"概念的隐晦形式。对于任何思维方式，因而也包括法学思维方式，概念通常的界定功能是完全不可或缺的，并且概念应当在可能的（有限）范围内得到清楚的理解，应当避免隐蔽的内容变更。对此无须进一步的论证，只要我们追求最大限度的理性思考。

综上所述，企业法理论确实是立基于非常富有创见的思想之上。它指出了法定商人概念的随机性、其不合时宜的特点，以及借助这一概念的界定作用所得出的怪异结论，也即从消极的视角，企业法理论也是翔实的、专业的，并且理据富有洞察力。但是从积极的视角来说，企业法理论却至少缺乏一个基本的论证环节：在何种意义上，有意识地、清晰地做出一个不同界定的制定法的"体系的发展思维"应该产生企业法的概念，并且为何像企业这样的界定性*概念*（即使仅仅是在应然法上）应该可以合理论证特定的规范性要求，这些问题在企业法理论的框架内都悬而未决。

如果我们把本书中所阐发的"内部"和"外部"体系之间的关系运用到商法中，为这一目的而探究商法的主导原则，并且注意，这些主导原则构成商法"内部体系"的特殊部分，那么这一缺陷就还是可以被克服。

---

〔48〕参见脚注 466 以及 471。这远远超出了在使用通常方法的前提下类推适用商法条文；对此的基本论述参见 PISKO，Handelsgesetze als Quelle des Bürgerlichen Rechts. Ein Beitrag zur Lehre von der Analogie（1935）；P. BYDLINSKI，Bürgschaft im österr. und deutschen Handels-，Gesellschafts-und Wertpapierrecht（1991）21 ff. 将《德国民法典》第 350 条（保证担保的形式）作为一个现实的例子。

第二节　商法的"规范性特征"（特殊原则）⸺⸺⸺⸺⸺⸺⸺

1. 在商法文献里，早已总结出了这个法律领域中一系列的特点或者"*典型特征*"，它们有时也被明确地称为"原则"[482]，人们至少也可以轻易地将它们表述为商法素材的特殊的规范主导目标，它们是：法律关系建立和进展的快捷和简便、法律关系固有的有偿性、通过特殊的公示手段对法律安全的强化（德、奥两国的商事登记）、以集约化的形式所采取的全面的交易保护和信赖保护（例如类型化的代理权），还有更为严格的注意义务的要求以及更为严格的其他相关的归责可能性。（后两者也导致了排除适用一些保护弱势群体的特别规定，或者大大限制了这些规定的适用，如对德国的《一般交易条件法》和对奥地利《消费者保护法》的适用。）

这些特点的一部分内容可以从"大规模的商业经营"这一商法领域所具有的特质中得以进一步解释[483]，另外一部分内容明显是基于在一个固定职业中长期的风险自负行为以及作为其条件的商业技巧和经验。

因此，作为特殊私法的商法，其目标首先就是在大规模的商务活动的条件下，也能够保障相互间法律行为的效能，并且在当事人的经营领域中，对他们提高各自的商业技能、经验和职业上的行动自由设定法律上的要求。

上面所述的商法的主导原则可以总结成以下原则：*（95）在大规模经营的条件下，保障法律行为成立和进展的快捷和简便；（96）在上述条件下，加强信赖和交易保护；（97）这类给付所固有的有偿性；（98）通过对归责标准更为严格的要求来加重自我承担的责任。*

---

[482]　对这种法律观点有详细程度不同及细微差别的论述，参见 K. SCHMIDTD, Handelsrecht⁴, 33 ff; CAPELLE/CANARIS aaO 5 ff; ROTH, Handels-und Gesellschaftsrecht² (1986) 5; BROX, Handels-und Wertpapier- recht⁸ (1990) 5 f; GIERKE/SANDROCK aaO 7 ff; HÄMMERLE/WÜNSCH aaO 3 f; STRAUBE 在 STRAUBE, HGB 的引言 (Einführung) 边码 12 及以下的内容; HOLZHAMMER, Österr. Handelsrecht I² (1982) 3。

[483]　基础性的论述参见 HECK, Weshalb besteht ein von dem bürgerlichen Recht gesondertes Handelsprivatrecht? AcP 92 (1902) 438; 按照 L. RAISERS, Die Zukunft des Privatrechts (1971) 23 ff, 28ff 中所表述的观点，人们可以认为，由于针对大众的规模化，"公众性"有所提高；新近对与此相关的问题，采用了"法经济学的分析"方法，参见 M. LEHMANN aaO 262 ff; 其对德国《商法典》第 377 条重要的举例说明参见该书第 251 页及以下各页，他建议，虽然还不至于将及时检验的义务，但在商品出现瑕疵时，起码应当将予及时提出异议的义务普遍地适用于个人买受者，这一建议没有足够顾及个人在通常情况下完全没有交易经验和法律知识。出于信守合同和经济效率的原因，应当指望对合同的正确履行存在一定的压力，但假如按照 LEHMANN 的上述建议，那么这种值得期待的压力就会减轻，这种情况是令人疑虑的，因为这样就给卖方提供了机会，只要不懂行的个人买受者稍微迟延，他就可以出卖残次商品而大赚特赚。这对均衡正义的危及显而易见。同时，也正是从经济效率的观点出发，假如没有及时检验的义务，但却有及时提出异议的义务，那么，如果在个案中必须查明买受人何时知晓商品瑕疵存在时，就会十分困难、不确定和费时费力，而查明这一时间对判定提出异议是否及时却是必要的。从经济效率的观点出发，这一点也是应当引起关注的。关于民法与商法的界定，另外参见 EICHLER, Die Einheit des Privatrechts, ZHR 126 (1964) 181 ff。

上述第一个原则明显是产生于经济上提高效率的目的；第二个原则是出于加强法律安全性的要求，以降低出现大规模的预期落空的危险；第三个原则是不予信赖保护和一般的不当得利思路之间的联系，也就是说，商人明显是在其经营行为范围内进行了给付，如果有人认为这种给付是无偿的，那么该人的这种信赖是不受保护的。给付被他人接受就理应获得对待给付，这样才可以避免给付接受人的不当得利。类似的情况其实也适用于一般的民法，例如，《奥地利普通民法典》第 1152 条和《德国民法典》第 612 条的规定就证实了这一点，只是在形式上有所弱化而已。在这一点上，法谚"吾予，尔偿"（do ut des）是"纯经济"关系中通常的基础。这样的关系是否存在？或者某项给付是否完全出于或者主要出于个人的非经济原因？这类疑问在其他情况下要比在商事往来中更为常见。就此来说，在个人关系中可能更为频繁地存在这种理智的疑问。

前述第四项原则在其核心领域之一已经立基于一种正义的均衡思想：如果在法律交往中要求每个人都要按照一定的标准（诸如预见能力）以不同方式来承担自己的行为所产生的后果，那么把该抽象标准适用于在某个特定领域具有资质要求的专业知识和经验的人来说，实际上所导致的是更为严格的要求。鉴于企业所具有的人员和专业范畴，补偿正义另外补充性地提出一个要求：据此不被允许的是，为了其直接利益而设立或延续这类组织，并按其运营计划实际上取得了目标利益的人，在相关的风险成为现实损害时，却将此转嫁给了偶然相关的第三人。他自己是最应该承受这些风险，并通过其产品或者服务的价格"小份额化地"把风险转移给其他愿意承受的人（"风险吸收"）。后面这一出于经济效率的视角关联了另一个抽象的风险掌控的视角，也就是说，要尽可能通过恰当的安全预防措施来避免自身的运营不当（为此的成本不高于相关风险造成实际损害后所应承担的法律后果）。

一方面，正如人们所经常强调的，商法实际上仅仅是对一般民法的某些完善和补充。通过上述各项原则，我们也可以认识到这一点，其理由在于：相较于这些原本属于一般民法的规范要求，商法的特殊原则实际上仅仅是更为严格而已。同时，很多商法中的重要原则都可以在一般民法中找到一模一样的内容，例如，（债法上的）信守合同、合同自由或者过错责任，等等。

另一方面，更为严格的规范要求都是基于一定的情况，我们可以把这些情况总结为企业的显著性和"乘数效应"：经营者通常会缔结和履行许多同种类的交易，而交易过程的复杂和浪费都会大大增加交易本身的成本，因此在没有作为相反原因的强制性规范时，它们应当被避免。信赖丧失和交易震荡涉及企业时，也会产生类似的负面效应，它们通过企业通常十分多样的商业关系进一步影响到往往是其他企业的商业伙伴，同时也会进一步影响到企业的其他工作人员。（例如，一项破产往往会导致后续的其他破产。）涉及明显是以经营为目的而设立的企业的销售时，不应指望给付是无偿的，这是始终存在的显著的事实。

在某一领域的典型经验和技巧会导致归责标准更为严格，而这种经验和技巧是基于企业范围内相关行为的多次重复。没有一定数量的企业交易就可能通过付出代价而"吸收风险"，这种情况是不可想象的。风险掌控的前提是，经历挫折以后，能够为未来而采取相应的谨慎措施，但这也要求在一定时间内有相当数量的相关企业行为。

2. 但是，上述所有情况以及相关的商法主导思想本身都明显地与（无论是通俗的还是法定的）商人概念，以及具有商人性质的企业的概念毫无关系：这些情况实际上的共同点是，以经营为目的，自主、长期地为一定范围可能的需求者提供给付，并借此而积累了丰富的商务经验，而且所涉及的是许多在很大程度上同种类的交易。这些情况对于任何一种其他非商人性质的企业来说和对于商人来说，都是完全一样的。建筑工、瓦匠、机械工、木工、粉刷工、理发师、按摩师、美容师、影剧院经营者、花匠、职业的机动车出租商、税务咨询师、医生、律师、注册工程师、采石场的经营者、农业和林业主，等等，这些人员或组织在前述情况中与"商人"并没有明显的典型区别。

为了避免误解而应当强调的是，上面所进行的思考绝不是为了引导出对一切"企业"进行无差别统一规制的论点。一些增加成本的交易保护和信赖保护措施，例如必要的登记或者设立商人账簿的义务等，本来就应当顾及企业规模以及企业类型，否则这类成本可能会使一些较小的企业无法承受，甚至变成了影响企业准入的门槛。假如出现这种情况，那就违背了经营自由的观点，从某些方面来说，也损害了经济运行的效率。因此，类似于目前的完全商人和小商人的区别还是完全应当保留的。

姑且不论这些内部的区别，我们前面所进行的思考已经说明，在此涉及的既不是形而上学的概念或者先验的体系，也不是纯粹的、法律政策上的主导目标。对于后者，我们总是可以很容易用其他的法律政策主导目标来否定。与商法相关的体系困境更大程度上就在于以下方面：一方面，商法借助法定的——虽然造作但区分度很高的——商人概念对其所规制的现实范畴进行了外部的界定；另一方面，商法的特殊原则又构成了其"内部的体系"，但这两方面却*并不协调*。后者基于其表述以及作为理由的情况和考量，毋宁说不仅仅适用于制定法意义上的"商人的"的企业，而是原则上完全适用于所有企业。核心的体系化标准，即适于界定的体系概念和"规范性特征"这两者在一定程度上分别指向了不同的方向。而对于这一*问题*的实质，虽然企业法理论明显地感觉到这里所存在的体系上的失误，但迄今为止，还从来没有足够清楚地对此加以表述。只要从现行商法出发来分析其规范的基本原则（虽然这些所谓规范的基本原则"在制定法中"无迹可循），那么很明显，它们实际上恰恰超越了商人概念而完全适用于现实中的企业。在这方面"一直循着终极结论的思路"走下去，所得到的就是*现行商法的原则*（主导目标），这些原则的指向明显超越了那些仅仅针对"商人"而制定的规则。

如果我们意识到这一点，那么另一个批评企业法理论的观点中的疑虑也就站不住脚了。这一观点所进行的批评虽然也是从应然法的角度出发，但却认为企业的概念模糊不清。正如本书所阐述的，这里实际上涉及公平正义问题。具体来说，一些法律规范，或者说是价值标准，本来完全以同样的方式适用于一切企业，但却只能适用于做作地定义的"商人的"企业。这就实际上导致了同类事物之间没有依据的、因而也是专断的不平等待遇。这里所涉及的绝不仅仅是一个关于界定的技术性问题，否则，人们本来只需根据法的安定性标准增加现行界定性概念的区分度，就可以解决问题了。

同时，对企业概念模糊不清的程度也不可过分高估，其程度并不甚于适用现行法进行界定时所主要依据的"设立商人性机构的必要性"（《德国商法典》第 2 条）。企业法理论范围内确定企业概念最初的缺陷已经被企业法理论的批评者自己所完善，这些完善的建议也为企业法理论的支持者所接受。对于这里我们所关注的目的来说，可以这样对企业进行定义：人们为了自主地向公众市场有偿地提供货品、服务或者信贷而设立的长期性的、有组织的经济体。[484] 至于有待解决的、相对次要的概念模糊性问题，相对于任何一般意义上的基础体系性界定概念来说，很难说问题更为严重。这类问题在法律获取的过程中和在其他任何情况中一样，都涉及精确性的问题。[485] 此外，这类问题当然也是不可回避的，因为法律规范在许多相关的情况下所针对的已经是企业的概念了，或者使用了一个同义词。[486]

至此可以得出的结论：越是在基于现行法的法律获取方面遵循企业法理论的批评者们的意见，在应然法上从企业法理论出发的、合理的法学体系构建就越发正确：商法并不符合那些为了"外部的"法学体系化所阐发出的标准，因为一些关键的标准在此是相互掣肘的。而假如能够有一部（外部的）商业方面的企业法，则可以满足法学体系性的要求。但是现行的法律却以商法的形式仅仅部分地构建了这样的企业法。

---

〔484〕 参见 BYTLINSKI aaO（Anm 480）22 对企业法理论支持者和批评者之间争论的论述。（承接 RAISCH 的观点）对企业概念作出尽量详尽的表述，在奥地利可归功于 WENGER, Die öffentliche Unternehmung (1969)，特别是该书第 138、139 页的内容，以及第 508 页的"先期结论"。以"公众目的"作为附加标志的公众企业（第 565 页）最终被表述为一种类型特征（第 569 页）。

〔485〕 这特别涉及租赁标的数量众多的出租方；参见奥地利《民事判例集》第 53 卷第 103 页（SZ 53/103）和德国《联邦最高法院民事判例集》第 74 卷第 723 页（BGHZ 74, 723），都试图能尽量精确。对此问题，另参见 BYDLINSKI aaO 22 f.

〔486〕 如奥地利《消费者保护法》（KSchG）第 1 条第 2 款第一句规定："本条第 1 款第 1 项中的企业，是指为了持续地自主从事经济活动而设立的组织，即使该组织不以营利为目的。"在德国法中，也含有（未定义的）企业概念，如在德国《反限制竞争法》（GWB）的第 1 条这一核心条款中。

第三节　结　论

前述研究结果支持对现行法的体系化研究，直至对现行法积极的规则层面的、很值得推荐的、制定法的普遍化，从这一结果中我们应当得出什么结论，这一问题的答案还远远没有达到显而易见的程度。简单地否定迄今作为商法而著称的特别私法，是无济于事的，因为已被界定的法律素材连同（尽管十分有限的）规范性特征确实是存在的；但同时，该规范性特征却恰恰超出了已被界定的范围。假如把商法的部分制度归入一般民法，也就是说归入潘德克顿体系的各部分素材当中，那就很可能存在商法素材体系上的一个分裂，这也同时会撕裂非常可能存在的，制定法上界定过分狭窄的规范统一性，其结果对于法律内容的概观性和法律适用在原则的一体系上的正确性来说，都是消极的。并且商法中有一系列制度完全难以被归入一般的民法体系，比如关于登记或者设立和管理账簿的规定。特别是在存在一部商事特别法典的情况下，在法律体系上试图否定这些特别的法律素材很显然是不合适的。即使是在民商统一法典的模式下，商事法律特别规定也仍然保留着自己的某些特性，这些特性的存在也正是基于这些特别规定涉及了有关企业的问题。

综上所述，商法所呈现出的状态是现实存在的特别私法。但同时，商法本应当是一部范围广泛的企业法，只有这样，商法对事实片段所做的清晰界定（这也同时清晰界定了相关法律素材的内容）才能够与自己的"规范性特征"相适应。可是作为特别私法，商法在此范围内又很不合常规。据此，商法是一部在其适用范围内欠发达的，或者说发育不良的规制外部交易关系的企业法。在这一点上，企业法理论是完全正确的。

即使只是为了对应然法上的问题产生并保持意识，体系上不合常规的问题也必须被不断地指明。要做到这一点，最好的方法是将目前的商法在专业术语上清楚地描述为范围广泛的（规制外部交易）的企业法。这种范围广泛的企业法超出商法条文范围的部分目前是明显欠发达的：正如前面所阐述的，基于总体上"发展法律的目标"，通过总体上的类推而事实上违反《德国商法典》对适用范围的明确规定，这种方法是不允许的。然而在适用类推的通常前提条件下（法律漏洞和合理的立法理由），更加狭窄的、类推的法律获取，也即根据个别具体条文的法律获取却是被允许的，它可以产生范围更加广泛的、不再是商法的"企业法"的某些规则（如果必要的普遍化没有超越企业领域扩展至全部民法）。有些直接涉及企业（不限于商人的企业）对外关系的法律条款就属于这种情况，例如《奥地利普通民法典》第1409条，该条规定了接受企业转让的后果是法定债务承担。最后，与企业相关的法律规则也可以产生于一般的解释论的思考，例如有关代理的规则，据此在存疑的情况下，明显涉及企业的法律行为应当被视为实际上是以企业主的名义缔结的。卡斯滕·施密特多次指明了该规则的这一问题。另外一个例子是关于强制缔约的规则，在附加一定前提条件的情况下，这一规则恰恰是针对企业向公众提供产品和服务的情况而规定的。

当前在额外领域急需通过具体规则充实的"企业法"可能具有的首要功能是，在应然法方面关键性地提醒我们注意现行商法在体系的—原则上的不合常规性。除此之外，另一个作用就是引发我们在整个有关企业的范畴中，采取解释论的思考方式，谨慎地发展法律。

企业的各种外部关系也涉及竞争法，但竞争法并不以企业个别的外部交易关系为规制客体，而对于这种个别的外部交易关系的规制来说，所谓商法原则发生了影响或者应当发生影响。颇为有趣的是，企业法理论似乎并没有同时关注这类更为广泛的、竞争法所涵盖的企业外部关系。

商法在原则的—体系的方面来说本来应当是一部范围广泛的企业法，但是如何最清楚地说明并让人们始终意识到这一点呢？商法具有过于狭窄的适用范围，但同时也具有大量相关的具体规则。而商法以外的企业法所拥有的符合原则的具体规定却是寥寥无几的。对于这种事实情况，假如将我们现在所讨论的特别私法称为（有关外部交易关系的）"商法和其他企业法"，可能就作出了最好的说明。将商法和企业法这两个概念并列，就会清楚地表明并使人们从法学上始终意识到前述体系上的不合常规性。

不同于许多一般民法支持者可能的担忧，根据基于体系的—原则的考量的企业法理论对于未来法律的建议，对于一般民法与商法及企业法双方之间关系的澄清，不会导致令人疑虑的、一般民法的领域丧失。首先，由于我们前面已经阐述的原因，该特别领域所具有的独特性是很少的，因此在实践中适用法律时，完全不应当过分夸张这两方面分立的思想。并且，关于特别私法的观点一般情况下还是恰当的，但这种夸张的分立思想在法学学术上就显得比较荒唐了。一名"纯粹的"商法学者如果不能够最大程度地也关注一般财产法（债法、物权法以及相关的民法总则的内容），那么他和一名只研究财产法而不同时关注有关企业的现象和特殊问题的"纯粹的"民法学者同样无立足之地。符合实际情况的仅仅是在不同的工作和兴趣重点上形成的细微差别。

另外还要提到的是，在本书所赞同的从体系的—法律政策的角度的澄清过程中，如上文所述，"单方商行为"本质上应当被归入一般民法。此外，只有在这样的一个全面的澄清过程中，才会有机会将那些事实上适合大范围普遍适用的商法规范转入一般民法，这也顾及了卡纳里斯所特别强调的改革的迫切需求。从商法中清理"单方商行为"并将其归入一般民法，二者必将形式上为一般民法拓展范围，这对怀疑论者来说可能也是个安抚。

　　只要前述可能的质疑立基于有关一种被强调的专家观点不合理的、不恰当的弊病的危险经验，这些质疑就应当被严肃对待，而不是一开始就被贬低为仅仅是"一隅之见"。那些在特别私法方面持严格分立态度的专家观点，其现实的主要动机就是贪图安逸。着眼于他们自己的专业领域，或许考虑到装腔作势、喜易畏难和追求时髦，他们很乐于将这种动机隐藏在一些特别的学术诉求背后。与此相对，需要始终强调的是，一般私法的基础概念和基本理论在适用某部分特别私法时也总是无处不在，并应当同样被予以重视。只有通过这种方式才能使目前仍然存在的私法的统一性得以彰显。只有通过对素材持续谨慎的综合考察，我们才能在未来更加接近被理解为完善法律的使命的统一。断然地割裂这些素材以及因此而导致的外观模糊和内容矛盾都是极其不恰当的。

第三章
公司法

第一节 外部体系中的公司法

1. 初看起来，对"公司法"法域进行充分的外部界定需取决于，能否通过清晰的概念性特征定义"公司"这一实体现象——事实上这种定义似乎就已经初步勾勒出了"公司法"特别法域的具体范围。

时至今日我们早已不缺乏一个关于"公司"的被广为认可的全面定义，这首先要归功于将公司与纯兴趣性的或例如法律共同体等组织进行区分的必要性。这些组织要么是偶然形成的，要么则带有依据强行法规定形成的特征。也就是说，它们只是由碰巧，或根据法定要求享有特定共同权利或具有共同利益的人群组成的集合体。

而公司则被定义为（私法上的）一个由其成员基于约定的共同目标组成的自愿团体，亦可简称为"私人目的性社团"[487]。因此遵循以相关合同义务为基础，约定

---

[487] 例如 WIEDEMANN, Gesellschaftsrecht Ⅰ (1980) 3（必须要指出的是在约定的范围内支持其共同目标这一具有约束力的承诺），13 ff (16)；KASTNER/DORALT/NOWOTNY, Grundriß des österr Gesellschafts-rechts⁵ (1990) 12 ff；HÄMMERLEIWONSCH, Handelsrecht IP (1978) 23；MEIER-HAYOZ/ FORSTMOSER, Grundriß des schweizerischen Gesellschaftsrechts⁷ (1993) 1 ff, 12. K. SCHMIDT, Gesellschaftsrecht1 (1991) 4 (vgl auch 145 ff) 注重，除私法目的性团体以外，提出仅仅在债法上而非在组织法上具有重要性的"合作性合同关系"（纯粹的内部公司）。而主流观点的通常表达同时涵盖两者（本文中引用的简短表述当然具有更多的不确定性）。作者坚持认为，通常理解层面上的共同目标的定义限定在纯粹的债法公司上，而对于人合团体应予强调的是一种完全不同的、超出个人的团体目标（aaO 51f）。但后者也是由创立者确定的，某些情况下被后来的成员（或其中的大部分）按照章程形成的意志进行了修改。因此并无法看到尖锐的对立，因为即便在由多数统领因而具有某种超个体性的范畴内，团体的目标也不是自己生成的。反对超出此范畴的、由所有人组成的团体具有目的性，也即主权的全面视角有例如（特别是根据理性法时代的先驱们的观点——OTTO VON GIERKES 合作社理论）WIEDEMANN aaO 12. 实际上，根据经验而言，构建体系时要想在寻获全面调和的原则方面取得法学上的丰产是不现实的，就如在构建结社自由中，法律行为上的个人自治有时至关重要，有时却又无关紧要。因此，即便存在相同的结构，反对在体系上超越"私人目的性团体"的理由是缺乏"规范性特征"。忽略此处，最近的 SCHMIDT, Einhundert Jahre Verbandstheorie im Privatrecht (1987)——其中也包括所有 GIERKE 的相关作品的原始记载——表明，GIERKE 的许多具体的思考和启发在当今仍然令人惊讶地合乎时宜。但该著名的团体理论学家之陈述的某种程度上的晦涩及其方式的较低可理解性并不受此影响。

的共同目标是它的核心特征，这种基本的私法性结构恰似我们熟知的双务合同中的牵连性。同时这一组合必须建立在合意性的，也即私人自治性的基础之上，这一点同样不容忽视。

在上述框架内仍有极大必要做出进一步细分。首先成员间达成一致确定的目标可能是理想性的，也可能是经济性的。此外根据具体形式和紧密程度可以将某一组织再划分为"社团"和狭义上的"（包括人合）公司"等基本类型。前者在组织结构和财产关系上极其独立于其个体成员及其更迭，后者则有严重的依赖性。[488] 此外法律中规定了多种多样、互不相同的类型（从民法上的公司到股份有限公司）作为"法律形式"供社团性活动自行选择。最后还可以将公司区分为对股东发生效力的"内部公司"与针对第三人的"外部公司"。

因此，本书只能将论述集中于公司法整体的一般系统性问题，而无法一一细述其丰富而深刻的教义内涵。很快我们就将感觉到，即使在抽象的系统的层面上也有许多重要的问题亟待解决。

如前所述，似乎仅仅"公司"的定义本身就已经完全可以对社会现象及与此相关的法律素材做出有效的界定。或如一开始推定的，只要在这一法律素材领域中存在足够的"规范性特征"，也已经足以使公司法成为"特别私法"。

2. 即便如此，仍然有两个界定上的具体问题值得一提，它们即使没有完全否定掉前述公司定义的界定有效性，至少也使其展现出了一定的局限性。首先要说的一种情况是：几个人自愿达成一致，（最初明确的只是）意欲组成一个共同体：例如三两亲友共同购买一座度假屋、疗养浴场、狩猎屋或其他任何一项物体，形成共同所有权。毫无疑问，这个共同体是以合意为基础的，既非出于偶然也非出于被迫。然而所谓"共同目标"无非就是那些共同的权利或利益，而单纯的共同体也完全具备这一特征。这意味着，"合意建立"及"合意确定共同目标"的区分标准已经不够了。鉴于这类基于合意组成但仅旨于共同获得一项物品的案例存在，还需进一步明确：所谓的"共同目标"不能仅仅是单纯的（作为简单共同体已经具备的）"得到"一个物体（以及与此相关的其他必要活动）。在公司中通过追求一个更进一步的共同目标来表现：一个共同的"作用效果"，如共同经济利益或共同遵循的私

---

[488]　Vgl etwa WIEDEMANN aaO 88 ff；KASTNERIDORALT/NOWOTNY，Gesellschaftsrecht 34. Ausführlich zur unterschiedlichen organisatorischen Verselbständigung der gemeinsamen Interessen ÜSTHEIM, Zur Rechtsfähigkeit von Verbänden（1967）.

人或理想性的目标。[489]

也就是说，那些极其有限的，仅表现为"共同拥有"某一物品的合作（管理），被规定在法定社团性规范中，不构成由合意形成的有约束力的公司目标。而在此基础上更进一步的"加乘"原则上都可以形成公司。

精确化后的区分标准似乎相当微妙，然而恰好提供了人们对基础概念所期待的准确性，至少目前看来我们没有更好的选择。然而一些模棱两可的临界情况仍然是不可避免的。[490] 临界状况的表现之一就是，个别合意与简单共同体的法律后果之间的区分不甚明晰——前者是后者基础上的更进一步，抑或它只是后者法律后果的另一种表述，让人无从分辨。

有主张所称的以共同体中是否存在或是否具备健全的组织机构来作为判断临界情况的依据，其作用实际上相当有限，因为哪怕最简单的共同体也无法缺少一个松散的组织机构（例如共同所有权人之间的决策过程或选举具备一定代理权限的共同管理人等）。[491] 但总体而言，鉴于公司在涉及经济价值时具有更强的目的性，公司的组织机构由此较于简单的共同体而言往往也更加紧密。有时，紧密的共同协作或诚实义务的约定也是共同目标的决定性标志。

临界情况中对法律关系进行分类有时比较棘手、难以确定，但这一分类对法律效果却意义重大。关键在于，通过成立公司的合同所形成的义务贯穿于公司存续（可以在一段时间后或通过附期限的解除终止）期间所有的共同活动中，而简单共同体成员原则上能够不顾其他人的意愿随时要求解散或分割，亦可以随时处分自己对共同体物品的份额。在临界情况中，解释和归类的任务当然一如既往地更为困难和复杂，对法律后果也有重大的影响。

3. 前述界定方法中的一个原本清楚且极为核心的界定特征已经逐渐模糊解体，这一界定特征就是共同目标的*合同基础性*。这种趋势使得针对一部分案例的界定更

[489] Vgl WIEDEMANN aaO 14；KASTNERIDORALT/NOWOTNY, Gesellschaftsrecht 19，21；HAMMERLE WÜNSCH, Handelsrecht II 23 f；BYDLINSKI, Der Ausschluß aus einer zweipersonalen Gesellschaft des bürgerlichen Rechts, FS Schönherr (1986) 155；sinngemäß übereinstimmend AICHERIÜSTHEIM, O H G und Erbengemeinschaft, ÖJZ 1981，253 (256). K. SCHMIDT在 Gesellschaftsrecht 6 中认为，通常将公司与共同体放在对立位置的观点（取决于是否存在共同目标）是错误的。存在对立的毋宁说是"共同体或共有"，因为民法公司的股东也可以仅成立一个共有。但主流的界定涉及的也不是一种抽象的"对立"，而是对纯粹的共同体与合伙人通过法律义务行为额外、因而也格外紧密地联系在一起的公司的区分。这一区别的法律意义特别表现在合作义务的强度以及是否可以无条件地终止该"共同存在"的问题上。THIERY在 Die Gesellschaft bürgerlichen Rechts als Unternehmer (1989) 41 (mwA) 中的观点则与此完全不同。他意欲在作为目的的共同所有和仅作为纯粹结果的共同所有（共同体）间进行区别。对于第一种情况他认为存在一种公司。然而，既然共同所有（以及纯粹的管理）在后一种情况中，如果共同体是通过意志形成且必须经过考虑和认可，则这种区别过于细微，现实中无法使用。当缔约人没有其他目的地追求共同所有时：他们什么时候是将其作为目的，什么时候是将其作为结果？即便此处受到反对的这一观点正确且能够执行，文中提到的界定问题也只有一部分通过扩大"公司"这一实体现象得到了解决。一定程度上，不应该将超出"共同所有"以外的目的限制在财产利益上，例如，获得婚房的目的是实现婚姻共同生活无论如何都满足条件了。

[490] 例如自由职业"管理共同体"或者纯粹的农业共有和公司意义上的农业企业的过渡情形。

[491] WIEDEMANN, Gesellschaftsrecht 14.

339 第三编 私法体系中的特别私法 · 339 ·

为困难。广受诟病的例如，企业中的一个企业主逝世后，由其若干个继承人共同维持企业存续，而没有明示地或以其他清楚的方式订立公司合同，甚至没有订立公司合同的合意表示。判例和学说倾向于认为共同进行企业活动行为本身已经可以被视为一种成立公司的逻辑表现。[492] 该倾向性意见由于不考虑法律行为的意思表示，认为即使没有清楚的订立合同的意愿，甚至于罔顾参与者的反对意见也可以成立公司合同[493]，受到了不少批评[494]，但公司法一方也对这些批评进行了回击。然而这些回击并没有涉及那些存在特殊疑问的情况。费歇尔（R. FISCHER）认为通过公司存续表现出来一种存续合意，赋予每个继承人维持存续的义务，这种义务已经超过了一般意义上共同体的法定范围。[495] 艾舍/奥斯特海姆（AICHER/OSTHEIM）将这种共同继续领导商事企业存续的行为自然地视为一种借由法律行为引起的，足以构成合同的法律后果，其并不排除事实法律后果的共同作用。[496]

前述这一论点直接跳过了最重要的解释问题：为什么或者说在何种前提下可以认为继承人之间生成了承担维持义务的意思表示。仅仅是同意企业存续本身并不能体现出这种维持的目的意思，因为不能排除继承人只是想保留继承共同体而不承担其他义务地继续进行企业活动。[497]

基于同样的原因也可以反驳艾舍与奥斯特海姆关于继续活动本身即可被视为一

---

[492]　Vgl die Belege bei BYDLINSKI, Privatautonomie 30；R. FISCHER，Fortführung eines Handelsgeschäfts durch eine Erbengemeinschaft，ZHR 1980，1；AICHERIÜSTHEIM，ÖJZ 1981，253.

[493]　BYDLINSKI aa0.

[494]　Besonders intensiv R. FISCHER aaO und AICHER/ÜSTHEIM AAÜ.

[495]　AaO 12.

[496]　AaO 255.

[497]　AICHER/OSTHEIM（ÖJZ 1981，260）也承认，可能存在继承人的相关约定。然而就算是排除了"超出"法律共同体以外的所有法律后果，似乎仍然可以认为存在一个无限公司。但是这一观点与公司须以一个超出纯粹的共同"拥有"的有约束力的、以合意达成的确定目标为前提相冲突。如果排除所有相关义务，则继续存续绝不是有义务性的目标，而只能没有约束力地以观后效。只有当可以解释为大部分继承人有义务，也即以法律上确定的方式而不仅仅是事实上的、暂时性的、排斥任何约束力的方式共同继续领导企业时，才真实地存在一种足够的法律行为意义上的最低法律效果（AleHER/OSTHEIM支持的观点）（在这个对法律行为意志相当重要的关系上有歧义因而不甚充分的还有K. SCHMIDT 在 Gesellschaftsrecht 124 Anm 10 中的表述，即"最低构成要件"是"追求共同企业家关系"）。但是，在存在有效表现出的基本的约束意志的情况下，若就进一步的问题，即所寻求的公司形式出现异议，则法律可以助一臂之力：反正它会将上述通过法律行为达成的最低合意归入两种公司法基本形式之一，也即根据存在一个完整的商人企业还是其他企业来决定作为民法公司或者无限公司（对此参照 K. SCHMIDT aaO 88 ff，其中他称之为"法律形式强制"，术语使用上有所缺憾）。对公司法可解释为，只要存在最低的针对公司合同的法律行为之要求的合意，其他分歧情形可由法律规定覆盖，从而不具有决定性。在这种对公司法的理解中，就不再有部分分歧是否会破坏整个合同的问题。然而，通过合同约定一个共同的有约束力的目标无论如何都被客观的公司法作为前提，且只能根据一般民事行为法的规则进行判断。所有认为公司（只有此时才能适用公司法）的前提是一个具有合同约束力的约定目标作为不可排除的法律行为基础，而又不愿意自我矛盾之人，都必须承认这一点（比较 K. SCHMIDT aaO 67）。若关于需要选择的公司形式已经从根本上妨碍了达成共同继续领导公司之义务的合意，那么既无法说是公司合同，客观公司法也无法根据 Münchenhausen 方法，炮制出其自身得到运用的前提，也即一份公司合同。就具体问题而言，K. Schmidt 此外也在这个意义上明确接受继承人共同体本身可以作为企业载体（aaO171f）。这对奥地利法律来说也是正确的，因为根据客观继承法，继承人共同体本就可以成为企业的载体，没有哪个地方规定要进行形式转变或解散。但是一般原则还是可以以法律外观原则的形式在外部关系上起到矫正干预作用。

种最小化的法律行为结果的观点。要将一个事实状况，例如存续理解为一个法律行为的后果，则至少该事实状况在法律上须是确定地被主动追求的。存续本身完全可以被理解为继承人或许根本不愿改变他们纯粹作为继承共同体成员的法律地位，因而选择不受相关公司法律约束地继续进行存续活动直至出现新的变化。这种可能性的存在使得一种仅以此为依据的单一性结论不具备必然性。

事实上同一的存续行为能够被视为公司法意义上基于共同目标的"联合"，抑或只是一个由临时构成的法律共同体引发的简单的、暂时性的过渡现象，是这一解释学问题的核心。而顺理成章地，这一问题也应该从每个继承人的"受领者视野"出发来解决：相互结合其他参与者的推定意思得出结论，在研究每个继承人的真意时都必须仔细考虑可知的外部环境，包括一般利益形势等。

由此只能得出公司法上的一种评价，也即上述相关案例中的一部分——甚至相当大的一部分——最终将能够从公司的意义上得到解决：涉及上述解释问题时，如果研究具体环境无助于探究出当事人的真意，则只能从为全体所能够辨识的一般利益形势入手。对一个仍然存续的企业来说，其中特别值得考量的危险处境是，若建立在一个简单共同体的基础上，则整个企业，连同其全部经济价值将随时面临因分割共同财产（分割共同财产之诉）、转让份额、缺乏积极的维系义务所带来的威胁。如果出现了这种情况且没有相反的论证，则我们可以认定，继承者们意欲以公司法的方式继续维持企业，而不是不受约束地暂时性地甘愿承受贬值的风险。而终局的存续的合意事实上就可以被视为一个公司合同。至于该公司合同是在完全商事企业中建立起了一个无限公司，还是在不完全或非商事企业中建立起一个民事合伙，可以根据公司形式法定来确认。但这个问题的重要性显然要次要一些，它无关乎公司合同是否存在的判断——这一方面仅需要从法律行为角度来考察。

而如果根据具体情况可以判断出继承人不愿组建公司，特别是当他们仍在就此进行商讨，尚未达成继续维系企业的义务的最小共识时，结论就与前文所述大相径庭了。此时企业在事实上的存续，以及其所表现的存续的合意仅仅是暂时的、不具有约束力的，但不排除这种状态长期存在的可能性。尤其当继承人（或者继承人中的一员）明确反对订立（无限公司）公司合同时，若仍然强行宣告已经成功缔结这种合约，则显然在法律行为方面有悖于常理。法律行为的内容取决于当事人的内心真意，以及信赖保护权衡之下所推断出的当事人意思。违反可感知的当事人真意以及信赖原则，只为满足随心所欲的私念的做法，应当予以否定。即使公司法上原则上应当不允许继承共同体领导一个完全商事企业，其法律后果也有待继续探究。无论如何就现行法律行为规范来看，都不能将强制成立合同作为一种惩罚措施。

但是，也没有证据显示继承共同体有成为企业家的较大努力。法律规范本身目前为继承人共同体获得企业创设了一种可能性。

值得注意的是，无论如何，一个仍然存续的（完全商事）企业的若干个继承人，在对外关系上始终以一个无限公司的姿态出现。出于交易安全保护和无限公司的权利外观，在对外关系中只能适用相关法律原则。[498] 至此则一切强行性法律规范的要求和目的都已经得到了妥善的考虑。更激进一些的做法，即强迫继承人形成一种真正的，内部同样生效的公司法律关系，违背其意愿，以任何一种法律角度来考察都是不必要且不允许的。上述存疑案例，考虑到其在外部关系上的行为，直接可以归属于公司法领域。

4. 如果我们透过表面更深一步则会发现，对公司法的释义绝不仅仅限于对公司与简单共同体的界定（这一区别已经可以无可争议）。公司法的发展及当前形势向我们抛出了更多问题，即这一法律素材是否，以及在多大程度上超越了我们所描述的"公司"这一现实现象，抑或仍还在其界限之内。单从历史的视角就可以得出如下考量：社团和民事合伙是后续产生的公司法上各种公司形式的基础和原型，被规定在一般民法即总则中的人的权利部分及债法编中。时至今日我们仍基本遵循这种体例安排，但也出现了一些小小的例外。或多或少地，这些民法上的内容也被引入到了"公司法"的表达中。[499] 然而公司法这一特别私法的形成，更多地仍要归因于"商事公司"的日渐蓬勃发展，它们的法定具体形式与形成商事企业的联合体密切相关。因此（商事）公司法首先应该是商法的下级法。[500] 在此意义上而言，"以商事企业运行为目的"的公司，而不是简单的"公司"，才应该是标准的界定概念。

即便这一界定，也已很久难以称得上尽善尽美了。对于那些虽然算商事，但并非完全商事的企业来说，根本没有商法上的公司形式可供其选择。它们只能转向民事合伙，而这一形式非商事企业，甚至那些根本不以企业运行为目标的共同体，也完全可以选用。总而言之，民法上的公司从一开始就没有被设计成特别商人。但若忽视这种公司形式，则很难完全理解以商人为标准的公司法。此外，由非营利社团（Idealvereine）在其（理解得相当宽泛的）"副业特权"（Nebenzweckprivileg）框架内实施的经济活动，以及在领导多个企业，包括商事企业（例如餐饮企业）过程中发生的经济活动，虽然在法律上语焉不详，但在实践中被证明广为存在和丰富。[501]

---

[498] So bereitsWAHLEin KLANG V2, 502；BYDLINSKI, Privatautonomie 31；SZ 211135.

[499] Vgl nur etwa (ausführlich!) K. SCHMIDT aaO 547 ff, 1415 ff；KASTNER/DORALT/ NOWOTNY aaO 40 (für den Verein bloße Hinweise auf die Rechtsquellen)，52 ff (näher zur bürgerlichrechtlichen Gesellschaft) sowie 77 ff (zum neuen Zwittergebilde der "eingetragenen Erwerbsgesellschaft"；dazu insb KREJCI, Erwerbsgesellschaftengesetz [1991]). Im Werk von KASTNER (11a) ist eine Sonderform des wirtschaftlichen Vereins, die Genossenschaft, allerdings im einzelnen dargestellt (450 ff).

[500] So noch in der gewichtigen Gesamtdarstellung des Handelsrechts von HÄMMERLEI WÜNSCH, wo das Recht der Handelsgesellschaften den Band II ausmacht.

[501] Vgl zu diesem Problem etwa KREJCI, Empfiehlt sich die Einführung neuer Unternehmensformen? (Gutachten für den 10. ÖJT I/1, 1988), 135 ff；dann die Beiträge bei Korinek/Krejci (Hrsg) Der Verein als Unternehmer (1988)；K. SCHMIDT, Der bürgerlichrechtliche Verein mit wirtschaftlicher Tätigkeit, AcP 182 (1982) 3 ff.

可见仅对"商事公司"的描述也无法穷尽对商事企业适用的公司类型。

不仅于此,"商事公司"在其他方面也超出了共同运营商事企业的范畴,甚而从根本上超出了我们所描述的"公司"这一现象的范畴。"资合公司",即股份有限公司以及有限责任公司可以基于任何一个允许的目的存在,而不限于共同经营商业体或企业。即便其遵循的是非营利性目标,根据相关条文这些公司也是"形式商人",因而被归入商法领域,哪怕它与商法这一法律领域的内容毫无关联。实际上甚至连一个真正意义上的"公司"都不是必要的:例如在仅为"共同获得"一项事物,例如其他企业的股权,而组建资合公司的情况中,其共同目标与简单共同体的目标并无二异。

"公司法"超出了"公司"范畴的另一显著表现是"一人公司"的存在。基于资合公司独立的权利主体资格,及其与生俱来的责任限制目标,"一人公司"这种现象得到了广泛的认可。关于"一人公司"直至成立后才真正存在,抑或像德国新有限责任公司法所持的,在创立阶段之最初就已经形成,已无关紧要。唯一重要的是,在一人公司中已经完全不存在所谓的"联合体"、"合同"以及遵循"共同"目标等概念,因而公司的几个本质属性也全部被架空。只有责任限制原则在功能上代替了追求共同利益。一人公司实际上体现的,是披着某种公司法形式的外衣,作为权利主体而自主化了的、为"一人"所掌控的特别财产。要把这一构建形式理解为法人,也即"在法秩序基础上被赋予权利能力"[502] 的"作用或机构单位",其实并不困难。甚至我们可以认为,独立的权利能力这一法律特征就是承认"一人公司"所追求的当然结果。但这丝毫不能改变在一人公司中"公司"这一实体现象缺位的事实。当弗卢梅(FLUME)[503] 以一人公司中该"一人"可以基于私人自治取得对公司的完全控制,来反驳一人公司作为独立特别财产的基金会性质时,实际上他恰好以此进一步揭示了一人公司"公司性"的缺失。相较与一个真正的公司对比而言,结构上一人公司显然与基金会更为相似。本质上可以认为,我们在这里所论及的是一个独资企业,只不过它经由遵循一定的公司法程序而具备了独立的、自有的、人格化了的特别财产,并将其责任限制在这一财产范围内,但仍然没有发现存在"公司"这种实体现象。[504]

此外即使真正的基金会,其系统归类也仍然是不确定的。在一个宏大的公司法的整体构想中,如果坚持仅仅以"公司"这一现象作为依据,把基金会排除在公司

---

[502] So, und allgemeiner als „ ideales Ganzes ", definiert FLUME, Allgemeiner Teil 112 (1983) 29, die juristische Person im Anschluß an SAVIGNY.

[503] AaO 118.

[504] 曾多次论述过的更偏向于带有"机构性"企业秩序的公司,则不仅仅在外部界定方面存在问题。它指的是因客观原因企业经营已经与资本所有者分离开来,因为没有股东或者群体可以以投票权为基础施加影响,特别是在股权已经分散的公共公司中。对此可以参照 WIEOBMANN aaO 301。无论如何此时已经存在一个作为实体现象的公司。失去平衡的"只有"内部的权力分配,造成了一些内容上的问题。

法之外，肯定会立即受到来自专业方面的许多诟病。[505]

5. 综上所述，可以说对公司法的外部体系界定就如主流观点所持，不能单独以"公司"这一实在现象为依据。另外，以经营商事营业为标准对公司类型的限缩，其法律效果也并不显著：甚至有部分公司因为经营商事营业，而被排除在了公司法的大门外（如以运营非完全商事企业为目标的民事合伙，具有"副业特权"的社团，各种合作社等）。即使在有些常见的案例中完全不存在"公司"一说（一人公司，作为形式商人的其共同目标尚未超出简单共同体的资合公司），也对于针对"公司"性的异议没有起到多大的帮助作用。哪怕忽略以上诸多问题，仅从商法的表述来看，将现行法中一个经修正的复杂的商人概念作为整个系统的联结点，也是从一开始就不合适的。

此外，近来颇受关注的企业概念（辅助性的），其前景也颇值得期待。将公司法完全理解为"内部"企业法的主观设想，在现行公司法也包含了许多"外部规范"[506]——具体视各种法律形式有所不同——这一点上就首先碰壁，例如代理、财产归属、责任等。在这个问题上同时还要考虑独资企业的特殊性。独资企业中所谓的"内部"企业法其实就是关于企业主的权利能力、行为能力以及人格权利等的规范。

但借助企业概念我们可以构建出一个二重的公司法界定方式：这一"特别私法"首先且主要包括所有旨在共同经营企业的公司。更具体一点来说：该法律领域涉及所有瞄准该目标的，以及那些可以服务于、且事实上也服务于该目标的公司类型。进而继续扩展，公司法的实际领域内，另外一些形式的公司（一人公司、被规定为形式商人的简单共同体）也占有一席之地，它们以私人自治为出发点，遵循那些适宜且旨在于企业运营的法律形式规范组织而成。

第一种界定由"公司"和"企业"两种实在现象结合而成。第二种界定提供了一种在法律的元层次上进行系统性归类的新式范例：前提条件是存在一个关于法律形式的专门规定，它使得非公司法产物也能够按照为共同经营企业特别设置的法律形式组建自身，以及通过特定的主体来实现这一可能性。根据这一特性，那些依此组建的组织，也就是说那些规范所涉及的法律素材，就被归入公司法旗下，即使它们本身缺乏"公司"这一实体现象。这里的"法律形式"本身就表明了特定的构建体具备了某些使之此后能够归入公司法的法律特征。通过此例及其他一些事例可以特别清楚地看到，在公司法中一旦建立起了某种法律地位，则这种地位——在所谓

---

[505]　Vgl die umfassende Rezension von RRRRNER, ZIP 1987, 1625 zu K. SCHMIDT, Gesellschaftsrecht1 (1986) 5 (vgl aber doch auch 1. 36 ff). Doch ist die Sicht des Letztgenannten systematisch vorzuziehen. Wie ein Einzelunternehmer hat auch eine Stiftung, wenn sie ein Unternehmen betreibt, im Gesellschaftsrecht sachlich keinen Platz. 　但后者更值得肯定。正如个体企业家一样，运营企业的基金会在公司法中也无法占据一席之地。

[506]　Vgl etwa K. SCHMIDT, Handelsrecht \ 11. WIEDEMANN aaO 83 认为内部和外部关系的区分是公司法的本质结构。

的"规范的事实效力"(faktischen Kraft des Normativen)的意义上(按照多拉特教授谈话方式的评论)——会继续影响其之后受到的法律待遇(魏因贝格尔将规范同时视作"制度性事实"的学说在这里得到了特别的阐释)。

第一种界定此外还包含了一般形式的"公司",例如社团或者民法上的合伙(准确地说,其所涉及的法律素材),只要它们以经营企业为目标。这也解释通了当今我们将这一领域同时纳入一般民法和公司法的做法。

最后,上述扩展主要是基于对这种现实的考虑,即在现行法框架内,力求赋予组织形式足够的重要性,使得通过组织形式的变化能够让独资企业或简单共同体在法律待遇上有"转变为公司"的可能性。

第二节 合目的性考量

上述一切重构作为特别私法的公司法轮廓的努力,还仅仅只涉及外部界定。这一界定过程虽然复杂,但事后证明还是足够精确、可以执行。尚待探索的是一般的合目的性检验,以及足够的、与外部界定相一致的"规范性特征"。以一般合目的性考量作为开始,应当更为简便。

论及科学的体系分类与成文法渊源相一致之处,首先映入眼帘的就是各种丰富的、专门的公司法法律,如股份有限公司法、有限责任公司法、合作社法以及《德国商法典》第105条及其后续条款等。公司法的发展与考验是法学界和学说内相当大的一部分研究素材之一,这一点也是毫无异议的。

公司法强有力的普遍教义学成功地从大量具体法定形式(公司类型)中,提炼出一系列公司法的"特色"和"结构性原则",这是公司法体系构建合目的性的首要证明。[507] 后者我们最好称之为结构问题,是为了使其更好地与公司法中的法律原则相区别,因为公司类型多种多样,它提供的不是解决问题的规范的共同价值基础,而只指明存在相同的问题领域。例如"社团条例"[508],"财产条例"[509] 以及"企业条例"[510] 等都是关于在公司框架下的企业的规定。而前述问题层面显然只涉及那些经营企业的公司。这也为借助于企业概念来界定公司法作为特别私法的观点提供了佐证。

---

[507] WIEDEMANN aaO 82 und 143 ff.

[508] AaO 143 ff. 具体内容涉及设立和清算:对无效之理由和后果的限制;目的和结构的改变;公司合同和章程;股东决议。

[509] AaO 188 ff;也即对于法人来说涉及自主的财产能力,对合伙来说涉及面向多人的财产分配机制。在奥地利民法公司中,也必须同时考虑到只有义务性约束、对产生绝对效力的支配进行限制的按份共同共有。

[510] AaO 296.

同样，公司法的结构预设也反映了其"特色"[511]：内部关系与外部关系的区分、规范适用对象往往是一个"所涉群体"（成员，债权人，员工）而不是具体的个人，以及最终一种"宏观法学的观察方式"，即让个别的社会现象，如大型社团或大型企业，鉴于其广泛的影响力而在公司语境下承担起特别的责任。要补充的是，迄今为止我们尚未成功地从此思路中，抽象出具体的法律原则或规则。但之所以在公司法中越来越多地使用强行法来限制私人自治，这一大致原因无疑是越来越清晰的，即因为公司对其成员领域及对社会环境有着太强的影响[512]，特别是当它能够从事大型团体性活动时，这种情况下由于该人合团体侵入了他人的法律领域，在外部关系上自然要受到更强的法律约束。[513]

结社自由与社团自治的界限必须具体地由它们与公司法其他价值原则所达成的平衡状态来决定。这些原则我们在下一章节中将详细论述。

只有当社团活动失控的、过于强烈的外部影响出现在经济社会领域，也即私法调整的领域时，公司法中的强行法因素才有效地克制这种影响。早在商法中就已经存在的企业的"乘数效应"，即经济活动及其影响（如通过影响其他企业）会不断翻倍，在公司法领域也是那些强制性规定的制定依据，如通过强制责任来实现债权人保护等。但有些社团的外部影响力并非来自其企业活动，而是来自其成员的人数和影响，且主要表现在（狭义上的）政治领域，例如工会、企业家或司机同业协会等，则此时强行私法可能仅具有相对谦抑的限制作用，因为在这种情况下缺乏会引起私法上的特别法律后果的有效依据。从这一点中也可以看到，构建专门的、最初以"公司"及"企业"这些实在现象为基准的公司法，是具有相当合目的性的。

而能够否定前面建立起来的公司法界定方式的合目的性的有力论据恐怕只有这一事实：依据该方法必须将社团以及民法上的合伙区别为企业性的和非企业性的，并依此将其分别归入一般民法和公司法中，也就是说，这一法律素材被重复使用了。如果考虑到将同一个法律素材不断地在各处重复使用这一困境，可以说这一反驳其实相当有力。在探索对整个法律素材进行合理的系统性分类时，这类问题是不宜出现的。但也有理由可以相信，如果我们用一般性的、针对企业活动的公司法价值原则来填补现有解释空间或法律漏洞，则对于那些进行企业活动的社团和民事合伙公司，即使存在一个同一的法律基础，但同时亦会产生多个不同的子类型及各自

---

[511] WIEDEMANN aaO 83 ff.

[512] WIEDEMANN aaO 24.

[513] WIEDEMANN aaO 83.

专门的规范。[514] 例如对待从事企业活动的社团时必须要考虑，既然法律上缺乏对其最低责任资本的具体规定，是否需要在一定限度内引入与具体情况相适应的资本配置要求。总之，对应然法上的一致性检验只能在公司法价值原则的帮助下进行。

第三节　作为"内部体系"的公司法特有价值原则

1. 鉴于公司法法律形式的多样性，若要明确提出其指导性价值准则，并由此归纳性地探究、浓缩出这一法律领域中本质性、规范性的内容，则必须以大量研习公司法教义为前提。要获得这些研究所必需的演绎性元素，也即支撑那些公司法的甚至私法根本原则的元素，前提之一是熟知这一法律领域与整个私法体系的关联。在这种情况下，无疑是一大幸事的是，公司法让人印象深刻的体系中的某一个已经开始精确而全面地提出、阐释这一法律领域的标准"价值原则"。因此，之前章节在系统方面的努力，也将以其对公司法"内部体系"所做的有价值的贡献对此处的探讨继续提供支持。而我们所面临的要求是，至少要使已经得出的结论与关于公司法规范性基础的一般教义学论述不相冲突。在有意识地、力求全面地探究"内部体系"时，参考教义当然也不能仅局限于罗列性的，或只是偶有涉及的一部分文献。

---

[514]　这对于构建两个民事合伙子类型的努力也同样适用，《奥地利普通民法典》第 1175 条本身已经有所提及（通过针对"商人"的特别规定）。THIERY 的 Die Gesellschaft bürgerlichen Rechts als Unternehmer (1989) 虽然颇值得赞许，但是在论证上有许多可商榷之处。他认为可以对纯粹债法上的"纯民事"民事合伙和"类推适用"无限公司法规定的"含企业家"的民事合伙进行区分。但后者直接且明显违反了《商法典》第 105 条第 4 条第 2 款的规定。而且如果这样的话，根本就不需要营利团体法了。按照以下方式来论证是完全不可取的：即便法律明确表示商法不适用于旨在运营不完全商人企业的公司（更不用说非商人企业），也并不产生什么影响，我们还是继续类推适用。特别是当法律的明确规定（如此处），与经过思索的、无错误的法律继续发展与立法者的意图始终相一致时，特别要防止前述现象的出现。从《奥地利普通民法典》的角度来看，由于其在民事合伙的物权方面仅仅规定了一些强制性义务，正如 THIERY 认为的，从中无法看出，在财产归属方面类推适用商法规定是否真的有依据。不管如何推divine和衡量，"上升的"或者"突出的法政治需求"本身并不具备进行正确法律类推适用的前提，特别是法律缺口，除非对"法政治"需求和系统地对法律基础进行补充的法的续造不进行区分。从作者自身的意图来说，也无法理解为何他在与之前的文献进行交锋时毫不妥协地否定《奥地利普通民法典》在许多地方将债法上的共同联合和物权法上的"共同体"仅视为同一个事物之两面的事实。但同时他自己又谈到"出版者的意图"，即"对所有以合同为基础的社团都应当按照《奥地利普通民法典》的规定来评价"（aaO 41 Anm 173）。对债法上的公司和物权法上的共同体的分别定义到底可以达到什么程度，正是法律解释最核心的问题。对这一问题可以根据事物的性质和基于一般公司法价值原则在一定范围内就作者自己区分的民事合伙的子类型进行不同的回答：可以认为，一般民事合伙的共有财产仅仅是一种义务约束，但在更紧密的企业家合伙中则是一种物权约束（即便结构上没有达到不分份额的"连带"的程度）。而如果认为基于合伙合同建立起来的共同体就是合伙本身，且统一地适用《奥地利普通民法典》中关于民事合伙的规定，则也可以说"脱离"合伙（《奥地利普通民法典》第 1210 条）就是脱离共同财产，从而产生其他份额增加的效果。但作者显然认为这是不可想象的（但他在之前又回过头去引用了出版者的意图），只因为法律中对此没有明确和清楚的单独规定。但这还远远不意味着存在一个解释方法上无法逾越的障碍。需要进一步审查的仅仅是，立法者将合伙和共同体及其在法律中的相应含义视为一体的观点是否在解释时得到了体现。即便对此并非毫无疑问，但远远还没有达到像 THIERY 认为的那样，违反明确的、与立法者的意图相一致的规定的程度。

维德曼（WIEDEMANN）在他的巨著中，对公司法的基础、价值原则给予了大量的关注和生动的描述。他认为（9）*"结社自由"*原则是法律行为中的私人自治原则在公司法领域的具体适用，并把它放在公司法价值原则的首位。[515] 这一原则之前在论及法人时已有涉及，对于公司和公司法同样有不容忽视的中心作用。这一原则的特别之处在于，公司法中的法律行为（以及经由法律填补后的）所追求的法律后果就是"联合"，它由行为人的目的以及追逐共同利益的客观要求所决定。为此，一个或松散或紧密的组织机构，或者一个拥有相关授权职责、形成意思表示、经营事业、代表该社团的主管机构，是必不可缺的。这一机构所做的决定对所有社团成员生效，并阻碍其相反意见的实现。特别在适用多数决原则（仅存在于部分公司类型中），以及其他有强制代表规则的社团中，其成员与社团（其代表机构）间基于私人自治基础，即基于成立或加入行为，往往都存在一种依赖关系。

结社自由在社团成立后的阶段中进一步延伸和表现为（9a）*社团自治原则*。建立在社团法律行为基础（公司合同、章程）之上的主管机关可以据此以社团的名义对其他社团成员行使其职权，不受个别成员意志、外部强制影响，在意志形成方面不受外部法律约束——至少根据其精神可以作此理解。[516]

法人通常着眼于法律上的独立地位，事实上也实现了完全的独立化。但与此相矛盾的是"非独立法人"现象的存在，最为明显的就是康采恩。[517] 这种非独立性可以通过私人自治，也即签订相应的合同来实现，同时也可以通过（"事实上的"）获得多数股权、控制独立公司的机关来实现。这一矛盾及由此产生的滥用风险已经成为一种专门的法律规范问题。

总体而言，结社自由原则要受到（99）公司类型法定原则的限制，法律只给予了意欲联合者一定的联合形式供选择。[518] 但同时在任意性规范的——不同尺度的——框架内，通过法律行为偏离具体的公司类型或者自主创立新的（非法定的、在商事交易过程中产生出来的）类型，例如有限两合公司（GmbH und Co KG），也是有可能的。在强制性法律规范之外，个别地对以法律行为偏离"法定形式"的活动进行限制，这一"类型学的"努力虽然历经尝试，仍不无疑问。在确定这些限

---

[515] WIEDEMANN aaO 4.

[516] 对于"社团自主"请见 WIEDEMANN aaO 371；对于"社团自治"请见 FLUME aaO 189 ff；328 ff，其中对成员大会作为最高治理机构的自治性进行了强调。

[517] 比较 FLUME 118 ff；WIEDEMANN 106，347；K. SCHMIDT, Gesellschaftsrecht², 400；奥地利对于企业集团问题的论述尤其见 KREJCI, GA lO. ÖJT 1988, 229 ff；280 ff，其中探讨了原则上以及从实然法的角度（奥地利没有关于企业集团的特别法）禁止彻底（哪怕是经济上）服从的理念，这也是法人的法律人格的结果。这种理念在具备相应程度的谨慎时具有合理性：对自然人来说，所有的禁止彻底服从都可以追溯到人格尊严和自由原则的核心内容，而对于法人来说，禁止彻底服从来源于法人的法律自主性和对可能导致法律交易误解的彻底依附的排斥。因此，可以认为占主导地位的企业负有尊重依附它的企业的自主利益的义务。对企业集团法的诸多细节问题在此不多作论述。

[518] Vgl nur etwa WJEDEMANN aaO 4；KASTNERIDORALTINOWOTNY aaO 22.

制时显然必须十分谨慎，也许只有在明显的滥用案例中，才能予以承认。

2. 维德曼在其关于"公司法的价值原则"[519]一章的大量篇幅中，还提到了以下原则，作为下位原则加以阐释：（*100*）*通过确认一种（在核心领域）不可放弃、不可剥夺的成员地位实现个人保护。*这种个人保护既抵制控制了社团机构的社团多数人肆无忌惮地做出决定的明显趋势，亦可（在实行一致同意原则的领域，如在人合公司中）克服单个股东或合伙人的特殊的协商能力不足。

这一主导思想在许多方面得到了贯彻：排除投票权的界限需要借由管理权确定，而管理权不可放弃，由此实现自我保护；监管权不可放弃；*存续状态保护*（Bestandsschutz）和信赖保护，尤其是针对合法获得的，来源于值得保护的信赖事实的（特别）权利；针对新的负担如额外出资，可退出共同体，以及用以确保这种退出可能性的自由保护。这些主导方针从法的安定性（特别是从交易和信赖保护、合法权利保护原则中）和自由原则等基础性原则的可推导性是显而易见的。

按照维德曼的观点，少数人保护原则的内容主要应当是长期牢固确立一个稳定的社团中多数和少数之间的关系，而不在于使单个社团成员在社团活动中于一定范围内以之对抗经常处在变化当中的社团多数。现实当中经常出现的状况是，这些多数派掌握社团机构可以处分自己和他人的、包括少数派人的财产和利益。因此有必要将此处分权力限定在社团框架下必要的、合理的范围内。除了法定的关于某些重要问题的投票人数，我们还可以借助（明确性原则）（Bestimmtheitsprinzip）达到上述限权目标：在人合公司这一较为狭小的领域中，所有需要经由（任意性的）"一致同意原则"做出决定的事项，为明确及预告起见，都应该明示地逐项列于合同中。与此相关的最实际而全面的原则应当是社团法中的平等待遇原则以及公司法上的忠实义务。[520]

对多数和少数的地位进行稳定的区分，一定程度上更加强化了确保针对少数人的忠诚的法律任务。甚至可以认为，这是很多保护手段得以发展的关键。但仍有疑问的是，将个人保护与少数人保护原则置于同级的地位，并且作为不同的关键原则来对待，是否真的合适。被维德曼列于少数人保护之下的原则一旦形成，显然也有助于保护单个成员对抗一个纯粹个别的，也即不是相对于该成员长期稳定的多数人

---

[519] AaO 357 ff. 相似的基本原则也已经出现在 WIEDEMANN 的 Rechtsethische Maßstäbe im Unternehmens-und Gesellschaftsrecht (Rektoratsrede 1979) 中。由于不仅在法教义学方面对各个问题进行了全面透彻的分析，也系统化地对一般化的"形成机制"进行了持续研究，SCHMIDT，在 Gesellschaftsrecht² (1991) 中具有重大意义的整体介绍使得归纳公司法的规范性基本原则不再是一项复杂的任务。在"内部体系"方面前述介绍大量援引了 WIEDEMANN 的作品。在许多对碎片化的、在立法中出现的公司法的结构进行一般化的尝试（或者其否定）中，明确提取出规范性法律基础可能在论证的易于理解性方面比仅仅从历史角度的描述或者从直觉出发的建议更具有进步性。

[520] Zu all dem ausführlich WIEDEMANN aaO 356 und 403 (hier und an der Spitze jedes folgenden Kapitels auch umfangreiche Literaturangaben); K. SCHMIDT aaO 371 ff.

一方。另一方面，个人保护也可以用来对抗一个常态化的多数。最后，将少数人保护作为不同主导原则的上位总结，似乎也不太具有说服力。

考虑到此处所追求的目标，我们可以将少数人保护与个人保护紧密结合起来，另外直接以此处的相关具体主导原则为标准。如前所述，这里所涉及的主导原则主要是（101）通过有效多数决表现的法定少数人保护、（102）社团法上的平等待遇原则以及（103）公司法上的忠实义务。（"明确性原则"因为需要明确的合同约定且只针对特定的问题，一般限于人合公司内，故而不能被视为整个公司法的主导原则）。

平等待遇要求有着多样化的基础，因而也表现为不同的强度：依据可推测出的、其成员通常情况下的典型意思，它首先构成一个以社团成员推测的、典型的意思为基础的、全面的解释规则。因为在存疑时我们无法假定，社团成员虽然通过设立或加入行为赋予了社团机构活动的权力，但当这一职权完全被武断地行使，也即任意地、没有经过客观论证地进行区别对待时，他们仍愿意屈从于此。他们期待的理所当然是公正、正义的待遇，没有相左规定的情况下，在分配利益和负担的份额时更要求被平等对待。

此外，社团法上的平等待遇原则还有其强制适用的核心领域。它首先不能被一般性地排除适用，其次也规制那些影响其成员核心利益、难以预见具体后果因此令人惊讶的，或带来不合理的经济压制的公司合同或章程条款。即使主体自愿服从他人的决策，当这种服从的范围和影响因其全局特征短期内无法被预见，或将导致无底限的经济支出时，则也是不被允许的。哪怕是在"纯粹"的经济领域，全然或不合理地放弃自决权，也是对人的最大限度平等自由这一根本原则，极端情况下甚至是对人格尊严的一种违背，当然同时也有悖于善良风俗。[521] 此外在涉及"捆绑协定"，及合同一方拥有使另一方无条件屈服的给付决定权等情况时，也可见上述价值观念的有限身影。即便在自愿约定的"不平等交易"中，若通过这种交易使被压制一方在未来也将失去大量开展法律行为的可能性，那么这一自愿约定同样违反了自由原则。

公司法上的忠实义务同样建立在为保护相关人利益而对社团活动权力进行限制的必要性基础之上。对于通过平等待遇要求得不到解决的问题，忠实义务的作用就更为明显。而在某一社团内部，要探究忠诚和谨慎的具体含义，往往可以从社团目标或企业目标入手，同时考虑到一般性的权利滥用禁止以及合比例性要求作为辅助。[522]

---

[521]　Vgl dazu näher schon BYDUNSKI, GAÖJT (1961) 20 ff und vor allem 46 ff.

[522]　Dazu WIEDEMANN aaO 404 und 472.

不难发现，就如在上文中谈及"个人保护"所提到的，迄今为止我们所论述的原则[523]几乎都建立在相同的基本原则上，即通过交易保护和信赖保护，以及通过合法权利保护和自由保护带来的法的安定性。

此外维德曼还（不仅仅）继续提到了作为特别价值原则的（104）"投资者保护"[524]，这一原则可用以保护那些通过公开资本市场而成为公众公司纯粹投资者的股东，同时也维护准股权的持有人以及纯粹债法上的债权人的权利。公司法上的保护趋势应该首先体现为，肯定管理层（类似于管理纯粹的他人财产一般）有进行事务管理的完全义务；其次，还必须组成一个投资者信托监管机关，只对投资者负责。

也许仍让人不无怀疑的是，在具体规范的层面上是否存在一个已经比较成熟的、超出一定"法官法"趋势的，与上述原则要求相符合的公司法基础。另一方面，体系上似乎有疑问的是，是否应当为了维护通过公开的资本市场成为股东的投资者而将特殊的公司法保护措施归类为个人及少数人保护，相反却将那些维护纯粹债法上的债权人利益的措施归入债权人保护。然而在上述框架内也无法对这些问题进行足够的澄清，由此恰好可以引入公司法上一般专业人员的看法，可算一个独立的、较新的公司法"价值原则"。

被维德曼视为"债权人利益"保护价值原则统领下的各原则，无论如何看来都相当重要且具有各自独立的价值。[525] 这一保护原则不仅涉及现有的债权人，而且关系到潜在交易伙伴及交易安全保护，因此被视为一般法律行为层面的信赖和交易保护原则在公司法领域的具体适用，而一般层面的信赖与交易保护原则又以法的稳定性这一根本原则作为基础。若要研究公司法的特有原则，也许直接关注被维德曼置于"债权人利益"之下的各个具体原则更为有效。

论证（在与"内部相关"成员的关系中）有效的债权人、交易安全保护合理性的思辨，对规范建立及进一步设计相关法律状态有着重大意义：债权人应当比成员受到更优先的保护，这一点在社团破产中作用尤其明显，破产财产必须优先满足债权人。通常认为原因主要有二[526]：社团成员基于其成员权往往能够获取重要信息，他们对社团做出的，特别是企业经营性的、影响经济发展的决策施加制度化影响。

---

[523]　Mit vielen Belegen (an der Spitze des Kapitels) zum verbandsrechtlichen Gleichbehandlungsgrundsatz WIEDE-MANN aaO 427；zur Treuepflicht aaO 431 ff；zum erstgenannten Prinzip grundlegend G. HUECK, Der Grundsatz der gleichmäßigen Behandlung im Privatrecht（1958）；zur Treuebindung insbesondere A. HUECK, Der Treuegedanke im modernen Privatrecht（1947）；ZÖLLNER, Die Schranken mitgliedschaftlicher Stimmrechts-macht（1963）335ff；österr Belege zum Gleichbehandlungsgrundsatz bei KASTNERI DORALT！NOWOTNY aaO 18，zur Treuepflicht aaO 12 f.

[524]　AaO 472 ff.

[525]　AaO 513 ff.

[526]　WIEDEMANN aaO 515.

而债权人和其他外部人员—— 就像大债权人往往如此的——哪怕能够掌握足够的信息（并有"非正式"的影响），也至少不具备第二项优势。

然而涉及纯粹的投资股东，内部成员和外部债权人的区别就不甚明晰了。但第二点区别仍然有效，即资本投入的方式存在差异：投资者追求随企业效益而变化的投资收益，而债权人只收取固定的利息。

上述区别的重要性以及由此导致的债权人保护的不同措施可以追溯到两个重要的法律原则：风险控制原则（至少在抽象意义上）要求，能够对风险产生或避免产生更大影响的一方，承担风险现实化的后果。这一原则产生于更为基础性的经济效率原则，因为风险承担规则对于可避免的或不合理的风险有天然的预防作用，且由此可以避免"成本的外化"。

第二个视角来自另一个根本原则，即补偿正义：能够且追求在特别有利的交易形势中获得特殊利益的人，当特别糟糕的交易形势来临时，也不能将损失转嫁给其他从一开始就无法得到良好机遇的交易参与人；否则，他就能够有目的性地任意干涉初次财富分配。

除了信赖和交易保护，下方待阐述的公司法原则还可以追溯到前述多个一般法律原则。联系外部体系构建的内容至此已经可以断定，这些一般原则完全适用于那些作为"典型企业载体"[527] 的社团。

在上述框架内首先映入眼帘的就是（105）*强制、无限代理原则* [528]，在商事登记簿（"公司登记簿"）中也得到了体现。它的基础是交易保护和信赖保护这一点已经无须赘言。

在经济和法律的可能框架下，以足够的责任财产来保障共同体债权人利益的法律原则，对于债权人的债权收益及预防保证企业的合理经济活动有相当重要的意义。这一目标可以通过多种方式达成：对于非完全独立于其成员的人合公司适用（106）*股东个人责任原则*，或至少由其中一个股东承担个人责任（*两合公司*）。

以此确保公司的债权人如自然人的债权人一样，（至少）有一个法律主体的财产作为无限责任财产担保其债权，且最好是一个不以责任限制为原始目标的主体。此时，则资本筹措及资本保持等特别措施也无须再保留。[529]

而针对作为法人完全独立存在的"资合公司"，则需要特别的法律措施以规范资本筹措，保持一个适当的最低责任资本（原始资本或称注册资本），如强制缴纳出资、禁止异化等。因此对于资合公司适用（107）*实际出资原则*及（*形式上的*，

---

[527] WIEOEMANN aaO 518.

[528] WIEDEMANN aaO 523；umfassend insb PROTZ, Verkehrsschutz im Vertretungsrecht (1972) 137 ff.

[529] Vgl WIEDEMANN aaO 518，534；539 zur Aushöhlung dieses Systems durch die Zulassung einer juristischen Person als persönlich haftender Gesellschafter insb bei der GmbH und Co KG.

因为在恶劣的经营状况下通常起不到帮助作用）资本维持原则。 这一原则表现为众多具体规范，特别包括出资缴纳义务、禁止抽逃出资、禁止公司获取自己的股票、有关评估及利润用途的规定（涉及隐性利润分配时亦是如此）等。[530]

除了上述清偿公司债务方面的个人责任，特定情况下发起人、机关成员或控制股东[531]还可能因其自身违反义务的过错行为承担一种"行为责任"，赔偿公司损失。而公司的相关债权要作为责任对象供公司债权人处分，因此实际上公司债权人可以从中间接受益。某些情况下，且最近愈有强化趋势，上述群体甚至可能对公司债权人承担直接的外部责任，特别是当他们违反了保护债权人利益的法律或其他类似的保护义务时。这一情况近来尤其在涉及恶意迟延破产及失败的重整计划案例中得到了体现。[532]

将资本筹集和资本维持原则具体化的法律规范仅确定了公司成立所各自要求的一般最低注册资本，因而无法考虑到，由于企业经营对象和目标各有差异，其成立或改建时的具体资本需求亦有不同。在此情况下，若联系到"行为责任"的可能性，则可能产生一个问题，即至少在明显的"资本不足"、面临经济崩溃的企业中能否使企业的实际掌权者根据"刺破公司面纱"或损害赔偿规则承担个人责任。

"形式的资本不足"只需从形式上进行认定即可。它是指股东筹集最低资本时，不是进行公司法上的投资形成自有资本，而是通过信用行为引入（形式上的）外来资本。通常认为在类似这些情况中，尤其在"替代资本的股东借贷"或"替代资本的担保"情况下，破产时因此形成的股东对公司的债权受偿顺序应当位于"真正"的信用债权之后。其中最为关键的是，企业在被授予贷款时是否具备信用能力，也即换作第三方也能在通常条件下取得信贷；抑或该信贷取得并不合理，经济上应当

---

[530] Vgl WIEDEMANN aaO 521，556 ff. 561 wird aufdie bedeutsamen Ableitungen daraus hingewiesen，die（neben anderen Erwägungen）die Rechtsfigur der fehlerhaften Gesellschaft betreffen und die insbesondere die Geltendmachung von Willensmängeln bei Gründungs-und Beitrittsgeschäften einschränken；zur "fehlerhafte Gesellschaft" ausführlich K. SCHMIDT aaO 120 ff.

[531] WIEDEMANN aaO 537.

[532] 对这一问题在奥地利就已经有丰富的论著。比较 die Entscheidungen JBl1972，141（mit Anm von ÜSTHEIM）＝EvBl1970/63＝SZ 42/ 104；JBl1986，713（mit Anm von REICH-ROHRWIG）＝GesRZ 1987，46＝RdW 1986，336＝ÖBA 1986，570；RdW 1986，372；WBl1987，186（dazu STRIGL，WBl1987，203）；SZ 53/53；SZ 51/88；aus der Literatur grundlegend P. DORALT，Zur schadenersatzrechdichen Haftung des Geschäftsführers der GmbH bei fahrlässiger Krida，JBI 1972，120；seither DERS，Unbeschränkte Haftungen bei Insolvenz der GmbH，GesRZ 1982，88；KOZIOL，Die Haftung wegen Konkursverzögerung durch Kreditgewährung，RdW 1983，34，66；HONSELL，Bankenhaftung bei Untemehmenssanierung，JBI 1987，146；DERS，Die GmbH und der Gläubigerschutz，GesRZ 1987，173；HOLESCHOFSKY，Zur Haftung für den fehlgeschlagenen Sanierungsversuch，GesRZ 1987，34；KOPPENSTEINER，Zur Haftung des GmbH-Gesellschafters，WBI 1988，1；H. SCHUMACHER，Konkursverschleppung und Gesellschafterhaftung，RdW 1987，394；THöNI，Zur Verantwortlichkeit des GmbH-Gesellschafters，GesRZ 1987，82，126；HARRER，Haftungsprobleme bei der GmbH（1990）43 ff.

有自有资本存在。[533] 因此股东至少要在"经济上"以其应当缴付给公司的资本承担担保责任，哪怕该资本形式上以外来资本出现。

　　而对于"实质的"资本不足，也就是说所涉企业所要求的资本配置根本没有得到实现，那么相关责任人员是否，以及在何种条件下应当为此承担个人责任，仍然备受争议。一个与客观情况相符合的合理资本配置，为理论界相当一部分人所主张，然而立法上只有少数几条规范对此进行了明文规定。支持此要求的一个重要论据就是保障资本这一法律工具的目的和意义。没有一定程度上的实质性补充具化，仅仅依靠一般性的最低资本额规定，恐怕难以实现充足的责任财产这一目标。具体的资本需求一般要远远超出法定资本要求，若得不到满足则可能导致企业的经济效益从一开始就不被看好。因此想要投资一个处于极好形势下、收益颇丰但失败风险也极高的企业的人，可能会尝试降低自身风险，为此同时大大提高那些信心满满、哪怕几乎没有高收益可能性却仍然愿意注入外来资金的交易伙伴的风险。

　　另一方面，一个精确的法定资本数额也可服务于股东和法的安定性。为使这一目标不至于白白落空，只有在极少情况、极严格的条件下允许引入关于充足资本配置的进一步责任。因此只有当资本不足状况客观存在，在谨慎的态度下从行为者的角度看至少较为明显，且有风险向外转嫁危险出现足以证明主观上具有可归责性，才能肯定资本不足责任。[534]

　　以实际出资原则为出发点进行此类谨慎的、有助于避免滥用的推导具有相当大的意义，否则将得出任意的，明显违反正义的均衡原则的结论：法律明确规定的、要求一定责任资本的成立条件只出现于少数法人中，即资合公司。对于其他的法人，如社团以及合作社等，就没有设定特别的最低责任财产。通常情况下这一设计并不难理解，因为资合公司是"典型的企业载体"，且根据之前所述企业的"乘数效应"，在缺乏责任财产的情况下，它会使不确定性和风险扩散至商务交易中。而其他的法人只是偶尔涉足业务交易，通常他们对交易安全产生的威胁并不会超过无

---

　　[533]　比较 WIEDEMANN aaO 566；对奥地利的详细介绍请见 P. BYDLINSKI, Bürgschaft 62 ff (mwA)，作者致力于超越纯粹的经济效用考虑，而将法律上的目的考虑（对债权人的威胁）置于核心地位。真正具有考验的是"代替出资"的借贷最后被证明对债权人有利的情况。对此，主流观点部分援引了"法律固有的"体系构成，认为即便在这种情况下从经济角度来说也超出了一般的信用协议的范畴（vgl zuletzt K. SCHMIDT, Fortschritt im Recht der eigenkapitalersetzenden Gesellschafterleistungen, RdW 1994, 135 ff (mit Angaben)）。但这不当然地或在法律体系上具有启发性。

　　[534]　比较 WIEDEMANN aaO 565 mit eher weitergehenden eigenen Positionen；ferner die Literatur zum "Durchgriff" oben bei der Lehre von der juristischen Person im allgemeinen Teil sowie K. ScHMIDT, Gesellschaftsrechtl, 186 ff, zur "Unterkapitalisierung" insb 205 ff. Die von diesem Autor（mit einer neueren literarischen Strömung）bevorzugte Lösung einer Haftung der dafür Verantwortlichen grundsätzlich bloß gegenüber der Gesellschaft（auf deren Schadenersatzforderung deren Gläubiger sodann greifen können）muß für den Fall der "masselosen Insolvenz" sogleich zurückgenommen werden. Vorzuziehen ist schon deshalb die Lösung, die bei "evidenter Unterkapitalisierung" den Zugriff der dadurch geschädigten Gläubiger auf die dafür Verantwortlichen zuläßt（insb P. ULMER, FS Duden [1977] 676）.

财产的自然人做出的法律行为交易。

如果现在是另一个法人，比如非营利社团在其"副业特权"的范围内经营一家企业，则这种区别的理由就无法成立了。对于一些经营性法人完全忽略实际出资原则是恣意武断的。但总体来说，具体的资本额只能由立法机关来确定。因此，从这一基本评价中只能得出实质性的禁止具体资本不足、抵制滥用行为的推论。[535] 那么资合公司就可以尽可能少地被排除出这一结论。

"债权人利益"框架下的最后一个原则是"公示方式的债权人保护"[536]。但其受众，或称"保护群体"实际扩大到了投资股东或合作社成员、参与到法律交往中的其他人员或者说市场参与者及最终的"社会公众"。既然每个人都是法律交往参与者，那么最后一项（指"公众"——译者注）在多大程度上超出了法律交往参与者的范围，可以存而不论。总之，因其宽泛的保护方向，这一原则应该表述得更为广义一些，即（108）通过公示进行的交易保护。它要求一定的法律措施，使所有利害关系人更好地获取某些事关交易的企业情况信息。在此框架内除了传统的"登记簿公开"，近来首先在欧共体法影响下出现的"财务报表公开"也受到极大的关注。确保报表内容清晰明确、真实有效，以及尤其针对大型企业的账簿进行审查和公示以确保法律交往中的信息利益的相关条文被大量地扩充，以此在法律上被认可的一般信息及监管利益也符合之前提到的"乘数效应"，其在大型企业中作用尤为明显。

第四节　关于"企业法"

有关企业公开义务的大量规定分别被归入商法、公司法以及部分归入专门的"企业法"[537]。这使"企业法"呈现出了备受讨论的另外一种视角。讨论起点已经不再是，企业法是否是关于商法的"法律续造目标"或者商法与体系相适应的继续发展而形成的企业外部交易法，而是在新的"企业组织法"的意义上而言的、"公

---

[535]　这种情况下非营利性社团的"责任穿透"请见 WIEDEMANN aaO 518，其认为在责任穿透领域应当原则上遵循这样一种理论：不存在统一判定的责任形态，只存在一个因法人的存在而构成的问题。这一问题的实质是，如何判断站在法人身后的主体自己做出的与法人相关的行为。在进行这种判断时，与该规范目的相关的规定对义务构成和责任后果的确定至关重要（比较 K. SCHMIDT aaO 的相关论述）。

[536]　WIEDEMANN aaO 573 ff.

[537]　WIEDEMANN aaO 575.

司法有必要继续发展为全面的企业法"的要求。[538] 其中根本上追求的赋予劳动者更强的共同决定权（Mitbestimmung）的目标，后续我们还会特别讨论。此外，这一视角之下还追寻其他的企业相关规范的统一化趋势，或者无论如何至少追求，在公司法上不以"法律形式"进行区分，而是根据更广义的、其具体内容必须终局性地确定的标准，或者根据某些选定企业（如信贷、保险、或者能源经济）的活动类型来进行分类。然而，选择尽量统一，还是按照功能分类保持规范模式的多样化（或者替代决断地确定的标准），这一择优决策着实很难做出，导致事实上也出现了许多法律政策问题，"企业法的设想"对于这些问题也束手无策。[539]

　　然而在账目公布以及公开化方面，对"企业法"的探索在法律政策上可谓极富成果。但最新的研究至今既没有奠定一个全新的、不以几个核心私法原则为基础的"企业组织法"，亦未引起体系方面的较大变化。适用于个别公司类型的账目公开及公示条款分别被规定在各自具体的法律中，而适用于多种公司类型的一般性规定位于公司法总则部分，关于商人账目公开的规定甚至存在于商法中（参阅新的《奥地利商法典》第 189 条及后文，《德国商法典》第 238 条及后文，针对资合公司的部

---

〔538〕 见德国司法部在交给一个专家委员会的委托中的论述，比较„ Bericht über die Verhandlungen der Unternehmensrechtskommission " (1980) 78；对此持反对意见的：RITTNER, Der Bericht der Unternehmensrechtskommission und die GmbH, GmbH-Rundschau 1981, 277 ff, FLUME, Um ein neues Unternehmensrecht (1980), 以及其他大量文献。特别值得一提的是一种较老的有利于"企业法"的态度，其巅峰表现形式是统合所有差异实现"企业组织法"的大一统，它在法律形式上可以是不同企业载体适用不同的规定，但总体来说对企业的理解就是法人。在奥地利，K. ASTNER/DORALT/NOWOTNY aaO 5 f 将账目公开和共同决定也归为"企业法"的核心问题。对此的进一步说明请见 BALLERSTEDT, Was ist Unternehmensrecht, FS Duden (1977) 28 ff, 其中提到一种认为企业相关的规范范围超出了商人概念和法定企业形式的体系概念，具体来说特别包括康采恩法、竞争法、会计法、公开法、共同决定法以及劳动者财产法等（最后一类也可能属于劳动法，竞争法是否属于有待商榷）。目前，奥地利与此有关的详细介绍以及对"企业法"提出质疑意见（同时也是对"经济法"的质疑，至少可以将其作为对比和拓宽视角的工具来看待）的有 ABORNEGG, Unternehmensrecht und Arbeitsrecht, DRdA 1991, 8 ff, 特别强调了预设界定标准的多样性和争议性。总而言之，作者最后推荐一个"实用的"企业法概念，尤其包括商法和公司法，但"仅限于企业载体相关内容"。如果在商法和公司法之外再构建一个包含上述新规范类别在内的"企业法"，其实不符合体系目的，因为上述新的法律材料其实就是商法和公司法这两个特别私法的继续发展。如果将"企业载体问题"理解得宽泛一些，即将企业载体的外部活动和组织考虑进来，则 JABORNEGG 的观点与下述建议实际上完全一致：将商法（及他要求的将商法发展为"外部的"商业企业）和公司法（企业载体）及整个最新发展整合成"企业法"（见本章的最后）。这里，未形成完整的体系化，而是成效略低的松散的结合的原因在于，商法和公司法的"价值基础"（正如 JABORNEGG aaO 正确指出的）并不完全重合。这从前文中已经得出的两个法律领域的价值层面的对比中已经可以看出，也即其具有不同的"规范特性"。JABORNEGG 将现行的界定概念和价值基础共同运用在体系化问题上的基本观点，似乎与本书上文中发展出的体系化标准不谋而合。其他的文献都需要对"企业法"的概念和先决条件进行解释（哪怕是以不同的方式），例如，T. RAISER, Das Unternehmen als Organisation (1969) 和 RAISCH, Unternehmensrecht Ⅰ (1973), Ⅱ (1974) 试图总结出所有构成当前"企业法"的基本原则和规范。这种模式有意忽视了一般民法、商法和公司法的界限。请同时比较 M. LUTTER, Europäisches Unternehmensrecht (1991), 其将企业法的概念集中在了股份公司和相关的材料上，但因为该书的现实目标所致，没有对"企业法"做集中的体系解释。但从或许有些批判意义的视角上看，"企业法"作为公司法的必要续造"是以任何一个角度来看范围均无法衡量"的领域（RITTNER aaO 278），明显是正确的。

　　〔539〕 比较前文提到的 RITTNER aaO 对企业法委员会的报告的批评意见，指责该报告在许多最受争论的问题上只是给出了一系列不同的意见，而没有给出结论。但如果没有充分的具有原则—体系知识驱使的讨论，且前提必须是参与讨论的各方具有自由但不同的价值，否则很难拥有不同的结果。

分特别补充条款）。由此可以清晰地看到，通过公示（包括那些已经通过记账工具记载的必要内容）实行的交易保护原则不仅在公司法中，而且意料之中地对于个人企业主，也即在商法中同样有效。值得注意的是，鉴于账目公开规定同样适用于虽非商人，但根据德国和奥地利《商法典》第 2 条进行了注册的企业（《奥地利商法典》第 189 条第 4 款，同时参阅《德国商法典》第 262 条），企业法显然朝企业家外部经济关系法（即前文讨论过的商法与体系相适应的继续发展）的方向迈出了一大步。

如果我们在外部法律体系层面上使用"企业法"类别，则尤其能够将前述两个特别私法结合起来：一方面是商法及尚未发展完善的其他企业外部交易法，另一方面则是如前所述作为特别私法的通过联合经营企业的公司法。这种实用的概念和体系构建也许会略微和不经意间将"企业法"分类与劳动者共同决定权相联系的政治情感不一致。更多的类别构建可能性将在下文中（最后的保险法章节中）继续论述。

第五节　企业中的共同决定权特别介绍

1. 最后一个被公司法极具原则的—系统性的法学思想的专家们视为最新的，受到广泛遵从的"价值原则"是位于关键词"劳动者利益"之下的（109）*劳动者对与经济或企业相关事项的共同决定权原则*，即劳动者代表（或者工会等）参与到公司机关当中（或者企业机关）。[540]

共同决定的要求，特别是在监事会中要求进行"同等的"共同决定，是过去许多法政治及社会政治讨论的中心对象，也是如前所述，作为公司法的延续发展进而替代公司法的企业法或者说企业组织法这一新体系概念的基本目标。在德国部分相当激进、虽然并非总能获得特别支持的，偏爱于制定一个阐明"平等"共同决定权[541]的私法规则的要求，似乎在德国联邦宪法法院[542]做出著名的共同决定权判决

---

[540]　WIEDEMANN aaO 582 ff; zur "Unternehmensordnung" aber auch 296 ff; zur gelten-den deutschen Rechtslage knapp zusammenfassend K. ScHMIDT, Gesellschaftsrecht2, 391 ff; zum österr Recht MARHOLD, Aufsichtsratstätigkeit und Belegschaftsvertretung (1985); vergleichend STRASSER, Mitbestimmung in Österreich und in der BRD, GS Kahn-Freund (1989) 264 ff.

[541]　WIEDEMANN aaO 591 bemerkt mit Bezug auf die deutsche Diskussion, daß die Verteilung der Aufsichtsratssitze zeitweise zur Schicksalsfrage der Nation geworden zu sein schien.

[542]　BVerfGE 50/290.

后有所松缓，其激烈的反对者也同样如此。[543] 因此也许现在已经具备相当的可能性，在没有直接的立法政策任务的情况下，以共同决定原则作为本书中代表的原则的—系统性法律思维的范例，进行更深入的讨论。原则的—系统性法律思维借由这一范例可以在多重关系上得到说明。值得批判的首先是，关于共同决定的讨论中的大量前沿论据在理论初始阶段已经站不住脚，因为他们真挚地试图用（关于企业的）实况分析来贸然解决规范性问题，而这显然只能借助推导的必要规范前提的秘密投射来完成。因此，它反而为同时代随处可见的伪经验主义与隐蔽规范主义作了有力论证。

进一步被批判的是，哪怕仅在国家主义的法律实证主义意义上进行探讨的规范性视角，也必须回溯至立法者表象化的决断，丝毫无法揭示能通过一个深刻的法律思想表现出来的立法的（有限）理性态度。可以预见，在上述联系背景之下，甚至对于定量结论都可以制订出一个法律上灵活的运用原则进行裁量的框架，只是在此框架内仍然无法避开政治—立法方面的决断。

当然也没有必要一一描绘经济方面关于共同决定的多如牛毛的讨论，及对其中出现的个别问题进行全面评析。只有更为精确的对于共同决定原则的理解本身可以被进一步检验，然而其轮廓也只能在体系构建中产生。

至此，各持己见中的一方所持的观点可以表述为，只有一个平等的共同决定，也即只有当"劳动"方和"资本"方在存在共同决定的公司（或直接说在共同决定的企业中）的监事会中拥有事实上数量完全相等的代表权利，才可以称得上经济理性。而另一方的观点是，*任何*共同决定都是针对自愿联合的股东的、本身违背原则的、部分的外部决定，尤其是针对这些股东自愿让渡给社团的所有权的、部分的外部决定。而相关规定在一定范围内作为受到政治驱动的成文立法决定而受到尊重。每一次推进都面临着社团形式法人的"解体"威胁，使其朝公共机构的结构方向发展。只有在极其狭小的范围内，批评者们也认可强制性共同决定与我们的法律及经济秩序的私法基础相一致。

2. 更多的共同决定要求，通常以"平等的"共同决定为目标，首先得到了其维护者基于"*社会团体理论*"的支持。这一理论不以将公司作为企业的法律载体为中心，而着重于将企业本身作为实在现象进行组织社会学分析：与公司仅以股东（份额持有人）利益为导向相区别，考虑到在企业中进行共同作用的参与者类型，即份额持有人和劳动者（管理层虽然有特殊地位，但仍在上述框架内），企业被视

---

[543] 在奥地利，整个国有化了的经济（期间几乎包括了整个大型国民经济）经过几十年的发展后实际上与其说是处在政治大型社团的共同决定之下，不如说是处在单一决定机制之下，而这些大型政治社团在其他地方则大为推广雇员的经济共同决定权利。但经验也表明，这些直接的政治资源让经济目标在企业领导中沦为次要。即便这将无可避免地导致大额国家补贴和大规模的改革措施及相应的持续性裁员，也不会让事先决定企业经济目标成为优选。

为一个"利益多元化的"活动组织。这一点是创制了企业团体的法秩序所必须予以考虑的。

具体来说同时也还存在相互矛盾的观点，有的观点希望把"公共利益"的代表，或者所有对企业有利害关系的群体的代表，特别是供应商、其他债权人以及顾客等，也纳入企业的组织结构中，而其他观点则局限于股份持有者和劳动者。至于后两者相互之间的比例关系，则根据有力的共同决定维护者的思想："平等"，即通过假设资本和劳动两个生产要素的平等性，要求在监事会（或在同样产生的特别企业机构中）有其各自相同数量的代表。[544] 从另一个方向而言，社会团体"企业"本身也必须被认定为法人这一论断，也愈加尖锐。对于这一问题，现行法也已在规范层面上通过各种法律文件有所涉及（比如《反限制竞争法》第 1 条），其近来已经将企业本身作为规范对象。[545]

然而根据现行法，将企业视为法律主体的论点本身也还站不住脚。迄今为止，法秩序的基本规定明确了，经营企业的个人或公司才具备法律主体的资格，而不是企业本身。只有对于公司才有明确认可其权利能力的设立规定，企业则不然。我们还没有合理的方式来论证，现行法框架下这一清晰的、且显然经过慎重考虑的规定不具有约束力，尤其当结合社会学考虑因素时。这些都还不能对企业的特别的权利能力法律特征及法律人格作出充分的回答。若注意到这一背景，即存在关于法人及公司成立的相关基础规定，而缺乏以法人形式成立企业的规定，那么毫无疑问的是，不时出现的将"企业"作为权利、义务承担者的法律表述，只不过是试图忽略其具体法律形式、对企业载体进行统一描述罢了。它们仅仅是在表达上如技术欠妥

---

[544] 请比较 KUNZE 的多个具有影响力的文献，例如 Funktionen des Eigentums im modernen Gesellschaftsrecht, in: Marburger Gespräch über Eigentum, Gesellschaftsrecht, Mitbestimmung (1967) 77 ff; Zum Stand der Entwicklung des Unter-nehmensrechts, ZHR 144 (1980) 100；以及 T. RA. lsER, Das Unternehmen als Organisation (1969) 138 ff, ua (161 ff) auch mit Diskussion von durchwegs auf Parität fixierten Gesetzesvorschlägen, ohne selbst eine bestimmte ,, Parität" zu vertreten, jedoch mit der klaren grundsätzlichen Aussage: "Zur Mitwirkung an der Unternehmensführung besitzen die Arbeitnehmer als Mitglieder der Organisation dieselbe natürliche Anwartschaft wie die Kapitaleigentümer" (156). Weitere Vertreter der "Sozialverbanclstheorie" bei WIEDEMANN aaO 308. Gegen die Theorievariante, die auch extern am Unternehmen Interessierte in die Unternehmensverfassung einbeziehen will (KUNZE), aus organisationssoziologischen Gründen T. RAISER aaO 158, 164; ferner WIEDEMANN aaO 309。确实，外部感兴趣者是通过合同规范与相关企业绑定的（也即市场规范）。合同机制运行的前提是存在相反的利益以及通过合意达成平衡，因此排除了让实际或潜在合同一方加入合同另一方的内部组织中的可能性。此外，外部感兴趣者的范围也无法或很难在不武断的情况下得到界定。只要劳动合同一签订，劳动者就会经由企业领导层可随时实施的指令权被直接归入企业。此外，传统上以及持久性地，劳动者的利益在于维持企业（与外部合作伙伴不同的是，其利益不仅是缔结某一项（哪怕是很重要的）经济法律关系的利益）。与 FS Schwarz (1991) 529 的观点相反的是，完全有可能对企业内部属于企业的人员和只"在某种形式上参与企业"（更准确说是感兴趣）的人进行区分。特别是，统一的企业领导也是一个在法律上可行的对对企业内部领域的分界标志。

[545] T. RAISER aaO166ff.

般被简化了。[546] 只有某些单个法律规定孤立的、割裂整体的、也并不罕见地引人误解的字面意思，似乎（错误地）表现出，企业的法律人格本身有现行法依据。

此外，如果真的一方面让企业的法律载体（这一点从现行法来看已经无可置疑），另一方面使企业本身分别具备法人资格，两者并存而又没有任何清晰的法律衔接，那么从中必然会产生巨大的误导和疑惑，这也是否定前述法律人格的一个决定性原因。仅仅对企业进行社会学实况分析，若不是套用粗暴的存在即合理的"自然主义谬论"，则根本无法就此为企业团体法人化的规范要求进行证成。

上述考虑对未来的法律设计也同样适用。从法政治角度来看，"社会团体理论"在论证共同决定要求方面可称得上"机智的思想体系"[547]。但以一定的批判视角来看，仅从企业是实在的社会团体这一论点中还无法推论出平等的共同决定需求。还需要借助一个纯规范的平等性前提。然而在今日的经济领域中，平等已普遍不再是系统性的要求，反之细察之下其既不现实又不具有追求价值。在"劳动"和"资本"间突然制造出一种奇怪的"群体平等"这一突变，因其缺乏可行的论证，法律上也无法继续深入。[548] 平等共同决定这一要求的规范随意性，仅从以下这一点中就已经表现得清清楚楚：在企业内部我们完全可以在份额持有人和劳动者之外划分出许多其他的不同利益群体，如参与管理的份额持有人、仅出资的份额持有人、组成企业机关的人员、有一定领导职能的职工、职工和员工等。所有这些分类横向甚至还可分为男女、老少等群体。而群体平等性的要求一旦被假定具有正当性，则没有什么东西还能够否定所有这些（包括其他任意构建的）群体对于平等的要求了。

这种平等性要求此外也忽视了其自身划分的群体在利益侧重上的明显区别：职业地位和收入对参与运营的份额持有人以及劳动者特别重要，而投入的财产只对出资的份额持有人意义重大。其中所涉及的重要的劳动者权益，早已经在企业章程外经由劳动法的强制保护规定得到了全面的保障，而这与大规模的共同决定是无法和谐并存的。有理由进行特别强调的是，如果在签订劳资协议或集体合同时，合同一方是劳动者权益的专门代表，同时另一方也有其平等代表，则这类合同的性质必将完全发生改变。[549] 事实上这就连一个勉强的有效合同机制都称不上。

此外针对社会团体理论的有力抨击还在于，哪怕忽略其（缺失的）规范意义，作为纯粹的经验分析结果它也存在许多疑问：恰恰在对于"社团"的社会科学描述

[546] 反对将企业作为法律主体的有 RIITNER, Die werdende juristische Person (1973) 288，306；ZÖLLNER, Die Schranken mitgliedschaftlicher Stimmrechtsmacht (1963) 71；FLUME, Allgern Teil Ⅰ/2, Die juristische Person (1983) 46 f。

[547] WIEDEMANN aaO 309.

[548] 即便是仅仅作为权宜之计获得合法化的"团体正义"也并不必然指团体意义上的"平等"。

[549] Vgl insb ZÖLLNER/SEITER, Paritätische Mitbestimmung und Art 9 Abs 3 GG (1970).

中，能够带来集体情感的、群体内部目标及价值的一致性被视为必要的前提。[550]
而没有任何迹象表明，企业上述群体的成员间也必须存在一种最低程度的前述一致
性。例如在公众的股份有限公司中，员工和股份持有人之间几乎没有任何个人关
系。反之则我们至少应该在经验层面上，对于各个群体，或者仅仅某些群体认可社
团的存在。因此一个需依法组建的、包含各种不同群体的社团，最终无论如何也不
可能通过经验研究来实现。

社会团体理论中仍得到保留的部分虽然不多，但至少还有一个观点仍然成立，
虽然其并不适宜用来论证数量上的平等要求：即能够依据组织结构进行界定的企业
"内部领域"，作为统一运营的经济单位，囊括了多种不同类型、部分各具不同利益
的人员，其中除股东外也同样包括劳动者。即使没有专业社会科学方面的努力和概
念背景，这一知识也不难获得。这一观念本身单独无法产生任何规范性结论，但与
系统的规范性反思相结合，则也可能产生重要的法学意义。

3. 试图以法伦理学理念为渊源，论证在特定公司机关的组成中引入企业共同
决定，甚至要求特定数量的共同决定的努力，在声声质疑中都以失败告终。不管是
企业内部的"经济民主"理念、资本和劳动生产要素的平等对待理念，还是过分夸
大而显得语焉不详的人格尊严，都是如此[551]：显然对劳动者人格尊严的保障，和
其是否服务于一家承认共同决定的企业没有关系。

现行法中通过劳动者代表（或工会代表）参与社团机关，尤其是监事会所实现
的企业共同决定，主要仍局限于股份有限公司及"大型"有限责任公司中。这当然
有其相当现实化的原因。在这些公司中，本需要经由共同决定规则组建的社团机关
已经由法律事先规定了，或者（在大型有限责任公司中）法律直接（强制性）规
定，必须组建监事会作为监察机关。总而言之，前述因无法在现有背景下获得系统
化支撑，故而欠妥的法伦理学渊源以及社会团体理论，都只是使关于共同决定的区
分变得前后矛盾而已：他们必将导致在所有存在劳动者共同决定的企业中，主张共
同决定的尴尬状况。

类似这些结论已然遭遇了来自实践方面的严重质疑。对于中小企业来说，只要
稍微考虑一下经济效率要求，成立特别企业机关的组织措施就会因花费过大而受到

---

[550] Vgl allgemein WIEDEMANN aaO 9 und die dortigen Angaben; zur Kritik an der Annahme eines "Sozialver-bandes" 309; kritisch ferner etwa RITTNER aaO 289 ff; FLUME aaO 45 ff. Die Position des letzteren muß entgegen un-zutreffender Kritik von "der Sozial-verbandstheorie" deutlich unterschieden werden.

[551] 在 WIEDEMANN aaO 593 ff 中发展起来的对此持反对意见的批评声音值得赞同。首先值得肯定的是，将国
家民主原则移植到社会的部分领域即企业身上，是错误的，因为后者是一个受目的约束的组织，在法律框架下以及不
断变化的经济数据环境中承担实实在在的任务。此外，将某一个小团体等同于具有最高统治地位的国民整体，从出发
点上就已经错了。最后，忽视私法秩序确立的个人通过合同和市场对企业经济决策进行影响的可能性，或者随意通过
采用类民主机制而不考虑合同秩序，也是不合法的。关于平等的前提请见前文。

否决。事实上在这些企业中，企业主（或企业家们及其代表人）和劳动者之间往往通过"非正式"但更为直接的方式进行完全充分的交流，这样也更为现实。

此外，企业（组织）法和社会团体理论的先锋们，原则上都尤为强调共同决定理念对于法律形式的独立性：单独来看，共同决定理念与企业的权利主体性质没有必然联系。因此它完全可以延伸适用于人合公司以及独资企业。唯一有影响的是企业规模这一特征。然而特征的选择和可能组合（员工人数，甚至营业额；有限责任公司中注册资本数额）只能以决定的形式出现。[552]

共同决定的基础论证在至关重要的规模特征上也无法给出一个框架性的说明，引起了对其理论渊源本身的进一步质疑。另外，原则上认为共同决定思想也延伸适用于一切企业载体的"法律形式"这一观点，似乎仅仅是理论上的完美追求，实际上并不符合现实需要：在独资企业和人合公司领域，即便对于大型企业，共同决定理念一以贯之的扩张企图在政治上也极少被成功推进。

如果更进一步考察摆在我们面前的可选规范安排，则乍看起来系统而言非常勉强的，将共同决定理念延伸到所有"企业形式"的观点，不仅实际不可行，而且从根本上受到了质疑：作为共同决定在法规范上"系统断层"的补救，首先可以考虑一种对法律形式的强制要求，即禁止一定规模等级的企业以"不具有共同决定能力"的法律形式出现。或者也可以设立特别的机关（企业大会），赋予其相应的职能，使得在大型的独资企业或人合公司中，也能够实现传统的适用于资合公司的"经济共同决定"，同时往往附带一个有利于真正企业主体的责任限制建议。[553]

在这样的建议中，即便在面临诸多法政治学变革提议的背景之下，现行法确证无疑地针对独资企业及人合公司适用的规则也承认：即劳动者参与决定企业经营，与独资企业主或至少自然人股东需承担的个人责任产生了冲突。[554] 事实上，如果完全民事行为能力人必须以其全部财产，甚至包括未投入企业的那一部分，来为其（部分）并非独立作出的商事决定负责，这也得不到自由原则及保护合法权利原则等根本性要求的支持。而只要不是有意接受这些非独立的企业行为决定，则在此方向上进行法律变革也将违反信赖原则。

若为了实现经济上共同决定的目标，强行赋予独资企业和人合公司与其宗旨相违背的责任限制"荣幸"，那么其作为经济自主担责、因而能够自主决策，及活动管理机构精简的优势也就丧失了。此外，职业、财产以及合同自由也将极大地缩小，可以说已经影响到了核心领域，考虑到对劳动者利益的专门保护在劳动法框架

---

[552]　关于确定"企业法上相关的规模特征"标准的注定无法成功的尝试请见 en Bericht über die Verhandlungen der Unternehmensrechtskommission 100 ff und dazu R. ITINER, GmbH-Rundschau 1981，279。

[553]　Vgl etwa RITINER, Die werdende juristische Person 300 f und FLUME aaO 52 ff mit Belegen und Kritik.

[554]　Vgl WIEDEMANN aaO 609（mit zahlreichen Belegen für das unbestrittene Ergebnis）.

内也能够得到切实的保障，因此前述代价也显得不合比例。

从经济效率的视角来看，如果一个正在顺利扩张的独资企业或人合公司企业在其成长壮大过程中，由于企业主基于其投入的风险资本意欲保持自己的单独决策权限，因而不得不人为地在达到必须进行"经济共同决定"的企业规模指标前紧急刹车，不再使其壮大，这也是不合经济常理的。在许多方面这甚至也不利于劳动者利益保护，例如考虑到更好的收入可能性、更大的晋升机会及更多的工作岗位等。

基于几乎同样的理由也可有效驳斥针对特定大小的企业适用强制法律形式的规范设计。

如果我们不是仅仅单向僵化地追求经济共同决定这一结果，而是同时考虑到前文刚刚所提及的各项规范原则，那么将有关经济事宜的共同决定延伸适用至与股东"有限责任"相关联的那些"企业形式"之外就显然有失妥当了。

可见，仅从责任这一角度就已经可以论断，经济上的共同决定只能适用于资合公司，这也符合现行法的规定。这样一来，与之相关的企业规模决定论，即共同决定适用于大型企业的设想，在界定时就减少很多的决断式的随意性：对股份有限公司来说，这一界定已经通过其"法律形式"完成，因为这一公司形式本身即以大型企业为适用目标，且具有自己的"适宜于进行共同决定"的机关。至于将共同决定延伸适用至"大型"有限责任公司的构想，则有待于在遵循以下指导思想的前提下进一步明确化，即要考虑到在特定的企业规模范围内，有限责任公司这一法律形式已经与股份有限公司存在交叉竞争，并且可以基本判断采取后者这一公司形式更加合理。为了避免主要以规避法律为目的的"法律形式选择"，这种延伸实际上是不能回避的。[555]

4. 共同体通过提升为法人，而获得针对其成员的完全独立的法律地位所带来的合理（同时也是典型的）结果，就是其成员仅需以自身投入共同体的财产为限承担责任。如果我们想到这一事实，那么将共同决定限定在法人范围内就显得不仅契合于现行法，而且完全具有体系上的合理性。[556]

弗卢梅将对于共同决定专属特定法律形式及只能适用于资合公司的、从原则上侧重责任角度或纯经验性的论证，从法人理论层面进行了进一步深化。[557]他强调，企业，从而也包括全体在企业中工作的劳动者，实际上组成了一个社会"作用单位"（Wirkungseinheit），在股份有限公司中就表现为法人，也即一个"拟制生物"

---

[555] 仅仅基于这一理由，但同时也由于法人所具有的相同特征，FLUME 在 aaO 55 和 61 以及 PERS 在 Um ein neues Unternehmensrecht（1980）27 中试图对股份有限公司和有限责任公司在共同决定方面进行严格的区分的尝试是有问题的。对此持反对意见的请见例如 RITRNER, GmbH-Rundschau 1981, 288。

[556] 德国工会也出于"现实考虑"最终接受了这一限制，比较 FLUME aaO 52 中的论证。

[557] AaO 48 ff; vgl auch 26 ff; ähnlich schon PERS, Um ein neues Unternehmensrecht（1980）.

或"拟制整体"。在不同的法人形态中，真正的作用单位也有所不同，但在法律上都同样表现为法人形式，这一点无疑是共通的。企业可以被视为归属于法人的一个实体，而劳动者又归属于表现为法人的企业，这一现实为将劳动者纳入公司意思形成的自治机制奠定了基础。资合公司法本来就是关于法人企业的企业组织法（Unternehmensverfassungsrecht），因此它完全有资格规定共同决定问题。在弗卢梅看来（赞同德国联邦宪法法院），对共同决定进行法律上的限制，其必要性来自对份额持有人投入企业的资本的所有权保护，特别是保护其"最终决策权"[558]。

有批评认为，弗卢梅的这一"等同理论"（Identifikationstheorie）只是被他自己明确否决的"社会团体理论"的变种。[559] 但其实这一理论并未包含"份额持有人"和劳动者共同构成一个社会团体的断言，更没有以此主张平等性要求。它的主张是，那些作为企业载体的法人，其目标与适用对象都是企业，而劳动者是归属于企业的一部分。即便认为"等同"这一陈述有些夸大，上述两个主张的正确性仍然是无可置疑的（需要指出的表述是，企业只是法人中的一部分，这已经排除了等同概念）。法人一方面是实体的作用单位，另一方面作为"拟制整体"的属性也进一步充分表明，赋予一个非自然人组织体以法律人格使其独立化，一方面是一个相对灵活的规范性决定行为，另一方面这一授予行为的理智性应当取决于该相关组织体是否具有社会意义，尤其看它是否合适于以独立的身份出现在社会交往中。

结合两者可知，权利能力的赋予具有一定的裁量空间，它有利于在存在合适实体基础的情况下追求人格化的尝试，或者将法人的具体组织结构根据该实体基础进行一定的调整。事实上这也符合合目的性，尤其是经济效率等基本要求。

法秩序在赋予企业法人以权利能力时，可以并且应当考虑到与此整体相关的、企业及（企业内部的）劳动者所归属的"作用单位"，这种考虑也能够且应当详尽地涉及组织机构方面的规定，这就是弗卢梅的学说的准确含义。很难想象，对于这一主张还能提出什么样的原则上的异议。即使是作为法人权利基础的平等对待（相对于自然人）原则，也与为法人设定特殊的组织机构规范这一要求不相矛盾，因为这些是必需且仅于此必需的。正如我们早已熟知的，平等对待本身依其自然属性，也必须受到一定的限制。粗略来说，与自然人依赖于人格尊严及对人身自由的承认相比较，法人本质上更依赖于规范上的合目的性。尤其若与法人有关的规范能够全面顾及人格化所涉及的"作用单位"，并设置与其"基础实体"相关的法人组织机构，就更加无可辩驳了。

---

[558] Um ein neues Unternehmensrecht 26；vgl BVerfGE 50，290.

[559] Etwa von RIITNER，GmbH-Rundschau 1981，288 und von MARHOLD aaO 529（mit weiteren Angaben）.

5. 至此得出结论，以其系统性结论来看，法人领域的企业共同决定完全没有必要延伸适用至独资企业或人合公司企业，并且也无关其规模大小；否则，将违反上文所述的大量法律原则。但我们还缺少一个将企业共同决定运用于法人，特别是出于实用性原因运用于大型企业的正面证成。这种证成必须阐明，那些否定将共同决定延伸至人合企业的原则，如自由、信赖利益、所有权保护等在法人领域不占或者只占较弱的地位，或者支持将共同决定运用于法人领域的、尚待展开的积极理由发挥了更强的作用，或者两者同时发生。

应当来说，最后一种可能更为恰当。选择将财产投入法人中运营，也就是选择了法人基于其独立机构和意志形成机制所具有的相当程度的他决性，特别是当个人的观点在意思形成过程中属于少数派观念时，更几乎总是如此。但他以此得到了超越于一己之力、集众人之大成的利益追逐的可能性，也同时能够将经营风险控制在投入法人的财产范围内。这种企业经营形式的优缺点，可以由投资者在投资前自行考量。公司的股东或合伙人不能指望，他所必须服从的内部决策，都恰好是由他有意愿合作的人所做出的。因为法律允许股份及份额的转让和继承，这使上述可能性在资合公司中已然大打折扣。

一定程度上而言，"他决性"这一资合公司中每个"份额持有人"所无法逃避的命运，通过经济共同决定得到了进一步增强。据此，个人通过其参与行为（以及约定）自行接受了依赖法人机关做出决定这一事实。因此我们恰好可以将共同决定视为商法中关于法人的规范系统的一个组成部分。[560]

而在人合公司中，根据法律规定，股东或合伙人的地位须与其个人责任相一致，因而"他决性"的程度也整体而言要更低一些。且在合意适用多数决原则时，也已经考虑到个人责任问题，在个人及少数人保护的框架下对社团的决策权进行了有效限制。即便忽略这一点，对于经济共同决定的强行性规定，鉴于这些构建行为往往都是任意性的，也很难与特定公司形态的具体构建相适应。

因此可以确定的是，前述与共同决定背道而驰的原则，在法人领域所发挥的作用效果远低于其他企业载体领域，且一个可与这些相反原则相抗衡的、为劳动者在所有形态的公司机关中的影响程度提供指导方针的、全面的正面证成，还一直未出现。至于将立法者的法律政治决策作为正面论证依据的观点，不符合一种令人满意的原则性—系统化的法律思维。尤其在这一点上，这类可以被省略的立法机关的决定越少，则越是一开始就有必要，明确为立法者的必要决定划定框架，尤其是关键性地确定共同决定原则的权衡重量的、理性的、体系上关键的原因。

---

[560] 这也是 REUTER（1987）的一篇文献的具有说服力的标题。确实，FLUME aaO 53 ff 也认为，在强度方面，资合公司中通过建立共同决定机制对成员权利的限制更低，因为它只涉及财产权利，而不涉及人身方面。

摒弃社会团体理论及多种"绝对的"法伦理学观点后，剩下的就只有维德曼所称的"社会政治论证"[561]了。首先要提到的是将"社会导向"作为共同决定理念正当性基础的观点：出于劳动保护法及劳资协定自主权的要求，在企业自主经营范围内进行的具体决策需要共同决定原则的补充。追求的效果是将劳动者利益及时地引入规划及决策程序中。其中要注意的是，需要谨慎地与企业在市场上的有效性相协调。

其次，根据这一理论，共同决定还有助于在大型企业中进行权力监控和更好的权力分配。其中引起首要关注的是"企业本身"[562]问题：由于份额持有人地位的弱化（例如高度分散持股、或管理层通过混集相当数量的表决权资本加强控制等），管理者不受实质监管的情况。此外还值得一提的是那些康采恩中的非独立企业，这些企业中的劳方很可能还有独立的利益，在该企业为形式上独立法人的情况下，这一利益以理想状态下的法律上的独立性为基础。

维德曼的第三个论点是，共同决定通过将劳动者与自由竞争经济系统相联结，能够起到整合劳动者力量的作用。他将这一论点本身直接视为政治论证，然其论断至今还没有得到证明。事实上这一论点在法系统中并不是不言而喻的，因此仍然有待探究。它的现实意义也很大程度上依赖于不稳定的意识形态结论。

如果将作为本书根基的基础法律原则用以解释上述"社会导向"，则首先进入考虑范围的是合目的性和公平原则。前者涉及经济效率，或者说企业以较低成本在市场上发挥作用。劳动者事先获得确定的、关于企业活动决策及措施的信息，以及反之企业获得劳动者对企业活动的态度和愿望，能够在决策准备阶段，为了解和平衡相关各方利益起到重要作用，并有效避免最受争议阶段突如其来的干扰分歧。一个将劳动者代表引入监事会的制度化信息交流机制（超出原本的企业经营活动范围）就有助于实现上述作用，为企业带来显著益处，至少在那些非正式接触作用有限，以及扩建组织机构的耗费不会产生根本性影响的大型企业中往往如此。重要的是社团中各成员的意见和看法都得到关注，最好是成员具有投票权，能够影响决策结果。对企业机关中的经济共同决定来说同样如此。

上文已经粗略地提到，共同决定是劳动者保护法在具体企业决策领域的必要补充。我们也可以这样表述这一论点：既然法秩序系统认为，在其他层面上通过劳动者保护法及劳资协定自主权来对劳动者权益进行保护是有必要的，那么在企业自主经营范围内的具体决策中，完全没有保护劳动者权益的法律措施，客观上是不符合逻辑的（过于独断的）。

---

[561]　AaO 595ff.
[562]　WIEDEMANN aaO 301 ff.

此外，上述观念中还隐含着一种虽非难以信服，却较为粗糙的对公平原则的援用。粗糙在于，所有的论证材料都为劳动者权益而存在，且只以劳动者保护作为价值衡量标准。或许我们可以说，这是一种过于简单的，对公平标准的"肤浅使用"。欲准确地使用论据，也许需要在准确理解纷繁复杂的各规范的目标及价值原则的基础之上，对适用规范或需要使用规范的论据材料进行详细的分析，然而在目前如此抽象的层面上，是很难做到的。而鉴于上述平等原则的论据如此粗糙，我们只能认为，它在我们的权衡考量中只能让位于从其他竞争性基础法律原则中产生出来的具体论据。但如果我们不将上述反对扩张的理由过分夸大，那么可以说，公平原则至少与将企业共同决定限定在大型法人范围内的理念是不相冲突的。

而最后一个论据，即权力监控和权力分配，显然源自于全面分权（消极意义上的辅助性）这一私法的基础原则在企业内部的具体运用，因而有较为重要的影响。我们当前所关注的，有重大对外影响力的大型企业具有更强的、通常所称的"乘数效应"。最为紧要的是，如我们已经提到过的，尤其要在最重要的、传统的公司法的"分权"设置已经无法实现其目标的领域中，发挥共同决定的分权作用：如基本上由管理层独揽大权的"企业本身"和完全非独立的企业，该企业在外部经济活动中虽然有法人的独立外衣，却是康采恩的成员或者特定的一人有限责任公司，并且很可能在全体职工作为一个整体的层面上表明，实质的独立利益是其企业人格化的根基。在这方面，奥地利的国有化企业因其公司法上的组织实际上被国家控制全面覆盖，为我们提供了全面但并非全然正面的经验材料。不容否认的是，"规范的事实效力"，在此是通过法律人格产生的法律独立性的"规范的事实效力"，在上述情况下通过各个职工集体的独立利益，有时还通过相关管理层的独立利益，在朝向一个实质的、一定程度上独立的"作用单位"时可能具有重要意义。现实可以这样通过独立自主的利益的人格化多多少少地接近外部的表象及法律思想。但同样值得注意的是，分权的思想从另一角度支持了谨慎适用经济共同决定的思想：监事会中的劳动者代表通常至少与工会有非常密切的联系。也就是说，尤其是本来就相当强大的工会的力量实际上会通过经济共同决定更加得到增强。

总而言之，不存在任何有力论证表明，需将员工共同决定这一原则作为绝对优先序列，甚至作为独断的唯一重要价值理念来予以实践。但对于作为法人的大型企业来说，也有充足的理由认可和在操作层面上去具体实施它。这些理由包括经济效率、将员工权益提前引入企业决策过程中，以及一个略显粗糙的、将对员工利益的法律关注与企业决策过程相联系的均衡性要求，最后尤其是追求一种最完善的分权等。

6. 对于数量问题，尤其是处在政治争议风口浪尖的，份额持有人和劳动者代表的数量比例问题，上文还没有得出有意义的结论。然而前述论及的某些理由也为数量关系提供了一定参考。为实现将劳动者权益提前、制度化地引入决策过程，以及建立全面的信息交流机制的目标，当然要求让不止一个，而是至少两个劳动者代表进入共同决定机关中。关系到劳动者利益或应当使劳动者获悉信息的议程，当然也最好由两个人而不是单个人来把握。而对于已经形成固定机制的少数派地位来说尤其重要的、与其同伴进行联合的可能性，也只能存在于议团中至少有两个人的情况。否则当唯一的职工代表因短期的阻碍事由，如突然生病等不能出席时，劳动者利益就得不到保障。

因此，达到共同决定作用的人数底限就是至少存在两个劳动者代表。前提是，份额持有人能够通过合理的安排，使其在相关机构中仍然占据多数位置（后文将马上详述）。

鉴于平等要求已经跨出了相当大的步伐，导致本质上更为艰难的是上限的确定。如果我们回顾一下前文所论及的、反对将经济共同决定延伸适用至人合企业的论据，就已经相当清楚，即便在"对共同决定保持开放"（弗卢梅）的资合公司中，共同决定的程度也必须小心拿捏，以及经受"抗衡原则"的考验。即便在进行投资法人的决策时，"股东"也不可能愿意接受一种随意无限制的他决性。且所有权保护，或者说对合法取得的权利的保护，应当作为法的安定性要求来加以高度重视。哪怕在承认共同决定的企业中，股东也有权利在上述规范框架内，以其投入企业的资本来追逐经济赢利目标。这一点在一个自由的以私法为基础的经济秩序中无论如何不该被限制得太过狭窄，甚至导致以私人利益为目标的经济活动常态性地受到排挤或过度阻碍。否则这个以所有权处分自由、合同自由及由此产生的自由竞争为基础的经济秩序的效率优势将丧失殆尽。在东欧共产主义巨大的计划经济试验遭受明显重创后，这一点变得更加无可置疑。

即便实行共同决定的企业，也必须仍然保持以市场为导向，以及追求经济效益的能力。这要求企业努力适应不断变化着的经济环境，因而其对社会目标和劳动者利益的遵循必然受到一定的限制。

投资者作为"份额所有人"，合法地将其财产价值投入资合公司中以追求企业效益，其所有权处分自由应该受到保护。加上考虑到这类企业最重要的市场功能，使得对实行共同决定的企业也提出了一定组织结构上的要求，以保证企业活动符合投资目标和市场功能。而股东（及其代表）的利益通常与对企业上述能力的维持及确保具有高度一致性，因而有权对企业决策施加决定性影响。而对"社会导向"的代表者们所施加的影响必须予以一定限制，保证这一目标虽然重要，但却是企业活动的次要任务。否则，企业虽然实现了社会化，但不久就将不复存在了。

因而平等的共同决定，也即股东和劳动者在主要的决策机关中拥有相同数量的代表，无法符合上述标准。其实仅基于合目的性的视角来看，恰好在特别有争议的情况下，"平等"的票数分配为决策机关根本无法做出有效决定（或者诱发有问题的，甚至犯罪的方法去赢得投票）埋下了隐患。这恰恰不是一个合适的企业组织机构的面貌。在"无控制讨论"模式中，直至所有的成员被理性的论证说服，讨论才将近结束。而实践中进行经营活动的实体，很难依照这种组织模式来运营，除非我们放任它在实践的洪流中自生自灭。

与上述考量相一致的恰好是"不完全平等"体制：将实行共同决定的社团机关（如监事会）的主席归入股东一侧，从而通过其"决定性的一票"在票数持平时一锤定音。这也符合德国联邦宪法法院做出的著名的共同决定判决结果。[563] 出现这一结果也丝毫不令人讶异，既然《德国基本法》对最重要的法伦理学原则予以确认，则在对基本法进行阐释演绎时也必然要参照这些基础法律原则。

因此一个合理的经济共同决定的上限，应该是前述层面所言的"非完全平等"共同决定。至于在下限与上限中间的幅度问题，唯有立法层面的积极决断可以带来准确的结论，而不是学界的观点，或关于数量规范问题的实证学术结论。然而即使在将一个深刻的、符合体系原则的法律思想变成成文法时，也应该有意识地考虑到其作用能力的明显界限，并且去接受它。但与此同时，与此有关的权利各方试图从社会或从经验科学的角度去突破这一界限的努力，也会愈加迫切。

第六节 私法体系中的公司法

此外，有必要对上述对于公司法"外部"及"内部"体系的思考进行整理归纳。前者表现出的首要显著特征是，对于构建外部体系起到决定作用的事实层面可以进行或宽泛或狭隘的解释。简单来说，忽略上述提及的特别问题，如一人公司等，该事实层面要么包括一切公司（追求一定目标的自愿联合体），要么仅仅包括那些以经营企业为目的的，或借助于该种"法律形态"追求其他合法目标的联合体。前者完全符合"公司法"概念中"公司"的字面含义。后者是从"商事公司"法中发展出所谓的"特别私法"这一现象的反映。以此出发进行合理的普遍化，就形成了企业公司法。

基于上述关于"外部"及"内部"体系的关联性，应该着重关注对"规范性特

---

[563] BVedGE 50，290；dazu etwa WIEDEMANN aaO 710 mit Belegen über die Stellung-nahmen dazu 711；ausführliche Untersuchung zur verfassungsrechtlichen Problematik mit deutlicher Betonung der Mitbestimmungsgrenzen etwa bei PERNTHALER, Qualifizierte Mitbestimmung und Verfassungsrecht (1972), sowie DEMS, Verfassungsrechtli-che Voraus-setzungen und Grenzen der betrieblichen und Unternehmerischen Mitbestimmung (1984).

征"的审查。具体来说，就是首先尝试对该法律领域进行宽泛理解，继而进行狭窄理解，并将两者进行对比。但初看起来，这种方法似乎也无法得出明确的结论：前述公司法价值原则中的一整组，也即在投资者保护原则之前所述的所有原则，适用于一切、包括非企业化的公司。而只有后续的原则（投资者保护、不同表现形式的交易及债权人保护、共同决定）才仅仅涉及（根据其内容和构造）企业化公司。在企业公司范畴内起到特别重要作用的，部分包括我们前面反复提及的企业的"乘数效应"，以及员工对于社会化公司的归属性等。

第一组价值原则已然足够赋予宽泛理解下的公司法以必要的规范性特征。而第二组价值原则的出现，使企业公司的"规范性特征"得到了根本性的凸显。因而一个合适的解决方案似乎是，构建一个相应的次级体系组成部分。

然而关于特别私法的一般性问题仍然没有得到解答，甚至变得特别重要：即以第一组价值原则构建一个独立的"特别私法"，然后才构建在下一层次上细分的"特别私法"，这样是否真的具备体系上的合理性。如果撇开商事公司，尤其是当中的企业领域不谈，则"公司"在广义上早已被毫无疑问地归入了潘德克顿体系：社团被归入法人理论，也即总则部分，狭义公司归入债法部分。总则部分的决定性、优先性特征主要表现为独立的组织机构与人格化，而债法部分中，表现为在成员间建立债权债务关系。因而对于法人的系统定位而言，在相关法律关系中建立的债权债务，就不是那么重要，而对于狭义公司则恰恰相反，这一领域中，统一化和独立化必须退居二线。平等原则、严格按照规范形式建立的原则，以及成立公示原则都只适用于法人部分，从而在法律原则层面上也是部分覆盖。

同样，从一般实践经验来看，似乎也没有出现对将人的联合体分别归入总则及债法编的、有分量的反对理由。即便根据"新共同共有理论"（尤见于弗卢梅），将共同共有本身视为权利主体，因而将其归入人法，即总则中，也不影响本质上体现债法合作关系的公司，尤其是内部公司继续归属于债法的现实。

况且试图据此进行的体系化调整本来就缺乏合理性：即便根据上述新理念，在共同共有中，也只是以其成员构成的联合体作为权利主体，而没有形成新的权利主体：根据弗卢梅的观点，共同共有的成员就是该社团，它不像在社团法人中那样，是该社团中的部分。[564] 两者间的差别，在所有共同共有的统一性和独立性尚不完全的地方，都表现得相当明显：如人合公司中出现的大量"个人责任"。上述情况也许在奥斯特海姆的表述中表现得最为直观，他将此称为"短暂"的权利能力[565]：

---

[564]　So, in aller Schärfe, FLUME., Die juristische Person（1983）259；vgl auch DE. NS, Die Personengesell-schaften（1977）29.

[565]　OSTHEIM, Die Rechtsfähigkeit von Verbänden（1967）162 ff. 但作者有意将无限公司归为法人。但客观障碍是无限公司中股东承担个人责任，从中可以明显看出公司的独立性受到限制。

赋予公司（共同共有）权利义务，这一我们习以为常的口号式简单表达实际上最终及实质上指的是作为共同共有这一联合体。共同共有中从来就没有形成过一个与其成员严格区分开来的、新的主体。因此，将相关法律材料强行归入人法，不符合人法中的界定概念标准（"人"）。

试图在一般民法体系的传统内容之外，将"商事公司"的主要部分划入民法总则，其余部分（静止公司）归入债法的想法，细察之下，也不符合合目的性原则的要求：商事公司中极为重要且共同的、于上述第二组有关价值原则中表现出来的企业相关性特征，将会随着与追寻非企业性目标的其他"公司"（非营利社团、通常的民事合伙）的合并，而变得模糊不清。作为补救，至少要将人法或债法中企业性的及非企业性的其他"公司"作为下级制度分别予以规定。因此，将"商事公司"如此之大的一部分法律材料塞入人法及债法中，本来已经是极其复杂的工程，而之后又极可能导致分裂及互相重叠的后果。

基于此，将公司法中与企业相关的部分作为特别私法，似乎更为合适。而弗卢梅在此领域中进行了富有价值的体系化推进，其核心也应该被以更为谨慎的方式来看待：总则中关于法人的理论必须对公司法领域相关的一般性问题予以全面的关注。总则部分也必须为特别私法奠定坚实的基础。[566]

体系的合理界定所涉及的一切因素，在企业性公司中得到的体现程度都不亚于在公司中。前述两组原则共同发生作用的地方，也即在企业型公司中，其"规范性特征"当然得到了更显著的增强。如果肯定前文最后论及的合目的性层面以及特别私法应来源于"商事公司"法这一理念，则最有说服力的体系构建是：所有广义上以企业经营为目标的公司，或具备明确为企业经营量身定制的，但同时可用于追求其他合法目标的"公司形态"的公司，都属于作为特别私法的公司法的范畴。而其他公司（广义上的公司）继续归属于总则及债法部分。但基于公司法的部分原则对于这些公司也同样适用，因而它们可被视为一种与公司法这一特别私法相衔接的过渡形式。对于社团及民法上的公司，仅当其目标包含企业运营时，才能被，也应当被归入公司法这一特别私法。可见，企业相关性这一在关于外部体系的思索中发展出来的附加标准，鉴于价值原则及补充性的合目的性考量，也得到了证实。

完全支持上述所建议的观点的是，该观点使如此理解的公司法的许多缺陷暴露无遗。其所蕴含的，也即前文论及的各价值原则并没有被一以贯之地运用在公司法的具体规范之中。例如对于非营利社团及合作社，当这些法人（在"副业特权"的框架内）经营企业时，与此相关的法律规定中并没有体现公司法中的出资原则。但

---

〔566〕 即便"共同共有本身就是法律实体"这一理论的追随者（例如 K. SCHMIDT, GesellschaftsrechtZ, 167 ff je-denfalls für die Personen-gesellschaften）也不支持 FLUMES 将人合公司的法律素材纳入总则的建议。因而，新近出版的"总则集合"也没有延伸到人合公司法。

恰恰基于原则的一体系性的法律思想，这一漏洞能够得到一定程度的弥补：与法定最低注册资本条款相联系，以及基于一般交易保护的考量，应当对出资原则做实质性的理解，即它禁止任何确定的最低注册资本不足及以此故意或重大过失地将风险转移给外部的行为。据此，在事实清楚的情况下，就可能让拥有实际控制权的人承担个人责任，从而弥补法定最低注册资本缺失的缺陷。对公司法进行合理的体系化界定的前提下，上述原则应当能够毫无疑问地、无须任何艰难地进一步推导，即可适用于所有企业化公司。

　　体系上将公司法作为特别私法的最终结论，其实并不算特别出人意料。然而这一过程表明，如果不愿止步于表面，而是追求一种精准的界定，则必须溯及至一般体系化的标准进行艰苦的探索。在对上述特别私法的探究中，企业概念起到了尤其核心的界定作用，正如公司概念在其他界定中也发挥着重要作用一样。长久以来，针对将公司法作为特别私法这一问题，一方面我们为论证公司法的体系化独立，将企业概念作为重点关注对象，另一方面在确定特别私法的法律内容时又不考虑这一特征，从而造成了界定上的混乱，现在是拨开这一团混乱的云雾的时候了。

第四章
有价证券法

第一节　通过有价证券概念进行界定

　　欲对有价证券法相关实体及法律素材进行有效界定，只能以有价证券概念本身作为标准。虽然在某些细节之处不无争议，但鉴于目前已经发展出了一套行之有效的，不以该书面权利的处分，而以其权利主张为重心的相关体系，已经奠定了我们当前研究的基础。据此，有价证券应当是一种以书面形式表现私法权利的凭证，持有该凭证是主张有价证券权利的必要条件。[567]

　　对这一定义仍然存有疑问的是，如何将这种凭证的特征，即如果不出示该凭证，义务人就可以行使拒绝给付权这种法律后果，通过有效的界定方式凸显出来。对此存在着不止一种可能性，可以以实现该法律后果为目标的凭证内容为界定标准，也可能更宽泛地，以引起该后果的（至少符合其意义）、构成要件侧重于除内容外的其他特征的法律规范为界定依据。

　　在上述第一种情形的"出示条款"中，界定所依据的事实特征可能是这样一个简单的事实：即凭证中的某种特定表达，而在第二种情形中则是已经被法律赋予的某种特性，此时体系化的标准就只是间接与所涉事实片段相关，而直接地与所涉规范的内容相关，因而第二种情形应当属于"元层次"。

---

[567] ZÖLLNER，Wertpapierrecht13（1982）1，15；H UECKlCANARIS，Recht der Wertpapierel1（1986）1；ROTH，Grundriß des österr Wertpapierrechts（1988）10；STANZL，Wechsel-，Scheck-und sonstiges Wertpapierrecht（1957）1；MEIER-HAYOZ! VON DER CRONE，Wert-papierrecht（1985）3，55. Vgl auch EICHLER，System der Wertpapiere（1969），der seinen Wertpapierbegriff von der Entstehung der Urkunde her bestimmt（65）. Art 965 OR gibt eine auf die Geltendmachung abstellende Legaldefinition.

这种存在双重可能性的有趣现象，并不会改变依据起决定性作用的有价证券概念[568]进行界定的有效性。在追求体系化的过程中，当然需要根据一定的法律特征（此处为"法律后果"）对某一专业领域进行必要的界定，而这可以通过紧紧抓住那些满足其构成要件的法律规范来实现，也即不必考虑所尝试的界定。这一点在我们迄今为止的论述中也早已出现过多次。

第二节　规范性特征

1. 要谈论这一法律领域的规范性特征，就不得不提到其面临的任务，即克服由于认可那些客体为无体物的权利，特别是连权利是否存在、权利内容和权利人都无法识别的债权权利或成员权等，而产生的交易往来的不确定性。正常情况下，由于缺乏善意保护的客观基础，取得这种权利的受让人必须承受各种风险，如受让债权或其附属权能根本不存在，根本不属于转让人或存在抗辩事由等。

而据以消除这一不确定性的工具，在有价证券法中就是使有价证券上的权利"有形化"，也即将该种权利或有关其他因素（如权利主张）与作为有形物的凭证绑定在一起。由此，各种有价证券的法律确定性都能得到不同程度的增强，直至使其能够适用物权法中的各项原则，或形成表现为凭证的合适的权利外观[569]及内容，从而能够基于对这一"手稿"所表现出的权利状况的信任，进行善意的法律交往。

因此，不同于传统债权让与，对书面化权利的善意及不可抗辩的取得，是完全有可能的。但至少在交易安全方面，有价证券对义务人而言也具有有利的合法证明作用。[570]

作为明确的、具有识别功能的客体，持有凭证本身及凭证上的内容为交易保护奠定了坚实的基础。而这恰好是债权及其他只有纯粹精神性形态的权利所不具备的。

随着交易安全性的增强，加上书面权利的取得方式简便，无须费时费力的调

---

[568]　相反，JAGGI（/DRUEY/VON GREYERZ），Wertpapierrecht（1985）52 f 批判了他的法律秩序中（Art 965 OR）对于证券的明文定义，因为该定义没有突出证券特征和出示要求之间的关系。但该定义至少在一点上已经具有进步意义：即定义特征也可以基于法律来确定，而不需要取决于在契据上是否具有明确要求出示的内容。

[569]　Vgl insb HUECKICANARIS aaO 8 ff, 33 ff（35）；MEIER-HAYOZL VON DER CRONE aaO 72 ff；ROTH aaO 6；ZÖLLNER aaO 23；ausführlich und grundlegend jACOBI，Wechsel-und Scheckrecht（1955）41 ff für Wechsel und Scheck，aber auch für "Umlaufpapiere" überhaupt.

[570]　比较 ZÖLLNER aaO 11。这里涉及的是债务人拒绝向不拥有契据的权利获得人（即便他真的是权利人）履行和在善意的情况下向实际上无权的契据所有人履行的权能，以及契据所有人的"形式"正当性，也即有利于所有人的、假设其拥有权利的推定。如果只存在第二种特征，则可以视为一种跟真正的证券相区别的、单纯的"合法化证券"。

查，且取得的权利具有高度可靠性，这类权利的流通及转化能力也首先得到了极大提升。这对于通常以流通为目标，频繁被转让或批量出现的债权来说尤其不可或缺，并有助于降低"交易成本"[57]。不同类型的有价证券类型，在上述框架内各具有不同的专门作用，这里无法一一详述。与此相关的详细内容可参阅引文中的专门文献。

而权利"书面化"这一特别技术所服务的基本法律原则，毫无疑问就是一般的法的安定性与经济效率目标。具体受到保护的对象，首先是第三人取得者和通过"证明作用"受益的善意履行义务人，该义务人基于对凭证表现出的受给付方的法律地位的信任，而为的给付行为具有清偿效果。

法律行为的私人自治原则在有价证券法中也发挥着极其重要的作用，它使法律行为规则一般规范在此领域中得以适用，但同时必须受到法的安定性目标的限制。总体来说，有价证券书面权利的形成、发行及流通都必须以各方参与人的行为意思为基础。

以上"有价证券理论"，也即创造理论、合同理论及权利外观理论均欲研究的相关特征，不只存在于原则层面，而且很大程度上已经属于证券法的教义学范畴了。无论如何，上述有关讨论中已经非常清楚地表明，作用范围极其广泛的权利外观原则，在有价证券法中也有非常重要的适用余地。就其功能而言，有价证券本身就是一种特殊的权利外观。

而硬币的另一面，也即更强的交易安全性背后的缺陷是，在很多有价证券类型中，特别严厉的不利后果都须由有价证券义务人来承担，实际上导致了一种更加严厉的个人责任。

因此总的来说，有价证券法的特征是，在有助于实现特定规范性指导目标（法的安定性，便利交易）的背景下，引入将权利进行书面化的独特技术，使物权法中的善意保护规定能够在此适用，同时创造出有效的权利外观基础及实现证明作用。那么有价证券法的规范性特征就已经显而易见了。[572] 根据以上论述，我们可以将其简要地表述为(110) 将（至少是）权利主张与凭证进行绑定从而增强交易安全的原则。

即便在有价证券法中，超越于该特殊领域的其他一般性原则也同时扮演着极其

---

[57] HUECK/CANARIS aaO；ROTH aaO 3.

[572] 相反，JÄGGI aaO 5 认为证券法只是因为历史原因才成为一种特别法，因为只有整个债务契据法才拥有一种"特别对象"，因为债务契据是一种"一体的生活现象"。但这种解释不合理地将界定事实层面的可能性作为唯一一种界定"外部"系统的标准。（如上文所述，这在证券法中也并不缺少）而实际上缺少的，是一种涵盖整个"债务契据法"的规范特性。这从 JÄGGI 自己的观点，即认为债务契据在合法化论证和审查中只能起到无足轻重的作用中就可以看出（aaO 35）。对他而言，特别的交易保护即便在最微弱的意义上也不值一提。同样无法让人理解的是，为何包含承认债务的债务契据（aaO 17）是一种"一体的生活现象"而所有关于债务关系的私法契据，例如合同凭证、解雇文书等，却不是一种"一体的生活现象"。

重要的角色，但通过前述绑定及书面化原则已经形成了相当明显的规范特征，尤其体现在（不同程度地）将对债权权利及其他权能的处理接近于对物的处理。

不同有价证券间的区别主要体现在流通、保证及证明作用方面的不同，从而也引起了其各自功能的层次差异。至于有价证券法的教义能否在书面化原则之外发展出更多的，适用于整个有价证券法的特别原则，尚有待探讨。鉴于有价证券种类繁多，如汇票、支票、商事可转让票据、股票、债券等，且它们各自适用不同的规范，似乎这一可能性极其渺茫。但书面化原则结合大量有力的、超越于有价证券之上的其他原则，对于肯定本领域充分的规范性特征，已是绰绰有余了。

2. 罗特（ROTH）认为，虽然商法中的商事行为及商人特征等与有价证券法缺乏必要的法律联系，但其中的信任保护、交易安全、公示原则及自己责任等标志性特性，都可以适用于有价证券法，并赋予[573]有价证券法与商法共同的血液。正是上述这些因素，与书面化原则相融合，并决定着它的作用。但从原则的一体系化的角度来看，一个巨大的深层次矛盾就逐渐浮出了水面：所谓的"自己责任"显然是指商法中传统的，对于高水平自己责任的严格归责标准。如前所述，在商法领域中，这种归责标准符合广泛流通性的要求，也因商人所默认具有的商业经验和培训教育而具有可期待性。

但在有价证券法中，许多情况下前述后一种事由，即商人经验或培训教育经历都无法存在，从而使适用特别严格的责任与风险归责规则失去了依据。事实上，有价证券法完全适用于任意私主体，哪怕其既不是商人又不是企业。例如，与信贷银行相比，个人承担承兑义务的情况并不少见，且银行通常无法真正意识到其所面临的风险。也正是基于此，《奥地利消费者保护法》第11条才规定，禁止在消费者与企业之间进行的交易中适用记名汇票（Orderwechsel）。违反这一禁止规定并不会影响票据本身的有效性，但因为违反了法律的禁止性规定，违反规定签发记名汇票的企业可能承担赔偿责任。

问题的焦点主要在于，商法中明确存在的特别价值取向在某些情况下被完全地扩张适用到毫无经验的债务人身上。出于正义的均衡原则的考量，尤其是与一般民法中债权让与后债务人对新债权人仍然享有全部抗辩的分配原则相较而言，这一扩张可谓疑问重重，经全面权衡各相关原则后整体上很难具有说服力。其实，有价证券法在很大程度上也受到商法特殊价值取向的支配，只是在这里以一种不同的形式出现而已，但两个特别私法的分立，在外部体系层面似乎阻碍了我们去认识到这一事实。但要在有价证券法的整体层面上，或针对其涉及所有法律主体的领域，类推适用这一特别价值，尚没有得到合理的论证。

要注意的是，有价证券上，例如票据凭证上的签名，就如同一般民法中对形式

---

[573]　AaO 1f.

的规定一样，已经能够起到某种程度的警示作用。形式要求的使命是，在各种可能的情形下引导当事人进行细致的思考，主动了解法律信息。但对那些几乎毫无经验的交易参与人来说，不管在法律上还是行为上，形式要求的这种作用都不可被过度高估。有价证券法上的签字这一形式，很难替代全面的商业经验及培训教育，而这正是在商法中普遍推行更严厉的风险划分的实质依据。

另一方面，还存在一种真正的进退两难的尴尬状况。如果我们试图突破《奥地利消费者保护法》第 10 条的折中式方案，进而限制有价证券法的一般性适用，那么对有价证券法，特别是票据法方面的规定做出有利于无经验的交易参与人的适用限制，就完全有可能削弱有价证券法促进交易的功能。因为获得书面权利的第三人往往无从得知义务人的个人资信状况。姑且不考虑前文所引的制定法规定的适用范围，根据实然法的当前基础，解决这一问题较为可能的方式是：在他人做出使自己承担有价证券法上的义务的意思表示过程中，如存在信息优势方，特别是企业方等，且意思表示人所承担的义务在有价证券法上具有危险性，他自身对其所面临的危险法律后果没有足够的认识，则此时应当让信息优势方承担说明义务。

而如果按照应然法，则完全可以考虑，由法律（特别是）对具有票据能力的主体范围进行一定限制，具体来说不仅仅限定为商人，而应当包括所有基于其职业或教育经验，能够按照其意愿理解有价证券法中义务的影响程度的人。这一相关群体可被定义为，包含所有企业主以及所有在企业中或对于管理复杂的商业活动拥有代表权的人（只是他们的商业经验不是来源于生活中的自己事务），此外也包括如具有法学或经济及社会学科背景的人。

第三节　合目的性

就将有价证券法作为相对独立的特别私法的一贯传统做法，我们尚未发现值得一提的有力反驳意见（暂时忽略上述最后提到的问题）。各种关于有价证券法的专门法律的存在及彼此间界限分明的特别规定，也为这一做法的正确性提供了额外佐证。鉴于这一法律领域内理论著作广博丰富，尤其是大量整体介绍性作品[574]的存在，也使我们没有理由，对相关法教义学工作中的体系分类的实践可行性产生怀疑。

然而，最近出现在有价证券法的部分领域，即关于资本市场的"证券"（Effek-

---

[574]　当然此处也由于特别的信息和研究兴趣而存在对于证券法各个分支领域的"组成部分整体介绍"，特别是汇票法和支票法，同时也请比较 AVANCINI, Das Sparbuch im österr Recht (1973)。

ten），尤其是公司债券方面的新发展，却有导致相关法律地位的"去物质化"的趋势，这些法律地位经常只是更为折中地通过书面确定在一种——更确切地说是没有功能的——"集体凭证"（Sammelurkunde）中，有时却（更为合理地）成为单纯的"有价权利"，只出现在登记注册簿或银行记账簿上。[575] 这里现存的主要问题显然是，有价证券法的规范性目标此时已不再是借助书面化这一工具，而是出于理性衡量后结合登记注册或记账过程来实现的。乍看起来，似乎这是一项通过"有价权利登记法"对有价证券法进行补充的进程，但其中的体系化问题主要不在于必须保持相同的规范性特征，而是如何落实这一补充作用的技术问题，以及如何对其实体范畴进行界定的问题。相关规定虽然还可能处在不断变化之中，但其在未来至少仍须在"外部体系"层面上属于有价证券法领域内规范。就历史沿革来看，只要能够肩负起真正的有价证券的传统使命，也许我们只能暂以类似于"证券的"或电子的登记簿或登记过程也属于相关实体范畴这一解释，来说服自己满足于这一答案。

---

[575]　Vgl näher HUECK/CANARIS aaO 14ff；ZÖLLNER aaO 5ff；MEIER-HAYOZ/VON DER CRONE aaO 297.

第五章

无形财产法（或称"著作权及工业产权法"）

第一节　这一法律领域的外部界定

1. 当前所论述的这一私法领域可谓肩负着保护智力成果及相关权利人的重任。它或被称为无形财产法 [576]，或被主张为是"著作权与工业产权"之集合的"统一专业法律领域" [577]。然而两者之间主要是专业术语、而非实质方面的区别。前者只不过是对归属于同一个体系大类的各个领域进行了统一的描述：如——列举，则包括著作权及其相邻权法、发明权或专利权法、模型法（至多可再细分为实用新型和

---

〔576〕 Insb TROLLER，Immaterialgüterrecht P（1983）；BERNHARDTIKRASSER，Lehrbuch des Patentrechts4（1986）15：Die Gebiete des gewerblichen Rechtsschutzes sowie des U eheherrechtes einschließlich der verwandten Schutzrechte fügen sich zum Immaterialgüterrecht zusammen. Bei TROLLER aaO 137 wird für das ganze Immaterialgüterrecht；bei BERNHARD/ KRASSER aaO 18 wird für das Patentrecht die Zugehörigkeit der Kernbereiche zum Privatrecht dargetan.

〔577〕 So ausdrücklich E. ULMER，Urheber-und Verlagsrecht3（1980）20；aber auch HuB-MANN，Urheber-und Verlagsrecht（1987）；DERS，Gewerblicher Rechtsschutz5（1988）VI，wo die Verbindung des Gegenstandes der beiden Bücher betont wird（Fortführung der Darstellung des -kulturbezogenen -Urheber-und Verlagsrechts auf dem geistigen Sektor，den man als Zivilisation zu bezeichnen pflegt）；SCHÖNHERR，Gewerblicher Rechts-schutz und Urheberrechtsschutz（1982），insb die tabellarische Übersicht 3 samt den dazu-gehörigen Ausführungen；umfassend schon DERS，Zur Begriffs-bildung im Immaterialgüterrecht，FS Troller（1976）57. 根据这些作者的观点，除著作权法外，所有相关部分领域都是工业产权保护的一部分，除不正当竞争法外，所有相关部分领域都是无形财产法的一部分。从这个角度来说，整个特别私法也几乎可以被称为"无形财产法和反不正当竞争法"以及"著作权法和工业产权法"。反不正当竞争法作为异物的地位因此也显露无遗了。

外观设计法)、商标及标记法以及反不正当竞争法。[578]

主张（客观意义上的）"无形财产法"的理由，首先是概念本身的简洁与统一。其次，著作权及其相邻权法、发明权及专利权法、模型及标记法的对象全部都是"无形财产"，也得到了广泛认可，以此为基础形成的主观权利理所当然地应该被称为"无形财产权"。因而无形财产法的概念更适宜于作为主要上位概念加以使用，从而使得在法律领域的命名中突出这一概念。但同样地，通常认为这一概念无法延伸涉及不正当竞争法领域。然而由此会使人很自然地联想到，或许可以使用"无形财产法与不正当竞争"这一集合描述。但可以预见，引入后者不仅将使专业术语过于复杂，而且出于作为基础的体系化标准的考虑，这一杂糅基本是完全行不通的。而在现有外部界定中，"工业产权"仍然是无形财产法中所有属于"工商业领域"而非著作权或其相邻权等文化领域的各部分的概括总称。

2. 为方便外部界定，对著作权的描述同样既简洁又统一：（文学性、科学性或与艺术性相关的）作品与其作者构成一个单独领域。涉及这一领域的法律条文就组成了著作权法。[579] 这一表述完全符合，对特定规范涉及的实体进行划分应当采用有利于概念界定的方式这一基础外部体系标准。可以概括性地认为，无形财产法适用于所有由实际存在的精神财产与创造者构成的实体规范领域。然而其次也包括与第三人的关系，往往涉及第三人侵权或第三人从原始权利人处取得相关权利等情况。至于相关合同的类型，如出版合同、表演合同、广播合同、代理合同及许可合同等，应当主要由合同所涉财产的特别属性来决定。它们在法律上或者被雕琢成特殊合同类型，或者只是粗略地予以规定而主要适用债法总则或往往通过一般交易条款确定合同的具体形态。[580] 总而言之，一般民法在无形财产法领域中仍有相当大的辅助性适用空间。[581]

暂且忽略这些重要的结果层面的问题，仅"精神财产"这一概念本身（对其创造者的定义也需借助这一概念）就带来了不少进一步的疑问。按照法律历史的发展

---

[578] 后文对商标和标记法以及模型法不再讨论，对此请比较 HUBMANN (1988) 192 bzw 217；TROLLER aaO 205，395；BUSSE/STARK., Warenzeichengesetz 6 (1990). Zu den österr Gesetzen jüngst nur die etwas kommentierten Gesetzesausgaben von STRABERGERIGANTNER, Markenrecht und Musterschutz (1977)；PUCHBERGER/JAKAD-OFSKY, Musterrecht (1991)；FEIL, MusterschutzG (1990). Vgl jetzt auch GebrauchsmusterG BGBl1994/211。

[579] RINTELEN, Urheberrecht und Urhebervertragsrecht (1958) 41. KucsKo, Urheberrecht³ (1990) 14 认为，著作权法自身和在著作权法中予以规定的"相邻权利"可以被称为广义上的著作权法。MriTEIS, Grundriß des österr Urheberrechts (1936) 10，24 将作品保护视为劳动和成果保护。

[580] Vgl etwa zum Verlagsvertrag RINTELEN aaO 242, zu den sonstigen Urheberrechts-verträgen (Vortrags-:, Aufführungs-, Aufführungsvertriebs-, Film-, Sende-und Wahr-nehmungsverträge) 449 ff；zum Verlagsvertrag DRITRICH，Das österr Verlagsrecht (1969)；weiter HUBMANN (1987) 229 (zum Verlagsrecht), 250 (zu den sonstigen Verwertungsver-trägen)；E. ULMER aaO 383 zum Urhebervertragsrecht insgesamt；429 zum Verlagsvertrag insb. Zum Lizenzvertrag BERNHARDIK. RASSER aaO 688；FRIEBEL/PULLITZER, Österr Patentrechtl (1971) 304；PE-DRAZZINI, Patent-und Lizenzvertragsrechtl (1987) 125 ff.

[581] Näher HUBMANN (1988) 62；BERNHARDTIKRASSER aaO 20.

经验，承认纯粹的精神财产的单独存在，绝非理所当然不言而喻的事。它以抽象化为首要前提，也就是说，既要将智力成果，如文学作品或发明创造等，与其外在表现形式（手稿、印刷品、发明的描述或者发明发挥作用的载体）相区别，又要与创造人进行区分——因为作品或创造在其形成过程中已经逐渐独立于创造人了。从今天的视角看来，精神成果作为单独财产的特性及相对于创造人的独立，恰好为该成果通常可以为第三人有偿使用这一现象提供了根据。[582]

然而，无形财产权的对象在很大程度上是指创造者的智力活动成果，如文学、科学或艺术性作品、（可复制的）使表演者拥有"相邻权"的表演活动、发明创造尤其是专利发明及实用新型（模型）等。但相反地，商标及标记则完全是特定商业活动的标志，通过它们的广告影响力促进产品销售，而这种广告影响力又来自使用商标的企业基于相关产品或服务获得的商誉及商业活动成就。

上述精神财产在许多方面，特别是使用方式及与创造人之间的关系上，存在显著差别。典型差异尤其体现在，创作者的人身对创造活动成果的影响程度，以及反之，精神成果对作者个人人身性的反映程度。就此意义而言，最具有个人特色的当然是文学或艺术作品。公益性精神财富或许必须公共使用，但文学或艺术作品中的个人贡献则往往能够得到完全彻底的保护。

而对于科技经济领域的"工业"知识产权，对人身性影响的要求程度就大大降低了，与此同时，精神成果的"工商业"实用性被视为必要前提。与创造者个人人身性关系的差异，也反映在许多重要的规范问题上。因而按照今天占据相当主流地位的一元论[583]观点，著作权应该是一种统一性权利，对作者在作品中体现的财产和人身权益进行同时保护。而人身保护首先就体现为，能够被认可为作者及保护作品不受仿冒侵犯。

而在发明法中，人格权利（发明者的荣誉）的重要性就减弱了许多。其他的差别在于，著作权（及相邻权）自作品完成后便根据法律规定自行产生，而至少对于完整的"工业"产权保护而言，通常还需要登记注册及官方授权等作为前提。因此后一领域中还通行一种"优先权原则"，据此例如先登记的专利针对与其平行研发完成的发明创造，甚至还有一种"阻挡作用"。注册及授予行为同时激发了对于后续交易安全的特定要求。同样地，对于无形财产权中典型的法定保护期限，以及权利处分尤其是权利转移方面，根据上述特点也各有不同的规定。[584] 例如在常见的

〔582〕 相反的、打上了深刻的财产属性的批评请见 E. ULMER aaO t3f。

〔583〕 Vgl RINTELEN aaO 39；HUBMANN (1987)，22；E. ULMER aaO 10 ff, nach dem die Zuordnung des Werkes zugleich als wirtschaftlich verwertbares Gut wie als Objekt ideeller Interessen erfolgt；TROLLER aaO 93 f；MNTEIS aaO 24.

〔584〕 关于精神财产的本质和前述区别请见 HUBMANN {1987} V orwort 1 ff, 30 ff {36}, 66 ff；DERS (1988) V orwort 35；grundlegend DERS, Das Recht des schöpferischen Geistes (1954)。但 HUBMANN 可能夸大了将个人及共同精神财产对作品创造的影响进行区分的精准性，以及技术领域自然法的准则对创造性成果的限制。对于前者 E. ULMER aaO 109 进行了批评，对于后者 BERNHARDIKRASSER aaO 85 进行了批评。FRIEBELIPULITZER aaÜ 7 ff 也略微论及了专利和著作权法的交集和区别。

"职务发明创造"中，法律通常预先规定，相关权利自动转移给雇主，当然也赋予发明创造人获得对价的权利。

　　然而，欲对无形财产法的实体领域，继而对整个法律领域进行充分的界定，仅通过探究精神成果的特性及分析其相互之间的区别，实际上仍是远远不够的。亟待解决的第一个疑问是，是否能够以及如何将"无形财产"与通用已久的"无体物"进行区分。虽然"无体物"概念通常被置于物权法中，但其既没有基于这一地位而形成专门私法领域的迹象，又不归属于"无形财产法"的一部分。实际上它长久以来一直指的就是以主观权利形式出现的财产，尤其是债权或成员权等。鉴于《奥地利普通民法典》第 285 条中对物的概念做出了相当有名的广义规定，其中当然也包括"无体物"，因而前述问题对奥地利法来说具有尤其重大的意义。尤其是，《奥地利普通民法典》第 285 条将物规定为，所有与人相区别的，以及能为人所利用的一切事物，当然也包括了"无形财产"。但一个广义的物的概念及建立在此基础之上的广义的所有权概念（《奥地利普通民法典》第 353 条），仅仅涉及包括无体物在内的物的主体归属问题。与其说它直接与具体的要求或法律后果紧密相联，不如说这个广义的概念仅仅为进行体系化解释及类推适用提供了动力。因此这个广义的物的概念对无形财产权的发展可谓毫无影响，也只有这样，它才能为后者的发展留下一定的空间，不至于使其成为完全的多余。此外，德语国家尽管可能使用了不同的物的概念，但无形财产法领域的发展轨迹与法律基础却出奇得相似，这也从另一个侧面验证了上述结论。

　　但至此为止，我们熟知的"无体物"与作为其下属部分的"无形财产"之间到底具有什么样的关系，仍然没有得到清楚的解释。但任何具有财产价值的主体权利都属于非物质形态，且具备有益"财产"的特征，这一点是无可置疑的。但是要将两个范畴进行区分使用，是否及如何才能得到体系化论证？

　　可能的答案是，并非传统的"无体物"、而是相对较晚得到认可的"无形财产"概念彻底摒弃了所有与有形形态有关的因素：长久以来被称为无体物的权利，仍然间接地最终涉及有体物或有形行为。[585] 尤其在针对有体物的债权权利中，表现得更加显而易见，例如交付即是通过有形行为来进行。此外在广义上的劳动给付中，这种行为本身也被作为独立的债务来看待。同样地，金钱债权最终也仍然涉及"现金"或在"转账"情况下，也需要对方做出特定行为。

　　赋予特定主体以特定权限，往往都体现着特别的法律目标，因而上述权利（与其显著影响）被从有体物相关属性方面独立出来。但在传统的"无体物"概念中，这些相关属性仍然无法脱离有体物世界的影响。但无形财产概念为新的特别私法的形成提供了初步基础，它已经不仅仅是通向有体物的一个独立化的法律阶段了。

---

[585] 对无形财产法和古老的"res incorporales"之间的关系进行的详细讨论请见 TROLLER aaO 55。

这一界定是否处处都得到了严格遵循，尚不能确定。但没有对这一界定的基本认可，则长久以来为我们所熟悉的无体物，与如今体系化重点无形财产间的关系，就很难梳理清楚。因而对"无形财产"还需要做一个限缩性的澄清，即它绝不单纯涉及最终仍指向有体物、只是出于特别的法律目标而被独立出来的那些权利。

但即使对"智力成果"这一概念予以上述层面的限缩，对于"无形财产法"的法律内容来说，仍然显得过于宽泛。不难想象，完全可能存在上述限缩无法涵盖却又无疑存在价值的无形财产，只是在法律上重要性有限（但至少在特定情况下根据一般条款对其进行保护是有可能的）。它们包括如（缺乏直接"工业"实用性的）科学发现或理论、文学、艺术或社会理念、款式风格、有趣的信息或人类行为的非技术准则等。

也许会有反驳称，这种考量从体系化的角度来说根本就是无关紧要的：既然是法律体系问题，当然只有与无形财产相关的现有专门规定和制度，才应当被纳入体系考虑范围之内。如果对于某些无形财产并无特定法律规范涉及，那么只能说，根本就不存在体系化整合的有效对象。

可想而知，这一表面化的说法还远远无法令人满意：如果我们不想认为，无形财产法律系统规定或不规定某些内容全凭偶然（否则马上会引起大量的类推适用及根据应然法出现的众多诉求），则必须认定，对各类无形财产所为的不同规范处理，至少在初衷上是严格与各无形财产的客观差异相联系的。也就是说，这些差异必须能够为界定标准所涵盖。因而并非所有的智力成果都能塑造无形财产法的实体领域，实际上只有其中的一部分，且其专有特征还需进一步深入探究。

而对"生活财产"（"娱乐财产"）与法律财产或法律对象[586]进行区分，能帮助我们在上述理解基础上更进一步。前者独立于法律而存在，但若其以法律认可的方式出现且为了保障某一主体的利益而得到保护，那么就转化成了法律财产。

据此，无形财产法实体领域的外部界定标准似乎相当之复杂，部分涉及事实层面的特征，部分又涉及属于法律元层次的特征：首先必须存在一种智力成果，其次这种智力成果还必须被某个（其适用与"无形财产法"的体系范畴无关的）法律规范所认可及规制。所有与上述如此解释的实体领域相关的法律材料，就构成了无形财产法。

尽管如此，鉴于缺乏对相关法律内容进行筛选的明确标准，仍然存在不得不认为这一法律界定过于武断的危险。但至少现在已经越来越清楚地表明，也许确实存在特别具有"法律性"的区分特征。

至于更具体一步的界定，可以借助进行法律规制所必须考虑到的基本问题来进行：除了对智力成果本身进行辨别，还需要考虑存疑无形财产的属性——也即该无

---

[586]　TROLLER aaO 49 ff.

形财产是否具备有利界定的、从而可以从法律上进行支配的特征，以及创造者是否具有作为任何情况下的主观权利人[587]的保护价值和保护需求。据此，只有那些可以被界定为独有支配权的对象、且主体分配或归属关系能够由此明确确定的智力成果，才可以在法律上占据一定的位置，而不是所有的智力成果。

上述前提所依据的基础是，无形财产法相关规范特殊的首要任务，就是赋予成果的创造者独有支配权。从积极含义来看，它使权利人拥有自由使用和处分的权利，消极层面而言，它赋予权利人排除无权第三人干涉其智力成果的权利。[588] 除不正当竞争法外，该法律领域中的前述所有部分皆是如此。一项可界定的、法律上可进行支配的智力成果均被赋予了一定的价值。上述不受保护的智力成果可谓构成了一组对比样本。即便仍然可以在某些方面对这些智力成果的可充分界定性和可支配性，或者对创造者是否值得保护进行法政治层面上的争论，如对基础知识领域出现的新认识、其高度成就和影响，在法政治讨论中就不乏多次被提及，试图将其纳入保护范围。但遭遇的有力反对意见称，能够从这些基础知识中或多或少间接获得的经济用途（以及可能的利用方式）范围太过广泛，因而根本无法进行任何有意义的界定。[589]

3. 前面已经介绍性地提到，根据目前占据主流地位的观点，反不正当竞争法也属于我们当前所述特别私法的一部分。就反不正当竞争法为了企业主的利益，而对确定的财产，即企业主为实现企业活动标志的广告价值而创造的企业标记进行保护这一事实而言（《奥地利反不正当竞争法》第9条，其甚至首先规定了注册商标的主要排他性权利，但同时可参照《奥地利商标法》第56条的其他私法后果，亦可详阅《德国反不正当竞争法》第16条），这一归类似乎没有什么问题。正如大量地将（图像或音像制作者及广播组织者等的）"相邻权"归入著作权法基本不会改变无形财产的"工商业"权利这一特征，反不正当竞争法规范也不需要对完全体系化方面的质疑进行一一澄清论证。

但除此之外，将反不正当竞争法归入"无形财产法"或"著作权与工业产权"这一法律领域，还是存在许多疑问——大量论著中也多次提到了这一点，但同时仍然使用了这种归类。这一点特别令人诧异，鉴于"无形财产法"的严密体系已令人信服地将作为生活财产的无形财产和其中——甚至在数量限制的意义上——作为法律客体和独占权对象的无形财产进行了区分；鉴于仍然可能存在疑问的法律客体得到了明确的——列举和阐述；鉴于一种法律上适格的无形财产被称为无形财产权必

---

[587]　HUBMANN (1987) 31（"归类问题"和"保护价值问题"）。

[588]　TROLLER aaO 71 不赞成这一占主流地位的观点，但他的理由不值得赞同。他认为使用权能是排他权的后果。但事实是，与所有权类似，使用权的分配和处分是排他权的（具有因果关系和解释性的）原因。不仅在形式意义上，而且在法学意义以及从成文法律规定的原因和目的角度来看，对原因和结果的正确理解都是重要的。

[589]　BERNHARDIKRASSER aaO 28.

不可缺的基础；另外鉴于反不正当竞争法仍然被归入客观的无形财产法（在作品的次级标题下）：尽管后一法律领域同时不能被追溯到一项主观权利，尤其因为企业作为无形财产不是一种主观独占权的客体。实际上，反不正当竞争法更可被视为一部专门的、以滥用经济竞争为前提的侵权法。[590]

导致的结果是，一种无法用必要标准加以解释的法律素材，就这样在没有得到充分解释的情况下被置于"无形财产法"领域中。这也与将"精神所有权"作为无形财产权总和、教义目标及无形财产法的法政治指导思想的理念所蕴含的深意相违背。[591] 既然无法将一个特定的客体归于某一个适格主体，再去强调所有权的类推就完全失去了意义。

偶尔也会有观点称，或许可以将反不正当竞争法理解为客观意义上的无形财产法，鉴于其在主观权利的划定上虽有缺憾[592]，但至少有助于客观上对无形财产进行保护。同时，反不正当竞争法的规定也是对滥用竞争自由的禁止，具体而言可追及至竞争者为使其本无优势的产品占据有利地位而使用的方法手段。[593] 因此毫无疑问的是，反不正当竞争法关注的并非对特定无形财产的保护，其中也根本没有详细提及无形财产。它关注的重点是基于竞争作用而推导出的行为模式要求，及对所有可能受到不正当竞争负面影响的各方权益进行保护。某种特殊的、特定的无形财产是否存在及受到侵害，反而是无关紧要的。至少在消费者权益也被认可为反不正当竞争法的保护对象之后，这一事实就更确证无疑。[594] 至此，将"企业"视为标准的及需要保护的无形财产的观点，也就遭到了最终的完全否定。企业虽然处在以合同自由为总体原则的竞争经济之下，但其作为与客户、供应商、信贷方，以及与劳动者的关系的总和，且这些关系的建立及存续全都是双方行为，因而它从一开始就不适合作为法律归属关系的对象。也正因为如此，无法将这些关系视为某一企业主的个人创造，从而也必须排除对企业主进行相关的法律界定。

当然还可以考虑的是，也可能存在这样一类无形财产：它们并非以其整体作为相关法律客体，而只是针对特定的、被认为是消极的行为方式，如不正当竞争而受到保护。但从事实角度出发，认为既存在可以受到完全规制的无形财产，又存在法律上毫不重要的无形财产，也很难令人赞同。它意味着，即使在上述有限保护的情

[590]　TROLLER aaO 49, 59 ff, 118, 113 ff.

[591]　TROLLER aaO 100, 104.

[592]　BERNHARD/KRASSER aaO 16.

[593]　AaO 13. HUBMANN (1988) 272 认为，竞争法的实质就是履行的竞争关系，即更优质的履行应当能够得到执行，而不需要与无形财产扯上关系。RITTNER, Wettbewerbs-und Kartellrecht³ (1989) 10f 将反不正当竞争和"工业产权"区别看待。KOPPENSTEINER, Wettbewerbsrecht IP (1987) 2 f 认为专利法、著作权法和模型法不属于竞争法，但认为商标法同时属于竞争法和无形财产法，但又没有在竞争法中介绍它。因此，对将竞争法和著作权法以及其他"工业产权"的无形财产权利结合在一起的系统性疑虑，早就在专业学者中不鲜见了。

[594]　比较后文竞争法的内容。

形下，起决定作用的仍然不是无形财产本身，而是对所涉问题行为做出违法性否定评价的总体依据。反不正当竞争法中的重点问题当然是竞争机制的作用及具体实现其要求的公平交易标准。而将受到消极影响的其他竞争者的利益归结为一个整体的"企业"无形财产概念，也未必能使对"不正当"竞争的判断和界定变得更加轻松。既然我们完全可以不必做此归纳，那么接受一个仅仅客观意义上的无形财产法，也就失去了其意义。

这些反对将反不正当竞争法纳入无形财产法的论据，显然也受到了另一部分理论学家的重视。他们主张，不将反不正当竞争法归入无形财产法，而仅仅将其归入"工业产权保护"，从而形成一个包括著作权和工业产权在内的独立的专门领域。由此"无形财产法"的概念就完全被摒弃了，虽然它毫无争议地适用于包括反不正当竞争在内所有的法律素材。如此，首先必须被迫对无形财产法中确凿无疑的两部分进行拆分，以便将其中属于"工业"的那一部分与不正当竞争法相联系。因此"工业"无形财产权中的"工业"取向就是与反不正当竞争法的共同特征。而将后者归入无形财产法的尝试也已经完全被更为谨慎的作者们放弃了。如前所述，这种划分方法也不具备可论证性。

但如果我们将著作权也同时归入"工业产权保护"的独立框架内，则将会建立起一个在著作权和反不正当竞争法之间毫无共同标准的类别范畴：前者是无形财产权，但不具有"工业性"，后者具有"工业性"，但不是无形财产权。从而系统构建也只能建立在一个矛盾的标准之上：属于该"专门领域"的，或者是无形财产权，或者是工业产权保护，或者两者兼是。这对于外部体系界定而言，逻辑上虽也是可以成立的，但却非常别扭。若预先考虑到接下来需要对这一被检讨的特别私法进行必要的"规范性特征"检验，则马上就将面临的体系化问题是：如果一个体系类别中所汇集的材料，其相当一部分在外部层面上完全无法通过共同的界定特征来进行描述，则是否还有可能在这一体系内部，提取出基本的规范共同性？

以批判的眼光来看，即便"工业"产权保护和不正当竞争法的"工业"具有共同特征，也相当赢弱。后者不仅适用于精确具体的"营业"关系，同时也适用于营业概念范围之外的自由职业以及农业和林业经济。进一步而言，一方仅仅涉及作为"营业"活动产物或专供营业用途的财产，另一方则包含经由对违背竞争原则的特定行为方式进行禁止，而得到保护的所有相关交易利益。甚至在一些文献中，亦将反不正当竞争法视为对"企业人独立活动"的一般性保护或"广义上的营业创造"的保护。[595] 至此已经非常清楚地表明，它不仅仅关注特殊的、以"营业"为中心的法律财产，而是一切可能的交易利益。这些交易利益在营业关系与其他关系中也同时受到各种不同的法律制度和法律部门的保护：如普通合同法也通过赋予对价给

---

[595]　HUBMANN (1988) 35, 44; bzw E. ULMER aaO 35.

付请求权，对"营业性"活动创造的财产进行保护；普通物权法和侵权法也保护营业主投入"营业"活动中的财产所有权免受非法侵犯等。反不正当竞争法中的重要体系特征，也必定不是对"营业"利益的保护，因为它不是竞争法的特别关注点。如果说反不正当竞争法的特征是确保竞争自由引导功能的发挥，哪怕我们不将无形财产的"工商业"产权视为完全违反竞争的"垄断权利"，它们之间也毫无共同之处可言。自竞争法同时也保护消费者权益的理念得到认可后，甚至连前面所说的，将反不正当竞争法视为对"企业活动"的保护或"企业创造"的保护也谈不上了。

总而言之，没有发现任何统一的界定标准，能够甚至只是外在表面化地论证著作权、"工业"无形财产权及反不正当竞争法作为一个整体的合理性。后者的纳入很有可能首先是基于历史原因：即一度试图从企业人格权角度，或从客体是"企业"这一无形财产的主观权利的角度，来解释不正当竞争法的不合理尝试。而这些角度的不合理性，也早已经得到了认可。现在是时候，放弃时至今日仍在存续的、牵强扭曲地将著作权与反不正当竞争法划归于同一个体系范畴的体系构建了。

此外，当前最具影响力的反不正当竞争法著作，早已不再将反不正当竞争法与"工业产权"，更完全不再与著作权联系在一起，而是将它独立于包含卡特尔法在内的"竞争法"框架下或甚至将其作为大"经济法"的一部分来看待[596]，也验证了上述结论。实际上我们也已应当停止，再对不正当竞争归入无形财产法进行牵强及无谓的徒劳论证。更为有必要的是，在无形财产法的框架内对著作权及其相邻权与"工业"产权或称工业产权保护进行区分，并将发明与专利权、标记特别是商标权与模型权归入后者范畴内。区分标准取决于，法律素材分别属于文化还是科技—经济领域。

第二节　特别原则

1. 据目前所述，有关无形财产原则上处于为特定人所全面（虽然也存在必要的限制）和独占性的使用及支配之下，也就是说，它是特定主体行使独占权的对象。

毋庸置疑，其在结构上显然与狭义上的、技术层面的有体物所有权具有较大的相似性。这也通过"精神所有权"理念这一专业术语得到了突出表现。在这一理念

---

[596] 比较 Anm 593；HANREICH bei WENGER, Grundriß des österr Wirtschaftsrechts Ⅱ (1990) 85 ff；106 中的论述，专利权、商标权和模型权作为"工业产权"被放在和竞争法相对立的位置上，符合此处体系的论证思路。FIKENTSCHER, Wirtschaftsrecht Ⅰ (1983) 249 ff und Ⅱ (1983) 366 ff 将国际统一法，而没有将反不正当竞争法和德国竞争法纳入他的素材中。Ⅱ 382 将反不正当竞争法和工业产权法在该论证中进行了区分。

的基础之上，加上启蒙运动中被视为理性法则的天赋人权思想的影响，随后无形财产权就在历史上逐渐获得了承认，而其中的重要突破口就是对于书籍复印的斗争。[597] 一旦作品是作者的独立创造这一理念得到认可，则此前国家将复印的"特权"首先赋予印刷者，之后亦赋予作者的现状，就已经无法满足人们的要求。而新的突破口，则来自哲学中的财产理论，它主张财产权来源于投入事物当中的劳动。如此虽然片面，虽然从当时和现在的法律来看都存在不少疑虑，但以自有材料生产制造出新的物品，不管在法学上还是哲学上无疑都是所有权原始取得的典型事由。而个人作品的创造与此有着极大的可比性，根本不需要再费力以哲学上的财产理论来进行论证。因此，赋予作者对其作品以独占性使用和处分权利的要求，自是理所当然的。这同样可以推广适用至发明创造及其他（可分配及可界定的）精神成果之上。[598]

基于其精神成果而赋予创造者类似于所有权人的地位，这一基本价值观念仍是今天的无形财产法的基础。这在两者明显的结构一致性中已经得到了体现。然而在此期间的讨论表明，"精神"所有权这一字词组合虽然也已经体现了权利客体的特殊性，但通过"无形财产"的概念，权利客体的区别会得到更强烈的突出。而其他相关理论对人格权方面的过于强调，也突出了将创造者与其精神成果结为一体的重要的人格利益，但一定程度上而言超出了必要的限度。

但法律也仅仅对该独立成果及创造者与此相关的人格利益进行保护。由此导致的结果是，我们现在认为，无形财产权虽然是一种统一的权利，但包含着各种不同的具体权能，其中有些直接以经济利用为导向，有些直接以人格及精神利益保护为目标，虽然在某些情况下他们也同时对其他领域产生影响。例如复制权和传播权也极有可能被用来对精神利益进行保护。

而其与所有权的区别，恰好与他们所涉及的权利客体的本质区别相一致：所有权当然也可以用来保护精神利益，且不需要特别的具体权能。且"精神所有权"的自然法理念本身也并没有片面强调财产利益，因为在理性法中，所有权也是自由权的一种表现，因而某种程度上同时可被视为人格权。[599]

但毋庸置疑的是，无形财产专有权的首要任务及作用是保障这些财产的创造者能够在一个原则上具有私法组织结构的自由经济中，通过市场对相关财产价值进行判断，实现其财产的经济效用。因为任何对无形财产的需求，都必须通过付出对价

---

[597] Dazu außer den historischen Abschnitten der schon zitierten Gesamtdarstellungen LUF, Philosophische Strömungen in der Aufklärung und ihr Einfluß auf das Urheberrecht, in: Dittrich (Hrsg) Woher kommt das Urheberrecht und wohin geht es? (1988) 9 ff.

[598] 在专利法方面请见 BERNHARDIKRASSER aaO 24 ff, 他虽然一开始拒绝了自然法上的基础，但却又没有对发明人得到承认和获得排他独占权的权利进行继续解释，只是在这种独占权已经被授予后予以承认。此外，PE-DRAZZINI aaO 13 f 强调了对发明的"所有权相似的归类"是专利法的基本思想。

[599] LuF aaO 13.

来获得专有权利人对第三人使用的许可。这正是与物的所有权最具可类比性之处。

当然无形财产的预期经济效益，可能与其文学、艺术或科技价值并不相一致，因为后者完全可能采用除经济外的其他标准来进行价值判断。肤浅的流行歌曲与通俗文学通常能够比高层次、高水平的文学成果带来更多的经济收益。但除了将决定权交给市场，剩下的选择也许只有建立起专门的官方机构（如国家授权委员会等），由其对送交的精神成果的"真正"价值及应获酬劳进行裁量后做出决定。但由于不可能存在一个事先给定的、一个永恒不变的纯精神世界和金钱价值的标准对应关系，导致后者无论如何都无法避免任意专断的危险。国家的文化或科研促进措施虽然不可避免地要直面抗争这一难题，却绝对无法替代无形财产法的经济利益分配作用。但其也许可以通过某些合理的方式进行补充，在此过程中，援助的规模程度以及具体实施则始终会是令人头疼的难题。

经过上述探究后，无形财产法中相当核心的，已经足够体现这一领域的"规范性特征"的（111）*精神所有权原则*就渐渐浮出了水面。根据这一原则，只要存在可界定、从而法律上可支配的精神成果，且它确由确定的个人创造完成，则应将该精神成果全面而具体地分配给创造者所有。

需要特别强调的是，体现在具体权能上，正是这一分配引出了一系列丰富的法律后果，从而对创造者基于其精神产物而享有的人格和精神利益进行保护。在物的所有权中，仅需对侵犯有体物的行为进行防御。与此不同的是，鉴于其时间和空间的非固定性，加上在公开后几乎随时随地可为任何人获得和使用，我们必须采取特别的法律保护措施，对与智力成果相关的精神利益进行保障。这一点在与物的所有权进行类比时没有得到体现，因而必须予以特别强调，否则有可能忽略掉无形财产权中的一个关键性规范因素。

而（112）*对智力成果创造者的精神利益进行保护原则*，可以视为对精神所有权原则的一个补充。它不仅能够影响上述从另一侧面提到的与无形财产相关的具体人格权权能，此外还对精神损害赔偿的整体立法趋势发挥重要的作用。

2. 前文应当已经简要地表明，这些原则的形成是多个基础指导思想共同作用的结果。其中公平标准的最通俗的外在表达形式就已经对无形财产权的前身，也即逐个授予保护"特权"的方式提出了最大的质疑：同等的事物被不同等地对待；对特殊价值的判断或特定作品的一般利用价值，本该存在一般性的规范，却实际充斥着不可控的官方裁量（也即任意武断）。[600]

对于上述问题，可以考虑的救济方式是干脆放弃对智力成果的任何保护。但哪怕基于残留的自然法知识，也可以明显地感觉到极大的不公平：相较于有体物制造者可以（至少当其中不存在第三人的原材料时都是如此，而对于智力成果而

---

[600] LuF aaO 14 正确地指出，打印特权因为对法律的普遍性要求而失去了其合理性。

言根本不存在这一疑虑）理所当然地成为所有权人，精神作品创造者的待遇显然要糟糕得多。特别是当智力成果的创造一如既往更加强烈地体现出高度个性化、创造性的因素，因而对成果的主体分配也更加简便时，这一不公的差距就愈加扩大了。

这种不公平感甚至会进一步加剧，如果我们继续考虑到，除此之外的每一种劳动成果都至少有在市场上获得对价的机会，而当缺乏特别的法律保护时，投入智力成果创造中的劳动却连这种交易的机会都没有：因为智力成果一旦公开，就可以为任何人任意无限次地复制和使用。若无特别的法律防护措施，创造者根本无力阻止这些行为，从而也无法获得任何对价。但只要智力成果具有可界定性且能够确定主体归属，它的这一特性就绝不应该成为只有创造性精神劳动者无法从其劳动和成果中获得经济效益的借口。如果涉及生活必需品，这甚至已经违反了最低生存保障原则。此外对精神创造活动的歧视对待总体而言也是随意武断的，因为通过完善的法律措施完全可以避免它的发生。这一懈怠导致的结果是，对不同质的东西进行了同等的对待，从而造成了对精神创造活动的明显歧视。

此外，将智力成果归为其创造者所有，还是自己责任这一私法核心指导思想在法律后果分配方面的具体体现。但在这里不是作为追责或不利法律后果的基础，而是从积极意义上论证创造产物连同其一切利用可能性全部应为创造者所有。创造者以此从事的任何活动产生的法律后果都由其自己承担。其智力成果的创造中所包含的高度个人成就因素及特别容易遭受侵犯的特性，也要求我们，将明确主体归属作为保护智力成果相关精神利益的一种方式。

此外"公共利益"目标取向之下的某些推论，也会对个人权利保护产生一定影响。人类对于利用精神财富以及借助发明创造产生更好或更廉价的经济—科技财富的需求，必须以这些财富或发明创造的存在为前提。如果作者或发明创造者无法通过创造成果的经济价值获利，则不禁让人怀疑，上述前提是否能够如设想般得到满足。通常而言，劳动和资本的投入皆以获取收益为目标。因此，无形财产权的设置及其中所蕴含的价值空间，无疑也为创造能人继续生产创造满足大众需求的重要精神财富注入了动力。反之，如果任何人都可以无偿使用他人的智力成果，我们可以预见，那最终必将导致这些成果大大减少。最后，以上这些为支持个人无形财产权的论证，逻辑上不是非此即彼，而是可以互为补充的。[60]

然而，对于上述出于经济效率的考虑仍然可以质疑的是，许多从事创造活动的人都出于精神追求而将其创造成果运用于公众事业当中，对他们而言，经济收益显然不是最重要的。又例如，学术界的许多作者们不仅常常拿不到作品酬劳，还须向

---

〔60〕　这是针对部分强调正当性和相应的个体保护、部分强调服务于公共利益的"刺激作用"的"专利法学者"而做出的特别强调，BERNHARD/KRASSER aaO 24。

出版社支付"印刷费",但这并不妨碍他们继续进行创作和出版。同样在专利领域也存在类似的反对意见,声称即便没有专利保护,企业迫于市场的压力也会努力进行技术创新。

但是这些异议最多能表明,无形财产权的效率论据具有一定的相对性,而无法将其彻底否决。如果所有作者们都不能或几乎不能从其作品中获得经济利益,则他们只能全部或更大程度地依赖于其他"谋生职业"来满足自己(和应由其抚养之人的)的生存需求。从而其能够投入创造性活动中的时间和精力将相应减少。这种情况下,完全难以想象,他们还能总体上保持之前的作品产量。我们也没有理由期待,刚好是本来最不重要的那一部分作品被搁置。至于专利制度方面,我们完全可以进一步证明,若缺少专利保护,相当一部分专利发明创造都不可能完成。[602]

另外,就对财产的可界定性和法律可支配性以及将其确定地划归为某个主体所有的重视而言,上述精神所有权原则也受到了更普遍的法的安定性原则的影响。但后者同时也来源于自己责任原则在结果分配方面的体现。

3. 无形财产权原则也受到了来自法政治基础层面的攻击,据称,其与公众*自由使用精神财富的利益*相违背。然而这一粗糙的异议既掩盖了真相,又不具有说服力。精神成果的创造者同消费者一样,也属于"公众"的一分子。因而仅仅将后者描述为"公众"并对其进行高度崇敬的颂扬,也不外乎是拙劣的狡辩。细察之下,无非在两种人之间存在利益冲突:同样针对具备保护前提的精神成果,一种人是创造多于消费,另一种则恰好相反。前者关注精神所有权保护,后者对其自由使用更感兴趣,它谈不上是"公众",但也算是其中的绝大多数。无论如何,这丝毫无法改变他们也只能代表部分而不是更高位阶的公共利益的事实。

在类似情形中,首先应当考察冲突利益中孰者为根基。显然,能够通过自己的劳动(也)在精神领域中赚取必要的生存物质这一(至少可称为)利益,比精神成果的廉价消费更为基础。因为这种消费本身也必须以保障初级生活需要为前提。因此,从大量消费者的利益及支持他们的自由原则(特别表现为自由使用)中,也同样无法推导出一个一般性、决定性的反驳理由。同样不可取的是,不顾支持对无形财产权进行限制的公众利益的内部分歧,出于各种各样的,甚至任意确立的目的而树立"自由使用"的宗旨,强迫作者们近似于为教科书提供资助。而即便是紧迫的国家利益,也完全可以通过将著作权利限定在补偿请求权范围内,也即以有偿剥夺取代无偿剥夺,而得到实现。专利法中的专利强制许可也正类似于此。

---

〔602〕 BERNHARD/KRASSER aaO 30 ff 中的论述。作者也从经济的角度讨论了专利制度。作者证明了专利法没有在经济的意义上构成垄断,因为(一般情况下而言)它不涉及所有的在满足某一个具体需要方面存在竞争关系的物品,以及其与竞争法的某些规定是一致的。

但在"公众利益"因表达过于粗糙而导致的无效异议之下，或许隐藏着真正的、全面衡量前述赞成论据所需的反向原则的核心。从上述将无形财产权限缩至补偿请求权，剥夺排他权利的简要事例中，就可以窥见一二。每个人都可以为个人用途对作品进行零星复制，而不需要向作者支付对价，才是对著作权的正当限制。此时，个人自由展开其私人生活领域、不需要与作者或出版商进行复杂的交涉的权利，显然于权衡之中占据了先列。基于一切权利的"社会联系"而对无形财产权所做的相应限制，经常被用来与所有权限制相比较。就范围而言，正如个人使用的例子所体现的，对无形财产权的限制可能会更加广泛。

"公共利益"对于无形财产权的限制强烈而典型地体现在，大多数以及最重要的权利如著作权和专利权等，都存在保护期限。只是期限的具体长度差异较大（按照当前的奥地利法，著作权的保护持续到作者逝世后 70 年；专利权的保护期限为自发明创造在专利公报上公开时起 18 年或最长自申请日起 20 年；商标权自注册月结束时起 10 年，可多次续展；模型权自注册时始 3 年）。其中集中考虑了每项创造活动所通常需要的、不同程度的个性化因素。此外也顾及合目的性因素，如快速更新换代的技术水平甚至潮流的迅速变更等，它们的迅猛变化往往导致"工业"产权远在尚未接近保护截止期时，即已失去了现实作用。而商标之所以能够续展，主要是考虑到其标记和广告作用还可以存续。

保护期限的思想因具有极为突出的特征性，而不容置疑地被视为无形财产法中一种首要的限制型基本理念：（113）*期限原则意指，无形财产权仅在各自特定的保护期限内有效。而期限的具体确定取决于相应无形财产所需的一般个人贡献，同时与以实际需求为导向的目标要求相一致。* 当然，最终还须由立法机关的决断来确定准确的时间期限。

因此期限在所有原则中具有非凡的意义，它最清楚无疑地体现了，在精神成果创造者的个人权利和自由使用利益方（通常被误称为：公众）之间进行的特别法益衡量。虽然存在有力的、一再强调的有利于前者的论据——人们试图相信，创造者的个人性是使其成为精神所有权主体的唯一理由——精神成果历经一定时期后还是将成为"免费共享品"。

可想而知，支撑这一结果的论据也遭遇了大量争议，特别是在著作权方面，当然也包括整个期限制度本身。通常意义上而言的所有权是没有期限限制的，相较于此，许多现行法的批评者们认为，精神所有权附有保护期限是一种不合理歧视，因而他们主张取消这种期限限制，从而形成一种永久的著作权。但总体而言，这种时间限制还是得到了各种各样的论据的支持。他们首先提出，即便最具创造力的脑力劳动者，也必须站在前人的肩膀上，汲取同时代的共同精神营养从事创造活动；其次，重要精神成果往往很快就广为人知，从而容易成为共同精神财富或"现有技术"；再者，对作者人格的追思也会随着时间的推移而渐渐消逝，距其年代久远的后代们也不值得基于其祖先的作品再受到保护。[603] 最后，他们主张，无形财产本身即伴随着成为共同财富的天然趋势[604]，或者说，不同于有体物的是，它们终将、也应当全部成为人类的共享成果。[605]

就与物的所有权的永久性相比较这一问题，特罗勒为我们贡献了一种强有力的重要视角，他认为，对精神所有权受到了不平等待遇提出的抨击，根本就不具有合理性：有体物本就无法永久存在，它们的实体会消逝或必须耗费所有人的其他财产来阻止这种消逝。而无形财产无须任何耗费就可永久存续，对其进行法律保护期限的限制，只是创造了一种与物的所有权相类似的境况。[606]

针对有体物的所有权，上述观点是有说服力的。但是相反，广义上的所有权，比如对以债权或成员权等形式出现的"投资额"所有权，虽然也可能面临（如破产等）其他风险，但却既不会自然消亡又不受确定的（自然的或法律的）时间期限的限制。但是由于在论证无形财产权时恰恰将精神财富与物的所有权相提并论，因此特罗勒基于精神所有权原则的观点还是具有相当重要的意义。

相对而言，其他论据的合理性则存在较大差别。必须使用前人成果和共同精神财富的观点主要遭遇的异议是，一切人类活动都建立在共同精神财富和前人劳动的基础之上，通过这些活动产生的权利却很少受到时间限制。然而，这种一再强调与有体物制造进行对比的思维模式，仍然不够细致：只有当有体物的制造者同时也是原材料的所有人时，他才能理所当然地成为制造完成的新产品的所有人。否则，在自己责任、补偿正义及不当得利原则等的共同作用下，也可能产生法律上的分配问题。

而作者或发明创造人为完成新的独立作品或技术规范而利用的现存精神成果，仅仅与物的生产制造过程中所使用的原材料具有可比性。只是它也具有非物质形式。即使作品中受到保护的恰好是那些高度个人化的因素，而前述"原材料"一般而言均对公众免费开放，但所谓个人因素也并非可以凭空或孤立形成，而必须建立在与现存精神材料的互动之上。因此，精神成果的创造者及其后人与"原材料"贡献者及后人之间的分配问题，似乎可通过设定时间期限得到合理解决。但实践中后者通常很难，或非经艰辛的努力仍难确定，故出于法的安定性和现实可行性的考虑，通常由"公众"来代表。

反之，以精神产品最终都将成为共同精神财富或现有技术作为反驳理由并不成立，因为它只是将更倾向于是精神成果消费者甚于生产者的那一部分人自由使用作

---

[603] 对于期限的讨论请见 etwa bei TROLLER aaO 119 ff; E. ULMER aaO 5 ff; HUBMANN (1987) 59 ff; DEM-SELBEN (1988) 54 ff sowie die dortigen Angaben。

[604] ULMER aaO 6.

[605] HUBMANN (1987) aaÜ 59.

[606] TROLLER aaO 128 f.

品的利益需求，进行了简单陈述，而没有提出对分配问题的处理和解决办法：如果不存在对创造者的保护，则精神成果将非常简便快速地，也即一旦公开后，就成为共同精神财富供公众使用。若出于充分的理由，我们的法秩序对这一"趋势"予以持续限制，则无法合理地解释，为什么一段时间后又听任这一"趋势"的发展。第三人使用他人精神成果的自由，无论如何须以对创造者的法律保护为界。因而自由限制的论据原则上具备一定的容纳能力。如果说上述自由限制又必须以他人自由使用的利益为界再次受到限制，则需要从源头上寻找一个经得起推敲的可行界定标准，而不是简单套用站在公众需求角度的彻底的自由原则。

既然与物的所有权进行比较有助于直观化地了解涉及"精神所有权"的公平问题，那么这种方法应该也有助于界定标准的判断，从而逐步解决法益衡量问题。使用他人的原材料或部分使用他人原材料，将使制造者无法成为单独所有人，以及有体物只有经过不断地维护耗费，才可能成为所有权权利的"永久"客体，这些观念为对主观无形财产权利进行相应限制、具体主要表现为设置保护期，奠定了合理化基础；否则，精神所有权人基于其成果的地位原则上就将优于物的所有权人。但无形财产法的基本价值取向只是要求一种平等待遇。

但规范论证的另一"优势"又可以对这一思考过程构成挑战，其在"精神所有权"层面更体现为对权利人——具体而言对其所投入的高度个人化因素及高质量劳动成果——进行保护的支持，这些对有体物的制造而言恰好不是必要或通常存在的。因此相较于所有权人，无形财产权利人恰恰可以拥有更强势的地位，同时否定那些为限制无形财产权而与物的所有权进行的比较。

目前来看，精神成果"应当"用于大众享受的理念也有重要的意义。只是它仍然没有解答应从何角度去理解和限制这一"应当"的关键性问题，因为这显然也是前一论据"精神成果被公共使用的趋势"的应有之义。这一说法就其抽象化的表达而言，自然适合于对无形财产法做出全新的理解。例如当我们以"公众"——准确地说——消费者角度作为基础，则建立在这一利益立足点之上，精神成果"应当"肯定会立即进入公有领域。

对"应当"的合乎体系的解释，也许可以尝试从权利人的角度去确定，也即重点关注其通常利益及相应的一贯意志。如同每个人一样，精神成果的创造者及其家属也有满足基本需求的基础关切。在这一必要的生存需求范围内，对精神成果进行利用的经济需求当然占据优先地位。但除此之外，这些人肯定也有聚敛财富，也即在有利形势下通过利用精神成果获取财产的利益需求。而此时其财产利益已经与创造性活动者及高质量专业人员的另一典型利益需求发生了冲突，后者并不取决于经济效益，而旨在于使其作品得到更广泛的传播及有更多的人可以使用其专业成果，等等。这也部分出自增加其自身文学、艺术或专业声誉的良好愿望。它与对经济效益的追求只存在部分重叠之处，就如学术出版物，根本无法预期其能够带来金钱收入（也无法带来其他具有金钱价值的利益）：作品的广泛复制和传播，本身已经是出版商享有作品使用权的全部对价。

但精神财富创造者的利益需求也完全可能超越于自己的专业声誉之上。特别是匿名作品和笔名作品的存在，证明作者也可能意在追求实现某种特定的效果，对特定行为方式、人们的观念、情感或需求满足方面产生某种影响等，即便这种影响效果完全不与他的个人名字相联系。如其所言，他完全可以通过对别人产生积极影响来获得成就感。

要实现提高文学、艺术或专业方面的声誉及对他人产生积极影响的利益要求，其前提条件包括尽可能广泛地传播自身的精神成果。但这就与另一获取经济收益的利益要求相冲突，因为后者的实现提高了使用作品的价格，从而缩小了需求范围。特别是对高质量的、生命力长久的精神成果的作者来说，超出生存需要的经济利益需求往往是次要的。

因此，完全可以很合理地认为，在某些情况下，当经过长时间后需求通常减少时，通过取消创造者或其继承人的酬劳部分来提高精神成果的传播度，反而满足了创造者的特定利益要求，特别是当历经很长的保护期后尤其如此。[607] 这很符合太过久远的继承人似乎不再具有保护价值这一论据。既然较近的后代与较远的后代一样没有对作品做出什么贡献，因而不能以回报性来支撑保护价值，而只能由原始权利人的利益及假设其意志作为依据。而通常情况下，其与久远的继承人的利益联系已经很弱了。

因而结论是：精神成果的创造者基于特别具有独特性或特别高质量的成就而相对于与新的实体物的生产者所应享有的更高的保护价值，被基于相同理由的创造者的精神利益，也即作品的尽可能广泛传播，部分抵消了。最终只剩下同质事物公平对待原则为附保护期限原则提供支撑，具体则反映在其与物的所有权的对比中。附保护期限原则以一种合乎体系的方式标明了对精神成果创造者的保护利益和对消费者自由使用的利益进行衡量的界限。更准确地说，是标明了在评价这些利益时，对一些彼此冲突因而需要平衡界定的基础原则进行衡量的界限。其中，在此处表现为享用他人成果的同等自由原则并不是被忽视了，而是与其他对创造者进行特别保护的原则实现了平衡。

4. 在整个无形财产法作为一种特别私法的抽象层面上，无法更进一步地探讨其具体内容的详细指导原则。一些"工业产权"的特点至少在上文中与著作权进行区分时已经有所提及。对于后者，至少还应当在此指出一个特别有趣的现象，也即某些作品的作者通过自身组成的"利用协会"来委托集体行使"小使用权"（表演

---

〔607〕 偶尔也会有反驳意见认为，出版商在作品保护期结束后还没有降低价格的，因此保护期结束并不是一个计算时的考量因素。但在续版时，出版商的决定和价格计算一定程度上是没有著作权人参与的。

权及广播权）。鉴于相关复制量大到难以计量，特别是在音乐作品领域（例如在迪斯科厅、咖啡厅等），对单个著作权人来说，要确认和追究侵权行为事实上不具有可能性。而对有兴趣利用这些作品的人来说，要及时找到某个具体的著作权人，与其进行协商及获得其合同上的同意，也同样很困难（很多情况下，具体的作品往往是在复制前短时间内才直接选定）。因此，以能够集体分配其"所属"的著作权人的权利，借助其组织认定和追究侵权行为的利用协会这一法律设计作为基础，是权利保护和效率的强制要求。

精神成果，特别是文学或艺术作品的特别属性，使科技发展所源源不断产生的新的利用方式及侵权手段对著作权产生了重大影响。正是由于印刷术的发明，才催生了保护文学作品不被"翻印"的保护需求。摄影、广播、电视、唱片及录音带等，无不带来了新的问题。而当下正热的著作权对科技以及经济和组织方式发展的应对问题，可以通过几个关键词来体现，如空白磁带补贴、借助卫星进行传输，以及对图书馆"出借"书籍的特殊补贴等。著作权法所一贯面临的这些层出不穷的问题，如大量文献中所频繁强调的，只能通过以"精神所有权"为首要指导原则的法律解释和法律续造，若有必要最终通过明确的立法来解决。因此，通过著作权法尤其清晰地表明，随着新情况的出现，稳定的指导原则也不断在具体规范层面上体现出新的实践形式。具体规范领域中的重大变迁也一如既往地与原则层面的稳定性相吻合。

5. 上文在论及外部体系标准时，已经区分了现在讨论的特别私法与反不正当竞争法。该区分又通过此处讨论中发现的具体原则层面得到了验证：不管是将精神成果归类为知识产权的原则，还是对精神利益予以专门法律保护，抑或是附保护期限原则，在反不正当竞争法中均无法得到论证。此外也没有发现其他同时特别适用于无形财产法与反不正当竞争法的原则。因此，从体系上来说，他们涉及的素材完全不同。

反之，对长期以来甚至今天仍然在很大程度上将"工业产权保护"理解为包含反不正当竞争法的目的性视角，应当予以摒弃。如前所述，正是在这一方面，反不正当竞争法是异类。即使能够论证其属于知识产权法，用以论证的考量也是没有说服力的——很明显是因为我们不愿意放弃历史上已经建立起来的专业联系。同样，国际法上将反不正当竞争法纳入"工业产权保护"来理解的法律渊源也不是独立的相反论据，因为它也明显只是基于历史视角，而这一历史视角实则充满了体系上的混乱和对反不正当竞争法基础的不充分理解，既矫揉造作，又错误地重新回溯到主观权利或一个统一的无体物上。此外，近来竞争法相对于"工业产权保护"日益增强的理论自主性也证明，前述体系考虑的结论也直接符合现实需要。

第六章
劳动法

第一节　劳动法法律素材的意义

　　劳动法作为特别私法很好理解：因为根据上述论及的用以确定私法的标准，其绝大部分及最重要的素材都具备私法的性质。这一点也得到了普遍认可。即便是（主要为技术方面）"狭义上的劳动者保护法"，因行政机关具有干涉权能这一特征而成为唯一属于行政法的素材部分，也因为它同时具化了在合同法中广泛规定的雇主的照顾义务，而表现出了重要的合同及私法侧面。[608]

　　劳动法作为一种特别私法应当获得特别的关注，其理由是多种多样且互相关联的。首先，劳动法的形成被评价为我们这个世纪中为数不多的没有争议的法律文化的进步之一。[609]只要我们稍稍回忆一下前几个世纪中的工业化初期的情况，就可以知道这种评价是多么正确了：当时的劳动关系的主要特征就是极低的工资和不合理的劳动时间，甚至对残疾员工、女性和儿童来说也同样如此。原因是劳动者缺乏其他谋生手段，即便在极度不佳的条件下，也不得不出卖自己的劳动力。当时的社会正经历着特别是以工业化、农村劳动力外流、人口暴涨、联合或依赖关系的解体等关键词为标志的巨变，而法律制度起初却连在最微弱的意义上也未曾担负起略微减轻社会严重弊端的重担，这一点微弱的贡献本是刚开始时唯一具有现实可能性的。

---

[608]　Grundlegend dafür bis heute NIPPERDEY, Die privatrechtliche Bedeutung des Arbeitsschutzrechts, in：RG-Praxis im deutschen Rechtsleben Ⅳ (1929) 203；in heutiger Sicht dazu etwa ZÖLLNER/LORITZ, Arbeitsrecht4 (1992) 305 ff (307)；für Österreich vor allem SCHWARZ, Öffentliches und privates Recht in der arbeitsrechtlichen Systembildung (1973) 38，46.

[609]　WIEACKER, Privatrechtsgeschichte der Neuzeit² （1967） 549；zum Thema auch BRECHER, Das Arbeitsrecht als Kritik des bürgerlichen Rechts，FS Molitor (1962) 35 ff.

鉴于这一现实变化的相对速度及深刻影响（也许是任何人都难以预料到的）也很难对与当时的法律制度现状相关的一切做出任何非难。令人遗憾的是，正是在进入 19 世纪转折的关键时期，启蒙运动中的理性主义自然法理念在经历巨大的成功，也即在普鲁士国家一般法的大型私法法典化、《奥地利普通民法典》、《法国民法典》以及美国和法国划时代的宪法后，立即被"理论超越"了。由此，自然法中的"应用理论"[610]也被摒弃了，该理论要求将长期稳定的自然法原则重新运用到新的现实关系中，以此为所需要的新的具体规定和制度推导出法律上可论证的先决条件。一些基础性的法律原则，如生命、健康和人格尊严保护本可以、也应当以这种方式迅速为缓解当时特别糟糕的状况做出贡献。[611]告别理性主义自然法理念后，尤其是经过历史法学派的压制，唯一仅存的、具有伦理渊源的法律原则就只剩下（形式上的）同等意志自由了。然而这一原则又与对形式上自由订立的合同的内容进行强制法律干涉存在矛盾，因而无法为采取可行的法律改善措施提供合适的契机。理论和实际中均蓬勃发展的自由主义思潮同样也只起到完全消极的影响，它主张为了最高的投入效率而最大化地使生产力从一切规范限制中解放出来。

因此，从起点来看，与马克思主义"无产阶级贫困化理论"截然相反的劳动者的境遇的改善，发生在一种新的、也即劳动法（以及公法领域内的社会保险法）独立发展的框架之下。它无法哪怕一点点地从当时已被"禁止"的自然法论据中得到支撑，而只能以貌似自主的政治发展及决策作为基础。因为自正式告别自然法理念后，独立于"成文的"具体规范的，本可在具体规则层面上论证"法"的特定转变的，法律体系的自然法或法伦理之基础，就不存在于法学界和公众的意识之中了。但劳动法最重要的发展方面及发展成果，只要我们还能够重新回忆起这些法律制度的基本因素就仍然可以通过如生命保护、健康保护、人格尊严保护、平等自由保护及保障最低生存原则等最为基础的原则得到解释。这一点对于反驳将劳动法视为私法体系中的异类——根据立足点的不同，对这种看法既可做积极理解又可做相当消极的理解——或认为它本质上完全是其他特别私法的对立物的错误观念，也是极为有必要的。事实上，虽历经世事变迁，一些重要私法原则还是重新在劳动法中找到了自己的位置。

然而劳动法的发展只是部分得益于新法规和制度的出现，还有相当一部分直接建立在劳动者联合基础之上，他们联盟组成一定的社团（工会）作为自我救济的方式，这从根本上改善了他们的谈判地位，早在社团所缔结的集体劳动合同被赋予特殊"规范效力"之前就已是如此。长久以来，最重要的劳动条件，特别是工资几乎主要都是通过集体确定。现行劳动法中的许多其他法律规范也间接但不容否认地来自劳动者社

---

[610]　Dazu LLOMPART，Die Geschichtlichkeit der Rechtsprinzipien（1976）.

[611]　Martini 1779 年的草案，即作为《奥地利普通民法典》前身的第 33 条曾在理性法学派的影响之下试图明文将保护弱者不受强者侵犯作为一种法律指导原则进行承认。但"自然法"的权利和原则并没有成功成为立法。

团的影响。劳动法中一项明确体现其"有利保护原则"（Günstigkeitsprinzip）的特别立法技术，也即某些"单方强制"规范的存在，产生了长远的影响：归功于"有利保护原则"，集体劳动合同规范（原则上）可以与法律的强制规定相偏离，同样地，具体劳动协议也可以不与集体劳动合同相一致，但必须以单方面有利于劳动者为前提。

不管是从动态发展，还是从静态的目前阶段的角度来看，劳动法法律领域中相当大一部分内容，无疑都曾以，且现在仍然以劳动法相关社团为基础。它的产生归功于联合自由，而联合自由在私法上又毫无疑问地建立在作为合同自由表现形式之一的结社自由之上。但就这一发展方向而言，法律制度在劳动法发展初期不仅未对其提供任何帮助，反而可以说对它进行了不平等对待：劳动者以改善可能的劳动条件为目的组成联合，无非是私法上理所当然的自救行为，却要受到行政法和刑法关于禁止结社规定的阻碍。也恰好在此层面上，基本原则的法律推导的理论论证作用及表现为结果的现实作用在具体规范层面上得到了显现：作为一个法理学者，没有谁能够比拉德布鲁赫更公正地作为一个旁观者对法的内在公正性引申出的"劳动者合同自由"做出肯定：如果"资产阶级"提出对公民自由的要求，则必然是出于他们自己的利益驱使。然而他们一旦提出后，就不仅是为自己，也同时为所有人提出了自由要求，因为自由是被作为权利而提出来的。而权利的本质直指公正，公正要求法律具有普适性、法律面前人人平等。以法律形式提出来的权利要求意味着：为自己所主张的，同时也可为他人享有。因此"资产阶级"所提出的自由要求最终也可表现为与其进行对立的结社自由。[612] "自然法"所遗留下来的同等自由基本原则，最终还是日积月累地对劳动法的发展发挥了重大的促进作用（此外如今在"反卡特尔"中也可能存在同样的问题[613]）。

由此（*114*）联合自由已经可以被归入劳动法相当关键性的基本原则。它作为一般私法中的结社自由以及尤其是合同自由的下级原则，与它们的区别体现在，这一联合十分具体地以影响劳动和工资条件的确定为目标。这一特殊目标正是劳动法当中的某些特别规定的合理性基础，特别是前文所提到的以确定这些条件为内容的集体合同的"规范作用"等。这种作用的赋予同时也是出于尽可能保障劳动和工资条件得以简便实施的考虑。

对于个人而言，联合*自由*当然也包括不加入某一团体的自由。不同于许多希望分割出一个所谓的"消极的"联合自由并贬低在其重要性中的地位的理论企图，通过暴力或强迫迫使他人加入联合团体的行为，无论如何应被禁止。宪法中对于联合自由的保障，是否及在多大程度上包含了对成立后的社团"开展活动"的特别保障，还有待于成文法对这些原则的进一步具体化。

---

[612] RADBRUCH，Rechtsphilosophie6（1963）112.

[613] Dazu etwa MAYER-MALY，Ausschreibung und Submission als Problem des Kartellrechts（1967）.

前面所粗略提及的劳动法的迅猛发展及其所引起的与一般私法关系的疑问（即矛盾还是和谐），构成了这一特别私法之体系重要性的首要原因。其次，这里显然形成了一种囊括了不同具体类型的"保护法"，或者说一个内容上仅偏向于法律关系一方，也即雇员方的法律领域，以弥补先天的结构失衡及由此带来的负面影响。但鉴于私法主体在法律上的平等地位，有必要以基础原则为依据对这一保护取向予以进一步论证和限定。此外还存在一个问题，即劳动法是否及在多大程度上，能作为其他具有类似保护对象的法律的范本，如"消费者法"等。再次，需要强调的一个简单事实是，大部分职业工作者的收入都全部或主要来自"依附性劳动"。基于所有上述原因，对劳动法进行"外部"体系相关的重新考察及在原则层面上尽可能地发展其"内部体系"，无疑是一项极有意义的工作。

第二节 　"非独立从业"作为外部界定特征

1. 对于劳动法所服务及借以间接确定其法律素材的规范领域（事实片段），实践中并无分歧：建立在缔结合同的自由意志基础之上，因而在一种私法关系中以获取一定的报酬为对价而持续性地提供"依附性劳动"，是关键的界定特征。[614] 在个别表述中，也有学者将劳动法相应地表述为"非独立从业者法"。无论哪种表达，总之最重要的是具有实体上的"依附性劳动"特征，也就是说，需要通过"人身依附性"来完成的劳动。这一特征又可以进一步通过劳动者在提供劳动时，特别是在劳动时间和劳动地点方面，必须服从指令，首要表现为服从监管，以及与此相联系的，其往往归属于一个由雇主所组建的劳动组织（企业、家庭产业或其他工作单位）来确定。[615]

通过"依附性"劳动以及"人身依附性"特征，可以将劳动法中根本性的"劳动关系"与"自由劳务合同"相区分。[616] 而两者的共同性（以及与承揽合同的区别）在于，劳动者以及"自由"劳务者仅须审慎地提供约定的，或在约定范围内所

---

[614] 合同缔结的法律有效性虽然并不一定是前提，但却是达成合意的外部表现。"事实劳动关系"所隐含的问题，即合同无效理由的缩减，可以在研究作为系统性标准的事实片段时进行讨论。

[615] Vgl etwa A. HUECK (/NIPPERDEY), Lehrbuch des Arbeitsrechts F (1963) 3; NIKISCH, Arbeitsrecht P (1961) 1 ff, 91; HÄMMERLE, Arbeitsvertrag (1949) 35 f; SPIELBÜCHLER (/FLORETTA), Arbeitsrecht P (1988) 1 ff; MAYER-MALY (/MARHOLD), Österr Arbeitsrecht Ⅰ (1987) 1; TOMANDL, Arbeitsrecht P (1988) 1; DENS, Wesensmerkmale des Arbeitsvertrages (1971) 121; ZÖLLNER/LORITZ aaO 1, 43 ff. Gegen das Begriffsmerkmal der Abhängigkeit allerdings ADOMEIT, Über die Arbeit des Arbeitgebers (Vortrag vor der Mitgliederversammlung des Bundesverbandes Druck e. V. 1985) 12, jedoch ohne geeigneten Ersatz für dieses Abgrenzungskriterium.

[616] 对于后者尤其请见 WACHTER, Der sogenannte freie Dienstvertrag, DRdA 1984, 405。

指定的劳动，而不负有保证形成特定技术或经济成果的义务。在不考虑审慎劳动的前提之下，即便劳动者或自由劳务者根本没有为劳动雇主或劳务雇佣方带来任何经济效益（例如出于难以察觉的原材料不合格、无法事先预知的工具的不适格性或错误的规划等），劳动者（自由劳务者同理）也算圆满履行了义务，自然也可以要求支付报酬。一切成果风险都由雇主或劳务雇佣方承担。

在一些模糊地带中，要确定目前为止所称的"人身依附性"特征，可能不是那么容易。对劳动关系与自由劳务合同、承揽合同，以及与租赁合同、公司合同、委托或"服务提供合同"等的区别，也存在诸多疑问。

就这一问题，首先在司法实践中形成了各种不同的问题领域。公认较难的是，例如对独立和非独立商事代理的区分，此外对某些法律关系如计件个人劳动者或团体的定性，以及涉及艺术工作者、医生，特别是主任医生、编辑、导游、法律顾问、"业余劳动者"以及资合公司的机构成员等的法律关系的定性等。[617]

然而合同内容本身对某些关键点（如指示及监管服从性、被编排入某个外定的劳动组织）的确定常常并无特别的说服力。它的实际执行（为推断双方对劳动义务内容所为的安排提供了些许线索）同样无法为所在问题领域中的上述问题提供足够的启发。因而在司法判例中发展出了一系列辅助判断标准，如设定规则的权限、持续时间、高度人身性相关的劳动义务、能够对事先约定的劳动类型提供线索的双方意志，以及经济风险的分配或者对特定法律关系中劳动义务的排除等。[618]

而合理运用这些辅助特征的方式，可能就是使用类型比较方法：应当将上述虽并非与概念绝对相关的，但相当"典型"的特征与承揽合同和劳务合同中的典型特征分别进行对照比较。综合考虑待判断的具体情况，通过对比确定哪一组特征占据数量和程度上的优势地位。所谓合同类型的"典型特征"，就是那些确定地归属于某一类型的所有合同所必然（不仅仅是"概念必要"特征）具有的特征。[619]

但是，上述具体问题领域中的界定难点并不会否定"非独立从业"或"依附性劳动"作为公认的界定特征的有效性。一方面，就数量庞大的劳动关系的整体而言，并不存在定性上的疑问。大部分情况下借助于指示及监管服从性，以及是否被编排入某个外定的劳动组织这些标准，就已经完全足够进行概念上的有效界定。另

---

[617] Monographisch ausführlich auch dazu TOMANDL, Wesensmerkmale 81 ff; zur Abgrenzung gegenüber den benachbarten Vertragstypen 109 ff.

[618] 比较 TOMANDL aaO 68 ff und 185 ff（偶尔对个别特征进行批判，但并不推翻这些特征在纯粹的类型比较时的合适性）。

[619] 对于类型比较的法律方法（我是在对商事代理关系进行归类的法庭实践中才第一次从理论上认识到，但当时还没有进一步思考）请见 BYDLINSKI, Methodenlehre 550；对于依附性的"类型化"确定请见 ZÖLLNER/LORITZ aaO 47，其中对此进行了介绍，但并没有强调对多个详细描述的类型进行比较是有强辩性地运用某一个类型的前提。BAG in AP Nr 6 zu § 611 BGB 中对"依附性"的理解也建立在对大量具有不同含义的特征的列举之上，这也是一种"类型化"的方法。

一方面，对体系部门中概念界定比较简单的实体领域进行划分的体系化标准，从一开始就应该作相对理解。只要没有出现更好的、能够事先避免所有界定问题的方案，我们就不能仅仅因为少量界定难题的存在而全盘放弃一个有一定的本质必然性或有益的体系构建。在劳动法方面目前还没有人找到一种比"依附性劳动"更合适的界定标准。

2. 如果我们承认这一特征具备合适性和必然性，则有必要对它进行更深入一步的论述和补充：首先，关于劳动法是*非独立从业者法*的主体表述，就明显具有相当的不足。因为劳动法的适用范围恰恰是劳动者与雇主之间的关系、全体职工与各企业主之间的关系以及工会与雇主协会之间的关系。也就是说，描述劳动法素材的事实片段绝对不是仅仅由非独立从业者一方，而是同样也由其雇主一方所构成。因此，劳动的人身依附性的客观特征必须至少被理解为，该特征在同等程度上既指向非独立从业者，也指向劳务的接受者。劳动者被单方面强调，只能解释为是对劳动法"规范性特征"的提前介绍，因为对劳动者的单方面保护倾向正是它的表现之一。但仅就实体特征标准的外部界定而言，这种范围缩小化显然是错误的。一旦选择了以主体为立足点进行表述，就必须涵盖非独立劳动者与雇主间的所有关系，不管是个体的还是集体的。

3. 需要继续探讨的是，上述"人身依附性"特征与随之经常被一起提到的"经济依赖性"特征有何关系。经济依赖性首先对"准劳动者"[620]而言具有极重要的意义。仅字面含义就足以表明，对这一概念的唯一正确理解只有可能是：某人的经济收入仅仅来源于原则上一种或至少极少量的法律关系。[621]

涉及对劳动法，特别是其实体范畴的概念界定，经济依赖性这一特征并不是理想选择。虽然尤其在较早的论著中，它被频频提及，甚至人们习惯性地形成了具有人身依附和经济依赖性的劳动服务这一说法。但如果真要将其作为一个独立的概念界定特征，则它带来的必然后果是：即只要从业者基于自己的财产、父母或配偶的财富，或另一利润颇丰的主业而不完全以此处讨论的法律关系为生，就算存在人身依附性，他也不属于劳动者的范畴。而这一结果带来的个例中的界定疑难点，无疑会比上文中提到的问题更加复杂。此外把所有保护从业者的精神利益而非物质利益的规定都排除出劳动法，从规范预期目标来看也是不合理的。

但如果我们不将"经济依赖性"理解为概念界定的特征，而仅仅作为类型化特

---

〔620〕　对此请见 WACHTER, Wesensmerkmale der arbeitnehmerähnlichen Person (1980) 的类型化界定（但部分使用了劳动者的特征）；关于德国法请见 ZÖLLNER/LORITZ aaO 51. 导致的法律后果是特别在程序法上与劳动者同等对待，也即劳动法院具有管辖权。此外在部分实体法上也进行了同等对待。

〔621〕　这是在奥地利司法实践中可以确定的第一解释。比较 TOMANDL, Wesensmerkmale 59. 对其他的，值得商榷的解释进行批评的 TOMANDL aaO. 但这些解释其实是对社会保障法中非常不幸的要求劳动关系具有人身和经济上的依附性的表述的一种反映。如果真的采用这种方法，则所有经济上不依赖该雇佣关系之收入的所有被雇佣者都只能被排除出劳动者的范畴。

征，属于上述对边界情形的判定中进行类型对比所需要的权衡特征之一，有时也为确定归类提供一定的线索，以这种方式强调这一特征则无疑是极有意义的。

但是这不能单独地合理论证对于经济依赖性的特别强调。因为其他类型化特征也同样并非被运用于概念界定，而是在对非独立从业的次要的类型化进程中、在必要情况下作为考虑因素。而对经济依赖性的突出强调有时让人将其误解为寻常的概念界定标准。这将立即导致前述的困难。

但如果只将经济依赖性理解为一种类型化特征，则提出这一概念的同时也是对作为体系标准的"规范性特征"的一种预示：劳动法中最重要的、最特殊的物质方面的单方保护倾向，其实与人身依附性及其具体表现特征并没有或只有极少直接的联系。它的预先铺垫极大地便利了我们对劳动法的规范基础的探究，特别是如果考虑到，不管以何种标准进行界定，"经济依赖性"都存在于劳动法实体领域的大量案例中，可谓"典型"特征。而劳动法的其他单方保护倾向，更加牢牢依附于劳动者通常在物质上以劳动关系收入为生这一基本前提。因此在实体层面的外部界定中预先提到这一常规（"典型"）的，但并非概念本质的特征，也是大有裨益的。

第三节　"规范性特征"：劳动法的各原则

1. 对劳动法规范性特征的阐释可谓既简单又困难：如果我们仅仅满足于"劳动法保护原则"这一提法（或类似的说法，如单方保护倾向、保护作用或者劳动者的特别保护需求等）[622]，那它就非常简单。这亦是关于劳动法规范基础的老生常谈。但如果我们想要对这一基础层面做全面而细致的介绍，又可以说难上加难。也从来没有人进行过这种尝试。但出于各种各样的理由，我们必须迎难而上，舍弃含糊的保护原则的说法，对其中互有差异的个别因素进行细致考量，这也许就是我们这篇集中论述正在尝试进行的工作。

但这并不意味着以此否定，劳动法的独立发展以及今日的水平完全归功于对不存在"保护规范"时期的劳动者的实际境遇进行改善的倾向。但仅仅提及而不详细展开这一总体倾向，作为对不同类型的具体法律问题进行体系化解释的基础，仍然太过含糊，不够有说服力，甚至会成为某些严重误解的源泉。例如它可能会导致，劳动法领域中的立法者甚至劳动法院不得不在"当事人方面"偏向于劳动者一方，

---

〔622〕 比较除已经在上文中引用的（脚注 615）劳动法教材（其中，ZÖLLNER/LORITZ aaO 也提供了对于劳动法律关系和"经济组织法"以及政治经济秩序的分析）外，还有 WIEDEMANN, Das Arbeitsverhältnis als Austausch-und Gemeinschaftsverhältnis (1966) 47 f; BYDLINSKI, Arbeitsrechtskodifikation und allgemeines Zivilrecht (1969). 15 ff; VON STEBUT, Der soziale Schutz als Regelungsproblem des Vertragsrechts. Die Schutzbedürftigkeit von Arbeitnehmern und Wohnungsmietern (1982) 210, 285。

以此迎合劳动法的总体倾向。[623] 这些倾向甚至经由马克思主义的"剩余价值理论"的波及影响而得到了进一步增强，它假定：劳动者天然地只能获得比其创造的价值更少的回报。由于这一理论没有建立在大量明确的评价方法之上[624]，它的合理性已经大打折扣。此外，处于经济压力之下的企业主通常不会增加他们的劳动者数量，而是减少人员，也从实践经验方面不断对上述理论提出了反驳。但披上乏味的意识形态的外衣后，这一理论也许仍然会下意识般地大行其道。

只有当"保护原则"同时也揭示那些限制性元素，这些元素排除了纯粹导致空话连篇地掩盖个别利益立场的适用该原则的情形，才能真正在法律体系方面具备足够的可行性。从法律角度来说，正义的均衡理念、普遍的宪法中的平等原则，以及特别是私法主体的平等地位都从根本上提出了同一个问题：即一个偏向当事人中的特定群体的法律领域，是否及在多大程度范围内具有合法性依据，而不是最终导致新的阶级特权。这一问题也不会因为同时代流行的倾向，也即在某些歧视背后补充一个不做任何说明的形容词——"相反的"，就试图掩盖歧视的真相或者甚至就此论证歧视的必要性，就得到淡化。这种倾向本身在逻辑上就相当之荒谬。

作为探求答案的第一步，我们可以这样表述：只要采取的规范措施能够被证明确实只是对已有事实不公的缓和或平衡[625]，那么就没有形成一种有损平等的特权。否则，例如小孩或精神病人不必遵守其合同诺言（因为民事行为能力问题），而其他私法主体却必须信守合同，也可以说是违反了平等原则（但在这一例子中，事实劣势与个人人身类型密切相关，实际上涉及在民事往来中不具备足够的追求个人利益的能力的人身特点）。

2. 至此我们才刚刚提出任务中最重大也是最艰难的一个部分。因为只有首先能够精确地测定某种情境中存在实际不平等，以及需要进一步补充的，这种状况不能归责于其自身且缺乏其他方面的弥补优待，此外同时也能够精确地确定保护性规范措施将带来的影响，从前文这一视角中得出来的结论才可能是没有疑问的。此时

---

[623] 一些并不是这么厉害的例子可以表明，这种误解隐藏的危险是多么现实：一个残疾的雇主只能寄希望于在企业外工作的雇员能够忠实履行合同，但该雇员却利用了这一情形，总是离开劳动场所以自己的名义开账单"打黑工"，同时还记录了大量的加班时间。当这一切被揭露，雇主要求返还支付的多余工资和要求损害赔偿时，做出欺骗行为的雇员却得到了奥地利高等法院的支持：由于雇主疏于控制（雇员多次反对了这种控制），因此相当于雇主默认了雇员的这一行为（GBl1966，97 = ZAS 1966，18，GSCHNITZER und WAHLE 对此进行了尖锐批评）。从法律行为的角度来说，法院的这一论证无法被涵摄到《奥地利普通民法典》第863条之下。雇员实施了欺骗行为，雇主无疑拥有立即解雇权。但他只是以短于一般解雇期限的时间进行了解雇通知。但雇员居然有对解雇赔偿起诉的自信。第一级法院的劳动法官援引大量社会理由对雇主进行了大量施压，使得起诉获得了部分成功（我记忆中的一个案例）。此外，一个60年代未成为立法的劳动法法典化草案规定，善意的劳动者可以保留因为错误而支付给他的多余工资，不受形式和期限限制，并且不受信任损害的威胁。也就是说，与其他任何不当得利人不同的是，劳动者甚至可以保留肯定不属于他并且返还不会给他带来任何不利的获利。这些例子表明，在具体情境中探求劳动法的保护目的——当然也完全可能是统一的——是有必要的。

[624] 比较批评观点 FIKENTSCHER，Methoden des Rechts Ⅲ (1976) 504 ff.。

[625] BYDLINSKI，GAÖJT 1961，79（不同性别的平权，但可以作一般化理解）。

我们就足以查证，达到何种程度后规范矫正已经完全弥补了实际不平等，这种矫正同时也就足以被视为当然的要求。超越于这一限度之外的优待则因损害了私法主体的平等地位，必然从一开始就要受到禁止。

具备上述前提后，根据平等要求大体实现理想社会状况的目标，看起来就已经大有希望。在此意义上，社会主义中具有较大影响力的政治原则实际上就建立在用法律手段消除所有人与人之间的实际不平等之上（只是可能表达得更加委婉），至少当这种不平等不是由个人因素，而是由"社会"因素造成时。[625]

目前尚未可知的是，如果要避免这种法律手段的制定和实施太过政治专断，我们可以如何确定地对这种不平等的原因做出个人抑或社会的全面区分。单就求学失败在具体案例中究竟应该归咎于"社会原因"还是当事人的懒惰这一相对简单的问题，我们就已经常常无法做出足够确定的回答。我们从而面临的风险是，更容易使政治当局在做出任何区分决定时，都将对政治当权者的优待简单地归为个人原因，而将其他具有某一领域的专业优势或（和）完成特殊的专业任务同时面临相应风险的人员的优待地位，视为"社会"作用的结果。既然不平等不可能被彻底"消除"，如果我们假定上述区别对待是一种规范层面的目标，且可以通过多种方式实现，则必然又会成为长期的嫉妒和社会不安定因素的源泉。此外关于民事行为能力的例子也说明，前面所说的根据造成不平等的原因进行区分本身也存在相当大的问题：对在民事往来中无法独立追求自身利益的人身特征进行规范矫正，正是最古老及最无争议的。

即便是上文中所述的，准确认定现实歧视所需的一般化前提条件及通过规范措施对此进行矫正，也是完全不切实际的。这一认定已然不具有可能性，如果非要用政治价值和取向随心所欲地取代之，则结果必然是，一个原本一定程度上较为严密的法律体系融解成一个越来越庞大的、充斥着矛盾的、直至杂乱的，而为使社会生活不至于完全死气沉沉又不得不减少使用确定性的法律条文的体系。即便在所有漏洞百出的伪科学屏障的掩饰之下，这一发展的越界程度已经如此之高，以至于必将受到大量的抨击。如果我们不愿最终导致一片任意与杂乱，则仅仅着力于实际歧视（或以不切实际的对其背后原因的区分）及对实际不平等的法律矫正，是无法长远持续下去的。

而另一方面，当然就特定主体的各种现实选择可能性而言（这正是法律的出发点），也确实存在着这些不平等。这种不平等产生了无辜的被歧视者，由于差异的显著性而显而易见，作为结构性特征因而无法在时世变迁中强制性地预先得到一定程度的平衡，只能通过法律手段予以缓和。

因此我们如今所寻求的是这样一种"社会模型"：它既不以虚拟的现实平等为

---

[625]　H. FISCHER, Gleichheitsprinzip und Gesellschaftsordnung, FS Broda (1976) 17.

前提，亦不会实际上随意地对待这种不平等，以及过度地用规范性的方式来对抗它。我们更为需要的是一种细分的视角，既远离那种"只要有良好的意图，我们就可以通过法律手段创造理想现状"式的有害乌托邦（至少创造理想的人类是绝无可能的!），同时尽力提取出具备上述特征的具体的不平等情形，它们如此明确，以至于所缺失的准确可测性也不再重要。因为在特定情境下多个人的选择可能性绝对平等这种情况，即便存在，也很难识别。反之，现实选择可能性较大不平等这种情况，却是很明显的。如果这种不平等同时具有结构性特征，从而在纷繁复杂的各种生活形态中也没有能够得到自发矫正的趋势，则某种程度上根据正义的均衡原则这一基础准则的要求，可以审查在具体的不平等情境中，是否及多大范围内这种实际不平等可以通过规范措施来得到缓和（暂不考虑对其他某些法律价值之不合理损害）。

如果再进一步察看，将抽象的正义的均衡标准随意运用于某种现实不平等之上，这一做法本身也并不是不证自成的。正义的均衡原则判断的对象当然只能是有意识的人类（分配）行为，而不是偶然经由自然过程产生，或只是无数人的在先无序行为之结果的直接现状。对这类现状有违公平或平等的直接抨击，必然直接指向超现实的层面，当前尤其是"社会"就属于这一层面，人们为了这一目的而将其拟作一种超人类生物（Überwesen）。

另一方面，同样不容误解的是，某些这类现状确实可以——有些甚至相当明显——经由规范措施，无论如何至少可以由现存的统一法律权威而得到避免或缓和。对无助、无家可归之人群的救助，可以继续通过例如税收资金等社会救济措施来实现。怠于采取合理措施，尤其当它们显而易见，并且乍看起来不会在其他方面产生有害影响时，很有可能招致人们对掌握法律权威及救济大权的一类人的指责。[627]

通过上述观察，我们还只是刚刚接近真正的难点，特别是在多大范围内对偶然的、计划外的现状进行规范矫正在具体情况中必要或合理，以及究竟是否可行。我们不应沉溺于完全脱离实际和限度的完美幻想，而认为矫正必须达至某些相关人（或者至少基于"社会原因"的那一部分）的现实劣势得到完全的弥补这一点，在上文中已经得到过论证。然而政治日常活动中充斥着的，随意干预及对抗不平等的现象，在政治宣传需要的框架内仍继续在发挥作用。

在上述所代表的一般理论性考量的基础之上，对现实中偶然形成的不平等选择可能性之任何必要或合理的规范矫正的范围，都必须根据基础法律原则的要求来确

---

[627]　针对 HAYEKS, Recht, Gesetzgebung und Freiheit, insb Ⅱ (1981) 93 ff 的主张，正义的均衡标准根本无法运用到随机事件的结果之上，其表达的主要修正意见已经在 BYDLINSKI, Fundamentale Rechtsgrundsätze 207 f 中得到了表现。对适合以正义的均衡标准进行判断的对象（无法集中控制的过程导致的结果不属于此）进行分析的请见 KRI-ELE, Kriterien der Gerechtigkeit (1963) 42 ff.

定（与许多情况相类似地，这虽然绝非意味着排除明确决断的必要性，但它的必要性无疑大大减小了）。这些不平等导致的与基本人格保护原则相冲突的结果、对补偿正义的损害及对（形式上的）平等自由的缩限越是严重和长久，则针对规范救济的努力就越有必要。只是这种努力也必须始终处于持续优化的视野之下，也就是说根据"权衡法则"同时考虑到与之相对立的其他基础原则。

针对规范矫正问题，在公平这一基础原则的框架之内，特别发挥作用的是最低生存保障原则与（经修正的）"差别化原则"：根据较为妥当的罗尔斯的表述，此处所涉及的，是一种对"造化弄人"之下所出现的偶然结果的缓和。而另外一种表述，称之为对"造化弄人"之结果的消除，则因其要求缺乏实现可能性而相当危险。

在审查是否以及哪些矫正性的规范措施具有必要或合理性时，我们应当首先从前文最后提到的原则出发，特别是那些在合理性方面同样可以追溯至基本人格保护要求的原则。这种一般性的权衡任务，正如上面所标识的，结果却是意义相当之重大——在许多地方它都可以起到对最低生存保障原则及差别化原则运用之结果的补充、明确或监督作用。而鉴于后一原则实际上存在的一些棘手的因素，常规性的原则权衡所产生的监督作用就愈显重要。因为差别化原则以划定一个弱势群体为前提，而这只能以典型特征为依据来完成，因而并无绝对确信，这就始终存在着问题。例如仅针对我们感兴趣的"非独立从业者"而言，就同样包括拥有巨额薪水和相当大劳动自由空间的领导层职员。而同属于雇主一方的，也有承受巨大劳动重担的、经济实力弱小的小企业主。

差别化原则运用过程中的群体构建，应当在一般原则权衡的基础之上，谨慎地控制在尽可能的细致入微和"典型性"范畴之内，从而避免任何不必要的、武断任意及偶然出现的个例结果。还需要再引起注意的是，"差别化原则"本身"内在地嵌带"限定机制。根据这一原则，只有当有利于弱势待遇方的积极规范措施长远来看不会产生使他们的境遇更加糟糕的危险，这些措施才是被允许的。单从这一点来看，无任何约束的对再分配的陶醉就不能援引差别化原则作为佐证。

上述所做出的限制已经足够表明，对于这里所代表的观点不能以这样的异议来否定，即它用某些煽动情绪的结果来虚构与绝对平等的完美理想相符合之现状。毋宁说，被关注的应该是尽可能具体的对事例，特别是利益的认定，以及在整个规范体系框架内进行尽可能严密的权衡。针对一个具体的规范目标而言，绝对完美的结果早在体系最初阶段已被首先排除。但更加谦恭的、因而更加现实的致力于寻求最佳方案的努力，则是完全可行的。目前我们所表达的关于劳动法的一切，也可以作为模板服务于其他同样具有特别的"保护倾向"的法律领域。

同样对此适用的，还有我们此刻可从前述讨论中得出的结论：在对劳动法的透彻研究中，应当对其各具体指导原则，也即其"内部体系"的各种表现形式进行一一详述，而不是一概而论地统称为一个"劳动法保护原则"。然后需要继续探究的是这些原则与基础原则之间的关系，这样或许可以为寻求最佳方案的任务提出更好的解决之道，以及至少便于找出劳动法与其他特别私法的不同与一致程度。

3. 目前来看，还没有出现明确的、全面的关于劳动法原则层面"内部体系"的研究。因此，一个有趣的、体系化的，但目标有所不同的关于"*劳动法在私法制度中的地位*"的初步探讨，似乎最合乎我们的意旨。[628]其中，在对关于劳动者的"附属性"的传统立场进行详细呈现后，紧接着便将提出对这一概念的三种不同理解，也即在债法、人法以及"阶级法"上的体现：第一个涉及劳动给付的从属性，与此直接联系的是所待给付需要按照劳务权利人的事先安排进行。这明显符合外部体系界定部分中所论及的"附属性从业"的特征。在人法方面的特征强调，劳务义务人在其劳动关系的框架内，其整个人身都处于外来"控制"之下。而"阶级法"注重的是，这种具有既定社会特征的附属性，存在于被迫只能以提供劳动力来换取工资的此类群体中。[629]

后两种表现一开始就不适宜于作为劳动法的外部界定。此种运用下，就"人法"的角度而言，必须始终审查，具体一种法律关系中对劳务提供者的整个人身状态的鉴定，是否真的达到可以在任意的、最涣散的意义上仍然可以宣称雇主实施了一种人身"统治"。例如在短期的兼职劳务关系中，前述情况就非常不明显，与普通的债法关系无异。而根据"阶级法"方面，也必须检查，该非独立从业者是否确实迫于其社会或经济地位，而只能接受建立劳动合同。而这一前提，在有些上述所提到的缺乏经济附属性的情况下，是不存在的。

因而第二和第三种"附属性"，只是一些"典型"表现，作为常常出现的，却不是劳动法律关系概念所必然具备的特征。最后一种附属性，应当也可以被上述"经济附属性"所涵盖。如上文所言及根据附属性的不同含义，必定存在多个劳动法保护原则，而试图发掘这些保护原则的努力，最终完全有可能只是规范所涉及的事实片段（realitätsausschnitt）的一些典型特征具有关键意义。就此而言，对"附属性"各种区别理解之介绍，对调查分别针对某种特定"附属性"发生作用的劳动法的各不同原则，也是相当有价值的一个出发点。[630]

4. "债法上的附属性"表现在，劳动者出于债法上的给付承诺而负有义务，在合意确定的范围内按照雇主的安排提供劳动。在其他债法关系中虽然也可能规定，合同一方拥有对合同内容的决定权，但它们均不如劳动合同中如此宽泛和核心。因

---

〔628〕 此为 REUTER 的一篇文章的题目（1985）。作者强有说服力地写道，常见的对劳动法的统一构想并没有错，最终这个主体实际上就是关于传统劳动者的弱势性。但是这些构想太过粗糙，因为他们既忽略了劳动者弱势地位的特殊性，又忽略了克服这种弱势性的法律手段的特殊性。

〔629〕 REUTER aaO 3，5，7，各有论证。但"阶级法"视角引起了一定的对立（即在合同和另一方面据称以其他方式建立的劳动关系间），但这种对立只能从马克思主义理论、而无法从法学视角来理解。后者中当然也存在我们在某种特定情境的压力下不会或无法避免的合同；借助于合同人类也应该要能够满足自己的物质需求。

〔630〕 在此我并不会进一步与 REUTER 的结论进行争辩。

此我们必须将（115）雇主的指示和管理权原则作为一种基本的、专门的劳动法原则。[63]但这一原则更多的不是基于特殊的保护倾向，而是基于债法中合同自由意义上的内容自由。只是在劳动合同中，这种内容自由转化成为一种类型性的、特别的法律后果。但是前述管理权，特别是在其涉及外部"企业秩序"时，还要受到尚待进一步阐述的企业劳资法上的保护趋势的限制。

合同自由原则是劳动合同，进而是劳动关系的建立及——不违反禁令的——变更的基础，在劳动法应用领域中也同样发挥着它的规范作用。但是，此处必须要特别提到它（即便不是作为劳动法意义上的专门原则），以辩驳流传甚广但也漏洞百出的，宣称合同自由以及建立在此基础之上的个人劳动合同在劳动法中根本没有任何现实意义的错误观点。这种论断几乎是建立在不可理喻的狭隘偏见之上。首先，在一个原则上由私法造就的法律和经济秩序中，劳动关系的建立万幸并非官僚化、行政化的（即便存在，例如在外国人事务方面，至少也存在一些限制），而很大程度上取决于对劳动岗位和员工的自由选择。因此，劳动关系纯粹是经由合同上的合意而建立，除此无它。而缔结自由几乎得到了全面的适用。不管从人格自由还是经济效率的视角出发，都高度证明了这一点。有伪装现实论调的评论称，找不到劳动岗位的求职者没有合同自由可言，其实完全不恰当：在其他合同中，也不存在仅以一方主体的合同意愿为准的情况，而必须达成一个与对方当事人的合意。但劳动合同自由对许多劳动者来说，也同样存在高度的现实有效性这一事实，是毫无疑问的。这一点可以通过例如，许多劳动者解除现有劳动关系以便另建其他，或拥有多种选择可能性等得到体现。任何情况下任何人都持续拥有选择自由，在这个世界上是不存在的，至少与合同自由原则关系不大。

在其规范与现实意义上似乎鲜被注意到的事实是，劳动合同，且只有劳动合同进一步决定了劳动关系中一个相当核心的因素，也就是（性质上，而不是各种细节上）所负的劳动给付：仓库工作人员、秘书还是办公室负责人，或是应该提供其他类型的劳动给付，只能由劳动合同决定。

最后，通常建立在企业一般格式模板基础之上的劳动合同，在另一点上也往往具有高度重要性和意义，也即它所包含的"超集体协定劳动条件"高于集体协定（或法定）强制最低标准。值得注意的是，也只有这一层劳动合同的含义，被视为所谓的剩余功能。但有利的、从而在劳动法的保护倾向方面不存在任何问题的劳动合同的优先适用性，其本身以及作为劳动法重要制度中单向保护特征的表现，意义之重大，使（116）*有利保护原则*（Günstigkeitsprinzip）的提出成为必然。[632]

---

[63] Dazu umfassend ÜSTHEIM, Die Weisung des Arbeitgebers (Gutachten für den 4. ÖJT 1970).

[632] 此外在奥地利，"秩序原则"还允许劳资协定双方通过明文的劳资协定条款确定强制性最高界限。对此没有发现足够的合法根据。但奥地利的"社会协作方"是如此看重这一卡特尔可能性，以至于在制定劳动宪法的过程中，废除这种可能性的建议被丝毫不经讨论地一致拒绝了，虽然这些建议的提出并非来自单一理论方向。

但至此几乎仍然没有出现任何特别针对"债法上的附属性"的特殊保护倾向。对于事物本质的要求，也即一种一定程度上能够运行的、统一的劳动程序的要求，现代劳动法无论如何也必须予以尊重。

但劳动给付的他决性，债法方面也必定对雇主的全面风险承担产生了影响，这已经慢慢接近了问题的核心。雇主通过其指示决定劳动给付，或某些情况下同样通过这种指示来中止其决定。哪怕从债法的（相对更好的、抽象的）风险控制原则出发，除劳动者未尽审慎之外的其他风险，也都应归于雇主承担。特别是劳动者的报酬请求权不应当与任何劳动成果责任挂钩。（与此相背离的，将部分报酬与劳动成果挂钩的其他约定，只有在债法中存在可能性，但需要受到劳动法一定程度的规制。）

但事实上，上述思路根本不是这一结果产生的决定性原因，因而只能作为其额外论证：即便仅仅在自由劳务合同中，也是由劳务的接受者来全面承担风险。这一结果仅基于一个事实，即在劳动以及劳务合同中，承诺的给付只是审慎的劳动，只要劳动已经完成，则不管结果如何，都已经履行了义务。

同样与"附属性"活动无关的另一项规定是，即便在（总体上）没有提供劳务时，劳动者仍然可以请求报酬，只要劳务缺失的原因出现在接受者一方。这一《奥地利普通民法典》第1155条明文表示的"领域理论"（Sphärentheorie），同样也适用于自由劳务合同。甚至在承揽合同中也有内容几乎完全一致的规定（《奥地利普通民法典》第1168条）。因此如前所述，劳动关系中的风险承担规则根本不是由"附属性"劳动决定的，而只是受到其强化。似乎可以持乐观态度，由于仍将继续讨论的"经济"以及"阶级"附属性，风险承担的统一规则将在劳动法中得到强制适用。然而这一状况并没有出现。但偏离这一规则的合同条款，在我们全面考察所有具体情势之后，将有可能被认定为违反善良风俗（《奥地利普通民法典》第879条或《德国民法典》第138条）。

但这种"债法上的附属性"以及相应保护倾向带来的影响，可以在上述关于损害赔偿法中提到的、劳动者责任减轻方面得到体现：雇主为自己之打算而任用了劳动者，并且可以通过具体指示主导对其的任用。因此他通过劳动者的行为，决定性地参与创建了可预见的随之而来的风险。这一事实使将从这一风险中产生的损害归结于雇主自身成为可能。这一归责理由需要与劳动者方面的过错进行权衡比较。而这至少是减轻劳动者责任的，也许诸多复杂论证理由中的一个因素。

除至此提到的关于劳动合同和劳动关系的各方面外，还要提到的是，后者的核心必要内容明显以劳动给付和劳动报酬之间的对价交换为目的。因此它至少是一种能够产生诸多法律后果，通过双务合同建立起来的，互有对价的债的关系。[633]

---

〔633〕 进一步可参见 WIEDERMANN：作为交换与团体关系的劳动关系，以及我的评论 DRdA 1968，232. ADOMENT：劳动关系中的公司法因素（1986）5。

甚至专属于劳动生活的企业内部等级制度这一重要日常现象，也即（雇主之下）各不同劳动者之间的多方位上下级关系，法律上也可以简单而一针见血地用一般法律行为和债法方式来解决：相对于其他所有低于其职位的劳动者，雇主所指定的"负责人"是雇主的直接全权代理人，用以实现其具体指定劳动义务内容的指示权，也即一种决定内容的形成权。[634] 在"内部关系"中，对下属传达所要求的指示，是他们的劳动义务。

仅这一粗略的观察就应当已经足够表明，即便在劳动法领域中，一般民法规则和原则也有相当大的适用空间。因此劳动法的特性，就如同其他许多特别私法一样，只是一种相对特性。[635] 甚至众所周知，将劳动合同解除和无效的后果限制为仅事后无效，我们进一步观察后发现也不是劳动法所特有，因为在其他持续性债法关系中，特别在公司合同中，也以类似的方式存在这种现象。[635a]

5. 据前所述，附属性在债法层面上，即便我们予以肯定，也只微弱地展现出了劳动法的规范独立性，尤其是很少的特殊保护倾向。在探求特殊的劳动法保护原则过程中，如果我们一开始就从"人法表现"出发，可能在根本上更加卓有成效。但首先必须追根溯源至其真正的核心。现有的一些称雇主"统治"劳动者人身的表述，从当今现实来看，幸好与实情相差甚远，而只是唤起了我们与此完全不相吻合的、对附属及农奴关系的记忆。而著名的"人法共同体关系"[636] 在文义上应当被

---

[634] 进一步参照 BYDLINSKI：劳动关系法中法律外观的含义，ZfA 1970, 249 (274ff)；OSTHEIM aaO。参照形成权的常用定义，民事行为中的意思表示和代理只是一种在某些方面可称之为恰当的、将指示不称为指示，而以一种不明确、难以理解的方式将其宣传为"纯粹事实"。劳动法中的指示现在的目标是，使约定的劳动义务具体化，以及借由这种明确义务的形式，实现意思人明显意欲达到的法律后果。鉴于民事行为意思表示这一概念本身在这里完全吻合，无法找到比其更合适的选择。至于代理权和代理，在此背景下也是与外部归责完全相符的手段。

[635] 劳动法的特性针对一般民法而言只是相对的、抑或严格及全方位的，这一问题决定着后者对劳动法案例应该尽可能地排除适用，还是当缺乏劳动法具体条款及原则时可以立即适用（此处亦可参见上文特别私法的从属性）。针对这一问题的一度活跃的争论，一方面参照 MAYER-MALY, Arbeitsrecht und Privatrechtsordnung, JZ 1961, 206；BYDLINSK. Ⅰ, Arbeitsrechtskodifikation und allgemeines Zivilrecht（1969）；ZÖLLNER, Privatautonomie und Arbeitsverhältnis, AcP 176（1976）221；REUTER aaO；RICHARDI, Der Arbeitsvertrag im Zivilrechtssystem, ZfA 1988, 221；LIEB, Dienstvertrag, in：Gutachten und Vorschläge zur Überarbeitung des Schuldrechts Ⅲ（1983）183 ff；TRINKNER-WOLFER, Modernes Arbeitsrecht und seine Beziehung zum Zivilrecht und seiner Geschichte, BB 1986, 4 ff；GAST, Das Arbeitsrecht als V ertragsrecht（1984）；PICKER 认为客观上一般民法对劳动法具有极丰富的基础性意义，如文：Betriebsrisikolehre und Arbeitskampf, JZ 1979, 285, 以及对相同主题在方法论视野下的探讨：Richterrecht oder Rechtsdogmatik, JZ 1988, 62 ff；Der Warnstreik（1983）. 另一方面比照如 SCHNORR VON CAROLSFELD, Die Eigenständigkeit des Arbeitsrechts, RdA 1964, 297；GAMILLSCHEG, Gedanken zur Rechtsfindung im Arbeitsrecht, FS Schmitz（1967）70 ff；DERS, Zivilrechtliche Denkformen und die Entwicklung des Individualarbeitsrechts, AcP 176（1976）197. 对独立性理论的进一步夸大，也可能以只注重劳动法方面特点的倾斜性视角为依据。例如，可以将劳动法中的责任减轻，作为严格独立性以及与一般民法的界限分明的证据，如果我们直接忽略掉一个简单的事实，即责任减轻只有被置于过错与过错责任的一般规则背景之下，才具有可理解性和适用性。

[635a] 参照如 BEITZKE, Die Nichtigkeit, Auflösung und Umgestaltung von Dauerschuldverhältnissen（1948）；对于劳动法的问题领域可以特别参照 RAMM, Die Anfechtung der Arbeitsverträge（1955）；K. ASSER, Der fehlerhafte Arbeitsvertrag（1979）；PRCKER, Die Anfechtung von Arbeitsverträgen, ZfA 1981, 1；für Österreich etwa MIGSCH, Ist nach österr Recht eine Anfechtung des Dienstvertrages möglich? FS Schmitz I（1967）204 ff.

[636] 对此特别参见 WIEDEMANN aaO 的论述和论证。

理解为一种两方有本质上的人员交集的关系。但在劳动关系中，一般都并非如此。较大型企业中的雇主和劳动者几乎没有任何个人联系，更不用说一种必须存在情感上互动的人身共同体关系了。但即便是"劳动社团"，也并非与人法层面有什么必然关系。例如"个别"家政劳动者虽然可能已经被这个家庭所接纳，但仍然需要完全地独自完成工作。

在后一种情况中，虽然也完全可能存在一种情感上的共同体关系，在某些（很有问题的）个例中，甚至使用"统治"这一概念都不为过。但它唯独无法成为劳动关系中为前文所表述的"典型"特征。然而同样不容忽视的是：由于劳动者在法律上存疑时，而且实际上几乎始终高度人身化的劳动义务，并且因为这就是一种榨干从业者的全部或极大部分职业活动的法律关系，这种约定的劳动义务对劳动者整个人身所要求之强度和范围，是在典型的财产法视角下极为罕见的。随着这种单一法律关系对人身提出的最大化要求，劳动者常常必须踏入一个没有自决权的劳动领域。也就是说，劳动关系中的"人法"因素，只存在于劳动者一方，他由于履行义务而被牵涉到的人身范围，达到了前所未有的广度。其中至关重要的一个事实是，所提供的（个人）劳动给付与劳动者的整个人身丝毫无法分离（而在可以使用辅助人完成的其他义务中是可能的），以及劳动关系由此在数量上、特别是时间上，对整个人身起到了无可匹敌的决定作用。相反，"共同体"的存在则完全不是必要条件。同样，这也不涉及对劳动者人身的"统治"，因为这里的合同约束也不过是一种正常的债法约束，不同之处"只有"，这种约束的范围如此之大，已经从根本上影响到了劳动者的人身和私人生活构成。

债法义务中可能存在的人法问题，早已被"历史法学派"以抽象形式隐晦论及：他们认为，债法关系中典型且受到法律保护的债权人之"意思统治"，与债务人的人身自由不相矛盾，因为这种意思统治仅仅针对债务人的"个别活动"，而不是他的整个人身。[637] 哪怕就那时普遍的日工作时间和一生的工作时间而言，也已经很难将这一论断严肃而普遍地运用到劳动者义务之上。同样在今天的境况下，关于"个别活动"的表述涉及劳动合同时也显得实在过于轻描淡写。至少一般劳动者将一天中的多个小时以及一生中的数年都完全奉献给了职业活动，而这种职业活动也由此常常参与决定了他们的生活方式，甚至他们的人身状况。

劳动者整个人身受到波及的范围和形式，与劳动关系中存在的、受到可能的人身侵害危险的程度和方式具有一致性：这些危险一部分涉及已经在侵权法上一般化地，也即"外在地"针对非法侵害所保护的利益。而在一种存在"特别约束"，由合同当事人基于双方利益和对相互间思虑周全的行为的信任而建立的"亲密领域"中，义务标准，特别是在进一步的积极风险防范、警告以及其他保护照管义务方

---

[637] SAVIGNY, System des heutigen römischen Rechts I（1840）339.

面，应该得到更加强化。这一点长久以来早已在各种类型的债法合同中得到认可，在缺乏具体的法律或合同规定时，则在补充性合同解释的基础之上得到认可。当然这种义务也同样针对所有权以及与合同对待给付更为贴近的"纯粹的"财产利益，但涉及更多的是人身法益。

由于劳动关系中，人身利益面临的风险从范围和强度而言都远远超过一般程度，因此这也自然地解释了，劳动法发展过程中的保护倾向，相应较早地确立了全面的、关于雇主对劳动者的生命、健康以及"品德"等广泛且强制性"照管义务"的法律规定（《奥地利普通民法典》第 1157 条，《德国民法典》第 617 条及以后，其中也提到了劳动者的"宗教信仰"）。从此，这一基本原则在无数的，包括某些具体的技术性的法律法规中，特别是"狭义上的劳动者保护法"中得到了体现，并被继续扩大适用至其他人身法益。例如休假法和劳动时间限制既服务于健康保护，又致力于最大程度确保劳动者构建其生活关系的自由。同时，照管义务也逐渐发展起具有一般条款性质的、服务于劳动者财产利益的一面。[638]就此而言，这与其他合同关系中的保护和注意义务大同小异。

同样地，劳动者的"忠实义务"当今也主要指适当照顾合同另一方的利益，包括在私人联系中行为得当等。这一方面应当与其他债法合同中的附随义务差别不大。

但至少*(117)* 雇主对劳动者的生命、健康以及（类推）类似的人身法益所负有的全面和强制性的照管义务，应当可以被视为劳动法的特别原则。这种义务绝不仅仅包含不实施侵权行为，而且更重要的是，在可能和可被期待的范围内积极予以促进。鉴于它全方位的结构、通过具体规定的多形式表现，以及特别是它的强制特性，因此它属于现行劳动法中的一个核心保护原则。

强制要求针对某些人身法益采取积极促进措施，必要时还禁止合同中做出与此相偏离的其他约定。这种状况在劳动法中相当典型。因此，上文中给出的这一原则，也同时解释了，为何将合同自由限制为内容自由的非法合同无效的原则，在劳动法中得到了特别多的适用。

此外还有许多或明示或隐含的、带有人身保护目标的禁止性规定，违反它们的后果一般是合同无效。例如我们可以联想到在极小的范围内被允许的，脱离劳动关系后一段时间的"竞业禁止条款"，它从本质上降低了劳动者的从业自由，并且违

---

[638] Für das deutsche Recht betonen die Notwendigkeit eines generalklauselhaften Verständnisses etwa ZÖLLNER/ LORITZ aaO 188; zum österr Recht insb TOMANDL, Entwicklungstendenzen der Treue-und Fürsorgepflicht in Österreich, in: ders（Hrsg）Treueund Fürsorgepflicht im Arbeitsverhältnis（1975）1; MAYER-MALY, Treue-und Fürsorgepflicht in rechtstheoretischer und rechtsdogmatischer Sicht, ebendort 70（86 ff）; KRAMER, Vermögensrechtliche Aspekte der Treue-und Fürsorgepflicht, ebendort 107（118 ff und 128 ff）; ferner die Monographie von KRAMER, Arbeitsvertragsrechtliche Verbindlichkeiten neben Lohnzahlung und Dienstleistung（1975）überall mit Judikatur.

反了同等自由原则，因为这种合同规定的内容在许多方面排除了当事人未来行使合同自由的可能性，而不是仅仅作为物质财富和劳动给付交换承诺的结果。约定的劳动义务与伦理自由相冲突，可能导致相关义务的无效，但也可能激发雇主的照管义务，使其必须在可以承受的范围内提供变更劳动合同，选择它种劳动给付的可能性。[639]

在一般民法中，对重要人身法益非必要及非合理的侵犯，首先且主要地由私法典中的"公序良俗条款"来规制。相应地，如前所述，劳动关系中对重要人身利益的侵害可能性在范围和强度上都更大，因此劳动法中也就存在大量相关具体规范，只是它们在核心之处仍然必须与一般标准相联系，如可期待性、注意义务以及交易习惯等。

在劳动法中通过非法合同无效来加强合同法层面的人身保护，还没有作为一项原则出现在法律论述中。因此也许我们只需要表述为，上文最后提到的一个原则的相近领域中，仅仅通过对某些合同内容设置的禁止（而不是相反地，对积极义务的要求），就可以体现出劳动法中明显的强化倾向。至少我们可以提出一个全面的、关于劳动关系中合同法层面人身保护强化的原则，来替代照管义务原则，但这将会非常单调。如要更直观一些，则也许可以在上文中第（117）号原则中加上："以及最终对合同法层面的人身保护的强化"。

劳动法中一个相当典型的原则，是（118）*平等对待劳动者原则*，虽然对此没有明文规定。它常常与照管义务联系在一起，但此外它也同时被作为对雇主权力行使的限制，或者毋宁模糊地认为来自企业章程。内容上，它要求雇主在分配劳动任务和福利时，不能对处于同等条件下的劳动者武断而没有客观理由地进行不平等对待。雇主保有按照任何一种正当理由建立的理性合理标准对劳动者进行分类的权利，但武断随意的歧视则是被禁止的。劳动法中平等待遇原则最有趣的，同时可能也是最常见的案例，就是非义务性给付的提供（如报酬，奖金等）。这种情况下，权力行使和对权力的限制理论就很难说得通了。全体员工以及其中进一步定位的不同劳动者群体，是是否考虑平等待遇问题的事实上之前提，因为至少首先需要有一群处在近乎同等境况的人。从企业劳资法的指导思想方面来看，最多是维护企业安宁对此起到了一定的规范影响，因为武断的不平等待遇容易引起紧张和混乱。但这还无法作为核心论据，因为劳动法平等待遇原则的运用与企业劳资法实际上关系不大。即便对于没有员工共同组织的小企业，这一原则也同样适用。那么问题是，为什么即便在没有任何人有权利主张的福利补贴方面，随意武断的不平等待遇也会带来紧张和混乱？这一问题又引出平等待遇要求的核心及根本的"人格法"上的合法

[639]　参照如 BAG in SAE 1/1991 mit Anm von BYDLINSKI；umfassend jetzt KONZEN/ RUPP, Gewissenskonflikte im Arbeitsverhältnis (1990) und GRASSL-PALTEN, Gewissen contra Vertragstreue im Arbeitsverhältnis (1994)。

性依据：无正当理由的，例如由于个人好恶、党派政治、宗教等原因而受到歧视的劳动者，如果没有任何客观、理性的理由而得到比他人更恶劣的待遇，则会感觉他们的独立人格价值受到了伤害。此时不管雇主是否与有关劳动者之间存在私人联系，都不能将此归结于劳动者的"自身原因"。因为其中涉及的不是仅仅为其提供"个别活动"的人，而是一群在劳动义务范围内，常常不可避免地、须以极长时间和极大强度地提供其整个人身以供支配的人。如果根据所负有的劳动义务，前述情况难以避免，则对自由人格和人格尊严的承认，必然要求最大化地减缓消极人身后果的出现。这种减缓的必然体现就是，那些从这种罕见的全面的人身约束中受益之人，也负有义务，通过其行为对全面受其约束的劳动者的个人自我价值予以更高程度的尊重。同样必须明确的是，哪怕再多的债法限制，也不能减少自由人格的自身价值。因此，雇主有义务（在防止武断歧视的意义上）平等对待劳动者，否则他就没有尽到对劳动者人格价值的特别尊重义务。[640]

对于尊重人格的严格要求，同样也可以说是*(119) 解约保护原则*的规范基础之一。这一原则对持续性债法关系中任何一方常规的合同解除自由在劳动法上进行了限制。只有当存在客观的、可归责于劳动者一方的原因（例如没有提供给付），或出于企业方面的迫不得已（如不可避免的经济裁员），雇主才能行使解除权。因而也就排除了不受约束的随意裁量。对一位或多位员工的解雇意味着，他或他们的劳动比其他人的劳动更加容易被舍弃。如上文所言，这种歧视倾向必须有客观理由作为依据。对此可能所占分量更多的反而是现实性的主要目的：也即使劳动者避免不必要或不合理地丧失其通常是唯一或主要的收入来源。这已经属于经济附属性的范畴，虽然经济附属性在"准劳动者"身上也可能存在，可见，将解约保护的适用限制在非独立从业者，是对上述涉及人格法歧视性视角的一种强调。解约保护法的细节此处不予详述。

6. 由劳动法中的保护原则决定而形成的一些法律状况，其典型的*强制性特征*在上文中已经有所提及。我们的法律秩序在这里不再——或者更好地说：比其他地方明显更少地——一味信任合同机制能够"确保合理"或"倾向合理"。但是我们是否不该期待，非常不利的，甚至危及劳动者的重要人身利益的劳动条件发挥充分的吓阻效果，并且雇主为了争取急需的劳动者才必须改善劳动条件？

---

[640] Vgl näher BYDL! NSKI, GAÖJT 1961, 26 ff, 50 ff; DENS, Der arbeitsrechtliche Gleichbehandlungsgrundsatz, DRdA 1962, 53; MAYER-MALY, Die Gleichbehandlung der Arbeitnehmer, DRdA 1980, 261; DENS, Gleichberechtigungsgesetz (1981); MARTJNEK/SCHWARZ, Zum arbeitsrechtlichen Gleichbehandlungsgrundsatz, DRdA 1961, 233; SCHWARZ, Die dogmatische Fundierung des arbeitsrechtlichen Gleichbehandlungsgrundsatzes, DRdA 1968, 241; M. BINDER, Der arbeitsrechtliche Gleichbehandlungsgrundsatz, DRdA 1983, 156; G. HUECK, Der Grundsatz der gleichmäßigen Behandlung im Privatrecht (1958); ZÖLLNER/LORITZ aaO 193 (soweit in diesen oder in den jeweils zitierten anderen Literaturstellen abweichende Begründungen vertreten werden, führen sie zu größeren dogmatischen Schwierigkeiten).

　　仅仅就一度推动劳动法发展的历史实践而言，我们就无法简单地对这一问题予以肯定回答。这一结果当然仍适用于今日，只是权衡需要更加区别化。因为我们如今也已经面临着一个决定性的问题，即劳动者结构性谈判劣势地位的存在、形式以及程度。这种劣势地位甚至妨碍他在合同中充分地实现其根本人身利益，因而为规范矫正提供了缘由，而这正是劳动法发展和水平的标志。不考虑极有必要的区别化角度，就借此论证劳动法特殊保护倾向的合法性而言，这一情况今天仍然足够符合当下的现实。

　　第一个根据就是常见的信息落差。某个特定的劳动过程或经营状况中，是否存在明显的对劳动者人身权益的威胁以及这种威胁的范围；在对劳动领域的设置中，是否及多大程度上对此采取了针对性措施；是否及多大范围内能够为促进这些法益采取其他措施，并具有经济上的可期待性：这些全部只有雇主知道。有关重要信息全部集中掌握在雇主手中或雇主可以更加轻易收集获得，至少与单个劳动者的视野相比，其获取答案要容易得多。

　　在此另外还有"经济"（或"阶级"）附属性的影响。它通常直观地表现在：非独立劳动者，更不用说非独立劳动的求职者，其所占有的经济财富通常只有或者基本上只有劳动力和劳动给付。因此他的选择和谈判可能性就受到极大限制，特别是在时间上，因为他急切的生存要求悬系于依靠劳动关系获得的收入，因此他没有时间谈判，直至获得较好的劳动条件。即便是对他不利的劳动条件，有时也是聊胜于无，而迫使其只能接受。对人身权益"单纯的"威胁在这种情况下很难成为阻挡订立合同的绊脚石，对于这些威胁，人们会希望在个例中根本不会转化为现实。

　　幸好在今天的现实和法律关系下，上述情况不再是普遍性的，或至少不再是对现实情况基本确切的反映。更贴切的说法是，如今许多劳动者家庭中都已经有较多的积蓄。[64]通过失业补助金及其他替代形式，时间方面的谈判空间及与此相关的选择可能性得到了进一步扩展。对部分劳动者来说，尤其是通过秘密的非法劳动也能够获得额外收入，由此带来了甚至相当有吸引力的选择。

　　但同时也存在着不少对上述选择空间的限制因素。例如，如果某个劳动者在工作旺季选择了一种其他生活方式并因此负有债务，则会迫使他在丧失原有劳动关系后不得不迅速缔结新的劳动合同。

　　尤其对那些只能提供较低质量的劳动给付，从而需求较小，以及至少工资更低的劳动者而言，上述反映的情况（虽然不是特意针对特定劳动者，但是）相当现实。至少他们的积蓄可谓微乎其微。得到失业补助金只是暂时延缓了这种窘迫的选择状况。关于"差别化原则"的讨论已经足够表明，特别弱势的地位需要在规范方

---

　　[64] Vgl die Angaben bei BIEDENKOPF, Die Wiederentdeckung des Privatrechts, FS Coing Ⅱ (1982) 27；REU-TER aaO 17. Zur Verteilung der Wertschöpfung eines Unternehmens auf Kapital und Arbeit eindrucksvolle Zahlen bei ADOMEIT, Gesellschaftsrechtliche Elemente im Arbeitsverhältnis (1986) 15.

面得到更多的注意。尤其现在涉及重要的、对基本人身权益的直接保护，它不应该取决于劳动者在缔结合同前是否可以对潜在威胁获得足够的认知，或是不是没有通过轻微增加的工资收入就草草接受了高额风险。

而有些劳动者因能够提供更高质量的、需求更多从而更有价值的劳动给付，从而也拥有相应的选择可能性。则也许可以让他们通过合同维护自己的人身权益，而不会有太大的消极影响。然而典型的信息问题仍然不免使人担忧。但如果更进一步观察，就会发现根本不需要对"较强"和"较弱"的劳动者进行区别对待。哪怕我们有理由认为，前者完全有能力在合同机制内自我保障，也没有什么有分量的根据，反对将对后者而言不可或缺的强制义务标准同样适用于前者：如此则合同谈判不再需要考虑规范层面已做出硬性要求的人身保护问题，节省了与此相关的精力和浪费。也就是说，经济效率原则也支持，将必要的人身保护标准的规范强制性延伸适用至合同机制还能发挥足够作用的劳动者身上。[642]因此，在最低人身保护方面再进行法律细分，是没有必要的。这也可以通过法的安定性这一主导目标得到论证。

7. 个人劳动关系、企业以及劳动法社团三者在实践中各具有不同的应用层面，是劳动法的一个典型特征。但即便在两个"集体的"层面上，参与主体也仍然只能由劳动关系的存在而决定，他们所实施的适法行为的核心意义就在于对劳动关系施加影响。

企业层面直接涉及依法组建而成的、代表全体员工的企业职工委员会这一（在同一个企业中通过所有劳动关系构成的）共同体和企业主之间的关系，但同时也包括单个劳动者与组建的共同体中的机构成员之间的法律地位。其首要和核心任务及目标领域被规定在与此直接相关的"企业劳资法"中。这是德语地区法律体系的一项特征，应该与"人法"观念相融合。如果将对劳动者人格尊严的保障称为"企业劳资法"的首要规范指导目标，至多只是些许有点夸张。[643]虽然如此，但还是有足够的理由，对受到保护的各种不同人身法益进行一般化的区分。因而我们在此最好只讨论对直接人身保护的保障，特别是那些在日常劳动过程和企业运行中所经常出现的。并不罕见的是，劳动者的人身利益常常并不是被恶意限制，很多时候只是归结于无意识、过于简单草率、不良习惯或其他类似不必要的因素。司法或行政监

---

〔642〕 为避免误解有必要强调，上述所有并无法深入论证现行法相关条款的一切细节，特别是那些只是美好臆想而根本不具备实现可能性的，或者连原则性的必要区分都忽视了的条文。

〔643〕 FLORETIAISTRASSER, Kommentar zum Betriebsrätegesetz² (1973) 57 提到了职工曾经的性质是"企业人力工具"，而企业劳资法的首要目标就是反对这种违反人类尊严的观点。类似的还有 NEUMANN-DUESBERG, Betriebsverfassungsrecht (1960) 51 ff. 以及 THIELE: FABRICIUS/KRAF/THIELE/WIESE/KREUTZ, Betriebsverfassungsgesetz I⁴ (1987) 99 ff 中对"指导原则"的进一步论述。特别是提出自决原则（取代了仅仅是转意，从而具有相当迷惑性的"企业民主"）。将"共同决定"作为"社会基本原则"来考虑首见于 HOYNINGEN-HUENE, Betriebsverfassungsrecht (1983) 1 ff. 这并不是与"自决原则"的对立，而是探讨在只有"制度性参与"才能维护共同利益之处，"自决"如何得到最好的实现。与其说自决和共同决定在这里指的是通常意义上法律行为的私人自治，毋宁说他们涉及的是在非独立从业和企业日常中对个人利益和自由的最有效保护。

督方面的救济很多时候都"远水救不了近火";而受到影响的劳动者当事人的自我救济则又遭遇到同样来自与"附属性"不同层面相关的重重障碍。因此能够"实时实地"维护劳动者相关利益的劳动者代表机构就有相当大的存在必要。它必须尽可能地得到每一个劳动者的信任,这就要求按照多数原则进行选举(而这又不可避免地造成这一职工代表机构必须具有合乎其功能的轻微党派政治色彩)。法律保障的(强制性的)或者许可的(任意性的)由员工组织机构参与"共同决定"制度尤其发端于那些重要问题,在企业劳资法发展起来之前,这些问题当时可以由雇主单方面指示决定,其权威性建立在劳动合同之上,或者当涉及"企业外部秩序"时,则同时建立在对(广义上的,包括强制使用权)企业不动产及企业生产资料的所有权之上。在这些众多的相关问题中,必须要指出的只有在协商的劳动内容范围内对劳动岗位的调换(与具体劳动分配相区别)、针对劳动者的与其人身利益相关的重要监管以及纪律性措施等问题。

这一广泛领域全都隶属于企业劳资法中的"共同决定"适用范畴,它有时体现在具体个案中,有时则通过签订"企业劳资协定"来实现。从而使(120)"通过职工代表机构实现企业及人员事务的共同决定"[644]成为现行劳动法的一个重要主导原则。特别是从对劳动者的保护,以及从雇主与职工委员会的长期稳定合作中受益,同时也为企业法所特别追求的企业和平秩序角度出发,这一原则更具有合理性。从后者的法律和平角度或者从经济合目的性等因素考量,直接与一个合同对等机构,也即职工委员会进行谈判及签订协议,从而避免了与所有劳动者分别就诸多问题——进行法律上行为,显然能够给雇主方面带来不少利益。

但是,上述所言当然也不排除,在前述范围内同样存在一些令人不快的现象,但却极有限地可以通过机制性、规范性的救济来解决。[645]因为与超企业社团以及他们的集体协议或劳资协议相竞争,职工委员会在确定具体企业层面的"实体"劳动条件,特别是工资领域中,进展尤其困难。但这种职工代表机构一旦存在,哪怕其被限定在极小的范围内参与共同决定,他们的活动也不可避免地将涉及这一对他们的投票者而言相当重要的领域,这几乎是自然而然的事情,以至于即便存在明确的法律限制,实际上也收效甚微。"自由企业劳资协定"这一见仁见智的现象,就

〔644〕 企业"经济事务"层面的共同决定早在公司法中就已经存在。

〔645〕 之所以特别提出这一点,是为了防止出现将劳动法中的这一特别制度视为唯一解决之道的过度将其神话的思想。大企业中的职工委员会,对劳动者而言实际上并不比企业经理来得更为亲近。从而使它无法轻而易举地实现其维权职责。具体的弊端则特别体现在,如果职工委员会的功能被牢牢锁定于某一个政治方向,则为少数派劳动者维权的积极性就更加低落。极端情况下,以前甚至出现过为了排挤同僚所进行的劳动抗争。据传50年代在施蒂利亚有一位大企业的职工委员会主席,当女职工惹怒他时,甚至会扇她们耳光,而并不需承担什么不利后果。要使职工委员会尽到对与其相隔甚远的劳动者的维权义务的法律手段,就是当其超出本质上跨度相当之大、根据其义务必须审慎进行裁量的空间,明显过失(甚至故意)未履行其维权义务时,使其承担损害赔偿责任。然而在奥地利,这种实际上应当是完全存在的损害赔偿义务却被主流观点以各种各样、然实则虚假的论据所拒绝了(对故意的、有违善良风俗的损害是例外)。参见 vgl zuletzt SPIELBÜCHLER, Wider die Zähmung der Räte, FS Strasser (1983) 613 (mit Angaben)。

是最好的证明。虽然就企业劳资法层面而言，它属于法外协定，因为无法在这一法律领域中找到基础依据。然而尽管可能会出现一定的麻烦，但是这种协定可以作为有利于第三人的债法合同而部分生效。部分则亦可首先作为一种个别劳动合同的合同模板，然后或通过相应的企业实践（作为诚信交易风俗中的一种情况）以及通过与此有关的推定意思表示延伸到具体合同关系中。[646] 这里一定程度上就已经不是现代劳动法的特别规定，而主要是一般合同法在为劳动生活中的重要问题提供解决方案。

8. 前述最后所提到的现象已经自然过渡到了财产法中的经济问题，也即经济上的（"阶级法上的"）附属性。在个别劳动关系法中就已经可以观察到一些对报酬或工资债权的法律优待。这些优待所基于的考虑是，通常情况下劳动者的全部或主要收入都建立在这种债权的基础之上，从而使它对劳动者的整个个人生活起着决定性的作用。特别要提到的关键词有：工资抵押保护、劳动者工资债权在破产中的优先权、破产补偿、疾病或其他重大障碍下的工资继续支付（有一定的时间限制）、禁止对工资债权（替代或半替代）支付实物等。就此我们可以总结性地得出另一个原则（121）工资保护原则：应当通过特别的法律措施，使劳动者的工资或报酬债权尽可能地全额实现，当然是在具有可能性，特别是对雇主或者其他债权人具有期待可能性的前提之下。这种限制同时也表明了对相关原则进行衡量的必要性。

对特定财产法益赋予特权，这里即工资或报酬债权，是因为它们通常是生活来源和生活水平的基础，同时对人格也具有直接意义。涉及最核心保护范围的规范基础是最低生存保障原则。此外则是自由原则，这里尤其指基于可预见的收入而选择生活状态。以及出于法的安定性作为信赖保护，在对雇主具有期待可能性的情况下，至少暂时地减轻不可预见的、直接影响到个人生活层面的意外事故所带来的后果。而社会保险以及社会救助则构成根据辅助原则处于从属地位的公法上与此相衔接的制度。

9. 与工资保护直接挂钩的是劳动关系中不管以任何方式建立起来的报酬请求权。但它没有对该请求权的数额做出规定。而这一问题正是那些劳动法中令人瞩目的特别规范，以及有利保护原则和与辅助原则相一致的某些原则，所试图解决的第一要务。因为除开某些国家规定（最低工资标准、章程解释等）外，劳动者物质上的合同请求权，特别是其工资和报酬，其最低数额并非由劳动合同本身来规定，而是在劳动者和雇主团体的层面上，通过集体协定、劳资协定或行业劳动合同（在德国也有可能通过企业劳资协定）而予以确定。作为直接性、强制性的最低请求权的规定，其对适用范围内的个别劳动关系的约束来自相关法律赋予这些合同的规范和

〔646〕　Vgl dazu insb TOMANDL, Die Rechtswirkungen "freier Betriebsvereinbarungen", FS'Strasser (1983) 583 ff; SCHWARZ, Konfusion um die "freie" Betriebsvereinbarung, DRdA 1985，173.

单方强制效力。此前还需要予以规范的，如这些团体所必须具有的前提条件，在劳动者层面，则特别是工会作为具有社团结构的，私法上社团型、联合型的特定目标团体所须具备的前提条件，以及这些集体协定的适用范围等。总而言之，(122) 对物质上的劳动条件，特别是工资条件在团体层面上进行单方强制性集体规定的原则（集体协定原则），无疑是现行劳动法中一种相当核心的理念。[646a]

集体协定所具有的直接和单方强制性规范效力确实具有一定程度的意义，因为它极大地便利和保证了这些协定发挥其功能。但历史和比较法的经验也表明，对物质性劳动条件，特别是工资条件所采取的行动和规定，即便没有被法定上升为客观规范，它本身在团体层面上就已经具有相当大的意义（他们可以通过团体自救，特别是通过劳动抗争来实施，只是更加不稳定，耗费更多）。因为通过集体合同制定的方式，对工资及其他劳动条件的确定其实已经建立在团体势力均衡的层面上。如此，合同机制的"正确发挥"，也经由克服个别劳动者的结构性谈判劣势，正如上文中所提到的那样，被重新激活。而支撑此点的基础，就是个别从业者或求职者虽然具有可替代性，从而处在较弱的谈判地位，但一个行业或一个劳资协定区内的劳动者作为一个整体，对雇主而言却是不可或缺的，否则必然带来长期的、从而沉重的经济损失。如前所述，这一假设的前一部分虽然不是放诸四海而皆准，但在主要范围内还是基本恰当的。

工会具有能够参与制定有约束力的最低劳动条件的职能，对其成员来说是自然而然的。他们通过入会行为自主选择了服从于这一职能。虽然即便对成员来说也可能存在这样一种情况，即他们从来没有通过法律行为对劳资协定的适用表示肯定，而他们在工会中可能属于少数派，从而其意志也得不到实现。但这仍然没有与劳动者个体的私人自治存在深入的冲突。但是按照奥地利法律的规定，集体协定也无条件适用于不属于工会、但其雇主受劳资协定约束的劳动者（体系外劳动者）。因而由集体协定所确立的劳动条件实际上被客观地、不做个体区分地作为适用于所有劳动者的最低劳动条件来对待。而这与"体系外劳动者"的利益和意志却并不一定全然一致。特别是当按照劳资协定的条件，某些体系外劳动者所能够提供的劳动给付市场需求不高，而相较于失业，他们更愿意在较差的劳动条件下从事劳动这种情况。甚至因为当事人并非作为独立自主的主体参与了合同制定，故合同的单方面强制效力也需要更谨慎的、基于其他与私人自治原则相矛盾的原则的论证。

这一论证必须与前文所提及的不平等状态相联系：如果以每一个单独的劳动者或者求职者的意志为标准，就存在一种无可救药的压力，导致形成只要劳动者一方还有任何人愿意签订劳动合同的最低劳动条件。而这又与要求采取法律措施（长期

〔646a〕　原因进一步参照 RICHARDI, Kollektivgewalt und Individualwille bei der Gestaltung des Arbeitsverhältnisses (1968) 114 f, 177 ff.

地）改善弱势一方处境的"差别化原则"相冲突。

在满足于这一观点提供的解释前，我们必须还要确认一些前提，即对结构性劣势进行精确和区别化的考察。前面在论及人格法层面时已经提到，所设定的一些前提如今已不再普遍适用，特别是不适用于拥有可观节余、劳动给付具有较高质量因而受到竞抢的那一部分劳动者。但是对那些因为劳动给付具有替代性从而价值较低的劳动者却仍然适用，特别是当他们长期签订自由的劳动合同时，报酬几乎必然只能"挣扎在最低生存左右"[647]。如果对这些状况一概接受，则违反了作为"社会"公平具体表现的"差别化原则"。但集体层面对最低劳动条件的约定和执行则已经考虑了差别化原则。因为它体现了一种即便对于最低层面的劳动给付也应不仅限于最低生存的趋势。同时，制定集体协定也避免了由国家权威而武断地直接制定"正确报酬"的情况出现。不同于建立在竞争基础之上的具体合意价格，此处取而代之的是代表直接当事人的社团以合同框架为工具进行集体谈判，以及后文中还要详细论述的，正是其潜在或现实的压力使社团间的合意成为可能的劳动抗争。

而其所追求的、与原则相一致的结果则是，某些劳动者能够获得比其劳动给付的"纯粹经济"价值（估算建立在一个缺乏规范矫正的假想市场基础之上）更高的报酬。当然这也直接产生了"经济成本"。对这种经济成本的容忍主要是（有限制地！）出于"差别化原则"中人格因素的要求，目的是通过规范措施来促进特别弱势群体的自我尊重这一核心人格价值。

那么尚待探寻的只有，在上述情境下所"嵌入"的限制性元素是否及应如何对"差别化原则"产生作用。以此为依据，只有从长远来看不会使境况变得更加糟糕时，以改善弱势一方地位为目标的措施方能被允许。只是对集体劳动合同实际效果的评价就似乎主要成为一个立足点的问题：甚至连团体层面上的集体协定总体上能够为劳动者带来有利作用这一点，近来也被从数据上进行了质疑。对总体收入中"工资比例"的调查显示，工资比例自 1960 年至 1975 年间仅仅增长了 10.6%，也就是从 60.6% 上升到 71.4%。如果更清楚地折算到同一部分劳动者身上，则只从 60.6% 增长到 65.2%，只增长了 4.6%。但自此之后又显示出下降的趋势。有人从中得出的结论是，由此根本无法实现一种垂直的重新分配。很大程度上这只是对货币贬值的一种平衡以及生产力进步的分配[648]——虽然实际上这已经是相当大的成果！

对这一类反面论断的反驳，首先是他们采用的标准出现了错误：其显然是把一个直线上升的工资比例作为重新分配的标准。如何在完全不考虑整体经济形势及经济变化，即便在糟糕的经济形势下（如石油危机！），仍然能够实现这种发展态势，

---

[647] 这里所针对的不一定是个体，因为个体可以改善其资质。但对资质最弱的劳动者群体或从业者整体而言，应该是合乎实际的。

[648] 参见 STEBUT aaO 304ff.

简直是难以理解的。除非存在一种建立在乌托邦幻想之上、毫无现实根据的（某种形式的）持续"进步"。况且对这种工资比例持续上升的发展愿景本身，我们最终也不得不提出质疑，即是否将所有的收入主体都变成工资收入者是一种可以接受的目标。而且工资比例最高也只能达到 100％，而对持续增长的工资比例的假定至此也不得不达到数字上的极限。

但实际上规范措施的"重新分配作用"只能体现为，通过规范措施影响所实际形成的现状与没有规范措施时可能产生的状况之对比。就集体协定而言，不管工资比例实际上是增是减，要考察的是如果没有这种协定形式，某一特定时刻的工资比例将有多高。而对于这些问题，工资比例的数据增长却并没有给出对劳资协定制度的"重新分配作用"提出怀疑的初步根据。甚至只要集体协定一定时期内"只是"避免了工资比例的更强回落，都可以称得上是它的作用。

同时，劳动者的绝对生活水平相较以前的大幅提升在这种比例考察中也被忽视了。与马克思的"贫困化理论"相反，劳动者的生活水平实际上在随着劳动法保护制度的发展而攀升。而集体协定在其中所发挥的重要作用，几乎已经是不言而喻的。

此外，重新分配作用的代价也是一个必须严肃考虑的问题。这种代价是难以否认的。可以说，工会（作为劳动供应的垄断方）与雇主联盟（作为劳动需求的垄断方）间的势力平衡取代竞争，往往并不会带来与第三人及公众的利益相一致的合同内容，而更可能激发起对第三人和公众产生负担的合意。劳资协定对 70 年代通货膨胀和 80 年代的失业大潮的推波助澜，就很好地验证了这一点。[649] 奥地利的经验尤其来自著名的"贝尼亚公式"（Benya-Formel）（以当时工会联盟的主席命名）。据此，不管经济形势如何，每年的工资涨幅必须达到 4％，哪怕在有明显的经济危机表现之初期也是如此，从而更加加剧了危机的出现。当时几乎没有任何关于雇主反抗成功的记录。[650] 近年来（1992 年）尤其引人注目的是，工会已经在德国原联邦州的范围内成功推进了大幅的工资上涨，而没有人关注，这将导致企业为改善新加入的联邦各州的劳动者和求职者的境遇所急切需要的投资不得不大量缩水。

由此受到不利影响的，往往是那些因无力承受增长的工资和其他社会成本，而

---

[649] REUTER aaO 28；ADOMEIT, Gesellschaftsrechtliche Elemente im Arbeitsverhältnis (1986) 22，他认为劳动法和社会保险法的"草率过度扩张"要对此负责。当出现经济发展和失业问题时，本可及早进行严格的原则权衡。若不这样做，则必将导致经济压力之下不得不大幅"缩减"保护条款的严重后果。

[650] 曾作为工会首脑的政治家 OLAH 讽刺地指出，奥地利的雇主代表在集体协定谈判时，似乎早就已经习惯了抬头仰视。很难进行严厉反对的心理障碍已经成为一个不可低估的问题（从而实际上使工会的经济意志不会无限生效）。工会提出的"要求"，往往被舆论视为合法，而雇主方面的反对则被视为无足轻重或值得质疑的牟利之举。而企业在未来通过大量投资去适应变化的经济环境的能力，与盈利目标不可分割这一点，似乎在有影响力的圈子中突然就无人知晓了。各种不同方向的报纸和政治家的读者或选民，也主要由劳动者或其家庭成员组成，故而也支持这种舆论环境的正当性。背后往往还有马克思的"剩余价值学说"的间接影响。

只能宣告破产或裁员的企业中的员工或求职者（当然这并非唯一的因果联系，不乏其他因素的影响）。同样受到波及的还有不得不停止或缩减经济活动的"边缘企业"的企业主，以及特别是退休工人、家庭主妇、学生、儿童以及失业者。他们无法享受由集体劳动协定带来的工资增长的福利，且无法将物价上涨的消极影响继续转嫁给他人，而只能忍受这些高价带来的负担。但是对于上述最后一个群体中受惠于劳资协定的工人的家属，工资增长通过抚养请求权也为他们带来了好处。而上述群体中的其他成员由于他们的抚养义务人的地位，可以说从一开始就是社会所优待的群体，因此从"差别化原则"来说不需要再予以特别关注。为保障退休和失业者的利益，一般都会致力于使他们的收入与工资增长保持一致，虽然由于相关公共财政的过度压力有时也难以实现。但只要相关社会保障系统仍然还有融资能力，则由劳资协定工资上涨所带来的物价攀升总体上仍然能够得到一定的平衡。

因此差别化原则所带来的问题，涉及最深的还是那些因为劳资协定工资增长而在企业"裁员"或破产中失去劳动关系的劳动者。在这种情况中，旨在促进弱势群体福利的规范措施只有长远来看不会为弱势群体带来不利影响时方有必要及可得允许的这一限制性条件，似乎就被打破了。甚至于短期内我们已经可以看到消极后果。很多时候劳动者甚至才刚刚开始享受工资增长带来的好处，就已经面临丧失劳动关系的威胁。

这种风险遍及所有劳动领域，并尤其影响那些根据市场估值其劳动给付（不管出于何种原因）刚刚够上规范性强制工资标准，在后者提高后甚至无法达到强制工资标准价值的劳动者。部分情况下对更高收入阶层而言当然也存在这一风险。但反正他们可以通过降低职业地位、减少收入预期来应对。虽然这也是一种不利影响，但并不一定只发生于弱者身上。从"差别化原则"来说，特别危急的是，本已收入甚微的阶层在集体协定工资增长后，特别是当对调高强制工资标准后完全不再有对其劳动给付的需求时，被直接"裁员"。可见，这种致力于改善弱势待遇群体的规范性措施（签订集体合同）甚至在短期内就将对本应当从中受益的弱势群体产生不利影响，这几乎是早早就可预见却又不可避免的。

跳跃性较大的一个因素是，这些争议法律措施对于所涉弱势群体中的某些成员可能的确能够带来长期利益，也即那些在提高集体协定工资后仍然保有劳动关系的人。而群体中的其他人则可能遭遇上述不利后果。对于这种目前为止还属于同一个群体的内部冲突，差别化原则本身无法给出直接解决办法。但如果我们甚至以劳动者集体中受到"最差待遇"的群体（如罗尔斯所言）为标准，则或许可以设想，在工资待遇最差的劳动者的范围内，一开始就构建一个同时最多受到裁员和长期失业威胁的独立的次级劳动者群体。这些人才真正是受到最差待遇的群体。从而可见，根据差别化原则，他们的利益与所争议的规范性重新分配措施，最终也即与整个集体合同原则相冲突。

但如果我们认为，集体合同原则能够为全体的甚至最弱势的劳动者，也就是可能人们所认为的最没有技术的劳动者（罗尔斯所言），带来益处，则前述结论简直是难以想象的。这从另一侧面证明了，在差别化原则视角下，我们不应当着重关注"最弱势"群体。其中一个首要理由是，在众多漫无边际的标准之下，对弱势群体的界定不可能是不武断的。因此，如别处亦有所述，不应将差别化原则作为可兑现的详尽要求，而要将其作为有利于弱势人群的规范方向来理解。

那么，就只剩下对某一特定弱势群体内部被某一规范性有利措施的长期影响分解成不同部分这一要探讨的现象，再做一全面考量，考量中首先必须要考虑的是两个子群体的数量关系和分别对两个子群体产生的长期有利及不利影响之间的关系。一些基础原则，尤其是最低生存保障原则、辅助原则和经济效率原则都对这一考量提出了要求。根据这些原则，公众（国家）必须承担长期被剥夺自身劳动收益之群体的最低生存需要，为此要使用本已短缺的资金。

而前述最终导致否定集体合同原则的对差别化原则的理解，通过一般性的公平考虑就可得到排除：如果没有规范性矫正，则根据前面所说的，资质最差的，也即那些劳动给付价值最低的劳动者群体的收入，久而久之也会固定在维持最低生存水平。但最低生存保障原则同样也要求，由国家辅助性地保障那些由于健康、年龄或对其劳动给付没有需求等原因而无法从事等价劳动的人群的最低生存。也就是说，从收入结果来看，实际上资质最差的劳动者所从事的职业劳动根本是无足轻重的。严格来讲，这些劳动可谓"一文不值"。显而易见，这种对不同事物的同等对待将明显违背公平原则：被歧视的甚至将是一种对个人整个人格结构至关重要的层面，即职业劳动。

但这种思考至少具有一种对规范目标进行理论尝试的意义。实际上，只要从社会福利中不劳而获的收益与劳动收益相等，就不会有人愿意劳动。我们也许可以将社会保障设定于没有劳动关系的申请者，也即无法通过自食其力满足最低生存需求的人。但如果这样，上述违反公平的情形就又加剧了，对社会福利申请者进行筛选也会导致同样的问题：应该将不受欢迎的劳动岗位（如果岗位数量少于申请者数量）优先加诸他们之中的哪些人？至少要表现出特别不适合面前的劳动职位的样子，是不需要什么特别的能力的。这一点在一部分失业金领取者身上可谓司空见惯，久而久之他们也根本不想再"被介绍"什么工作。

因此，最终的结果可能是，只要存在保障最低生存的辅助性社会法规定，则如果没有高于最低生存限度的工资报酬作为引诱，那些待遇最差的劳动岗位实际上并不会被充分占据。而这又更加剧了这些劳动岗位的缩减，使它的数量最终低于资质最差的劳动者的数量。这种只有一部分劳动者有机会得到劳动关系的差异，在社会保障体系出现时就已经存在了。通过集体权利设计，以法律形式确定，即便是资质最差的劳动者的报酬也应当高于最低生存水平的标准，不仅于事无损，而且有助于防止某些稚嫩的求职者拼尽全力去获取一份实际上并无法给他们带来任何剩余的工作。

10. 上述所言主要意在说明，虽然集体合同有其难以否认的消极作用，但不能因此否定整个制度。相反，上面所提出的问题，特别是有些棘手的差别化原则的应用，能够提醒我们保持一定的谨慎态度及付出更多的、力求完善的努力，使其有助于消除集体合同架构给资质较低的劳动者带来的消极影响。这些消极影响往往不是集体合同架构单独或者直接造成的，而是劳资协定、企业工资政策以及特别是补贴政策——在经济繁荣时由于工会强大的压力，它们往往得到大规模的运用，而在危机时却成为束缚经济发展的枷锁——和约定较高职位的劳动者获得高薪收入的单独协议间摇摆不定的结果。

在集体合同架构层面有两种方式，可用以对抗这种螺旋式结构及其给某些相关人员带来的不利后果，而不需要对集体合同做过多的修饰美化：一方面我们必须意识到，改善弱势群体（长期）的处境合乎差别化原则的要求（只要我们不依照传统观念，因缺乏可界定性而拒绝以"最差待遇"群体为目标）。如果集体合同架构要完全符合这一公平理念，则自然也要遵循一定界限：即便有着极大的同情与理解，我们也不应该将收入高于其所在国家同期平均收入的劳动者列为经济上弱势的、处境需要规范化改善的群体。反之，他们很大程度上是被优待者。而结果上，各社团拟定集体合同的职权必须以相应的平均收入为界限。[651] 对于收入较高的劳动者群体，不需要出于"社会保护"目的的为他们确定一个最低工资数额标准。存在这种标准制定的情况多半出于个例或个别企业所追求的不必要的"工资差距愿望"。至少对于超出平均工资部分的劳资协议条款，无论如何不应该再赋予法律上的单方强制作用。至少对于没有特别的社会保护需求的劳动者，我们应该使工资协定作为福利性的灵活因素保留在"传统"的合同自由领域。

鉴于由集体确定的（广义）工资报酬一般情况下都处在上述限度内，因此上述法律调整建议的直接作用实际上相当有限。但除此之外同时也表明，在"超出平均水平"领域的经济关系中，协定工资在涉及某些工资差距考虑时，不需要受到社会保护机制结果的约束。否则制定超出劳资协定标准的企业工资标准的吸引力，就缩小到与集体工资无异了。

第二个至少在奥地利有着直接及重大现实意义的建议涉及"实际工资条款"，或者说"有效工资条款"[652]：根据在奥地利占主流地位，而在德国仅得到部分支持

〔651〕　Dieser Vorschlag schon bei BYDLINSKJ, Fundamentale Rechtsgrundsätze 255.

〔652〕　Dazu etwa TOMANDL, Probleme der kollektivvertragliehen Ist-Lohnregelung, ZAS 1969, 41（kritisch）; GRJLLBERGER, Kollektivvertragliche lst-Lohnerhöhungen und einzelvertragliche Anrechnungsklauseln, DRdA 1992, 431（bejahend, aber mit einem Verständnis des Schutzprinzips, das mit dem Gedanken der zwingenden Sicherung eines Mindestbetrages nichts mehr zu tun hat）; ZÖLLNER/LORITZ aaO 361 ff（in der Neuauflage nunmehr mit dem BAG ablehnend）; alle mit weiteren Belegen.

的理论和实践，集体合同双方也可在合同中约定，在劳资工资协定领域中，建立在个人合同约定基础之上（往往通过企业合同模板），超过集体工资标准的实际支付工资，应予增长一定的百分点。虽然这种约定作为一种具有单方强制作用的"实际保障条款"的性质已经被普遍否定，但它的法律作用应当在于，使个别劳动者能够据此要求相应高度的工资涨幅，这一涨幅在个别企业和劳动关系中因不同的出发点而各有所不同。这意味着，有效工资条款虽然具有规范作用，但却没有长期的（单方）强制作用：从而导致在"原本超过劳资协定工资标准"的领域内，可以同样通过做出降低工资的有效约定，也可以借助"变更性解除合同"达到同样的目的。[653]

鉴于当前社会主义乌托邦式背离经济规律的公共环境及工会的现实权力手段，这种方式的工资缩减即便存在，也往往出现在企业已经穷途末路之时，也即发生得太晚，哪怕高额工资成本给企业造成的负担早就初现端倪。与其纷繁复杂地一步一步缩减工资，并同时面临尖锐的反资本言论的抨击，雇主方往往更愿意静待经济复苏或者公共补贴。

上述有效工资条款的作用，其合法化一定程度上并不是来源于集体化的社会最低保护思想（它的标准是相关企业的平均盈利能力）：它与集体强制确定的最低工资根本没有任何关系。同样所谓的"秩序原则"在这里也站不住脚，不管我们有多想赋予这一卡特尔现象比其本身更多的意义：这种统一的企业工资负担正是该条款的作用中所缺乏的，因为虽然提高比例相同，而其基数在各企业中却可能是完全不一样的。

此外，从相关法律规定中也无法推断出，集体合同双方有权在单方强制最低工作条件之外，还可就提高工资做出规范性的，但对个别劳动合同非强制性的，随企业现有工资水平而在各企业中数额不一的约定。甚至连上涨后工资的数额他们也无从知晓，因为它取决于集体社团层面之下的现有个人合同的约定。而且这些所谓的规范性有效工资也无法以任何公开标准的方式出现。

试图证明"有效工资条款"及其上述作用也被法律所涵盖的尝试，据此而言并没有多大的说服力，特别是当我们同时将集体或者劳资合同法中的原则性基础也纳入考虑时。但是只要"实际工资条款"在实践中得到较大程度的认可以及被视为有效，则似乎对它们的捍卫者而言也不再有对其进行特别深刻论证的必要。实际上由于这个原因，至少在奥地利，这是一个（特别重要的）具有"实证的"特征的，但又存在体系矛盾性的习惯法的典型例子。

值得提倡的是，将法律中的有效工资条款规定完全废除。从集体劳动法的基本价值出发，它的存在无法得到充分的论证。特别是它会使在强制最低工资标准之外的部分中，对糟糕经济形势的适应变得更加艰难，并且是企业和劳资协定工资政策

---

[653] 从一种经济乌托邦的角度出发，即便是企业应对下滑经济条件采取的措施，哪怕正是保住劳动岗位所必须的，也被视为是有问题的。特别参照 Schrank: Zur Zulässigkeit von "Verschlechterungsvereinbarungen" bei aufrechtem Arbeitsverhältnis, RdW 1983, 12.

之间互相"摇摆不定"的罪魁祸首之一，因此也是造成上述对特别弱势的劳动者群体的不利影响的原因之一。由此围绕"差别化原则"意义上的集体合同原则的合法化保护倾向并不会受到本质损害，但企业在经济环境发生变化时的"机动性"却能得到显著改善。

出于同样的原因，也应当避免个人劳动合同中关于在相关劳资协定工资和个人合同约定的工资间应当存在一定差距，而全然不考虑企业的经济状况的约定。对于一个有能力实现诸如此类合同内容的劳动者，我们不应该让其从团体权力的影响中能够再次自动获利。

通过上述改善建议，可以预防因某些工厂或企业的垮台而出现的极端裁员措施。同样地，上述尤其是对资质较差的、难以或无法另寻工作岗位的劳动者的不利影响也可以得到减小。

不管怎样，这些由来已久的发展和失业问题应该引起我们沿着上述方向去严肃地思考改善之道。对社会保护措施进行极端的、触及核心的大规模裁减的必要性也许今天还没有出现，但是如果我们继续以不断加大雇主的社会负担来应对一般经济问题，逐渐导致越来越多的企业被迫退出市场或大规模裁员，则这一天恐怕终将来临。因此也许是时候，在劳动法中（更准确地说也许是在社会保障法中）对那些意外的、不合理的法律后果予以逐渐减少，以使经过考验的、为原则性平衡所必要的保护体系得到充分的施展。

哪怕仅仅是有限的、经过经济论证的"政策调整"也会遭遇人们的心理和意识形态方面巨大的阻碍。一方面一个建立在远离经验的社会主义乌托邦基础之上的统治和经济系统的整体崩溃，另一方面对"环境保护"大量投入的必要性的觉醒，久而久之能够有助于强化理性的态度，摒弃那种将持续"改善""劳动者"处境的可能性视为时时处在恶意威胁之中的理所当然，或者甚至经过了"历史法则"的验证。机械地"执行"的改善措施给某些劳动者群体中的较弱势成员极可能带来的恰恰是不利影响。

在一个很大程度上建立在社会主义乌托邦基础之上的公共舆论环境中，就算出现这种批判性的意识，也需要经历相当漫长的一段时间才能够得到充分的实践运用。因此我们不需要对来自法学方面的提议，例如上述建议的短期或中期效果，抱有太大的幻想。但是法学的作用不在于觊觎达到一种快速的日常政治效果，一定程度上也不是为了研发出一套令人振奋的、没有规范性的—原则性的保障的"休克疗法"。将专门劳动法原则及其核心成果予以废除，既不是我们的本意也不是我们的目标。反之，长远视角下的优化努力，同时考虑到特定措施将会带来的不可避免的经济后果，特别是对资质较差的劳动者或求职者产生的影响，仍然是非常恰当的。此外当然还有摒弃乌托邦式的、机械化的大跃进观念。在集体合同制定时，应该通过前述讨论的限制因素将这种摒弃抉择体现出来。

11. 与集体合同架构有着紧密联系的是劳动抗争[654]：在尖锐的本质利益的冲突中，合意只能通过施压来实现，这种压力在劳动法中一方面来自劳动市场上的竞争，但首先特别是来自潜在或现实的劳动抗争。劳动者方面对更高工资或其他改善劳动条件的愿望，通过罢工，也就是普遍化的、从而有效的停工，得以突出表达。而对于雇主方而言，他们可以采取的应对措施是"罢工解雇"，也即通过关闭工厂将劳动者排除在劳动职位之外，理论上也可以用以降低社团层面确定的劳动条件，但实践中长期以来只是为了抗拒前述要求。然而在社团间签订的集体合同生效期间，通过合同产生了一种债法上的（并不是劳动法所独有的）"安宁义务"。

劳动抗争虽然给当事人和公众带来巨大损失，却是我们所必须忍受的代价，因为不论是国家设置的法律权威，还是民主制度下的立法者，任何人都无法以数字确定一个相应的"公平工资"，而竞争机制又基于前述结构性原因只能由劳动抗争可能性来替代。因而就有了（123）*劳动抗争自由原则*。但它仅仅意味着，必须排除法律对于与劳动抗争相联系的措施做出专门的禁止规定，以及一般性的反强制或胁迫的规定不适用于劳动抗争。而绝不意味着可以从这一原则中，或者从其他法律上站得住脚的思考中推论出，某些本身就应该被禁止的（也就是说与劳动抗争完全无关的）行为，例如对物或甚至对人的暴力行为，可以因为其与劳动抗争相联系而合法。劳动抗争中一些典型的过激暴力性主张，正是我们这里所讨论的，它们也无法改变上述事实。反之，多数情况下，法律秩序要穷尽各种方式，为了维护其核心的法的安定性，更准确来说法律安宁的任务，来阻止暴力的继续，正如它在任何单独或集体骚动逼近于暴力冲突时所做的那样。

根据一般合比例性标准，不必要的、就所涉及的各方利益而言过分失衡的故意损害是不被允许的（最终归结到违反公序良俗），这也是一种合法方面的限制。特别是它要求，只有在穷尽所有行动可能性后，才能考虑劳动抗争，也即最后手段。这尤其对示威游行性的、同情性的及警告性的罢工具有特别的意义。由于违反最后手段规则而解散罢工的趋势，虽然也不具有合理性，但却不在少数。

在上述界限内，劳动抗争自由原则的作用首先表现在，劳动抗争组织者的侵权损害责任被可靠地阻断了，否则可能根据由于强迫而违反公序良俗、诱使违约或

[654] Dazu etwa BYDLINSKI, Vertragsrecht und Arbeitskampf, ÖZöR nF Ⅷ (1957/58) 300 (303 ff); DERS, Schadensrecht und Arbeitskampf, ÖZöR nF IX (1959) 518; TOMANDL, Streik und Aussperrung als Mittel des Arbeitskampfes (1965); STRASSERIRE! SCHAUER, Der Arbeitskampf. Eine rechtsdogmatische und rechtspolitische Studie (1972); REBHAHN, Arbeitskampf in einer Druckerei, DRdA 1982, 130 (137); DERS, Neues zum Streikrecht? JBl 1992, 497. Zum deutschen Recht insb SEITER, Streikrecht und Aussperrungsrecht (1975); KONZEN, Der Arbeitskampf im Verfassungs-und Privatrechtssystem, AcP 177 (1977) 433; BROX/ROTHERS, Arbeitskampfrecht² (1982); DÄUBLER, Arbeitskampfrecht² (1987); PICKER, Der Warnstreik und die Funktion des Arbeitskampfes in der Privatrechtsordnung (1983); DERS, Die Regelung der "Arbeits-und Wirtschaftsbedingungen" -Vertragsprinzip oder Kampfprinzip (1986}; DERS, Arbeitskampffreiheit und Kampffreiheitsgrenzen (1988); LIEB ua (Hrsg) Arbeitskampfrecht. Symposion Hugo Seiter zum Gedenken (1990); ZÖLLNER/LORITZ aaO 392 ff.

"干扰企业秩序"等原因构成侵权损害赔偿。

另一个至少在一以贯之的体系性思考框架内应当没有争议的原则是(124) 抗争平等原则。在缺乏一个更合适的、劳动生活中的集体力量自由较量的基础的情况下，人们期待可以通过集体合同架构得到一些实际有用的成果。这大体上，至少长期而言，需要以双方社团的行动能力和执行能力的充分均衡作为前提。因此不应当在集体层面又重新以劳动者方面的结构性弱势地位作为行动依据。除非想借此同时全盘否定集体合同架构。因此，相对于罢工而对"解雇"的歧视，就违反了抗争平等，从而也违反了其主要理论基础——同等事物同等对待的原则。

但是从抗争平等原则中得出的结论并不总是完全一致的[655]：劳动抗争法中的几乎每一个问题都或多或少地有争议，最次也有业界外的观点所支持的。这可能要归结于，意识形态及利益方面的尖锐对立也影响到法律评价的形成。尤其是当一般"法律发现方法"及"本身正确的"与法无关的自我评价，或者独立的"法官法律续造"被大肆宣扬时，这种影响就更加深刻。

正因为如此，对劳动抗争法中的细节无法像其他专业问题一样，　·细致探讨，因为对于劳动抗争，德国和奥地利在方法观念上就有了本质区别。这一点需要在处理关于劳动抗争与个人劳动合同义务之间的关系这一核心问题时，进行进一步明确。

在德国，50 年代中期布拉、尼佩代以及在他担任院长期间的德国联邦劳动法院，持有一种"集体法"观点，并确立了"集体法的优先性"[656]。其后劳动抗争就作为一种集体现象，只要得到集体法的合法化，就可以将其领域中个体法律关系上的义务完全藐视，甚至更甚，因为行动的根本不是个人，而是集体。而集体法上合法性又取决于"社会合理性"，以及在这一框架内又特别取决于，是否由有资格进行劳资谈判的主体为了劳资协定而斗争。

仍然无法解释的是，为何未在"集体法"意义上合法化的劳动抗争就应当具有更弱的"集体本质"。据此在这种劳动抗争中，当事人也即罢工劳动者的个人行为应当且经常被按照个人合同规定及合同法法律后果来评价。也即这里不存在"集体"法层面的法律作用。

忽略这一基础性矛盾，法律上毫无疑问大量存在的进行劳动或支付工资的合同义务，在（集体法合法化）的劳动抗争中被一种单一的集体法理念排除在外了。在此所涉及的是一种特别"大胆的"，更准确一点来说不被允许的超体系化的法官法律续造。德国联邦劳动法院当时也许期望通过这一大胆的举措，实现一种安抚性的、即便不考虑法律体系也能得到广泛赞同的效果，甚至或许基于其对司法实践任

---

〔655〕 Grundlegend BÖTTICHER, Waffengleichheit und Gleichbehandlung der Arbeitnehmer im kollektiven Arbeitsrecht (1956); weiter die Darstellung und die zahlreichen Angaben bei ZÖLLNER/LORITZ aaO 425.

〔656〕 BULLA, Das zweiseitig kollektive Wesen des Arbeitskampfes, FS Nipperdey (1955) 163；BAG 1/300 ＝ JZ 1955，386；(HUECK/) NJPPERDEY, Lehrbuch des Arbeitsrechts II6, 615.

务的流行的、但背离法律的设想，而期望达到一种"社会管理"式的成就。但结果却是，这一最高劳动法院同时受到了来自两种极端对立的社会观念的尖锐的，甚至是史无前例之强烈的抨击。[657] 这其实是自然而然的。因为司法实践一旦使人以为，它在处理某些问题时做出了"免受"现行法律体系约束的决定，则有可能受到来自所有政治的—意识形态方面的各种指责，指称其没有完全实现他们的极端意旨，而他们认为它必然完全具有这种能力，因为它曾经做出过偏离现行法律体系的行为。（即便在超出"实证的"体系进行"大胆的法律续造"的情况下，也仍然且必须遵循基础法律原则，特别是公平原则的要求，这一点在政治喧嚣之中几乎从来没有得到过理解。）

在细节上，德国的劳动抗争司法实践与其值得商榷的自己创造的基础相联系，可以说是在曲折中发展。一开始，即便存在"集体法基础"，针对不顾劳动合同进行罢工的劳动者（体现在结果上也就是他们进行了"集体法"意义上的辞职），一种对其劳动合同进行的"解除性罢工解雇"是被认可的。随后对于防御性罢工解雇，逐渐演变到只允许一种"暂时解雇"的可能性存在，也即在劳动抗争持续期间使劳动合同进入"休眠"状态。这对于正在罢工的、已经将自己的劳动合同置于休眠状态的劳动者而言，并没有什么意义，但——纯粹出于防御的理解——也有可能使劳动抗争向非抗争领域的其他真心的、或据称愿意工作的劳动者蔓延。对于更高级一些的、通过关键岗位的轮流停工，试图以最低代价实现最大功能的罢工战略（"新流动性"），这种可能扩大抗争的解雇经由一种比例规定被限制在一定的（基于罢工劳动者）的百分比之内。这种罕见的、与平等思想不相符合的"劳动抗争计算法"遭受到了众多批评，使最终德国联邦劳动法院自身也不得不承认其可疑性。[658]

就其基本理念来说，"集体法视角"的本质可以被归纳为，若干个罢工者聚集起来，就可以干单个罢工者不允许干的事情，以及针对若干个被解雇者，就可以采取对单个被解雇者不能够采取的措施。这是一种规范悖论，或者说集体神秘主义。[659] 人类个人行为不可能真正汇集成一种使自身毫无法律意义的集体行为（就算真的存在集体行为）。[660]

[657] 理论层面比较 RAMM：联邦劳动法院的司法判例，JZ 1964，494，546（548f，554），582（586）（与劳动抗争的集体性质相关的无党派性的丧失；集体劳动法社会功能和合法性的不受认可性；法官统治政体；作为绝对统治者之一的联邦劳动法院）；另一方面参照 MEILICKE：联邦劳动法院。加重雇主负担自视为特别立法者。法律续造还是枉法？(1981)，其中他言之凿凿地认为，联邦劳动法院"戏弄了法治国家制度"。他的"法律流言"1—5号涉及劳动抗争，反映了联邦劳动法院相关判例的前后不一。被两个利益对立方大肆批判完全有可能是一个法律判决正确性的体现，但如果这一判决的基础正是由被批判者为寻求双方满意而自行创制的，则情况就完全不一样了。

[658] BAG in AP Nr 107 zu Art 9 GG Arbeitskampf; vgl auch JZ 1992, 48; ferner die informative kurze Darstellung der Entwicklung bei ZÖLLNER/LORITZ aaO 422 und die dortigen Angaben.

[659] 就对"集体法"观点的彻底抨击细节参见 BYDLINSKI, ÖZöR Ⅷ (1957/58) 314 ff。

[660] 然而奥地利直到近几年，才在一篇博士论文中出现了亲"集体法"理念的苗头。参照 BEUMER，个人罢工法 (1990)，他认为对劳动抗争整体做出一个统一的评价是无法避免的。与其相反的是 REBHAHN：罢工法的新发展？JBl 1992，497。(首先他推翻了实际上漏洞百出的一种前提假设，即将违约和诱使违约等同、而没有考虑到后者中有更多地进行全面原则权衡，特别是与劳动抗争自由进行权衡的空间。)

既然这种谬误长期以来几乎一直是很明显的,随后德国法又兴起了为这种显然受到追捧的"集体法合法化"劳动抗争中劳动合同的次要性寻找其他论证的尝试。因此,现在部分受到优先重视的论证是宪法(《德国基本法》第9条第3款)所保障的主观结社权利,对属于某一社团的雇主和劳动者来说,包括加入社团的罢工或者罢工解雇的权利,从而排除了违反劳动合同的违法性。[661]

由此漏洞百出的"集体法"观点就被回避,人们开始尝试对"个人法"予以适当关注。这一论证仍然难以站得住脚。因为《德国基本法》第9条第3款只是明文保障了"结成"联合的权利。出于目的的解释和客观原因,也许可以从中推导出一种必须谨慎衡量的、对社团的"活动保障"。而超出此限度的解释,认为结社权利人同样也有权利,在社团意志要求之下就可废除自身通过其他方式建立起来的义务,与实际的宪法内容相比,似乎就显得过于富有想象力了,太过仅仅依赖于一种已然在其他错误基础之上建立起来的结果。[662] 在这种解释方法中,难道不会产生具有结社权利的社团成员在其组织的号召下,也有权利拒绝支付借款或赋税债务的危险?

宪法上的根据根本站不住脚这一事实清楚地表现在,抗争时忽略劳动合同的权利不以结社权作为支撑,立即被赋予了根本不属于抗争社团成员的"外部人"。对此有人解释为,如果没有外部人的参与,劳动抗争权就无法有效发挥其功能。[663]

也就是说,"劳动抗争体系"的"功能有效性"本身就是其论据。而要对于其合理性进行判断,也许可以借助于对工会在其国家中起到特别优势作用的奥地利法的观察。在奥地利法中,直到今天为止仍然占主流地位的观点认为[664],根据现行法,即便在劳动抗争情形下,劳动合同中的劳动义务和工资给付义务仍然存在。因

[661] Präzise Kurzdarstellung bei ZÖLLNER/LORITZ aaO 408; ausführliche und subtile Entwicklung eines "Arbeitskampfsystems auf der Grundlage subjektiv-privater Kampfrechte" (so der Untertitel) bei SEITER, Streikrecht und Aussperrungsrecht (1975), der sich vor allem auf Art 9 Abs 3 GG iVm Art 2 Abs 1 GG stützt, nachdem er den "kollektivrechtlichen" Ansatz zutreffend kritisiert hat. Vor allem zu dieser Schrift ausführlich KONZEN aaO.

[662] 宪法学方面更有想象力的还有奥地利晚近时期的 U. DAVY:奥地利的罢工和基本权利 (1989年)。其主要观点是,1867年的宪法制定者已经将劳动法对参与罢工的制裁视为对结社自由的干涉。然而首先宪法中并未出现任何与此有关的、哪怕隐晦的表述,其次就历史解释而言这种看法也是充满疑问、无法考证的。就此还可参照 REBHAHN aaO 对相关理论、包括对历史解释论据的批判,此外还有对 BUEMER 和 U. DAVY 观点的批评称,他们的方案更有利于劳动者,由此必然对罢工解除产生影响,因而已经不具有合理性。

[663] ZÖLLNER/LORITZ aaO 408.

[664] 参见上文评论中关于奥地利的相关论证:Dazu etwa BYDLINSKI, Vertragsrecht und Arbeitskampf, ÖZöR nF VIII (1957/58) 300 (303 ff); DERS, Schadensrecht und Arbeitskampf, ÖZöR nF IX (1959) 518; TOMANDL, Streik und Aussperrung als Mittel des Arbeitskampfes (1965); STRASSERIRE/SCHAUER, Der Arbeitskampf. Eine rechtsdogmatische und rechtspolitische Studie (1972); REBHAHN, Arbeitskampf in einer Druckerei, DRdA 1982, 130 (137); DERS, Neues zum Streikrecht? JBl 1992, 497. Zum deutschen Recht insb SEITER, Streikrecht und Aussperrungsrecht (1975); KONZEN, Der Arbeitskampf im Verfassungs— und Privatrechtssystem, AcP 177 (1977) 433; BROX/ROTHERS, Arbeitskampfrecht² (1982); DÄUBLER, Arbeitskampfrecht² (1987); PICKER, Der Warnstreik und die Funktion des Arbeitskampfes in der Privatrechtsordnung (1983); DERS, Die Regelung der "Arbeits-und Wirtschaftsbedingungen"-Vertragsprinzip oder Kampfprinzip (1986); DERS, Arbeitskampffreiheit und Kampffreiheitsgrenzen (1988); LIEB ua (Hrsg) Arbeitskampfrecht. Symposion Hugo Seiter zum Gedenken (1990); ZÖLLNER/ LORITZ aaO 392 ff.

此，根据《奥地利普通民法典》第 1155 条，没有对劳动合同进行正式解除的罢工解雇，根本不是劳动抗争的合适手段。工资必须要继续支付。罢工中，所有参与罢工的劳动者只要没有提前进行正常的合同解除，就必须承担劳动合同违约的后果。首先因为在劳动抗争结束后还存在处理复职问题的可能性，所以这一法律状况也被工会方面视为完全可以接受。这种处理方式甚至对他们是有利的，因为无论如何总归存在的丧失劳动岗位的风险能够使罢工的劳动者更强烈地依附于工会。[665]

从以上简略描述的法律状况中，没有发现奥地利劳动抗争体系的功能有效性无法得到发挥的迹象。反之，它甚至发挥得相当有效，而使得大部分情况下，只要一种"潜在的劳动抗争可能性"就已经足够促使形成合意。有时在如上所述的、对于资质最差的劳动者而言结果不无疑虑的情形中，也是如此。此外，奥地利的实际劳动抗争及其带来的无可避免的损害只占相当边缘性的分量，也许也与前述法律状况的功劳有关。

在两个重要的点上，奥利地的相关法律状况至此还未能够得到足够精确的表现。劳动合同不会在罢工期间变成一纸空文的事实，并不意味着所有旨在改善劳动条件的罢工都必然构成违约。更多时候，具体的判断都必须取决于对传统的合同法和"集体法"方面思想的综合考虑。如果现行生效的工资和劳动条件是在一定的外部环境下确定的，随后这种外部条件又发生了本质性变化，则就交易基础丧失而进行合同调整是有可能的。尤其因为劳动关系中的合同请求权对劳动者的个人生活通常具有事关生存的意义，这种调整就更有意义。但在集体合同架构原则的适用下，一般的个人调整权不仅可想而知地不符合这里的目的，而且甚至是违反原则的。因此不存在此类请求权。但是劳动合同在可行的调整适应情势变更方面，仍然为抗争方式留出了空间：如果在客观审查下可以将抗争目标视为为适应通货膨胀时的货币贬值所做的调整，或者对有证据证明的生产力进步（这一点同样在考虑交易基础时也值得注意）进行合理分配的要求[666]，则这种没有解除合同的参与罢工行为，也是一种符合客观情况的、合乎体系的集体调整努力，根据交易基础理论不构成违约。由此去除了违约的合同法后果。

类似的考虑多大程度上可以适用于罢工解雇，还需要进一步研究。鉴于重大交易基础丧失自身界定的严格性，以及劳动者的请求权对其个人生活的（反作用）的意义，无疑适用空间缩小了很多。

反之，如果抗争者的抗争目标是任意决定的，也即从客观审查来看无法被视为合同调整，则其侵权的"实质"实际上被集体合同架构和劳动抗争自由原则所掩盖了。社团可能在此基础上（在非常明显滥用的较宽范围内）大胆地寻求全面重新协

---

〔665〕　Vgl insb den Diskussionsbeitrag von WEISSENBERG（führender Gewerkschaftsjurist und späterer Sozialminister）bei FLORE'ITAISTRASSER，Die kollektiven Mächte im Arbeitsleben（1963）96.

〔666〕　BYDLINSKI aaO 352 ff; mit Modifikationen, insb mit einer Suspendierungslösung, ähnlich TOMANDL aaO 298 ff.

商合同。但规范层面上没有任何根据，仅仅由于某些代表一方利益的、有权有势的社团定下的单方面的、任意性的抗争目标，就可使合同丧失对于缔约人的通常约束力。

合同法在劳动抗争中继续适用，本来因其对双方都具有效力而未构成对抗争平等原则的违反。然而有一种可能性在面对该原则时却是不无疑问的，即部分或者重点罢工战略：通过在一个企业或供应商企业中所精心挑选出的小规模劳动者团体的罢工，可以在维持工会罢工经费的同时，实现企业全面停产的目的。而根据《奥地利普通民法典》第1155条的风险负担规则，至少初步来看，雇主却仍然有义务，在企业因缺乏运作能力而无法接受实际或假装愿意劳动的劳动者的劳动给付时，向其支付工资。只是在某些明显的利益冲突情况下，未参与罢工者佯装愿意劳动的宣称丝毫不具有可信度，而导致前述引用条款中的前提条件已经不能得到满足。但一旦这条路不可行，雇主就会迅速陷入无力回天的境地，无法生产也无法盈利，却仍然要支付其大部分员工的工资。哪怕是勉强答应持久来看明显无法承受得起的要求，在这种情况下也必须赶在陷入前述绝境前屈服。

在这一点上，将合同法不加修正地用在劳动抗争中，最终将导致与抗争平等原则相矛盾的结果。而解决之道也许仍然存在于对《奥地利普通民法典》第1155条的解释中，它同时也符合德国主流的、为解决风险负担问题而发展起来的"领域理论"：由劳动者有目的的抗争措施所引发的劳动障碍不属于《奥地利普通民法典》第1155条要求的"属于雇主方面"的劳动障碍。据此，如果愿意劳动的劳动者因罢工无法或无法经济有效地劳动，则他们的工资请求权也丧失了。然而这里所涉及的限制性体系解释，仅仅有关于劳动抗争法中的平等原则，也只适用于这一领域。此外，如果构成劳动障碍的劳动抗争之目的毫无疑问就是针对愿意劳动的劳动者，以将他们排挤出企业，此时就不应该再适用前述限制。对于以往的司法实践中出现的这些歧视少数派的情形，往往更需要的是从平等待遇原则和生存保障义务方面来考虑。此时对合同法可能的进一步修正就只能存而不论（如果不修正，则有目的地大量施压将违反忠诚义务，那么这种修正就是有必要的）。

12. 作为结果，鉴于上述研究得出的劳动法的原则对劳动法具有足够的"规范性特征"这一点，应该已经没有任何疑问。但与此同时，这一独立性也有它明显的界限：仅一般私法中简单的合同自由就仍在劳动法中占有重要的一席之地，双务原则也同样如此。前述直接旨在人格保护的原则，包括共同决定原则，虽然包含大量的专业特有因素，但它们最终仍然建立在人格权保护的一般准则之上。它们并非背离私法，而是侵权法中人格保护以及现行债法合同中一般保护和注意义务的重现。同样地，即使对某些直接涉及个人生活的财产法益的着重保护，也不仅仅只出现在劳动法的工资保护原则中。例如我们可以想到的家庭法中的扶养义务或者住房解约保护。而特别核心的结社自由则主要是联合自由，从而间接也是合同自由的一种表现。

　　而若要称劳动法的"特别专门"原则，则必须要数集体合同架构原则，虽然它同样与一般合同法中的原则有着千丝万缕的联系。劳动抗争法中的那些考虑大量地以劳动抗争来替代竞争的原则也当属其列。然而，集体合同原则在劳动法之外也有重要的适用领域，特别是针对社会保险承担者和其合同伙伴（非被保险人）间，尤其是与医生间的关系。此外还有无形财产法中集体管理组织与作品使用者间的关系。集体合同模式更大规模的一般化倾向虽然被大肆宣扬（参照前文注释155），但似乎仍然既缺少现实前提，又缺少规范必要性。

第七章 ◀

竞争法

第一节　在外部体系中的界定

一、"竞争"作为界定性概念？

与迄今所述的私法体系类型相比，我们或许可以期待，借助"竞争"，即本节所论述的私法特殊内容的称谓，能够重述一个特定的事实范畴，并因此能够将一定的规范群归纳成与之相应的内容。这样似乎就只需要考察，对于这样的规范领域来说能否确定属于其"内部体系"的特殊规范原则。在疑难情形中可能还需要探讨，哪些一般目的性考量能够支持或否定对该特别私法的体系的确认。

然而对竞争概念的适于界定性的考察存在着巨大的障碍，而当人们对可界定性的讨论越广泛、越复杂，该障碍就越大。下面的分析将一方面以反不正当竞争法为客体，另一方面以反限制竞争法为客体，且这里的"竞争法"与狭义上理解的反不正当竞争法和广义上理解的反限制竞争法相适应。[667]

障碍首先在于，"竞争"在语言上的意义严重超出了人们所考虑的不正当竞争法和限制竞争法关系中的现实现象。这明显地体现在体育竞争、艺术竞争或学术竞争的例子上。同样，人们可以提到政治竞争，即各党派为了获得立法机构中的多数

---

[667]　此意义见 KOPPENSTEINER, Wettbewerbstecht Ⅰ（1989）16，Ⅱ（1987）1 ff. 对此具有统一促进性的是"竞争这一保护利益"；类似的有 RITTNER, Wettbewerbs-und Kartellrecht（1993）1，27，对此"竞争"作为"法定的秩序原则"具有体系决定性（143 ff；ebenso bereits DERSELBE, Über das Verhältnis von Vertrag und Wettbewerb, AcP 188（1988）126）。BAUMBACH/HEFERMEHL, Wettbewerbsrecht（1990）64，同样将《反不正当竞争法》和《反限制竞争法》理解为广义上的竞争法。还将追溯到上诉两个作者强调的规范上的竞争解释。此外这将欧洲卡特尔法纳入表述之中。

而竞争，这些都不违反语言规范；同样还可能涉及为了一定群体的特殊利益竞争，为了公共领域中长期岗位的竞争，等等。当其在本质上被与"进化原则"相提并论，并被视为生物、经济和法学领域上的"发现过程"时，"竞争"甚至还可被在与竞争法的内容并无关联的广泛意义上考察。[668]

只有当人们限定在经济竞争上，才能够寻得对竞争法明显的趋近性。因为所述的法规内容无疑只涉及经济活动的范畴。因此，对此概念的解释同时涉及经济学。另一方面，已经非常清楚地强调了[669]，我们在法的框架内并非可以直接使用某一个（本身相互竞争的）存在于经济关系之中的竞争概念，这些竞争概念鉴于其所涉及的各个问题和在其框架内发展出这些概念的整个理论构造，体现了一个明显的语境相关性标准。法律状态不能随经济竞争理论的不同讨论语境而改变。作为法学界定概念的竞争需要具有一定的稳定性，也因此需要一个一般的表述，而该表述也同样必须与最确定的经济学观点相符。

长期以来，竞争的概念同样被法学家在法律范畴内，特别是与德国卡特尔法相关地、激烈地讨论着。[670] 即使人们以很好的理由来质疑：对可适用于一切可能相关内容的竞争法概念作出定义是否根本可能？一个众所周知的表述至少在事实上适于作为法律目的的出发点：据此，"竞争"是在经济效果上互相影响的销售者或需求者（共同竞争者）通过设定看起来优惠的交易条件而与第三人建立交易关系的追求。[671]

如果人们在此经济竞争的概念基础上继续探讨此处待澄清的体系上的界定问题，则在现实中是有益的，特别是在消极的意义上：基于此概念所描述的事实范畴绝非竞争法的内容所涉及的概念——这体现在其构成要件上。相反，显而易见的是，法律中规定的该法域的适用范围部分落后于被定义的竞争的事实范畴，部分却远超出该范畴。

只要我们想到，两种竞争法材料只是涉及最广义的"交易上"——更确切地说是经营性活动主体间的（与定义相应的）经济竞争，就会立刻清楚竞争法落后于被

---

〔668〕 见 M. LEHMANN, Das Prinzip Wettbewerb, JZ 1990, 61（具有作者之前的内容）。这是颇有意义的视角，因为其已经诱发了反对完全规制"所有生活领域"的观点，但是既不适合外部体系构造的目的又不适合对竞争法首要原则"内在体系"的探讨。

〔669〕 Vgl KOPPENSTEINER aaO I 107 und RITTNER aaO. 后者强调，经济上的竞争概念作为法规范上的目的并无问题。因此其乐见法律上竞争实际定义的缺失（19f）并视此概念为"不确定的"（186）。这在表述中可能做得过分了：所以国家法律上将经济模式作为方针来确定的最终尝试失败，人们必须要知道，当作为法律人必须使用作为系统上区分的概念或作为构成要件的概念的竞争时，所指的是什么。

〔670〕 Vgl zB BORCHHARDT/FIKENTSCHER, Wettbewerb, Wettbewerbsbeschränkung und Marktbeherrschung (1957); KNÖPELE, Der Rechtsbegriff „Wettbewerb" und die Realität des Wirtschaftslebens (1966); SANDROCK, Grundbriffe des Gesetzes gegen Wettbewerbsbeschränkung (1968).

〔671〕 BORCHHARDT/FIKENTSCHER aaO 15; 对此的其他争议见 SANDROCK aaO 14 ff; 本质上谨慎地同意的, KOPPENSTEINER aaO I 107 f mit Anm 94（作为出发点和建议规则是可用的）。

定义的现实现象的问题了：卡特尔法中规定，其规则适用于"经营者"以及"经营者联合体"（参见《奥地利卡特尔法》（1988 年版）第 10 条及其下诸条中的基本要件——协议卡特尔——第 11 条——行为卡特尔以及特定的行为方式——以及第 34 条——具有市场支配地位的企业），或者适用于"企业"或"企业联合组织"（《德国反限制竞争法》第 1、15、18、22 条；《欧洲共同体条约》第 85 条）。在反不正当竞争法中，通过法定的构成要件，适用范围始终清晰地被限定为"交易中"和"以竞争为目的"独立经营的竞争者（奥地利与德国的《反不正当竞争法》第 1 条，及其下诸条）。该限制完全与此表述所追求的立法目的相应。与之相应，这在相关条文的解释中得到了确认。[672] 其中恰当地以"商业性"交易的广义理解为基础，这就也包括自由职业活动以及农业经济和林业经济。但是这不可能指向全部"法律行为上的"或"经济上的"交易，而仅仅为经营"生意"的主体的活动，即企业（参见脚注 484 中的概念）。因为所有私法主体的全部与合同相关的行为也都属于"法律行为上的"或"经济上的"交易。

因此，竞争法的规则仍未触及超出经营性竞争之外的经济竞争的现实情形。这并不仅仅只是局限于那些诸如体育、艺术或政治竞争的重要结果以及与经济成果相关联的情形（比如可以想到职业运动员的有利协议、具有丰富资金资助的政治职位或对成功艺术家有吸引力的经济委托）。更确切地说，纯粹的经济活动也不在考虑范围，只要这些活动并未涉及经营性独立活动中的竞争。比如多个应聘者竞争一个工作岗位的竞争以及企业中多个雇员竞争一个领导岗位。甚至所有以下情形也完全如此，如非经营性法律主体在市场上供应比如土地、房屋、二手车、艺术品、首饰、邮票或其他各种东西，希望对于最富有支付能力的意向者比其竞争者抢先一步。上述所有这些竞争概念的现实情形绝对排除适用竞争法。如果在上述领域存在不正当的行为，或一些经营者为了更好地排除其他竞争者而联合起来达成协商一致的行为，这些事实绝对不依据"竞争法"来判断。

反过来，竞争法的适用范围也远远超越上述界定意义中实际存在竞争现象的事实。在不正当竞争法中就已经应当考虑到的（当然是有些特别的）情形，即在特定市场上并不存在（具有决定作用的）竞争，而是存在垄断地位，且垄断者通过不正当的行为来限制或阻碍未来竞争者的形成。构成要件，即在交易中为了竞争，更确切地说为了进一步阻碍竞争的目的而采取有问题的行为，是完全合乎实际情况的。

---

[672] KOPPENSTEINER aaO II 23 ff 尽管此范围上为"不同的概念"，但是卡特尔法和反限制竞争法主要还是一致的且表明，后一个应该始终只是涉及"独立的"行为。（但是其在概念上却反对对《反限制竞争法》作出与企业相关的判断。）RITTNER aaO 31 在反不正当竞争法中与一个"纯粹的私法"或"官方的行为"相区别，且在"保护目的"上涉及所有独立经营的或自由职业上的行为；类似的有 BAUMBACH/HEFERMEHL aaO 176。"私"是指个人领域中经营和职业之外的东西。据此纯粹"私的"交易，而非"商业"交易，排除了此处被关注的竞争。"自由职业"为《反限制竞争法》意义上的企业，RITTNER aaO 176。今天无须争议的是，《反限制竞争法》的适用范围仍包括该内容。企业的概念当然在最广义上理解，且并不限于"经营性的"企业。

然而这种不正当行为还会在那些竞争并不属于其事实现象的事实领域中存在。"竞争"在这里毋宁只可作为目的要求和规范目的。

在数量上，该现象在卡特尔法中更普遍。如果对于一个迄今已经实际上被卡特尔排除了竞争的市场使用卡特尔禁令或者卡特尔限制，那么这些禁令或者限制就涉及一个不存在"竞争"或者没有值得一提的"竞争"现象的事实领域。因此，此处仅仅重新涉及该规范目的，即新建或者恢复作为（在相对的范围内）现实现象的竞争。如果这种控制包括了拆分措施的话，那么在企业兼并控制的框架内也同样如此。

总之，我们或许在上述情形中可以将"竞争"不仅理解为规范目的，在现实领域中还可以同时理解为预测性概念，即以竞争的可创设性作为前提条件。然而，一般情形下预测性概念并不能满足作为体系化标准的、可良好适于界定的要求，因为其涵括了一个特殊的、根本性的不确定要素。其并不处于迄今所探讨的体系界定概念之内。也许正是无意识地以被理解为预测性概念的"竞争"为导向，导致对于卡特尔法持续的修订努力，也部分导致了对卡特尔法效果的乌托邦式的期待。

此外，在对具有市场支配地位企业的相关规制上，特别是对此类企业滥用市场支配地位的限制规定上，这些实际竞争现象与竞争法的"规范范围"之间的差距会更大。同样，这里并未涉及有关被规制的现实领域中竞争的预判上的可产生性。目的设定或许只是将尚缺的竞争弥补上；并借助对"相关市场"的分析来追求"恰如"该竞争存在时那样所具有的最恰当的行为方式和结果。[673]

但是，如果竞争法的适用范围与上述被定义的"竞争"现象的两个指向背离，则对一个"竞争法"的专门体系范畴而言，这绝非一个恰当的界定概念。另外，在其他一些相互关系中仍然存在很多难题，在这些相互关系中作为现实现象的竞争和竞争法的关系方面至少急需解决精确化问题。如果在竞争法的适用范围中现实的竞争是完全可确定的，则在固守既已探讨的对"交易的"经营性竞争的限定时必可想到，规制的客体（并因此作为现实领域界定的属性而被考虑）为经营者之间或自然人之间（机构及隶属部分）的竞争行为，这些竞争行为可归责于上述经营主体。

基于此，忽视已探讨过的其他问题，竞争法的现实范畴似乎仅仅被限定在一个更窄的核心范围之内。据其现状，不正当竞争法的可适用性在两个方向上超出了参与竞争的经营性主体（和可被归责的人）的行为：首先，可以合理地认为："竞争关系"应被广义理解，且应被延伸到"间接的"以及"潜在的"竞争；反不正当竞

---

〔673〕　Vgl FIKENTSCHER, Wirtschaftsrecht Ⅰ (1983) 6, 648；Ⅱ (1983), 50, 339 ff（具有提示）；§ 22 Abs 4 Z 2 GWB 1980 年版对此作了确定；JÜRGEN F. BAUR, Der Mißbrauch im deutschen Kartellrecht (1972) 226 ff. 怀疑并区分于旧的法律，有关奥地利法中的滥用见 KOPPENSTEINER aaO Ⅰ 253 ff。

争法同样应被适用于"促进他人的竞争"[674]。构成要件上的行为则针对该类主体所设定，他们本身与共同竞争者（或其辅助人）并无关系，而是在非与构成要件上的行为相关的其他市场上活动的主体。此外："促进者"也并非必须本身就是"交易的"经营性的行为主体。反不正当竞争法上的请求权相对人可能完全是与请求权人之间并无竞争关系的人，甚至是并未参与经营性竞争的人。

更有意义的是在积极方面，对于请求权人而言，不正当竞争法从纯粹保护共同竞争者向保护其他市场参与者，特别是消费者，以及"普通民众"的"功能转变"。这种当今通常的说法[675]的目的主要在于为有利于共同竞争者之外的被保护主体建立正当竞争行为标准。功能的转变已经顺应法律发展，特别是在维护消费者利益的团体的特别诉权上，得到了很好的合法化论证。但是，至少在损害赔偿领域，对于个人消费者保护似乎在司法上仍未有相应的进步。[676]

即使忽略这些细节，所描述的体系性难点也不能通过拒绝扩张得以回避。对此，只要提前稍微对"内部体系"，即竞争法基础评价，进行一点探讨就已经足以明确。如果上述定义中的"竞争"被理解为值得期待的状态，并因此被理解为规范目标，则其原因在于，竞争适于通过尽可能高质量且尽可能低价的商品和服务来保障并改善人们的需求得到满足。这最终涉及消费者的需求，因此，本质上这一开始就属于竞争法规范的保护范围。如果初期的不正当竞争法仍然单一意义地被理解为只是共同竞争者的请求权基础，其原因可能在于主要将相关行为准则理解为行业义务的基础，而该行业义务源自于正当竞争者对允许的行为和不允许的行为的伦理合意。或许也发挥了一定作用的想法是，为了自己的利益而与不正当竞争行为斗争的经营者也因此自动地共同维护了最终所涉及的消费者的利益，因此消费者并不需要独立的请求权。

然而由于一切私法主体是价值平等且权利平等的，以强调行业法的观点作为广泛私法内容的基础从一开始就是有问题的。此外，把总是最终都会被涉及的消费者作为只是反射性地由他人的请求权顺带保护的对象来对待，从此时开始即显得错

---

[674] Vgl. KOPPENSTEINER aaO Ⅱ 27 ff；RITTNER aaO 33；Erweiterungstendenzen bei BAUMBACH/HEFERMEHL aaO 115.

[675] Vgl. BAUMBACH/HEFERMEHL aaO 113；KOPPENSTEINER aaO Ⅱ 7（具有其他奥地利法的内容），240；RITTNER aaO 18；最新见 LINDACHER, Funktionsfähiger Wettbewerb als Final-und Beschräkungsgrund des lauterkeitsrechtlichen Irreführungsverbotes, FS Nirk (1992) 587。

[676] BAUMBACH/HEFERMEHL aaO 115；vgl auch RITTNER aaO 18，早期原则上赞成连续的功能变革见 R. Sack, Individualschutz des Konsumenten vor den Folgen unlauteren Wettbewerbs nach deutschem und österr Deliktsrecht, ÖJZ 1976, 309；DERS, Schadensersatzansprüche wettbewerbsgeschädigter Verbraucher nach deutschem und österreichischem Wettbewerbsrecht und Deliktsrecht, in：Kramer/Mayrhofer, Konsumentenschutz im Privat-und Wirtschaftsrecht (1997) 99 ff；mit derselben Tendenz RUMMEL bei KOZIOL, Hafpflichtrecht Ⅱ 259 f，具体消费者的请求权取决于违法关联。对违法性判断的后果广泛且不同的分析见：SCHUHMACHER, Verbraucherschutz bei Vertragsanbahnung (1983) 215 ff。

误：即在恰恰确认消费者在很多情况下反而需要特殊保护，且该思想已经在私法制度的不同新形态中得到明确体现时。人为地阻止直接相关的消费者在反不正当竞争法上的请求权始终是存在评价上的矛盾的。

　　同样，从上述探讨的理由中可以得出，作为现实现象的"竞争"和尤其是竞争者之间的关系都绝不可能恰当地描述竞争法的"规范领域"。因此，通过尽可能清晰的界定概念来较好地区分法律内容的这一体系化标准仍然完全没有得到满足。

二、通过"秩序原则"或"保护法益"来界定竞争法？

　　基于相应的原因，同时由于多种经济学上有关竞争的理论，一位卓越的竞争法专家（同时也是一位非常著名的系统论者）放弃了借助竞争的现实现象（就如越来越精确理解的那样）来阐述竞争法。相反，他试图借助一个规范度量（normative Größe）来进行界定，即"作为秩序原则的竞争"[677]。

　　即使在此意义上，竞争也需要内容上的确定性。即使我们真的放任其为"不确定的"[678]，它也不可能被成功地作为规范标准（normatives kriterium）应用，因为那样的话它就不能实现对人类行为或该行为结果的评判。因此，这种"不确定性"应当被限制性地解释为——确切地说，只应该否定掉单纯从法律上遵循确切的、但是不同的、依赖于具体语境中经济学上的概念定义。如果还想获得一种实用的规范标准，"竞争"反而可以且必须被理解为规范的"秩序原则"，比如在前文所复述的意义上进行定义。但是这就不再是对某个事实片段的界定性描述，而是对一个规范性主导目标的描述。

　　该观点的巨大优势在于，竞争作为在各种具体表述中的"秩序原则"，在一定意义上能够克服上述难题。无须质疑的是，竞争法具有事实领域，上文已经在竞争的现实现象方面对此作了区分。人们可以比如这样来描述"该"竞争原则：（作为现实现象的）竞争是，在其所在之处被维续并（在规避不正当竞争的情形下）被依据功能而设置；在其不存在之处则被缔造，且在不能缔造之处，（"似乎要"）至少通过抵制滥用行为在其效能上作出最恰当的弥补。[679]

　　如所示，即使不同的情形对竞争的要求不同，在不同的真实情形中它也适合作为规范的模板。现行法将竞争限制于"交易性"或"经营性"竞争，这是对竞争的直接限制。不难理解的是，从利于消费者的角度去理解竞争原则。只是在"促进他人的竞争"方面需要澄清的是，在该原则之中包含的行为标准同样指向非共同竞争者，只要

〔677〕　RITTNER aaO. 类似的内容超出了作为"保护利益"的竞争之外。

〔678〕　Vgl Anm 669。

〔679〕　RITTNER aaO 143，仅有较少区分：据此，作为法律上秩序原则的竞争被作为所定秩序中的自由和平等部分来被保障。作为现实现象的竞争法和依据其同名规范原则的不同要求之间的关系最终会被厘清。

他们涉入其他主体间存在的竞争或竞争效果。

然而尚未解决的是，是否值得去塑造一个具有不同的、且含有内在下位原则的复杂的竞争原则，或者干脆根据实际情况和法律材料进行区分不同的，即使完全以竞争为指导方针的各原则，是否会更好。依据本书的观点，具有决定意义的是，是否能够将各个极其具体的法律规则的归纳和对基本法律原则的演绎汇聚于一个点或多个点，而在该点或多个点之上，规范性富有成效的原则可以在立法中，或直接在很大程度上有效评价的社会中体现出来。根据本研究中围绕"内部体系"得出的经验表明，可以推测在竞争法中也更多地存在一个多元的原则层次。

但是，这里完全和哪怕只是尝试性的、临时确定的原则的内部体系没有一点关系，而是竞争法法域的外在构造或界定。对此，一个外在统一的、内在分化的"秩序原则"可能比多数原则并存要更为合适。

但是"外体部系"的大问题是显而易见的，即一个规范的、直接基于秩序原则的法律素材的体系化是否根本值得考虑；至少在不得已的情况下，就如其在前文结论中所存在的那样，即所讨论的竞争这一私法内容的核心概念并不适合作为相关"规范领域"的实际的界定概念。

对该问题的肯定回答将会从根本上对前文提出的适于作为界定的基本概念、规范上的特殊性与（辅助的）合目的性权衡之间的结合提出质疑；这一结合至今完全被作为研究的基础：如果所考虑的体系化尝试能够成功的话，那么仅仅通过依据某一个规范原则进行的体系化就被证明是可能的。如果失败，则当然相反，这里提出并作为基础的、借助多个联合的标准进行的体系化就会被证实。因此，上述讨论的借助"作为秩序原则的竞争"对竞争法进行的构建和界定就特别需要注意。

然而借助相对简化的分析的确已经表明，上述的体系化尝试注定失败；仅仅通过强调"作为秩序原则的竞争"来完成的界定所导致的结果是，为一个仍未知的客体范围确定"规范性特征"，也因此为一个无法进一步界定的法律素材确定"规范性特征"。如前所述，如果"竞争原则"要求建立、维持、促进竞争，以及在不得已的情形下（在结果方面）调节（实际的）竞争，则显而易见的是，完全处于中心地位的，在上述定义的事实现象意义上的建立竞争完全不是一个竞争法上的规范性特点。固然卡特尔法反对各种形式的限制竞争行为，并以建立竞争这一目的来与之对抗，特别是通过确定卡特尔协议的无效性和在构成要件上对其他与卡特尔形式相符的限制竞争行为进行法律制裁。

的确，对竞争现象（包括卡特尔法所打击的那些错误形式）的法律建构，远远存在于卡特尔法之前。将主要以去中心化架构为主的"私法社会"与以封建关系和行会关系为标志的经济关系、原始的官僚计划经济体系进行粗略的比较可以得出，在后几种制度中不可能存在"竞争"作为持续有效的规范性主导目标，与之相应，竞争作为残余力量最多起到一点次要作用，而非具有自身存在价值的规范性主导目标。因此，从体系上根本承认竞争作为一个规范秩序的主导目标，必须首先具备的条件是，允许尽可能多的主体尽可能长久地参与（作为现实现象的）竞争的一般私法原则和制度具有广泛有效性，并且免受非必要的和不合理的公法限制。专门保障任何人都得以支配自己的劳动力的一般权利能力、行为能力以及人格权；创制为多人一起追求共同利益的组织可能性的法人法和公司法；所有权法，特别是拓展至"生产资料"的所有权法；在规范上实现经济选择并巩固其结果的广泛的合同自由和合同拘束力；规定超出人类生命限度的财产制度的继承法；以及对所造成损害的个人责任；等等，都是竞争最重要的私法前提条件，同样也是"交易上的"经营性竞争的条件，这种竞争完全以前述原则和制度的应用为前提。因此，这些原则和制度的承认及有效构建（也基于平行的公法制度，如广泛的经营自由和职业自由），是建立现实竞争首要的、最重要的措施，并因此似乎绝对是一个"作为秩序原则的竞争"所要求的。与之相对，不论卡特尔法的专门预防措施有多么重要，其在整个体系中只起到了一个注释的作用：它反对危害行为和可能的滥用行为，但这些居于次要地位，因为当且只有当竞争的基本法定条件产生时，它才能够形成。[680]

如果这是正确的[681]，那么就不仅仅是不正当竞争条款和卡特尔规则指向"作为秩序原则的竞争"，而首先是基本的私法原则和规则——只要这些原则和规则涉及经济并经过相应的公法的修饰。此外，一般的私法在此范围内已经指向经济效率，并因此——如果人们愿意承认的话，指向"作为秩序原则的竞争"。另外，私法的基本原则和制度还特别通过保护既得权利来追求自由保障和法的安定性，这并不违反上文所述的内容，因为多个指导原则在这里绝不相互排斥。同样，保护自由对于竞争法明显亦为一个有效的原则，比如针对卡特尔协议上的义务或针对特别具有侵犯性的广告。[682]

如果普通私法的核心制度和原则已经指向"作为秩序原则的竞争"，那么就因此已经排除将该原则视为对含有不正当竞争法和卡特尔法法律内容的界定标准。另

---

〔680〕 F. BÖHM 在其至今仍颇具影响的著作："Wettbewerb und Monopolkampf"（1933）188 中表明，竞争首先通过私法的制度和原则、通过经营自由设立，在私的垄断形态出现之前，违反竞争和一般（不考虑竞争）不正当的行为一致性的"基本理论"已经足够。

〔681〕 对笔者而言，卡特尔法次要的、补充性的角色在一个案例中基于我的案例分析时间而变得特别形象：二战后，奥地利的饲料市场一直受到国家最严格的管控。进口商特别受到配额的限制，对此特别设定了数量限制。在主管当局推动下，合作社和其他进口商之间最终达成了一个协议，据此任一方都有义务将其进口商的进口的一半出售给另一方。据此，一方面继续保障所有成员中买方的正常供给，另一方面，通过消除当局的具体配额而首次根本上引入一个供应商竞争的元素（据此其可以自由支配任一进口商剩余的一半）。在卡特尔法颁布后，依据对约定份额控制的卡特尔法判断就产生了问题。当然可能并不关涉对竞争的限制；同样很难涉及对新设竞争的限制：没有该约定的话，官方的控制可能仍适用。不管是缺少还是存在一般的私法原则和制度（这里特别指合同自由），卡特尔法都根本没有切入点。

〔682〕 反对"自由保护"或（对竞争的）"机制保护"的反命题在卡特尔法关联上合适的是 MERZ, Kartellrecht-Instrument der Wirtschaftspolitik oder Schutz der persönlichen Freiheit? FS BÖHM（1965）227 sowie unter demselben Titel in „ Wirtschaft und Recht "（1966）32；RITTNER aaO 147。

一方面，当然也不能考虑将对于竞争而言基本的一般制度和原则纳入一个竞争法特别法域之中。

上述考虑的体系构建仅仅借助某一个规范性原则是失败的，因为没有对相关事实领域合适的界定概念。因此，一方面得到证实的是本书提出并实施的通过多个特征的结合实现的体系化。另一方面，鉴于迄今为止的体系化尝试的消极后果，对于竞争法来说仍然不知当何去何从。很明显，在可见的范围内，只有对界定方案作出修正才能够继续探讨下去。

三、竞争法作为与交易行为相关的涉及侵权行为的企业外部私法

1. 依据既有的消极结论，如果通过适当的界定特征来定义竞争法的事实范畴这一尝试要取得成功的话，就必须放弃优先使用竞争这一概念。我们只要注意到在竞争法的两部分内容中公认只涉及交易性、经营性竞争，那么就不难作出判断。据此，该分析结合上述商法中讨论的，体系上正确地把商法理解为企业外部私法的企业法理论（特别是赖施和卡斯滕·施密特），很容易让人想到，是否同样可以根据这一观点从现实范畴界定竞争法。

据此来看，在企业法理论本身的框架下，这一问题似乎仍未被更准确地探讨过。然而要肯定地回答这一问题，即使是影响到对现行法的条理性处理，也不会存在商法中的那些困难，该困难一方面产生于清晰的，并且也被如此认为的法定的商人概念中，另一方面产生于法定的商人概念在体系上的不足。更确切地说，上述讨论的不正当竞争法和卡特尔法的基本构成要件完全可以导致将这一法律材料的事实领域理解为企业的外部私法：这些事实领域在构成要件上恰恰涉及交易性、竞争性行为的范畴，这些行为可被归责于企业经营者并且针对企业外部人员。

对于反不正当竞争法而言，上述所考虑的体系化观点可以得到很好的证实，并可以参照侵权法从而相对于商法进行仔细的阐明。在其核心领域，这一观点的构成要件涉及企业成员的行为，这些行为发生于交易中，也即企业外部[683]，并且能够影响其他企业的相关经济成果。更确切地说，这涉及一类违法行为，其性质是可以引起损害赔偿和不作为请求权。行为的违法性得自于竞争法上的法定行为规范，而依据内容和目的恰好针对竞争中的交易性、经营性活动，并据此功能来确定，从而表现为规制经营者和须对其归责的"企业雇员"在对外交易行为上的特殊侵权法。[684] 该特殊性并非指企业关联性本身，而是针对一个企业的交易活动，即针对这些包括准备、缔结或实施交易接触的活动。

---

[683]　KOPPENSTEINER aaO Ⅱ 23 合理地强调前提性的"外部效力"。

[684]　更务实，但是对"特别竞争法上的下位规范"并非从法律上进行研究，见 BAUMBACH/HEFERMAEHL aaO 116（公共利益、行为的竞争目的、更广泛的诉讼理由）。

此类（更一般化的；非以特殊关系为前提的）恰好赋予了经营性、交易性活动主体（这并不涉及到其他"一般性"的主体）行为限制的侵权规则的存在，基于商法中已经述及的企业的"乘数效应"得以解释并正当化。该乘数效应可能依据企业的规模和其他条件而大小各异，通常形成的原因是，经营者的活动需要开拓和发展更多的或非常多的，甚至通常类似的交易接触。因此，在这一关联中，在经营者的竞争行为"禁止性"方面因此具有普遍化的倾向，并且损害性地涉及或威胁更多或许多潜在竞争者和其交易对象。如果此处所涉及的为经营者，那么（通过其交易伙伴和可能的共同竞争者）就会使诸多不利的或具有危害性的影响扩大。

此外它还论证了恰恰针对经营性、交易性活动的其他行为限制的趋向，比如独立的禁止误导或禁止强迫规则。如果一个"私主体"作出了非正常的侵犯行为，比如试图以最低价出售私房或其二手车，或其对其他同业销售者或其可能的服务进行了负面"抹黑"，如果这并不涉及具体交易接触对象的利益的话，则为典型的私人情形，可能在法律上被容忍。如果作为某企业普遍追求的策略，或仅仅作为在此情形中提出该策略的动因，那么这些值得怀疑的和妨碍秩序的竞争手段就需要被严厉抑制。

因此，不正当竞争法首先意指对于交易性、经营性活动本身的行为要求的特别强化，而这是基于乘数效应而增加的预防需要。其更深层次的影响是导致请求权主体范围的扩大得以正当化；这种扩大明显提高了预防能力：如果私人的（非经营者的）主体无视其在交易中和筹备中需要遵守的行为要求，则一般只有个体性的协议或交易对象会从中获得请求权。对于其他主体范围的侵权意义上的行为义务通常需要其他条件，特别是当绝对保护的法益受到侵害时，或在"纯粹"财产损害情形中，违反特别的法定行为规范时，这些规范通常要求故意（比如欺诈、胁迫或违反善良风俗的侵害行为）。（并非基于主观排除权的）准停止侵害（Quasi-negatorisch）请求权则必须以具体的危害风险为前提。

与此处这些被禁止行为的积极请求权的法律后果简单列举的限制条件相反，不正当竞争法对积极请求权人而言具有一个明显的扩张趋向：即使只能抽象地作为"相关人"的竞争者获得不作为请求权。此外，还有法律确定的、符合其章程目的的团体，法律为了更好的预防效果对其确认了信托性的不作为请求权（德国《反不正当竞争法》第13条）；奥地利《反不正当竞争法》第14条）。

上述两种强化情形，即对行为要求的强化本身和请求权主体范围的扩大，根据其倾向，必然可以依据企业的乘数效应和与之相应的更大的预防需要得以正当化。

2. 上文已经在其他关联中述及的反不正当竞争法的功能转变，即扩展至消费者保护，并不与此处提出的观点相冲突。该扩展并未改变该法域核心行为规范的实际范畴所涵括的经营性、交易性活动。有权提起侵权法律后果请求权的主体是那些基于价值原则和法律主要目的而被保护的主体。对于竞争法而言，明晰的界定概念这一体系化标准能够通过企业的对外关系这一特征来实现，即使这只涉及行为规范对象一方，以至于对请求权主体未要求具有任何主体上的资质。对于体系界定来说已经足够的是，对任何人引起请求权产生的前提之一是义务人恰恰违反了特殊的侵权法的行为要求，这些行为要求是针对企业外部交易关系所规定的。至于上述反不正当竞争法的功能转变是否已经足够成熟，抑或，对于一直通过损害赔偿请求权从个体上对消费者所做的保护而言，该措施是否还未过时，这在界定适当性的观点下并无决定性意义。

鉴于第二个体系化标准——"规范性特征"，对于外部体系构建而言还必须要探讨，以上述方式确定的事实领域（确切地说是针对该事实领域的法律材料）中，是否可以发现充分的规范独立性。在此范围内或许还可能出现，被界定的事实领域和法律材料的规范性特征并不"互相契合"。该问题在商法中目前存在的失败的体系化建构中已经出现，确切地说是在多个方面。为了与"单方商行为"进行比较，这里关注的只是：将"单方商行为"引入商法范畴已经能够在历史上寻得解释，但在体系上却并不可以，尽管其特殊性只针对商主体，但是似乎许多现行法急需被清理。如果"基于经营者"在内容上被正当化的（商法）特殊规则为与商人（或经营者）从事法律交往的"私"主体带来更多的义务或者负担的话，那么这些特殊规则绝不可以被相应地扩展至这一类法律交往。但是，如果"私"缔约主体的相关义务或者负担明显更少，并且不能在协议关系中的其他地方获得平衡的话，该"商事"当事人的特殊的义务或负担对于"私"当事人而言同样需要考察看这些义务或者负担是否不会造成私缔约主体受到不合理优待。在向"企业的外部私法"的体系性发展中，商法应一般限于企业主体之间的交易关系。相反，如果将其规则扩展至与"私"主体之间的关系，就需要针对具体问题作出谨慎的方法上的分析（对此比较上文及脚注 459 及其下）。

对于该特殊的侵权法上的<u>企业对外关系</u>而言，并不存在相应的难点。如果更严格的侵权法上的行为规定对于特定的人员群体是合法的，那么该积极的、建立请求权的效果就应当被扩展至基于规范强化的理由而被认为需要被共同保护的一切主体。如从前面分析中得出的结论，在这里涉及所有共同竞争者和具体消费者；而就损害赔偿而言，即使在存在共同竞争者的情况下，消费者也只能在事实上遭受损失时主张权利。

3. 然而，基于企业（交易上的）对外关系特征来对不正当竞争法的事实领域作出的界定，还需要根据仅仅因为"促进他人竞争"而被作为请求权相对人的那一类主体作出仔细的阐明。这里涉及的不是（特别的）竞争中的特殊经营者的行为，甚至根本不涉及经营者的活动。如果企业对外关系也包括这些情况，则作为界定特征的企业对外关系不可能仅仅通过企业成员的对外行为来定义。相反，任何人的行为都必须被连带考虑，只要这些行为意在并且适于影响其对外关系中多个企业的相关经济成果。支持这一看法的依据是，此类行为能够影响到企业的乘数效应，即使这种行为本身并非是企业成员的对外行为。因此，作为界定特征的"企业外部私法"不仅涵盖为追求企业经营目的的企业成员的行为，而且包括第三人的行为，只要其行为通过影响企业的相关经济成果而影响企业的对外关系。

4. 更广义上的、纯粹的竞争法，即卡特尔法，可以从事实领域角度毫无困难地根据企业的对外关系标准来进行理解。然而，由于禁止性规则和限制性规则主要规制卡特尔协议，我们所讨论的似乎更是有关交易性个别对外关系的法律材料。在此范围内，与侵权法构建的反不正当竞争法相比，卡特尔法尤其是在其作为企业交易性外部私法的，在体系上更合乎逻辑的未来架构上与商法的关系更为密切。

所考虑的将卡特尔协议或类似的法律行为作为重点的观点绝非绝对性的。相反，它需要被修正。虽然有关卡特尔协议和决议行为的禁止性规定（和基于此构成的无效性）在一定程度上是正确的，不论是无条件的或"登记例外的禁止性规则"，连同所有的修正都属于卡特尔法最重要的规则内容。但是，如果更仔细地观察，这里涉及的只是基于针对经营者设定的普遍的行为禁令（禁止排除竞争或限制竞争）的法律行为法上的后果。[685]

这种一般性的行为要求似乎主要是侵权法上的行为规范，当然也具有次要的、法律行为上的作用：如果协议基于侵权法上的行为规范被认定为不正当，则该协议无效。在（类似的）一般合同法规范框架中，比如宣布违反法律和善良风俗的协议无效（比如《德国民法典》第134条、第138条；《奥地利普通民法典》第879条第1款），这已经是非常常见的情形。同样，奥地利《卡特尔法》第22条中的原因和后果之间的关系看起来也是正确的。

通过一些近距离的观察，可以信服地得出针对限制竞争行为的侵权法意义上的禁止性规范的主要意义。弗朗茨·波赫姆[686]曾经尝试独立于特殊卡特尔法立法，将卡特尔作为由于违反经营自由而违法和无效来进行打击。在卡特尔规制中侵权法的优先性因该建议而变得直观形象。此外，卡特尔法的新发展使侵权法上的基础变得明晰：备受争议的德国联邦最高法院"焦油染料案判决"必须要解决的是，该案

---

〔685〕 该意义上的一般体系性的说服力见：K. SCHMIDT, Kartellverbot und „ sonstige Wettbewerbsbeschränkung " (1978) 9 ff, 以及同样详细的：Kartellverfahrensrecht, Kartellverwaltungsrecht, Bürgerliches Recht (1977), 8 ff, 36 ff (insb 40) 中提到，《反限制竞争法》的构成要件"并非从协议上"，而是"从禁止性规范"考虑；即由禁止性规范（在协议上或其他上）确定的限制竞争的行为方式。因此，该禁止性规范表达了基本的构成要件。协议因此无效，履行协议违规，因为（协议上确定的）行为方式是被禁止的。这同样涉及具有许可保留的禁止规则（14）。继承该理由的如今有：EM-MERICH, Kartellrecht (1991) 49. RITTNER aaO 223 und 327 (mit Anm 8) 中的思想显得法律技术性要多于现实体系性。——有关奥地利卡特尔法中"协商一致的行为"见：RITTNER aaO I 205 ff.——对于与此相关的体系关联而言，这较少取决于各部卡特尔法的事实构成之间的关系，而是更多地取决于针对限制竞争行为的禁令的根本意义。如果（协商一致的行为）的禁止性规则为有效的卡特尔体系的内在内容时，该意义似乎并不少。之前对法定的专门规定"协商一致的行为的"构成要件次要的分类，因此在体系上并无值得一提的意义。

〔686〕 AaO 353.

中不存在或无法证明以建立法律后果为目的的（卡特尔）协议的缔结。德国联邦最高法院[687]拒绝废除或重新解释卡特尔法定构成要件中的协议概念，这为其带来了强烈批判。该批判基于对卡特尔法的决定性评价，这些评价不限于企图生效的法律行为。对于当时的现行法上较好的解决方案，如今可以存而不论了。如今，法定的卡特尔构成要件明显已经超出了协议卡特尔；诸如非特意追求法律约束力的协议、纯粹"协调一致的行为"、纯粹的推荐行为，等等。在众多如今法律规定的卡特尔形式中已经完全不再涉及法律行为法。

因此完全明确的是，一般侵权法上针对限制竞争行为的禁止性规定构成了卡特尔法的真正基础。这里不仅仅涉及针对违反法律行为上义务的禁止性规范，而且直接涉及针对限制竞争行为的规则和只是同时包含反竞争协议的后果的规则。

此外，在有些当今的卡特尔形式中，很可能只有侵权法上的后果，也即损害赔偿和（基于迫近的危害的）不作为请求权。前文中受关注的当然只是纯粹的民事侵权，它——在规范保护目的前提下同样针对个体的——此外还"嵌入"了同时带有民法保护特征的刑事构成要件之中（《德国民法典》第823条第2款；《奥地利普通民法典》，第1311条）。

过去，卡特尔侵权法在奥地利被恰当地描述为"未知领地"[688]。相反，在德国则被更好地研究了。[689]但是对于此处要讨论的体系性问题而言，这些细节无关紧要，具有决定性的是，卡特尔法的规范性基础存在于一般承认的侵权行为规范中，而该侵权行为规范在法律更详尽的范围内禁止限制竞争的行为。

卡特尔法中存在的这些十分重要的法律行为法上的规则，如前所述，总体上只是推论。在更广义的理解中，特别的合同法规范甚至可以被理解为反对"内部卡特尔强制"，这些合同法规范，比如依据1988年奥地利《卡特尔法》第28条及其下诸条，在合法的协议卡特尔中简化了单方解除协议和废除协议，并且至少使得减轻违约金和针对约定"限制"的司法救济成为可能。这些规则完全弱化了合同拘束力。这可据此来解释，即本身被许可的并因此获得注册的卡特尔因其限制竞争且限制参与者自由的特征，始终被置于法律上哪怕是弱化的否定性评价之下。只是这种否定性评价不再表现为针对整个协议的禁令，而是表现为一个针对特别压制性协议后果的规则。

5. 如前所述，通过一个复杂的但是足以明确的界定标准可以把竞争法的事实领域及竞争法本身总结为：A. 企业交易上的对外关系，且这些对外关系（说得更

---

[687] BGHSt 24, 54；对此具有大量的内容，如 RITTNER aaO 326。

[688] KOPPENSTEINER aaO Ⅰ 196 ff 具有主要的更详细的研究。

[689] 特别参见 SCHMIEDEL, Deliktsobligation nach deutschem Kartellrecht (1974)，这主要涉及《反限制竞争法》第35条和《民法典》第823条第2款以及主要研究了"保护目的研究的方法"（138 ff）；K. SCHMIDT, Kartellverfahrensrecht 324 ff（与373 ff 具有本质区别）；简要地见 RITTNER aaO 479 f；对《反限制竞争法》第35条的详细评论见：EMMERICH BEI Immenga/Mestmäcker (Hrsg) GWB (1992) 1522。

确切一些，只要）B. 具有私法特征，和 C. 被与企业特别相关的侵权法上的行为规范所涵盖；简而言之，涉及与交易相关的企业的侵权法上的对外私法。（因此，与体系上继续发展的、与商法相关的卡斯滕·施密特的表述被修正地接受了。）第一个所述的特征是一个现实的特征。如常常提到的那样，后两个所述的特征则属于源自法律元层次的标准。这些涉及法律规范针对有争议的事实领域所设定的法律性质，这些法律规范依据其自己的构成要件和因此独立于刚才探讨的体系化得以适用。

[依据"4."的分析]，被侵权法行为规范"所涵盖的"还有这些行为规范作为直接的后果引起法律行为上的禁止性规定和限制的情形。在此范围内，"侵权法上的"企业对外私法这一特征应当被有所保留地进行理解：特殊侵权法上的禁止性规范的法律行为上的后果已被考虑在内。

交易活动与侵权法的关系在前述界定中可能还应被更加详细地阐释：涉及的是企业成员（或者"他人之间竞争的促进者"）的行为，这些行为包含交易上的对外接触，并同时被与企业相关的侵权法行为规范所涉及。由于要尊重这两个特征，界定的复杂性将不可避免。因为绝对不是所有与"企业"对外行为相关的侵权法规范都可以纳入竞争法中。我们只要随便想想那些保护性法律，只涉及其对外关系，但并不涉及交易接触方面以及与竞争和维护竞争功能相关的内容。比如，只是针对经营性生产者的监控和安全保障措施，在其出售产品之前必须遵守；再比如，目的在于减少特定经营设施中爆炸或发生火灾风险的规则，或有关限制性为辅助人员归责的规定［针对特定企业的"雇主责任"（Leutehaftung）］。我们完全可以将这些规定称为针对企业对外关系的特殊侵权法规则。但是其并不针对竞争，且不难预测的是，可能因此对竞争法的（在具体情形中仍需澄清的）规范性特征并无意义。因此，仅从充分明确的外部界定性这一点来说，就有必要将竞争法限定于交易接触的启动、拒绝、建立与进展上。[690]

尽管存在上述界定难题，但是界定标准的明确性应当还是足够的：在可见的范围内，比如在卡特尔法和商法之间并未出现特殊的归类难题。但是在竞争法中首次出现了一个现象，即体系的材料首先在外部不是使用赋予其名称的概念（此处：竞

---

[690] 由于这恰好涉及企业交易上的外部接触范围，经营者与消费者之间缔结强制的归类问题更加复杂。规定经营者与消费者之间缔结强制的特殊规范，比如《反限制竞争法》第 26 条第 2 款，基于被歧视的企业上对竞争专门的制度保护，并因此在目的上，比如依据外部法律上的归类，属于竞争法。相反，一般的利于消费者的缔结强制基于一般的民法规范，特别是侵权法上的善良风俗原则的具体化，此外，在没有可期待的回避可能时，在缔结义务人的给付上以缔结权人不可摆脱的指示内容为前提。因此这仍归一般民法调整；参见 BYDLINSKI, Zu den Grundfragen des Kontrahierungszwanges, AcP 180（1980）29；对此总体问题还有 HACKEL, Vertragsfreiheit und Kontrahierungszang（1980）；OGH in JBl 1987, 36；JBl 1988, 454；JBl 1992, 178；KÖNDGEN, Selbstbindung ohne Vertrag（1981）149 f. 与之相反，只有特殊法调整的和竞争法上的缔结强制显得可以接受，见 G. WALTHER, Kaufrecht（1987）48 ff.（具有较少理由的见 54 页，此处并无相反意见的分析）。

争）进行界定的。这的确是一个纯粹的术语问题，也并未排除这里一般作为基础的体系化标准的存在。如果结果表明，该第二个标准可以明确（待进一步考察的）规范性特征，即典型性原则，而这些原则必须借助竞争这个概念来表达，那么"竞争法"这个通俗的名称就已经从中得到充分的证明。上述针对"作为秩序原则的竞争"的讨论已经支持了一个有力的推测，即情况可能如此。但是同样已经确定的是，以一个统一的原则是无法正确理解竞争问题的，因为其似乎必然涉及所有与经济相关的私法。

第二节　竞争法的"规范性特征"

1. 独立的、即便是分散为反不正当竞争法和卡特尔法的制定法的存在、有关竞争法整体及其具体部分的大量法教义学文献的存在，以及待讨论法律材料的范围，都毫无疑问地表明，应当承认针对体系化的一般合目的性的最重要依据，这些依据认同竞争法作为特别私法。有影响的方向相反的合目的性考量似乎并不存在，并且即使能够规范地明确两个下位材料的相互关联性，这样的考量也并不明显。

现在还剩下的就是对规范性特征的核验。这一核验必须要抵制的是任何想要相当全面地概括竞争法及其下位材料的各原则的"内部体系"的企图。更确切地说，这里在很大程度上必须严格限定于确定那些纯粹是这一法律内容所特有的主导原则，即使这些主导原则明显退居该法域的完整原则层次之后。正如后文在几个范例上还要指出的，属于这一层次的，肯定还有更一般的私法原则在竞争法中的适用领域；也许还包括一些在特别私法全面影响下才呈现的特殊原则。

对于上述所强调的范围限定，其必要性来源于多个原因。首先，在竞争法文献中有过很多探讨的理论基础经常更多地聚焦于社会学问题，而不是规范性问题。这些理论基础和实际的目标设定不可以无条件直接转化为此处关注的原则层次，它们并非如同在对它们的专门研究中那样重要。另外，竞争法在很大程度上处于持续的流变之中。这或许也是因为在竞争法中经常出现相当尖锐的程度问题和范围问题，而每次所择取的答案都与政治变革的追求相摩擦，并且尤其是在卡特尔法中，在"保护自由的竞争过程"之外，临时的政治目标也在非常显著的范围内发挥作用。[69] 另外的原因是，反不正当竞争法的原则性目标是对竞争法所期望的特定功能的保障，而卡特尔法的目标是竞争的存续，即使这两个法律内容在细节上和实际

---

[69] 对后一点最新内容参见：MÖSCHEL, Schutzziele eines Wettbewerbsrecht, FS Rittner（1991）405 ff；有关瑞士媒体相关的不正当竞争法当前问题参见：ZELLER, Unlauterer Wettbewerb：Anwendung des UWG auf Medienschaffende, Schweizerische Zeitschrift für Wirtschaftsrecht 1993，19（具有最新瑞士不正当竞争法的文献）。

法律应用中经常相互影响。[692]

在此情形下，一般性体系研究中富有希望的仅为对竞争法本质性的、独特的、塑造着法域特征的规范性基础的研究。仅仅从上述讨论过的将竞争作为"法律上的秩序原则"或作为"统一的受保护法益"的理论为出发点，就可以得知，竞争法在规范上的基础是对竞争的评价，并且把竞争的重要功能评价为有益的。然而，如前所述，竞争法完全涉及不同的事实类型，这些事实类型根据其实际存在和对"竞争"现象要探讨的角度明显互不相同，以至于促进竞争的规范性导向必然产生不同的行为准则。

因此，一个统一的法律上的秩序原则或规范上"受保护的法益"的表述就显得可能不适合用来揭示这一法域原则层次中的众多要素。这些要素处于具体规则和法或者私法的基础性原则两个方面之间中等的抽象高度上，同时对于法律适用和追求体系上一贯性的法律政策富有成效。另一方面，毫无疑问的是，即使以不同的方式出现，多个相关的原则也都必然完全以肯定竞争为导向。仅仅由于反不正当竞争法的原则性目标是竞争的功能发挥、卡特尔法的原则性目标是竞争的存续，恰当的做法就应当是首先要对这两部分开研究。

2. 对于反不正当竞争法而言，首先需要从已经多次探讨过的"竞争功能"开始。这些功能包括以"资源配置最优化"为导向的调控功能（Steuerungsfunktion），以提高效率为导向的激励功能（Anreizfunktion），和由竞争中个别主体所获得的成果所确定的分配功能（Verteilungsfunktion）。[693]

与之相应，首先提出的判断"不正当"竞争的看法是将绩效竞争和阻碍性竞争（Leistungs-und Behinderungswettbewerb）进行对比[694]，后来由于这种划分上的某些弱点，特别是在侵略性低价倾销方面，又提出了绩效竞争和非绩效竞争这一对反命题。[695] 据此，绩效竞争的标志是，共同竞争者通过（广义的）商品或服务的价格和质量来试图获得成功；非绩效竞争原则上以在市场上阻碍或歪曲绩效竞争为特征。

然而，看起来很明显的是，所讨论的这种对比绝对无法保障对某个具体竞争行为正当性或非正当性的、简单的或者甚至是机械化进行的判断。更确切地说，在据此被明确界定为允许的或不允许的竞争行为之外还存在一个灰色地带，需要进一步衡量和仔细阐明。肯定不属于"与效率相关的竞争的核心要素"（科彭斯坦）的，

---

〔692〕 在一定条件下也可以产生对抗情形，比如当由协会提出、官方确认的促进竞争的"竞争规则"（《反限制竞争法》第 28 条）现实地具有限制竞争的趋势；一个核心主题在于：MEISTMÄCKER, Der verwaltete Wettbewerb (1984).

〔693〕 参见：KOPPENSTEINER aaO Ⅰ 10.

〔694〕 NIPPERDEY, Wettbewerb und Existenzvernichtung (1930).

〔695〕 BAUMBACH/HEFERMEHL aaO 133 f; KOPPENTEINER aaO Ⅱ 253（具有陈述）。类似的意义见 RUMMEL aaO 265，首先取决于竞争秩序原则。

并且也不是恰恰针对阻碍或歪曲真正的产品或服务对比的那些措施，必须尤其各依据其对市场结构或市场交易过程造成不利后果的量的严重程度来判断。[696] 在边缘领域特别关键的还有，那些措施是否因其"自身"的特殊构造而被参与交易圈中的广泛合意所拒绝，从而那些肆无忌惮的共同竞争者借此获得了对于他人的优势地位。

在此情形下，一个直接以禁止"非绩效竞争"（Nichtleistungswettbewerb）为内容的原则表述似乎并不恰当。同样，竞争法不仅包含禁止规则，而是如前所述，还包括其他预防性措施，特别是通过扩大请求权人范围建立的预防措施。如前所述，对"妨碍性竞争"的禁止早已被认为太狭隘。实际上取而代之的，主要是以根据《反不正当竞争法》第1条针对不正当竞争行为案例类型建立的判例规则为标准，也即最好根据案例类型构建的指导方针为标准。正是在这一意义上，在不考虑必要的下位类型构建以及明知存在各种各样的重叠的情形下，今天占优势的体系化区分下列不正当性判断方针：A. 诱导消费（Kundenfang），B. 阻碍行为（Behinderung），C. 剥削行为（Ausbeutung）和 D. 违法行为（Rechtsbruch）。[697]

这些不正当竞争的类型在一定程度上已被划归其内的下位类型释明[698]：属于"诱导消费"的有包含违反竞争法上告知义务的各种误导行为；以及通过施加压力形成的强迫和骚扰、诱导消费及类似方法、"盘问"供货商，甚至还有"贿赂顾客"，包括"心理上购买强制"。（在文献中一并提及的特别法上的，部分在原则体系上存有问题的，并且最近在法律上被根本修订的"诱导消费的其他形式"，如附加赠送或打折等在此处不再深入讨论。同样，对于奥地利的《生活资料供给法》也不再深入探讨。）

法定的特殊构成要件将对企业的诋毁行为和对雇员与管理人员的贿赂行为归入"阻碍行为"；判例法则将抵制行为、订购限制、拒绝供货、阻碍顾客接触、提高附加费用、诋毁行为、比较广告和（过度的）"价格战"等也归入"阻碍行为"。基于特殊构成要件，属于"剥削行为"的有：侵犯交易或经营秘密、滥用被委托使用的样品、滥用企业标志，另外还有使用、假借他人的成果或声誉，以及"挖走"雇

---

〔696〕 KOPPENSTEINER aaO. 对于利益衡量的更多分析见：KRAFT，Interessenabwägung und gute Sitten im Wettbewerbsrecht（1963）251 ff。

〔697〕 BAUMBACH/HEFERMEHL aaO 158 f（= Rz 160 ff EinlUWG）；RITTNER aaO 45 ff；KOPPENSTEINER aaO II 37，181；类似的还有：RUMMEL aaO 268 ff. BAUMBACH/HEFERMEHL aaO und RITINER aaO 确定了"干扰市场"的类别，但是所基于的理由并未被 KOPPENSTEINER aaO 采纳；特别是因为所有的案例类型都包含"干扰市场"，且由于所述情形可以被包含在"阻碍行为"中。同样，《反限制竞争法》的特殊情形在结尾继续且解释性地归于所述方针。因此，人们可以将此立足于基于具体法律就如从具体判例规则的归纳：KOPPENSTEINER aaO II 39 FF（与 aaO 37，Anm 7 中对特殊构成要件的观点相反）——与此处结构相异，但是对于规范性关联上的观点比 KRAFT aaO 268 中不正当竞争行为丰富的体系要少；其他不同的还有 EMMERICH，Das Recht des unlauteren Wettbewerb（1990）71。

〔698〕 相关表述见：KOPPENTEINER aaO II 39 ff（关于特殊构成要件）和 181 ff（关于违反风俗的判例规则）。

员、顾客或供应商。在"违法行为"之下区分为违反法定义务、协议义务以及违反商业习惯和行业习惯。对于反竞争行为而言，如果被违反的法律规范同时具有重要的习俗基础的话，则违反法定条款与违背习俗具有同样的法律后果；在有计划的侵权行为中，这容易给违法者带来绝对的竞争优势。[699]

此处在对原则表述的尝试中，人们似乎还停留在四个主要指导方针的抽象层次，以至于对下位情形的列举只是纯粹为了去解释。同时，必然明确的是，四个不正当性的构成要件并非相互独立的概括性度量值，而是如前所述，是"非绩效竞争"的表现形式，因此其作为"不正当"竞争的性质主要是基于与绩效竞争的对比，部分地甚至是基于其对绩效竞争功能的负面影响的数量大小。这一点尤其适用于"剥削行为"：在法定排除权之外，甚至大规模的，但是不是无节制地利用他人成果都是合法的，并且常常也是不可避免的。因此，这里被理解为不正当的竞争行为的，只是那些鉴于其对值得期待的绩效竞争效果的（普遍看来的）影响是特别值得怀疑的竞争行为，或其本身在社会伦理上被坚决否定的行为。

与上述的这些考虑相对应，(125) 对*正当竞争原则*作如下表述：*通过与表现为诱导消费、阻碍、剥削或者违法行为的竞争行为进行相应斗争，来保护被视为宝贵的绩效竞争的功能。*

因此，上述不正当行为（或非绩效竞争的）更具体类型的可适用性在具体情况下应当（相应地）与上述对效率竞争功能的危害相联系。所说的是"斗争"，而不是简单的"禁止"，因为正当竞争原则不仅对特殊的禁止规则进行了正当化，而且导致针对本身已经被禁止的竞争行为被附加了限制措施，并扩大了请求权主体范围。

由此所说明的还只是不正当竞争法的典型原则，而不是这一法律领域的完整原则层次，这一法律领域明显还受更一般原则的共同统率。与这一法律领域作为特殊侵权法的特征相应，尤其是自己责任这一一般私法原则连同损害赔偿法上的具体归责原则，都无疑具有极其重要的作用。

法律行为上的私人自治这一一般性原则同样具有决定性意义。如前所述，这一原则首先描述了不正当竞争法的现实范围，并更精确地描述了其所囊括的行为：总体而言是企业交易上的外部交往行为，这些行为对于竞争者的相关成果具有决定性意义。即使是限定于企业，法律行为上的私人自治对于交易上的交往行为作为法律上可界定领域的现实范围而言，也绝对具有决定性。

与私人自治的关联性，并因此与法律行为法的关联性，在内容上对前述不正当竞争法的违法类型也产生了影响，这一点似乎在理论界完全未受重视：尤其是在有

---

〔699〕 此外应当至少在解释疑难案例中将具有明确的竞争上的目的违反法律规定行为同时定为违反《反限制竞争法》第 1 条；对此问题更多见 SCHRICKER, Gesetzverletzung und Sittenverstoß (1970)。

关无效和可撤销事由的规定中表达出来的法律行为法的根本性评价，同样也构成了不正当竞争类型重要部分的基础。因为不正当竞争法的实际范围已经被包含在了法律行为的实际范围之中，相反的观点必然要显示出具有问题的评价矛盾。

我们只要首先想一想"诱导消费"这一非常重要且表现多样的不正当行为类型。如上面探讨过的下位类型所示，"诱导消费"首先涉及——故意的或可归责的——误导情形；甚至涉及阻碍成熟判断的强制行为或施压行为的不同形式。在原因上，这与法律行为无效的理由相应，即欺诈、（由另一方可归责地引起的）认识错误与胁迫；部分可能还与利用既有胁迫状态的各种获取暴利的类型相应。

从在其他相互关系中讨论过的强化责任的理由可以说明，法律行为上的基本评价在竞争法中具有重要影响。侵权法上的关联性使得我们能够明白，这些基本评价已被一般化为行为规范。当然这里绝非断言，对个别交易主体而言，竞争法上意义重大的误导行为或违反竞争的施压行为在任何情形下都必然构成协议无效的事由。这里具有决定意义的首先是在基本评价观念上的一致性。在法律行为法中倾向于导致无效的那些标准（即使在一定情形中受到更特别考虑的限制），在竞争法中产生了作出不正当竞争认定的倾向。

类似的还有基于违反法律和违反风俗这一法律行为无效的理由适用于违法行为这一不正当类型。此处再次涉及基于禁止性合同教义的目的考量，当超出某个法律禁止性规范的竞争目的或道德内容时，可以得出存在无效情形以及无效的范围。在目的衡量框架内，有关优势地位的想法体现了对不正当性判断的看似纯粹的竞争法贡献。但是事实上，这源自对违法行为的预防和保护既得权利的一般性法的安定性要求。

然而，"阻碍行为"和"剥削行为"这两个不正当竞争的下位类型与法律行为基础评价并无关联。前者涵盖的范围是，在该范围中，绩效竞争和阻碍竞争的对比具有启发性和引导性：行为人在竞争中并非基于质量和价格优势来实现自己的效率，而是通过与之并不相关的侵害共同竞争者来获取。如前所述，"剥削行为"尤其包括竞争中具体难以界定的"搭便车"等极端情形。

对于上述不正当竞争类型，由公平思想所要求的评价结论不再继续延伸向法律行为法，这些不正当竞争类型特别有力地提出了正当竞争原则上更深层次的、原则—系统上的基础问题。因此，答案必定如此，即文献中以更大的明确性对卡特尔法所研究出的答案：不仅仅是竞争的存在，而且包括绩效竞争的积极功能都值得规范上的促进，这一方面是由于私人自治和竞争之间的功能关系（"体系上互补的规则"），另一方面则是因为整体经济上的有利影响。[700]

基于此处所坚持的体系性立场，更确切地说，是自由最大化原则和作为经济效率的合目的性原则塑造了竞争法特殊原则在本质上更深层次的基础。如果忽略那些

---

[700] KOPPENSTEINER aaO Ⅰ 60 mwN.

边缘性的衡量问题，则它们的要求在本质上完全一致。

以上述两个基础性原则作为基础是出于以下原因：法律行为法已经在很大程度上被私人自治这一基本价值所支配，即经济过程应当立足于直接参与者的自决。对决定自由的最低要求是在法律行为法中确定无效的理由。如前所述，这些要求合乎逻辑地强烈地影响到竞争法。

此外，竞争与自由以及私人自治的关系非常复杂，然而却可被相对直观地描述出来。下面描述了在今天非常普遍的、相对简单的直至无效的效力范围内容：依据旧的、过时的对纯粹形式的、消极意义上的私人自治的理解，当事人在法律行为上的同意本身完全具有绝对意义（忽略法律行为无效的理由，特别是竞争对手强迫性的影响）。完全没有决定意义的是决定者的任意选择可能性或者完全与相对方同等的选择可能性。依据对私人自治新近的、实质上的理解，私人自治的有效行使以合同双方值得一提的或完全同等的选择机会为前提。竞争法的任务在于，尽可能全面地创造交易中现实的选择可能性。

上述观点的错误之处在于，对历史上有关私人自治不同的理解进行过于简化的反命题上的对比。更确切地说，在进行对比时必须契合实际作出广义和狭义的区分。即使今天仍然确实如此的是，在一定情形下合同一方没有选择可能性时所订立的协议可能具有完全的、不可否认的有效性。突然重病的人或在暴风雪中迷路的人，除了与唯一在近处的医生或乡村客栈老板订立协议外，在理性上完全不能作出其他选择。合同制度当然而且恰恰必须要提供满足紧急需要的可能性。因此，订立协议过程中缺少单方选择自由时，本身还不足以对协议效力产生任何改变，这在理性上是完全正当的；也就是说，"纯粹形式上"理解的私人自治能够满足一个法律上完全生效的规则。[701] 如果该协议在内容上并无法律上无效的特别理由，因为医生和乡村客栈老板只是满足于内容上有合理性的合同地位，那么除了在缔结合同时并无其他选择可能性的缔约方的，即使是"形式上的"合同自由可以支持合同的法律约束力，还有其他什么积极因素[702]？

然而，后面所说的这种情形是否是事实，与对合同始终"纯粹"形式上的理解相反，必须根据客观法律原则重点考察，何时及在多大范围内，双方当事人之间在真正的选择机会及因而在谈判力量上存在强烈的、并因此充分明确的差异。这种消极的界定具有关键意义。广泛要求保障同样谈判能力的主张则已逾越了法秩序上的可能性，此外也已经因对合同和合同内容的"同等"影响不具有可测量性而失败。

---

[701] 反对这样相反的尝试，即将现实的决定自由表述为任一法律行为有效的条件，M. WOLF, Rechtsgeschäftliche Entscheidung und vertraglicher Interessenausgleich（1970）näher BYDLINSKI, Die Grundlagen des Vertragsrechts im Meinungsstreit, Basler juristische Mitteilungen（1982）26 ff.

[702] 这些内容，即"纯粹形式的"自由对本书中一个有效的法律行为情形都是足够的，KOPPENSTEINER aaO Ⅰ 2 Anm 3 处对此并未作出充分分析。但是该处 2f 和 8 对此作出一般性的认可。

也正是由于这一原因，并且为了使内容上没有问题，但是在明显的单方迫不得已时所订立的合同能够有效，必须将私人自治和作为基础的平等的自由最大化这一基本原则进行"形式上"广义地定义，即不存在他人有目的的强迫性影响，和不存在法律上的胁迫。

因此，实际选择机会上的明显非均势地位和尤其是单方的迫不得已绝非没有意义，如在迫不得已状态下的暴利情形、对非等价的一般交易条件在内容上的控制、设定集体工资以及一些交易基础情形等都充分作了印证。平等的、积极的选择可能性（平等的、实质上的选择自由的）思想因此并不适合作为积极的、规范上的主导目标。但是，这一思想在实践上可导致颠倒和明显不平等的可能性，这给相关事实带来了额外的有效性分析，对此，双方实力严重不均的情形下的法律行为规则就足矣：对于在巨大差异的现实选择机会影响下（和完全相似的，在存在巨大差异的意义重大的知情状态影响下！）所成立的法律行为规则应当特别考察，内容上是否违反补偿正义的要求，是否侵害核心的人格利益，或者是否违背最大限度平等的、"形式上的"自由原则，以至于特定类型的具体合同规则（比如卡特尔协议或"捆绑协议"）在不必要的或不成比例的范围内吞噬了至少一方协议主体的（"形式上的"！）未来的合同自由。[703] 对此需要重点考虑的合同类型是，主要针对限制自由，而非主要针对（当然对未来具有不可避免的限制自由的作用的）经济上货物或服务的一般性销售。

因此，巨大的，也因而明显差异的选择机会这个标准至少是适当的，可以引起与超越自由原则或者私人自治的其他基础性体系原则进行广泛权衡的必要性，或者在形式上合同自由原则的不同应用层次之间进行广泛权衡的必要性。

同样，在此角度上表明竞争法已从自由原则所要求的补充制度转向法律行为上的私人自治：如果存在竞争，且作为绩效竞争来实现其所期望的功能，那么它就恰好因此在经济交往中针对大部分情况为任何人提供有用的、明显的选择机会，并且确切地说无视不同的、抽象的财产分配和基于此的力量分配：如果作为"小人物"的顾客享有多种现实选择可能的话，那么即使是庞大的、资金雄厚的企业也必须以优惠条件对其进行争取。人们正确地称之为竞争的"削权功能"。只要存在竞争，并且实现了绩效竞争的功能，那么那些特别的，经常成本过高的，在具体情况下对协议内容进行分析的措施，连同其经常相当不确定的结论一般就变得多余了。[704]

[703] 更多内容见：BZDLINSKI, Fundamentale Rechtsgrundsätze 190 ff. 在关键词"首要的限制自由的协议"这一关键词下载特定的协议类型框架内通过具体的协议缔结来废除大部分不必要的和不合理的"形式上的"合同自由，DYDLINSKI, Zulässigkeit und Schranken „ ewiger " und extrem langdauernder Vertragsbindung (1991) 22 f, 29。

[704] 但是这并非不必要，因为在竞争情形下的确并不足够。比如依据单方的一般的交易条件条款和完全既有的竞争上实际完全非敏感性，这的确被追溯至，顾客一般对此并无能力或并不愿意在订立协议中（不同于事后出现的障碍！）对大量复杂的协议条款内容进行的分析。依据《一般交易条件法》在此范围内似乎在竞争中既无真正的不利又无非真正的利益。为了从根本上比较竞争的功能，参见：HÖNN, Kompensation gestörter Vertragsfreiheit (1982) 109 ff。

也就是说，竞争促进自由原则实现的方式是，竞争在广大的范围内通过促进、维护或改善现实的选择可能性，将"纯粹形式上的"私人自治变成"实质上的"私人自治，基于此同样脱离了一个法律上完全具有重要意义的弱点，并避免了由这一弱点所引起的特殊衡量问题。

正如应当说明的是，选择机会对于相关主体具有现实意义的前提是，这些选择机会在行为人作出相应的注意时可以为当事人所识别。就此而言，最大限度地知情后作出决定是一种下位情形，或者，像人们更喜欢的那样，至少有一个相似现象可以供自由作出决定。而可随意夸张的乌托邦式完美要求在此情况下与在其他地方一样反而具有破坏性。因为没有人知悉并精通所有对其产生交易接触的生活领域，于是各种专业人士的一定信息优势理所当然地完全不可避免。同样无法消除的是，大多数人都不会十分愿意为进行选择而特别努力地去获取恰如其分的信息基础。但是，规范上非常可能达到的程度是，对实际存在的（不仅是值得期望的）信息改善可能性进行利用（避免无效而昂贵的形式！），尤其是广泛地抑制那些在作出经济上决定时在知情度、谨慎度和行为自由方面存在的额外的、"人为的"，并因此可避免的情况恶化。前述讨论过的竞争法针对误导行为和强迫行为的基本评价尤其表明，反不正当竞争法在此范围内与此完全相关。

这里显然特别涉及了竞争功能中的调控功能，因为缺乏信息的或违背事实的决定并不能发挥资源配置最优化的趋势。阻碍行为和剥削行为抵制了效率激励功能，并由此同样抵制了经济效率。竞争法上对违法行为的斗争更加有利于预防，并因此有利于对保护既得权利至关重要的法的安定性原则。同时，竞争的分配功能也获得改善，改善的途径是，对此产生影响的偶然成分（根据哈耶克的看法，他把市场上的竞争定义为一部分是技巧，一部分是赌博），不应当为了肆无忌惮的、冷酷无情的共同竞争者的利益，被附加上针对违法行为的奖励因素。

3. 尤其是就自由原则和合目的性原则突出的论证功能而言，刚刚所考虑的内容从精神上同样还适用于*反限制竞争法*。这可能也符合所有（今天主流的）观点，而这些观点在此范围内并不固执于自由保护"或"对竞争的机制保护的人为的反命题。

上述对原则表述的特别难点的理由，特别是严格限定于该法域的专门的基本原则的理由，更加契合于卡特尔法（即此处最广义上的作为反限制竞争法理解的概念）。因此，待考虑的仅仅是造成特别卡特尔法产生的独立的基本理由的表述；连同放弃对其他更一般原则的影响的探讨，更不用说日常政治中的附加决断对于权衡的影响，这些附加决断导致卡特尔法的具体规定及其流变。因此，那些极其细微差别的技术和程序性具体内容、"范围例外"、对小规模卡特尔（Bagatellkartellen）的优待和许多其他方面都不再探讨。

在试图获得对卡特尔法而言至少长期稳定且同时具有特征性的规范基础，并且将此表述为专门原则的尝试中，人们在卡特尔法的基础性讨论框架内首先最容易想到"禁止原则"和"滥用原则"的对立。对于前者，可以德国卡特尔法为例，按照禁止原则，卡特尔原则上是被禁止的，只在例外情况下被允许；而滥用原则可以奥地利法作为例子。据此，卡特尔原则上是被允许的，但是处于特别的官方监控之下，（只有）当其依据特定的法律标准对卡特尔进行核查时发现消极影响，则该卡特尔最终才会被该官方监管机构阻止。[705]

已被恰当强调的是，"禁止原则"和"滥用原则"只是模式化的概念，而具体的卡特尔法体系明显在很大程度上是两个可能的立法技术的结合。[706] 鉴于今天形形色色有细微差别的，并因而相应地被不同对待的卡特尔类型，这更加正确。同样，卡特尔法体系的效果显而易见绝不仅仅取决于立法技术思想，而是同样取决于具体内容上的组织安排，比如通过禁止原则没有表达出任何有关规则和例外之间的关系问题。另外还要合理强调的是，对于滥用原则具有典型性的"带有许可保留的"（或带有登记保留的）禁止规则首先完全是法律上的禁止规则。[707]

在此情形下，对规范性的、而非仅仅是立法技术上的卡特尔原则进行归纳的尝试为这两个立法技术留下了空间，并通过反对限制竞争行为来强调与之独立的促进竞争这一基本评价。

据此，所寻求的卡特尔法原则（就如可简而言之的那样）可以表述为（126）*通过对限制竞争行为的禁止或滥用控制（具有许可保留的禁止）来促进竞争的原则*；不论这种行为是法律行为上的或以其他方式的协商一致，或者有时作为具有持续限制竞争作用的单方行为（比如推荐！）。

然而，针对具有市场支配地位企业的现行滥用控制制度无法归类到这一原则下，因此鉴于其对其他私法主体的效力，需要在竞争法特别原则层面上进行特殊的表达，可以补充为（127）*针对具有市场支配地位企业——即不可通过竞争对其充分限制的企业的滥用控制原则*。尽管存在相应的困难，在缺少更好可能性的情况下，这一原则应当可以通过对相关市场情况的类似模拟进行具体化。

4. 对不正当竞争法和卡特尔法不同原则的分别表述，与同时断言这两部分内容包含同一个规范性特征的判断相一致：即使以不同的方式，所强调的这些原则都是完全以竞争为导向。在此范围内，这些原则构成了一个统一的原则群，可以概括地称之为"竞争原则群"。

---

[705] 对此参见：KOPPENSTEINER aaO Ⅰ 58；H. WILHELM, Die Rechtsstellung der Kartelle und die Behandlung ähnlicher Wettbewerbsbeschränkungen in der modernen österr Rechtsentwicklung (1966) 157 ff.

[706] 有关奥地利法和德国法的例子见：KOPPENSTEINER aaO；特别是有关奥地利法中对该可能性的限制，即通过注册将卡特尔"在经济上正当化"。

[707] K. SCHMIDT aaO 14.

第八章 ◄
（私法中的）保险法

第一节　作为现实现象和界定概念的"保险"

　　1. 作为现实现象的"保险"存在于众多完全不同的学科研究领域之内。[708] 一般来讲，保险思想的核心特征是有组织地分配同类风险，也即当许多主体受到同类风险的威胁、但是事实上只会在相当少数的情况下风险才会变为现实时，可以通过"保险"将少数已经变为现实的负担在可承受的范围内分配转移给所有受风险威胁的人，从而降低该少数人因风险实现所受的影响。经验数据及其保险精算分析按照"大数法则"使对于每个人以危险实现为条件而遭受的全部损失的预估和因此可以通过经济学支持的核算成为可能。这就提供了一种清楚合理的风险解决方法，这些风险是个人在具体事件中不可避免的，并且在风险实现的情况下，个人可能明显没有能力承担可能发生的甚至威胁其生存的结果。前提是存在一个有法律保障的"风险共同体"，否则风险分担不能正常发挥它的功能。它的形式体现为在商业保险合同关系中向保险人缴纳保险费，或者在互助保险协会中缴纳会费。

　　鉴于法学的目的，这一现实生活中的现象所描述的特征被添加到一个广泛的定义中。然而，法学上的保险的定义（或者说"保险的本质"）并没有完全统一。从很大程度上来讲，关于保险的不同定义总是存在相同的特征：法律意义上的保险被定义为一个相互满足需求、有着独立权利的同类风险承担者所组成的共同体。[709]

---

〔708〕 在"保险法词典"（由 Farny，Helten，Peter Koch und Reimer Schmidt 编纂）中可以得到很多关键词的印象。——为了下面的章节 Dr. Grassl-Palten 女士做了合适的准备。

〔709〕 Bruck/Möller, Kommentar zum VVG I 8 (1961) 86.

其他的定义就更靠近特别私法意义上的商业保险或者保险合同法 [710]："保险是指，投保人通过合同将其所遭受的可能的风险引入合法的由同类风险承担者组成的风险共同体中，当该风险转变为现实时，投保人将享有对保险人的私法上的权利，以弥补他的损失、需求或者计划赤字。" [711] 又或者，在个体所遭受的风险成为现实时承诺给付金钱履行，并以核算为依据来确定该抵抗风险的金钱数额，即能够维系该风险共同体的必要手段，这样就认为存在一个保险合同。 [712] 另外还有其他很多定义。 [713]

不同定义的一致特点是合同的基础（由于互助保险协会，这一点还必须要补充必要的法律行为基础）；保险给付对风险或危险实现的依赖性，也就是与一个具体的不可预见的（偶然的）并与被保险的利益相关的（由合同确定）事件；有偿性（这在提及的定义中有时被掩盖在"风险共同体"的"包含"中）；一个由受同类危险威胁者组成的危险或者风险共同体的联合，并且存在可实现的权利（有时只是隐含地提及）。

关于风险共同体，也就是大量的被保险人参与的必要性（保险技术上的目的在于符合实际情况合理的费用以及报酬核算），在进一步观察后则有着显著的观点差异，即这一特性对于保险来说是否是必要的，还是仅仅是现今实践中一般商业保险所独有的，因而一个"单独的保险合同"在法律上也许至少还是可能的，即使它可能极少存在。与此相对，在规范层面对此也是有争议的，即风险共同体（的必要的组织）对参与者之间的义务形式有何意义。

明显的观点差异还体现在必须要给出定义的关于保险的目的要素，也就是什么才是保险的真正目的；也可以说是当提到保险时所关注的利益。就这点而言，损失和需求理论以及"财产形式目的"或者"计划保障理论"相互对立。对此首先确定的是保险与纯投机行为的界限，如娱乐性比赛、赌博或者彩票，这些只是为了偶然的得利。

2. 关于"保险"的定义的个别要素需要一些说明，但是这些说明阐述也并不

---

[710] 因为保险团体的相互性最先列举的这个表达较其他的更应该被重视。当然一个团体的建立和参加到这些法律行为意思表示以私人自治为基础的合同中还是与保险合同相区分，因为它们无论如何以私法优先。

[711] E. DEUTSCH, Versicherungsvertragsrecht[3] (1993) 4.

[712] Hofmann, Privatversicherungsrecht[3] (1991) 4; ihm folgend SCHAUFER, Einführung in das österr Versicherungsvertragsrecht[2] (1990) 16.

[713] 参见 ALBERTR-EHRENZWEIG, Versicherungsvertragsrecht (1952) 1; neuerdings sehr umfassend und beachtlich zu den Grundfragen JABORNEGG, Wesen und Begriff der Versicherung im Privatversicherungsrecht, FS Frotz (1993) 551 (565). 更多的定义在 WEYERS, Versicherungsvertragsrecht (1986) 32 中。作者本身对定义持怀疑态度并且一般更喜欢满足于人们将"保险"称作什么的这种"直观的一致观点"。当定义彼此有分歧，一般它们都缺少其他的这些。此外没有争议的一般的特点的说明对目的也是必要的，此概念复杂化了变更中的过程，并将在所有的对内在关系而言一定情形下概念的必要的革新与事后可考证的原因联系起来。最可能清楚和合适的一个法律材料的"外部"界限是第一步首先必须清楚地界定"内部系统"，这在 JABORNEGG aaO 551 f 中指出。在 § 1288 ABGB 中的保险的定义按照现行的法律太狭隘因此是过时的，因为它只定义了损害保险。

可能完全解释所有的问题，因为它们也只是关注这里感兴趣的系统的目的。更详细的则必须讨论那些已经被指明有争议的要素。

合同基础（包括对互助保险协会的法律行为方面的补充）的特征是确定地并恰当地区分早已熟知的、可能作为"特别私法"学科的、以私法为基础的保险与一个19世纪的重要发明——社会保险。社会保险的标志是，风险共同体由国家的强行法构建，也就是说不顾及参与者的意愿，目的是（无论如何按最初的想法）使经济条件弱的公民们在面对生活中个人无法预防的风险时得到最基本的保障。以国家强制为基础的机关以及其国家主权下的组织表明它是一个国家性的、福利驱动型的行为，并且是公法上的现象，就此而言也是直接由法律设立自治团体作为公法法人来实施社会保险。因此很明显的是，如今社会保险所提供的给付只是部分地来源于被保险人共同体，其他部分是通过纯粹的国家补助金来资助的，也就是来自一般的税收收入。

与以私法上的合同作为明确的主要标准的所谓"实质"上的界定相对的，是"形式"上的界定，主要只以为"实施"相应法律内容而被委任的不同类型的国家机构为标准，即针对私人保险的民事法院，针对社会保险的行政机关或者被赋予高权的自治团体。[714] 这种观点的代表者特别指出，即使在社会保险中，特别是在自愿的升级保险或者附加保险中，合同架构是很明显的；此外，即使在私人保险中也要考虑到国家补贴。毋庸置疑，随着社会保险的发展，越来越多的社会阶层被包含进来，单纯最低程度保障的观点现今已经完全不再表现为一贯坚持的主导思想。

这种界定必须事实上符合私法与公法的一般区分标准。法律关系的合同基础确实属于这类标准，因为它与主权至上和国家强制形成鲜明对比。如果风险共同体本质上以强制性的高权为基础，那么这就决定了，有限许可的、也即不以一般合同自由为基础的合同结构在此领域内对于归类的问题并不重要。

如果不想把原因与结果混淆，那么针对内容界定的形式上的行政机关管辖权或许也可以相反地被理解为实质性的，仅仅具有法律后果上的作用，如果这种管辖权是规范上确定的，则作为（重要的）间接证据具有类型学上的意义。

界定的实质作用可以被简单解释为：对解释或者续造的可能怀疑应当在私保险法领域（保留与其他在这个法律领域内具有决定性意义的主导原则的更精确权衡）有利于私人自治，在社会保险领域则有利于合法性原则而得到解决。只有实际上是"实质性的"界定在方法论上才是有用的。每个要求更高的系统性法律适用因此依赖于这样的界定，这一界定与官方执行权限没有任何关联。

---

[714]　参见 SCHAUER aaO 2 f；zur Charakteristik des Sozialversicherungsrechtes insb TOMANDL, Grundriß des österr Sozialrechts⁴ (1989) 32 ff；GITTER, Sozialrecht² (1986) 41 ff。由国家主权性法律建立的风险共同体在社会保险中也要与义务保险，尤其是机动车所有者的责任险相区分：它以合同为基础属于商业保险。保险合同的签订在这里"只是"公法上特定许可获得的条件或者作为对国家的义务。义务—责任义务保险的理由在上面自己责任原则。

3. 保险人的主要给付对由合同确定的保险利益所面临的特定风险实现的依赖性指向对于保险特别不确定的——更确切地说是偶然的因素。被保险人应当在面临由合同确定的偶然事件的结果时受到保护。因此保险人的给付义务以这一"保险事件"为条件。在《奥地利普通民法典》第 1288 条中，保险合同还因为其给付对偶然事件的依赖性而被划分为射幸合同，如娱乐性比赛、赌博、终身养老金合同。另一方面，通过保险技术在大数据中按照可能的风险实现可能性的大小和可能性计算出来的、向风险共同体的风险转移，带来了对于个体不确定的事件的合理处理，这种处理刚好是以风险共同体整体层面并且也只有整体层面为基础才可能。这个偶然事件和它的影响应当在法律的精确意义上被克服，而其他被称为射幸合同的参与者被承诺的给付不可修改地、完全投机地由偶然事件所支配。与此相反，保险以控制偶然事件为目标，更确切地说是以控制它的影响为目标。

保险与纯粹投机的偶然事件行为的界限以与保险技术相适应的清晰的"风险共同体"以及对它经过核算的运用为条件。如果认为这一标准只对普通的商业保险是必要的，在通常的商业保险之外还承认所谓"单独的保险合同"，那么在上面的情形中就没有一个合适的界定标准可以使用了，从而也就被迫必须在个别合同的层面上再提出一个这样的标准。

4. 服务于这一目的的是已经提到的关于抽象的保险目的的基本观点（关键字：*损失理论、需求理论、财产设计目的理论或者计划保障理论*）——在纯粹直观地对保险的合法目的进行说明以外。这些理论希望阐明，投保人利用保险追求经济上合理的，并且因此法律上完全值得保护的目的，而不是纯粹投机性地由偶然事件所主宰。

在此观察角度下，针对所担心发生的一个具体损失的预防措施就非常明确地说明了这一点。相应地，"损失理论"[715] 认为减少具体损失的目的具有决定性的意义。鉴于这一观点在已经被普遍承认的保险种类方面已经被认为过于狭隘，与"损失理论"相对立的"需求理论"以具体"需求"这一更宽泛、更模糊的概念为出发点。[716] 批判性的研究显示，需求理论在定额保险（Summenversicherung），特别是人寿保险中并不能完全贯彻，并且在人寿保险中没有进一步明确被保险人的需求就跳转到受益第三人（到被保险人死亡前都是未定的）的需求上。要想在这样的情况下转向一种"抽象"的损失或者需求，其解决办法意味着事实上已经是对理论基础的放弃，这一点同样被合理强调过了。[717]

---

[715]　So noch DONATI, Der Begriff des Versicherungsvertrages in der Entwicklung der italienischen Versicherungsrechtslehre, ZVersWiss 1960, 289.

[716]　ZB BRUCK/MÖLLER aaO.

[717]　Vgl. Insb SCHMIDT-RIMPLER, Zum Begriff der Versicherung, VersR 1963, 493 ff (insb 500). 在那里也显示了人们可以如何理解 SCHMIDT-RIMPLER 自己的补充中的"损失"和"需求"。

"财产设计目的"理论，也被称为"计划保障理论"，描述了一个统一且广泛的、足以满足上述重要的保险种类的目标。这个理论的出发点是，每个人用他们的财产来追求特定的不同种类的目的，而这些目的却可能因为不特定的事件而落空。保险应当可以防止这样的事发生。通过保险给付使符合财产目的的计划目标得以实现，即使与最初的方式不同。[718] 如同施密特-林普勒详尽阐述的那样，因为计划目的的不同性，如财产客体、财产积累（特别是在人寿保险）或者养老金的取得，通用的保险种类按这个标准则完全可以得到归类。有关它的异议，即"财产设计目的"太过于专门为人寿保险的确定形式而设计[719]，其错误在于："财产保障"这一可能的目的形态完全作为财产保险（损失保险、补偿保险）中的一个分支。同样，所有保险都应当满足一个具体的可以折换为财产设计目的的需求。[720] 施密特-林普勒的理论事实上适用于全部的保险，不会损害在特定的保险种类中对于合法保险目的的澄清，在这些保险中具体损失或者需求的迹象可能更为直观，也因此有用。[721] 它们没有对施密特-林普勒的一般理论仅仅作为亚分类造成困难。

5. 我们必须首先详细讨论在体系上受关注的这一问题（128）：一个"风险共同体"是否是必然的前提，还是仅仅只在保险公司的通常交易情形下作为"保险"的前提，也就是说一个"单独的保险合同"是否是可能的。可以肯定的是，一个保险合同不是在一个风险共同体已经成立之后才成立。否则，一个新成立的保险公司就不可能签订合同了，也就没有办法建立一个由投保人组成的风险共同体（129）。更确切地说，所指的只是组织建立风险共同体的意图和努力。

在单个保险合同中，从其目的来说，也不考虑建立一个足够的风险共同体所必需的时间，风险共同体根本无从谈起。因此，按照保险技术核算报酬（保险费用）也是不可能的；在此意义下明确等价的给付与对待给付的设计也因而被排除了。这立刻就重新使偶然性因素，也就是碰运气的给付义务架构，取得决定性意义。在单个具体的保险关系中，构成保险事故的事件总是不确定的；而且没有大量的数据和统计经验提供修正可能性。即使合同针对的只是投保人肯定合法的"计划赤字"，

---

[718] So JABORNEGG aaO 560 und SCHMIDT-RIMPLER aaO，insb die präzise Zielformulierung 496.

[719] BRUCK/MÖLLER aaO 98.

[720] Daher folgen SCHMIDT-MÖLLER grundsätzlich zB BRASS, Elemente einer dynamischen Versicherunskonzeption aus wirtschaftswissenschaftlicher Sicht，ZVersWiss 1970，1；PRÖLSS/MARTIN，Vrsicherunsvertragsgesetz25 (1992) 41；DEUTSCH aaO 9；RICHTER，Privatversicherungsrecht (1980) 50；für das österr Recht SCHAUER aaO 17 ff，162 ff；ERTL；Zur Übergangsföhigkeit des Kranken- (Spital-) Taggeldes，ZVR 1984，162 f；JABORENEGG aaO 560 ff. Die oben wiedergegebene Versicherungsdefintion von E. DEUTSCH stellt，in der Sache zutreffend und anschaulich，Schaden und Bedarf neben das -wie man dann zur Verdeutlichung sagen sollte -sonstige "Plandefizit".

[721] SCHMIDT-RIMPLER 也说明了，他的理论是合理的描述保险的原本含义并因此阐释，保险的目的——不同于单纯的射幸合同——为什么不在于参与者偶然的得利，而是在来自法律安定性和简化的关联中。在个案里，一个明确的偶然得利的效力来自法典。一般这些可以通过必要的最优的关于不同原则的权衡来解释（如最终所提到的"形式"只有辅助的修改作用）。

该合同在费用方面（保险金条款）也始终面临无法消除的投机性。对于一个新成立保险人的筹建中的风险共同体来说，情况也许要好得多，因为被保险人数量的发展在经验数据的支持下在一定范围内无论如何都能够被预测，并且能够预先对费用进行一定程度的核算。

这些考虑已经表明，我们应当严肃对待风险共同体这个保险特征，排除"单独的保险合同"的可能性。[722] 另外尤其支持这一点的是，我们无法充分地将"单独的保险合同"与其他法律制度区分开来，至少是与两人关系中的有偿担保合同（der entgeltliche Garantievertrag im Zweipersonen-Verhältnis）进行区分。* 这个区分只有借助于保险技术的等价测定或者说风险共同体特征才能实现，因为在这些法律关系的结构中没有不同之处：如同保险人的给付有赖于保险事故一样，担保人的给付也有赖于担保事件；而两者都是不确定事件。不同之处在于，在此处，费用依保险技术在特定范围内可以根据等价关系计算或者核查，而在彼处，一个典型的、远远更加投机性的因素，也即等价问题在很大程度上的不确定性，是不可避免的。[723]

施密特-林普勒对此持相反观点，他支持单独保险合同的可能性，为了进行区分，他必然要求，各合同不会满足另一种不同规则合同的法定或者依交易习惯设定的类型。[724] 但是只有当保险合同相对于上述其他制度明显是被更特别规则排除的更一般类型时，这样才可能是有道理的。但是究竟根据这一关系的哪一特征可以如此认为，却通常并不明显。如果在前提条件上，我们认为保险技术或者风险共同体并不具有关键意义，那么在保险与担保的关系上，一般与特殊的关系是必然被否定的，因为刚好单独保险合同与（两人关系上的）（有偿）担保合同的特征是一致的。如果将后者置于优先地位，则必定得出不存在单独保险合同这一结论：要么因为缺少风险共同体，要么因为（同时实现的）"担保合同"类型的优先地位。在另一种方式下施密特-林普勒也会得出否定单独保险合同的结论。

结果就是，只有现今实际中有重要意义的商业保险合同因为具有风险共同体的

---

　　* 这是奥地利法上的一种无被担保人的担保合同，无详细成文法基础，主要基于学说和判例发展而来。担保人向受益人提供担保的原因完全在于其与受益人双方之间的特殊关系。比如产品生产者向产品购买者提供的独立于产品销售者的担保，或者产品销售者向产品购买者提供的超出法定义务的担保，比如产品造成的任何无过错损失。特别感谢 Peter Bydlinski 教授在此提供的帮助！——译者注

　　[722] 现今通说；vgl. Etwa SCHAUER aaO 21 mit Angaben. 单个的类比适用的可能按照目的在这里是"更合适"的，因为保险合同法的不合适于风险共同体的规定仍保留在相应的合同中（如果有的话，那些单一保险合同）。关于将VersVG 的规定类比适用到其他保险合同参见 JABORNEGG aaO 576.

　　[723] Dazu besonders KOZIOL, Der Garantievertrag（1981）17 f；SCHAUER aaO 20；vgl. Auch BRUCK/MÖLLER aaO 99；OHG EvBL 1992/110. 对此 JABORNEGG, JBl 1985，127（书评）针对这个区别，在保险合同中有一个"保险人"参加，也就是一个合同方符合交易地签订这些保险合同；相似的在 FS Frotz 569 中。最后的相提并论刚好被证明，因为它依赖于，是否存在"单个保险合同"。跟 JABORNEGG 相反，对于合同类型它可以取决于，在"风险共同体"的报酬的帮助下是否可以客观等值核算或者是否合同不可避免地显示了一个完全不正常的很大的事故发生比率。

　　[724] AaO 505.

必要特征才可以作为保险合同。基于这个结果产生的问题是，是否由此同时充分实现了与真正的投机性射幸合同的关键性区别。至少在这个观点下，人们可以放弃对合法的保险目的的专门讨论，就如在上面几段内容中所讨论的。

进一步的研究显示，为了将保险与投机性射幸合同形成对比，不仅风险共同体，而且"财产设计目的"都是必要的。风险共同体或者对"大数据"的保险技术分析有助于不考虑不确定事件的重要性而确定一个经济上可以核查的等价关系，并且在这个观点下保障合同类型的可靠性。但是这完全没有涉及，不考虑风险概率和分布，被保险人的合同利益本身是否在经济上是合理的并且是法律上完全值得保护的。一个大型赌场也会借助于比如经验法则及其数学分析以试图确定赌博比率，从而由赌徒分担风险并且留下组织者的毛利以及弥补组织成本。在等价的观点下也许一个确定的比率是完全合理的。但是这并不说明，赌徒对于偶然性财产获利机会的相关纯投机利益于法律上在一般范围内有保护的必要，并且由此可以证成一个有拘束力的合同。相应地，在娱乐性比赛和赌博中私人之间自主的给付允诺并非直接非法，从而无效，但是不能产生直接可诉的合同权利；更确切地说不考虑可能会等价的风险分配。所产生的不过是一些自然债务。

在关于经济上的合理性、可靠性以及由此保险合同法律上的完全有效性方面，损失理论、需求理论和财产设计理论都是很有意义的。如果一个经济上有意义的，不是单纯投机性的财产计划目标（包括具体的损失或者损害作为下属分类）得到保障，那么即使不考虑等价关系，其中也存在相关合同的经济上可理解的"原因"，因此也没有什么理由可以反对该合同在债法上的有效性。所以，这个标准对保险合同与纯投机射幸合同之间的实际区分必然是决定性的；而且不受合同双方采用的可能错误的合同名称的影响。

第二个同样必要的标准存在于风险共同体或者基于风险共同体对等价关系的查明和复核中，这一标准通常就可以将保险合同与纯投机性射幸合同相区别，也在概念上与如前所述的两人关系中的有偿担保合同相区分。这个不仅在很大程度上排除了自由评价和估价确定的客观等价性，而且还将有目的设定保障意义下的经济上可靠的"原因"都因此作为保险现实现象的必要特征。

第二节　保险法的特殊原则

1. 那些在保险法文献中所给出的或者由上面所讨论的界定标志所当然指明的一系列主导原则，一望而知并没有什么特别，因为其显然是更一般的，特别是延伸适用于民法领域的原则。

第一位的是法律行为的私人自治原则，它的影响从合同或者说法律行为基础的界定标准中就能够看出。在保险合同中涉及的债法上的合同自由以及对互助保险协会有影响的结社自由都远远超出了保险法。对法律行为基础的强调也显示了与社会保险法的界限。可能没有人能在私法内部指出保险法的特征。在此引人注意的只是，不仅仅有通常的债法上的合同自由，而且还有结社自由，二者都会引起一个保险法的特殊之处，即风险共同体，也因此使保险技术原理的适用成为可能。这个观察进一步注意到事实上保险特有的规范标准。

此外在上面描述过的保险的定义中部分明示、部分暗示的权利的有偿性与可诉性表明，保险合同在此范围内并不是和所有经济领域内债法合同类型相区分。它的特征只是说明，保险合同也表现出了"双务合同"原则特点，并且一般的"个人责任"（债务人以其全部财产）也适用于保险关系中的义务。对这些特征的强调完全可以说明：这些特征着重指出在保险中尽管存在不确定因素，但在经济上仍然完全可靠，并且完全不是简单的投机性的报酬原因（客观确定的等价性），这也正好排除了像单纯的射幸行为那样的自然债务法律性质。

人们相对地在保险法的文献中很少直接提到保险法领域有效的原则（不是仅仅在有关界定特征上走冤枉路）。多伊奇（Deutsch）[725] 以一个好的理由指出了在保险关系中强调的"诚实信用"原则：合同当事人会特别依赖对方的支持，因为在每个特定的方面一方当事人都会较其他人占优势。保险人掌握保险技术（另外必须补充的是，保险人在保险技术的范围内仔细阐明具体的合同架构，尤其是通过一般保险条款）；他拥有高度相关的商业客户、经验以及必要的组织，例如为了详尽调查而必需的专业人士。与此相对，投保人对他的特别风险有更好的了解或者他能够更好地估计这些风险——正如必须补充的——也能更好地影响风险，当他亲自或者通过"他的人"直接参与了保险事故，他就在更准确的事实调查上占有非常大的优势地位。这一原则对关于清楚特定的给付定义和解释的法律要求，以及所保障的风险都产生了作用；此外还影响告知义务和给付关系的具体形式（比如广泛的责任）。

"诚实信用"原则应当在这个关联中被作为保护信赖的法的安定性原则与（总是相互关联的）经济效率要求下的自己责任原则相互作用的标志来理解。经济效率要求，由可以更容易并且代价更小地实现必要的解释说明和保护措施的一方当事人来承担这一义务。客观等价性（合同公正性）和由于意思瑕疵（基于信息不足的错误）导致的法律行为中意思自治缺乏或者不足共同发挥了作用，并且早就形成了相关的强制性法律条款，这些条款阻止以下现象的出现，即投保人持续多年缴纳保险费，但是与此同时，由于对相关附加条款不够注意或者由于保险代理人事后有争议的表述，而对保险保障产生错误的认知。比如可能由于意料之外的风险排除或者由

---

[725] AaO 10 ff.

于对违反责任所规定的不合理结果。现在通常在保护"消费者"的观念下讨论这些问题。可是不能忽视的是，当没有专门的保险专家的小企业主张保险保护时，他们面临的也是完全一样的情形。反过来，当在保险关系中一个在经济和法律上有经验的人以私人的身份作为投保人时，应当明确否定其特殊的保护需求。[726]

以上所述的所有法律原则——包括"诚实信用原则"，如果我们偏爱这个对基本私法原则的综合性要求——明显具有更广泛的意义。它们的适用领域远远超出了保险法。在保险领域只能确定它们的那些特别众多且重要的适用领域。然而并非一目了然的是，鉴于这些适用领域以及那些一般原则与之相应的混合关系，在原则层面产生了规范特殊性，这些规范特殊性必定会明确一定意义上独立的保险法原则。要排除这一点，当然必须首先要由保险法特别专业人士做出广泛的教义学研究，这是此处无法提前进行的。

在保险法文献中[727]有时会强调保险人的业务活动的"计划性"。其意义必然从一开始就超出那个经济上的必然现象，即每个想要成功运行的公司，必须有意识地设定一个特定的目标并且为了追求这个目标而使用合适的方式。其所指的首先可能是保险公司有义务向保险监督机构提交一份格式"业务计划"，其中必须包含作为个别合同谈判条件的基础，尤其是作为核算保险费的基础。"业务计划"只具有监督法上的意义，也就是行政法上的意义。因此如果就此而言谈到了实体的并且同时是私法上发挥作用的观点，也只能是指出了对于保险必要的，根据其本质按计划建立并维持的风险共同体。

2. *"风险共同体与保险技术"*（详细的可能是建立和维护风险共同体的规范性原则，对其可以适用保险技术的那些原则）偶尔也会被明确表述为保险法的"原则"[728]，这导致单独保险合同的"去个性化"。相似的意义下，文献中也经常指出一般保险条款合同内容稳定的必要性，以及必须平等地对待被保险人。在计算上可预期地概括同类风险的要求事实上也以这种方式发挥作用。

因此，与其他地方一样，一般交易条件在保险中明显不仅是可能和符合目的的（即使很多时候对顾客（投保人）是危险的），而且是必需的。私法上这对保险关系是否以及在多大程度上产生影响还不清楚。如果要考虑建立被保险人在其所属的风险共同体内任何一种针对以一般保险条款为基础及其平衡运用的权利，那么所讨论的问题就只是一个更广泛问题的一部分或者所引起的问题：保险关系中包含被保险人关于建立和维持风险共同体的权利吗？或者说这只是（典型的，即经营性）保险现象的经济方面？

---

[726]　Vgl. Etwa KREJCI, Kundenschutz im Versicherungsrecht（1989），der（12）mit Recht grundsätzlich die weitere Themenstellung bevorzugt und nur gelegentlich auf besondere Verbraucherschutzaspekte eingeht.

[727]　HOFMANN aaO 8.

[728]　DEUTSCH aaO 12.

这个问题又部分符合上面已经否认过的那个问题，即是否可以存在一个"单独的保险关系"。此外现在应当要阐明的是，风险共同体是否并且如何在保险关系的参与者之间的权利义务的私法状况中反映出来。

3. 因此，另一方面也涉及一个有趣的保险法上的讨论，这个讨论涉及保险关系的结构并在"风险负担理论"或者"金钱给付理论"下进行。[729] 讨论涉及，在有偿关系中与被保险人的保险费给付义务相对的保险人的给付到底是什么。按照通行的，前文最先提到过的理论，这个对待给付是危险或风险的承担，是"被保证"或者是由保险人建立的"责任状态"或者也是由保险人接手的"风险负担"[730]。所有这些相似的概念都指向，保险人在任何情况下，即使当保险事故在保险关系存续期间都没有发生的情况下，都已经准备好要履行。当然只有当保险事故发生后，他才需要履行约定好的金钱给付。

风险负担理论的支持者希望防止这种印象，即在众多保险事故从未发生过的保险关系中，保险人收取保险费用却没有什么负担。他们进一步的论据是，被保险人通过合同所保障的利益已经通过"已被保护"的状态而得到满足并且保险人在没有发生保险事故的情况下也负有特定义务，即它要保证在如果发生特定情况时金钱给付是可能的；如风险共同体的建立，必要时的准备金建立或者再保险。它不只是涉及由于可能的支付而做的准备措施。更确切地说，投保人可以根据情况起诉要求相应的行为，并且特别是由于保险公司潜在的不稳定状态而产生的相关法律后果，直至因为重要原因而解除这个持续性债务关系。

风险负担理论可以按照保险合同的经济上可靠性的说明以及与投机合同的区分而有效地使情感上的需求得到满足。[731] "金钱给付理论"的主要代表施密特-林普勒却通过敏锐而广泛的法律分析对风险负担理论的重要基础进行了反驳，其观点的正确性与保险的表象问题没有关联。[732] 不容反驳的主要是，"风险负担"（以及它的同义词）的意义与（通过保险事故）有条件的义务负担状态（针对有条件许诺的保险给付）本身没有不同。[733] 在法律上，对一项给付义务的负担不能（在同一法律层面并且同时）表现为一项给付本身。他同时合理地强调的是，在保险事故未发生时，投保人的合同利益仅仅由保险人的限制性义务保障；在紧急状况下，投保人的合同利益保障则要求保险人向受益人支付所承诺的金钱，完全不仅仅是损害赔偿责任。

施密特-林普勒也清楚地证明，在保险费和有条件负担的保险给付两个方面之间

[729] Vgl. Etwa DEUTSCH aaO 124 f; für Österreich BINDER, Zur Gefahrtragungstheorie im Versicherungsvertragsrecht, ÖJZ 1971, 378.

[730] Insb BRUCK/MÖLLER aaO 109 ff; ferner zB DEUTSCH aaO; SCHAUER aaO 97; BINDER aaO 378 ff.

[731] Vgl. 这个观点在 DEUTSCH aaO 的理由。

[732] SCHMIDT-RIMPLER, Die Gegenseitigkeit bei einseitig bedingten Verträgen (1968). Ihm folgen insb PRÖLSS/MARTIN aaO 37 (mit Zitat weiterer Anhänger), 39.

[733] So SCHMIDT-RIMPLER laufend, insb 37.

存在一个对单方附条件的双务合同，这一双务合同支持所有在保险人出现不确定因素时对被保险人有利的必要结果；特别是由于重要原因而无期限限制的解除权。[734]

但施密特-林普勒承认，义务承担的行为，也就是给付允诺，已经作为一个有偿的给付来对待，这对订约人是可能的。在这个意义下，保险人有条件负担义务的声明被看作是保险金的对待给付是可能的。此外，订约人可以在债法上把参与人对于缔结合同的同意构建为独立的、通过特有的报酬而追求的给付。这样的话，在该架构下，保险关系中却缺少针对——在保险事故发生时所引起的——保险给付的报酬，以至于保险给付（因为不存在其他的，比如赠与那样的原因）只能被理解为一个无因义务负担的标的。[735] 这可能不只是特别不恰当，而且是在这一关系中完全错误的。因为——正如应当补充的：一定程度上了解情况的、深思熟虑的——被保险人支付保险金的目的就是在保险事故发生时原本的保险给付得到保障，而不仅仅是为了获得给付承诺。[736] 以上所考虑的这种架构设计直接违背了通常真正的当事人真意，其他情形下违背了按照利益状态所认为的当事人意思。当事人意思可以独自确定给付与对待给付关系的内容。

在详细的债法分析层面不能有效反驳的是，我们必须将根据保险保障承诺所建立的"责任状态"和以保险事故为条件的金钱支付同样地理解为保险人的给付。[737] 由于施密特-林普勒的反对意见，即义务负担状态不能同时（在同一由某一原因所控制的，或者无因的关系中）作为给付，没有被排除，所以必须如此表述：与保险费相对的不仅是保险人的给付承诺，还有保险人可能的金钱支付。然而这样的解释说明仅仅出于一个原因就是失败的，即由于不能以任何方式把保险费按照两个所谓的对待给付来分摊，该解释必然缺少所有事实上从不同的对待给付中产生的法律后果。这样的设计没有多少说服力，正如人们想要在没有进一步后果的情况下坚持，买卖价款的支付不仅是买卖物的对价，而且是卖方愿意提供货物这一义务负担声明的对价，然而不可能对两者进行分摊。

由于保险费完全不依赖于保险事故是否发生，而是在这两种情形下是完全一样的[738]，所以上文提到的设想从根本上完全失败。为什么将保险费分配到保险人两个所谓的对待给付上是不可能的，并且为什么从根本上所谓的双对待给付的设计是没有说服力的，其真正的决定性的原因是：某人在同一范围（保险费）想要为同一给付，为此他得到一个还是两个对待给付却并不重要，这与所有其他经验相矛盾。将风险负担作为一个与保险费相互关联的对待给付的理论即使在现在所讨论的"更

---

[734] 对此在 AaO 63，71 ff.（64）已经清楚地解释，在单方受条件限制的相互关系上，条件产生的可能性对等价具有决定性。

[735] AaO 36 ff.

[736] SCHMIDT-RIMPLER aaO 24, 26.

[737] So JABORENEGG, Das Risiko des Versicherers (1979) 9 ff (mit weiterer Literatur).

[738] SCHMIDT-RIMPLER aaO 26.

温和的"变体中也是无法坚持的。然而正如将要指出的，这一理论的贡献在于，更接近地引导出了符合私法的关于义务的理解，保险人承担这些义务与保险事故的发生与否没有关联，"风险负担理论"合理地关注了这些义务，即使在对价方面出现了错误归类。

在施密特-林普勒的理论中，不像至今所讨论部分具有的至今不可反驳的说服力的是，该理论所坚持的，所有保险人为了保险事故所准备的必要措施，特别是风险共同体的组织，应当只是为有条件的义务履行做保障或者说做准备，并且投保人对保险人的特定的准备行为没有具体的权利，而是和其他所有债权人一样必须将准备的行为、方式完全托付给债务人。保险人也不会考虑，对单个的投保人承担特定行为（业务管理行为）的义务。[739]

与到现在为止所提到的分析不同，这些说法在一定范围内是有可指摘的地方的。对它们的批评同时可以帮助阐明"风险负担理论"的一个真正核心。

保险人不会考虑针对单个的投保人在筹备阶段，确切地说是在（可能的）金钱支付的准备阶段负担特定行为的义务，以上这种说法的说服力——如果将其与"业务管理理论"更加偶然性的关联相剥离时——很大程度上依赖于施密特-林普勒对"单独保险合同"的承认：如果"单独保险合同"是可能的，则事实上必须取决于，保险人在具体情况下是否愿意承担特定准备措施的义务；更准确地说，它的义务负担声明是否表达了这一意愿。在实际上唯一具有重要意义的商业保险的情况下，一个固定的交易习惯已经可以在此范围内确定被保险人的期待以及对保险人的声明进行解释。如前文根据通行观点所提出的那样，基本上保险合同以一个风险共同体（至少按照这种意向）为前提，所以一个如此明确表述的保险合同（不考虑明显的错误表示的情况）的签订必然充分地指向相关准备性的行为义务，并且因此在没有证据表明当事人具有不同意见时解释性地建立这些义务。

4. 与上述看法相对立的是施密特-林普勒的不同论点，即——在债务到期或者条件成就时——债务人作出必要的准备措施，以使自己具备履行能力，这并不是债权人特别请求权的客体。事实上什么时候、以何种方式实施这些必要的准备行为原则上由债务人自由决定。

因此所否定的只是一个债权人对于债务人特定作为或者不作为的请求权，该请求权可以为债务人直接可行地履行义务创造基础；而这也只是通常情况。这绝不意味着，在期限届满或者条件成就之前，债务人的准备行为在法律上是完全自由的。

---

[739] SCHMIDT-RIMPLER aaO 20，34. 最后的观点是在 EICHLER，Versicherungsrecht（1965）20 ff. 的"业务管理理论"的批判背景下。这个批判已经被接受，因为保险人必须以自己的费用执行所有经营中可考虑的措施——在对声明和利益无强制的解释中——这已经考虑到了其可能的支付义务。对保险人转解释为一个（集体的）委托合同具有针对自己的对合同解释的既有标准。但是也赋予"委托理论"以较好的理由来注意出现保险事故时的保险人的必要的行为条件，并在私法标准中将其总结为相应义务的客体。但是其在这里也导致过分强烈地脱离约定的内容。

更确切地说，他对当前的或者可能的履行承担注意义务，避免一切可能使其丧失履行能力的情况，并且——在具体情形下当然要根据其个人裁量——尽可能地采取预备措施创造并维持给付能力。针对即将来临的履行的这个一般的，通常情况下不能产生针对一个特定行为的诉权的注意义务很可能只是一个惩罚性的法律义务：如果这个注意义务被违反，并因此没有正确地履行真正的给付义务，那就不只是一个客观上的违约行为，而且必须对违反该注意义务所导致的债权人的损失承担责任。客观上不履行和违反注意义务而导致的不履行的法律后果的不同之处就在于损害赔偿，在后一种情形下在继续履行之外（有时也可能是代替履行）可以主张损害赔偿。这里显示了尽管与履行相关联，但是也被赋予了独立法律后果的注意义务的独立意义，注意义务一般来说支配着履行的准备阶段。只有在遵守针对义务履行的注意义务的条件下，债务人在履行准备阶段事实上才是自由的。

例外地，也即至少当按照实际情况，注意义务集中于特定的行为，此外，如果债权人对于该特定行为有某种利益，而通过履行请求权或者由于原本的给付义务的不履行不能简单地满足这一利益的时候，就会产生一个对于该注意义务履行的可诉的请求权，该请求权针对的是特定的必要的准备行为。对此，一个显著的例子是那些依赖于官方许可才生效的合同。针对这种合同已经完全得到承认的是，必要时在以真正的给付义务作为生效条件的官方许可之前，已经存在合同一方当事人要求另一方当事人为了获得官方许可而向主管行政部门提出必要的申请或者声明的可诉的请求权。[740] 针对准备阶段的注意义务原则上不存在独立的可诉性确实没有什么深刻的体系性或者原则性的理由，而只是出于符合目的性的看法，即——只是一般来说——由于纯粹的注意义务标准赋予了债务人自由裁量，从而不能明确一个可作为诉讼请求权内容的足够准确表达的行为。在特定条件下，如前所述，情况也可能不同。但是即使在通常情况下，鉴于真正的给付义务的准备，一般的注意义务即使没有直接的诉权，在法律上也有重要意义。

因此，"风险负担理论"的真正核心可以基于上述离题的附带说明首先在一般债法中被确定，在金钱支付的准备方面，保险人即使作为金钱支付的附条件债务人，也承担了一般的注意义务，也就是说不是法律上完全自由的。他特别要考虑，在同类型的被保险人的范围内产生现实的金钱支付请求权通常只有在建立和维持一个相应的"风险共同体"时，才能通过保险技术上的精算来解决，而其他措施，如提取准备金或者再保险，可能一般只能起到补充作用。通常的交易注意义务要求保险人必须注意单个投保人与"保险"现象相联系的期待以及正常的商业往来，据此建立和维护一个由同类风险承担者所组成的风险共同体，并且按照相同的原则对待

---

[740]　Vgl. Dazu näher BYDLINSKI, Unbedingte Pflichten aus behördlich genehmigungsbedürftigen Verträgen, FS Ostheim（1990）43 ff（52），63 ff.

这些风险承担者，都属于保险的本质。

5. 因此保险人的一般注意义务尤其要求任何情况下都专业地、尽力地筹建（建立和维持）风险共同体，并且在保险技术上正确地对待。其他的措施，比如提取准备金或者再保险，可能是按照实际情况，特别是由于起初不可预见的情势发展，而根据注意义务标准所要求的。针对即将成为现实的金钱支付义务，保险特有的并且在交易中无论如何会被期待的准备方式，即风险共同体的组织，在任何情况下都属于以真正的（而非虚假意义上的）保险人的地位签订合同的一方的注意义务。

因此，在保险人的一般注意义务范围内，除了有条件的金钱支付义务以外，实际上另外还有一个基本的组织风险共同体的义务。这尤其意味着一个建立和维持按照保险技术必要数量的彼此——此处在保险精算上必要的风险共同体的意义上——相联系的合同的义务，这里存在着对所有具体合同相对方的注意义务。[741]

与风险负担理论的观点不同，作为保险人符合义务的行为的、看来不是简单存在于有条件接受的金钱支付义务本身当中的"风险负担"。更确切地说，其他义务的标的是按照注意义务采取以组建风险共同体为目的的必要措施；必要时保障可能的金钱支付的其他行为。基于前文一般债法的论述，对于风险负担理论在结果上甚至必须承认，该注意义务必要时依情势可增强为具有独立可诉性的具体请求权。

否则，私法的制裁存在于损害赔偿义务中，这一义务产生于因违反注意义务导致的保险人在面临已经成为现实的金钱支付时的履行障碍。[742] 比如，如果一个保险人违反义务怠于组织风险共同体，从而陷入支付困难并且经过一段时间以后才比如通过康采恩母公司重新具有支付能力，则债权人（投保人）当前的金钱债权因未被及时履行导致给付迟延应得到损失赔偿。

其他私法上的法律后果，比如投保人出于重要原因解除保险合同，可能会被加剧并提到前面来，只要这些法律后果可以以保险人显著的义务违反（不是单纯的未来违约风险）来支持。即使在合同撤销之后，保险人由于其"承担风险"针对到撤销时的保险费的不当得利请求权也不能成立。

这里所主张的观点与"风险负担"理论最主要的不同之处应当被清楚地强调：不论这些注意义务有多么重要，甚至是合同典型的、针对未来履行给付的准备阶段的注意义务与对待给付之间并不存在对价关系，而是"不等价的附随义务"：对价是为了对方的给付而承诺并支付的，承诺方对于这些给付有独立的利益。必要的注意（不管是在准备中还是在给付履行中）仅仅是间接地被偿付，而非部分或全部对

---

[741] 相牵连的合同，即在法律后果上相互牵涉的合同，会大量地以重要的表现形式出现。vgl. Etwa GERNHU-BER, Austausch und Kredit im rechtsgeschäftliche Verbund -Zur Lehre von den Vertragsverbindungen, FS Larenz (1973) 455. 缔结关联合同的义务作为整个法律构造的合同类型的重要因素允许保险合同中存在特例。

[742] 实践中有意义的只是，当金钱之债的特别之处被认为是，金钱缺陷从不会因为履行不能而被免除；而不是认为金钱缺陷自始至终作为过错被处理，即使是在可以证明无过错的情况下。这原则上与系统上都不合理；vgl. Aber § 279 BGB für Gattungsschulden überhaupt; anders das österr Recht.

价与注意义务所要求的必要的措施相牵连。然而在（此处必须在最广义意义上理解的）有偿关系中所负的注意义务标准和责任后果的成立和衡量上尤其要考虑的情况是，即此处的每一方当事人，包括侵害人，都在追求自己的交易利益，这就使——与纯粹的侵权领域相比——注意义务和责任的加重从其他角度来看是可期待的，并因此而合理的。这在上面关于损害赔偿法的章节中详细讨论过了。

因此，从结果上来看，对于保险法应当坚持的是：保险人在未发生保险事故的情形下不履行对价关系中的对待给付。然而他在这样的情形下仍然必须要履行注意义务，特别是细心地努力通过有足够数量的被保险人的相互关联的同类型的合同来筹建和维持一个风险共同体的这一保险上特殊的义务，这些被保险人必须按照保险技术得到正确的对待。这些合同之间的关联性的基础是保险人在组织方面和在保险技术上正确稳定地使用保险条件的核算方面，特别是保险费，针对所有同类型的被保险人的相同的注意义务。

这个注意义务要求保险人采取范围广大且花费巨大的措施，所以保险人在保险事故没有发生的情形下也不是在被保险人单方面的负担下赚取保险费。相反，他要自己承担经济上非常显著的责任。这或许足以明确说明，保险人在保险事故未发生的情形下也不是将保险费作为偶得利益来赚取的。但是在债法技术含义内，保险费的对待给付只是保险人附条件的承诺的金钱给付，因为这样的约定是完全合理合法的。这个清楚的附条件的对价关系在正确的等价规则中是毫无疑问的。

因此丝毫没有矛盾的是，组织一个风险共同体的注意义务也是基于合同关系的合同上典型且本质的义务，也就是说具有私法上的后果。另外还有对于保险监督机构的行政法上的重要意义，这也非常明显。[743]

对于保险来说，就如组织一个风险共同体的注意义务一样典型的，是已经多次提到的对价关系的单方约束力。尽管在任意的合同中都可以如此约定，但是作为一般特征，并且因此具有规范特殊性的，却只有保险关系。[744]

6. 按照所有提到过的，下面的这些原则（在大量对保险法作为特别私法而产生影响的一般原则之外）可以被称为是*保险法特有的*：(128) 法律行为上组织风险共同体的原则；更准确地说，是针对保险人的注意要求，即通过互相核算所确定的统一的合同，去建立和维持一个完全符合保险技术的风险共同体，并在保险技术上

---

[743] 上面所发展出的观点从某种意义上来说是相通的，即除金钱支付义务之外的关于保险人的基本合同义务的承认，mit jenem von J PRÖLSS，保险人作为"风险共同体的托管人"——通过私保险人代理投保人的集体利益，FS Larenz (1983) 487；vgl auch DENS in PRÖLSS/MARTIN aaO 16 f（他所称的"集体原则"的不同法律效果）。在这个作者这里，保险人的——通过交易期待描述的——注意义务不是关注于可能发生的金钱支付义务，而是保险费使用的"优化义务"。对于保险人的获益部分而言，优化义务并不仅仅导致，获益部分不可只是优化的保险费的"一小部分"。但是不在暴利法律监管范围内适用，在保费的主要部分的等值（最佳）核算中是必要的。风险共同体的组织和运行是优化理论和成为独立的注意义务的理论的一致的要素。

[744] 在上面与保险相区分的"担保合同"，它不属于"特别私法"。

进行妥善处理，基于此原则上可以保障实现被保险人的财产配置目标；另外是
(129) 单方有条件的对价关系原则，涉及保险关系中给付与对待给付的结构。它以
保险的特殊方式稍微改变了更一般的"吾予，尔偿（do ut des）"原则的有偿性或
者说相互性。

至少这两个原则在彼此相互作用中，并在与前文所提到的对保险法也有效的更
一般原则的相互作用中，导致这个法律领域特别清楚的规范性特征。

上述两个原则在规范层面表达了保险的主要作用，也即通过共同体的构建和保
险技术实现合理地应对对于个人不可控制但整体上可核算的同类风险的目标，其方
式是将这些风险的影响划分为众多的小份额，从而使其对于个体是可承受的。这就
避免出现在风险变为现实的情况中，相关人员的生活及财产计划受到妨碍，甚至导
致经济上的破产。因此，保险作为一种法律制度及其特殊原则可以尤其基于作为经
济效率的合目的性要求得到解释，因为它们防止为特定目的进行的花费和设立的计
划的落空。在极端情况下甚至促进最低生存保障。自由原则也与其相关，因为保险
使法律主体可以成功地继续追求自由选择的目标，而不考虑不可预见的干扰事件的
影响。从这个原则出发，保险思想的限度也自然暴露无遗：我们可以设想一个人，
他针对几乎所有可以想象的风险都有保险保障，但是由于因此带来的保险费负担几
乎没有更多的财产可供临时自由使用。

对此必须进行提醒的重要意义在于，针对某些在越来越多的范围内特别是向企
业增加保险义务的企图，这些保险义务可能进一步严重损害经济上必要的行为自
由。即使在保险领域，法律行为的私人自治毫无疑问也不可以过度降低。

7. 一般的合目的性衡量这个辅助标准完全不会与保险法作为特别私法相矛
盾：这是一个范围广泛的法律领域，其中包含在司法实践和学术领域中广泛讨论的具体问
题。在成文法体系中已经存在通过保险合同法和——部分地对私法也有重要意义
的——保险业监督法实现的——不考虑那些单行法——相当全面的法典化。这一法律
材料在学说与研究中早就得到了独立的处理，特别是在数量众多的教科书的内容中。

本书所提出并作为基础的体系化标准因此在不同方面都得到满足。前文所提到
的更一般原则对于保险法的明显影响确实尤为突出地强调了那些特别私法的独立性
的相对性，这些特别私法绝对不应当被当作是只属于专家的"独立世界"。

第三节　保险法作为"企业法"——对这一分类的仔细阐明

应当再次强调的是，如前所述，保险法以保险人作为合同一方当事人的企业化
活动为前提；这一点首先涉及其事实领域。其原因来自风险共同体这个特征，风险

共同体只能通过许多符合计划的相互关联的合同来建立。在原则的层面上，这一企业关联性也明显表现在组织风险共同体的注意义务内容之中。

本书的前述章节已经表明，（发达的）商法、公司法（狭义讲，作为特别私法）以及竞争法中的情况是相似的：在对于法律材料的"外部"体系化也是决定性的事实领域的界定上，企业始终都是一个基本的标准；在"内部体系"的范围内也始终明显的特殊原则在规范层面上清楚地表达出了企业关联性。在保险法中情况就是如此，尽管（对于保险人来说）是纯粹单方企业关联性。以企业为条件的"规范领域"和（很大程度上同样条件的）"规范特殊性"在此也相互协调。

根据这些观察，现在可以为作为"外部"体系分类至今几乎无法理解的"企业法"确定更加明确的轮廓：我们可以将"企业法"作为上位概念来理解，囊括了刚刚提到的与企业相关的特别私法；然而对于"内部体系"来说还是松散的，也因而没有特别的规范性效果。因为正如对已经提炼出的原则层次的比较所揭示的，这些"规范性特征"各不相同，即使它们全部广泛地"与企业相关"。

因此，上文所指出的对于精确阐明的"企业法"这一体系的可能性，大概在目前通常的极为局限性的意义上，基本上只有"纯粹概念性的意义"。这一体系可能性尤其不应当诱导出过激的错误观点，即企业法基本局限于对于企业经营性活动主体有重要意义的法律材料。在特别私法领域，如果不考虑基础性一般民法的规则、制度和原则，我们可能非常普遍地，尤其是对于些许更为困难的法律问题，实际上寸步难行。这些规则、制度和原则通过特别私法针对各个更为狭窄的领域只是得到了补充和修正，它们始终包含了支撑体系的，也因此具有导向性的基础评价的主要部分，以及——借助于一般民法的辅助适用性——数量众多的具体法律条文，在特别私法的领域中也应当直接适用。另外，不仅整个私法上的财产法（债法、物权法以及相关的总则部分），而且如经验表明的，家事法和继承法对于从事企业经营活动的人来说，在其人身特征上通常都有极其重要的意义。

因此，所有这些都应当被突出强调，因为在法律领域中令人遗憾的广泛传播的无知在这一方面根据经验也经常导致重大误解。在普及教育中始终缺少关于私法的基本结构的任何实用的相关教育。通过参与法律生活的日常实践，法律外行人通常会获得纯粹非常片段化的信息，有时到处套用这些信息就会造成严重的误导。所以经常甚至出现这样的印象，即"商法"与从事经营性活动的人的关系更密切，而与之相反，一般民法则对他们没有意义。鉴于当前商法相对于一般财产法所显现出的次要的，部分纯粹是表面性的修正和补充，这种印象是明显错误的，但也是典型的错误。

基于这些经验我们或许必须考虑，是否最好放弃"企业法"这个概括性的分类，因为一方面这个分类在法律上收效甚微；另一方面，前文指出的误解的普遍化，以及由此而生的其他困惑的风险也是明显的。作为最基本的预防措施，我们绝不应当大力推动集合性的分类，而应当尽可能地坚持所讨论过的具体特别私法，并且尤其要一再澄清，如果想要避免不必要的评价冲突和任意性，这些特别私法的适用和适当的进一步发展在很大程度上都依赖于私法的更一般的体系组成部分。这确实是公平的最低要求。

第四编　内部（规范性）体系观点的"外部化"与批判

第一章 ◀

规范度量的体系性"外部化"

内部体系观点的"外部化"在此应当被理解为，直接根据特定的规范主导思想（原则、评价、基本目的）进行法律素材外部划分的全部尝试。特定的规范主导思想对于整体法律素材的某个可说明部分来说是独特的，更确切地说对于这一部分的内容具有关键性，从而同时具有界定性。至于基础的规范度量的"外部化"是否同时涉及特定规则或者规范群（Normengruppen）或者首先是真实的标的（然后由此再到特定的规范群），只有次要的意义。

以前文提出的体系化标准观之，这些尝试只是对"规范性特征"片面、过度的运用。不同于——同样片面地——依据纯粹的、没有明显的规范关系予以界定的事实片段进行的体系化努力，不能指责这些尝试说，由于其完全脱离了真正的规范性法律素材，脱离了法学的规范性任务，只能完全偶然性地（或者纯粹基于额外凭直觉运用的法学经验）促进法学规范任务的完成。同样难以获得支持的反对意见是，仅仅依据事实片段进行的体系化必定产生众多平行规则，这些规则之间最多也只有恣意的细微差别，或者过多无法概观的交叉引用（极端的例证就是，如果我们真的遵守纯粹现实主义的体系化观点，那么针对不同生活领域中出现的合同，就必须分别规定合同订立、合同瑕疵、合同履行、违约的所有类型与后果）。

从其他原因来说，规范的片面性的体系化当然也是不恰当的。因为，真正适合基本体系划分的较大的规则复合体（Regelkomplexe）不是总是排他性地依赖于特定原则或者原则类型。更确切地说，获得承认并经受住考验的那些体系组成部分始终具有原则层次的多元化的特征，前文的具体探讨已经证实了这一点。还有一些原则，比如缔约自由、有约必守或者自己责任，同时分布于不同的素材部分中，并在其原则层次中与各个更特别的原则相结合。也就是说，通常无法确定某些原则对于特定素材部分的专属性。反过来，某个特定的基本原则在多个法律素材中的强势地位也绝对不足以将这些法律素材联合成为一个有意义的统一体系。比如我们可以看看过错责任原则，肯定不能把刑法、损害赔偿法与离婚法律制度融合成为一个上位的体系类别。

这一观察的结果必然就是，片面的规范体系化观点不能形成具有恰当的（尽可能好的）抗干扰性的体系边界。真正单纯依据规范基础进行的法律素材划分，完全不可能产生一个实用的外部体系。因此，仅仅从任何体系构建的基本可概观性功能来说，这类体系化的努力也是不恰当的。它们也无法满足法的安定性原则更特殊的一个方面，该方面要求，我们可以尽可能简单可靠地找到所需要的法律材料，这样也就必须有适于界定的标准了。如果真的似乎是以纯粹的规范体系化来进行体系划分，那么实际上发挥作用的是难以控制的制度或者未明言的、也因而不明确的附加观点。有时甚至会选择对较狭窄的法律材料进行列举的方式作为解决办法，再仔细推敲就会发现，这些法律材料与最初提出的规范体系标准之间只有非常松散的、但绝非排他性的关联。

更现实主义的规范观点是，不援用所谓排他性的原则或者原则类型，而是满足于依据由此确定的体系组成部分的规范度量的优先性。即使是这样一种量的观点（针对外部界定问题！）对于外部体系构建的概观性与法的安定性功能也绝无裨益。另外，这种规范性的量的观点将不可避免地误导我们，相对于其他同样发挥作用的、但是没有被选择用于体系构建的原则，过度拔高我们所挑选出的那些原则的价值，从而在法教义学上，尤其是在法律发现上，赋予这些原则与其实际法律地位完全不相称的优先地位。经典的例证就是，从私人自治的角度解释整个法律行为制度或者甚至整个私法的多重努力——原则的、但是过于狭窄的体系化设想的特别诱惑！

概而言之，单纯地根据特定规范度量进行体系化，必定会带有两点不足：这样的体系化不能在法律材料中形成最佳程度的抗干扰性的界定，这样的体系构建夸大了为体系构建所选取的规范主导思想的实际规范意义。后文将在一些最重要的例证上进行更详细的阐述。

第二章

19 世纪 "古典" 私法理论中的 (规范的) 体系观点

第一节　经过考验与证实的体系思考

对于今日通常或褒或贬地视为古典的、前一世纪的私法理论的体系化贡献，迄今为止的思考势必是两极分化的。"古典"私法理论最独特的体系化贡献无疑就在于解析地提取出了私法与债法的"总则"。面对始终不断出现的非理性的反对意见，这一贡献应当是永恒的。[745] 批判性观点经常将其与这一法学门派逻辑的、概念化的法律获取方式（尤其是其晚期阶段）相联系，即使这样也不能贬损其价值。这些被广泛地归咎于"概念法学"的、但是更多的似乎主要是为了逃避连贯性思维的努力而归咎于"概念法学"的缺陷，当然实际上绝对不在于体系构建方面，而在于在根据一定方法的法律获取过程中，对其逻辑与概念上的可能性的极端过高评价。

在"总则"之外，19 世纪的理论当然也整体上创造了"潘德克顿体系"，它绝对不可以被轻易地指责为具有严格概念化与单纯逻辑演绎的过度倾向。毋宁说，"潘德克顿体系"根据不同的标准构建于绝非演绎式的"交叉划分"上，这些标准之间不存在逻辑上的先后关系：一方面以真实的生活领域为标准，比如财产法和家庭法；另一方面在财产法中又以所包含的权利及法律关系的法律本质为标准，这就导致了债法与物权法的并立。纯粹的逻辑演绎思维是从某个核心概念出发，再辅以额外特征以区别该概念，对它来说，潘德克顿体系实际上必定是无法理解的。在这

---

[745]　尤其是参见前注 111 及以下。将一般内容提取出来放到前面去的基础思想，早见于 SAVIGNY，System des heutigen römischen Rechts I (1840) 389 ff.

一体系中所凸显的，无非是将法学不恰当地压缩为逻辑与概念化的观点。由于这很明显，并且实际上也没有争议，因此反而令人惊讶的是，对"古典"私法理论的常见指责一再老调重弹，这是多么老套刻板与过于简单化。事实上，肯定是当时的法律理解中其他的、历史的或者"有机的"要素可以支持罗马的"《法学阶梯》体系"（Institutionensystem）发展成为"潘德克顿体系"，而对于《奥地利普通民法典》来说，罗马的"《法学阶梯》体系"是特有的。[746]

本质上，"潘德克顿体系"的目的当然只在于，使在《法学阶梯》体系的划分中只是作为"物"（res）这一部分的法律领域，也即债法与继承法，得以独立，从而可以形成特别的"物权法"。看起来真正起作用的，更多的是对法律素材合目的性、概观性划分的理解，而非抽象的理论反思，这又与现在作为已经独立的体系组成部分的各种重要的原则—规范上的内容的法律经验相关联。

无论如何，潘德克顿体系完全通过了本书在前述内容中建立与应用的多种综合性体系化标准的批判性检验。不仅如此，潘德克顿体系还获得了额外的证明，借助它可以在消极意义上解决新近的"特别私法"区别于纯粹特别法律的体系性谜题："特别私法"包含了一些根据一般体系化标准既可界定的、又是休戚相关的，同时却又不符合潘德克顿体系的材料；也即与潘德克顿体系互不相容。[747]

只要我们还不能设计出宏伟的新体系方案，可以在不损害概观性与内部连贯性的基础上，使普通民法与特别私法可以在内容上最大限度地相互融合，我们就仍然应当坚持"古典"私法理论在体系构建上的贡献，正如已经提到过的，这一贡献暂时还没有被淘汰。一个超出潘德克顿体系加特别私法的、真正意义深远与广泛的体系方案一直还没有萌发。当前的"新东西"只涉及个别的部分领域，离一个广泛的体系设想还很遥远。尤其不成熟的是那些伪现实主义的建议，没有深入的规范反思，只是以事实片段为标准。在它们能够形成实用的部分类别的范围内，比如在劳动法上，它们完全依赖于——经常没有意识到或者至少没有重视，但是同时存在的——相关法律材料的"规范性特征"。

第二节　意志自由原则的体系性"外部化"

一、一个额外的体系观点

19 世纪的私法理论当然还补充性地提出了一个体系观点，就是意志自由的特

---

[746] SAVIGNY aaO 386 将其之前要求的法律制度（符合潘德克顿体系）的结合视为是建立在同一制度的"最核心本质"上；也就是说，他将其追溯到与"人类自身本质"的"有机关联"上。

[747] 参见前注 439 及以下。

别"外部化"。意志自由被视为基本的、并且被作为排他性的规范原则。事实上，这一原则同样具有前一章节一般讨论过的那些体系观点的消极后果，一直以来它所起的作用都是，被世世代代中批判性远胜于建设性的法学家们一再作为原则性批判私法的切入点，或者作为提出新的体系化建议的动因，从而更加促进了这种"外部化"。这些新的体系化建议希望把总算是由"正确的"基本评价所主导的法律材料补充性地，并且很大程度上是替代性地添加到"古典"私法中，因为"古典"私法在其规范基础上存在所谓的错误或者陈旧。如此一来，法学原本的任务，即针对当前的真实情况来平衡尊重私法的新旧组成部分，通过优化私法的所有原则促进其广泛的和谐，不但没有得到促进，反而受到了更大的阻碍。[748] 本书的一个主要目的，就是要反制这一现象。在此首先要指出的是"古典"外部化的错误，当前其实际意义主要在于为后来的批判性"外部化"及与其密切相关的、基础的私法分裂倾向创造了机会。对于被理解为具有矛盾性的私法组成部分来说，通过汇总众多相互对立的片面性，潘德克顿学派在规范的基础层面上的还原主义的片面性（reduktionistische Einseitigkeit）变得更加严重。鉴于上一世纪的私法理论与现在要讨论的这个额外体系观点相互独立的、正如前一章节所描述的贡献，这一额外体系观点越是可抛弃的，古典"外部化"的这一消极的远距离影响也就越是令人惋惜。

仅就最本质的部分来说，导致古典"外部化"的关键思维过程，可以被概括如下：作为权利中的"一般元素"（我们或许可以说，作为一种严重精简的自然法！），首先是对人的处处平等的、合乎伦理的尊严与自由的承认。[749] 权利对伦理的贡献在于，权利保障所有个别意志中所包含的力量的自由发展。其他的任务，比如以公共福利名义的国民经济任务，不在权利的服务范围内。权利确定了个体之间的界限，通

---

[748]　参见前注 76 及以下。

[749]　SAVIGNY 出处同上 53. PUCHTA, Cursus der Institutionen I[9] (1881) 6 f 也在同样的意义上承认自由是人作为意志力主体应当平等享有的；另见其第 46、52 页。其中有代表性的是把这种主导思想称为"一个"法律原则（第 57 页）。之后又相应地在回顾当中，不论是批判性的回顾也好，是中立性的或者辩护性的回顾也好，强调个体，或者在本质上意义相同的作为自由与平等个人的样板的自由和平等是"古典"私法的指导性价值原则；参见比如 WIEACKER, Privatrechtsgeschichte der Neuzeit[2] （1967）448 （此处特别关系上最为明确）；同一作者，Das Sozialmodell der klassischen Privatgesetzbücher und die Entwicklung der modernen Gesellschaft （1953）；WESENBERG/WESENER, Neuere deutsche Privatrechtsgeschichte[4] （1985）187；W. WILHELM, Zur juristischen Methodenlehre im 19. Jh. （1958）102. 众多其他著作也表达了相似观点。有关历史法学派在奥地利的接受，尤其参见 UNGER, System des österr allgemeinen Privatrechts I[2] (1863) 提纲性地见于：第一版的前言部分Ⅲ ff；有关私法的体系 210 ff（潘德克顿体系；对《奥地利普通民法典》立法体系的放弃；但是没有平等意志自由原则的"外部化"！）；广泛的历史回顾，参见 OGRIS, Der Entwicklungsgang der österr Privatrechtswissenschaft im 19. Jh. （1968）9 ff. 从本书追求的体系观点出发，前述法律理解的要点在于承认法的原则的伦理范围是法学理论上可以接近的一个值，潘德克顿学派由此与其后空洞的法律实证主义相区别，同时却又将这一基础层次限缩到了形式意义上不从属于他人意志的平等意志自由。（相反，平等的伦理尊严似乎毫无独立结论就未发挥任何作用。）这就明显比不上在其之前的理性时代的努力了。以历史法学派的"科学实证"（wissenschaftlichen Positivismus）与法律实证主义之间的强烈反差作为中心主题的，很有意义的著作，JAKOBS, Wissenschaft und Gesetzgebung im bürgerlichen Recht. Rechtsquellenlehre des 19. Jahrhunderts (1983).

过界限划定了个体可以自由发展其意志的自由空间。[750] 法律关系的本质应当被确定为个人意志相互独立的统治区域。因此需要探究的是意志可能的作用对象，即其统治区域的覆盖范围，从中得到对各种可能的法律关系的概观（也即外部体系！）。[751] 需要区别的是三类主要的意志统治对象：表意人自身——在"外部世界"的范围内——不自由的自然实体（物权）以及与表意人平等的自由实体，即他人（债权），债权所涉及的只是针对特定人的特定具体行为的权利，而不能排除这个人的自由。[752]

就家庭法来说，所涉及的是伦理明确规定的、不受个人独断专行所影响的生活方式，即家庭[753]，这一划分并不适合作为整个法律体系的基础。就此而言，具有决定意义的必定是法律制度与人的本质之间的有机联系本身。[754] 适合根据意志统治对象来进行划分的是对财产法的进一步细分。[755]

最初所考虑的对人自身的权利旋即又被否定，其理由当然是无法令人信服的，并且随着法律发展自此最终被推翻。否定对人自身权利的各种理由根本就不能有说服力地反对这样的观点，即人对其自身或者其自身的特定要素享有权利，这些权利可以课予其他人对其进行尊重的义务，并且可以通过特定的请求权予以实现。[756]

---

[750]　SAVIGNY 出处同上 332。

[751]　SAVIGNY 出处同上 334。

[752]　SAVIGNY 出处同上 335；相似观点 PUCHTA 出处同上 48 ff.

[753]　SAVIGNY 出处同上 350. SAVIGNY 因而在注 e）中偏向于将家庭关系归类到公法（jus publicum）中去，正如其在第 57 页中表明的，他指的大概只是强行（而非公）法。PUCHTA 出处同上 35 更严格地将家庭的纯粹私法意义限定于家庭与财产的关系。他把家庭法的其他部分划分到了公法中。如此大范围地将最重要、最古老的一个私法制度转移到公法中去，当然是不妥当的。家庭法不能通过平等意志自由（与意志统治）这个主导思想来进行解释，正确地说，从中只能推断出，（包括）私法的规范性基础层次在没有巨大的事实缩减的情况下，不能被压缩到自由意志这个主导思想上来。更强烈地得出同一结论的是一部有意义的，完全是潘德克顿式的早期著作 ARMIN EHRENZWEIG，Über den Rechtsgrund der Vertragsverbindlichkeit（1889），作者将合同的约束力称为是"纯粹私法体系中"非正规的法（第 15 页），因为合同的约束力不能通过意志进行论证（第 80 页），并且只能追溯到国家颁布的法律，而不能追溯到自由准则（第 84 页）。完全正确的是，合同的约束力不能被唯一地从自由原则推导出来，因为这一原则要求，如果一方合同当事人改变了其意志，就可以单方解除合同。有关自由和约束力的辩证法技巧也完全不能改变这一点。理所当然正确的还有，与一方主体自由表达的意志相关的约束力只是最小限度的自由限制，如果还应当存在一点规范性约束力的话，这实际上也是自由原则所要求的。其原本的论证必须根据其他原则进行（详细论述参见 BYDLINSKI，Privatautonomie 66 ff）。此处有意义的是确定，如果——根据"古典的"体系观点——只是从意志自由出发来思考，那么合同约束力的相应后果必然是植根于"纯粹私法"之外。因此有必要的"国家的"基础可能应当至少部分地被视为公法，肯定不能被视为"纯私法"。仅仅根据这些结论，就把家庭法和合同法（至少部分地）驱逐出私法的私法理论观点，明显是非常不合适的。

[754]　SAVIGNY 出处同上 386；类似观点的还有 WINDSCHEID/KIPP，Lehrbuch des Pandektenrechts9（1906）70（"生活关系的意义"）。

[755]　SAVIGNY 出处同上 387。

[756]　参见否定对人自身的权利的论证 SAVIGNYS 出处同上 335 ff；相应强烈反对"人的权利"的（由于《奥地利普通民法典》第 16 条的规定，明显违法）还有 UNGER 出处同上 504 ff. 完全接受这种权利，并且有说服力地抵制了不同意见的，PUCHTA 出处同上 49 ff. 最迟从 HUBMANN，Das Persönlichkeitsrecht2（1967）以来就明确了，根本就不能说这种权利是不可想象的或者无意义的。几乎一望无际的最新文献提供了更多的证明，参见前文人身权部分。特别丰富的证明，比如可以参见 EHMANN，Informationsschutz und Informationsverkehr im Zivilrecht，AcP 188（1988）230（242 ff）。奥地利、德国和瑞士私法中方法和理论上非常有意思的人格权法发展概况的简要比较，参见 BYDLINSKI，Neuere Entwicklungen bei den Persönlichkeitsrechten in Österreich，FS Radwanski（Poznan 1990）133 ff.

前述评论首先确定，在"古典"私法领军人物萨维尼（SAVIGNY）本人的观点中，依据意志自由及意志统治的对象进行的体系化不能作为初次划分私法的基础；也就是说，要涉及一个——完全不必要的——额外体系观点。进一步贬损额外体系观点重要性的是，针对所考虑的第一种对象，即人自身，萨维尼自己立刻放弃了额外体系观点，而其他领军的理论家却径直地维护。

二、批判

基本上值得注意的和有问题的部分主要是论证的各个步骤，通过这些步骤从一个基础的法律原则，即个人意志的平等自由原则，竟然到达了在法律素材中进行体系化区别的可能性问题。基于只包含一个核心基本原则的原则层次，通过不同的原则来掌握各种法律材料的路径是行不通的。为了避免持续的冲突，所有人的平等意志自由就必须要有对权利人意志所控制的相关自由范围的规范界定，这是首先就需要追溯的原则。就属于这一自由范围的权益来说，自然必定与对其他利益相关主体的规范的限制与约束相关。这一方面在以平等的意志自由为出发点时就完全失去了重要性。最明显的情形是，过去可以完全无偏见地、不加区别地讨论债权人享有的、对于义务人的自由来说毫无疑问的、强制的、要求债务人在某个时间实施"具体行为"的权利，而这个时间完全没有考虑负有强制义务的劳动者的日、年与终生工作时间，因此实事求是地更应当可以主张，劳动者免于这些"具体行为"。

因而对于——基本上完全正确的——有必要界定主体的自由及控制领域的思想，迫切需要通过考虑更确切的原则与权衡进行补充，根据这些原则与权衡进行个人领域的划分与变更。在承认符合权利要求的、已经实际完成的领域划分的基础上，人的平等伦理尊严原则（被理解为具有独特重要性的主导思想）与明显的公共福利原则可能尤其适合作为框架性的导向与控制标准。但是从前一原则中无法得出任何必然性结论，为此或许对人自身权利的否定也很重要，而后一原则正如所介绍的一样，明确被排除出法学理论上重要的基础层面了。因此，从意志自由到意志统治的论据方面的变体在法学理论上始终未被缓和。这种论据方面的变体就隐藏了众多的规范性问题。从体系化要求来说，这种论据方面的变体却是必要的，也因而是好解释的：这种论据方面的变体获得了个人自由意志与从属于该意志的、并且法律材料可以依其进行划分的特定对象之间在体系上的必要关系。因为一个孤立的原则，比如平等意志自由这样的原则，要想形成区别及针对体系构建的建议，必须要将该原则"向外"与意志可能影响到的各种对象相联系，也即单纯依据这些对象的差异性。

在这种"外部效力"（Außenwirkung）下，针对体系问题，最终我们可以删除理论上的规范性底层结构而不需要有任何变化，并且可以直接区别不同的法律素材，分为将外部自然界的基本对象赋予特定主体的法律素材、包含作为基础的、依赖于债权人的意志的、课加于债务人的履行命令（及其后果）的法律素材（债权），以及最后的——如果我们不考虑萨维尼对于针对人自身权利的反对意见——直接涉及人本身的法律地位和保护的法律素材。也就是说，这里所应用的规范度量的"外部化"类型实际上与依据事实片段（如果在确定事实片段时考虑到权利属性，权利属性是不论体系化本身而在其之前可以确定的）进行体系化是相当的。对于潘德克顿体系的"发明人"海瑟（HEISE）来说，即使物权与债权在财产法上的差异也是在与意思原则没有特别关联的条件下发展起来的。[757] 根据各种法律材料的直接对象进行界定，也即直接根据物或者针对某个债务人的履行命令，事实上就足够了。

三、"外部化"的消极后果

"古典"私法理论的整个规范的体系化观点，正如已经讨论过的那样，完全不适合作为私法基本划分的基础，因此对于财产法来说，也完全可以抛弃，并且不会因此损害前文已经赞赏过的、该理论的体系化贡献。实际上，也应当实施这种抛弃。因为即使不考虑其不必要性，已经讨论过的规范体系观点与"外部化"的实际模式全面造成了前文提出的各种单纯依赖内部体系元素所产生的缺点：首先，这里实际上也没有任何充分明显的、适合于所追求的体系化划分的标准，反而是这些标准必须在最广泛的范围内通过完全不同的附加考量（或者通过直觉性的决定或者列举）进行补充。正如已经评论过的，并从"古典"法律理论本身来看，这里涉及的首先是家庭法：如果人的平等的、合乎伦理的自由"这个"普遍性法律原则解析性地联系不同的对象，还能作为一个实用的划分标准，那么完全无法理解的是，为什么特定的材料却摆脱了这一标准，尽管它们毫无疑问在这一原则的普遍适用范围内。事实上，在家庭法中，即使是以隐蔽的方式获得承认的观点就是，私法不是以某一个价值原则为出发点的，因此也不能单单以该原则为标准进行体系划分。在家庭法上，所讨论的这种观点欠缺适于界定性是非常明显的。[757a]

在仅仅涉及私法划分的范围内，也是同样如此。针对人自身、针对外部自然存

---

[757] 参见前注 107。

[757a] 涉及家庭法的 19 世纪的体系考量，详细参见 MÜLLER-FREIENFELS, Zur Diskussion um die systematische Einordnung des Familienrechts, RabelsZ 37（1973）609（644 ff）sowie 38（1974）533（zu SAVIGNY 548 ff）。这些考量的缺陷似乎在于，它们主要不是基于对法律体系化标准本身的普遍反思，或者没有与普遍反思保持充分的一致（而是通过特别假设）。只要核心的问题是在于不是以个人为中心，而是以"家庭"这个小组织为中心，那么似乎就没有足够重视，这个小组织肯定是由个体，也即"从下"构建，以及在其共同生活中形成的；而不是或者更罕见地"从上"，由国家机关的意志所构建。（后者只涉及通过一般抽象规范施加的影响，只要这些规范不是单纯地接受基本上独立于国家形成的规则。）在这一点上，实际情况与公司、（私法上的）社团，还有由（两个）缔约人构成的最小团体，没有什么区别。相似性还存在于，上述组织（和制度，也即代表了规范涉及的生活关系的基本类型）被国家制定的规则所包含和影响，但不是由其原创。

在的对象和其他自由意志的主体的权利也同样存在于公法中。如同所有的法一样，即使是公法，也必须根据前提条件，由平等的意志自由这一普遍原则所统辖。依据意志所作用的对象对法律素材进行体系化划分，从基本思想来说，逻辑上不应当局限于私法。更确切地说，这种划分更必须包含与所指出的这种类型对象相关的各种私法和公法材料。只有当我们对这两大类法律材料进行完全不同的界定时，才可能阻止这种划分方法的适用。[758] 所讨论的"外部化"对于法律素材的这种基本划分没有任何作用。在这个方向上再次表明，"古典"私法理论中的"外部化"完全导致了规范体系观点事实上存在的不适于界定性。

表现得更加严重的，因为其影响也更大的，是所有外部化的规范体系观点的第二个一般缺陷，也即暗示性地过度强调其所选取的、外部体系化尝试所依据的规范度量。与其相伴随的，就是对其他在相关法律领域中发挥作用的原则的相应贬低，无视这些原则在基本评价的"内部体系"中的地位和以这些原则为基础的论证关系。

在"古典"私法理论中，正是平等意志自由原则（包括其在意志控制界限范围内的变体）通过（所谓的）以其为基础的外部体系化，获得了暗示性的价值拔高。通过苛刻的理论化系统思考对这一价值进行拔高尤为更要，其原因在于，没有这一价值拔高可能立刻就必然显示出：认为私法完全服务于人的平等意志自由（和平等伦理尊严，由于缺少独立后果，平等伦理尊严明显只能被理解为平等意志自由的另一说法），尤其是与公共福利目的毫无关系的观点，即使对于 19 世纪的私法来说也是不正确的。如果我们将对基础法律伦理的原则层次的这种限缩与当时实际生效的法律制度进行比较，并且认识到，原则层次（至少另外）是必须从现行法中通过归纳建立的，那么就可以立刻看出，这种限缩完全是错误的。

即使无视这些，这种还原主义的观点也显得过于极端，为了比较，我们可以参考一下还不算太老的理性法理论，在马丁尼（Martini）（1779 年）主持制定的《奥地利普通民法典草案》引文条款（后期沦为不断删减的牺牲品，因此没有能够成为明确的法律性规定；仍然可以参见《奥地利普通民法典》第 16 条）中有其尤为令人印象深刻的总结。该条款中就明确提出了"实现普遍福利"的目标，从而一定程度上限制了"自然"权利与义务（第 28 条）。被规定为天赋之权的"主要是"每个人都有权维持其生命，有权创造为维持生命所必需的物，有权追求肉体与精神上的完美（"人格发展"！），有权捍卫自己与自己的存在，有权主张其良好名誉，有权自由处分完全属于自己的东西（第 29 条）。特别强调的还有天赋之权的完全平等（第

---

[758]　实际上如此的 SAVIGNY aaO 22. 伴随国家主权的当代私法观念的发展，参见 JAN SCHRÖDER, Privatrecht und öffentliches Recht-Zur Entwicklung der modernen Rechtssystematik in der Naturrechtslehre des 18. Jh., FS Gernhuber (1993) 961；有关 19 世纪法律思想中私法的优先地位，参见 K. W. NÖRR, Eher Hegel als Kant. Zum Privatrechtsverständnis des 19. Jh. (1991)。

31 条）和对弱者的保护（第 33 条）。

在私法如此区别化的法律伦理理论基础上，可以从人格尊严这一主导思想中得出独立的结论，并且其中明显包含公共福利原则。对个人自由意志的承认是一个非常重要的元素，但是被置于一个更加广泛的规范框架内。

这一观点不是单纯地发源于理论上的空想，而是完全符合实证法上的现实以及相应的法学经验。不是这些规范度量，而是法学理论的解释在理性法与历史法学派之间改变了。因此，将法律伦理的基础层次在理论上限缩为平等的意志自由，从逻辑分析上看是错误的，因为这一限缩没有体现出其他法律伦理性主导原则对于实证法绝对存在的影响，而是完全相反恰恰在理论的基础层面上掩盖了这些影响。维亚克尔（WIEACKER）证实，甚至在《德国民法典》产生的年代就存在这样的影响。他证明，当时的私法除了先前就存在的"适度自由主义"，还保留了一定的保守特征和一定的社会的、伦理的要素，并且指出，这一发现在一个完整系列的法律规则上都是正确的，这些法律规则不能通过承认意志自由进行解释，也不是来源于对意志自由的承认。[759]

但是，具有关键意义的不是边缘或者特殊领域。毋宁说似乎具有关键意义的是，"古典"私法理论放弃了在基础层面上理论化解释和相应加工所有实证的法律制度和法律规则，这些法律制度与法律规则不能被平等意志自由这一基本原则充分囊括。[760] 最后，所有的强行法也是如此，强行法的实施甚至可以违背直接当事人（各缔约方）协商一致的自由意志，因此也不能通过承认与保障个人的意志及其意志统治来得到解释。

这些实证法律制度和法律规则都完全可以在"古典"私法所提炼出的潘德克顿体系中找到，而没有在其理论基础层面上以更深层次的规范原因反映出来。不作完整列举的话[761]，这些法律制度和法律规则包括：人身权的众多强行性规范（包括社团与合伙法），物权法上的物权类型强制与公示规则，几乎全部亲子法与大部分婚姻法、特留份法，有关欺骗、强制与暴利的规则，法定的形式规定，对

---

[759]　WIEACKER aaO 479 ff, aber auch 543 ff.

[760]　平等意志自由原则的变体是对通过一般法律规则所界定的范围的意志统治，这一变体——如前所述——的必要性在于，可以实现以某个原则为基础进行体系划分的可能性，但是对于非体系化努力，只是直接的规范性问题，却不能起到核心的论证作用。因为通过反向推论得到的思想使界定个人权利范围的标准和有关个人权利范围保护的类型和强度的标准都是完全悬而未决的。所有不是想单纯地取代具体案件中当事人可能的意志的客观规范，尤其是所有强行性规范，都因而不能通过平等意志自由原则进行解释或者论证，即使考虑到这些规范向意志统治的反推。即使采用迂回的方式，也不能通过法律上承认（形式意义上不存在规范的从属性，不存在有目的的强制）平等意志自由来论证强行法。

[761]　在后面的章节中还要讨论有关内部（规范性）体系观点"外部化"引起的当前的分裂倾向，这些体系观点持续地重复着用"古典"私法理论中已经被克服的分解性缺陷作为（不是恰当地针对旧的理论，而是）反对私法本身的批判基础，前文针对私法的"内部"体系已经得出的结论将具体运用，从而具体证明，单纯"个人主义的"和"形式的"解释（"传统的"）私法对于现行法来说是个——在此期间更加严重的——错误。

违反道德合同的禁止及合同法上其他众多更具体的禁止性规定，时效制度，另外还有整个侵权法，不顾当事人的意志就限制了所有人的行为自由，在特定情形下，甚至完全违背其意志课予损害赔偿义务。即使依据过错责任原则，责任与意志错误有关，原则上也不能改变这一点。将损害赔偿法上的权益保护可能引起的损害赔偿责任限于可以通过相应的意志调整或者意志集中避免的损害，是对规范对象人身自由的最低限度的规范干预，这当然是正确的，也是有重要意义的。但这绝不是说，这些制度和规则可以撇开其他原则，仅仅依据意志自由就可以得到解释。

即使一般的、19世纪的“古典”私法，正如其之前与之后的私法一样，也包含大量法律规则与法律制度，这些法律规则与法律制度不是单纯来源于个人平等意志自由这一伦理原则，而是主要来源于（“公共福利”的）合目的性原因或者来源于直接人格保护的伦理原因。这些法律规则与法律制度作为实证法受到充分的重视，并且被纳入了体系。相反，其更加特别的、尤其是更一般的规范基础在理论层面上没有被充分反映出来。因此，这些必然始终依赖于充分深入的理论分析才能揭示的、方法的和法律政策的后果及一般化可能性，都被严重忽视。单纯建立于意志自由之上的私法还从来没有存在过。如果我们在理论上认真梳理法律材料时，考虑到相关实证法律现象的更深层次原因，也可以非常明显地看出这一点。不是“古典”私法本身，而是其理论加工过程“头重脚轻”地朝向了个人意志自由（连同其界定意志统治范围的变体）。相对于其他在私法中所蕴藏的法律伦理趋势的充分提炼与展开，各种片面的理论阐释当然只能发挥极其有限的影响。

四、批判对象的界限

如果我们不注意，前述批判可能会被误解，因为这一批判仅仅针对所讨论的有关法律体系基础层次的法律理论的——确实影响特别广泛的——还原主义观点及其体系化结果。批判中所提出的反对意见并不是“古典”私法理论家忽视了上述列举为例证的强行法制度或者各种道德或政治原则对于这一法律情势的影响，而是他们没有充分地领悟这些制度的法律伦理规范基础。

最先提到的批判意见本身是错误的，因为该范围内的重要法律情势完全不应当被忽视。此外，萨维尼自己在一些重要的场合甚至明确提出了伦理原则在平等意志自由原则之外对法律情势的影响。这不仅是针对已经提到的家庭法中的问题。且不论其对于针对人自身权利的否定态度，萨维尼还明确承认，许多具体法律制度的起源要从保障人通过自己来对抗外来干预的自然权力（Macht）中去寻找，“人的不可侵害性"是相关权利的最终原因。但是实证法内容却是与"那种不可侵害性完全不同的"[762]。此外，萨维尼还着重地援引了"法规范体系"（praecepta iuris）性质的伦理原则，并且具体认为"正直生活"原则（honeste vivere）是各种法律规则——比如禁止恶意——的产生原因。[763] 因此，贝伦茨（BEHRENDS）恰当地强调了萨维尼学说理论中的这些要素，并且着重指出，根据萨维尼的观点，对强调自己责任的自由应当谨慎地通过伦理等法律上重要的原则进行限制；在萨维尼的理论中，个人主义优先原则与共同生活的限制性原则之间存在独特的二元性，共同生活的限制性原则是指善良风俗原则、国家目的、交易目的及有保护需要的个人的保护目的。[764]

这些恰当的观察实际上强调了在法律理论基础层面上的还原主义失衡。理论上更确切地说，刚刚讨论的实证法律制度和法律规则恰恰与其伦理基础相脱离；其伦理基础没有独立的法律意义。萨维尼针对"人的不可侵害性"就明确地强调了这一点。只有通过如此严格的分割，才可能一方面将有关恶意的规则追溯到"正直生活"这一伦理要求，另一方面又否定财产法中的伦理因素，而有关恶意的规则大部分都属于财产法。如果我们继续怀疑萨维尼对于目的论的法律发现方法的否定态度，很明显的是，将实证法律内容与其明显的伦理基础相剥离，让伦理基础远离法律领域，所造成的影响曾经是很深远的。当时这一观点中存在的是严格的——即使在具有法律"基本特征"的"国际法"（Volksrechts）范围内，并非国家利益至上的——实证主义。相反，作为法律（而不是与其相分离的伦理!）的"一般"伦理因素，平等意志自由现在更可能得到强调，并且被作为苛刻的体系思考的基础。这样一来，在法律理论基础层面上，"该"（前文所指的）法律原则就获得了压倒性的优势；尽管如此，对于现行法律制度的规范基础的归纳性研究、对其起源的历史认知和广泛的伦理反思均可证实，还有其他法律伦理原则也是各个相关现行法的基础。

因此，"古典"私法理论并没有误解"实证法"的法律伦理基础的多样性，而是在法律基础层面上没有适当地对其内容进行浓缩与描绘。源于这一解析缺陷的就是"古典"私法理论的实际缺点：在法律上必定聚焦于从平等意志自由原则中广泛细致地提取结论，而与其他主导目标相关的优化与权衡任务则大部分都游离于"这类法学家"的目光之外。在他们力所能及的（有限）范围内，其理性与扎实研究的前提条件就是根据当时的认知状况，以尽可能完整的相关原则层次为基础。将法律

---

[762]　SAVIGNY aaO 336 f.

[763]　AaO 409. 由于针对恶意（dolus）的法律救济完全有关财产法，其中似乎首先就存在与财产法"完全属于这一法律领域"命题的某种矛盾；也即不同于家庭法，财产法不包含伦理因素（aaO 344，370）。参见后文。

[764]　O. BEHRENDS, Geschichte, Politik und Jurisprudenz in F. C. v. Savignys System des heutigen römischen Rechts, in: Behrends ua (Hrsg) Symposion zum 75. Geburtstag von Wieacker (1985) 263, 277 ff, 283, 293. 281 f 也指出，萨维尼学说中的这些要素也完全在其自己的（领主佃农所有权关系改革）立法工作中实际发挥了影响。

基础缩减到个别基础价值只能是有百害而无一利的；不论这种缩减只是在有限的、细微的理论与体系背景下提出的，也不论在具体情况下的特定范围内将平等意志自由排他性地强调为法律原则是可以解释的：历史形势要求将"生产力"从封建的、行会的和国家的桎梏中解放出来；强调自由主义价值符合当时的时代精神和康德的形式自由伦理。[765]

　　无论如何也找不到依据可以认为，当时的物质和精神潮流在法律理论的基础层面上被过度夸大。针对规范秩序的广泛理性努力必须，也可能是始终，在显著范围内"反循环地"进行。反对意见声称，"古典"私法理论基本上忽略了当时各种形式的"社会问题"，结果采取了反对弱者的立场，其核心是正确的。但是，不论其有多么频繁，肯定错误的是批判性地断言，比如说 19 世纪的伟大法学家们由于其设想真实存在平等与自由而无视现实的偏见，根本不可能洞察其时代的形势、问题与需要。这类断言建立在致命的混淆之上，即混淆了规范原则与对真实情况的描述。规范原则是通常只能长期性且始终不断接近于实现的、人类行为的主导目标。由于其逻辑上的欠缺，这类断言作为"自然主义错误结论"（naturalistischer Fehlschluss）的一种特殊变种使批评者们自损颜面。基于相关法学家的才智能力，基于其丰富的生活与法律经验，其中绝对包括其亲身参与法律改革方案的经验[766]，这些粗暴的指责在任何情况下都是完全不值得认真对待的。完全正确的是，"古典"私法理论提出的这种理论体系化布局，将当时有现实意义的、不能被限缩为平等意志自由的连贯发展的法律形态问题与对其可能的法律体系化解决方案或者对此的观点相剥离，将其置于与法律完全分离的政治伦理领域，只有当其结果获得实证性的法律形态时，才重新具有法律上的重要意义。如此一来，除了形成根据一定方法的（目的论的）法律获取的不必要困难之外，还尤其造成了本就有限的、但是完全非常重要的（舍尔斯基［SCHELSKY］所称之）　"法律合理性"（juridische Rationalität）在法律政策处理中的严重丧失。我们原本可以依据"法律合理性"，从经过恰当论证的，也即尤其是相关重要原则在解析上的完整层次入手，针对最新的事实形势发展，对这些重要原则进行重新具体化和权衡性的优化。

五、干扰性的后遗症（Spätwirkungen）

　　通过细致的法律史梳理或许也可以揭示，上一世纪古典私法学家的理论比起其在抽象的、"纯粹"法律的基本陈述中所表达的内容，整体上要多样化和切合实际得多：但恰恰就是这些夸张的理论立场成了一直以来流行的私法基本批判的牢固前

<hr>

〔765〕　萨维尼本身对康德可能来源于法律经验的形式法律理论（参见 BEHRENDS aaO 298 ff）的批判性态度，实际上完全不能影响历史法学派理论上所提出的"这个"法律原则与康德的相似性。

〔766〕　参见注 764 结尾部分。

提，前文已经介绍过这些理论立场，它们在上一世纪的理论体系中甚至处于压倒性的优先地位。只要这种对私法的批判整体上以片面的意识形态为基础，在法学理论上就必然走向了国家极权主义。尤其是在今天，针对这种批判已经不需要再特别辩论了：刚刚在一场史无前例的、付出沉重血泪代价的历史性社会大实验中，连那些真正的马克思主义国家体制也拥有私法，但是却将其实际重要性压缩至极限，从而最终被由此所造成的自由与社会福利缺失所拖垮；而且不论国家和执政党组建了多么庞大的统治机器来支撑这些国家体制。那些没有私法的法律秩序的设想走得比这些马克思主义国家体制更远，我们暂且最好不予理睬。

更加需要我们关注的是那些形形色色的、以批判"古典"私法理论在法学理论上的极端化为出发点的观点，这些观点似乎是要对当时生效的或者整个私法进行正确的理论凝练，但是却因而将"传统私法"与其"个人主义"对立起来，将"传统私法"的"单纯形式平等"的设想与针对新的和（或）法律政策上所期待的私法材料明显不同的基本评价对立起来。

如此一来，私法中始终早就存在的直接保护人格权的和附属于公共福利目的的要素就被无视了，如同在前文中讨论过的和要反对的"古典"私法理论的法律理论阐述中那样。其解析性错误现在被复制了。现在的结论必然就是严格地将现行私法划分为一个"传统"部分和较新的法律材料部分，前者的评价基础（在其片面描述中！）经常明显被否定（偶然也会受到极高的褒扬），后者终于表达了"正确的"基本评价。这些——所谓尖锐对立的——法律材料之间任何内容上的一致性都是不可能的，也完全没有必要。这些尖锐的评价冲突就成为理所当然的结果，从而破坏了法的正义性内容。从"批判态度"的相当极端性来看，"传统"私法还能保留什么，什么是经过验证的与待验证的，都根本不成为问题：从长远来看，或许只是"放弃""传统"私法的问题，当然首先是规范地原则上将私法划分为一个好的和一个坏的部分。这种轻率性糟糕到了极点，经常出于表象性原因或者为了建立在外观假象上的微不足道的短期利益，而在最近的立法活动中损害经过验证的私法基本原则。

当前的错误不在于，比如，各批评者认为，他们所推崇的基本评价（是公共福利目的也好，是直接的人格权保护也好，都是为了保护真正的弱者）过去与当前在"传统私法"中的影响太小。这一点在一定范围内还完全是可辩论的。有关基础法律原则的优化难题的确在涉及各种真实关系时始终不断表现出新的形式，并且绝对不在法律职业性的变革思想可以接受的范围内。因为相应抽象表达的规范标准经常能够直接适用于解决新的案件事实；当然也并非总是处处适用。历史法学派在法学理论上将法律体系的伦理基础层面限缩为形式上平等的意志自由，另外还主要信赖"民族精神"（Volksgeist）的自发发展，这肯定不是特别有利于克服其在适应性上的不足。自然与理性法的"应用理论"（Anwendungstheorie）本可以在实实在在的工业化变革中证实其恰当性，但是很可惜却早已经随着所谓的对自然法思维的"放弃"而被抛弃了。[767]

　　总而言之，实际的、也即针对所有变革建议足够批判性的、并且对各种切合实际的替代方案进行谨慎比较的"法律政策"讨论，当然是合理且必要的。但是，古典私法理论夸张的法律理论条件和其后的批判理论未加考察就将之作为批判依据，从一开始就为这一讨论确立了错误的方向。改变本身就是目的，或者在不同的法律材料中广泛建立评价矛盾，都绝对不能成为一个原则性体系化法律思维的临时的主导目标。更应当作为任务的，是整体私法中的内容统一性（评价一致），这当然也不排除经常出现的、但是经过深刻反思的、原则与事实上合理的差别。这一任务的最佳解决方案只能是，首先在原则层面上正确并广泛地提升，而不是通过理论上抽象的片面性来掩盖规范的存在。因为只有这样才能凸显那些支持在整个私法事实领域中进行必要的、全面的和谐化努力的观点。[768]

　　后文将讨论当前最重要的体系化新观点，这些观点将导致私法在规范质量上的分裂，因为它们采用了"古典"私法理论有关私法规范基础的夸张表述，并将之作为批判与变革建议的"题目"使用，同样试图通过规范的基本评价的"外部化"来进行"外部"体系构建。与其相反，为了找到法学历史上以现实主义的方式，明确承认（即使）私法原则层次的多样性与差异性的典型，我们显然必须追溯到1800年前后法典化时期的理性法，正如前文引用马丁尼（Martini）《奥地利普通民法典草案》的内容所证明的那样。实际上至少为了避免不恰当的理论束缚，也要同意这一点。

---

[767]　参见 LLOMPART, Die Geschichtlichkeit der Rechtsprinzipien (1976) 43 ff；作者批判纯粹的应用理论，因为他认为第一类原则的不可改变性也是无法证明的。但是通常的应用理论可能已经显示出是法学分析事实关系变化的一种适当手段了。

[768]　参见前注 76。

第三章 ◀

当前的第一个分裂趋势：
"经济法"

第一节　这一体系设想的现实性与争议性

　　大约自第一次世界大战以来，"经济法"这一分类在法学体系讨论中扮演了很重要的角色。"经济法"分类的形成，尤其是被认为是与形成过程密切相关的、对大的传统公法与私法二元制的"放弃"，被一些主要关注这一点的法学家视为一个了不起的进步。相应地，已经有汗牛充栋般的著作专注于这一法律材料，并且特别关注于一个本质上的首要问题，即"经济法"这一概念实际所指的或者应当所指的是哪些法律素材。从体系化的角度来看，很难证明与此相关的努力取得了成功。因为有关"经济法"的各种想法彼此之间一直以来都存在巨大分歧。早在 25 年前，史洛普（SCHLUEP）就集中比较了 35 种对"经济法"的不同定义。[769] 费策

---

[769]　SCHLUEP, Was ist Wirtschaftsrecht? FS Hug (1968) 25 ff. 其总结只涉及德语圈，并且通过历史和法律比较的方式进行了补充。所评论的有关经济法的看法中，最显著的特征是，一方面定义基础非常模糊，另一方面是相应的，实际上与"经济法"相关的规范群范围的随意性。（构成两个极端的，一头是经济调控［行政］法或者"特别私法"，另一头是——实际上的——整个法律秩序。）所介绍的人中有一些也承认，不可能在体系上实用地界定出一个独立的"经济法"法律材料。史洛普自己将研究对象界定为"作为经济的法"（第 69 页），但并不意味着单纯的经济关联（第 68 页）。更确切地说，是实现（经济学意义上的；也即竞争或者计划）某种协调模式（Koordinationstypus）的规范被概括为经济法（第 75 页），同时却又包含那些——在可能的类型混合的意义上（第 75 页）——相对于首选模式"修改体系的"规则（第76 页）。之后，将既定协调模式向着理想化典型目标进行修改的造型，甚至被算作是"经济法制度的核心领域"（第 89 页）。这样的话，法律秩序中与经济相关的规范（即使并非总是，也是在一般情况下！）或者被解释为对原则上选定的协调类型的实现，或者被解释为将这一协调类型朝向相反类型的修改。剩余的至多只是少许经过特别努力的分析，表明是中立的规则。因此，通过经济学的模型思维（Modelldenken）显然不能实现任何实用的法律体系目标。（这就是史洛普本人的看法，第 93 页：经济法不存在体系。）还剩余下的，因此也就是与原本的体系无关的"有目的的"观点：体系构建的基本问题是鉴于为了实现法理念进行法律塑造的可能性而追求法律上有效的经济协调（第 94 页）。根据这样的标准，不仅不能实现（经济体）与其他法律体系的协调，而且完全不能实现对明确的法律素材的界定性说明。

（FEZER）最近又进行了更新补充。[770] 在传统的体系组成部分中，绝对无法找到相似程度的不确定性；即使当然必须承认，不同定义明显相互重叠。然而针对所要理解的法律素材，仍然存在过度的分歧。只要我们将这些冠以"经济法"名称的广泛描述相互比较一下，这些分歧立刻就一目了然了。后文将更详细地指出这一点。

仅仅这一观察就必定引起我们怀疑经济法在体系上的恰当性了，后文将深入讨论这一问题。当然，我们也只能示范性地深入研究当前特别有现实意义的和反思的理论观点，这些理论观点同时试图将其对经济法的定义作为对其所指的法律素材进行广泛描述的基础。至于"经济法"这一概念的发展历程则不作为此处的讨论内容，可以参见所引用的文献。在此具有关键意义的只是这个法律类别可以作为特定法学体系构建组成部分的适当性，尤其是在该法律类别与私法及前文讨论过的部分私法材料的关系上。这一关系引人注目的地方在于，基于所谓的经济法具有更高层次的正义或者（和）公共福利内容，通常在经济法与私法的关系上，经济法的捍卫者们赋予经济法更高的法律伦理或者法律政策价值。这必定推动了一个趋势，假定经济法拥有更高的优先性，从而导致基于正义原因所一再提出的、经济法与私法其他部分的和谐问题受到压制，或者武断地损害了私法的其他部分。

第二节　一致的特征

一、规范的主导思想的"外部化"

将经济法作为体系组成部分的努力确实取得了相当的一致性。其中主要包括在很大程度上以规范的主导思想的"外部化"为基础的必要性，也就是说利用规范的主导思想的"外部化"来进行界定。与乍看之下的假象相反，体系构建当然不能简单依据（日常生活或者经济学意义上的）"经济"这一广泛的事实现象，就把相关规则和规则复合体统合起来。偶尔可能一同发挥作用的想法是，这类定义至少在整

---

[770] FEZER, Zur Begriffsgeschichte des Wirtschaftsrechts seit der Gründung der Bundesrepublik Deutschland, in: Mohnhaupt (Hrsg) Rechtsgeschichte in den beiden deutschen Staaten (1991) 704 ff. 其研究的出发点是，该概念需要澄清（第700页）。在评论了众多有关经济法的观点之后，这一出发点也并没有被突破。有关各种相互分歧的经济法学说的详细概括，另见 FIKENTSCHER, Wirtschaftsrecht I (1983) 16 ff; 对其持批判态度的是，RITTNER, Wirtschaftsrecht² (1987) 11. 有关更早的讨论状况，尤其参见 SCHMIDT-RIMPLER, Wirtschaftsrecht, in: Handwörterbuch der Sozialwissenschaften (1965) 668 ff; KOPPENSTEINER, Wirtschaftsrecht, Rechtstheorie 1973, 1 ff. 有关国际范围的讨论，参见 Rinck (Hrsg) Begriff und Prinzipien des Wirtschaftsrechts (1971) 介绍了 17 个国家的情况；有关奥地利的情况，参见 FRÖHLER 43 ff 从完全公法的视角进行的探讨。现在特别值得重视的有 SCHUHMACHER, Über (angeblich) spezielle Methoden im Wirtschaftsrecht, FS Frotz (1993) 661.

体上是可以把一个特别切合实际的、从而令人青睐的体系观念定义为"经济法"的，但是这完全不是反思性的经济法理论观点的想法，事实上也是完全错误的，因为这样的想法完全不可行。严格来说，始终只有涉及经济上重要状态和过程的那部分法律素材才算是"经济法"，这样就必须要进行一次不同的边界划分，也就需要用到规范度量了。

这实际上是不可避免的。即使我们不把"经济"这一生活领域理解成几乎无所不包的、与稀缺物资的供给相关的现象，而是理解为较狭窄的意义上的，通过至少在估价上多数人能了解的、以可确定的货币价值进行限定的——如同法律背景下所必然要求的——经济物资，如果我们根据调整对象将所有与经济有关的规则复合体都统合为"经济法"的话，那么整个法律素材也就没有多少可剩余的了。在这一类别之外，私法大概也只剩下家庭法、自然人法和非营利社团法了；即使对这些法也存在不小的界定困难。通过"经济"这一事实领域进行定义的法律领域也因此具有极度的优势，几乎没有什么其他东西是其不能包含的。

这一点可以通过最近的完全实用主义的、没有任何体系理论要求的建议得以证实，即将"经济法"理解为所有对于企业具有重要意义的私法。[77] 很明显的是，这也适用于"传统"的一般私法的绝大部分，尤其是财产法（债法和物权法），以及适用于财产法的"一般规则"部分。经验还直接告诉我们，除此之外，家庭法和继承法上的事件对于企业的命运也可能具有决定意义：有一些企业经过出资人的离婚补偿或者遗产分割不能再维持原状。

尽管有对企业的重要性这一限定性特征，而且这一特征认为消费者作为经济主体不是独立的，最近以来仍然几乎没有什么东西还是"非经济法"的了。这种实用主义的建议可能不适合作为法律的全面法学体系化的推荐方案。当然这种建议也明显不是针对体系化问题，而是追求更狭小的目标。比如，如果我们想要讨论对"经济"有重要价值的、国际或国内在立法和司法领域的最重要的新发展，上述这种实用的论题界定就必定有其长处。但从对整体法律素材的全面的法学体系化角度来理解，这样的建议当然就完全不能在描述大规模素材时实现促进其概观性的中心目标了。

如果我们以本书第一部分中所提出的体系化标准为基础，简单地以"经济"事实领域作为标准是注定要失败的，因为单纯从可界定的生活事实来看，这样不能形成任何体系来帮助实现法学的目标，确切地说是法学需要满足的、社会及其成员的导向性需求的实现。

---

[77] E. A. KRAMER, Globalisierung der Wirtschaft -Internationalisierung des privaten Wirtschaftsrechts, ÖBA 1991, 621 "非常实用主义地"将经济法理解为私法中与企业有重要关系的规范的上位概念。如果说 KOPPENSTEINER aaO 18 看出了经济法的内核在于企业，所追求的可能就是其他目标，也即企业特有的规范复合体。相反，具有企业重要性的还有所有只是也适用于企业经营者或者（和）企业成员的一般规范。在这些规范之外，私法几乎没有剩余了。

以上观点的正确性还在于，理论上严格的、广泛展开的经济法学说远远不是简单地以"经济"事实领域为标准。[772] 尤其是下述这些经济上极其重要的私法材料几乎毫无例外地被排除在相关描述之外：整个私法，连同"财产法"，其中包括对于市场经济秩序来说（即使只是部分地）具有基础价值的制度——（对"生产资料"的）所有权和合同；商法、公司法、有价证券法和劳动法。

如果我们把"经济法"扩展到特定的公法材料上——这一领域是当今经济法理论优先关注的重点，结果也别无二致：被列举为行政法领域的，或者体系上被描述为行政法领域的材料中，总有一些被排除在经济法之外，尽管该材料毫无疑问对"经济"具有重要意义。首先就是财政法及税法；社会保障法，这肯定也是经济上具有重要意义的一个法律领域。总之，我们可以毫不夸张地说，习惯上没有被纳入各种有关"经济法"的表述中去的、具有重要经济意义的材料，在数量与重要性上都绝对不亚于相关体系表述所包含的法律领域。

这样我们就很清楚，当前的经济法理论绝对不是在前文提出的体系化标准的意义上使用"经济"概念作为体系界定的概念。我们也完全看不出来，与"经济"相关的所有法律素材的"规范性特征"是可以证明的，从而更看不出来两种体系化标准之间的必要"协调"。（这增加论证了已经讨论过的、过于广泛的事实领域"经济"不适合作为界定标准的观点。）经济法理论家们甚至没有尝试，比如选取一个较狭窄的事实领域作为近乎"被认证的经济的"领域，并且以此为基础。这类尝试当然也不可能成功。

因此，经济法理论只能依赖于本身属于"内部"体系的规范要素的"外部化"；也即试图主要借助于规范度量进行外部素材划分。"经济"这一事实现象指的只是一个体系上并不重要的较大框架。对于应当属于"经济法"的法律材料的关键性界定必须在这个过于广阔的框架内进行，并且依赖于完全不同的、也即规范性的观点。对经济法理论进行深入分析可以发现，这些理论都采用了广泛的体系化描述，这就证实了这一点。

最终，前文已经讨论过的所有内部体系要素"外部化"的主要弱点都会出现。事实上，在批判性分析中完全可以证实这些弱点，也即一方面不适合用于外部素材界定，另一方面扭曲了相关法律材料的原则层次。

因此也就提前宣告，"经济法"这一体系分类在特殊的法学体系化努力中只能得到一个消极的结果。这么说也是为了作两点声明，目的在于避免误解。首先要声明的是，这里绝对不是要"禁止"使用"经济法"这样的分类，其次要强调的是，本研究的目的绝对不是要贬低有关"经济法"研究工作的价值。

有关第一点：本书只是关注特殊的法学体系构建问题，这是法学普遍的导向任

---

[772]　尤其参见后文引用的书籍，这些书籍以"经济法"为标题，就表明企图对经济法进行一种整体描述。

务的基础，因此理想状况下所考虑的是全部法律素材，实际上是要考虑从着眼于整体的"划分"中得出的各个组成部分。前文已经总结过，撇开其对于特殊的法学体系目标作用不大这一点（只有偶然或者直觉性克服这一点的可能），单纯根据事实片段进行的体系化，有时可能还是适合于满足特殊的信息需求的，尤其是有助于深入收集实践中的法学难题。这些法学难题有重点地分布于法律生活中。

在结果上相似的还有那些差异非常大的各种尝试，理论上以特定的规范要素为基础，实际上却更直觉性地定义"经济法"，并研究和描述其所涵盖的问题。这些研究的具体价值可能与"经济法"这个大门类的可质疑性以及各个学者相应不同的界定没有关系。本书的批判性观点肯定不是要阻止哪位学者去研究他及其预期读者感兴趣的研究或者阐述领域，并在他认为恰当的情况下称之为"经济法"。这里要反对的观点是，"经济法"是特殊的法学体系的一个恰当分支，尤其是，这个部分领域与"通常的"私法相比具有更高的法律伦理或者法律政策上的重要性。比如说，且不论其更高的合法性要求，我们不能认为卡特尔法在经济政策上就比作为市场和竞争经济最重要基础的所有权和合同法更重要。

尽管前文已经明确说明了本书批判意见的有限范围，在后文笔者还是要陷入一个尴尬局面，必须要在"经济法"问题上反对大学者施密特-林普勒（SCHMIDT-RIMPLER），在专业和人品方面，他都是笔者极其仰慕的对象，也在很多方面对笔者产生了非常巨大的影响；笔者也还要反对其他重量级的法学家，笔者不是一般地，而是在体系和方法问题上从他们那里学到了很多。甚至还有笔者自己以前针对"经济法"所发表的看法，当时深受片面的规范体系概念的影响[773]，也必须在现在的批判研究中一并考察。但愿这样就能让人确信，本书针对"经济法"概念所提出的批判不是随便出现的。或许这一批判更要建立在前文针对法律素材体系化所讨论的结果之上。前文的讨论已经提出，片面依据规范性标准与单纯依据事实片段一样，都不适合作为法律素材划分的标准；更确切地说，法律素材划分应当取决于这两个标准，尤其是两个标准的"协调"。

二、对私法与公法二元制的"放弃"（Überwindung）

如果说经济法理论界充满热情的大胆行为，即试图将所有涉及经济现象的法律素材统合成为一个规模巨大的法律材料"经济法"，并没有取得成功，那么对此或许构成一种补偿的是，对公法与私法之间的差异进行调和，就成了这一在其他方面

---

〔773〕 BYDLINSKI, Arbeitsrechtskodifikation und allgemeines Zivilrecht (1969) 12 mit Anm 28. 对于此处的一般性体系思考现在必须要补充说明的是，一个特殊的体系思想，要想在体系上具有重要意义，必须要对与其"相适应的"、可界定的事实片段（从而也对于与该事实片段相关的规范群）具有特殊性。然而，有决定意义的事实片段也可以在其他层面上进行法律定义；也即通过法律属性，这是不考虑适当的体系化问题都可以适用的、规范的事实构成赋予该事实片段的属性。在这个意义上，笔者旧作中的那些思考就必须进一步发展为本研究前述第一部分中的法律体系。

本身四分五裂的理论中完全居于主导地位的要素。经济法从而被称为“混合领域”，甚至被特别强调为对“已经陈腐的”公法与私法二元制的放弃。[774]

姑且不论基本上始终当然存在的、在现行法中不断增加的“条块分割”，我们对于这样的判断还是要小心谨慎：如果没有独立的、直接源于“法理念”，更确切地说是直接来源于基础法律伦理原则的私法，那么相对不受国家影响的社会就是不可想象的，至少为潜在的国家极权主义创造了条件与机会。由于宪法依赖于最高宪法机关的意志，因此仅仅一部促进自由的宪法在理论与实践上——正如许多为了无意义的政治目的而违反宪法情形所证明的那样——并不能提供充分的救济。[775] 在促进自由的宪法思维上更有必要的是，最高宪法机关就如同每个人一样，必须受特定的（理性）原则约束，哪怕仅仅只是非正式的法律伦理性约束。最后以这些原则为基础的还有私法秩序，尤其是私人自治秩序和国家主权干预之间的辅助原则，许多经济法概念的先驱者本身都非常值得赞许地支持这一点。从防止至少潜在的国家极权主义这样的目标来说，私法这一独立的体系类别完全不可能“过时”[776]。

有关政府的经济调控和经济监管的各种规范综合体如今毫无疑问具有极其重要的意义，在一定的范围内当然已经成为法律秩序中过度官僚主义的部分了。为何当初没有人只是满足于在体系上将其像现在这样进行总结，也即作为经济行政法，是一个永远搞不清楚的问题了。[777] 即使相关区别经济法与经济行政法的论述也都不甚明了，同样如此的，还有将有关经济调控的行政法与竞争法（包括或排除反不正当竞争法?）合并为“整个经济法的核心”[778]。还必须要进一步深入探讨的是，到底哪些标准能够恰好形成这一“核心”。

总的来看，在“放弃”大的体系二元制的问题上，来源于经济学模型思维的、将完全“自由的”经济过程和国家对经济过程的“干预”进行对比的方法，在法律体系上似乎发挥了令人担心的影响，因为自从完全无政府主义的“自然状态”（如果真的曾经存在过的话）终结以后，或者最晚自禁止经济交易中的恶意与恐吓行为之后，这类完全未受调整的过程已经不存在了。

我们最好在主权的国家“干预”方面进行法律上的深入区分：如果国家机关为

---

[774] FIKENTSCHER aaO 32；RITTNER aaO V ff (Vorwort), 14. 正确地支持大体系二元制也适用于经济法的，参见 DETLEF SCHMIDT, Die Unterscheidung von Privatrecht und öffentlichem Recht (1985) 236 ff。

[775] 详细论述，参见 BYDLINSKI, Das Privatrecht im Rechtssystem einer „ Privatrechtsgesellschaft “ (1994)。

[776] 第一个完全反对将国家与法相提并论，令人印象深刻的是 RITTNER selbst aaO 35。

[777] 由于特别行政法作为体系的组成部分早就已经建立了，因此，认为（国家干预的）“新的德国经济法”与法律秩序的传统体系相比是个异物（有代表性的，比如 RITTNER aaO 3），就是一种广泛传播的、让人难以理解的想法。如果作者强调对于经济调控制度来说，具有典型性的是对相关行政机关的广泛授权，这也就是行政法的一个典型特征（第51页），这样也不能另外特别地促进相关行政机关行为（在公平可把握的意义上）的“正义”，而“正义”被许多经济法学者强调为该法律领域的主导目标。

[778] RITTNER aaO 17.

了实现特别赋予其的合目的性目标与正义目标，主动通过具体行为干预经济过程，那么涉及的就是行政法。赋予国家机关的这些目标通常都被定义得如此模糊，以至于行政机关必然拥有大量的自由裁量权。

如果相反，国家的"干预"存在于（强制性的）一般规范中，这些规范分配权利与义务，并且将权利与义务的实现首先交由参与的主体自己负责，而国家的权利保护机关只在具体情况下出于特别的原因才进行干预，尤其是参与人为了实现权利而提出权利保护请求的话，那么这种情形与其他私法就没有根本性的区别。略举几个例子来说，禁止交易中的欺骗、强制、暴利或者违反善良风俗的行为与禁止卡特尔或者歧视相比，对假定完全"自由"的私人经济活动的干预一点也不少。将后一种禁止性规定与前一种相区别，并将其和比如行政性的价格和数量监管等一起统合成经济法，就显得很不合理。有一些体系化观点主张，竞争法应当与金属废料管制法等在体系上合并为"经济法"，从而与一般侵权和合同法相分离，甚至完全与核心私法材料相分离。如此对公法与私法二元制的"放弃"在实用性上必然有严重的问题。[779]

第三节　例证性的、全面阐述的"经济法"理论

一、菲肯切尔（Fikentscher）

就菲肯切尔（FIKENTSCHER）涉及经济法及经济法与一般私法之间围绕实现经济法目标的核心关系的论述来说，其基本内容可以作如下简要概括：在其有关世界经济法、欧洲经济法和德国经济法的三卷著作中，他对于"经济法"（范围宏大得令人惊叹）的阐述目的在于描绘重要的法律规则，如果涉及具体参与者的经济发展或者经济需求的满足，那么这些规则可以为其在经济交易中提供实践指引或者法律保护。对经济法潜在的进一步定义是宪法在经济生活中的实现、当时日常经济政策的法律实施，或者两者都是。

经济法相应地就被定义为重要法律规范的整体，在一般基本原则上或者通过一般与特别干预，调整交易自由和经济物资的分配，从而保障在已制定的经济宪法框架内根据经济正义标准衡量的个体发展和经济成员的需求。经济宪法则构建于国家基本法律和其他基础法律有关经济调整的规则之上。为了实现正义和保护意志自由本身，经常需要有目的性的干预，因此这也是国家的义务。一般经济法的内容是，维持供给与需求之间的自由博弈，目标是让市场价值无干扰地起作

---

[779]　为了合理论证私法学者向与经济相关的行政法材料的跨越，和反过来，公法学者向私法边缘领域的跨越，没有必要在体系构建时无视公法与私法的二元制。科学自由，以及一些法律同仁跨体系的导向性兴趣就完全足够了，但是仅仅由于其几乎无节制的来源范围，就不可能形成对"经济法"可把握的定义。不论是否进行特别的体系构建，事实上只能取决于，"多方面"活跃的、这个或者那个法学大型材料的代表人是否充分理解了其更陌生的材料。

用。否则经济自由就被较强势力一方排除了。市场不是一个可以随意替换的模型，而是自由的补充。经济法不能通过单一的普遍性正义原则来理解：始终必须考虑需要保护的双方，也即想要发展的企业经营者和想要得到满足的消费者。经济法绝对不是所有经济上有重要意义的法律规范的整体。尽管这也适用于民法、商法、劳动法、社会保障法和其他法律领域的大部分规定。然而，这些法律规范不是服务于（从而明显谈到了界定的核心标准）已制定的经济宪法的实现。一般经济法以保护自由为目标，而特别经济法（与新古典自由主义命题相反）在此目标之外，还需要在市场条件之外的正义目标框架内进行一般与具体调控。

菲肯切尔认为，根据"规范领域分析"（Normbereichsanalyse）也可以得出经济法在体系上独立的结论。属于所谓的"经济"生活领域的当然必须是——为了与其他法律领域相区别——特定经济宪法基本思想的贯彻。经济宪法规定的是，特定经济法决策的主要承担者到底是企业和消费者或者更应当是行政官员。经济法也可以被称为国民作为经济生活参与者的特别法。[780]

二、里特纳（*Rittner*）

里特纳（RITTNER）也坚持经济法体系独立性的看法，但却是在显著不同的意义上。基于其在特殊的法学体系构建上的一般性考虑，他搜寻经济法的特别"评价思想"，并且在当时的《魏玛帝国宪法》第 151 条中找到了最完美的表达，该条规定，经济生活秩序根据正义的基本原则以实现合乎人的尊严的存在为目标。这一秩序绝对不可能单独依赖国家主权，而是主要通过私人自治来实现。相应的私法制度，如缔约自由、所有权和继承权，则被整合到了整体经济秩序的规范关系中。所有私法上的基本制度的意义不再只是（！）建立个体之间的正义秩序。其额外的任务是，作为促进一个"在国民经济上也正当的"秩序——在无法避免的容许误差值（Toleranzwerten）范围内——实现的工具。私人自治的形态受到国家主权因素的调整，比如通过强行法，以至于至少不会出现恶劣的国民经济的错误发展，甚或不良状况。

经济法因而被定义为以"实现国民经济秩序为目标"的所有规则与制度的集合。其基础是"国民经济的正当性"这一法律思想。几乎所有经济法制度和法律规范都在其他地方扮演重要作用，比如合同法、公司法，等等。只是在经济法中，单独（！）以国民经济的正当性思想来判断，而在其他地方，比如合同法等的评价标准就处于中心地位。这样一来，在体系化陈述时出现的内容重复就是必须忍受的代价了。经济法与一般私法、商法和公司法之间的界定通过其独特的评价原则进行：在那些法中处于核心的是个体之间关系的正当性，在经济法中则是国民经济的正当性。私法的全部制度因此相应地成为经济法的一个组成部分。从私法的基本制度的

〔780〕 参见 FIKENTSCHER aaO Ⅶ f, 1 f, 4, 6, 8, 10, 15, 20, 28, 31, 36.

经济法功能角度来看，经济法将私法的基本制度纳入了其体系之中。[781]

三、法律体系上收效不大的经济法理论

上一节介绍了特别值得注意的经济法理论，因为它们进行了体系理论的反思，并且构成了各位学者对经济法进行详细的体系化的整体描述的基础。理论上的体系化要求与广泛满足要求的尝试相结合，就形成了这些反思观点，它们都以示范性探讨为目的。而其他的一些经济法理论在法律体系问题上则始终收效不大：有些经济法甚至都没有自己独有的适用对象，从而不可能是一个法律体系的组成部分，而只是采用了一种特别的研究"方法"[782]。还有人将"国家的经济调控"视为经济法的核心标志，实际上就明确指向了（还需要进一步确定的）行政法材料。在这一观点的后期发展中，对经济法始终（不是单纯针对边缘领域！）推荐采用类型化的界定方法。[783] 这就远远不能满足外部体系所要求的最大限度的可界定性了。

---

[781]　参见 RITTNER aaO V, 4, 12 ff (die Definition 15), 17, 19。基本上早在 SCHMIDT-RIMPLER aaO 693 就提出确定和界定经济法的依据，即经济法法律规定的正当性原因是国民经济的，并非局限于个别孤立思考的经济关系的正当性原因。SCHMIDT-RIMPLER aaO 690 更详细地通过公共福利意义上的正义和合目的性角度确定了（对于 RITTNER 也具有关键意义的）"正当性"。

[782]　TILMANN, Wirtschaftsrecht (1986) 51. 他认为，只有一种确定的、符合实际的看法才能揭示属于经济法的法律材料与"经济"的关系，以及与"经济"的共同作用。具有决定意义的是经济法的角度。并非必须要进行对象考察，而是必须认清法与经济的行为手段和实际构成相互结合的路线。但是，如果不在一定程度上可把握地将事实及法律材料界定为研究对象，如何才能有一个符合实际的看法，如何才能考察经济法与经济的关系，——且不论其后体系理论上的阐述——都是无法理解的。值得注意的是作者在 aaO 42 ff 对注 784 所引用的那些作者的分析。

[783]　在版本极其丰富的"经济法"著作中，林克（RINCK）最初提出经济法以"国家对经济的引导"（从而实际上是以行政法特征！）为标准；自从 RINCK/SCHWARK, Wirtschaftsrecht⁶ (1985) 9 以来，该著作所推荐的是用类型学的方法确定经济法，也即依据 BAUDENBACHER, Wirtschafts-, schuld-und verfahrensrechtliche Grundprobleme der allgemeinen Geschäftsbedingungen (1983) 78 ff，认为概念化定义经济法是完全不可能的，而提出了经济法的公共福利调整、调控性特征、国民经济关联性和功能性观察方式等类型学特征（第 80 页）。同时，"在内容上"他又把经济法定义为规范经济与经济运行这部分社会体系的法（第 81 页），并且（与 REBE, Privatrecht und Wirtschaftsordnung [1978] 32 一样）认为，流转经济物资支配权的民法属于经济法的核心材料（第 82 页）。BAUDENBACHER 的基本类型学观点还想发挥 WILBURG 的动态体系思维的作用，将其发展成待评价的、主观上可理解的决定（第 80 页及以下）。对于一个独立的法学体系观点来说（第 81 页），涉及外部体系（并且如前所述，原则层次的"内部的"体系依赖于至少是临时的"外部的"体系化），类型学观点或者动态体系的思想都直接就是不恰当的，因为前者缺少最大限度的可界定性，并且因为后者涉及（必然只有在哪怕是暂时界定出的法律领域才能够探寻到的）规范性基本要素。也不能直接把规范性问题，尤其是主观决定从根本上与体系性思考相混淆。实际上，"类型学的"经济法观点大概只是构成了在体系上没有成效，但是却指向了广泛的原则优化的"经济法思想"的另一种表达，对于这种思想还要在后文的"结论"部分进行深入讨论。为了避免误解，必须说明的是，对类型学式体系化的否定只涉及类型学式思考中的直接观点。必须要承认的是，由于其潜在的模糊性，（本身相互分离的）界定概念的必要观点，也经常遗留下灰色地带和边缘领域。但是无论如何，这种观点都可以对核心材料进行（不是单纯直觉性的，而是可复核的！）可信的分类。根据这些概念也可以研究和确定其所包含材料的各"典型的"（不是概念核心的）特征。然后，就可以通过唯一有效的类型比较的方式，考察之前遗留的边缘现象和过渡现象，确定它们在数量和强度上是否更多地显示出了这一种或者那一种核心材料的特征。据此确定边缘领域的分类，从而最终界定所考虑的体系材料。相反，对于基本的类型学观点来说，类型特征的探究就已经几乎无法控制。我们只需要比较一下 BAUDENBACHER 和 WENGER（Grundriß des österr Wirtschaftsrechts Ⅰ [1989], Ⅱ [1990]）各自提出的"经济法"的类型特征就知道了，这些类型特征只有部分相同，其分歧没有得到澄清。

前文已经讨论过，仅仅依据"经济"这一对象进行的偶然性界定是不恰当的，因为将经济法视为一个特别的法律体系组成部分的所有设想，不论它们在其他地方还有多少不同，都具有一个共性，就是任何情况下都有众多与经济相关的法律材料被忽略。

许多有关"经济法"的探讨尽管也采用了规范度量，但是从其整体性质上看，明显其目标完全不是对一个仔细勾勒的体系组成部分进行一定程度上的可把握的界定。因此，这些研究对于本书研究的问题没有直接的重要性，也因而不论其在一般意义上有多么重要，本书都将不再继续深入探讨。[784] 有的观点认为特殊的企业关联性是"经济法"的体系结构性特征，这在下文有关"结论"的部分还会被提及。因为这一观点符合下文将要提出的、有关一个粗略概括的体系类别的建议。

第四节 对示范性经济法理论的内在批判

一、共性

对示范性地详细考察的经济法理论分别进行简述的必要性在于，为了弄清楚在以特定的规范度量为基础和将规范度量"外部化"为外部的素材分类方面，这些特

---

[784] 对于整个（明显，但是一点儿也没有相对于"社会科学"的相应繁盛，"批判的"）思潮具有代表性的研究，比如 BRÜGGEMEIER, Probleme einer Theorie des Wirtschaftsrechts, in: Heinz-Dieter Assmann/Brüggemeier/Hart/Joerges, Wirtschaftsrecht als Kritik des Privatrechts (1980) 9. 作者提供了数量众多的上一世纪和本世纪初始阶段的、经济史学和法史学上的具体事实，以及数量众多的高度抽象、几乎无法核实的社会学解释，这些解释大部分都以过度尖锐的矛盾构成为特色，最终形成的就是下述概括："经济法为了实现对滥用经济地位的控制、对自然的社会经济发展的管理，并且作为国家干预性危机管理的法律基础，就体现了私法"（第72页）。因此，这样很明显就没有争取从体系上可把握地定义可界定法律素材。在整个思潮的窘迫中，提出的说法是：经济法概念就暗示着一个要求，通过"元教义学的"（metadogmatische）社会科学论证来证明具有秩序重要性的法学个别案件判断的正确性（第80页）。这一说法中的"正确性"明显就是——相当模糊的——规范标准。经验性社会科学只要尝试提供这样的标准，就必定立刻陷入"自然主义的错误结论"。如果所指的就是规范的社会科学（哪一个?），仍然不得而知的是，为什么它的论证本质上就要比其他的，比如法学或者哲学的，规范努力要优越? BRÜGGEMEIER 的基本倾向是，"经济法"作为一种纠正手段，是对民法缺陷（他当然是在特定历史意识形态意义上进行的解释）的应对，这一基本倾向本身不应当受到质疑。这一应对完全符合"经济法思想"，正如他在后面的"结论"中所说的。值得注意的是，作者看到了在非民事的，而是有组织的资本主义的社会现实与（形式上的、抽象的）民法之间必须校正的差距（第72页和多次的表态）。然而为什么按照 BRÜGGEMEIER 的观点，在德国从来没有真正存在过的市民社会却产生了这种市民社会才有的"形式抽象的"民法，却没有说清楚。即使真的说清楚了，也必定有些不符合社会结构与法律之间——明显假定的——根本的决定关系。没有试图从作为体系组成部分的角度把握经济法的，反而是明显表示怀疑的，参见 ASSMANN, Zur Steuerung gesellschaftlich-ökonomischer Entwicklung durch Recht, in demselben Sammelband 239 ff (242, 256). 另外，这部著作也特别值得一读，在分析了重要的社会科学理论，否定了庸俗工具化的国家干预主义的资力充足性，甚至可能性（第336页）之后，追溯到了法在作为经济发挥作用及再生产的前提条件与政治管理决定（第323页）之间的"出发点"方面的独立意义，以及——非常值得赞扬的——应当遵守的稳定性（第323页和多次的表态）与统一的评价观点（第341页）标准等体系理论路径。在所能看到的范围内，这种标准既没有规范地从法律上，也没有从体系理论上建立。这当然只是对一般正义标准的重新表述，这一标准当然很可能要从法律理论上进行论证了。作为——以副标题简洁地称为"以问题为导向"——对经济法进行全局描述的，完全放弃了定义经济法对象的例证，可以参见 MERTENS/KIRCHNER/SCHANZE, Wirtschaftsrecht[2] (1982) 187（经济政策规则的法律前提条件和形式）。其他强调消费者保护特征的经济法版本，将在下一章一并讨论。

别成熟的体系思想之间有多么大的差异。由于这种差异，对各个理论本质上的内在批判也必须尽可能地分别进行。

在批判之前先要指出的是：前文详细描绘的各种理论观点明确证实，对于"经济法"作为独立的"外部"体系组成部分所必要的、基本概念上可界定的事实领域无法被确定。里特纳（RITTNER）从来没有做过这类尝试。菲肯切尔（FIKENTSCHER）在其"规范领域分析"（Normbereichsanalyse）中也自己承认"经济"这个生活领域太过广泛了。

二、对菲肯切尔（Fikentscher）理论观点的评价

如已经介绍过的，菲肯切尔（FIKENTSCHER）的观点规范地以"已制定的经济宪法"（gesetzte Wirtschaftsverfassung）的实现和"经济宪法基本思想"的贯彻为导向。[785] 在前文介绍过的菲肯切尔的观点中，总体上明显是有关更高层级"宪法"（应当不是单纯地取决于形式上的宪法位阶！）的法律实证主义的阶段论观念（rechtspositivistisch-stufentheoretische Vorstellungen）与有关市场或者计划经济的经济基本制度方面的经济政策模型思想在相互作用。[786]（692）总体看来，其思想在法学目标上的成效是有问题的，这一点暂且可以存而不论。就体系构建方面来说，这一观点肯定只能——最终具有决定性的——确定"经济宪法"是"国家宪法"和"其他基础性法律"中调整经济的规则的集合。正如已经介绍过的，经济法总体上的性质也就是对"经济宪法"的阐释。其规范内容（与国家宪法单纯重叠）在向外部体系"外部化"的过程中构成了实际上的界定标准。

但是，这对于可把握的体系化来说还是不充分的。因为正如所引述的观点明显表现出来的那样，对"经济宪法"的定义是模糊的。几乎不用怀疑的是，比如《德国民法典》、《奥地利普通民法典》和《德国商法典》都是"基础性的"法律，并且（至少也）调整"经济"。但是在菲肯切尔的观点里，这些法律与经济法是完全不同

---

[785] 与这类规范界定标准的必要性存在一定矛盾的是，FIKENTSCHER 同时把经济法称为是国家公民作为经济生活参与人资格的"特别法"。这一说法就意味着借助于（"经济"）这个早已经被认为过于宽泛的事实领域进行界定了。"特别法"的想法也是不恰当的，因为经济法涉及以任意身份参与经济生活的所有人；因此也包括所有消费者，从而也就是任何人。（FIKENTSCHER aaO 15 甚至特别强调了企业经营者与消费者身份的两面性。）一个针对所有人的特别法本身就是一个矛盾。

[786] 以经济学上理想化典型的模型想法为标准，肯定不适合法律体系的目标，其所处的法律秩序明显与"混合"经济相矛盾；尤其是如果——正如现实当中始终存在的——实用主义摸索地、主要是偶然性地，而不是基于有意识的经济学基本判断形成混合性的关系。因为模型确实一开始就以对抗性的，也因而无法解决的方式，提出了普遍存在的法律问题，应当在具体情况下尽可能地稳定扩大模型，也即实际上是公平和致力于优化原则的原则权衡的正义问题。这就引起了有关（与形式上级别更高的国家宪法相区别的）"经济宪法"这个在法律体系上收效甚微的讨论，"经济宪法"的标准似乎从来都无法用对于体系目标非常必要的可把握性来说明。本书不需要对这一批判进一步深入，因为FIKENTSCHER 建议的用"其他基础法律"进行"调整经济"的（替代性）标准，对于体系界定来说肯定是不合适的。

的。几乎不可能的原因是，这些法律自己具体贯彻了自己的基础价值原则，但没有将贯彻的任务委付其他法律。为什么这一点具有重要意义，实在无从得知。

如果我们仅仅以形式上级别更高的"国家宪法"为标准，所追求的界定也是不可能实现的：宪法包含了一系列的规定，专门或者部分地与经济有关，尤其是有关基本权利的条款，比如发展自由、结社自由、职业自由和所有权。我们当然也可以径直将"古典"私法（包括商法）定义为简单法层次上对国家宪法规则的重要"贯彻"。民商法和经济法双方之间的界定无法通过上述标准实现，即使我们局限于一般法学意义上的宪法。

此外，菲肯切尔——如前所述——对经济法所强调的价值原则，也即自由和正义，过去和现在肯定也是"古典"私法的基础（由于其对于法律完全就是基础），也就不能构成什么差异。在过去和现在，平等的意志自由也被完全视为"古典"私法的规范原则。还有其他具体的"古典"私法制度，比如禁止强制、欺骗、暴利或者违背善良风俗的人格损害协议，在不依赖自由和正义原则的情况下也很难得到论证。[787] 在"经济法"中排他性地遵守这些法律基本原则，肯定无法让人接受。

然而传统私法没有注意到，法律上尤其有必要通过反对自我废除的倾向来保障经济自由。但是，这一特别看法也只是对于卡特尔法具有特征性，肯定不适用于广泛的、独立于私法的"经济法"。总之，借助于前文所述的那些价值原则无法实现实用的界定。使普遍存在的、向外转化的"内部"（规范）体系观点的不恰当性更加严重的是，各关键性的原则只是间接地通过本身模糊的"经济宪法"概念进行标识。

三、对里特纳（Rittner）理论观点的评价

相反，里特纳（RITTNER）和基本上早在他之前的施密特-林普勒（SCHMIDT-RIMPLER）的看法始终是，经济法虽然体系上独立，但是实际上不能与一般私法、商法和公司法在适用对象与规范材料上进行区别：由于区别只在于不同的价值原则，而不是各种事实领域（也不是形式上的等级观念），因此必须始终接受广泛的内容重合。关键的只是，私法的主导价值原则（"正当性原因"，Richtigkeitsgründe）"只"（换一种说法是完全"优先"）针对孤立考察的经济关系，而经济法则是针对国民经济关系。

---

[787]　对于 FIKENTSCHER aaO 27f 来说，整个经济法以在市场的可能之外，通过国家干预实现自由保护（克服不受限制的优势对自由的自我扬弃）和正义为目标。如果强调的话，文中举例列举的这些禁令却也是校正性的"国家干预"。比如，有关恶意（dolus）和胁迫（metus）的诉讼（actiones）和抗辩（exceptiones）制度就是由罗马执政官创造的，罗马执政官毫无疑问是个国家机关。当然这些禁令同时也具有明显的、坚定的法律伦理基础。在一定的意义上，这也可以适用于比如卡特尔法的基础，适用于对限制竞争行为的禁令，既以实用原则，也以自由原则为基础。

对这一重合的说法可以有多种解释：按照其中一种可能的解释，传统的一般私法、商法和公司法例外地包含一些规则，其内容由国民经济考量所决定。施密特-林普勒以股份公司法为例主张这一看法。[788] 作为如此解释的体系思想的结果，相关规则不论其外部分类上属于哪部特定法律，都排他性地属于经济法了。

这就必然导致实际上极其密切相关的规范综合体（以股份公司法来说）出现可疑的、绝不会促进法的概观性和适用性的体系分裂。即使我们局限于排除"古典"私法中那些完全优先基于合公共目的的理由所型塑的规范，这种对这一领域——不能通过明显的益处加以弥补的——篡改也将是非常严重的。后面的例证将详细地证明这一点，这些例证表明传统私法的许多制度也有"公共福利依赖性"（Gemeinwohlabhängigkeit）。这种可能的解释不能得出任何实用的结论。

这里引用的里特纳的观点实际上更有可能指向第二种解释，可以将之概括为：自从真正的经济法材料开始发展以及经济法基础评价思想被发现以来，在功能转换的意义上，传统私法中有关经济的（也即绝大多数的！）制度在涉及国民经济的正当性原因方面也似乎紧跟着变得在法律上更加重要；现在理解和适用这些经济制度时应当考虑到这些基础。尤其支持这种解释的观点是，经济法已经将私法的基本制度纳入其体系。[789]

然而这在解释上再次出现两个子变体：现在普遍"承载了"公共福利目的性的私法就不再符合该法律领域前提性的、完全排他性地或者主要地针对个体关系的特别评价思想了。为了（也）实现其现在的国民经济的正当性，私法就必须全部转化成经济法，从而在经济法中找到其与涉及经济的特别行政法规则并列的位置。

对于私法来说，现在只剩下那些非经济的组成部分和那些与经济这个生活领域虽然相关，但是在不考虑普遍的功能转换的情况下，与国民经济的公共福利考量没有明显关系的规范综合体了。

对于这种必然导致极端萎缩的"残余私法"的体系化，其不恰当性已经无须赘述了。即使里特纳也没有这样的意思，他认为对现行法进行体系化描述时有发生重复的必要性，也即体系组成部分无可避免地重合，就清楚地表明了这一点。[790] 因而，同时可以被解释为经济法的基本私法制度就必然被视为是*两类*合适的材料，并且在各自的范围内被描述。

前面已经介绍过，里特纳本人很清楚，按照这种看法，经济法是将私法的"基本制度"（一同）纳入了其体系之中。私法的主要组成部分在这样考虑的体系化范

---

[788] AaO 694（只要有价证券法阻碍经济集中的诱惑，从国民经济的意义上来说确定其公开性，关注对证券市场的影响，它就是经济法）。

[789] RITTNER aaO 19. 相反，FIKENTSCHER aaO 34 则依据 MESTMÄCKER，Wettbewerbsrecht und Privatrecht，AcP 168（1968）247 考虑把经济的框架秩序视为已经包含于正确理解的私法中的可能性。只要涉及的刚好就是"框架秩序"的私法组成部分，这就完全正确的。

[790] AaO 15.

围内必须被重复描述，也即一方面在继续存在的私法体系中，另一方面在经济法体系中。

在这样的情况下，一般必须接受的前提条件是，某些无法避免的重合并不能决定性地否定体系化产生的法律体系的实用性和实践适当性；也即如果特定的体系分类（因其"核心领域"）肯定是合理的，只是那些过渡现象并非随意地无法被明确划分，那么就无须否定无法避免的重合。

但是如果正如此处的情形，像私法这样一个完整的主要法律领域的关键内容在法律秩序的总体系中必须要进行两次描述，情况就完全不同了。如果我们想到，针对"经济法"的行政法部分也有同样二次重复的必要性，那么这就显得更不符合目的了。如果我们必须以这种方式，尤其是在这样的大规模秩序中采用二重叙述：那么还有哪些法律体系上的考量可以在某个层面上——注意：是在特殊的法学体系范围内；不是单纯为了个别兴趣而出于实用主义的考虑！——抑制法律规范任意性地大量重复呢？如果类似行政干预权和私法的核心制度被组织在一起，我们还能如何对那些可以稳定地适用于数个或者众多具体领域的法律规范进行体系化的"提取公因式"？这样实际上就在最高层次上放弃了对于素材描述的概观性具有协同决定意义的精炼化描述原则。也无法看出，在较低的层次上，我们又能以什么样的理由来贯彻这一标准。简而言之，*如此范围的重合与对全部法律素材的特殊的法学体系化的需求之间是对立的*。

同样不清楚的是，实践中应当在何时通过强调其整体秩序的关联性将《德国民法典》中的——文字内容始终相同的——条文和制度作为"经济法"来理解和适用，何时又从个别法律关系的角度将其作为"私法"来理解和适用。里特纳本人典型地没有把他所指的私法中可以"作为经济法"理解的一般制度纳入其对"经济法"的整体描述，从而不清楚的是，其有关"私法基本制度"的建议在广泛实现以后会是什么样的结果。

里特纳所定义的经济法的核心是以"国民经济的正当性"这一观点为导向的。对其产生影响的施密特-林普勒认为，"正当性"意味着概括地参照正义与合目的性原则的基础法律要求。由此得出的是与菲肯切尔的观点相似的结论，也即试图在实际上具有普遍性的基础法律原则的基础上进行外部的体系构建。前文已经介绍过，菲肯切尔以自由与正义为基础。这类体系构建的不可贯彻性之所以在他的观点中被掩盖，是因为这种体系构建是以本身在体系上就模糊的"经济宪法"为依据。在里特纳的观点中，与"国民经济的"正当性之间的关联性也扮演着同样的角色。按照其观点，我们必须区别两个不同的法律领域，尽管这两个领域都是由正义与合目的性原则所确定的，但其更具体的规范形式却一边通过将这些原则应用于个别关系得出，另一边则通过将它们应用于国民经济（显然是从属性地随后扩展于所包含的具体关系）得出。

但是导致失败的是，在所有纳入考虑的材料中，并且此处又是在完全飘忽不定的混合关系内部，不仅直接规范对象的个体利益，而且第三人的利益和公共利益都要受到尊重，并被作为各项规则的基础。对于"传统"私法来说，通过"传统"私法只涉及个别关系中的正当性这个命题，一再重犯的错误是，在分析上一直错误地把私法的基础层次限缩为平等意志自由"这个"法律原则。对此的几点评论和例证，以及反命题，即私法中涉及的是弱化意义上的"双边可论证性"，已经都在前文的论证过程中叙述过了。前文已经提炼出的（"传统"！）私法原则可以证明夸张的个别关系命题的错误，对这些原则的更广泛的应用见下一章节（第五节）

尤其令人印象深刻，且因此也需要在此一再强调的是，里特纳所正确地特别强调的法律行为的私人自治制度[79]一方面恰恰进一步（同时考量其他主导思想）形成了平等意志自由的"个人主义的"原则，另一方面又构成了市场经济的非集中化秩序，因此从国民经济效益的角度来说是非常必要的。从而对于"经济法"来说应当具有协同决定意义的国家任务也就被完全设定了，尤其是承认与维持必要的私法制度（首先是所有权和合同）的功能，以及撤销不必要的或者不合理的公法限制。在里特纳所处的时代，这主要表现为废除封建和行会制度，如今有时表现为针对泛滥的官僚主义的"自我能动性"（Eigendynamik）的"反规制"（Deregulierung）观念（始终涉及公法限制！）。无论如何，主要以私人自治为基础的经济秩序及其保障都是"国民经济上"必要的。从这一角度来说，我们完全不能区别"古典"私法的核心领域和"经济法"。

竞争法属于"经济法"（至少有关卡特尔法）这一点是所有经济法理论的实质性共同点，但是相反，竞争法却同样未经过一个绝对"国民经济的"正当性判断。因为根据里特纳也赞同的正确观点，直接当事人，比如卡特尔合同的缔约方、依约定的一致行动方、权利受侵害方的经济自由完全属于卡特尔法的规范基础。但是，对这些经济自由的平等保护却恰恰是"传统"私法的"个人主义的"明确要求。

第五节　一般批判

不论是浩如烟海的各种定义尝试，还是前文针对示范性的、特别发达的、演变为广泛描述的经济法理论进行的探讨，都证明经济法不是一个恰当的体系组成部

---

[79] 不仅多次在其有关经济法的表述中，而且在 RITTNER, Über den Vorrang des Privatrechts, FS Müller-Freienfels (1986) 515, 521 进行了特别的强调，对于私人自治法律形态的优越性提出了很好的理由。然而私法绝对不是单纯的私人自治制度，因此"严格意义上"有关私法的讨论也绝不会过时。

分。尽管在其他地方也存在一定范围的界定困难，但是在此肯定达到了扩大化的程度，以至于达到了不同的性质，也即体系上的不适当性。具体的表现是，诸如自由与正义或者正义与合目的性这样的普遍性基础原则被作为体系界定的基础，却不能额外地通过其他体系上本身模糊的分类进行校正，比如经济宪法或者"国民经济的正当性"。

为了进一步完善和证实前文已经刻画出的图景，现在还需要指出，这些已经讨论过的缺点在具体的体系化工作中在多大程度上产生了影响，也即在选取为"经济法"整体描述所用的或者抛弃的材料时变得有多么明显。诸多分歧的严重性也正如我们基于迄今为止的分析所必然预料的那样严重。即使对于经济行政法的材料来说，这些分歧也很显著。但是这一方面就暂不讨论了。当然，也不能只是附带性地试图澄清，特别行政法中的哪些部分应当综合为"经济行政法"；是否以及在多大范围内可以提取出一个"总则部分"；同样也无法附带澄清的是，作为经济宪法的国家宪法中涉及经济的部分能否在可理解的意义上补充到这些材料中去，这样就可能形成"公共经济法"这一分类。对此也只能说，这样的努力即使对于公法方面的外行人也显得很有意义。[792] 更多地，尤其是针对特别行政法的体系问题就不好在这里多谈了。

毋宁说，更恰当的应当是将讨论限定于纳入考虑范围的私法材料。即使如此局限性的考察也产生了令人印象深刻的矛盾：远不止比如部分观点将反不正当竞争法划入经济法 [793]，部分观点则根本不予考虑。[794] 无体财产权作为重要的特别私法领域，被部分观点——相当明显地是相对于"有体财产法"，也即物权法——划入经济法 [795]，部分观点则根本未予提及。[796] 正如已经介绍过的，部分观点（菲肯切尔）试图深入地区分经济法与一般民法、商法和公司法，部分观点（里特纳）则认

---

[792] 作为范例的是 WENGER 提出的体系，WENGER, Grundriß des österr Wirtschaftsrechts Ⅰ（Allgemeine Grundlagen, Wirtschaftsverfassungsrecht［1989］），Ⅱ（Besonderes Wirtschaftsrecht［1990］，与 PAUGER, HAN-REICH, SCHÄFFER 及 RASCHAUER 合著），由于作者（以及除 HANREICH 以外的合著者）的专业方向，该著作具有很强的公法方向。有关私法材料，只阐述了竞争法（作者是 HANREICH）。正如 WENGER 之前的结构分析一样（Die öffentliche Unternehmung［1969］描述了公共活动的理想典型 569），这并不妨碍他对私法问题的深入研究。明显的公法方向积极发挥作用的方式，首先是"经济宪法"不是以法律上几乎无法把握的意义，而是由形式上级别更高的国家宪法来确定和展开（Ⅰ 45 f, 50 ff；依据是 K. KORINEK, Zum Begriff des Wirtschaftsverfassungsrechts, FS F. Korinek［1972］23）。就有关体系独立的"经济法"的讨论（Ⅰ 47 ff；另外 WENGER, Wirtschaftsrecht - Eine juristische Disziplin im Spannungsfeld von Sein und Sollen, FS G. Winklee［1989］121 ff），在阐述了经济法在概念上无法界定的这一点上，WENGER 进行了有说服力的总结。因此，他从一开始就满足于类型学的特征（Ⅰ 50 bzw 129 ff）。在前述各处，另外将对经济主体，主要是企业经营者，法律地位的调整以国家为标准，这就强调了已经强调过的公法整体方向，但是这与竞争法的纳入，以及经济法的其他类型几乎无法协调。反对直接适用类型学观点于外部体系化，已经在前文（前注 783）进行了必要的论述。

[793] FINKENTSCHER, WENGER, RITTNER 第一版。

[794] RITTNER 第二版；在前言中提出了实质性的论证，本质是个人保护。

[795] FIKENTSCHER.

[796] RITTNER, WENGER.

为存在材料重合及双重属性，却没有充分澄清，经济法在多大范围内将私法基本制度纳入其体系之中。

私法中可以毫无争议地划入经济法的就是反限制竞争法了。但是对于其适用范围和规范基础的澄清，"经济法"这个宽泛的分类似乎没有做出任何关键性的贡献。

因此通过经济法的范例，在考虑主要经济法理论家的体系化实践的基础上，经验上可以确证，"内部的"规范观点自身对于特殊法学体系的构建还是不适当的，因为它们无法得出一个哪怕是一定程度上可以准确区分的界定标准。

基于前述"外部化"情形下进行的考量，可以一般预期的第二个弱点是对特定的一般法律原则的过度强调，在体系构建时优先依赖这些原则，却相应贬低了其他不应当被如此处理的法律原则。这样的话，理论体系的构建工作就歪曲和掩盖了规范状态，而不是正确地反映和通过"压缩"使法律状态更加透明。

对于经济法来说，这种影响尤其明显，因为通过诸如"经济宪法"或者"国民经济的正当性"等体系结构性特征，经济法材料相对于"个人主义的"传统私法获得了更高的公共福利的尊严（Gemeinwohldignität）。姑且不论这些特征在界定方面的不恰当性，也不论具体经济法理论支持者的目的，这必然从理论上拔高所有为了有利于更优先的经济法干预机会而再次"剪切""传统"私法的所有企图；即使这些企图在具体情况下有良好的规范理由支持，或者更是出于官僚主义的自身规律或者是受政治积极表现和选举宣传所驱动。

我们现在就可以超越单纯的断言，在前述已经掌握的、支持当今的私法的"内部体系"的各种看法的基础上具体指出：理论上将"传统的"私法贬低为只为个人主义的、因而与公共福利无关或者甚至有害于公共福利的看法有多么错误；姑且不论错误的片面理论阐释，第三人利益和公共利益曾经在私法中一直具有多么重要的协同权威性。尽管这些探讨因为局限于外部的体系构建范围内的"规范性特征"而如此不完整，但通过它们仍然能够凸显一系列的原则，即使没有最新的进一步研究，这些原则也表明其无法或者不能单独基于"平等意志自由"，也不能单纯考虑各相关直接适用对象之间的个体关系就得到论证。根据笔者的看法，在局限于"传统的"私法体系内容的情况下，这一点对于前述提炼出的第 4、11、12、13、19、20、21、27、28、29、30、33、34、37、39、51、52、55、56、57、58、59、61、64、66、67、69、70、75、76、77、89、90、93、95、96、98、104、105、106、107、108、109 号原则，都是正确的。在这些原则的论证或者解释中都显而易见的是，要么必须一并考虑间接涉及的第三人利益或者公共利益才能够在论证依据方面获得支持，要么必须一并考虑基础法律伦理原则才能够进行论证——最终也是相同结果。这些基础法律伦理原则——尤其比如经济效率和部分地（和平保障！）法的安定性——针对的是包罗万象的社会状态，至少不仅仅是致力于个体之间关系中的正义均衡。鉴于根据私法组织的、也就是说非集中化的经济秩序同时具备的效率优势，甚至平等自由原则及其衍生规则最终自然也是如此。从理想主义的哲学立场出发，就因此容易忽略了前述问题，并将这些自由主义的原则排他性地追溯到"自由主义式"理解的自由价值去了。因此在前述所列举的原则中，那些完全主要起源于自由原则的原则和补偿正义的要求一样，都被忽略了。

对于前述列举的这个或者那个原则来说，我们或许可以质疑，"个人主义的"原则的影响在其论证中是否并不处于主导地位。鉴于上述所指原则的数量和分布，即使我们或许有必要从中剔除这个或者那个原则，并且即使完全限定于私法的传统组成部分，也不能说，这样的私法"只"以个体关系为导向，或者对国民经济相关基本价值的实现没有影响。鉴于这样的结论，对于被一些经济法理论设定为前提的、两个方面的激烈矛盾，即一方面是个体关系的法律导向，另一方面是整体状况，就完全没有必要再深究其有多大的合理性了，因为整体状况也不外乎是由个别关系的总体所构成。

第六节　结论

一、对于外部体系

上述这些看法的第一个结论非常简单：试图将具有更高公共福利重要性的"经济法"材料系统地与其他私法分离，并且在必要时与经济行政法或者公法材料合并，不能形成特殊的法学体系范围内的一个恰当的体系构成。能够恰当地符合这类"外部"体系构建标准的经济法是不存在的。这一点已经通过数十种既有的经济法的定义尝试得到证实了。只要这些尝试的结果是将单纯个人主义的传统私法与内容上具有更高价值的经济法相互对立，那么就不仅仅是徒劳无功的，反而是更加有损于最大限度地实现被概括为"私法统一"的任务。

相反，前述探讨的结论并不排斥所有特别私法（这些特别私法必须已经得到系统性的论证！）的松散结合，这些特别私法涉及经济关系，并且因而必然在内容上受到这一对象一定程度的影响；其中肯定不包含以直接保护精神及人格权益为重点的基本要素。商法、公司法、有价证券法、竞争法和保险法都是如此。相反，在无体财产法和劳动法中，不论其重要的经济意义，相关的现实事实领域中的人格精神要素和对此的特殊的规范度量都起到了非常重要的作用。反之，我们可以将前述五类特别私法松散地结合为（私）"经济法"，这样可能在一些场合产生简化术语的好处。

相似的情形大概就是偶尔方便地将债法和物权法（包括相关的一般规则部分）

置于"财产法"这一共同上位概念之下。到目前为止的体系讨论也完全认可松散的体系结合现象。

然而现在还没有形成一个独立的体系分支，可以在较高层次上按照已经提炼出的体系化标准来完全替代在"经济法"中结合的"特别私法"。正如前述五种特别私法中提炼出的特别原则相互比较后揭示的那样，即无法证明存在如此宽泛的"规范性特征"。甚至即使以特定类型的原则为标准，通过其企业关联性，更确切地说是通过其对企业"乘数效应"（Multiplikatorwirkung）的依赖性对这些原则进行一般描述，也仍然无法把有价证券法包括进去。对于前述其他四种特别私法来说，或许至少还能认可其内容上的规范的亲缘关系：其特定原则层面已经确证是受到企业关联性的决定性影响。

因此，在前文已经（在讨论保险法之后）考虑过把这些特别私法松散的体系性概括为"企业法"。如果还想把有价证券法包括进来，或许可以不用"企业法"这样的集合分类，而是采用其他的，也即"经济法"作为分类。然而这样的话，即便是（单纯根据类型的）一丝微弱的共同的"规范性特征"也无法确定。

如果我们放弃纳入有价证券法，或者忽略其在企业关联性上的缺失，这对于一个松散的集合分类来说也是有一定合理性的，那么我们就是将"企业法"和"经济法"这两个集合名称作为同义词使用了。

最终，前述展开的思考触及到了先前讨论过的各种经济法理论，这些理论支持以待考虑法律素材的特殊企业关联性作为经济法的界定标准。[797] 根据笔者在此提出的观点，被合并起来的特别私法仍然各自保留其在特殊的法律体系中原有的、由于可界定性和规范的有效性而形成的关键性的要素。即使承认偶尔在术语上具有合目的性的集合分类，也不应当掩盖这一问题。

如果有人要特别强调将前文所述的公法和刚刚介绍过的私经济法相提并论，那么前述讨论的结论也绝不是要阻止他如此做。但是必须强调的是，即使这样将两者相加，也绝对不可能将涉及经济这个事实领域的全部法律集合到一起。更必须坚决强调的是，与其相互之间的关系相比，经济公法和经济私法与其各自所属的大规模材料之间有着更紧密、更丰富的联系。这一点一再表现于实践问题中；从法律上有效行为的前提条件，尤其是有约束力的意思表示、特定的无效原因、违反义务的后果，一直到损害责任体系，各法院和行政机构管辖权，等等。公法和私法的二元制并不能因此而被"放弃"，因为不论所有的"条块分割"现象，依据现行法，我们在众多实践问题上总是一再碰到二元制的问题。

尽管已经解释了这么多，针对所考虑的经济法这个集合分类可能还可以提几点原则性的异议：首先，使用"经济法"这个集合概念很可能会加深误会，以为如此

---

[797] 参见前注 771，以及前注 792 引用的 WENGER 的专著。

指称的法律材料存在广泛的内容规范的统一性和独立性。可能还会继续错误地暗示，经济法涉及的是——从公共福利角度来说——价值更高的法律领域。对于十足的外行人来说，甚至还可能助长其严重错误，以为"经济法"这一集合分类详细阐明了私法或者甚至整个法秩序中经济方面的重要组成部分。

正如上述针对"企业法"所讨论的，推荐使用"经济法"这样的集合分类必须满足的条件是，必须同时始终阐释性地强调所有在前述异议中提及的情形。只有如此，在一些情形下可能的术语简化才能作为支持使用这些集合概念的理由；反之，如果通过这些集合概念必然预期到误解的继续或者加深，就不能对其加以使用了。

刚才提出的术语方面的探讨大约已经充分表明，本书对特殊的法学体系构建的恰当标准所做的努力，完全就是针对经济法或者企业法一类概念发起的战斗。当然前文中在术语方面所做的建议原本也正是希望抵制使用这些概念产生的误导性影响，这些概念带有各式各样模棱两可的而且几乎总是具有不必要的模糊性的意义。

二、对于"经济法思想"

然而非常有疑问的是，对有关经济法的讨论影响极其深刻的体系性论据和分析究竟是否触及到了"经济法思想"原本的核心。它的魅力数十载以来一再吸引一些重要的法学家进行新的概念与体系方面的努力，而没有从各位先驱的非常不可靠的成就中受到足够的震慑性影响，更确切地说，这种魅力的原因和独立的体系组成部分及适当的体系化标准没有多少关系：或许是认为"古典"私法理论过于狭隘的感觉导致经济法被作为反命题提出了。在笔者看来，这一反命题只是（有理由地）更着重地强调了私法中逾越了各直接的规范适用对象之间的"个体关系"、逾越了平等意志自由"这个"法律原则的那些主导目标和基本原则。

提出这样一个反命题是可以理解的。确实，那些较早的"古典"私法实际上已经包含了大量的、必须根据"超越个体的"基本评价才能充分解释的要素。鉴于已经改变的现实关系〔以及在"古典"私法学说中有效的"应用理论"（Anwendungs-theorie）的缺乏〕，以全部基础原则的层次来衡量，这些要素的充足性就当然变得完全可疑了。"古典"私法理论的片面性当时绝对不适合纠正这些缺点。相反，"古典"私法理论必然通过其还原主义的理论理解，更确切地说通过将私法的伦理基础层次正式地限定于平等意志自由原则，更加恶化了这些对于具体法律规则层面上的客观法律情况来说本来就奇特的缺点，而不是克服这些缺点。

要从理论上突出和更好地实现私法中逾越了平等意志自由这个法律伦理主导原则的那些主导目标和法律原则，这样的需求是完全可以理解的，也正是"经济法思想"及其绵延不绝的生命力的根源，所有在无数尝试中都无法补救的界定困难和体系化问题都几乎不能损害这一点。笔者对此的观点是，要解决这一困境，必须在私法的完整幅度内，不是单纯针对特定的（更确切地说是不特定的）部分材料，首先不带片面理论偏见地调查确定一个完全多元的原则层次（也包含公共福利原则和实体公平要求），然后对调查结论进行批判性考察，确定原则权衡的优化任务是否在实际的现实关系方面引起具体规则层面上的既存法律情况的特定变化。

从而也就可以看出，为何对于——越发精确定义的——"经济法"连一个清晰的"规范性特征"也无法建立的更深层次原因：与"古典"私法理论将私法的原则层次从理论上限缩为平等的意志自由相比，经济法思想实际上是要更好地、更广泛地认识私法中涉及基础性的、也即普遍的、因此恰恰不是针对特殊材料的法律原则的意义。这也涉及——由此才成为可能的——（甚至）有关私法的多元化原则层次的优化工作，鉴于各种现实关系及其——始终只是有限的！——变化，私法的多元化原则层次一再被设定为任务。对于法的理性处理来说，没有什么比永远企图实现哥白尼式的革命更有危害了；比如企图建立具有优先规范性质的"经济法"。另一方面，没有什么比针对规则层面谨慎现实地调整和重新具体化原则层次更有必要的事情了。

在公认的"经济法的"讨论范围内，有必要进行此类努力的显著范例可能算是对反限制竞争法的提炼了。权衡与优化的任务始终被一再重新提出，并且再怎么重视也不为过，这样自然就要求通过谨慎地、兼顾长期远景地比较可能的替代方案，广泛苛刻地核查所有变革建议。由此所形成的任务也就首先是融合性任务；更准确地说，是从公平的强制性正义原因中必然推导出的和谐化任务。对于这一任务的最佳解决来说，没有什么能比模糊的、因而无法真正贯彻的、但是却表现出理论原则性的体系分裂企图构成更大的障碍了。

经济法思想实质上可以促进的是，认识到在所有的私法关联中全面地关注基础性法律原则的必要性。[798] 这些基础性法律原则在"古典"私法理论中受到了抑制。更大的、尤其是体系上进行分裂的要求还是应当被放弃的；至少在另外 35 个界定尝试之后也应当被放弃。无论如何，法学理论都不应当助长集权国家倾向，那样就会赋予所有国家机关的直接行为以普遍的、特别的正义或者公共福利的性质；即使在"经济法"这个模糊的体系分类的隐身衣下也不行。即使没有"经济法"这一体系分类，根据辅助原则，合理的"国家干预"在其各自体系背景下也必定是可以被正当化的。

---

〔798〕 将经济法思想理解为——对于外部体系不具有重要性的！——广泛的规范任务，这里所提出的立场与前述引用的那些将经济法视为对（当然被他们过于狭隘理解的）民法的"批判"的作者（前注784）是一致的，也符合前注789所提到的私法与经济法相结合的尝试。

第四章 ◀

第二种现实的分裂趋势：保护弱者或者"消费者"的特别私法

第一节　总概念的不确定性

　　现在开始要介绍和克服的是作为"第二种分裂趋势"的思想，即在"古典"私法之外，应当承认与广泛发现现实私法的第二个、由保护弱者原则主导的体系组成部分。

　　然而在准备阶段就必须克服一些巨大的困难。正如对相关最新发展和讨论的观察结果直接证明的那样，上述思想作为主导观念，似乎确实无比寻常地广泛传播和发挥影响。这一思想首先导致的是，似乎经常在"法律政策上"，没有在内容上对于最新法律条文与私法的整体体系的和谐给予更多重视。如果充分重视体系和谐问题就经常必然会导致，那些最新的法律条文应当被更狭义、更广义或者甚至以其他方式拟定，而非现在的样子。比如，《德国一般交易条款法》和奥地利的消费者保护法中不少禁止性规定本来都可以，并且应当直接作为一般民法。[799] 这种分裂想法确实导致公平规则的核心的正义问题完全不再受到充分重视。

　　在其支持者看来，这种体系分裂及其合理性显然更理所当然，或者是社会科学

---

　　[799]　对此有关德国法的论述，尤其参见 LIEB, Sonderprivatrecht für Ungleichgewichtslagen? Überlegungen zum Anwendungsbereich der sogenannten Inhaltskontrolle privater Verträge, AcP 178 (1978) 196 (198, 215 ff, 224); 对此有关奥地利法的论述，参见 BYDLINSKl, Die Kontrolle allgemeiner Geschäftsbedingungen nach dem österr Konsumentenschutzgesetz, FS Meier-Hayoz (1982) 79。

认识的直接结果。但是相反，在可见的范围内，支持这种体系分裂的、法学理论上明确具体的建议则几乎没有得到发展。如果不是涉及广泛的"不平等地位的特别私法"，而只是较窄的、流行的"消费者"特别保护法，那么上述情形就似乎更为符合实际情况：在此范围内，针对"消费者"这一基本概念的特别法的合理性与必要性经常被视为是理所当然的，而未经规范的批判性反思。这一现象如此严重，以至于经常连消费者法与作为弱者保护法早期原型的劳动法之间的关系都变得非常模糊不清：在没有经过合理论证，并且存在明显概念冲突的情况下，甚至把消费者与"依赖于工资的"劳动者完全相提并论。[800]

通过这种令人困惑的方式，或许可以指明从聚焦于"消费者"到建立一个更广泛地保护弱者的私法的趋势。但是更合目的性的是，首先分析后一体系设想的明确的、哪怕只是单纯概述的想法，然后再更特别地转向针对消费者特别法的体系概念。

只要后者在一些"经济法"的理论范围内具有一定的重要性，那么就不需要再向"经济法"进行追溯了：如果我们区别这两个针对（作为前置的批判点的）"古典"私法的反命题，一个以公共福利为重点，一个以保护弱者为重点，那么一切就显得更加清楚了。探讨这两种重要分裂倾向所要面对的基本困难具有完全不同的性质：对于"经济法"来说，有一个众所周知的、即使由于对其理解的多样性和模糊性而特别有疑问的分类可以使用，而对于弱者保护来说，根本就没有一个大的、可界定的基本概念。作为"经济法"的相对物，我们或许可以想到"社会法"。然而这一术语已经在别处被用上了，并且甚至是双重意义的：在当前的法律秩序中，它一方面通常是指主要包含社会保险法和社会救济法的公法的组成部分。[801]

与大的体系性的新概念相关，奥托·冯·基尔克（OTTO VON GIERKE）早就建议使用"社会法"这个概念来指称介于（个人主义的）私法和（国家的）公法之间的法律领域。[802] 粗略地说，"社会法"所包含的材料应当以较小的人类团体及作为这些团体成员的人为中心。这一想法虽然如今仍然偶有讨论[803]，但是在法学

---

[800]　REICH, Markt und Recht (1977) 193. 在其他地方，体系观点也是相当得丰富多彩：MERTENS, Deliktsrecht und Sonderprivatrecht, AcP 178 (1978) 227，没有深入说明，就把劳动法理解为特别私法"经济法"的一个分支。WIETHÖLTER, Vom besonderen Allgemeinprivatrecht zum allgemeinen Sonderprivatrecht? Anales de Ia Catedra F. Suarez No. 22 (1982) 125 ff 却将经济法视为与劳动法并列的特别私法。对"经济法"和"消费者法"的理解也是有疑问的。有些学者将"消费者法"作为经济法的一个组成部分，比如 HART/JOERGES, Verbraucherrecht und Marktökonornik, in：Assman/Brüggemeier/Hart/Joerges, Wirtschaftsrecht als Kritik des Privatrechts (1980) 83。这一著作突出的特点是，对于形形色色的消费者法理论进行了深入广泛的阐述与批判；特别值得强调的是其对于法律稳定性的合理坚定要求（比如第 97 页），针对马克思主义使用价值理论影响的无节制性（以提问形式）批判异议（第 179 页），并且指出（第 176 页），强调消费者利益并没有获得任何充分的标准，以及（第 229 页）在消费者具体基础地位和法律内容的可识别性方面，对"消费者法"提出的普遍怀疑。前文有关经济法引用的大多数著作都是背道而驰的。

[801]　参见前注 714。

[802]　OTTO VON GIERKE, Deutsches Privatrecht Ⅰ (1895) 26 ff.

[803]　比如 EHLERS, Verwaltung in Privatrechtsform (1984) 40 ff；VAN DER YEN, Die Überwindung der traditionellen Zweiteilung von öffentlichem und Privatrecht, besonders anhand des Arbeitsrechts, FS Nipperdey Ⅱ (1965)；689.

的体系化实践中却是绝对无法贯彻的，因为其缺乏合目的性：这一体系设想必然通过一贯的三分法，使介于公法与私法之间的灰色区域变得叠床架屋，却不能通过促进规范秩序更好地适用来有效平衡。因为很难想象，能够比如（即使只是）为家庭和股份公司发现或者制订有一定丰富内容的共同规则或者原则。因此似乎更为恰当的是，以法学通常的看法，根据这些较小团体的形成（各自典型地及根据其性质）究竟是更强烈地受到个体的影响还是国家的影响，其个别主体之间相应地究竟是相互平等还是被委任了国家任务和国家权力，将这些团体相应地划入公法或者私法。[804]

这一失败的体系化尝试丝毫不能改变的是，如果我们现在将"社会法"在第三种意义上使用，也肯定会引起重大的误解。因此，可能最好还是像本节标题那样，对要讨论的这个分裂倾向使用一个更为复杂的名称。下文将首先讨论对特别私法的宽泛的理解，然后是狭窄的理解。

第二节　针对非均势地位的私法（的总则）?

加米尔舍格（Gamillscheg）强烈主张劳动法的独立性，并以其为基础，激进地排斥民法总则及普通债法对劳动法领域的适用。他认为[805]，劳动法另外还可以作为先锋，构建保护较弱的一方当事人的权利的总则。他提出，买卖合同是均势合同的原型，由经济上实力相当的双方当事人协商订立。《德国民法典》正是以买卖合同作为一般化的模型。相反，属于非均势合同的除了劳动合同，还有房屋租赁合同；另外，一般交易条件法、分期付款法，或许还有保险法，也都属于这一领域。

显然在上述观点范围内，劳动法被视为已经远远偏离普通民法发展的一个法律领域，以至于似乎特别适合作为构建保护弱者的、包罗万象的普通私法的先驱了。[806]

---

[804] 1994 年 6 月 8 日在柏林洪堡大学的会议讨论中，T. RAISER 合理地强调指出，承认 OTTO VON GIERKE 所提出的"社会法"非常符合人类学的事实，即人也是更小集体的成员。但是另一方面，在法律体系问题上，文中所述的相互矛盾的合目的性原因远远处于优势地位。

[805] Zivilrechtliche Denkformen und die Entwicklung des Individualarbeitsrechts, AcP 176 (1976) 197 (205, 208 f). 前文已经就反对劳动法的过度分裂进行了必要的论述。

[806] 明确反对体系分裂的是 H. P. WESTERMANN, Sonderprivatliche Sozialmodelle und das allgemeine Privatrecht, AcP 178 (1978) 150 与 LIEB, AcP 178, 196 两部著作中表达的倾向。前者合理强调指出，针对特定群体的私法观念没有可和谐化的内部关联点，与各主导性正义判断相矛盾，并且考察了，一般民事财产法未来是否可以根据劳动法和经济法的精神进行更深刻的理解。后者则致力于将"内容控制"理解为一般私法工具，可以普遍适用于，一方当事人（基于法的安定性原因）的劣势和受保护需要只能一般典型化确定的情形。《德国一般交易条件法》第 24 条通过商人关联性，阻止了有疑问的针对消费者特别私法的形成。

在可见的范围内，前文介绍过的那些论述已经非常明确和广泛地描述了针对所有非均势地位的特别私法的设想。然而，这一简洁的思维过程却面临内在的批判：过去与现在都很明显的情况是，即使买卖合同也会在经济实力存在巨大悬殊的当事人之间订立。因此不清楚的是，为什么买卖合同就能被视为均势合同的原型？曾经提过的一般交易条件甚至非常频繁地出现于买卖合同中。因此，法律上的合同类型应当不适合作为区分标准。核心的问题其实肯定是，是否以及如果是的话，出于哪些理由以及在哪些情形下，缔约方的经济均势具有决定性意义，并且应当如何探究经济均势。如果只是列举几个选取出的、在保护一方缔约人方面具有重大不同保护倾向的法律领域，对于这一问题的解答并没有什么贡献。

尤其明确试图解决上述问题的，是霍恩（HÖNN）就"对被破坏的合同对等性的补偿"所进行的广泛研究，在研究中被称为（由立法者在此意义上使用的）补偿手段的主要有：竞争法、（通过行为能力规则）排除本人的一些私人自治行为、诸如由于暴利或者其他悖俗行为导致的无效及不生效力；一般交易条件的不生效力；形式强制；为保护合同一方当事人的类型强制；基于已变化情势的嗣后变更；继续性债务关系中的解约保护；卡特尔法以外的强制缔约和禁止歧视；通过任意法的备用和指导功能进行的补偿。另外被强调的还有集体劳动法和公司法中的特别补偿措施。[807] 以一定程度上适合界定的方式，把所有这些制度合并为一个针对非均势地位的特别私法（霍恩绝对没有这样建议过！），似乎是不可能的。

能够证实这一怀疑的是，显然，还从来没有人哪怕只是试验性地试图构思出，一个能够适合作为针对非均势地位的特别私法的组成部分（或者其总则）的单一规则或者单一原则，而且在私法的其他部分中不起任何作用。鉴于上述这些法律材料的差异性，在这些法律材料中可以观察到的非均势性以及规范的保护目的，这也丝毫不会让人觉得奇怪。更加支持上述异议的是：承租人保护法肯定既是非常重要的，也是标准的、由片面保护承租人的倾向所主导的一个法律领域。即使对于劳动法和承租人保护法作为一个整体来说，构建一个具有丰富内容的共同规定或者原则

---

[807] HÖNN, Kompensation gestörter Vertragsparität. Ein Beitrag zum inneren System des Vertragsrechts (1982). 该著作深入研究了，立法权威为克服由其采纳的"不平等"，而借以设立补偿性措施的，数量庞大的全部法律规则和制度。这一慎重的实证主义观点——由于存在查明和测量的困难——放弃了探讨，哪里和在什么范围内，在什么意义上确实存在法律上重要的"不平等"。但是作者确实指出了，这些"补偿性"措施具有完全不同的性质和影响范围，而无法查明，是否以及何时因此形成了"不平等"，并且也因此无法提出对于"补偿"的整体想法（尤其参见第97页及以下、第284页）。结论实际上就是非常广泛地证明，在现行法律秩序中，在巨大的范围内，在各种极不相同的情形下，使用完全不同的手段，进行克服各种"不平等"。HÖNN也指出，私人自治在这样的过程中"几乎受到了整个法律秩序的损害"（308；赞同意见的 LIMBACH, Die Kompensation von Ungleichgewichtslagen, Kritische Vierteljahresschrift 1986, 185）。这一恰当的论断就应当已经否定了任何想法，认为在私法中可以区别两个分离的部分，在一个当中私人自治基本完全不受影响，而在另一个当中，私人自治则受到强行性补偿规则的排挤。

的总则的想法，也还没有超越单纯假想的阶段。[808] 在其他方面完全不同的这些法律材料之间唯一的共同点似乎只在于保护弱者原则本身。由于不同的非均势结构、保护目的及保护方法，这一共同点也是微不足道的。

如果我们从内在批判转向上述提出的那个体系化标准的应用，上述所考虑的这种对私法进行的体系性的二分也是肯定不恰当的。单纯地合并数个不同的、各自完全独立的法律材料，这本身就已经表明，这种针对非均势地位的私法缺少恰当的外部界定标准，必须通过弱者保护这个规范原则本身唯一地进行界定。这实际上明显就是原则层次的“内部的”规范的主导思想的外部化。

除上述已经讨论过的这类体系观点存在不足的一般理由外，这里还要补充一个简单的观察结论：将有利于任何意义上的弱者的、特殊的规范的保护倾向的影响限定于加米尔舍格所指的几种或者完全限定于选定的私法材料上，是不可能的。已经介绍过的霍恩所提出的“补偿手段”就横贯了整个私法。那些明确研究“私法中的弱者保护”这一主题的著作也表明，这种保护倾向分布广泛。[809]

此外，在本书研究的范围内，根据不同体系组成部分中已经提炼出的原则，已经具体表明，有利于（至少是有规律地）任何意义上的弱者的特殊的规范保护倾向扩展到了整个私法体系。这里已经不需要再重复对于现在要指出的原则的论证或解释，这些原则——只要不是完全显而易见地——也表明，它们的确，以及在什么意义上涵盖了有利于弱者的保护倾向。

下文列举的只是私法材料中没有被加米尔舍格作为针对非均势地位的特别私法的原则。在这个意义上，就迄今已经提炼出的原则目录，特别要指出的原则就是总则部分中的3、5、6、7、9、15a、18、19；债法中的1、24（及其限制！）、28、37、41、42、44；然后是物权法中的67、69、72；家庭法中的74、77、80、83、89、90；公司法中的100、101、102、103、104、108；无体财产法中的111及竞争法中的125、126、127。仅仅因为上述原则分布于整个私法范围内，针对非均势地位的弱者保护就分裂出一个特别私法的想法也就显得不再那么有吸引力了。

基本上不受影响的是，我们在某时或者某处针对某个原则可能怀疑，基于保护

---

[808]　VON STEBUT, Der soziale Schutz als Rechtsproblem des Vertragsrechts（1982）的研究富有启发性和深入性，其副标题是 Die Schutzbedüftigkeit von Arbeitnehmern und Wohnungsmietern，深入地指出了两类材料保护结构上的区别（劳动法上的“侵入性结构”（Aggressivstruktur），租赁法上的“防御性结构”（Defensivstruktur））。如果该作者从保障基本需求的角度出发来解释特殊保护的必要性，那么也应当基于通过保障具有特殊人格重要性的权益，实现人格权保护，和——下文提炼出的——“危急状态”（Zwangslage）观点，赞成这样的保护。这些都和基本需求不能得到满足的风险密切相关。在作者提出的反对“合同平等”的模型观念中，具有绝对充分合理性的是其核心批判观点，即“平衡”“不平等”现象的观念不是一个恰当的主导目标（尤其参见第18、268、285页和结论部分第318页及以下）。不恰当性早就产生于潜在的平等或者不平等标准的多样性，产生于均势地位本身的不可测量性。

[809]　尤其参见对此进行了广泛概观的 WEITNAUER, Der Schutz des Schwächeren im Zivilrecht（1975）；EIKE VON HIPPEL, Der Schutz des Schwächeren（1982）。前一著作进行了基本法教义学研究和阐述，后一著作主要是对各种，尤其是国际组织和学者的，数量众多的政治规划和创意提供了各种经验数据的、富有启发性的概观。

弱者或者平衡非均势地位的考虑对于该原则的论证发挥了关键性的协同决定的作用。在许多已经讨论过的材料中，尤其是父母对于其需要照管和抚养的子女的完全"不平等"义务、行为能力规则、禁止暴利和许多其他情形中，其"保护性"可能的确是无法严肃质疑的。

所列举的这些原则中有许多都属于"古典"私法的材料，应当也确定无疑地阐明了，以批判或者捍卫的目的，把"古典"私法描绘成平等的形式自由原则的独霸王国，过去和现在都是多么错误。严肃地说，这类夸张的做法也不应该再发生了。其中引出的重大问题，即"古典"私法中的保护倾向是否曾经过于发育不足和缺陷过多，就已经足够值得研究了，即使我们没有否定这类倾向。

"弱者保护"这个原则本身无法弥补已讨论过的体系化建议的不恰当性。其原因本就在于，一个缺乏更具体理由和更具体法律保护目的的抽象"保护原则"，只不过是要求给予特定类型的私法主体无法控制的优待，这一优待的程度必然是完全随意的。只有当说明并且论证了特殊保护的原因和保护目的，"保护原则"对于原则的权衡才具有实用性。这一点在讨论劳动法时已经详细阐述过了。

第三节　承租人保护法及住宅法专论-------------------------------

1. 再深入一点，*承租人保护法*也是笔者所提异议的一个例证。承租人保护法与劳动法完全不同的保护结构已经早就被强调过了。[810] 事实上，承租人保护的作用是"防御性的"，尤其是针对租金涨价和作为存续保障：承租人保护主要是通过解约保护、禁止或者限制附期限租赁合同等措施，尤其为承租人保障其法律关系的*存续*——他通过该法律关系获得了该房屋的（廉价）使用权。同样的规则，尤其是法定的租金限制，对于寻租人来说则起到了完全相反的阻碍作用，因为潜在的出租人可能被吓阻了，不愿意再出租。

保护承租人的法律措施是由人对住宅的生存依赖性所激发的，并且本质上当然是通过必要的多重权衡得到了合理论证。在迫近的失去住宅的情况下，"特别的保护必要性"基于最低生存保障原则就已经得到肯定了。另外已经有观点指出[811]，即使市场上住宅供给充分并且承租人有支付能力，但相对于有自由终止权的房屋出租人来说，承租人仍始终处于力量悬殊的较弱谈判地位，因此在最低限度的合同正义的意义

---

〔810〕　参见前注 808。

〔811〕　有关承租人保护及其原因，参见 HONSELL, Privatautonomie und Wohnungsmiete, AcP 186（1986）115。尽管（或者恰恰就是因为）承租人保护法的特别法上的判例法，只能通过追溯其基础主导思想才能解决的一个现实重要问题，有关研究参见 BYDLINSKI, Superädifikate und Kündigungsschutz, JBl1984, 241；vgl seither insb SZ 58/25 sowie WÜRTH/ZINGHER, Miet-und Wohnrecht19（1989）21。

上，承租人也需要法律的保障：对于承租人来说，其住宅通常是必要的生活资料。因此，他必然顾忌失去住宅通常就要面临的无形"交易成本"，当然还有搬家产生的经济成本与劳累。这其中就存在对已经获得之住宅的出租人的巨大依赖性，这种依赖性限制了承租人理性上可选择的机会，因而也就赞同限制出租人的解约机会。

现行法距离原则上"数量适当的"承租人保护无疑还相当得远，这肯定是一个艰巨的任务。现行法在很大程度上还是依赖于不受约束地变化不定的政治决断，在极端情形下，这些政治决断并不畏惧广泛的公共损害。在过去极端严格的承租人保护时代实行可笑的租金政策，导致奥地利旧房产存续状况的灾难性局面，今天尽管有许多房屋空置，却缺乏私人房屋供给，这都是明显的教训。在奥地利，甚至经营性房产也遭受与住宅同样的解约保护原则！这其中的恣意性更由于几乎完全形式化思考的司法实践而恶化。[812]

我们现在就将讨论完全具体化于承租人保护法的性质上：与劳动法明显不同，对承租人保护法而言，尽管其具有重要的实际意义和明显的福利保护倾向，法学上也几乎没有人主张其具有独立的特别私法的法律地位。尽管其具有保护倾向，承租人保护法还是被划入"传统的"私法体系，也即债法。可以很好地解释这一现象的是——前文提出的——与潘德克顿体系的不相容性标准，"特别私法"的标志是，其特殊材料不能被划入到潘德克顿体系的*任*一组成部分中去。相反，作为对原始法律状态非常关键的修正，承租人保护法可以被完全划入到租赁合同法中，也就是特别债法中。对承租人保护法的观察也从而可以充分证实上述标准。另外，承租人保护法从体系上独立的意义也不大，原因在于，承租人保护法实际上完全建立在有关租赁合同的签订、租赁关系的基本权利与义务等"旧"规则之上。

总而言之，承租人保护法只不过证实了，在"传统的"私法体系的框架内，弱者保护已经广泛发展了，并且在这一框架内这些发展也是可能的。也就是说，承租人保护法可能毫不逊色于支持将有利于非均势地位的私法从"传统的"私法体系中分裂出去的论据。

2. 与承租人保护法相区别的是*居住法*或者*住宅法*这个分类，有些人鼓吹其特别应当作为独立的体系分类。[813] 然而这应该明显与一个不动产单独所有人或

---

[812] 以至于经营性出租人自己极重要的用房需求要劣后于经营性承租人很不紧急的用房需求；对这一完全不可思议的错误司法实践（与证明），尤其参见 GIMPEL-HINTEREGGER，„ Notstand " und „ Existenzgefährdung "，JBl 1988，16 sowie M. BYDLINSKI，Zur Eigenbedarfskündigung bei der Geschäftsraummiete，ÖRZ 1988，102。

[813] "居住法"这个类别完全是混乱的，可以特别明显地见于 CALL, Mietrecht und Wohnungseigentum (1983) 29 ff (39)；另外尤其参见 SCHILCHER, Die Stellung des MRG im System der gesamten Wohnrechtsordnung, in: Korinek/Krejci (Hrsg) Handbuch zum Mietrechtsgesetz (1985) 43（第43页及以下提供了许多证明），其出发点是任一关系中都缺乏系统性，并且进行了有意义和值得赞扬的尝试，在尊重"居住"法律基础完整多样性的基础上，推动了法律状态在内容上的和谐化；尤其是通过妥当的类推适用承租人保护法，以避免法律规避。但是，"居住法"在体系上独立化却是没有必要的；为解决各种实际问题而进行广泛的根据一定方法的法律获取却是非常有可能的。实际上，SCHILCHER 使用的"居住法"也只是指可能一致的实际问题的重心。

者普通共同所有人（非建筑物区分所有人）的"居住"无关。其所包含的大约有租赁法、住宅所有权法、住宅合作社法、住宅建筑补贴法，或许还有其他一些法律材料。从基本概念上来说，营业用房出租明显不会被涉及，但是在奥地利它受到部分共同的法律规定调整。因此，尽管存在概念上的矛盾，它也必然被包括在其中。

仅就"居住"或者"住宅"这些界定性的基本概念来说，就存在显著的困难，所涉及的绝不仅仅是边缘性问题。鉴于所说的这些法律材料在调整对象、目标设置和规范性内容方面的差异性，一个广泛的规范性特征完全是无从感觉的。因此，"居住法"很难说是一个特殊的法学体系分类。倒不如说，它是众多可能的和实践中的法律材料集合中的一种，这些法律材料与某个任意表现为一个整体的生活领域相关，并且基于完全个别的、相互交叉的兴趣而随意地详尽阐明这个生活领域。正如一再重复强调的，这样做毫无疑问是合理的，但是不适合作为特殊的法学体系思想，也不会为法学的体系化工作带来丰硕成果。

抛开法学体系方面的雄心壮志不说，这种围绕问题式地对多部特别法律进行的综述，对于广泛地发现和更好地解决那些相互一致的、在审判实践中却零散的实际问题可能具有非同一般的重要价值；比如对有关经营费用的规则的综述可以揭示出，其差异性只是不恰当的立法技术造成的偶然性结果。这却不会导致，规定了所有权人可以自由处分其住宅的建筑物区分所有权法与租金之间产生更深层次的规范性的基础亲缘关系；完全更不用说公法上的住宅建筑促进制度了。处于不同背景、实际上却相似的具体问题被杂芜的规则丛林包围着，仅仅根据公平正义及平等原则就有克服这种现象的必要性。对此不需要特殊的体系分类。

第四节　针对消费者的特别私法

一、限定于体系问题

有关"消费者法"或者"消费者保护法"的讨论非常热烈。这在当前最有现实意义地，同时也最明显地表明，针对非均势地位的特别私法的——如前文指出的——过于模糊的想法在这场讨论中发挥了更为具体的重大影响。以这一关键词为主题的文献早已经汗牛充栋了。[814] 正因为如此，非常有必要将讨论严格限定于此处所关心的体系问题。所以，在此，对于在消费者保护的要求下提出的包含了各种有充分理由的、有一定道理的及荒谬的范例的（但并非因此就在政治上毫无希望的）那些无数法律政策"要求"，我们就不再具体深入地讨论了。在明知道混乱的法律政策的情形下，我们或许最好把"消费者保护"理解为普遍的纲领性的呼吁，要求在发生变革的事实情况下，在始终针对基础原则的权衡问题对法律发展做出优化努力时，谨慎关注今日有关消费者的实际情况。[814a]但是，我们或许也应该清楚，这样的要求还不足以作为充分理由来提供哪怕只是一个单一的法律条文。更确切地说，具体情况下就是取决于最佳限度地平衡各个重要的基础评价，也取决于谨慎地、界限清晰地识别具有极大差异的事实。纯粹以某个唯一的事实类型为依据，是一种特别危险的罔顾事实的表现。

首先要深入考察的就是把消费者法视为一个独立的外部体系组成部分的观点。由于消费者法使用了统一的消费者概念，无可置疑的是，这样的体系设想总体上必然要比针对非均势地位的特别私法的模糊观点更加容易把握，也更适合界定。但是两者之间不可忽视的关联是：假定的消费者普遍力量薄弱的状态，也正是针对消费者的特别保护法所要克服的。这正是前文已经出现过的相同的保护思想；只是现在限定于一个更具体、更特殊的领域而已。

保护思想和消费者概念结合之后的影响如此之大，以至于在许多人看来，在这

---

[814] 参见比如 K. SIMITIS, Verbraucherschutz -Schlagwort oder Rechtsprinzip (1976), 作者断言，消费者不是法律上具有重要性的值，并且也不存在消费者法，其论述中具有决定意义的关键词是漫无边际、模糊不清、消费者身份与全体民众的身份一致性（第78页及以下），然后又提出了广泛的市场批判（第97页及以下）；N. REICH, Markt und Recht (1977) 179 ff；JOERGES, Verbraucherschutz als Rechtsproblem (1981) 提出了怀疑的、没有解决的"结论"（第123页及以下），借以掩护的是本身被认为极成问题的"发现程序实践"（Entdeckungsverfahren Praxis）（第132页及以下）。（这一结论缺乏导向性能力，这可能至少可以通过比对社会科学的依赖，更强烈地依赖法律体系，进行一定的补救。）EIKE VON HIPPEL, Verbraucherschutz3 （1986）；H. P. WESTERMANN, Verbraucherschutz, in：Gutachten und Vorschläge zur Überarbeitung des Schuldrechts Ⅲ (1983) 1 ff.

有关奥地利法，尤其参见 SCHUHMACHER, Der Konsumentenschutzgedanke in der österr Rechtsordnung, KSchG-Handbuch 1；DENS, Verbraucherschutz bei Vertragsanbahnung (1983)；DENS, Verbraucherschutz in Österreich und in der EG：Die Folgen eines Beitritts-Zusammenfassende und ergänzende Thesen, in：Schuhmacher (Hrsg) Verbraucherschutz in Österreich und in der EG (1992) 235. 到处都是完全实用主义的做法，不存在消费者法的体系独立，参见第一个著作，出处同上第 10 页，并且尤其是最后一个著作的第 242 页及以下，出处同上。其他的相关文献将在后文说明。到处都提出了广泛的证明。

[814a] HÖNN (Keio Law Review 1990, 219) 更细微地指出了对消费者保护一般设定的目标：针对瑕疵和危险产品、不正当广告、不正当交易条件、过高的价格及个别请求权实施的保护。这样的目标清单包含了杂乱的事实情况大杂烩，根据有特别保护需求的原因和类型，以及根据形成保护的法律后果的类型和强度，这些事实情况相互无关，尤其是没有显示出与精确的（经济学上的）消费者概念之间的关系：无法理解的是，基于什么原因，在上述情形下，经营性行为的主体不能享受同样的保护；至少如此的是，因为如果在目标清单中所反映的风险由企业经营者承担的话，企业经营者可以在市场可能的框架内通过价格转移给其顾客，并从而最终转嫁给了消费者。如果重视这一点的话，像介绍过的这样的目标清单也就只是意味着符合体系和实际的法律风险分配方案。

一基础之上，承认"消费者法"作为特别的体系组成部分显然就是不言而喻的；他们对法律的体系化标准越少进行一般性的反思，就越认为这是不言而喻的。在这种体系反思的基础上，需要回答的问题是，"消费者法"作为特殊的法学的体系组成部分，也即作为相应的法律整体体系的一个部分，是否是恰当的。可能的答案选项就是，"消费者法"只是反映了从整体法律秩序中挑选出来的众多相互交叉的、基于个别的、具体情况下可随意界定的信息需求的部分。

考察的重点当然是对体系上特别深刻反思的、有关独立消费者法的理论展开分析。即使如此被强烈认可的不言而喻性也不能影响批判性的分析。

本书已经持续地尝试至少初步提取原则层次的"内部"体系，也即尽可能地像在为了必要地考察"规范性特征"而致力于提炼描述素材的"外部"体系时所可能的那样。因此，下一步要考察的是，从"消费者保护"所指的法律状态及相关讨论中能否提炼出当今私法的主导思想，从而补充迄今为止的原则目录。即使我们不承认消费者法作为一个外部的体系分支，这也是有可能的。那么完全可能涉及的就是，在"消费者保护思想"（或者其前身）的关联中发展起来的法律行为法及债法的原则。我们在考察中可以合目的性地结合讨论中被区分的消费者保护的基本"模式"：尽管有部分不同的称谓，实际上主要就是相互对立的消费者保护的"信息模式"与范围更广的弱者保护的"补偿模式"[815]。

实际上，所有那些讨论消费者法或者消费者保护、但是没有将之与独立的体系组成部分的观点相结合的作者，其思想都类似地以"内部体系"的原则为中心。这种观点的主要优点在于，在其框架内，原始的和受到——越来越准确理解的——"消费者保护"影响的法律行为法和债法的规则与制度必然需要显而易见的相互协调，而清晰的体系分裂则很容易完全排除作为正义要求的法律状态的内容稳定性。

二、消费者保护法作为外部的体系概念

针对消费者保护法作为独立的法学体系的组成部分，赖希（N. REICH）基础性地提出了系统的完整想法。[816] 其出发点是，普通民法倾向于保护经济上实力较强者，也即企业，这是他在一般交易条件的原则适用和承认"对设立和运营中的营

---

[815]　基本一直坚持的 DAUNER-LIEB, Verbraucherschutz durch Ausbildung eines Sonderprivatrechts für Verbraucher. Systemkonforme Weiterentwicklung oder Schrittmacher der Systemveränderung (1983) laufend（更具体的介绍参见后注 843）。类似区别两类基本不同的消费者保护观念的有 REICH aaO 198, 218 和 H. P. WESTERMANN 刚刚提到的著作中 aaO 8 ff（"市场互补的"和"市场补偿的"观念），以及 CANARIS，后注 834（信息和内容控制模式）。

[816]　下文参见 N. REICH, Zivilrechtstheorie, Sozialwissenschaften und Verbraucherschutz, ZRP 197 4, 187 und DENSELBEN, Markt und Recht (1977) 49 ff sowie 193 ff.

业的权利"这些"令人信服的例证"中希望深入表达的观点。[817] 依其观点，审判实践中保护消费者的尝试只是例外。有助于贯彻消费者保护设想的、由社会科学保障的民法教义学未来还有待发展。

为此，在劳动分工和生产资料存在不同归属的条件下，财产法应当划分为三个分支领域；即 a）针对企业间关系的企业法，b）针对企业和（经济学意义上的）终端消费者之间关系的消费者法，及 c）针对私人法律伙伴（Rechtsgenossen）之间关系的"市民法"（Bürgerrecht）。

狭义上的消费者法是 b）。私人自治在 a）和 c）中原则上不受干预，即使经常被突破。在这两部分中，民法上的一般条款和卡特尔法作为工具基本上足以胜任。

而在消费者法中，传统民法原则必然（?）影响太小。为了限制这种实力差距，必须采用其他解决办法。尤其是在消费者法中，任意法与强行法之间的一般与例外关系必须要倒转过来；另外，还要考虑"半强制"规范和禁止责任免除。

首先需要的是在社会科学上制定保护消费者的方案。虽然作者的能力还不足以对此进行概述，但是社会科学是可以有所作为的。相关的社会科学，尤其是经济学和社会学，也以存在激烈的方法争论为特征。（这两者都没能阻止作者集中以"社会科学"，显然也以在其框架内适当选择的观点为基础。）消费者保护的目标设想必须在广泛的民法规则中来追寻，各种例证具体表现了这一点。核心难题在于，如何用可以保证接近均衡的风险分配的方式来调整所说的这些法律关系。

在此基础上，赖希更进一步通过汽车买卖的范例对私法三分法的基本体系建议进行了形象的说明：在汽车生产商与其合约经销商之间的汽车买卖属于企业法，私人终端消费者从经销商处获得汽车属于消费者法，私人终端消费者再将其汽车转售给其他私人法律伙伴属于民法。

赖希的基本体系建议，即体系上必然独立的"消费者法"，获得了其他一些学者的支持。[818] 除此之外，这一三分法建议立基于选择性的经验性发现和部分默示

---

[817] 有关一般交易条件这个范例，参见后文脚注 852。"对设立和运营中的营利企业的权利"也在法教义学上，也即完全不存在特别的社会批判，被认为是违背体系的畸形；参见最近详细的、令人信服的论述 LARENZ/CANARIS, Lehrbuch des Schuldrechts13 II/2 (1994) 537 ff。因为它在奥地利幸运地还从来没有在传统私法的框架内出现过，仅仅这个原因就已经导致其不适合作为反对传统私法的论据（为了防止可能的接受倾向而着重强调反对理由 BYDLINSKI, Der Ausgleich von Schadensfolgen der Durchführung öffentlicher Projekte, in: Rechtsprobleme der Planungsfolgen [Hrsg: Wissenschaftliche Abteilung der Bundeskammer der gewerblichen Wirtschaft, 1971] 28）。

[818] 比如 DAMM, Verbraucherrechtliche Sondergesetzgebung und Privatrechtssystem, JZ 1978, 176, sowie DEMSELBEM, Euoropäisches Verbrauchervertragsrecht und AGB-Recht, JZ 1994, 160 (168 ff; 当然对于特别私法来说"没有不必要的分立论的两极分化"；参见第 161 页及以下，阐述了——相对于前面提出的、导致法官对合同无节制塑造的建议，更加适度的——欧洲法上的消费者合同指令及其后果，以及相关的证明）；有关体系分裂的、范围广泛的其他说明，参见 DAUNER-LIEB aaO 24 Anm 59 und 116 Anm 37。

的规范性前提之间令人难以理解的结合。结果就是针对消费者保护措施的"法律政策的合法化",其原因仅仅是消费者处于"结构上不同的地位"[819]。

在经济学意义上,人作为"消费者"的结构地位显然是无法避免的。更迫切的问题是,*哪些消费者保护措施可以被视为是合理的,并且在多大的范围内*是合理的。如果不考虑这一问题,那么根据上述论据,似乎任何随意的有利于消费者的规范性措施都有充分的理由。赖希提出的(有限)目标设想自然是限制实力差距和保障均衡的风险分配。这两者从规范角度看是完全合理的,但是如果把有待平衡的实力差距与消费者的——完全无法避免的!——"结构地位"联系起来视为既定条件,那么这两者从基本设想上就都完全不可控制了:只要消费者还是消费者,那么不论给消费者多么广泛的优待,也永远显得不够充分。有利于消费者的保护措施也因而从基本设想上就规避了具体的论证必要性以及任何可控性审查。任何有利于消费者的措施都是合理的,即使是偶然的与恣意性的措施。这在法律上是不允许的。"适当的风险分配"也需要得到仔细的阐明,从而可以适合作为平衡力量。

或许上述设想的缺点可以最终通过明显广泛传播的观点予以解释,即在当事人的实力及自由地位不均等的情形下,必须采取必要的法律补偿措施,直到实力及自由地位刚好平等为止。但是,这实际上是一个无法企及的目标,仅仅基于实力和自由在数量上的不可测量性这就注定是要失败的:通过法律措施何时能够达到"均势"是无法确定的。[820]

上述体系化建议的核心缺陷应当在于单纯以不同经济角色的区别作为基础,并且在缺乏合理的规范性理由的情况下就赋予不同的经济角色以直接的、普遍的法律重要性。或许这与法律完全取决于经济现实这个命题有关。这很难具有决定性的合理性。在当前这个问题上,尤其是赖希自己的建议就表明经济角色对于法律问题和法律体系构建可能是无足轻重的:对于"企业法"和"民法"来说,他主张不论其不同的经济角色,都应当基本完整保留私人自治和"传统"私法。为什么对这两个领域还要在法律上进行区别,就始终不清楚了。撇开原则上的、规范的协调性,是不是经济角色的区别就足够了呢?

三分法建议的实用性,更确切地说是其明显的不符合目的性,在汽车买卖这个范例上表现得淋漓尽致:如果以三分法建议为标准,法律秩序中必须设立一套买卖法规则(以及所有权转移、合同缔结、合同有效性等规则),适用于生产者与经销商之间的买卖;针对"民法"再建立一套内容基本相同的规则,适用于私人之间的

---

[819] REICH, Markt und Recht 196 f.
[820] 参见前注 167。

旧车买卖；另外建立第三套规则适用于消费者从经销商处取得所有权。鉴于买卖、所有权取得等的统一结构，第三套规则可能与其他两套规则只是通过某些修订而有所区别，比如将瑕疵担保提升为强行法。

如果不再预先绑定于经济角色，也没有什么理由可以反对人们建立一套买卖法规则，只有当存在修改或者补充的必要性时才强调经济角色。作为范例，我们只需要考虑一下有关"商事买卖"完全分散的特别规则，这些特别规则当然是以整个普通买卖法为前提，并且补充了普通买卖法。如果想要避免法律材料的不必要膨胀和对同样的问题偶然恣意性的不同处理的风险，那么必须将"三套私法"中的至少一套扩大为一般法。也就是说，仅仅根据简单的合目的性考虑，我们就可以排除，将不同的经济角色作为法律体系或者其他法律问题的关键标准。[821]

赖希的体系化建议的中心目标当然就是"消费者法"的特殊分类；更确切地说，通过消费者特殊的结构性保护需要对体系产生影响的表现，来普遍论证有利于消费者的法律政策建议的合理性。他就顺理成章地以严格的经济学上的消费者概念为基础了。

如果局限于这一点，那么整个三分法及其表现出来的不合目的性立刻就可以被消除了。经济学上的消费者概念有其界定标准，其界定标准的清晰度和恰当性本身是不容置疑的。在这个意义上，根据《奥地利消费者保护法》第 1 条可以被定义为消费者的是，任何非为经营企业而参与交易的人。这也就是一个相对于企业经营者的定义。

这样一来，似乎前文提出的体系化标准中的第一项，即特定"规范领域"的基本概念上的可界定性和与其相关的规范群，也都同时具备了。

如果考虑来龙去脉的话，这绝对还没有结果。因为所要追寻的，不是*随便一个*概念上可界定的事实片段，而是能够表明当事人的特殊结构地位的、更准确地说是非均衡的弱势的、从而相应表明其规范的保护必要性的事实片段。（经济学上的）消费者概念要适合作为这种意义上的体系基本概念，就必须包含结构弱势和保护必要性。赖希明确地说："消费者仿佛只是另一种雇佣劳动者"[822]，就是断定了这

---

[821]　如果我们比较性地考察前"东欧的"法律制度，就会更加强调三分法建议的不合目的性：民主德国的法律制度事实上就表现出了三种不同的合同法秩序，也即《民主德国合同法》、《民主德国民法典》和《民主德国国际经济合同法》。但是这里的界定却完全不同：第一部法律调整企业之间的合同关系，第二部法律调整企业和公民之间，以及公民与公民之间的合同关系，最后一部法律调整对外贸易合同。REICH 作为"东欧的"民法的领军型专家（参见 Sozialismus und Zivilrecht［1972］），还想在《民主德国民法典》的两个经济学层面上进行严格区分，他可能在这里也获得了其体系化建议的一些灵感（参见第 201 页及以下，第 274 页及以下）。在这一矛盾上，我们也可以看出，单纯的"经济学角色"对于法律体系问题实际上只能起到多么微弱的决定作用，而且和政治上的政体无关。

[822]　Markt und Recht 193.

一点。

但是，即使这一说法在其关联上始终不断接近于"社会科学"，从语言分析上来说，这一说法也是错误的。同意义的表述，不论表达得有多么精确，也同样如此。经济学意义上的"消费者"，至少在其某一种经济角色中，确实完全可以是任何人；可以是在其经营之外的大资本家、极端狡诈的商人或者经济法律工作者。在消费者属性下必然可以发现各种程度的交易及专业的经验和信息水平、财产装备、理性权衡的能力，以及所有其他可以作为是否存在特殊保护必要性之依据的人类特征。一个想要装修其别墅并进行了充分的技术和法律咨询的百万富翁，相对于其装修工来说，绝对不会处于一般理解的、普遍意义上的"结构弱势"。经验丰富和信息充分的法律工作者或者商人以"消费者"身份随意撤销经过充分考虑才签订的（"登门"）买卖，完全就是毫无理由的违约行为。即使是"典型化的"以平均情况为标准的规则，也必须确保在"非典型"情况下不会造成严重的不法。这是原则权衡中优化任务的要求。

反过来，单纯的"消费者保护"显然是落后于——完全可以进一步定义的、大量的——非均势地位和相应保护需求的；落后得如此明显，以至于一些观点要求采用直接以保护需求为标准的似乎是法学上的消费者概念。[823] 事实上必须看清的是，尤其是一些较小的经营者、商人或者农场主，在交易时及在许多交易关系中，在重要信息、资金实力和可能的交易选择等方面，相对于特定的交易伙伴都是极其弱势的。

然而一个由特定保护需求所确定的、可以涵盖一些经营者的"消费者概念"，明显缺少各种适于界定性。直接以"非均势地位"为标准就导致完全不同类型的、无法进一步说明和普遍定量的、同时也不能真正测量的标准。非均势或者弱势等一般化概念缺少可界定性，已经达到了令人担心和不必要的程度。

三、各种各样的消费者概念

有关各种各样的消费者概念的这些考虑并不是过度的理论疑虑，如果是那样的话，通过果断的法定"典型"就可以立刻解决。这种法定的"典型"必须始终拿捏到位，从而确保原则优化的任务不会完全错过一些情形，以至于确立了明显的不法

---

[823] 比如 HART/JOERGES aaO 91（进行了相应说明）就根据地位将消费者的"法律概念"（在众多的变体当中）确定为"社会上较弱势的人"。HÖNN, Privatrechtlicher Verbraucherschutz und Sonderprivattecht, Keio Law Review 1990, 223 提出，必须发现"消费者的法学概念"；但是旋即又对此进行了否定，参见下一引注。

作为法律的部分内容。

对于"消费者保护"来说，只有当我们意识到，这些需要特别保护的人群实际上是通过多么差异的方式得到确定的，才会充分明白上述要求的意义。梅迪库斯（MEDICUS）在题为《谁是消费者？》[824] 的论文中对于与此相关的各种方式进行了令人印象深刻的研究。在对消费者概念的发展进行了概述之后，他合理地研究了一系列较新的法律，在这些法律中，要么"消费者保护"是立法动机，要么消费者概念还起到了事实构成特征的作用。各个法律所考虑的"消费者"范围严重不同：只有当参与的私法主体都是全职商人，法院管辖协议才能有效；否则就适用"消费者保护"。1976 年的《德国一般交易条件法》部分适用于一般交易条件的任何应用，部分不适用于针对商人（包括小商人）的应用；但是，最重要的例外规定还是可以通过一般条款的迂回方式针对商人进行应用。《上门交易撤销法》不适用于顾客在交易中是"从事其独立职业活动"的情形。《产品责任法》适用于人身损害，（幸运地）不需要考虑受害人的任何消费者性质，而在财产损害领域却只适用于"私人"财产；显然是为了能够在这一范围内冒充最值得赞扬的"消费者保护法"。因此就这一点来说，旧的、以一般损害赔偿法规则为基础的"产品责任法"必然为消费者解危。在国际私法中，消费者合同中的法律选择自由受到限制。对于消费者合同具有决定性的是，动产或者服务购买者是出于职业或者经营以外的消费目的。1990年的《消费者信贷法》适用于自然人作为借款人，除非根据合同内容该贷款是为了某一已经开展的营业或者独立职业活动。[825]

不同的消费者概念还广泛地通过否定方式，也即通过排除相关特殊保护的特征，进行定义。其范围从全职商人，到（和）小商人，直到从事任何独立经济活动的人。有时这种从事独立经济活动的人还要满足其他条件，即合同内容也突出了该交易与这种活动之间的联系。

基于其令人吃惊的、细致入微的发现，梅迪库斯提出了一个问题，在确定受保护的消费者时存在广泛的意见分歧和区别，这是否是过于笨拙地试图找到"恰当的"消费者概念的结果，或者对于所有问题来说，是否只存在作为政治套语才合适的、统一的消费者概念，而该概念在法学上只是一种故弄玄虚，实际上是对各种各

[824] FS Kitagawa (1992) 471 ff. 之前已经有 HÖNN, Zum persönlichen Anwendungsbereich von Verbraucher-schutzvorschriften, D. Schulz-GedS (1987) 82 ff und DERSELBE（如前一引注）219 ff, 就已经强调了制定法中使用的消费者概念的多种多样性，坚持"否定从内容上定义的消费者概念具有法律上的重要性"，并且将消费者保护定性为"法律上克服特殊情况危害的象征"。H. P. WESTERMANN, Gutachten aaO 67, 79 ff. 已经基本提炼出被称为"消费者保护"的制定法规则与特定事实（较少涉及特定人群！）之间的广泛关联性，其目标是"对非均势地位进行与具体情况相关的补偿"。

[825] MEDICUS, FS Kitagawa 479 f 另外还讨论了各种欧洲共同体指令中消费者概念的问题；另参见再下一引注。

样问题的一种适当调整。后者是正确的主流观点。因为对于所谓消费者的保护需求来说，不存在统一的原因，从而在消费者保护制度的背后也不可能存在统一的立法理由。针对那些讨论最多的论据，已经详细阐述过了这一点。梅迪库斯最后建议，与其基于大量需要调整的问题而过于粗略地以"消费者"为标准，不如转向尽可能精确地定义需要调整的情况。

在产品责任法最近修订之后，奥地利的情况与德国相似。"欧洲法"的影响给奥地利法带来的礼物是最近对旅游组织合同的调整，该规则被纳入《消费者保护法》中（第31b及以下条款），也即明显地处于消费者保护的主导思想之下。受保护的"旅行者"的法定定义（第31b条第2款第3项）竟然放弃了任何限定性的资格要求。也就是说，受保护的"消费者"甚至包括出差的全职商人！[826] 德国的"消费者概念"的范围也因而被超越了。[827] 这样的话，政治上夸夸其谈的"消费者保护"实际上就已经无疑演变成了完全一般的私法。

四、统一的消费者概念与后续问题

奥地利法表现出来的不只是这样一个部分奇特、部分令人欣慰的现象。《奥地利消费者保护法》第1条完全顺理成章地借助于"经济学上的"消费者概念来说明全部消费者保护条文的适用范围[828]；更确切地说，是与企业经营者相对。因此，不同于上述提到过的"那个"消费者概念的各种变体，该条似乎要证实"消费者"在法律上准确应用的可能性（因而也就是赖希的观点）。

事实上，恰恰就是奥地利的经验也可以证实，严重怀疑经济学上的消费者概念是否适合于法律上的界定目的，是合理的。从其文义上来说，《奥地利消费者保护法》无疑是作为针对"消费者合同"的特别法而设计的。但是它却包含了不少值得

---

[826] 其他特别令人担心的立法技术的一个范例，另外参见文中引用的法律出处的第2款第1项的最后半句。为什么旅行者的特别保护需要（完全不是依赖于其始终被界定出的消费者地位，却可能）决定性地依赖于至少两种不同的"旅行服务"的结合，这一本质的规范性谜题即使在奥地利最新的规定中也还没有解决。在欧洲法基础上新形成的德国旅行合同法和（较旧的，建立于一般基础之上的）奥地利旅行合同法之间的法律比较，参见 WIELAND, Das Recht der Pauschalreise in Deutschland und Österreich (1991)。

[827] 欧洲法上，在相关的欧共体指令（第2条第4项）中，通过针对所有特别保护的（"全包旅行"的）旅行者使用"消费者"概念，即使旅行者是业务出差的企业经营者或者甚至是一个全职商人，将术语上的荒谬向前推进得更远；参见对此的阐述 M. BYDLINSKI, Reisevertragsrecht, in: Schuhmacher (Hrsg) Verbraucherschutz in Österreich und in der EG (1992) 211 (216)。至于该作者（第214页）提供的有限解决办法，即对于业务出差者宁愿不要设定多项服务"预先确定的结合"，允许普遍限定于某个可理解意义上的真实消费者，是非常有疑问的。有关该整体论题，详细参见 TONNER, Reiserecht in Europa (1992)。

[828] 比如，《奥地利消费者保护法》包含《德国一般交易条件法》的规定内容，却将其法律条文扩展到了与一个企业经营者所签订的所有"消费者合同"，并不仅仅局限于通过使用一般交易条件签订的合同；参见富有启发性的法律比较，KRAMER, Vertragsrecht im Umbau, ÖJZ 1980, 233。

全面一般化的规则[829]；甚至包含那些过去和现在在解释与具体化"古典"私法时，在学说与审判实践中早已确立的、完全独立于消费者概念的规则。尚不清楚的是，为什么这些相关规则，尤其是特定的禁止性条款，没有在其完整内容的适用领域上被提升为明确的制定法。估计这和针对"消费者保护法"的特别奇异的政治方针有关，消费者保护法必须是《奥地利普通民法典》之外的一部长篇法律（这显然是为了时事政治中更好的宣传效果）。

无论如何，在具体立法理由的框架内，根据一般方法原则，将《奥地利消费者保护法》的规定类推适用到不同于消费者合同的其他法律关系上是可能的（《奥地利普通民法典》第 7 条）。此外，《奥地利消费者保护法》第 2 条第 1 款明确规定，所有其他方面的规定及其法律后果保持不变。从明确条文中衍生出来的更复杂的规则也同样如此。否则可能产生的风险就是，《奥地利消费者保护法》在一般法律基础上已经建立的有利于消费者的规则由于反向推论或者例外规则而受到*限制*！

借助这种处理技术，参与立法的"法律学者"的法学专业知识总是能够成功地实现"预防最坏的情况"，这种处理技术的必要性显然绝对不会是为了比建立特别私法更简朴的目标，就将消费者概念作为法定的事实构成的定义。这样还始终存在一个反方向上的风险，即由于其在形式上典型化的措辞，特殊规则可能以过激的方式"脱靶"于"原本"对于特别保护有决定意义的情形和原则。[830]《奥地利消费者保护法》在颁布时，其固有的这种缺点就已经暴露无遗了；与第一个缺点相似，有些规则由于被固定在消费者概念上，表达得过于狭窄。因此，《奥地利消费者保护法》的"法律材料"——这种在方式上可能独一无二的过程——本身既明确地召唤类推结论，也明确地召唤目的性限缩[831]；必须强调的是：法律条文本身却随意地、毫无顾忌地采用了消费者概念；而不顾及已经明确地意识到的问题，即如此一来条文就同时既过窄又过宽了！

能够作为合理解释的，大概也就是政治权力意识与法学专业知识之间的某种冲突找到了相当奇怪的妥协性解决方案。这一方案至少在历史的法律应用方法框架内，如今也在法的发现中开启了"预防最坏的情况"的可能性。由于在法律文本中简单地以企业经营者和消费者为标准，这种可能性的范围自然也并非没有争议。尤其是针对目的性限缩（teleologische Reduktion）的问题，在相关文献中明显已经立

---

[829]　参见前注 799。

[830]　特定合同的自由解除权（"上门推销"）也有利于业务经验非常丰富（绝对没有处于任何危急状态下）的"消费者"，这个范例已经讨论过了。根据信守合同这个核心基本原则，对此可能还是有必要特别谨慎地进行限制的；参见比如 SCHILCHER, Das Rücktrittsrecht des Verbrauchers nach § 3 KSchG, KSchG-Handbuch 271（284 ff）。

[831]　744 BlgNR 14. GP 16.

刻引爆了争论。[832] 在第一批有关《奥地利消费者保护法》的案件中，奥地利最高法院在其中一个案件里运用了目的性限缩，在该案中这在方法上尤其容易理解。[833] 但在一般情况下奥地利最高法院恰恰相反，理所当然地更倾向于在明确的法律条文下进行简单的涵摄。

从理性上来说，肯定应当迫切做的是，在法律本身当中，而不是仅仅通过法律草案说明（die Erläuternden Bemerkungen）中的全盘性的补充适用条款来表达法律规则，从而最大限度地体现关键目的，同时也体现由这些关键目的所表示的事实构成特征。但是在给定的法律状态下，应当将法律草案说明中的暗示视为是对超范围案件中的目的性限缩而言也是有价值的方法基础。在这些超范围的案件中，面临着明显违背具体法律目的、也因而最终违背平等要求的危险。法律草案说明的确指出，立法机关的目的（《奥地利普通民法典》第 6 条）与法律的事实构成措辞的形式僵化的字句相一致，但并非没有考虑到更具体的情况。就这一点而言，倒不如说，奥地利立法机关自己都对其在法律条文中同时表达的严格的消费者概念的关键性以特定的方式进行了疏远，这些方式即被称为类推和限制的两个方向。（精确的）消费者概念不适合作为体系上的界定性概念，已经被说得不能再清楚了。

《奥地利消费者保护法》立法者睿智地认识到，以（精确的）消费者概念为标准的规则既过窄，也过宽，以至于在法律发现中必须借助于类推和目的性限缩进行弥补。这一认知应当在所有——目的上可疑的——使用消费者概念（或者近似消费者概念）的法律规则的应用中都有意义。在众多针对消费信贷的出色研究中，科齐奥尔（KOZIOL）[834] 也提出了相应的看法。他所考虑的基本问题是，近期针对消费信贷的审判实践和理论研究（其中也部分包括立法）的显著特别发展是否可以及如何融入一般私法中去，这些新发展出来的规则是否及在多大程度上可以一般化地

---

[832] 不同的立场，尤其参见 SCHILCHER 291（支持依据制定法材料进行目的性限缩）；WELSER, Zum Geltungsbereich des 1. Hauptstücks des KSchG 193（195 f）sowie KREJCI, Grundfragen zum Geltungsbereich des I. Hauptstücks des KschG 209（226 ff, 对于目的性限缩持否定或保留意见；各处还有其他陈述）；所有的都见于 KSchG-Handbuch。本来理所应当的是，任何一种"不平等"或者甚至（无法测量的）"平等"在法律上都不能具有决定性；更具体的看法参见下文。

[833] JBl1981，482（附 JELINEK 的评论）；在一个筹建中的个体企业的筹备业务中，该"消费者"在相关行业中本身已经具有丰富的职业经验，比该个体企业执行业务的合伙人的经验还要丰富（对《奥地利消费者保护法》第 1 条第 3 款的限缩）。

[834] Sonderprivatrecht für Konsumentenkredit? AcP 188, 183. 有关最新的发展和欧共体消费信贷指令中的欧洲法基础，尤其参见 CANARIS, Das Informations-und das Inhaltsschrankenmodell beim Konsumentenkredit, ÖBA 1990, 882；以及——特别针对《奥地利消费者保护法》和《奥地利银行法》的相关法律条文——KOZIOL in AVANCINI/IRO/KOZIOL, Österr Bankvertragsrecht II（1993）88；G. GRAF, Die Neuregelung des Verbraucherkredits in Österreich, ÖBA 1994, 4；REIDINGER, Der Einfluß des EWR-Abkommens auf das Zivilrecht, JAP 1993/94, 245（247, 248 ff）各自广泛地说明了德国和奥地利的审判实践和学术研究。

得到应用。他合理地断定，这些核心问题在针对消费信贷本已经形成的大量法律材料中受到了相当的冷落。

这是法律上极端令人担心的现象。[835] 科齐奥尔批判性地对体系正义展开了重要的研究，得出了特别有意义的、可以普遍化的结论。他认为，与任何其他信贷相比，消费信贷唯一的特别之处就是，"从表象上可以认为，在贷款人与借款人之间存在实力差距"[836]，这一点就合理论证并要求制定相关规则，对私人自治进行规范控制和在必要情况下进行矫正。（信息差距也被包含在其中，或者被相提并论。）

借款人的消费者身份只能合理解释一种总还是可以推翻的推定，即存在——一般而言——至少一种对于特别保护需求"真正"具有决定意义的情形，也即严重的单方信息不足或者单方缺少选择机会，这些都论证并要求采取特别的法律保护措施。

更准确的法律后果和保护目的当然是一个特别的并且困难的问题，其解决必然主要依赖于总体上具有决定性的消费者保护"模式"。无论如何，值得注意的是，相关的最新立法主要集中于通过相应措施改善消费者的信息状态。相反，防止通过过高的利息剥削消费者的核心实质目的却主要留待一般私法来实现。值得注意的是，德国审判实践偏向于适用善良风俗这个一般条款（《德国民法典》第138条第1款），而不是实际上更为特别的暴利事实构成（《德国民法典》第138条第2款）。因为根据数字来划定最高利息限制虽然很容易，但是由于具体情况的极大差异性却很难得到真正合理的论证，所以上述民法标准尽管模糊，但是仍然具有关键意义，这是几乎无法避免的。肯定还可以极大削弱政治上忙忙碌碌的"消费者保护"的意义的是，我们可以观察到，消费信贷中的实质性核心保护始终都是通过普通民法来实现的。[837]

科齐奥尔建议将消费者概念作为法定事实构成要件的特征。这一处理方法符合前述奥地利立法机关的倾向。然而在方法上不应当忽视的是，法律文本是无差别地以消费者为标准的。即使基于法的安定性和合目的性的原因（这些当然绝对不是唯一决定性的，而且不可以导致那些更接近事实的原则在适用结果上出现歪曲!），不

---

[835] 如果甚至针对一个相当狭窄的部分领域，却有几乎无法概观的文献和判决，实际上针对个别问题提出了广泛的意见，而在基础层面上却没有从法律体系上控制的论证，我们就不能奇怪，几乎所有任意性的观点都显得有一定的合理性。

[836] AaO 206.

[837] 实质性保护"贷款人"免受"过度负担"，基本上仍然根据一般民法中的"类似暴利合同"来实现，参见 CANARIS, ÖBA 1990，895。有关相关判决与德国消费信贷法的关系，参见 MAYER-MALY, Was leisten die guten Sitten? AcP 194 (1994) 150，提供了详细的证明（尤其是判决）; DERSELBE in Münchener Kommentar3 I (1993) Rz l00 ff zu § 138; 另参见 MÜLBERT, Das Darlehen in der höchstrichterlichen Rechtsprechung 1988-1991, JZ 1992, 289.

值得提倡的是，必须在每一个相关案件中都探讨重要信息不足状况的存在与强度以及选择自由的限制。倒不如说，应当建立的标准是，无争议的及肯定（由于其对独立于消费者概念的法律状态的重要性）需要解释的事实是否形成了表面上明确否定特别保护必要性的情况。这里可能涉及的比如有"消费者"的职业或者签订合同时的更确切的次要情况。然后就要进一步地实际再调查，并根据其结论对各个保护性法律条文进行必要的目的性限缩。[838] 如果表面上重要的反对依据都不存在，就应当认为增强"消费者"保护必要性的法律推定成立。[839]

总之可以确定的是：消费者概念没有能力为了法律的保护目的，充分地描述和界定有关严重实力差距和信息差距的——多样化和完全不同的——事实。这首先表现在法律上使用的消费者概念的多样化，并且就在应用某个严格的消费者概念时，立刻就要面对特别困难的有关广泛的类推式法律发现和目的性限缩的问题。相比之下，消费者概念更加不适合作为一个特殊的体系的组成部分或者特别私法的界定性基础概念，否则这种体系的组成部分或者特别私法的全部法律材料必然具有同样的特征，即同时被描述得既过窄，又过宽。

此外还可以观察到：如前所述，奥地利法中有一部内容丰富的"《消费者保护法》"。该法包含重要的私法材料。根据该法的条文，这些私法材料的适用范围肯定是以（经济学意义上的）严格的消费者概念为依据的。尽管如此，出于其他原因，也远远没有轻易地将这一类法律材料作为另一个针对消费者的特别法，而与上述其他已经成型的特别私法相提并论。《奥地利消费者保护法》的法律材料涵盖（至少）民法总则部分和债法。它有可能满足前述提出的"与潘德克顿体系不相容"的标准。具体来说，《奥地利消费者保护法》的内容重点由众多针对特定合同条款和合同形态的禁止性规定以及对一般规则非常有限的修订所构成。这也是完全合理的。由此得到的结论就是，抛开有关"团体诉讼"的规定，《奥地利消费者保护法》的规定在任何一部分都完全不能通过其本身进行理解和适用。这些规定处处都以更一般的有关意思表示和合同缔结、法律行为缺陷、履行障碍、特定合同的权利和义务等民法规定为前提。当然这些一般民法只是辅助适用于所有特别私法。肯定在一些私法中，比如在（一般）商法中，这种联系尤其密切。消费者保护法规则相对于

---

[838] 比如一个大实业家、经理、经济方面的法律专家或者一个民法学教授在特定情形下（"上门推销"）也可以在法律上完全合理地通过无理由撤销合同来直接违背诺言，而这样的撤销权似乎对于在家受到销售员突然袭击的老奶奶们这样有名的典型形象来说完全是有必要的，在一般情况下也至少是有一定合理性的。这种荒谬的现象只有如此才能得以避免。

[839] 在这种方式下，可能就要遭遇过于不作区分的法的安定性方面的顾虑了，在奥地利法学界就有部分观点（参见引注 832）提出这样的顾虑，来反对重视已经介绍过的《奥地利消费者保护法》立法者的意图，但是立法者意图的核心内容确实是正确的。至少对于那些已经接近于滥用权利的案件，限缩是不可避免的。

民法一般制度的非独立性程度如此之大，以至于只能在体系化描述民法时，将消费者保护法的规则一同纳入进去。已经不能更明了的是，消费者保护法非但不是外部体系上独立的体系组成部分，而更由于基本的合目的性原因，也即由于其内容上极端依赖于更一般的私法制度，只能表现为一般民法中的一个新"特别法"而已。

五、结论

有关"外部"体系的所有这些思考的结果只能是，不承认消费者保护法是特别私法；不单纯是针对非均势地位的特别私法。另外，所有这些结论当然只是适用于所说的特殊的法学体系构建并针对相应的要求。当然任何人都可以自由地，只是根据自己或者其假设的读者的个别兴趣来界定相关的法律材料，并且在较大范围内囊括有关消费者的法律关系时，称之为"消费者法"。当然有意义的是，在这些尝试中还把已经存在数千年的，由罗马市政官发明的、原本用于罗马市场的保证法也包括在内。

第五节 "消费者保护思想"和"内部体系"-----------------------------

一、残留的实质问题

尽管对外部体系问题得出了否定的结论，实际上还远远没有解决对消费者保护的广泛讨论中所涉及的关键问题。规范的目标设想，比如消除实力和信息方面的不均衡或者适当的风险分配，完全应当受到严肃对待，被更契合情境地理解和体系性地分类，并且通过这种方式权衡地加以应用。与此并不矛盾的是，针对"消费者"，目标设想总体上经常过于普遍地无法控制或者甚至是完全集中于讨论虚构的角色——"典型消费者"。对于体系上通过消费者概念就能更好地加以说明的事实领域，也即整个相关的私法领域，这样的讨论有助于认识附加的私法原则或者强调已经熟悉的原则。如果想要在这样的意义上利用有关消费者保护的讨论，更确切地说是其重大的原则性方针，就必须首先接受其本来面目；也即考察，在规范上哪些讨论可以用来支持特殊的消费者保护，哪些讨论则可以用来反对；即使已经证明，以"消费者"概念进行体系界定是不恰当的。从这些规范论据本身就可以突出对其影响效果的更好的客观界定。另一方面可以预期的是，较之通过迄今为止重点集中于外部体系标准的思考，通过消费者概念进行的界定在内容上具有更明显的不适当性。

为了不被湮灭于浩瀚无边的材料海洋中，下文采用一个简化的过程：从极端支持和怀疑消费者保护的理论中，各选取一个有代表性的、广泛的和反思性的理论进行描述和讨论。然后，将讨论的结果应用于私法的内部体系，也即其原则层次。

二、宽泛的消费者保护

赖夫纳（REIFNER）的观点可以作为主张宽泛消费者保护的极端观点的一个代表。[840] 他以流行的资本主义批判为基础，在结论上主张，对消费者有重要意义的缔约自由原则上完全不存在，即使在存在有效市场竞争的情况下也是如此，更确切地说，消费者完全受制于资本更加雄厚的供应方的专断。为了论证其观点，他特别强调，资本雄厚的供应方根本不会同意进行真正的合同协商，而是要贯彻其预先拟定的合同条件。[841]

对于不同意见，即在充分竞争的情况下，消费者肯定有机会在消极意义上运用其缔约自由，如果他对某个交易机会不满意，至少可以寻找其他供应方，有时也可以寻找其他替代物，赖夫纳的反驳论据是，消费者无论如何是依赖于供应方整体的。（反之也同样如此！）甚至对于那些完全非生存必需品，消费者也不可能完全放弃签约：由于供应方的大量广告宣传和放弃消费将会受到"社会制裁"（基本可能是面临的声誉损失）形成的心理社会原因，消费者处于一种"消费强制"之下，迫使其负债消费，因为其本身并不拥有所必需的资金。

---

[840] Alternatives Wirtschaftsrecht am Beispiel der Verbraucherverschuldung (1979)；有关这一著作在法学理论上错误的基础观点，参见前文（注105）。下文的介绍将尽可能简练地概括广泛的论述。在结论上，赖夫纳要求对消费者合同进行"社会审核"（参见第187页及以下、第225页及以下），由于缺乏明确的规范轮廓，这必然就导致了完全的随意性。

[841] 参见下文注852。如果从经验上来说，竞争并不能为一般交易条件问题带来更多帮助（参见比如SCHUH-MACHER 55 f），那么我们也不能因此忽视，很可能可以在价格、质量、服务等其他方面发挥竞争的作用。在一般交易条件问题上，我们或许可以认为部分存在"市场失灵"。只是任何人都不能以为，似乎对他或者对于任何一种可能的"社会秩序"来说，都有其他完美的对人类行为的"调控机制"可供支配。对于可供支配的"调控机制"市场、官僚（命令机制）、集体协商（团体机制）以及政治（投票机制）的广泛研究，不仅提出了"市场失灵"，还明确提出了官僚失灵、团体失灵和政治失灵（BEHRENS, Ökonomische Grundlagen des Rechts［1986］111, 198, 246 sowie 277）。如果我们不想把乌托邦式的理想观念冒充现实主义的主导目标，实际上就应当只在非常相对的意义上理解各种"失灵"，要尽可能接近原则优化的总体目标，就必须最好结合应用这些"调控机制"。自由原则和效率原则都支持，在辅助原则的意义上，只不过是为了（但是在必要的情况下完全强烈地）校正非集中化自治的私法秩序（尤其是市场），而应用后面的几种机制。肯定不太聪明的做法是，只是批判这个秩序，却没有也相当地批判其他可实现的替代性秩序方案，似乎这些方案理所当然地可以完美支配。（SCHÄFER/OTT, Lehrbuch der ökonomischen Analyse des Zivilrechts［1986］78 生动地称之为"涅槃式想法"（Nirwana-Ansatz））。

赖夫纳后面的说法已经表明，实际上所讨论的根本就不是"消费者"了。在作为经济学意义上的消费者的角色中，即使是资本雄厚的法律主体也是消费者。更确切地说，赖夫纳所说的只是经济实力薄弱的消费者，这就必然导致了抽象的无法解决的问题，要去探讨经济上——通过"资本装备"确定的——强或者弱的程度、度量及与事实相关的重要性了。

完全明显的是，上述这些说法，即使解释为严格意义上的一般经验论断，也是完全错误的：对于这些说法，既可以通过任何一个富有的消费者——正是这些人才有巨大的个人消费！——进行证伪，也可以通过任何一个不盲从的、并且不进行不必要负债的"普通消费者"进行证伪。并不是每一个低收入消费者都过度负债，这就让我们看清了这个不可避免的"消费强制"的论断。

另一点无法真正质疑的是，许多低收入消费者群体的优先选择主要是在绝对基本需求的范围内，并且完全理性。普遍性地断言，消费者在优先选择方面受制于在资本配置上始终存在、始终重要的经济劣势的压力，从而基本上是非理性行为的，是绝对无法合理论证的。这种武断性的看法只能让人认为，提出这种看法的人对"普通消费者"持有不可思议的精英主义的甚至贬低性的态度。

基于人类共同生活的日常生活经验，每个人都知道，大型的、资本雄厚的企业也要积极争取与"小"顾客达成交易，并且当然地不仅通过广告——经常确实单调无聊或者极具诱惑的，而且通过服务的价格、质量及特别有吸引力的促销活动。潜在的、即使"很小的"顾客也有机会转向其他供应方，或者干脆推迟满足相应的需求，这经常就是一种有效的谈判手段。按其发展趋势，一定程度上有效的市场具有平衡交易实力的作用，这是完全不可否认的，而且基本不受内容甚至完全相似的、普遍适用的一般交易条件的影响：一般交易条件在内容上涉及交易与框架规则，市场竞争即使没有或者只是非常不充分地影响这些规则，也始终在其他核心问题上发挥显著的作用。这一点是无法忽视的。

另外，市场存在着充分供给这一点也是不能被想当然地忽视的。尤其是在前"东欧的"体系下，由于不存在充分的供给，如果消费者哪怕是能分得一点点想要的商品供给，无数人都会欢天喜地地接受甚至是恶劣的一般交易条件。而且在那里，对消费者提出的合同条件和合同形态也完全没有保护消费者的性质。[842]

---

〔842〕　在波兰法学界针对共产主义政权时期的一般交易条件的丰富研究中（主要包括 ŁĘTOWSKA, ZUŁAWSKA, RADWANSKI und WŁODYKA 等人的著作），德语版的文献参见 ŁĘTOWSKA, Die Problematik der allgemeinen Geschäftsbedingungen in der sozialistischen Rechtslehre, Jahrbuch für Ostrecht 1976, 25 ff. 在我的明确记忆中仍然让我吃惊的是，（几十年前）在匈牙利佩奇（Pécs）召开的一次专业会议上，匈牙利的法律实务工作者报告说，在第三方融资买卖中实行严格的合同分立，是非常普遍的现象，在这当中，甚至想都没有想过通过"抗辩权穿越"来保护买方。

优越的"资本配置",比如个人所得税通知单或者结算单上记载的数字,通常并没有什么明显的作用。消费者在个别交易中通常也完全无从得知,其企业方交易伙伴的抽象资本实力是否及在多大程度上强过自己,相反情形也是如此。即使作为一方当事人的企业处于破产边缘,由于过度负债在资本配置上已经远远劣势于可能拥有巨额储蓄的具体消费者,这一点对于具体合同缔结过程也没有明显影响。即使一段时间以前的资本优势也没有决定性作用:企业经营者可能从一开始就是完全靠他方资金经营的。有关顾客的财产状况,也没有人会注意。只要是涉及具体财产销售的交易行为,对于抽象所有制分配的批判都是相当不切题的。

总而言之,像上述简要总结的这种论证难以作为针对事实的真实说法。可能恰当的做法是,将其理解为事实陈述和评价的混合体,总体上因而作为一种可选择的"社会模式":对事实情况中确定的、与其他相比可以确定的具体事实特征进行描述,并且——在严格平等主义的默示背景下——通过普遍化,宣布其为规范秩序的唯一重要的特征。这是隐蔽的规范主义(Kryptonormativismus)的一种特别类型。以其为基础的"社会模式"可以被称为非理性人(homo irrationalis)的社会模式。这一模式完全强调那些不仅经济上较薄弱,而且受广告和其他社会影响完全操控的消费者,这些人完全没有能力判断哪怕是自己的需求和经济履行能力的界限。根据已经介绍过的观点,这种样板显然被作为构建消费者保护的唯一基础了。顺理成章,只要还有消费者或者在资本配备上劣势的消费者,就会要求所有哪怕只是能被想到的优待,不论到什么样的程度。有关规范论证和具体措施的限制问题,就完全不被考虑了。

除了这种完全不可控制性以外,这种模式尤其令人不安的事实是,完全普遍地在其自己的、可以相当良好地全面掌握的领域内,只被分配了无助的、被操控的受害者角色的同一批人通过民主选举决定或者——可能无争议地——可以决定国家包罗万象的、困难的事务。这该如何协调,还是无法解释的。

如果接受上述介绍过的说法作为普遍性的事实论断,并假定其正确性,那么始终不清楚的是,如何将其限定于(严格的经济学意义上的)"消费者"。很难作为合理论断的是,企业经营者天生地对于大量广告宣传和声誉需求免疫。他们甚至有"机会",通过双重方式产生负债,一方面通过过度的、也许是因为虚荣心的投资,另一方面,就像一个普通消费者一样,通过超出个人支付能力的过度消费。即使可以认为,高度的资本配备完全可以防止这种过度负债,那么完全不能忽视的是,一些企业经营者,不单单是较小企业的经营者,在资本配备上是相当薄弱的,因为他们完全主要地以他人资本经营,或者因为他们当前正在努力避免破产。如果考虑到这一点以及一些消费者拥有巨额储蓄或者高额收入（比如作为职业经理人、政客、飞行员等）的事实，那么资本实力标准就不能合理论证消费者与企业之间在保护必要性上的合理区别。在众多的、或许是绝大多数的交易中，借款方的财产绝对数量超过贷款方对协商过程和协商结果完全没有任何明显的影响。

总而言之，结论就是：仅以抽象的资本实力或者再结合所谓的与资本实力相关的、在消费中较大或者较小的可操控性为标准，首先是不能导致消费者作为界定概念，其次并且尤其不能形成一个普遍的实质标准，可以说明资本实力对于交易达成及内容产生的巨大差异性影响。在这种形式上，这一消费者保护理论本质上似乎就是带有不切实际的法律要求的政治上阶级斗争理论的委婉表达。针对特别的法律保护措施的体系上原则性地恰当的法律连结点，还需要我们继续寻找。

三、限制的消费者保护："信息模式"（Informationsmodell）

1. 道纳-利布（DAUNER-LIEB）提出了一种本身连贯的、限制性的、也即限定于"信息模式"的消费者保护观点。[843] 其富有洞察力的研究对于本书尤其重要，因为她在长期以来完全不同寻常的范围内强调了关键的价值原则和对体系稳定性的追求；虽然她认为，自己主要是在"法律外的"领域中活动。事实上，她只追溯到了法律体系上较深的原则层次，这作为明确的思维方式虽然早已不再被运用（并且被随意性评价代替），但是对于适合其任务的法学来说却是不可回避的。

她把人群的形式上的抽象平等原则和（个人消费或者职业投资的）使用目的作为自由主义的"社会模式"的表现，归因于传统的一般民法。一个特别私法的形成就意味着不平等处理；也即对该原则的部分突破。对于针对自由主义社会模式的批判，也从而对于私法的完善和进一步发展来说，存在两种原则上相互矛盾的趋势：通过保障充分的信息作为额外条件，初始想法的目标是改善私法自治的合同内容自由的作用条件。这是对由于经济和组织的集中导致的知识与经验优势的一种平衡，从国民经济的角度也是合理的。这里作为基础的劣势就是一种主观智力性的因素。其原因在于专业上的高要求。因此，保护的必要性来自法律上和交易上的经验不足。

因此作为传统私法的必要补充的、自由主义的"信息模式"就支持更精确地定义值得追求的保护目标：是要克服或者弥补市场结构的缺陷和竞争的扭曲；此外也包括通过适当的手段来平衡经验与信息不足。这种不足当然不仅仅局限于"消费者"，而是普遍存在于没有职业性专门知识就签订合同的场合。（这一观察显然是完

---

[843] Verbraucherschutz 22 f, 26, 51 ff, 60 ff, 70 f, 73, 104 ff, 110, 114 ff.

全正确的。）

在信息模式下，已经了解了对于其意志形成具有重要意义的信息的消费者就必须无限制地（就像任何其他人一样）信守诺言。顺理成章的是，信息模式必然导致较有经验的一方交易伙伴的庞大的信息通报义务，有时甚至导致缺少信息的一方有权事后在获得信息的状态下重新考虑其交易决定（解除权）。

然而一般交易条件的内容控制可能就不符合信息模式，因为其法律后果（一般交易条件的无效）不同。不过只有当相应的信息不足可以通过更好的信息通报进行平衡时，告知才是有意义的，而在针对复杂的合同条款进行必然表面性的陈述时，就不是这种情形。这也可以对后续的一般交易条件无效的法律后果进行符合模式的解释。在信息模式的意义上，保护必要性是肯定可以准确表达为"典型的信息不足"，并且作为"典型的信息不足"也可以得到符合体系的补偿。

如果消费者尽管获得了相应的信息，却并不想要在第三人看来是"正确的东西"，这时消费者保护制度进行干预的话，就要经受影响巨大的意义转变了。因为这种情形下，符合体系的、以自我决定和自己责任为基础的信息模式就被强行突破了。这一突破所赖为基础的经济上的保护必要性实际上是建立于矛盾的社会福利政策设想之上："在一个自由主义的体系中，以经济上的差异来作为典型的参照点并无可能。"反对自由主义的社会模式的"社会的消费者保护"的（补偿或者校正的）观点必须努力在消费者与供应商之间的关系中调控市场价格机制，或者完全通过其他程序来代替市场价格机制。只有在这样的基础上，针对消费者的、突破了形式上抽象平等的特别私法才可以得到和谐的论证。

她还广泛深入地、令人信服地强调，根据上述观点，目标和工具都无法得到明确的界定，并且其核心前提，即消费者普遍不能在经济上做出理性行为，是错误的，最终对于我们的整体秩序是危险的。不同于多种多样的新解释，"自由主义的社会模式"根本就不是以社会和经济基础的开始状况的均势作为前提，而是以理性使用紧缺资源及理性做出决定的条件和能力作为前提。

2. 就"信息模式"本身来说，上述分析的结论是正确的。[844] 这一分析尤其是证实了前文提出的命题，即对无法详尽定义和整体上肯定无法度量的"非均势地位"及其同样难以具体确定的"法律平衡"的整体构想，不能形成在一定程度上牢固的权衡，而只能导致任何有利于"消费者"的随意性法律措施似乎都是合理的；而完全不在意，即使是明确的、可把握的具体劣势地位也既不局限于"消费者"，

---

[844] 然而过激的是，该作者实际上断言，所有非体系的观点都属于"理性人"的"社会模式"（aaO 141 ff）；对此持批判态度的是 LIMBACH, Die Kompensation von Ungleichgewichtslagen, Kritische Vierteljahresschrift 1986, 137 ff; SCHUHMACHER, ZHR 150 (1986) 288 f; 另参见下文 d') 部分。

更不是普遍地符合"消费者"的情况。

然而，在"信息模式"的论证中出现了有关"古典"私法的前提性原则层次的典型的、需要克服的弱点。"这个"形式上抽象平等的原则是她论证的依据，本身没有包含任何明显地重视信息不足的观念：如果对于法律来说，所有人（以及人的群体）和应用目的都是平等的（及应平等对待的），顺理成章地就是（"形式上抽象"的！）较好的知情者和较差的知情者也应当得到平等对待。

这样的结果明显可以通过援用"自由主义的社会模式"（liberale Sozialmodell）而得以避免，而如果要想"自由主义的社会模式"能够适合担当这一任务，其中就必须在上述"形式上抽象平等"之外，包含更多的评价原则。因此，就是为了论据的可检验性，也迫切需要对这个额外的因素进行更加明确的说明。如果我们还想称之为一种"社会模式"，那么我们最好是在尽可能广泛地说明规范体系的主导原则的意义上使用这一概念——当然也是相当多余的。[845] 相反，"社会模式"作为一种构想，在一种不明确的和无法明确的混合关系中，部分描述了事实要素，部分地提出或者也就是暗示了核心的规范判断标准，这样只能起到掩盖真相的作用。

实际上在上述问题中，显然是通过"自由主义的社会模式"引入了"形式上抽象平等"以外的另一个原则，即规范秩序的建立应当致力于，使人们可以经过充分考虑做出决定，从而尽可能使其真实需求得到满足。这符合在最佳资源配置目的意义上的，通过经济效率来决定的合目的性原则。固然肯定可以称其为"自由主义的"，但是绝对没有被包含在"形式上的抽象平等"中。正如明显的信息差距现象所显示的，两种主导思想甚至可能是矛盾的。

这种矛盾当然产生于"该"主导原则的措辞，该措辞甚至对于"古典"私法理论来说都是不恰当的。正如已经证实的那样，还不如说根据这一理论，应当作为"那个"本身重要的法律伦理的基本原则适用的是所有人的平等的意志自由的原则（其结果是对意志控制领域的界定）。

即使缔约时，其中一方针对必要情况获得了充分信息，而另一方则没有获得充分信息，双方的行为也是基于（消极的或者"形式上"理解的）意志自由。但是根据"古典"私法来说，绝对不能承认在双方的关系中普遍存在"平等的"意志自由。确切地说，对这种不平等性质的自由进行判断，要涉及相关当事人实现其各自利益及满足需求的可能性：意思表示错误问题，以及早已承认的某些错误的显著性（包括对重要事实的不知情），已经充分证明了这一点。《奥地利普通民法典》第869条已经特别直观地要求，有效合同必须"不存在"（根据更具体的权衡、具有重要

---

　　[845] 在这个意义上，我们就可以在几个核心观点上（5 f, 18, 23）理解这个概念的创造者 WIEACKER, Das Sozialmodell der klassischen Privatrechtsgesetzbücher und die Entwicklung der modernen Gesellschaft (1953)，当他讨论各个作为基础的（完全规范性的）"基础法则"（Fundamentalsätze）和"法价值"（Rechtswerte）时，在最新的法律发展中——完全准确地——观察到了大多数情况下向欧洲普通法和自然法的（责任）伦理基础的无意识的回归。根据这里主张的观点，在 19 世纪时期，比起对法律秩序——实际上真的影响非常深刻的——基础的理论解释，法律秩序更少片面地由形式上的自由原则所确定。

意义的）意思瑕疵。

针对一方当事人极端严重的信息瑕疵，对"该"古典私法原则本身不能"纯形式化"理解。该原则已经包含了——涉及做出决定的知情状况——针对具体情况重视相关信息劣势的观念，并且也有了一定程度的"具体化"。

通过这样的理解，古典私法原则本身也就可以合理地论证那些预先，也即在涉及意思表示错误的交易形成之前，以限缩普遍信息差距为目标的法律规则；只要在商品与服务交易中，技术上、组织上及其他经济上的关系复杂性不断增加，对于一方当事人做出缔约决定具有关键意义的情况就变得更加难以分辨。原则上，充分知情地做出决定是平等意志自由的一个必然关键点，通过相应的规则就可以在这一点上改善意志自由的平等。恰当地表达和理解"古典"私法的"该"主导原则，就可以发现其要求与作为经济效率的合目的性要求完全是近似的。这两个目标指向同一个方向。

3. 超越意思表示错误制度的第一个、也是最重要的结果就是，从过去到现在，在一般民法（尤其是合同解释、缔约过失等）的基础上，理论与审判实践确实承认在先合同的和合同的保护与注意义务的范围内存在广泛的告知、指导和信息通报义务，这些义务是根据交易习惯和可期待性（当然也重视相关的信息差距）这两个标准，经过广泛的利益权衡，从每一次商业交往和每一个合同中推导出的。[846] 对这类保护与注意义务的广泛承认是私法中的"社会性"要素最重要的发展之一。这一发展是长期的，没有政治喧嚣，也没有特别的"改革法案"，因此被公共讨论所忽视。

"社会模式"不必对所有法律上改善信息状况的措施产生影响。相反，非常可能必要的是，这些措施在信赖原则及交易保护的更具体（涉及商业交易领域的）表现形式中与法的安定性之间的"平衡"；单单是为了避免商品交换及交换准备过程中的过度成本损失，以及为了避免相应的价格上涨。这样就排除了，比如承认信息方面弱势的一方缔约人可以基于任何动机方面的错误而普遍地享有撤销合同的权利，这也就使最近酝酿中的针对"上门推销"的自由解除权等还需要进行全面的斟

---

[846] 参见比如 WINKLER VON MOHRENFELS, Abgeleitete Informationspflichten im deutschen Zivilrecht (1986) 包含各式各样的类型形态，有关"信息方面的保护义务"22f；EHMANN, Informationsschutz und Informationsverkehr im Zivilrecht, AcP 188（1988）256；特别广泛，并且细致入微的 SCHUHMACHER, Verbraucherschutz bei Vertragsanbahnung 175 ff 恰当地最终确定了一般债法中的依据，并且强调了一般债法上的信息通报义务和特别法上的信息通报义务之间的一致性；也具有重要意义的是 GRUNEWALD, Aufklärungspflichten ohne Grenzen? AcP 190（1990）609 恰当地强调了在当事人已经决定签订合同和合同内容不可理解的情形下有意义的告知的界限（尤其是第613页）。前一种情形主要包括的是经过深入的协调和已经形成了意见和意思之后的告知。这一告知之所以重要的主要原因在于，这种情形表明在两个此处重要的"不平等"之间形成了明确的联系：如果原本的信息不足只有通过显著的谈判费用才能一定程度地（姑且不论那些通常总归会存在的，对于问题中存在风险的低估）消除，并且尤其是如果面对潜在的新的谈判伙伴，这样的费用很可能还要再次发生，那么仅仅由于与迫切的需要有关的时间效益原因，原本的信息不足就可以导致中断协商实际上已经不可期待，从而形成了合同缔结过程中（在单方缺乏实际选择可能性意义上的）的重要"危急状态"，这就形成了迫切的衡平必要性。（因此，比如通常在第三方融资买卖中，在有关合同的最初告知中就应当说明合同分裂的危险。）仅仅这一重要的观察结论就强烈要求，将"控制原则"与"信息原则"相提并论，正如后文中所做的那样。

酌——除了承认非常可能已经充分知情的人在一定情形下可以通常反言以外。

因此，在"信息模式"的框架内，根据事物的本质，确立更有经验的一方当事人的信息通报义务实际上就是一个显而易见的结果了，以至于成为其重点所在。对此必须要特别强调的是，由于谈判或者缔约的一方是从事其惯常性职业或者商业活动，而另一方则不是，从而在双方之间形成交易中典型的专业性信息差距的现象，这绝对不只是存在于消费者与企业经营者之间，也不只是单纯地对这种关系具有典型性。如果一个企业经营者虽然是为了商业目的，但是却不是在其惯常商业活动范围内活动，那么他肯定和一个消费者一样没有经验。[847] 一个律师、杂货经销商或者纺织品生产商是否是对其私人住宅、经营用房进行装潢？是否更换窗户玻璃？对于其相对所聘请的专家所处的专业上的劣势，都是无所谓的。相反也是同样如此，比如一个装修工或者玻璃工需要聘请税务顾问或者家具运输工。

即使是对于消费者来说，差异性也是广泛存在的：如果一个消费者对某个业务范围建立了业务联系，由于职业（即使可能是作为受雇者）或者由于特别感兴趣，比如在其业余爱好的范围内，对该业务范围非常了解，那么他的相关专业知识就可能与企业经营者旗鼓相当，甚至在其之上；比如，如果一个建筑从业者自己盖房子，或者一个汽车修理工自己买汽车。尤其不能假定消费者在特定专业领域毫无通常能获得的职业经验。

也就是说，在某个特定业务范围内存在的专业和职业上的信息差距与消费者身份实际上毫无关系，它就是简单显著地存在着。

情况不同的是针对交易往来的经验及其一般的法律后果。这些可能是一个企业经营者完全一般性的前提条件。而对于"消费者"来说，这在超出简单日常交易层次之外肯定不具有普遍可能性。尽管一些消费者，比如基于职业活动，确实拥有丰富的交易经验。但是肯定不能将之视为普遍存在的前提。

从定义上来说，相对于消费者，企业经营者通过基于商业目的建立的长期组织而在信息和进行相应构建的可能性方面获得了单方优势。

基于已经指出的这些实际区别应当可以细致入微地衡量信息通报义务了。然而还要考察的是，这种区别是否确实有必要：自由主义思想和效率原则（连同清楚和简单的法的安定性思想）一致的要求似乎更支持普遍宽泛地衡量信息通报义务；比如根据箴言：对于商业决定来说，再多的信息也不为过。

然而，这样的信息狂热是不恰当的。那些相互冲突的原则要求对此进行一定的限制。首先必须坚持的是，任何人在商业交易中都可以主要为了追求自己的利益，而只有在可期待的范围内才能要求其照顾交易伙伴。任何人都不可以过度地损害其交易伙伴，但是也不需要牺牲自己的利益为对方创造好处，或者避免其遭受哪怕是

---

[847] 观点正确的是 MEDICUS aaO 484 f.

少量的损失，即使这是可以通过少量努力做到的。非常严格的信息通报义务只存在于涉及告知义务人自己的履行，而不是涉及一般的市场情况，或者甚至卖方由于自己特殊的经济困境，必须显著低于市场价格成交的情形。没有人，当然也没有企业经营者，还有义务提示其可能的缔约伙伴，其销售的货物在别处可以更便宜地买到，即使这个可能的缔约伙伴是个消费者。谁要想从既存的竞争中获得好处，就必须自己寻找最佳的机遇。要求一个私法主体在商业交往中承担关心他人的利益甚于自己利益的义务，都是过度的，都违背了被苛求告知义务的一方在法律行为上的私人自治的核心内容。那样也必然导致，在当时不是最佳履行者的任何竞争者都自行退出市场竞争，从而长期性地促进了市场力量的集中。

一个完全不同的问题是，第三人，比如消费者杂志、消费者团体或者消费者顾问，是否可以提供有关市场情况的相应信息。这一点当然应当是肯定的，因为这符合竞争的功能，只要所提供的事实消息是真实的，或者至少谨慎地尽到了力争符合事实的努力。即使是对了自己利益而使用的"比较广告"，也没有什么无懈可击的理由可以反对；至少在"比较性广告"经过复查是正确的情况下。

其次，效率原则也在一定的意义上有限地反对被认为是无限制的信息通报义务，即告知措施通常实际上并没有改善信息需求者做出决定的基础，从法律上来说，仅仅只是由于其履行成本（即使可能相当少），也不应当被要求。可以怀疑的是，这一明显的局限性是否在消费者保护行动的政治喧嚣中始终得到了充分的重视。老套的格式化的信息，尤其是那些巨细靡遗，从而内容丰富的，更容易不被重视。普遍性的格式，比如："关于可能的损害性副作用，请咨询医师或者药剂师"，仅仅因为缺少信息内容，就完全是无意义的。按规定应当告知消费者的潮水般的信息由于其规模通常就完全错过了受保护的对象，而受保护对象却通常要（在相关商品的价格之外）支付这些信息的费用，这样既不符合"消费者保护"的目的，也起不到保护消费者的作用。或许可以作为判断标准的问题是，对于还值得一提的一群交易参与者来说，其做出决定的基础是否真的得到了改善。肯定可以作为这一意义上的积极例证的，就是对于消费信贷，有关法律条文要求必须毫不含糊地明确借款人真正支付的利息。有问题的只是这一限制仅仅针对"消费信贷"。

至于信息通报义务的具体安排，主要涉及实际要解决的合目的性问题，对于这些问题，激进的消费者保护思想或者对于不间断的政治喧嚣的需求只能起到干扰作用。

4. 综上所述，道纳-利布的分析在"信息模式"框架内提供了很有价值的结论；尤其是提出了必然更具体的标准，通过强调一种肯定重要的"劣势"类型（信息差距）和由其推导出的、一般通过信息通报义务可以适当缓和信息差距的主导目标；在必要情况下还可以通过需要进一步补充的其他措施。另外，信息模式完全的体系兼容性也被视为得到了证明。更具体地说，如前所述，最佳信息这个主导目标通过体系中各个相互接近的重要原则得到了合理论证。

如果我们一方面考虑到在一般民法基础上已经被长期承认的、广泛的先合同和合同中的告知义务、指导义务和信息通报义务，另一方面再注意到最新的"消费者保护法"中的——经常令人吃惊地由判例法所形成的——信息通报义务，可以认为(130)*信息原则作为当下法律行为法和债法制度中的一个独立原则已经得到了充分论证，这个原则可以表达为：在商业交往中存在严重（具体或者典型）信息差距的情况下，更优地获得了信息的一方有义务在可期待的范围内告知另一方对其重要的情况，尤其是当另一方为消费者时；如果信息通报义务还不足以解决信息差距，就有必要采取其他法律措施，以缓和信息差距的影响。*

对消费者的特别强调，不仅是要反映该原则起源于有关消费者保护的讨论，以及在该讨论范围内对该原则的认识，而且事实上也是合理的：上述讨论过的信息差距的不同方面（专业上的、一般交易上的、组织上的优势）表明，不仅消费者有合法的信息需求，而且消费者也并非总是有信息需求，但是前两个方面是消费者面临的典型情况，第三个方面是消费者面临的普遍情况。

前文已经阐述过的限制性考量符合并且具体化了可期待性要求。这些考量也同样可以直接从针对相互矛盾的主导目标进行最佳化原则衡量的必要性中推导出来。

按照统计学的规则可以假定，经济方面总体较弱的人肯定也只能获得较差的信息，因为信息常常（也）是有一定代价的。因此，信息原则最终也可以被理解为"差异化原则"的结果，并且以其为基础。但是这一原则本身却并不能提供一个充分的思路，因为在弱势群体，以及在划定弱势群体的标准方面，还是悬而未决的，因此还有待于针对不同事实进行具体化。

对于违反信息通报义务规定的潜在法律后果的强调，提醒我们还有必要与意思表示错误制度进行协调，意思表示错误制度自古以来就对有关合同基本情况的信息缺乏或者信息错误规定了不同的、经过权衡的后果。尤其是有偿交易中的动机错误原则上不具有重要意义，这一点特别应当得到重视。由信息原则，而不是由意思表示错误制度所决定的特殊情形，是那些明显结构性的，也即与相当长期的状态相关的信息差距。在"古典"私法中，暴利制度就符合这样的情形，它是以商业上的无经验，也即针对经济生活中一般重要情况的单方面知识不足为标准，从而规定了独立于意思表示错误制度的禁止规则。

四、"补充的"消费者保护模式作为体系难题

1. 如前所述，道纳-利布把超越"信息模式"朝向"社会的消费者保护"之补充模式的每一步都视为对体系的破坏，从而加以拒绝。这需要区别对待，进一步地加以阐明和批判性地深化。

首先应当肯定的是其否定性结论，只要"补充的"或者"修正的"模式只是简单地与不同的、抽象的资本配备意义上的"经济劣势"相关联，或者与在资本配备的法律意义中没有公开承认的经济角色相关联；尤为理所当然的是，当"经济劣势"或者"非均势"完全未得到深入的明确说明时，至少包含了这两种可能的含义的情形。

反对这些"模式"的基本原因前文已经陈述过了。对这些基本原因再补充强调的是，即使其他一些支持普遍优待"消费者"的想法也完全需要坚决的限制。比如有的想法是，只有企业经营者，而不是消费者，可以将其遭遇的风险作为成本要素计算，并通过其定价进行转移或者冲抵税款。也有观点强调消费者对于消费的依赖性；如前所述，有些甚至断言存在普遍的"消费强制"。

不论是什么形式，这些论据都是没有充分说服力的[848]：损失能否通过定价转移出去，完全取决于市场情况；能否冲抵税款取决于是否有足够的盈利。另外，消费者绝不仅仅只有必需的消费，也还有其他的、经常明显是不必要的、有时甚至明显是有害的消费。反过来，企业经营者尽管不是无条件地依赖于某一项生意，但是肯定依赖于至少能够弥补成本的销售额，还有可能遭受所承担的风险对于其经济生存的威胁，尤其是当这些风险涉及其众多交易时。

刚才讨论的这些论据也不能合理论证对任意范围内的消费者的普遍优待。这些论据完全无法（哪怕只是近似地）解决关键性的问题，即这样的优待应当"如何"与"在多大范围内"。对这些论据至少还要补充一个目标，即通过法律措施补偿直到消除非均势的平衡。但是这不可能成功，如前所述，其原因在于实力及自由状况一般没有准确的衡量标准，从而就直接变成了一种恣意。

对道纳-利布的观点另一值得肯定之处是，如果我们是在一个缺乏定义的，或者定义不符合事实与问题的意义上进行理解，那么——甚至确实！——近似"经济劣势"的"典型化的"概念必须被排除在考虑之外。借助于"典型化"，我们可以构建任意精确程度的、以及非常精确的法律事实构成。但是对于本身无法把握的、或者在事实与原则上由于已经讨论过的原因而不恰当的标准，这些法律事实构成可能也只是有助于接近这些标准。即使纯粹以更强的事实关联性而非人群关联性的法定事实构成作为标准，就算完全不使用消费者概念，也没有办法获得任何实用的解决方案。

2. 姑且不论这些合理的部分结论，严格地局限于"信息模式"是有问题的。法律秩序中充满了法律条文和制度，它们与信息不足无关，也完全可以被归纳为"通过补偿非均势地位以保护弱者"或者"通过补偿经济劣势以保护弱者"，只要我们（暂且）满足于这种粗略的特征。私法的那些旧的体系组成部分中为数极其众多

---

[848]　对此简短而富有说服力的论述，参见 MEDICUS aaO 485。

的"保护原则"已经在前文都列举过了。即使我们局限于明确的"经济劣势"，也还是有足够多的直观材料可以驳斥这一点：比如，没有独立生活能力的子女有史以来就有权要求父母的抚养和照管，这些都不是经济补偿要解决的问题。

道纳-利布亲自分析了与本书有关的最新法律创造，比如分期付款法、一般交易条件法和解约保护，以证明这些制度没有造成体系突破。她的分析没有提到劳动法，劳动法明显不属于单纯的"信息模式"的原因是，其中直接适用大量强制性或者对单方具有强制性的规定，而无须考虑参与的劳动者一方自身已尽可能地获得了信息。对于是否符合纯粹的"信息模式"的令人信服的考察方法实际上就是，即使对于获得充分信息的一方当事人，带有保护倾向的特定法律规定的综合体是否也仍然对其产生有利作用。

刚刚提到过的其他法律制度能否真的全部通过这一考察，或者"信息模式"是否具有连贯的扩展能力可以容纳这些制度，尽管道纳-利布已经为此做了很多努力，似乎仍完全没有得到肯定。不受其影响的是，还有许多坚定地拥护我们的法律秩序类型的人完全没有"放弃体系"的意图，也不愿意缺少这些法律制度，尤其是具有保护倾向的劳动法。

谜题的解决方案可能在于，可能有一个保护弱者的"补偿"模式的、*适度的*变体，这样的变体绝对不会与完全不确定的"经济劣势"或者与通过抽象资本配备或者通过一般经济角色进行的定义相关联。更确切地说，有必要对事实进行分类，在其范围内，具体类型的单方劣势可以得到确定，并且其中的修正的法律后果可以与劣势的类型相适应。从优化的目的出发的、体系性的、全面的原则权衡在此当然也是必要的。这样有时可能形成恰如其分的"典型化"，只要能够有利于法律状态的清晰化和实用性，并且不会同时在有些案件类别中造成原来的保护理由和保护目的的异化。现行法中特别保护制度的大规模数量和差异及不同的消费者概念就证明，现行法也是按照这种区别化的方式运行的，即使在个别情况下并非总是成功的。

"信息模式"本身形成于各种各样的具体分析中。绝对没有完全确定的是，不能在其之外再探得有用的结构与价值原则，可以系统合理地论证特定的保护倾向。相比于"古典"私法使其理论违背当时体系的内容，如果我们能够更加实事求是，也即更加多元化地理解"古典"私法的原则层次，似乎上述尝试绝对不是毫无希望的。

3. 这种尝试必须开始于对一个问题的探讨，即在前述已经讨论过的"信息差距"之外，哪里还可能存在需要平衡的、且在法律上可以平衡的特别的弱势或者不平等，只要它在法律上还有一定的可把握性，并且能够形成可控制的法律后果。在必要的仔细阐明的前提下，立刻可以想到的就是不平等的权力及自由分配。暴利制度很早就称为（单方的）"危急状态"（Zwangslage）。这与抽象的资本配备无关：一个大富翁，即将被冻死或者淹死，或者在一个特别关键的时刻资金短缺，或者正在逃避税务机关的调查，或者正在躲避恐怖分子，可能更适合成为暴利行为的猎物。这和任意抽象的或者一般的权力或者自由地位本身也没有关系。它们是完全无法确定或者测量的。即使相对地对各个直接参与某一特定交往的当事人进行比较，一个具体的谈判均势地位也是无法在主体之间确定的，并且（尤其）因此是一种乌托邦的、不恰当的目标。

只有否定式考察才是前途光明的：针对特定的工作接触，相对的权力及自由地位之间*明显的差异性*常常是可以确定的，有时甚至是非常容易且有说服力地确定的。作为这种相对比较的标准，可以也必定是〔沃尔夫（M. WOLF）的观点〕任何当事人拥有的合理选择机会（做出决定的替代方案）：如果一方当事人可以放弃该商业交易或者放弃继续从事该商业交易，而没有严重的不利后果，反而根据正直的、有责任意识的交易参与者（也即既非禁欲主义者，也非购物狂）的判断，另一方当事人"没有选择的余地"（或者只有在同样不合理的可能性之间选择的机会），就可以确定存在"非纯形式化"意义上的"危急状态"或者"不平等的自由"。

前文已经强调过，针对法律行为制度，转向一个相应"现代的"、实质性的自由观念，将"形式的"自由观念作为"过时的"予以放弃，这是不恰当的。前文已经阐述过，不能以及为什么不能要求双方当事人之间有平等的实质性选择自由。除了无法解决的度量问题以外，如果阻止合同成为满足特别紧急需求的工具，将是非常荒谬的。[849] 在确信合同可以履行之前，就必须在每一步缔约过程中首先以任意方式确定缔约方实质性平等的选择自由，这种想法本身就宣告了自己的不可实现性。

至少基于上述原因，不考虑流行偏好，标准的解决方案必然是坚持将合同自由"形式上地"理解为平等的意志自由。"形式上的"合同自由只要求我们可以签订（或者拒绝）合同，而不是受到法律约束，也不是受到对方当事人有意的强制。向对立的实质平等观点进行与此有关的"典范转移"（Paradigmenwechsel），应不予考虑。

但是，通过谨慎的权衡性区分还是非常可能作出改善的。以形式自由观念为基础，并不排除在有限的、有特别原因的范围内，尽量实现真正决策自由的思想：如果不需要付出不相宜的调查成本，就可以很清楚地了解不同的真实选择机会（和由此确定的不平等及权力地位），并且如果在广泛的原则权衡范围内存在有重要意义的其他情况，该情况额外反对承认形式自由的法律行为的结果，那么形式上自由签订的合同的有效性就可以被排除。

暴利法就明确地表达了这种区别处理："危急状态"尽管没有排除被暴利盘剥者平等的形式上的缔约自由，但是却可能排除了其合理的替代决策方案。然而，这

---

[849]　参见并依据前注167。

也还不足以导致合同的无效：交易的无效还必须具备额外条件，即给付与对待给付之间"明显的不成比例"，也就是说以明显地、强烈地违反内容等价原则为前提；要排除信赖保护，就必须以受惠的缔约方不配得到相应保护为前提：他必须"利用"了"危急状态"或者其他导致被盘剥者异常困境的机会。

基于要求权衡性优化的多元化原则层次的一般理论，尤其是基于法律行为制度的"联合"理论，上述对于不平等的自由及权势地位的理解并没有造成任何特别的困难。自由原则（以及其下位原则）始终表现出了一个引人注意的特点，就是该原则虽然本身是从"形式上"确定的，但是——作为对更加"实质的"自由观念的可实现的接近——必须结合其他附加条件进行理解，该附加条件就是，如果对于商业交往中的一方当事人来说，不存在可实现的合理决策替代方案，自由原则相对于其他对立的原则的权衡比重就要受到严重限缩。

4. 反映"形式上"缔约自由不充足的最重要的三个权衡情形已经在前文讨论过了[850]，也即人格保护、内容等价和（导致违反了平等的"形式上的"自由原则中的最大化因素的）"主要限制自由的合同"。下面还有必要进行几点深入的说明。

人格权以及针对特定人格利益具有相似的直接保护目的的规则，如今通过基本权利得到了补充——在私法中也发生"间接第三人效力"的。其基础是保护基本人格利益的基本原则及自由原则——对邻近于"人格权核心"的特别的自由范围而言的。如果法律行为规则强烈广泛地违反了这些保护人格权的规范，也就侵犯了人格权的核心领域或者"关键内容"，其本身就独立满足了无效判决的条件。在这一范围内适用的法则是：同意产生不法（Et volenti fit iniuria）。在较小冲突的情况下，进行权衡时必须坚决采用的标准是，一方当事人是否只是拥有"形式上的"缔约自由，或者是否存在真正合理的决策替代方案。

对于强烈的、并且广泛的"基本限制自由的合同"，只要确认情况属实，就足以在法律上加以摒弃了。那些依其性质，主要是在很大范围内限制缔约方（以及间接限制缔约方假定的未来缔约伙伴）的未来缔约自由的合同或者合同条款，与最大限度平等自由的思想是矛盾的。卡特尔合同作为一种集中权力来反竞争的组织形式，也被辅助原则否定。对于以较为无害的形成方式来限制自由的范围与强度，在权衡中起到共同决定性作用的是存在或者缺少决策替代方案与等价问题。对此，前述"啤酒采购合同"的许可标准可以作为范例。

合同关系中的内容等价原则是补偿正义的一个下位原则。作为一般的有效前提，该原则可以像实体的平等自由原则一样，尽可能少地表达出来：的确存在完全无偿的但是有效的合同，与内容等价思想存在极端尖锐的矛盾。但是如果在不存在等价性之外，还存在无偿承担义务的一方有形式上的缔约自由然而缺乏重要信息的

---

[850] 依据前注 167。

情形，那么内容等价原则对于否定合同的有效性就具有了关键性的意义。这一点表现为，仅仅由于动机错误就可以导致无偿交易可被撤销，还部分表现为对（针对单纯赠与许诺的）合同形式的要求，并期望通过这样的要求可以促使当事人更好地思考，从而也更好地了解情况。

有关——描述得越来越准确的——"消费者保护"所讨论的全部是有偿关系。即使对于这些关系也同样可以适用上述观点，至少几个明显的范例就表明了这一点：如果只是存在"形式上的"缔约自由，因为存在明显的信息不足，或者因为单方面不存在任何真正合理的选择机会，就有必要考察（除意思表示错误制度以外）双方履行义务的等价性和有关风险分配的其他合同地位的等价性，必要时甚至可以废除合同；通常就是由于这一考察的单方保护目的，仅在明显的不等价的范围内，才废除合同。无效的只是诸如单方强迫订立的合同条款。

5. 可以作为上述所有讨论之范例的，始终是一般交易条件现象和成为其中一部分的"法官的内容控制"。"法官的内容控制"曾经以普通的民法的一般条款（善良风俗、诚实信用）为基础，如今则以特别的法律规定（《德国一般交易条件法》，尤其是其第 9 条，《奥地利普通民法典》第 879 条第 3 款）为基础。而体系上的基础价值原则几乎没有变化。实际上涉及的（除少数法定的"禁用条款"外）是复杂的法定禁令的适用问题；更具体地说，是对强迫性的不等价合同形成的禁令的适用问题，如果缔约时在信息及合理的选择机会方面，同时存在着显著的非均势状态。缔约时的情况和合同内容的等价性因而必须共同受到评价。

内容等价方面的要求首先可以借助于以实现均衡为目的的法律任意性规定来详细阐明，从而对这些法律规定单方面的、无法通过特别的客观事实合理论证的、并且不是确凿地在其他地方得到完全平衡的偏离，都应当被宣布为无效。其次，在一般交易条件形态下，极端不相等的风险分配是可以确定的，这种极端不相等的风险分配导致一般交易条件提供方的交易伙伴无法或者只能偶然性地实现其主要缔约目的。这一指导方针尤其对于那些不是任意性法律规定调整对象的问题具有重要意义。对这两种等价标准的详细阐述现在都规定在《德国一般交易条件法》第 9 条第 2 款中。如果等价性考察的对象不是风险分配方面的合同条款，而直接是作为合同标的的双方的给付，尤其是存在暴利行为时，就以客观市场价值作为评价标准。

因此，以正确的眼光来看，"法官的内容控制"只是指对复杂的、无可避免地以可分层次的特征来发挥作用的禁止性事实构成的运用，该禁止性事实构成是按照"动态体系"的方式来构建的，并且等价性考察在其中起到了核心的作用。在暴利法中，长期以来就是如此。一种带有部分神秘的或者特别可疑特征的、由法官居于中心的、全新的特殊现象，从来就不存在。对于"善良风俗"、"诚实信用"，以及其他"古典的"一般条款，应当适用的标准肯定是不能更精确了。

　　因此，在一般交易条件法之外，是否以及如果可能的话，何处可以适用和承认"法官的内容控制"[851]，更是一个不确切的问题。从规范原则上来说，一开始就不是取决于"一般交易条件"这个事实现象，而是取决于所描述的复杂的禁令情况的正确性。一般交易条件只是在其范围内为有力的事实简化创造了可能。因为一方缔约当事人采用一般交易条件（或者格式合同），就已经充分表明了在缔约中存在明显的不平等，从而只需另外——的确始终是另外！——确定内容上的不等价。[852]换句话说，谁有能力在商业交往中对其顾客贯彻普遍由其拟定或者采用的合同模板，就已经表明其拥有非常优势的谈判地位了。这当然就完全不需要再以优越的"资本配备"作为基础了。对于在其商业领域中已经习惯于经常签订合同，并获得必要的专家支持，能够在很大程度上影响合同签订情况的人来说，其组织方面的优势经常就足够了。

　　相反，顾客面对的是最为宽泛的、复杂的合同条款文本，在日常生活中时间紧张的情况下通常根本不可能去阅读。即使他真的阅读了，也只有当他掌握了重要的法律和一般交易经验，才可能充分地理解这样的合同文本；通常还需要具备该合同涉及的特殊专业领域的额外知识。顾客所匮乏的有关合同内容的信息通常是巨大的，并且——正如道纳-利布所恰当地强调的那样——是无法通过单纯的信息通报义务进行平衡的。如果一般交易条件的使用者不仅要向其顾客提供一般交易条件，

<hr />

[851]　对此广泛的，并且带有保留倾向的论述，参见 COESTER-WALTJEN, Die Inhaltskontrolle von Verträgen außerhalb des AGBG, AcP 190 (1990) 1; FASTRICH, Richterliche Inhaltskontrolle im Privatrecht (1992) 215 ff; 在欧洲法上的消费者合同指令视野下的讨论，现在参见 DAMM, JZ 1994, 161。根据这一法源，"内容控制"也扩展到了"非个别协商的"，也即（严格经济学意义上的）消费者与企业经营者之间"预先拟定的"个别合同。也就是说，比《奥地利消费者保护法》的规定更狭窄（以《奥地利消费者保护法》第6条第2款为例外），这里不仅仅是以消费者属性为特征，还需要消费者属性与预先拟定的合同的结合。由于——前述已经讨论过的原因——消费者概念不适合作为事实构成要件特征，这样毕竟要好多了：由一方预先拟定合同，至少在合同内容方面就使得这一方获得了明显的信息优势，另外也表明了这一方具有优越的现实选择自由。这种单方预先拟定的合同（作为与具体情况相关的特征）类似于使用一般交易条件或者"格式合同"（《奥地利普通民法典》第879条第3款），只是其影响没有那么强烈。一般交易条件或者"格式合同"是为了将来大量签订合同而确定的，因此更加突出了前述两种（单方贯彻的）"优势"。然而，只有当"预先拟定的合同"是在合同签订时，由"经营者一方采用滥用性条款"（《欧共体消费者合同指令》第7条第1款第1项）发生效力的，"预先拟定的合同"才具有上述重要意义；如果"预先拟定的合同"是由中立的第三方，比如公证人提供的，则不存在前述意义（结论上相反的，DAMM aaO 166 提供了有关解释争议的证明）。当然，"预先拟定的合同"这个标准与恰好是消费者与企业经营者之间的合同这一点没有关系。即使通过"预先拟定的合同"这个要求限制了消费者概念在事实构成上的适用，在体系上也并非真正合理。对于奥地利法来说，由于《奥地利消费者保护法》更加广泛的设想（适用于所有消费者合同），前述指令中的这种想法一般情况下并不发生影响。对于预先拟定的个别合同，未来只需要在涉及指令的情况下，考虑（前述已经讨论过的）《奥地利消费者保护法》条文的目的性限缩问题。

[852]　反之，始终完全否定一般交易条件的观点，比如 R. SCHREIBER, Die rechtliche Beurteilung allgemeiner Geschäftsbedingungen, NJW 1967, 1441 所坚持的，就是错误的。在任何地方，都不能采用这样的管理方式。对于与此相联系的资本主义批判，不仅仅忽视了——前文阐述过的——那些原因，根据这些原因，一开始"形式上的"缔约自由是必须要满足的。尤其是，除了可疑的风险转移内容以外，一般交易条件另外还经常针对许多法律上没有调整的，或者理性上无法调整的个别问题，包含了众多适合各专业领域的，也因而有利于给付关系目的地履行的规则。放弃这些根据市场情况可能也有利于消费者的合理化优点，就是一种赤裸裸的教条主义了。法律限制必然应当只是特别针对内容上不等价的条款。

还要向其硬塞一部对于一般交易条件的评注，那么对于任何人都没有什么好处。

可以证实合同条款文本对于顾客具有极其难以充分克服的不透明性的是，企业经营者即使在竞争中致力于均衡的交易条件，也明显不会为其带来特别的好处，即使采用了特别单方构建的合同条款，也不会为其带来任何特别的坏处。从经验上来说，竞争并不适合解决，或者充分地缓和一般交易条件的问题。

因此，针对极端信息差距的反应必然就是禁止明显不平等的合同架构。此外，缔约一方使用一般交易条件，就表明在决策替代方案方面存在不利于顾客的显著差异；即使根据具体情况，这种差异也存在不同的强度。在个别顾客提出质疑的情况下，使用者通常可以拒绝与其签订合同而不必面临严重后果。也可能出现的情形是，个别交易的规模对于使用者非常有吸引力，而且顾客特别顽固，使用者就直接用相应的协商内容替换了任意范围内的一般交易条件，当然在私法上，一般交易条件本来就对其使用者没有任何约束力（在监管制度上也只是在非常例外的情形才有约束力）。

相反，顾客如果想要避开他面对的不满意的、无理的一般交易条件，那么他——即使可能例外地充分知情——经常要突然面对更确切地说是不合理的决策替代方案。放弃已经认真考虑过的采购肯定是不合理的，尤其当采购是对于生存需求的满足，但是即使对于依照时下的生活标准也完全普通的需求，可能也是如此。如果想要劝说最初的谈判伙伴（其下属代理人没有获得相应的授权）或者之后才接洽的原谈判伙伴的一个竞争者放弃那些令人不快的条款，至少有必要付出——成功期望完全不确定的！——谈判费用，这对于较小规模的交易来说，肯定是完全不切实际的。因此，经常存在可实现的、合理的决策替代方案明显不足的情况[853]；这种情况经常与信息匮乏共同存在，有时也会独立存在。[854] 在暴利法的专业术语中，这可以被称为“危急状态”。尤其是针对这一点，单纯的“信息模式”是不完整的。一般交易条件的“法官的内容控制”绝对不能被理解为，这一事实现象以一种特别的方式给予法官权力，可以基于优越的权威与智慧自行判断，特定的条款是否“值

---

[853]　如果市场充分开放，提供适当的物资或者服务，也没有采用令人讨厌的一般交易条件条款，更高价格与通过一般交易条件条款涉及的风险处于可核查的理性关系，那么情况就可能完全不同。如果不是恰好形成不同的市场价格，比如对于特定的商品有质量保证或者没有质量保证，那么消费者的信息缺乏还是会使其在很大程度上不明白更高价格的适当性，以至于通常来说仍然要坚持信息差距的重要性。可以主张有利于单方强迫性一般交易条件的“价格理由”，但是相比较而言，要证明在一般交易条件中采用风险分配带来的，对于顾客具有重要性的商品或者服务的降价，就要难得多。最后，分配给所有顾客的一点点降价，对于个别消费者也是毫无益处的，如果恰好是他遭遇了过重风险的实际发生。要判断一个顾客真正享有的选择机会，必须采用高度的谨慎。

[854]　这里有必要提示一个作者在自己个人事务中经常采用的解决办法：他尽管签署了无理要求其参阅特定一般交易条件以及有可疑内容的提示，但是附加了一个备注，提出他同意的内容不包括那些由于违反强行法和尤其是违反善良风俗而无效的条款。通过这种方式，就可以在没有特别成本的情况下避免被——可能完全是滥用权利的？——指责，说顾客最初是在完全知情的情况下做出同意，现在又不想受到约束。另外，也没有哪个一般交易条件的使用者对于这样的备注做出任何反应。

得赞同"或者是"公平的"。更确切地说，法官必须适用具体指明的、法律上对其预先规定的复杂标准。这些标准在具体待决案件中的具体化，自然地是责任重大的法官的职责了。

6. 在一般交易条件之外，法官是始终、从不还是有时有权依据自主评价来进行"内容控制"就更不应当有疑问了。更确切地说，如果不像一般交易条件法那样，不能进行简化的事实构建，就应当在指明的禁止情形的全部复杂特征范围内来适用禁止情形。可以作为典范的，就是具有现实意义的、通过不名一文的家庭成员提供保证的问题及最近在德国联邦宪法法院的审判实践中对这一问题的区别化处理[855]：在两个同时判决的案件之一中，一个刚刚成年，并且没有收入，也没有财产的年轻人为其经济上濒临破产的、经营一家小企业的父亲提供了高额的企业信贷保证，在其父亲破产的情况下，这一保证责任的履行将使这位刚刚踏入职场的年轻人在难以估量的期限内都被限定于免于抵押的最低生活水平。贷款银行当时坚决要求借款人提供保证；而其承办雇员在当时实际上是暗示那个年轻人说，该保证实际上纯粹是个形式。现在银行起诉要求该年轻人履行保证责任。

在另一个案件中，一位当时还没有就业的妇女为其丈夫出于私人目的所借的贷款提供了保证。借款人之后也同样丧失了偿付能力。

在援用了宪法规范的基础上，德国联邦宪法法院否决了第一个案件中的保证义务，却认可了第二个案件中的保证义务，相关宪法规范主要的特殊内容在此可以完全存而不论。这种区别化的判决已经基于前述私法的指导方针得到证立，而且这种方式可能更好。在上述两个案件中，我们都必须否定针对保证责任的重要信息存在普遍不足：提供保证和必须承担支付义务的严重风险是关联的，这是理所当然的结果，即使对于一位刚刚成年的年轻人来说，知晓这一点也必然是可以假定的。然而这个年轻人（显然没有受到欺骗或者可以证明存在欺骗）明显被传达了一种印象，那就是在他的这种情况下只是涉及一种常规的形式。由于他既没有财产，也没有收入，这个年轻人就可能真的认为，在万不得已的情况下，由于毫无希望，银行也完全不会真正地追究他的责任。恰恰由于相对方所表明的这种态度，对于长远来说非常可能实现的、对其将来一旦踏入职场会产生威胁的责任而言，这个年轻人很难说是有充分意识的。另外独立地具有相当重要性的是，这个年轻人——在处于良好家庭关系的前提下——深刻感受和直接体会到帮助其处于窘迫境地的父亲的必要性。如果其决策的替代方案只能是，拒绝帮助其父亲抓住这个经济拯救的机会，而同时自己承受感情上的痛苦，那么这个年轻人就明显处于"危急状态"。

因此，等价性考察虽然是必要的，但是在此也是困难的：一方面保证人从来不

---

[855] 1993 年 10 月 19 日德国联邦宪法法院——涉及这两个不同案件的——决议被重复公布（另外参见 NJW 1994，36）；此处援用的出处是 WUB I F la Bürgschaft 4. 94（带有 P. BYDLINSKI 的评论，并提示了先前的判例法状况）。现在也可以参见 OGH JBl 1995，651（有 MADER 的评论）。

会从债权人处得到报酬；另一方面，这不是保证人带有自由捐赠意图的一种典型无偿交易，而是一种带有担保原因（Sicherungscausa）的交易，其经济学解释和合理性原因存在于三角关系中。对于债权人与保证人之间这一孤立的关系来说，保证声明必须采用特别形式的要求已经强调了，在做出这种危险的无私行为时必须经过慎重的思考，简单的"形式上平等的"缔约自由是不合适的。如果遵守了形式上的要求，但是对于信息和决策替代方案还存在显而易见的严重差距，那么这种全面的等价性方面的瑕疵就应当产生决定性的影响，至少是当危急状态或者信息不足对于债权人来说显而易见时，或者甚至是由其引起的。否则的话，信赖及交易保护方面的考虑对于保证关系的有效性就应当起到决定性的作用。正如该案件中的事实情况那样，甚至其中符合暴利事实构成的核心要素的部分也强烈反对保证关系的效力；当然该案中不存在作为暴利关系前提的双务合同。无论如何，上述较一般的权衡是"起作用"的；更准确地说，以该权衡为基础的综合禁令生效。对这一权衡具有重要意义的情况还有，即使间接地通过债务人的渠道，也无法明确指出有利于保证人的任何等价给付：他没有参与其父亲的生意，从经济上来说，对于父亲企业的贷款也完全没有利益。通过保证人单纯高风险地实现不太具体的、想象中的（无私的）利益，要求的不止是单纯"形式上的"或者根本就明显"薄弱的"缔约自由。

在上述内容之外还要考虑的是，这一保证关系对于这个年轻人的职业发展，甚至在其刚刚踏入职场时，必然产生严重的、时间上几乎无法预见的负担。通过这种负担显然就涉及了人格保护方面的其他限制性指导方针（具体地说：职业自由）。通过整体性的权衡，基于体系上非常合理的法律标准，似乎否定该保证合同的效力是合理的。

在第二个案件当中，贷款方既没有造成也没有加重相关的信息差距，更不存在明显的信息差距。案件事实也同样难以支持成立任何危急状态。还不如说，保证人也是为了自己的经济利益而争取得到贷款，从而其保证责任所对应的是等价的债权人给付，即使是通过其丈夫作为主债务人而间接实现保证人利益的。在这种情况下，即使夫妻共同接受贷款在目的上也是完全符合实际情况的。另外，保证关系对于该妇女未来可能职业的负担，相较另一案件中的那个年轻人受到的影响，在量上要小得多，因此人格保护方面基本上不受影响。总之，在第二个案件中，有很好的理由来肯定保证合同的有效性。

上述举例证实，如果把任何问题领域，比如由无收入的家庭成员提供的保证，划定为"法官的内容控制"的特殊领域，并且通过整体的评价，有可能还采用统一的倾向来处理，那就是错误的。更确切地说，就像其他地方一样，具有决定意义的还是谨慎地适用可支配的法律标准。

7. 这不能排除的是，事实构成上的稳固化在这里或者那里都可以实现，即使并不涉及一般交易条件中的极端单方条款问题。一个重要的例证就是"第三方融资买卖中的抗辩穿越"（Einwendungsdurchgriff beim drittfinanzierten Kauf）。问题的核心在于买方的风险状况相较普通分期买卖显著恶化了——由于较少通过特殊的合同条款，而是更多地通过（分期）买方与其卖方以及其融资人之间在"形式上"清楚地独立签订的两份明显相互独立的合同；尤其是在卖方不履行或者履行不符合要求的情况下：买方必须向融资人履行支付，即使卖方没有履行或者履行有瑕疵；甚至即使在买卖合同无效的情况下。对于买方来说，由于其两个缔约伙伴之间密切合作的关系及相应的签订合同过程的密切关联，尽管两份合同在形式上完全相互独立，他往往完全无法真正理解上述情况。买方通常要么直接把两份合同视为一个法律关系，要么认为这两份由所有当事人明显先后签订的合同在法律上是相互依赖的。买方几乎完全无法了解具体的风险后果。即使在偶然情况下买方有所了解，也很可能由于需要紧急购置，而实际上处于无可选择的境地。

在"第三方融资买卖"（drittfinanzierter Kauf）中，尤其极端的架构在于，融资人向买方提供"贷款"，却从来没有像借贷合同所要求的那样，真正地向其提供一笔款项供其支配：按照约定，"贷款结算"的方式是，融资人向卖方支付有关数额，并且以自己的名义，为了自己的利益获得了有关买卖标的物的价款债权和被保留的所有权。即使——有段时期曾被考虑过的——将这种关系重新解释成委托，也没有办法达到使融资人的（费用补偿）债权独立的目标：融资人为了自己的利益获得了买卖价款债权，同样也是为了自己获得了被保留的所有权，这其中还必须存在委托关系中典型的他人的（！）事务。这根本就不是一种为他人管理事务的关系。[856] 事实上，在融资人与买方之间上述架构的案件中，所约定的实际上也就只是买卖价款债权的延期支付和支付信贷费用作为相应报酬。如果价款债权现在为融资人所控制或者至少为其接受，基于买卖关系针对这一债权的抗辩权也因此在这种架构中显而易见是可以适用的。上述融资人与买方之间的非独立协议在法律意义上是依赖于买卖价款债权的产生和存续的。否则的话，该协议就缺少适当的标的了。与此相反的合同约定，企图使卖方手中的债权完全独立，就应当因为存在法律所禁止的信息差距而被废除。在第三方融资交易中，通过放弃所有可能的抗辩而老套地全盘承认债权，其效力不能得到《奥地利普通民法典》第 937 条的承认，这是针对利用交易与法律上信息差距的一种宝贵的反制工具。

如果相反，融资人依照约定（或者根据买方的指示）向卖方支付了借贷的金额以偿付买卖价款债权，却没有为自己的利益获取（买卖价款债权和被保留的所有权），那么就不存在违背贷款合同的基本要求而改变其合同性质的滥用合同情形。贷款合同确实是成立的。然而在所有当事人的视野中，这一贷款合同仍然同样与一个特定的买卖合同相关，反过来也同样如此。两个合同中的任何一个都是另一个的

---

[856] 同样的思路，参见 REIDINGER, Der Meinungsstreit zur Drittfinanzierung, JAP 1994/95, 100 (104 f)。

交易基础。这种情况通常可以——用法律上没有采用的——被称为两个合同的"经济上的统一"。由于严重的信息差距,可能也由于买方明显不足的决策替代方案,在这些情况下,法律的反应必须是以干预性地禁止不等价合同架构为标准,也即通过强行法来实现:在上述这些情况下,通过本身是任意性的法律对融资买卖采用慎重的风险分配,不可以(讳莫如深的)损害买方的利益,否则就构成了当事人在风险及相应的法律地位上的不平等:因为在合同的风险分配上,卖方和融资人协作保证了其自己的"良药",却把"毒药"留给了买方。

要避免这种情况,就只能通过承认,基于买卖合同的抗辩也可以对只是形式上独立的,而其交易基础却实际上与该买卖相关的融资合同,实现穿越对抗。基于已经强调过的指导方针,可以在此非常合理地提出有关交易基础问题的一个强行法的版本。[857] 正是"第三方融资买卖"和交易基础之间的特征性联合,在此处实现了在显著范围内对前文讨论的"原本的"指导方针进行事实构成上的强化和简化。到处都存在有关这类情况的其他例证,只要事实构成上一般化的明显的事实构成要素适当地代表了所掌握的规范指导方针的特定要求。

8. 如前所述,消费者概念应当扮演不了任何核心角色;也就是说,既不能作为特别私法上的一个基本概念,也不能作为法律上的事实构成概念。其中的原因既涉及原本的、经济学上的消费者概念,也涉及人们可以提出的和已经提出的、形形色色变化多端的法律上的消费者概念。如果把消费者概念作为事实构成特征,当立法机关自己同时并且持续地引起"消费者保护规则"的类推扩展和目的性限缩时,

---

[857] 因此没有多大裨益的是,在奥地利——有些泛滥的——针对第三方融资的最新讨论中,在"私人自治的交易基础"与所谓与其相区别的《奥地利消费者保护法》第18条意义上的"经济统一体"(wirtschaftliche Einheit)之间建立起一种敌对关系(参见最近的 G. WILHELM, Allgemeiner Einwendungsdurchgriff beim drittfinanzierten Kauf, ecolex 1994, 380 提供了讨论的相关证明)。G. WILHELM(第381页)也强调,"经济统一体"不仅仅产生于卖方与融资人之间的合作关系,更确切地说,这两个合同必须互为前提,并且买方也必然知道这种关联性,也就是说以这种关联性为出发点。这对于交易基础来说是具有决定性的。(另外对于买方来说,这两个合同必须理所当然地表现为"经济统一体",这也就可以解释,为什么法律条文只提到了另外两个参与人。)这两个合同的各自双方当事人都一致地以另一个合同为基础,共同在这种观念上构建合同关系。奥地利法学界主流观点所要求的交易的典型特征在这种共同观念中也是存在的。因此,几乎不能质疑的是,交易基础的实际现象是存在的。"经济统一体"这个概念没有表达出任何法律上有什么可把握性的替代性方案。"私人自治的交易基础"是毫无疑问的,如果所指的是交易基础问题上的私人自治(或者也许是违背概念的,非强制性的制定法的)规则,那么对于《奥地利消费者保护法》第18条就像对于普通民法上的法律状况一样不大可能理解错误,普通民法上的法律状况在过去的判例法中以善良风俗这个——肯定是强行性的!——一般条款为依据进行判断,只要合同架构试图否定存在交易基础联系的一般法律后果。另外,普通民法提供的保护绝对不限于消费者,而是完全延伸到企业经营者作为买方的第三方融资买卖中(有关判例法上的证明参见 REIDINGER, JAP 1994/95, 102 FN 33)。根据现行法,《奥地利消费者保护法》第18条以典型化的调整方式,规定了完全有利于消费者的"抗辩穿越"。相反,对于第三方融资买卖中的企业经营者买方来说,可能产生的——即使可能只是完全例外性的——结果就是,这两个合同虽然彼此交叉作为实际上的交易基础,连贯的合同分裂的法律后果却是买方完全充分知情的,对于合同的签订也不存在单方的危急状况(也即尽管存在可期待的决策替代方案)。这样的话,就不能否定法律行为上实施的合同分裂了。另外,有关《奥地利消费者保护法》的诞生历史,我还可以根据个人的记忆进行回顾,法律条文中的"经济统一体"是基于简洁性和习惯性使用的,但是与交易基础现象相提并论的,这本来也应当表达在法律草案说明中。实际情况本来也是如此。只要还不清楚,应当在其他什么样的理性的,法律上可把握的意义上来理解"经济统一体",应当如何论证这样的理解,我们就应当仍然坚持前述看法。

我们在方法上应当极其注意。这当中首先就有力地证实了，消费者概念不具有作为体系性基本概念的能力。[858]

如果斗胆尝试，将本节这些体系上原则性的思考浓缩为一个基本原则，以补充之前已经列出的原则目录，就必须要注意，大多数当前具有现实意义的指导方针已经出现在这份目录里了。在导致单纯"形式上的"缔约自由不能充分满足条件的三项原因中，平等的人格保护已经讨论过了。对"主要限制自由的合同"（primär freiheitsbeschränkende Verträge）产生作用的限制来源于一般自由原则中的最大化因素。等价原则早就得到了强调；不过是以包罗万象的并作为辅助性规则和单纯的解释目的的适合形象出现。但是如果现在形式上的缔约自由不能充分地满足条件，原因是巨大的信息不足或者不平等自由状态或者危急状态需要得到重视，那么就必须把该原则连同已经说过的前提条件一起，作为强制性规范进行强调。为了这个目的，最好是把前述有关法律行为合法性的形式上的一般化原则与如下这样一个独立的、内容更加丰富的禁令相提并论：*（131）在商业交往中，在重要信息以及在合理的决策替代方案的自由选择方面，如果存在有利于一方的明显的，尤其是结构性的差距，就禁止内容上采用不利于另一方的明显不等价的合同架构（控制原则）。*

在这样通过体系性权衡进行限制的意义上，即使是弱者保护的"补偿"模式也不产生"破坏体系"的效果。更确切地说，恰恰就是在我们这样的法律体系中有极好的理由要求这样，正如"传统"私法中的暴利法作为历史原型已经证明的。暴利禁令构成了上述刚刚定义的原则的先前的应用情形，而一般交易条件的"内容控制"则构成了该原则的一个长期确定的应用情形。单纯根据不同的、抽象的"资本配备"或者经济角色采取的优待或者歧视性的法律处理，都与此无关。

私法主体完全"形式上平等"当然是不可能普遍贯彻的。它已经被私法中针对

---

[858] 为了至少防止在个人层面上对此处提出的观点的过于草率的反对，作者想强调，姑且不论其对于消费者特别私法的反对态度，如果考虑他的一些早期工作及其影响，那么就几乎不能指责他不够重视根据法律体系值得保护的"消费者"（以及其他）的利益：有关一般交易条件的研究（Privatautonomie 208 ff 以及：Zur Einordnung der allgemeinen Geschäftsbedingungen im Vertragsrecht, FS Kastner［1972］45 ff）被用作为消费者保护法相关规则的法学理论基础。（参见 744 BlgNR 14. GP, 46 f. 根据 JA 1223 BlgNR 14. GP, 5 的报道，在议会中只是决议了政府法律草案的"更简洁版"。）在批判了能源经济中（传统的和特别可疑的）一般交易条件之后（Allgemeine Versorgungsbedingungen und Energielieferungsverträge, in: Aicher［Hrsg］Rechtsfragen der öffentlichen Energieversorgung［1987］137 ff），作者和 AICHER 可能协助参与了修订工作，清除或者缓和了一些特别强迫性的条款。有关产品责任法的研究（BYDLINSKI in KLANG IV /22, 180 ff）指出了自古以来就存在的"产品责任"的系统可能性，并且影响了审判实践。奥地利"产品责任法"的立法者明显就是以这一现存的法律状态为出发点的。在上述法律的显著漏洞范围内，这一研究仍然具有重要意义（参见自 SZ 49/14 以来固定的审判实践，以及针对《奥地利产品责任法法律草案的说明》，272 BlgNR 17. GP；出版于 M. PRESLMAYR, Handbuch des Produkthaftungsgesetzes［1993］167）。《奥地利消费者保护法》第 18 条在第三方融资买卖上建立了明确完整的"抗辩穿越"，就是也援引了我对于先前法律状态的相关阐述（Erl Bem 744 BlgNR 14. GP, 38 f）。所有这些都包含了相当大量的实际"消费者保护"；或许比一些激进的或者特别专注的"消费者保护专家"做得更多。与这些完全相协调的是，作者反对体系上无法控制的，不注重法律秩序中评价一致性的消费者保护理想和独立特别私法的观点。现实存在的众多实然法和应然法上的相关法律问题，本应当不通过僵化的，经常也纯粹形式化主张压缩到"消费者"的方式来解决。

特定人群采取不同法律处理的所有各种有效原因突破了。如果说前文定义的原则最近显得更加全面，并且因此肯定更加明显地支持"动态体系的思想"（bewegliches Systemdenken），对于我们的法律体系也没有什么可担心的，而是正好相反，可以更好地协调所有私法主体的均势（Gleichwertigkeit）（Gleichwürdigkeit 同等价值）的法律状态。

在统计学上，一般来说，以有利于"本身"，也即一般抽象的较弱势的法律主体的方式，均衡地补偿具体的非均势，必然是有效果的，而不论如何更具体地确定这个弱势。从这个意义上来说，存在于控制原则以及早已存在于信息原则中的谨慎地、没有苛求法律体系地迈向对自由更加实质化理解的步骤，也得到作为正义前提的"差别化原则"（Differenzprinzip）的支持，同时也是其所要求的。

第五章 ◀

回顾与展望

正如意思表示制度和暴利禁令作为"古典"私法的组成部分已经得到证实的那样，最后提炼出来的这些原则与"传统"私法的实际内容之间，并不存在许多人所声称的矛盾。曾经与现在都必须纠正的是"传统的"私法理论对于私法的不恰当看法，它将其基础原则层次压缩为"那个"平等的意志自由原则（Grundsatz gleicher Willensfreiheit）。

本世纪实际的法律发展肯定已经极大地简便了对于其他协同生效的主导思想的认识。这种认识应当首先被用来更好地、更深入地在理论上扩散当前私法的规范基础。通过仅仅依赖于权力和可贯彻性来授予随意定义的"保护群体"以特权，绝不可以作为"抛弃体系"或者准备"抛弃体系"的借口。[859] 即使目前的"时代精神"中乌托邦式的喧闹部分的追随者们也应当认识到，东欧共产主义在人民大众身上进行的大型交替社会实验最迟到 1989 年就已经示范性地清清楚楚地失败了。此后尤其重要的就是，与日常政治运作中侵蚀对我们的法律体系具有关键意义的"私法社

[859] 在有关无助的消费者现象的一般事论断中，可以被认为是那些"体系放弃"或者不恰当优待措施的借口的，有多少，甚至可以通过持批判性和攻击性消费者政策的研究的经验结论所证明。SCHÖNBAUER 在 „Mitteilungen des Instituts für Gesellschaftsreform", Heft 32（1988），以标题为"Verbraucherinteresse im Güteraustausch"等发表了有关消费者"索赔"（在诉讼外主张质量保证权利）的经验研究。其结论是，"只有"48％的申诉人立刻得到了满足，12％"在经过了一定的反复之后"得到满足。在另外 10％的案件中，得到了"改善"。在 10％的案件中，索赔还没有结束或者没有任何说明；20％根本不成功（第 15 页）。也就是说，70％全部或者部分实现了其所主张的权利；20％没有结果。以现实主义的眼光来看，对于消费者诉讼外权利的实现，简直是一个激动人心的结论。我们只需要想到，一个提出索赔的缔约人并不会就因为他是消费者就必然有权利索赔。更不用说他必然没有能力向索赔相对人提出充分的理由，即使权利理想上是存在的，即使索赔相对人没有提出任何过分的要求，而只是想确定，所涉及的商品是否就是在他这里购买的。在前述引用的研究中，所提出的这些数字却总体上是在一个完全"批判性的"背景下提出的，并且比如强调，大约三分之一的申诉人必须花费显著的时间来索赔。当然没有询问的是，我们在世界的什么地方可以找到这样法学的极乐园，在那里，消费者（或者其他任何人）的所有权利都可以立刻自行实现，不需要花费任何精力和时间，或者为什么可以把这样乌托邦式的状况作为批判标准。即使任意一个消费者保护机构或者官方的消费者保护受托人可能也必须在接到相关消费者有关其情况的通报之后，才能采取行动，消费者不花费时间和精力是不可能的。即使是所谓的"经验的"批判，我们也不能过于轻率地做出。

会"（Privatrechtsgesellschaft）的现象进行斗争。

这样的斗争当然不能，并且也不应当只是防御性的。更确切地说，如果我们注意到任何可想象措施的潜在副作用，尤其是潜在的后期作用，那么完善法律体系的任务永远在路上，当然也是足够艰巨的。因此，肯定不能期待由那些粗糙的政治运动来完成这一任务。即使以通常相应有所选择的经验社会科学为基础，也没有办法单独解决规范问题。不少社会科学的规范变体，尤其是隐蔽的规范变体，最终倾向于极端的片面性，轻易就可以引起无法调和的、针锋相对的矛盾，比如一边是规范的、无节制的自由，另一边是严格的、不切实际的平等。因此，完善法律体系的工作始终首先是以对法律本身的指导性基础评价的更全面的认识和更加连贯的权衡性应用为前提；也即尽力投入人类的、尤其是法律的理性和经验；而绝对不是单纯的、或许盲目的，可以通过权力、群体利益和幻想来确定的"实践"。

这本书还有众多缺陷，没有人能够比笔者更清楚这一点了，尽管如此，但愿还能略微证明，当前对于法律的理性努力恰恰在其更深的规范层次上是有必要的，并且在一定的程度上也是始终有益的；纯粹工具化地理解法律，以及将法学贬低为简单的自我评价（或者其他简单的万能药）完全是懒散的做法，而非其他什么。法学的任务是以区别化的、被称为"法"的规范秩序为基础，理性地指导人的行为，在较复杂的情况下，任何独占性的观点都无法完成这一任务。它以多层次的原则体系的法律思维为前提。这样的法律思维能够比其他任何可支配的替代性方案更好地完成其任务。

如果这本书能够证实上述这一点的，能更清醒地唤起法学界对于这种法律思维的工作原理的回忆，并且进行了形象的说明，那么本书的目的就完成得差不多了。使法学"重新定调"，抛弃表象现实主义（Scheinrealismus）和隐蔽的规范主义（Kryptonormativismus），放弃直接的或者在法实证主义的规范面具下最富冲击力的中央权力的绝对权威，重回特有的法律价值，并且在具体法律工作中通过原则体系的法律思维重视这些法律价值，是当前最有现实意义的，并且也绝对不是毫无希望的、在法学上继续深入努力的目标。不存在任何理由，可以不这样做，反而可以骄傲地通过自我评价着重进行唯意志论的法律发现，自豪于任何法律判断所掩盖的"法律现实主义"（Rechtsrealismus）的必要规范前提，自豪于不寻常的还原主义法律理论或者其他类似的非理性倾向。

上述目标应当（也）在本书中得到了强调，比起单独通过抽象的体系化思考所能达到的水平，通过至少设想性地提炼出私法的导向性"内部体系"，也使追求这一目标的意义显得更加有说服力。其结果就是回顾性地证明自己是一种宏观教义学（Makrodogmatik），应当适用于阻碍初步的法律错误判断，同样也适用于阻碍向恣意判断的流窜，并且能够抵制由于越来越深入推进的判例法所造成的，在立法、审判实践和法学研究中日趋严重的混乱倾向。

作为本书基础的最重要的灵感来源，肯定包括瓦尔特·维尔伯格（WALTER WILBURG）的动态体系思维和梅耶-马利（MAYER-MALY）的百科全书般的法学思想；当然这里只是局限于私法。

以目标和整体对象来衡量的话，上述尝试的力度还远远不够。因此，还要期待将来能更多地、更完善地满足要求，通过原则体系的法律思维进行理性合理的法律构建和法律应用。在古典法学的意义上，体系化内容的私法理论的必要性应当被更加强烈地意识到，该理论不是以单纯的形式记录（有关法律条款和法院判决）或者以"现实主义"（规范地、自我评价地运用自己选择的事实特征）来运转的。这是必要的前提条件，以确保私法能够在其（朴素的）实然状态中在一定程度上维持其"统一"，并且在更长的时期内能够得到改善；如果我们有一天在国家或者欧洲层面上严肃地思考这一问题的话，它也更是实用的私法法典编纂重新布局的必要前提条件。现实的例证就是荷兰，可以反驳那种经验上的武断，认为在今天的情况下法典编纂是不可能的。困难肯定是非常巨大的，所以如果没有深入的理论体系准备，就必然要担心会出现糟糕的情况。

经过一段时期法学理论和意识形态方面的贬低之后，任何情况下都不可或缺的是对于私法的足够兴趣：西欧的法律秩序类型，即"私法社会"，在其与东欧共产主义制度进行的历史竞争中，由于其经济学优势，也即其非集中的私法要素，获得了成功；由持续的国家过度负担造成的、越来越庞大的国家负债已经为国家的直接行动设定了更加狭窄的界限。这就更加强烈地再次指向这种主要由更小的、非集中的单元共同发挥作用所构建的秩序类型，从而也即指向了私法。

原则目录 ◀

一、适用于私法整体的原则

二、适用于私法具体部分的原则

---

* "/"左边的数字代表原书中的页码，右边的数字代表中文版中的页码。

译后记 ◀

在全书的翻译工作结束之际，再回首整个翻译工作的进程，多少有几点让人感慨之处。首先，本书的翻译工作持续并超过十年，时间跨度之长大概是学术翻译中不多见的。早在 2009 年 8 月，中国人民大学出版社就已经与原版权人 Springer Verlag KG 签署了版权许可协议，中文简体版原本预定的出版日期是 2011 年 5 月。延宕的原因一方面是翻译团队先后出现多次的人员变动，译丛主编李昊教授不得不另寻其他人选。最终，本书翻译工作由江苏大学法学院曾见（第一编、第二编第一—三章、第四编）、江苏大学法学院刘志阳（第三编第七—八章）、哥廷根大学法学院喻露（第三编第二—六章）、华东政法大学法律学院赵文杰（第二编第四章）、中国计量大学法学院雷巍巍（第二编第六—七章、第三编第一章）、上海交通大学法学院庄加园（第二编第五章）、哥廷根大学法学院宁潜晶（第三编第八章）等七人共同完成。曾见、刘志阳二人共同完成了本书的校对、统稿工作。为了体现公平，封面译者排名顺序按照各位译者的翻译、校对、统稿等工作量的多少来排序。导致延宕的另一方面原因是翻译和校对工作进展缓慢。在本书翻译时，团队成员都是在读学生或者刚刚入职的年轻教师，面临升学、就业、单位考核、照顾家庭等多重压力。翻译作品在国内科研考核中一般不算成果，但是大家还是想方设法地寻找宝贵的时间来努力完成翻译工作。

其次，本书的翻译难度非常之大，也是德文法学著作中少有的。回首当年，笔者现在仍然觉得当初接受这一翻译任务时有些草率，当时只是快速浏览了开篇的几页内容，觉得难度不大。事实上，在前几页的内容之后，翻译的难度陡然骤升。一方面是因为主题宏大，涉及大量的哲学、法理学等民法之外的词汇和背景知识，把笔者本来就薄弱的法学基础立刻打回了原形；另一方面，本书作者的写作语言风格与常见的德语法学著作的表达方式完全不同，大量的复合句、长短句、代副词结合使用，甚至互相嵌套，再加上德语独特的反语序、尾语序结构，与中文表达习惯之间的差异已经超过"天壤之别"所能形容的范畴。常常一句话看完之后，笔者必须仔细斟酌半天才能想好中文该如何表达，甚至有时虽然每个词都认识，却完全不知所云。毫不夸张地说，本书完全堪称高阶德语语法的练习题材。

　　最后，本书译文的校对和统稿工作难度大、持续时间长。俗语云，鸡多不下蛋。本书的译者众多，虽然分摊了翻译任务，却导致校对和统稿工作面临多重困难：一是长时间没有确定校对和统稿工作的负责人，最终笔者毛遂自荐承揽这一任务，负责校对其他译者的译稿，李昊教授校对笔者的译稿，刘志阳接过了最后一棒，完成了全书译稿的最后校对和统稿工作；二是不同译者的语言表达方式和个别关键词汇的译法存在较大差异，在校对和统稿过程中，校对者需要与相关的译者进行反复的沟通协调；三是翻译的质量参差不齐，初次的校对工作特别繁重，部分译稿需要笔者对照原文进行大量的修改。受自身德语水平所限，第一轮校对并没有尽数解决译文中的谬误之处，甚至第二轮校对时又发现了许多新问题。

　　尽管整个翻译工作旷日持久、费力劳神，但万幸的是，我们坚持到了最后，圆满完成了这项任务。笔者在此除了要向翻译团队的每个成员表达敬意之外，首先要特别感谢彼得·比德林斯基教授，他不仅为译者与本书版权人 Verlag Österreich GmbH 之间的联络提供了协助，而且细心解答了笔者在翻译过程中遇到的概念难题，并且持续关心本书的翻译进程，还特别为本书的中文版撰写了序言；其次要感谢的是版权人 Verlag Österreich GmbH 和中国人民大学出版社，两家出版社通力合作，多次延展版权协议，并且对于翻译任务的延宕给予了最大限度的理解和宽容；感谢武汉大学法学院博士研究生谭佐财、硕士研究生陈丹怡对本书提出的宝贵意见；最后要特别感谢丛书的主编李昊教授，他为本书的翻译组织和校对工作投入了巨大的热情和精力。毫无疑问，本书的翻译和出版也有他们的贡献。

曾　见

于江苏大学法学院

2022 年 10 月 18 日